LEGISLAÇÃO DE DIREITO FINANCEIRO

JORGE BACELAR GOUVEIA
Professor da Faculdade de Direito da
Universidade Nova de Lisboa
Doutor e Mestre em Direito

LEGISLAÇÃO DE DIREITO FINANCEIRO

Actividade financeira
Organização financeira
Controlo financeiro

4.ª edição, revista
REIMPRESSÃO DA EDIÇÃO DE SETEMBRO/2004

LEGISLAÇÃO DE DIREITO FINANCEIRO

AUTOR
JORGE BACELAR GOUVEIA (jbg@fd.unl.pt)

EDITOR
EDIÇÕES ALMEDINA, SA
Rua da Estrela, n.º 6
3000-161 Coimbra
Tel.: 239 851 904
Fax: 239 851 901
www.almedina.net
editora@almedina.net

EXECUÇÃO GRÁFICA
G.C. – GRÁFICA DE COIMBRA, LDA.
Palheira – Assafarge
3001-453 Coimbra
producao@graficadecoimbra.pt

Novembro, 2005

DEPÓSITO LEGAL
214893/04

Toda a reprodução desta obra, por fotocópia ou outro qualquer processo,
sem prévia autorização escrita do Editor,
é ilícita e passível de procedimento judicial contra o infractor.

NOTA PRÉVIA À 4.ª EDIÇÃO

De novo esgotada, publica-se a 4.ª edição da *Legislação de Direito Financeiro*, saída a lume pela primeira vez em 1999, na muito prestigiada Livraria Almedina.

Tal como nas anteriores reedições, cuidou-se da introdução das necessárias alterações, ao sabor da lamentável inflação legislativa que também já reina neste sector do Direito Público.

Lisboa, 22 de Julho de 2004

JORGE BACELAR GOUVEIA

NOTA PRÉVIA À 3.ª EDIÇÃO

Depressa esgotada, tal como as anteriores, procede-se à publicação da 3.ª edição da *Legislação de Direito Financeiro*, que pretende recolher, actualizadamente, a principal legislação que integra este ramo do Direito.

É justo deixar expresso um sentido agradecimento ao Dr. Rui Alvarez Carp, pelo precioso auxílio que sempre nos proporcionou no objectivo dos consecutivos aperfeiçoamentos de que este livro pôde beneficiar.

Lisboa, 15 de Setembro de 2003

JORGE CLÁUDIO DE BACELAR GOUVEIA

NOTA PRÉVIA À 2.ª EDIÇÃO

Esgotada a 1.ª edição, republica-se, com modificações, a *Legislação de Direito Financeiro*, mantendo-se a sua estrutura fundamental. Houve a necessidade, no entanto, de a actualizar em face das alterações legislativas entretanto ocorridas, todas devidamente assinaladas.

Assim se espera não apenas apoiar o estudo desta disciplina nas Faculdades de Direito – e, particularmente, na Universidade Nova de Lisboa, em que tem tido tantos adeptos – como igualmente despertar nos cidadãos o gosto por estas matérias, agora que as questões financeiras vão sendo cada vez mais importantes para o nosso quotidiano.

Lisboa, 11 de Junho de 2002

JORGE CLÁUDIO DE BACELAR GOUVEIA

NOTA PRÉVIA À 1.ª EDIÇÃO

Tendo as profundas alterações legislativas que ocorreram no seio das finanças públicas mudado radicalmente o panorama das suas opções fundamentais, impunha-se a organização sistematizada e rápida dos diplomas legais que, quase revolucionariamente, agora traçam a ossatura deste novo Direito Financeiro Português.

Esse é o propósito da presente edição, servindo simultaneamente os estudantes, os docentes e os profissionais que, nos seus diversos âmbitos de actividade, lidam quotidianamente com estas questões.

É necessário aqui consignar um expresso agradecimento ao Mestre Jorge Costa Santos, pela proficiente ajuda na preparação desta publicação.

Lisboa, 1 de Outubro de 1999

JORGE BACELAR GOUVEIA

I. ACTIVIDADE FINANCEIRA

a) *Orçamento do Estado*

1. Enquadramento do Orçamento do Estado

Lei n.° 91/2001, de 20 de Agosto [1]

A Assembleia da República decreta, nos termos da alínea *c*) do artigo 161.°
da Constituição, para valer como lei geral da República, o seguinte:

TÍTULO I – Objecto, âmbito e valor da lei

ARTIGO 1.° – **Objecto**

A presente lei estabelece:

a) As disposições gerais e comuns de enquadramento dos orçamentos e contas de todo o sector público administrativo;

b) As regras e os procedimentos relativos à organização, elaboração, apresentação, discussão, votação, alteração e execução do Orçamento do Estado, incluindo o da segurança social, e a correspondente fiscalização e responsabilidade orçamental;

c) As regras relativas à organização, elaboração, apresentação, discussão e votação das contas do Estado, incluindo a da segurança social.

ARTIGO 2.° – **Âmbito**

1 – A presente lei aplica-se ao Orçamento do Estado, que inclui os orçamentos dos serviços que não dispõem de autonomia administrativa e financeira, dos serviços e fundos autónomos e da segurança social, bem como às correspondentes contas.

2 – Os serviços do Estado que não disponham de autonomia administrativa e financeira são designados, para efeitos da presente lei, por serviços integrados.

---

[1] Alterada pela Lei Orgânica n.° 2/2002, de 28 de Agosto, pela Lei n.° 23/2003, de 2 de Julho, e pela Lei n.° 48/2004, de 24 de Agosto.

Legislação de Direito Financeiro

3 – São serviços e fundos autónomos os que satisfaçam, cumulativamente, os seguintes requisitos:

 a) Não tenham natureza e forma de empresa, fundação ou associação públicas, mesmo se submetidos ao regime de qualquer destas por outro diploma;

 b) Tenham autonomia administrativa e financeira;

 c) Disponham de receitas próprias para cobertura das suas despesas, nos termos da lei.

4 – Entende-se por sistema de solidariedade e segurança social o conjunto dos subsistemas definidos na respectiva lei de bases, as respectivas fontes de financiamento e os organismos responsáveis pela sua gestão.

5 – Sem prejuízo do princípio da independência orçamental estabelecido no n.º 2 do artigo 5.º, são aplicáveis aos Orçamentos das Regiões Autónomas e das autarquias locais os princípios e regras contidos no título II da presente lei, bem como, com as devidas adaptações, o disposto no artigo 17.º, devendo as respectivas leis de enquadramento conter as normas adequadas para o efeito.

ARTIGO 3.º – **Valor reforçado**

O disposto na presente lei prevalece, nos termos do n.º 3 do artigo 112.º da Constituição, sobre todas as normas que estabeleçam regimes orçamentais particulares que a contrariem.

TÍTULO II – **Princípios e regras orçamentais**

ARTIGO 4.º – **Anualidade**

1 – Os orçamentos dos organismos do sector público administrativo são anuais.

2 – A elaboração dos orçamentos a que se refere o número anterior deve ser enquadrada na perspectiva plurianual que for determinada pelas exigências da estabilidade financeira e, em particular, pelas resultantes das obrigações referidas no artigo 17.º

3 – Os orçamentos dos organismos do sector público administrativo podem integrar programas, medidas e projectos ou actividades que impliquem encargos plurianuais, os quais evidenciarão a despesa total prevista para cada um, as parcelas desses encargos relativas ao ano em causa e, com carácter indicativo, a, pelo menos, cada um dos dois anos seguintes.

4 – O ano económico coincide com o ano civil.

5 – O disposto no número anterior não prejudica a possibilidade de existir um período complementar de execução orçamental, nos termos previstos na lei.

ARTIGO 5.º – **Unidade e universalidade**

1 – O Orçamento do Estado é unitário e compreende todas as receitas e despesas dos serviços integrados, dos serviços e fundos autónomos e do sistema de segurança social.

2 – Os Orçamentos das Regiões Autónomas e das autarquias locais são independentes do Orçamento do Estado e compreendem todas as receitas e despesas das administrações, regional e local, incluindo as de todos os seus serviços e fundos autónomos.

3 – O Orçamento do Estado e os Orçamentos das Regiões Autónomas e das autarquias locais devem apresentar, nos termos do artigo 32.º, o total das respon sabilidades financeiras resultantes de despesas de capital assumidas por via de compromissos plurianuais, decorrentes da realização de investimentos com recurso a operações financeiras cuja natureza impeça a contabilização directa do respectivo montante total no ano em que os investimentos são realizados ou os bens em causa postos à disposição do Estado.

ARTIGO 6.º – **Não compensação**

1 – Todas as receitas são previstas pela importância integral em que foram avaliadas, sem dedução alguma para encargos de cobrança ou de qualquer outra natureza.

2 – A importância integral das receitas tributárias corresponde à previsão dos montantes que, depois de abatidas as estimativas das receitas cessantes em virtude de benefícios tributários e os montantes estimados para reembolsos e restituições, serão efectivamente cobrados.

3 – Todas as despesas são inscritas pela sua importância integral, sem dedução de qualquer espécie.

4 – O disposto nos números anteriores não prejudica a possibilidade de os fluxos financeiros associados a operações de gestão da dívida pública directa serem objecto de inscrição orçamental, de acordo com as regras próprias estabelecidas no presente diploma e nas leis de enquadramento orçamental das Regiões Autónomas ou das autarquias locais

ARTIGO 7.º – **Não consignação**

1 – Não pode afectar-se o produto de quaisquer receitas à cobertura de determinadas despesas.

2 – Exceptuam-se do disposto no número anterior:

a) As receitas das reprivatizações;

b) As receitas relativas aos recursos próprios comunitários tradicionais;

c) As receitas do orçamento da segurança social afectas ao financiamento dos diferentes subsistemas;

d) As receitas que correspondam a transferências provenientes da União Europeia, de organizações internacionais ou de orçamentos de outras instituições do sector público administrativo que se destinem a financiar, total ou parcialmente, determinadas despesas;

e) As receitas que correspondam a subsídios, donativos ou legados de particulares, que, por vontade destes, devam ser afectados à cobertura de determinadas despesas;

f) As receitas que sejam, por razão especial, afectadas a determinadas despesas por expressa estatuição legal ou contratual.

3 – As normas que consignem certas receitas a determinadas despesas têm carácter excepcional e temporário, em termos a definir em legislação complementar.

Artigo 8.º – **Especificação**

1 – As receitas previstas devem ser suficientemente especificadas de acordo com uma classificação económica.

2 – As despesas são fixadas de acordo com uma classificação orgânica, económica e funcional, podendo os níveis mais desagregados de especificação constar apenas dos desenvolvimentos, nos termos da presente lei.

3 – As despesas podem ainda ser estruturadas, no todo ou em parte, por programas.

4 – A especificação das receitas cessantes em virtude de benefícios fiscais será efectuada de acordo com os códigos de classificação económica das receitas.

5 – No orçamento do Ministério das Finanças será inscrita uma dotação provisional destinada a fazer face a despesas não previsíveis e inadiáveis.

6 – São nulos os créditos orçamentais que possibilitem a existência de dotações para utilização confidencial ou para fundos secretos, sem prejuízo dos regimes especiais legalmente previstos de utilização de verbas que excepcionalmente se justifiquem por razões de segurança nacional, autorizados pela Assembleia da República, sob proposta do Governo.

7 – A estrutura dos códigos da classificação económica das receitas e das classificações económica e funcional das despesas é definida por decreto-lei.

Artigo 9.º – **Equilíbrio**

1 – Os orçamentos dos organismos do sector público administrativo prevêem as receitas necessárias para cobrir todas as despesas, sem prejuízo do disposto nos artigos 23.º, 25.º e 28.º

2 – As Regiões Autónomas não poderão endividar-se para além dos valores inscritos no Orçamento do Estado, nos termos da Lei das Finanças das Regiões Autónomas.

3 – O aumento do endividamento em violação do número anterior origina uma redução no mesmo montante das transferências do Orçamento do Estado devidas no ano subsequente, de acordo com as respectivas leis de financiamento.

ARTIGO 10.º – Equidade intergeracional

1 – O Orçamento do Estado subordina-se ao princípio da equidade na distribuição de benefícios e custos entre gerações.

2 – A apreciação da equidade intergeracional incluirá necessariamente a incidência orçamental:

a) Das medidas e acções incluídas no mapa XVII;
b) Do investimento público;
c) Do investimento em capacitação humana, co-financiado pelo Estado;
d) Dos encargos com a dívida pública;
e) Das necessidades de financiamento do sector empresarial do Estado;
f) Das pensões de reforma ou de outro tipo.

ARTIGO 11.º – Instrumentos de gestão

Os organismos do sector público administrativo ficam sujeitos ao Plano Oficial de Contabilidade Pública, podendo ainda dispor de outros instrumentos necessários à boa gestão e ao controlo dos dinheiros e outros activos públicos, nos termos previstos na lei.

ARTIGO 12.º – Publicidade

1 – O Governo assegura a publicação de todos os documentos que se revelem necessários para assegurar a adequada divulgação e transparência do Orçamento do Estado e da sua execução, recorrendo, sempre que possível, aos mais avançados meios de comunicação existentes em cada momento.

2 – A obrigação prevista no número anterior é assegurada nas Regiões Autónomas e nas autarquias locais pelos respectivos governos regionais e câmaras municipais.

TÍTULO III – Orçamento do Estado

CAPÍTULO I – Conteúdo e estrutura

ARTIGO 13.º – Conteúdo formal e estrutura

1 – O Orçamento do Estado contém, relativamente ao período a que respeita, as dotações das despesas e as previsões das receitas relativas aos organismos referidos no n.º 1 do artigo 2.º, devidamente quantificadas, bem como as estimativas das receitas cessantes em virtude de benefícios tributários.

2 – As dotações, previsões e estimativas referidas no número anterior formam, respectivamente, o orçamento do subsector dos serviços integrados, adiante designado por orçamento dos serviços integrados, o orçamento do subsector dos serviços e fundos autónomos, incluindo os dos vários serviços e fundos, adiante designado por

orçamento dos serviços e fundos autónomos, e o orçamento do sistema de solidariedade e segurança social, adiante designado por orçamento da segurança social.

ARTIGO 14.º – **Harmonização com os planos**

O Orçamento do Estado é desenvolvido de harmonia com as Grandes Opções e demais planos elaborados nos termos e para os efeitos previstos no título II da parte II da Constituição da República Portuguesa, designadamente mediante a gestão por objectivos a que se refere o artigo seguinte.

ARTIGO 15.º – **Gestão por objectivos**

1 – Os orçamentos e contas dos organismos a que se refere o n.º 1 do artigo 2.º devem ser objecto de uma sistematização por objectivos, compatibilizada com os objectivos previstos nas Grandes Opções do Plano, considerando a definição das actividades a desenvolver por cada organismo e respectivos centros de custos e tendo em conta a totalidade dos recursos envolvidos, incluindo os de capital, visando fundamentar as decisões sobre a reorientação e o controlo da despesa pública:

a) No conhecimento da missão, objectivos e estratégia do organismo;

b) Na correcta articulação de cada área de actividade em relação aos objectivos;

c) Na responsabilização dos agentes empenhados na gestão das actividades pela concretização dos objectivos e bom uso dos recursos que lhes estão afectos;

d) Na identificação de actividades redundantes na cadeia de valor do organismo a justificada reafectação dos recursos nelas consumidos.

2 – Os desenvolvimentos orçamentais referidos no n.º 1 obedecem à estruturação por programas prevista na presente lei.

ARTIGO 16.º – **Despesas obrigatórias**

1 – No Orçamento do Estado serão inscritas obrigatoriamente:

a) As dotações necessárias para o cumprimento das obrigações decorrentes de lei ou de contrato;

b) As dotações destinadas ao pagamento de encargos resultantes de sentenças de quaisquer tribunais;

c) Outras dotações determinadas por lei.

2 – As dotações correspondentes a despesas obrigatórias de montante certo, conhecidas à data da apresentação da proposta de lei do Orçamento do Estado, serão devidamente evidenciadas nessa proposta.

ARTIGO 17.º – **Vinculações externas**

Os orçamentos que integram o Orçamento do Estado são elaborados, aprovados e executados por forma que:

I. Actividade Financeira 19

a) Contenham as dotações necessárias para a realização das despesas obrigatórias a que se refere o artigo anterior;
b) Respeitem as obrigações decorrentes do Tratado da União Europeia;
c) Tenham em conta as grandes opções em matéria de planeamento e a programação financeira plurianual elaborada pelo Governo.

SECÇÃO I – Orçamento por programas

ARTIGO 18.º **Regime**

1 – Sem prejuízo da sua especificação de acordo com as classificações orgânica, funcional e económica, as despesas inscritas nos orçamentos que integram o Orçamento do Estado podem estruturar-se, no todo ou em parte, por programas, nos termos previstos na presente lei.

2 – Com o objectivo de racionalizar a preparação e reforçar o controlo da gestão e da execução orçamental, o orçamento deve ser estruturado por programas, medidas e projectos ou actividades.

3 – A estruturação por programas deve aplicar-se às despesas seguintes:
a) Despesas de investimento e desenvolvimento do orçamento dos serviços integrados e dos orçamentos dos serviços e fundos autónomos e do orçamento da segurança social, com excepção das que digam respeito a passivos financeiros;
b) Despesas de investimento co-financiadas por fundos comunitários;
c) Despesas correspondentes às leis de programação militar ou a quaisquer outras leis de programação;
d) Despesas correspondentes a contratos de prestação de serviços em regime de financiamento privado ou outra forma de parceria dos sectores público e privado.

ARTIGO 19.º – **Programas orçamentais**

1 – O programa orçamental inclui as despesas correspondentes a um conjunto de medidas de carácter plurianual que concorrem, de forma articulada e complementar, para a concretização de um ou vários objectivos específicos, relativos a uma ou mais políticas públicas, dele fazendo necessariamente parte integrante um conjunto de indicadores que permitam avaliar a economia, a eficiência e a eficácia da sua realização.

2 – A avaliação da economia, da eficiência e da eficácia de programas com recurso a parcerias dos sectores público e privado tomará como base um programa alternativo visando a obtenção dos mesmos objectivos com exclusão de financiamentos ou de exploração a cargo de entidades privadas, devendo incluir, sempre que possível, a estimativa da sua incidência orçamental líquida.

Legislação de Direito Financeiro

3 – O programa orçamental pode ser executado por uma ou várias entidades pertencentes:

a) Ao mesmo ou a diferentes ministérios;

b) Ao mesmo ou a diferentes subsectores da administração central.

4 – Cada programa orçamental divide-se em medidas, podendo existir programas com uma única medida.

5 – Os programas orçamentais com financiamento comunitário devem identificar os programas comunitários que lhes estão associados.

ARTIGO 20.º – **Medidas**

1 – A medida compreende despesas de um programa orçamental correspondente a projectos ou actividades, bem especificados e caracterizados, que se articulam e complementam entre si e concorrem para a concretização dos objectivos do programa em que se inserem.

2 – A medida pode ser executada por uma ou várias entidades pertencentes:

a) Ao mesmo ou a diferentes ministérios;

b) Ao mesmo ou a diferentes subsectores da administração central.

3 – Cada medida divide-se em projectos ou actividades, podendo existir medidas com um único projecto ou actividade.

4 – O projecto ou actividade correspondem a unidades básicas de realização da medida, com orçamento e calendarização rigorosamente definidos.

5 – As medidas, projectos ou actividades podem ser criados no decurso da execução do Orçamento do Estado.

6 – As alterações decorrentes da criação de medidas, nos termos do número anterior, deverão constar expressamente do Boletim Informativo de Execução Orçamental.

ARTIGO 21.º – **Legislação complementar**

As regras relativas ao modo e à forma de definição concreta dos programas e medidas a inscrever no Orçamento do Estado e das respectivas estruturas, bem como à sua especificação nos desenvolvimentos orçamentais e à respectiva execução, serão estabelecidas por decreto-lei.

SECÇÃO II – **Orçamento dos serviços integrados**

ARTIGO 22.º – **Especificação**

1 – A especificação das despesas do orçamento dos serviços integrados, de acordo com a classificação orgânica, subordina-se aos critérios gerais previstos nos números seguintes.

2 – A classificação orgânica agrupa as despesas em títulos, divididos em capítulos, podendo estes dividir-se em um ou mais níveis de desagregação, conforme se revele necessário para uma adequada especificação das despesas.

I. Actividade Financeira

3 – Sem prejuízo do disposto no número seguinte, cada título corresponde a um ministério, abrangendo as secretarias de Estado e os serviços nele inseridos, nos termos da respectiva lei orgânica.

4 – São inscritos em título próprio os encargos gerais do Estado correspondentes às despesas:

a) Dos órgãos de soberania que não disponham de autonomia administrativa e financeira, bem como dos serviços e outros organismos seus dependentes;

b) Dos restantes serviços e outros organismos que não disponham de autonomia administrativa e financeira, não integrados em ministérios;

c) Das transferências para os orçamentos dos órgãos de soberania e outros organismos não integrados em ministérios, que disponham de autonomia administrativa e financeira;

d) Das transferências para os orçamentos das Regiões Autónomas;

e) Das transferências para as autarquias locais.

5 – Em cada capítulo são agrupadas todas as despesas que concorram para uma mesma finalidade e, designadamente, as despesas de uma direcção-geral, inspecção-geral ou serviço equivalente, incluindo as despesas de todos os serviços que lhe estiverem subordinados.

6 – No mesmo capítulo podem agrupar-se as despesas de duas ou mais direcções-gerais, inspecções-gerais ou serviços equivalentes, desde que os serviços em causa desenvolvam actividades afins.

7 – Em casos excepcionais, devidamente justificados nos elementos complementares da proposta de lei do Orçamento do Estado, podem ser inscritos na classificação orgânica capítulos especiais.

Artigo 23.º – **Equilíbrio**

1 – As receitas efectivas do orçamento dos serviços integrados têm de ser, pelo menos, iguais às despesas efectivas do mesmo orçamento, excluindo os encargos correntes da dívida pública, salvo se a conjuntura do período a que se refere o orçamento justificadamente o não permitir.

2 – Os relatórios da proposta de lei do Orçamento do Estado e da Conta Geral do Estado apresentam a justificação a que se refere a parte final do número anterior.

3 – Para efeitos do disposto no n.º 1, consideram-se efectivas todas as receitas e despesas, com excepção das respeitantes aos passivos financeiros.

SECÇÃO III – **Orçamento dos serviços e fundos autónomos**

Artigo 24.º – **Especificação**

1 – No orçamento do subsector dos serviços e fundos autónomos, incluindo o de cada um destes serviços e fundos, as receitas e despesas especificam-se do seguinte modo:

a) As receitas globais do subsector especificam-se de acordo com as classificações orgânica e económica;

b) As despesas globais do subsector especificam-se de acordo com as classificações orgânica, económica e funcional;

c) As receitas cessantes do subsector, em virtude de benefícios tributários, especificam-se de acordo com a classificação económica das receitas;

d) As receitas de cada serviço e fundo autónomo especificam-se de acordo com a classificação económica;

e) As despesas de cada serviço e fundo autónomo especificam-se de acordo com as classificações económica e funcional.

2 – No orçamento do subsector dos serviços e fundos autónomos, incluindo o de cada um destes serviços e fundos, as respectivas despesas podem, ainda, estruturar--se, no todo ou em parte, por programas, nos termos do disposto nos artigos 18.º a 21.º

ARTIGO 25.º – **Equilíbrio**

1 – O orçamento de cada serviço ou fundo autónomo é elaborado, aprovado e executado por forma a apresentar saldo global nulo ou positivo.

2 – Para efeitos do cômputo do saldo referido no número anterior, não são consideradas as receitas provenientes de activos e passivos financeiros, bem como do saldo da gerência anterior, nem as despesas relativas a activos e passivos financeiros.

3 – Nos casos em que, durante o ano a que respeitam os orçamentos a que se refere o n.º 1, a execução orçamental do conjunto das instituições do sector público administrativo o permitir, poderá o Governo, através do Ministro das Finanças, dispensar, em situações excepcionais, a aplicação da regra de equilíbrio estabelecida no mesmo número.

4 – Nos casos em que seja dispensada a aplicação da regra de equilíbrio, nos termos do número anterior, o Governo:

a) Aprovará as correspondentes alterações orçamentais que sejam da sua competência;

b) Proporá à Assembleia da República as correspondentes alterações orçamentais que sejam da competência deste órgão.

ARTIGO 26.º – **Recurso ao crédito**

1 – É vedado o recurso ao crédito pelos serviços e fundos autónomos.

2 – Exceptua-se do disposto no número anterior a contracção de empréstimos que dêem origem:

a) A dívida flutuante, nos termos do disposto na alínea *a)* do artigo 3.º da Lei n.º 7/98, de 3 de Fevereiro;

b) A dívida fundada, nos termos do disposto na alínea *b)* do artigo 3.º da Lei n.º 7/98, de 3 de Fevereiro, desde que se verifique a situação prevista no n.º 3 e na alínea *b)* do n.º 4 do artigo anterior e que o correspondente endividamento líquido seja autorizado pela Assembleia da República.

I. Actividade Financeira

3 – Apenas podem contrair os empréstimos a que se refere a alínea b) do número anterior os serviços e fundos autónomos cujas leis orgânicas permitam que os mesmos disponham dessas receitas.

4 – Nos casos previstos nos n.º 2 e 3, os serviços e fundos autónomos recorrerão prioritariamente a financiamento junto do Tesouro.

SECÇÃO IV – Orçamento da segurança social

ARTIGO 27.º – **Especificação**

1 – No orçamento da segurança social, as receitas e despesas especificam-se da seguinte forma:
   a) As receitas globais do sistema especificam-se de acordo com a respectiva classificação económica;
   b) As despesas globais do sistema especificam-se de acordo com a classificação económica e funcional;
   c) As receitas de cada subsistema especificam-se de acordo com a respectiva classificação económica;
   d) As despesas de cada subsistema especificam-se de acordo com a respectiva classificação económica e funcional.

2 – O orçamento da segurança social pode ser estruturado por programas.

3 – As despesas do orçamento da segurança social serão estruturadas por classificação orgânica a definir por decreto-lei.

ARTIGO 28.º – **Equilíbrio**

1 – As receitas efectivas do orçamento da segurança social têm de ser, pelo menos, iguais às despesas efectivas do mesmo orçamento.

2 – Os saldos anuais do subsistema previdencial revertem a favor do Fundo de Estabilização Financeira da Segurança Social, nos termos da Lei de Bases da Segurança Social.

ARTIGO 29.º – **Recurso ao crédito**

O recurso ao crédito no âmbito do sistema de segurança social só é permitido ao Instituto de Gestão Financeira da Segurança Social, e desde que não dê origem a dívida fundada.

CAPÍTULO II – Lei do Orçamento do Estado

ARTIGO 30.º – **Conteúdo formal e estrutura**

A lei do Orçamento do Estado contém o articulado e os mapas orçamentais.

24   *Legislação de Direito Financeiro*

Artigo 31.º – **Articulado**

1 – O articulado da lei do Orçamento do Estado contém, designadamente:

a) A aprovação dos mapas orçamentais;

b) As normas necessárias para orientar a execução orçamental;

c) A indicação do destino a dar aos fundos resultantes dos eventuais excedentes dos orçamentos dos serviços integrados e dos serviços e fundos autónomos;

d) A eventual indicação das verbas inscritas no orçamento que, para assegurar a consecução de objectivos de política orçamental, ficam cativas, até o Governo autorizar a sua utilização, total ou parcial, nos casos em que a evolução da execução orçamental o permita;

e) A determinação do montante máximo do acréscimo de endividamento líquido e as demais condições gerais a que se deve subordinar a emissão de dívida pública fundada pelo Estado, através do Governo, e pelos serviços e fundos autónomos, durante o ano económico;

f) A determinação dos montantes suplementares ao acréscimo de endividamento líquido autorizado, nos casos em que se preveja o recurso ao crédito para financiar as despesas com as operações a que se refere a antecedente alínea *d)* ou os programas de acção conjuntural;

g) A determinação das condições gerais a que se devem subordinar as operações de gestão da dívida pública legalmente previstas;

h) A determinação do limite máximo das garantias pessoais a conceder pelo Estado, através do Governo, e pelos serviços e fundos autónomos, durante o ano económico;

i) A determinação do limite máximo dos empréstimos a conceder e de outras operações de crédito activas, cujo prazo de reembolso exceda o final do ano económico, a realizar pelo Estado, através do Governo, e pelos serviços e fundos autónomos;

j) A determinação do limite máximo das antecipações a efectuar, nos termos da legislação aplicável;

l) A determinação do limite máximo de eventuais compromissos a assumir com contratos de prestação de serviços em regime de financiamento privado ou outra forma de parceria dos sectores público e privado;

m) A determinação dos limites máximos do endividamento das Regiões Autónomas, nos termos previstos na respectiva lei de finanças;

n) A eventual actualização dos valores abaixo dos quais os actos, contratos e outros instrumentos geradores de despesa ou representativos de responsabilidades financeiras directas ou indirectas ficam isentos de fiscalização prévia pelo Tribunal de Contas;

o) O montante global máximo de autorização financeira ao Governo para satisfação de encargos com as prestações a liquidar, referentes a con-

I. Actividade Financeira 25

tratos de investimento público no âmbito da Lei de Programação Militar, sob a forma de locação;

p) As demais medidas que se revelem indispensáveis à correcta gestão financeira dos serviços integrados, dos serviços e fundos autónomos e do sistema de segurança social no ano económico a que respeita a lei do Orçamento.

2 – As disposições constantes do articulado da lei do Orçamento do Estado devem limitar-se ao estritamente necessário para a execução da política orçamental e financeira.

Artigo 32.º – **Mapas orçamentais**

Os mapas a que se refere a alínea *a)* do n.º 1 do artigo anterior são os seguintes:

Mapa I, «Receitas dos serviços integrados, por classificação económica»;

Mapa II, «Despesas dos serviços integrados, por classificação orgânica, especificadas por capítulos»;

Mapa III, «Despesas dos serviços integrados, por classificação funcional»;

Mapa IV, «Despesas dos serviços integrados, por classificação económica»;

Mapa V, «Receitas dos serviços e fundos autónomos, por classificação orgânica, com especificação das receitas globais de cada serviço e fundo»;

Mapa VI, «Receitas dos serviços e fundos autónomos, por classificação económica»;

Mapa VII, «Despesas dos serviços e fundos autónomos, por classificação orgânica, com especificação das despesas globais de cada serviço e fundo»;

Mapa VIII, «Despesas dos serviços e fundos autónomos, por classificação funcional»;

Mapa IX, «Despesas dos serviços e fundos autónomos, por classificação económica»;

Mapa X, «Receitas da segurança social, por classificação económica»;

Mapa XI, «Despesas da segurança social, por classificação funcional»;

Mapa XII, «Despesas da segurança social, por classificação económica»;

Mapa XIII, «Receitas de cada subsistema, por classificação económica»;

Mapa XIV, «Despesas de cada subsistema, por classificação económica»;

Mapa XV, «Programa de Investimentos e Despesas de Desenvolvimento da Administração Central (PIDDAC), que inclui apenas os respectivos programas e medidas orçamentais, articulados com as Grandes Opções do Plano (GOP) e com o Quadro Comunitário de Apoio (QCA), evidenciando os encargos plurianuais e as fontes de financiamento e a repartição regionalizada dos programas e medidas ao nível das Nomenclaturas de Unidades Territoriais – NUT II»;

Mapa XV-A, «Repartição regionalizada dos programas e medidas – PIDDAC da Regionalização, de apresentação obrigatória, mas não sujeito a votação»;

Mapa XVI, «Despesas correspondentes a programas»;

Mapa XVII, «Responsabilidades contratuais plurianuais dos serviços integrados e dos serviços e fundos autónomos, agrupadas por ministérios»;

Mapa XVIII, «Transferências para as Regiões Autónomas»;

Mapa XIX, «Transferências para os municípios»;

Mapa XX, «Transferências para as freguesias»;

Mapa XXI, «Receitas tributárias cessantes dos serviços integrados, dos serviços e fundos autónomos e da segurança social».

ARTIGO 33.º – **Espécies de mapas orçamentais**

1 – Os mapas a que se referem os artigos anteriores classificam-se em mapas de base e derivados.

2 – São mapas de base:

a) Os mapas contendo as receitas dos serviços integrados, dos serviços e fundos autónomos e da segurança social, especificadas por classificação económica;

b) Os mapas contendo as despesas dos serviços integrados, dos serviços e fundos autónomos, especificadas por programas e medidas e por classificação funcional e orgânica;

c) O mapa contendo as despesas da segurança social, especificadas por classificação funcional.

3 – São mapas derivados os que apresentam todas ou parte das receitas e das despesas inscritas nos mapas de base, de acordo com outras classificações ou formas complementares de especificação.

4 – Compreendem-se no n.º 2 os mapas I a III, V, VI, VII, VIII, X, XI e XV e no n.º 3 todos os restantes mapas da lei do Orçamento do Estado.

5 – As espécies de receitas e os montantes relativos às despesas inscritos nos mapas orçamentais de base a que se refere o n.º 2 são vinculativos para o Governo, que só os poderá alterar nos casos previstos no capítulo IV.

6 – Os mapas orçamentais derivados a que se refere o n.º 3 não têm carácter vinculativo para o Governo, que os poderá alterar, salvo nos casos em que as alterações em causa implicarem alterações reflexas em algum mapa orçamental de base e nos demais casos previstos no capítulo IV.

ARTIGO 34.º – **Proposta de lei**

1 – A proposta de lei do Orçamento do Estado tem uma estrutura e um conteúdo formal idênticos aos da Lei do Orçamento.

2 – A proposta de lei do Orçamento é acompanhada pelos desenvolvimentos orçamentais, pelo respectivo relatório e pelos elementos informativos previstos na presente secção, bem como por todos os demais elementos necessários à justificação das decisões e das políticas orçamental e financeira apresentadas.

I. Actividade Financeira

3 – Os elementos informativos a que se refere o número anterior podem ser apresentados sob a forma de anexos autónomos ou de elementos integrados no relatório que acompanham a proposta de lei.

ARTIGO 35.° – **Desenvolvimentos orçamentais**

1 – Os desenvolvimentos orçamentais que acompanham a proposta de lei do Orçamento do Estado compreendem:

a) O desenvolvimento das receitas e das despesas dos serviços integrados;
b) Os orçamentos dos serviços e fundos autónomos;
c) O orçamento da segurança social.

2 – O desenvolvimento das receitas dos serviços integrados integra um quadro de observações, que indicam, designadamente, as principais características de cada rubrica de receitas e as respectivas bases legais.

3 – Os desenvolvimentos das despesas dos serviços integrados organizam-se por ministérios e apresentam as despesas de cada um dos respectivos serviços, especificadas, até aos níveis máximos de desagregação, de acordo com as classificações económica e funcional.

4 – O orçamento de cada serviço e fundo autónomo apresenta as respectivas receitas e despesas especificadas, até aos níveis máximos de desagregação, de acordo com as classificações económica e funcional.

5 – Nos casos em que se estruturem, total ou parcialmente, por programas, os desenvolvimentos orçamentais dos serviços integrados, o orçamento de cada serviço e fundo autónomo e o orçamento da segurança social evidenciam as despesas relativas aos programas e medidas a cargo da respectiva entidade gestora.

ARTIGO 36.° – **Conteúdo do relatório**

1 – O relatório da proposta de lei do Orçamento do Estado contém a apresentação e a justificação da política orçamental proposta.

2 – O relatório referido no número anterior inclui a análise dos principais elementos relativos aos seguintes aspectos:

a) Evolução e projecções dos principais agregados macroeconómicos com influência no Orçamento do Estado;
b) Evolução da situação financeira do sector público administrativo e, em particular, do Estado, incluindo serviços integrados, serviços e fundos autónomos e sistema de solidariedade e segurança social;
c) Linhas gerais da política orçamental;
d) Adequação da política orçamental proposta às obrigações decorrentes do Tratado da União Europeia e da União Económica e Monetária;
e) Impacte orçamental das decisões relativas às políticas públicas;
f) Medidas de racionalização da gestão dos dinheiros e outros valores públicos;

28 Legislação de Direito Financeiro

g) Outras matérias relevantes para a apresentação e justificação das principais decisões e políticas orçamentais propostas.

ARTIGO 37.º – **Elementos informativos**

1 – A proposta de lei do Orçamento do Estado é acompanhada, pelo menos, pelos seguintes elementos informativos:
a) Indicadores financeiros de médio e longo prazos;
b) Programação financeira plurianual;
c) Memória descritiva das razões que justificam o recurso a parcerias dos sectores público e privado, face a um programa alternativo elaborado nos termos do n.º 2 do artigo 19.º;
d) Estimativa do orçamento consolidado do sector público administrativo, na óptica da contabilidade pública e na óptica da contabilidade nacional;
e) Memória descritiva das razões que justificam as diferenças entre os valores apurados, na óptica da contabilidade pública e na óptica da contabilidade nacional;
f) Orçamento consolidado dos serviços integrados e dos serviços e fundos autónomos e orçamento consolidado do Estado, incluindo o da segurança social;
g) Situação da dívida pública, das operações de tesouraria e das contas do Tesouro;
h) Situação financeira e patrimonial do subsector dos serviços integrados;
i) Situação financeira e patrimonial do subsector dos serviços e fundos autónomos;
j) Situação financeira e patrimonial do sistema de solidariedade e de segurança social;
l) Transferências financeiras entre Portugal e o exterior com incidência na proposta de orçamento;
m) Transferências orçamentais para as Regiões Autónomas;
n) Transferências orçamentais para os municípios e freguesias;
o) Transferências orçamentais para as empresas públicas e outras instituições não integradas no sector público administrativo;
p) Elementos informativos sobre os programas orçamentais;
q) Justificação das previsões das receitas fiscais, com discriminação da situação dos principais impostos;
r) Benefícios tributários, estimativas das receitas cessantes e sua justificação económica e social;
s) Despesas cruzadas pelas diversas classificações orçamentais.

2 – A apresentação dos elementos informativos sobre a situação patrimonial dos serviços e fundos autónomos depende da aplicação a cada um do Plano Oficial de Contabilidade Pública (POCP).

I. Actividade Financeira

Artigo 38.º – **Prazos de apresentação**

1 – O Governo apresenta à Assembleia da República, até 15 de Outubro de cada ano, a proposta de lei do Orçamento do Estado para o ano económico seguinte, acompanhada por todos os elementos a que se referem os artigos 35.º a 37.º

2 – O prazo a que se refere o número anterior não se aplica nos casos em que:

a) O governo em funções se encontre demitido em 15 de Outubro;

b) A tomada de posse do novo governo ocorra entre 15 de Julho e 14 de Outubro;

c) O termo da legislatura ocorra entre 15 de Outubro e 31 de Dezembro.

3 – Nos casos previstos no número anterior, a proposta de lei do Orçamento do Estado para o ano económico seguinte, acompanhada pelos elementos a que se referem os artigos 33.º a 35.º, é apresentada, pelo Governo, à Assembleia da República, no prazo de três meses a contar da data da sua posse.

Artigo 39.º – **Discussão e votação**

1 – A proposta de lei do Orçamento do Estado é discutida e votada nos termos do disposto na Constituição, na presente lei e no Regimento da Assembleia da República.

2 – A votação da proposta de lei do Orçamento do Estado realiza-se no prazo de 45 dias após a data da sua admissão pela Assembleia da República.

3 – O Plenário da Assembleia da República discute e vota, na generalidade, a proposta de lei do Orçamento do Estado, nos termos e nos prazos estabelecidos no Regimento da Assembleia da República.

4 – A discussão e votação na especialidade da proposta de lei do Orçamento do Estado decorre na comissão especializada permanente competente em matéria de apreciação da proposta de lei do Orçamento e tem por objecto o articulado e os mapas orçamentais constantes daquela proposta de lei.

5 – O Plenário discute e vota obrigatoriamente na especialidade:

a) A criação de impostos e o seu regime de incidência, taxas, isenções e garantias dos contribuintes,

b) As alterações aos impostos vigentes que versem sobre o respectivo regime de incidência, taxas, isenções e garantias dos contribuintes;

c) A extinção de impostos;

d) As matérias relativas a empréstimos e outros meios de financiamento.

6 – Quaisquer matérias compreendidas na fase da discussão e votação na especialidade da proposta de lei do Orçamento do Estado podem ser objecto de avocação pelo Plenário da Assembleia da República.

7 – No âmbito do exame e da discussão da proposta de lei do Orçamento do Estado, a Assembleia da República pode realizar quaisquer audições nos termos gerais.

30   *Legislação de Direito Financeiro*

8 – Para efeitos do disposto no número anterior, pode, designadamente, a Assembleia da República convocar directamente, a solicitação da comissão especializada permanente competente em matéria orçamental, as entidades que não estejam submetidas ao poder de direcção do Governo e cujo depoimento considere relevante para o cabal esclarecimento da matéria em apreço.

ARTIGO 40.º – **Publicação do conteúdo integral do Orçamento**

O Governo assegura a publicação anual do conteúdo integral do Orçamento do Estado até ao final do 2.º mês após a entrada em vigor da lei do Orçamento do Estado.

ARTIGO 41.º – **Prorrogação da vigência da lei do Orçamento**

1 – A vigência da lei do Orçamento do Estado é prorrogada quando se verifique:
a) A rejeição da proposta de lei do Orçamento do Estado;
b) A tomada de posse do novo governo, se esta tiver ocorrido entre 1 de Julho e 30 de Setembro;
c) A caducidade da proposta de lei do Orçamento do Estado em virtude da demissão do governo proponente ou de o governo anterior não ter apresentado qualquer proposta;
d) A não votação parlamentar da proposta de lei do Orçamento do Estado.

2 – A prorrogação da vigência da lei do Orçamento do Estado abrange o respectivo articulado e os correspondentes mapas orçamentais, bem como os seus desenvolvimentos e os decretos-leis de execução orçamental.

3 – A prorrogação da vigência da lei do Orçamento do Estado não abrange:
a) As autorizações legislativas contidas no seu articulado que, de acordo com a Constituição ou os termos em que foram concedidas, devam caducar no final do ano económico a que respeitava a lei;
b) A autorização para a cobrança das receitas cujos regimes se destinavam a vigorar apenas até ao final do ano económico a que respeitava a lei;
c) A autorização para a realização das despesas relativas a serviços, programas e medidas plurianuais que devam extinguir-se até ao final do ano económico a que respeitava aquela lei.

4 – Durante o período transitório em que se mantiver a prorrogação da vigência da lei do Orçamento do Estado respeitante ao ano anterior, a execução do orçamento das despesas obedece ao princípio da utilização por duodécimos das verbas fixadas nos mapas orçamentais que as especificam, de acordo com a classificação orgânica, sem prejuízo das excepções previstas na alínea *a)* do n.º 5 do artigo 43.º

I. Actividade Financeira

5 – Durante o período transitório em que se mantiver a prorrogação da vigência da lei do Orçamento do Estado respeitante ao ano anterior, o Governo e os serviços e fundos autónomos podem:

a) Emitir dívida pública fundada, nos termos previstos na respectiva legislação;

b) Conceder empréstimos e realizar outras operações activas de crédito, até ao limite de um duodécimo do montante máximo autorizado pela lei do Orçamento em cada mês em que ela vigore transitoriamente;

c) Conceder garantias pessoais, nos termos previstos na respectiva legislação.

6 – As operações de receita e despesa executadas ao abrigo do regime transitório são imputadas às contas respeitantes ao novo ano económico iniciado em 1 de Janeiro.

7 – Para efeitos do disposto no número anterior, os decretos-leis de execução das leis do Orçamento do Estado que entrem em vigor com atraso estabelecerão os procedimentos a adoptar nos casos em que nestas deixem de constar dotações ou sejam modificadas designações de rubricas existentes no Orçamento anterior e por conta das quais tenham sido efectuadas despesas durante o período transitório.

8 – Durante o período transitório em que se mantiver a prorrogação da vigência da lei do Orçamento respeitante ao ano anterior, o Governo pode aprovar, por decreto-lei, as normas de execução orçamental necessárias para disciplinar a aplicação do regime estabelecido no presente capítulo.

CAPÍTULO III – Execução orçamental

Artigo 42.º – **Princípios**

1 – As operações de execução do orçamento das receitas e das despesas obedecem ao princípio da segregação das funções de liquidação e de cobrança, quanto às primeiras, e de autorização da despesa, de autorização de pagamento e de pagamento, quanto às segundas.

2 – A segregação de funções a que se refere o número anterior pode estabelecer-se entre diferentes serviços ou entre diferentes agentes do mesmo serviço.

3 – Nenhuma receita pode ser liquidada ou cobrada, mesmo que seja legal, sem que, cumulativamente:

a) Tenha sido objecto de correcta inscrição orçamental;

b) Esteja adequadamente classificada.

4 – A liquidação e a cobrança podem, todavia, ser efectuadas para além dos valores previstos na respectiva inscrição orçamental.

32 *Legislação de Direito Financeiro*

5 – As dotações constantes do orçamento das despesas constituem o limite máximo a utilizar na realização destas.

6 – Nenhuma despesa pode ser autorizada ou paga sem que, cumulativamente:

a) O facto gerador da obrigação de despesa respeite as normas legais aplicáveis;

b) A despesa em causa disponha de inscrição orçamental, tenha cabimento na correspondente dotação, esteja adequadamente classificada e obedeça ao princípio da execução do orçamento por duodécimos, salvas, nesta última matéria, as excepções previstas na lei;

c) A despesa em causa satisfaça o princípio da economia, eficiência e eficácia.

7 – Salvo disposição legal em contrário, o cabimento a que se refere a alínea b) do número anterior afere-se pelas rubricas do nível mais desagregado da classificação económica e respeitando, se aplicável, o cabimento no programa, projecto ou actividade.

8 – O respeito pelos princípios da economia, eficiência e eficácia, a que se refere a alínea c) do n.º 6, deverá ser verificado, em particular, em relação às despesas que, pelo seu elevado montante, pela sua continuidade no tempo, uma vez iniciadas, ou por qualquer outro motivo envolvam um dispêndio significativo de dinheiros públicos.

9 – Para além dos requisitos exigíveis, a realização de qualquer despesa à qual esteja consignada determinada receita fica também condicionada à cobrança desta receita em igual montante.

ARTIGO 43.º – **Competência**

1 – O Governo define, por decreto-lei, as operações de execução orçamental da competência dos membros do Governo e dos dirigentes dos serviços sob sua direcção ou tutela.

2 – Em cada ano, o Governo estabelece, por decreto-lei, as disposições necessárias à execução da lei do Orçamento do Estado, incluindo o da segurança social respeitante ao ano em causa, sem prejuízo da aplicação imediata das normas desta lei que sejam exequíveis por si mesmas.

3 – Para efeitos do disposto no número anterior, o Governo deve aprovar num único decreto-lei as normas de execução do Orçamento do Estado, incluindo as relativas ao orçamento dos serviços integrados, aos orçamentos dos serviços e fundos autónomos e ao orçamento da segurança social.

4 – O disposto no número anterior não impede que, durante o ano económico, sejam aprovados outros decretos-leis de execução orçamental, sempre que tal se justifique.

I. Actividade Financeira

5 – O decreto-lei relativo à execução do orçamento dos serviços integrados, dos serviços e fundos autónomos e do orçamento da segurança social contém:
- *a)* A indicação das dotações orçamentais em relação às quais não será aplicável o regime dos duodécimos;
- *b)* A indicação das dotações orçamentais que ficam cativas e das condições a que fica condicionada a sua utilização, total ou parcial;
- *c)* A indicação das despesas ou pagamentos cuja autorização depende da intervenção dos serviços centrais incumbidos de coordenar e controlar globalmente a execução do orçamento dos serviços integrados e dos orçamentos dos serviços e fundos autónomos e a do orçamento da segurança social;
- *d)* Os prazos para autorização de despesas;
- *e)* As demais normas necessárias para execução do Orçamento do Estado e de cada um dos orçamentos por ele abrangidos.

6 – O decreto-lei a que se referem os n.ºs 2 e 5 é publicado até ao final do mês seguinte ao da entrada em vigor da lei do Orçamento do Estado.

Artigo 44.º – **Regimes de execução**

1 – A execução do orçamento das despesas subordina-se ao regime:
- *a)* De autonomia administrativa, na parte respeitante ao orçamento dos serviços integrados;
- *b)* De autonomia administrativa e financeira, na parte respeitante aos orçamentos dos serviços e fundos autónomos;
- *c)* Especial de execução do orçamento da segurança social.

2 – O disposto no presente capítulo é aplicável a todos os regimes de execução orçamental a que se refere o número anterior.

3 – A Lei de Bases da Contabilidade Pública estabelece as bases dos regimes de execução orçamental, de acordo com o disposto na presente lei.

Artigo 45.º – **Assunção de compromissos**

1 – Apenas podem ser assumidos compromissos de despesa após os competentes serviços de contabilidade exararem informação prévia de cabimento no documento de autorização da despesa em causa.

2 – Os compromissos que dêem origem a encargos plurianuais apenas podem ser assumidos mediante prévia autorização, a conceder por portaria conjunta dos Ministros das Finanças e da tutela, salvo se, alternativamente:
- *a)* Respeitarem a programas, medidas, projectos ou actividades constantes dos mapas XV e XVI da lei do Orçamento do Estado;

34 *Legislação de Direito Financeiro*

b) Os respectivos montantes não excederem, em cada um dos anos económicos seguintes, os limites e prazos estabelecidos, para este efeito, na lei.

3 – O primeiro ano da execução das despesas respeitantes aos compromissos plurianuais deve corresponder àquele em que é assumido o compromisso em causa, com as excepções legalmente previstas.

ARTIGO 46.º – **Execução do orçamento dos serviços integrados**

1 – A execução do orçamento dos serviços integrados é assegurada:
a) Na parte respeitante às receitas, pelos serviços que as liquidam e que zelam pela sua cobrança, bem como pela rede de cobranças do Tesouro;
b) Na parte respeitante às despesas, pelos membros do Governo e pelos dirigentes dos serviços, bem como pelo sistema de pagamentos do Tesouro.

2 – A lei define, em função das suas características ou montantes, as operações de execução orçamental, designadamente as autorizações de despesa que incumbem aos membros do Governo.

3 – No âmbito da gestão corrente dos serviços integrados, incumbem aos respectivos dirigentes e responsáveis pelos serviços de contabilidade as operações de execução orçamental, cabendo especialmente aos dirigentes a prática dos actos de autorização de despesa e de autorização de pagamento.

ARTIGO 47.º – **Execução do orçamento dos serviços e fundos autónomos**

1 – A execução dos orçamentos dos serviços e fundos autónomos incumbe aos respectivos dirigentes, sem prejuízo das autorizações de despesas que, nos termos da lei, devam ser concedidas pelos membros do Governo.

2 – A realização das despesas com a aquisição de bens e serviços ou a realização de empreitadas pelos serviços e fundos autónomos fica sujeita ao regime da contratação pública, salvas as excepções previstas nas normas comunitárias e na lei.

3 – Os serviços e fundos autónomos utilizam prioritariamente as suas receitas próprias não consignadas por lei a fins específicos para a cobertura das respectivas despesas.

4 – Só nos casos em que as receitas próprias a que se refere o número anterior se revelem insuficientes, os fundos e serviços autónomos procederão à cobertura das respectivas despesas através das transferências que recebam do orçamento dos serviços integrados ou dos orçamentos de outros serviços ou fundos autónomos.

I. Actividade Financeira

ARTIGO 48.° – **Execução do orçamento da segurança social**

1 – Incumbe ao Instituto de Gestão Financeira da Segurança Social a gestão global da execução do orçamento da segurança social, no respeito pelo disposto na presente lei e nas normas especificamente aplicáveis no âmbito do sistema.

2 – O Instituto de Gestão Financeira da Segurança Social só pode realizar operações de financiamento mediante autorização do Governo, a conceder através de despacho conjunto dos Ministros das Finanças e do Trabalho e da Solidariedade.

3 – Os saldos de gerência do orçamento da segurança social serão utilizados mediante prévia autorização a conceder pelo Governo, através de despacho conjunto dos Ministros das Finanças e do Trabalho e da Solidariedade.

4 – As cobranças das receitas e os pagamentos das despesas do sistema de segurança social são efectuados pelo Instituto de Gestão Financeira da Segurança Social que assume as competências de tesouraria única do sistema de segurança social em articulação com a Tesouraria do Estado.

5 – A execução do orçamento do sistema de segurança social tem por base os respectivos planos de tesouraria, elaborados pelo Instituto de Gestão Financeira da Segurança Social.

6 – As entradas e saídas de fundos do sistema de segurança social são efectuadas através do Instituto de Gestão Financeira da Segurança Social, directamente ou por intermédio de entidades colaboradoras, onde se mantêm depositados os seus excedentes e disponibilidades de tesouraria.

CAPÍTULO IV – **Alterações orçamentais**

SECÇÃO I – **Disposições gerais**

ARTIGO 49.° – **Regime geral**

1 – As alterações ao Orçamento do Estado obedecem ao disposto no presente capítulo.

2 – Sem prejuízo do disposto no número anterior, o articulado da lei do Orçamento do Estado pode estabelecer as regras complementares a que se subordinarão as alterações do orçamento em causa.

ARTIGO 50.° – **Leis de alteração orçamental**

1 – A estrutura e o conteúdo das leis de alteração orçamental obedecem ao disposto no capítulo II, cujas normas são aplicáveis com as necessárias adaptações.

2 – O Governo poderá definir por decreto-lei as regras que entender necessárias à aplicação do disposto no número anterior.

36 *Legislação de Direito Financeiro*

3 – As leis de alteração orçamental entram em vigor na data da sua publicação, salvo disposição em contrário delas constante.

Artigo 51.º – **Alterações orçamentais da competência do Governo**

1 – Competem ao Governo:
a) Todas as alterações aos desenvolvimentos orçamentais que não impliquem alterações dos mapas orçamentais de base, a que se refere o artigo 33.º;
b) As alterações orçamentais referentes a transição de saldos;
c) As demais alterações orçamentais que, de acordo com o disposto no presente capítulo, por ele devam ser efectuadas.

2 – O Governo pode reduzir ou anular quaisquer dotações orçamentais que careçam de justificação, desde que fiquem salvaguardadas as obrigações do Estado decorrentes de lei ou de contrato.

3 – O Governo define, por decreto-lei, as regras gerais a que obedecem as alterações orçamentais da sua competência.

4 – As alterações orçamentais que, nos termos da presente lei, sejam da competência do Governo podem também ser efectuadas pelos dirigentes dos serviços sob a sua direcção ou tutela, nos casos previstos no decreto-lei a que se refere o número anterior.

Artigo 52.º – **Publicação das alterações orçamentais**

Nos casos em que a respectiva publicidade não seja assegurada através da obrigatoriedade da publicação no *Diário da República* dos actos que as aprovam, as alterações orçamentais são divulgadas através da publicação no mesmo *Diário* dos mapas da lei do Orçamento do Estado modificados em virtude das alterações neles introduzidas durante o trimestre em causa:
a) Até ao final do mês seguinte a cada trimestre, no caso dos três primeiros trimestres do ano económico;
b) Até final do mês de Fevereiro, no caso do 4.º trimestre.

SECÇÃO II – **Alterações do orçamento das receitas**

Artigo 53.º – **Alterações do orçamento das receitas**

1 – Competem à Assembleia da República as alterações do orçamento das receitas dos serviços integrados, do orçamento de cada serviço ou fundo autónomo ou da segurança social que:
a) Sejam determinadas por alterações dos respectivos orçamentos das despesas, da competência da Assembleia da República;

I. Actividade Financeira 37

b) Envolvam um acréscimo dos respectivos limites do endividamento líquido fixados na lei do Orçamento do Estado.

2 – Competem ao Governo as alterações do orçamento das receitas não incluídas no número anterior.

SECÇÃO III – **Alterações do orçamento das despesas**

ARTIGO 54.° – **Orçamento por programas**

1 – Competem à Assembleia da República as alterações orçamentais que consistam na inscrição de novos programas.

2 – Competem à Assembleia da República as alterações orçamentais que consistam num aumento do montante total das despesas de cada programa, salvo o disposto no número seguinte.

3 – Competem ao Governo as alterações orçamentais a que se refere o número anterior, nos casos em que o aumento do montante total das despesas de cada programa tenha contrapartida:

a) Em aumento da previsão de receitas efectivas que estejam consignadas;

b) Em saldos de gerência ou de dotações de anos anteriores cuja utilização seja permitida por lei;

c) Na dotação provisional.

4 – São da competência da Assembleia da República as transferências de verbas entre diferentes programas, com excepção do disposto no número seguinte.

5 – São da competência do Governo as transferências de verbas:

a) Entre programas, desde que com o mesmo título e capítulo e se se mantiver a respectiva classificação funcional;

b) Entre as diversas medidas, projectos ou actividades num mesmo programa;

c) Decorrentes das transferências das competências de uma entidade gestora de um programa ou medida para outras entidades ou da sucessão destas nas competências da primeira;

d) Provenientes de medidas, projectos ou actividades existentes para novas medidas, projectos ou actividades a criar no decurso da execução do Orçamento do Estado.

6 – No caso das despesas inscritas no mapa XVI, as alterações dos montantes de cada título ou capítulo, bem como as que impliquem a transferência de verbas ou a supressão de dotações entre títulos ou capítulos, são da competência do Governo e poderão ser introduzidas, de acordo com os critérios definidos na lei anual do Orçamento, no âmbito de cada um dos programas orçamentais aprovados pela Assembleia da República, tendo em vista a sua plena realização.

7 – O disposto no presente artigo não prejudica as competências atribuídas ao Governo no âmbito das leis de programação.

38 *Legislação de Direito Financeiro*

ARTIGO 55.º – **Orçamento dos serviços integrados**

1 – Competem à Assembleia da República as alterações do orçamento dos serviços integrados:
   a) Que consistam num aumento do montante total de cada título ou capítulo;
   b) De natureza funcional.

2 – Competem ao Governo as alterações orçamentais a que se refere o número anterior, nos casos em que o aumento dos montantes totais das despesas em causa tenha contrapartida:
   a) Em aumento de receitas efectivas consignadas;
   b) Em saldos de dotações de anos anteriores cuja utilização seja permitida por lei;
   c) Em reforço ou inscrição de receitas de transferências provenientes dos orçamentos dos serviços e fundos autónomos ou do orçamento da segurança social;
   d) Na dotação provisional.

3 – São da competência da Assembleia da República as transferências de verbas do orçamento dos serviços integrados:
   a) Entre diferentes títulos ou capítulos;
   b) De natureza funcional.

4 – Competem ao Governo as transferências de verbas do orçamento dos serviços integrados:
   a) Entre diferentes títulos ou capítulos, nos casos em que as mesmas decorram de modificações das leis orgânicas do Governo ou dos ministérios ou da transferência ou sucessão de competências entre diferentes serviços;
   b) Entre diferentes títulos ou capítulos e de natureza funcional, nos casos em que aquelas sejam efectuadas com contrapartida na dotação provisional;
   c) Entre rubricas do mapa da classificação económica das despesas.

5 – Nos casos em que as modificações legislativas a que se refere a alínea *a*) do número anterior o exijam, o Governo pode inscrever novos títulos ou capítulos no mapa da classificação orgânica das despesas, para os quais efectuará as devidas transferências de verbas.

ARTIGO 56.º – **Orçamento dos serviços e fundos autónomos**

1 – Competem à Assembleia da República as alterações orçamentais que consistam no aumento do montante:
   a) Das despesas globais de cada serviço ou fundo autónomo;
   b) Das despesas de cada serviço ou fundo autónomo afectas a uma rubrica da classificação funcional.

2 – Competem ao Governo as alterações orçamentais a que se refere o número anterior, nos casos em que o aumento dos montantes das despesas em causa tenha contrapartida:

a) Em cobranças efectivas de receitas próprias do serviço ou fundo autónomo, que não provenham do recurso ao crédito, superiores aos valores previstos no respectivo orçamento;

b) Em saldos de gerência ou de dotações de anos anteriores cuja utilização seja permitida por lei;

c) Em reforço ou inscrição de receitas de transferências provenientes do orçamento dos serviços integrados, de outros serviços e fundos autónomos ou da segurança social;

d) Na dotação provisional.

3 – Competem à Assembleia da República as transferências de verbas no orçamento de cada serviço ou fundo autónomo que consistam em transferências de natureza funcional.

4 – Competem ao Governo as transferências de verbas no orçamento de cada serviço ou fundo autónomo, com excepção das previstas no número anterior.

ARTIGO 57.º – **Orçamento da segurança social**

1 – Competem à Assembleia da República as alterações do orçamento da segurança social que consistam num aumento do montante total das despesas, com excepção das referidas a prestações que constituam direitos dos beneficiários do sistema de segurança social.

2 – Competem ao Governo as alterações orçamentais decorrentes do aumento das despesas com as prestações referidas no número anterior.

3 – Competem, ainda, ao Governo as alterações orçamentais que consistam no aumento do montante total das despesas a que se refere o n.º 1 que tenham contrapartida em:

a) Aumento de receitas efectivas que lhe estejam consignadas;

b) Saldos de gerência ou de dotações de anos anteriores cuja utilização seja permitida por expressa determinação da lei;

c) Transferências de outros subsectores da Administração Pública.

4 – São da competência da Assembleia da República as transferências de verbas do orçamento da segurança social entre diferentes grandes funções ou funções no respeito pela adequação selectiva das fontes de financiamento consagrada na Lei de Bases do Sistema de Segurança Social.

5 – Competem ao Governo as transferências de verbas entre diferentes rubricas do mapa da classificação económica das despesas do orçamento da segurança social.

CAPÍTULO V – Controlo orçamental
e responsabilidade financeira

ARTIGO 58.º – **Controlo orçamental**

1 – A execução do Orçamento do Estado fica sujeita a controlo, nos termos da presente lei e da demais legislação aplicável, o qual tem por objecto a verificação da legalidade e da regularidade financeira das receitas e das despesas públicas, bem como a apreciação da boa gestão dos dinheiros e outros activos públicos e da dívida pública.

2 – A execução do Orçamento do Estado é objecto de controlo administrativo, jurisdicional e político.

3 – O controlo orçamental efectua-se prévia, concomitante e sucessivamente à realização das operações de execução orçamental.

4 – O controlo administrativo compete ao próprio serviço ou instituição responsável pela respectiva execução, aos respectivos serviços de orçamento e de contabilidade pública, às entidades hierarquicamente superiores, de superintendência ou de tutela e aos serviços gerais de inspecção e de controlo da Administração Pública.

5 – Os serviços ou instituições responsáveis pela execução orçamental e os respectivos serviços de orçamento e de contabilidade pública elaboram, organizam e mantêm em funcionamento sistemas e procedimentos de controlo interno das operações de execução do Orçamento, os quais poderão envolver, nos casos em que tal se justifique, o recurso a serviços de empresas de auditoria.

6 – O controlo jurisdicional da execução do Orçamento do Estado compete ao Tribunal de Contas e é efectuado nos termos da respectiva legislação.

7 – O controlo jurisdicional de actos de execução do Orçamento e a efectivação das responsabilidades não financeiras deles emergentes incumbem também aos demais tribunais, designadamente aos tribunais administrativos e fiscais e aos tribunais judiciais, no âmbito das respectivas competências.

8 – A execução do orçamento da segurança social está sujeita ao controlo orçamental previsto para o Orçamento do Estado, do qual faz parte integrante.

ARTIGO 59.º – **Controlo político**

1 – A Assembleia da República exerce o controlo político sobre a execução do Orçamento do Estado e efectiva as correspondentes responsabilidades políticas, nos termos do disposto na Constituição, no Regimento da Assembleia da República, na presente lei e na demais legislação aplicável.

2 – No exercício das suas funções de controlo da execução do Orçamento do Estado, compete à Assembleia da República, designadamente, tomar a Conta do Estado e acompanhar a execução orçamental, nos termos do disposto na presente lei.

I. Actividade Financeira 41

3 – O Governo envia tempestivamente à Assembleia da República todos os elementos informativos necessários para a habilitar a acompanhar e controlar, de modo efectivo, a execução do Orçamento do Estado, designadamente relatórios sobre:

a) A execução do Orçamento do Estado, incluindo o da segurança social;

b) A execução do orçamento consolidado das instituições do sector público administrativo;

c) As alterações orçamentais aprovadas pelo Governo;

d) As operações de gestão da dívida pública, o recurso ao crédito público e as condições específicas dos empréstimos públicos celebrados nos termos previstos na lei do Orçamento do Estado e na legislação relativa à emissão e gestão da dívida pública;

e) Os empréstimos concedidos e outras operações activas de crédito realizadas nos termos previstos na lei do Orçamento do Estado;

f) As garantias pessoais concedidas pelo Estado nos termos previstos na lei do Orçamento do Estado e na legislação aplicável, incluindo a relação nominal dos beneficiários dos avales e fianças concedidas pelo Estado, com explicitação individual dos respectivos valores, bem como do montante global em vigor;

g) Os fluxos financeiros entre Portugal e a União Europeia.

4 – Os elementos informativos a que se refere a alínea *a*) do número anterior são enviados, pelo Governo, à Assembleia da República mensalmente e os restantes trimestralmente, devendo, em qualquer caso, o respectivo envio efectuar-se nos 60 dias seguintes ao período a que respeitam.

5 – O Tribunal de Contas envia à Assembleia da República os relatórios finais referentes ao exercício das suas competências de controlo orçamental.

6 – A Assembleia da República pode solicitar ao Governo, nos termos previstos na Constituição e no Regimento da Assembleia da República, a prestação de quaisquer informações suplementares sobre a execução do Orçamento do Estado, para além das previstas no n.º 1, devendo essas informações ser prestadas em prazo não superior a 60 dias.

7 – A Assembleia da República pode solicitar ao Tribunal de Contas:

a) Informações relacionadas com as respectivas funções de controlo financeiro, a prestar, nomeadamente, mediante a presença do presidente do Tribunal de Contas ou de relatores em sessões de comissão, nomeadamente de inquérito, ou pela colaboração técnica de pessoal dos serviços de apoio do Tribunal;

b) Relatórios intercalares sobre os resultados do controlo da execução do Orçamento do Estado ao longo do ano;

c) Quaisquer esclarecimentos necessários à apreciação do Orçamento do Estado e do parecer sobre a Conta Geral do Estado.

8 – Sempre que se justifique, o Tribunal de Contas pode comunicar à Assembleia da República as informações por ele obtidas no exercício das suas competências de controlo da execução orçamental.

Artigo 60.º – **Orientação da política orçamental**

1 – Em cada sessão legislativa, durante o mês de Maio e em Plenário da Assembleia da República, terá lugar um debate de política geral, iniciado com uma intervenção do Governo sobre a orientação da política orçamental.

2 – O debate incide, designadamente, sobre a avaliação das medidas e resultados da política global e sectorial com impacte orçamental, as orientações gerais de política económica, especialmente no âmbito da União Europeia, a execução orçamental, a evolução das finanças públicas e a orientação da despesa pública a médio prazo e as futuras medidas da política global e sectorial.

3 – Para cumprimento do disposto nos números anteriores, o Governo apresenta à Assembleia da República, até 30 de Abril, além das Grandes Opções do Plano, um relatório contendo, designadamente:

a) As orientações gerais de política económica e, em especial, as orientações de finanças públicas específicas para Portugal no âmbito da União Europeia;

b) A avaliação da consolidação orçamental no contexto da União Europeia;

c) A evolução macroeconómica recente e as previsões no âmbito da economia nacional e da economia internacional;

d) A evolução recente das finanças públicas, com destaque para a análise das contas que serviram de base à última notificação relativa aos défices excessivos;

e) A execução orçamental no 1.º trimestre do respectivo ano;

f) A evolução das finanças públicas e a orientação da despesa pública a médio prazo, incluindo as projecções dos principais agregados orçamentais para os próximos três anos.

4 – O debate de orientação da política orçamental é sujeito a perguntas dos grupos parlamentares e inclui um debate generalizado, encerrado pelo Governo.

Artigo 61.º – **Apreciação da revisão do Programa de Estabilidade e Crescimento**

1 – O Governo submete à apreciação da Assembleia da República a revisão anual do Programa de Estabilidade e Crescimento, efectuada de acordo com a regulamentação comunitária.

2 – A Assembleia da República procede à apreciação a que se refere o número anterior no prazo de 10 dias úteis a contar da data da apresentação na Assembleia.

I. Actividade Financeira 43

3 – O Governo envia à Assembleia da República a revisão final do Programa de Estabilidade e Crescimento, antes de o entregar definitivamente ao Conselho e à Comissão.

ARTIGO 62.º – **Controlo da despesa pública**

1 – As despesas dos organismos referidos no n.º 1 do artigo 2.º deverão ser sujeitas a auditoria externa, pelo menos de oito em oito anos, abrangendo a avaliação da missão e objectivos do organismo, bem como a economia, eficiência e eficácia da despesa correspondente.

2 – O sistema e os procedimentos de controlo interno das operações de execução do Orçamento a que se refere o n.º 5 do artigo 58.º devem ser sujeitos a auditoria no quadro do funcionamento do Sistema de Controlo Interno (SCI), à luz dos respectivos princípios de coordenação e tendo presentes os princípios de auditoria internacionalmente consagrados.

3 – O Governo informará a Assembleia da República dos programas de auditorias que promoverá por sua iniciativa no ano em curso, para efeitos de cumprimento do disposto nos n.os 1 e 2, acompanhados dos respectivos termos de referência.

4 – Em acréscimo ao disposto no número anterior, a Assembleia da República determinará em cada ano ao Governo duas auditorias suplementares para os efeitos previstos no n.º 1 e solicitará ao Tribunal de Contas a auditoria de dois organismos do Sistema de Controlo Interno (SCI), para os efeitos previstos no n.º 2.

5 – Os resultados das auditorias a que se referem os n.os 3 e 4 devem ser enviados à Assembleia da República no prazo de um ano, prorrogável até 18 meses, por razões devidamente justificadas.

6 – O Governo responde em 60 dias às recomendações da Assembleia da República que incidirem sobre as auditorias referidas nos n.os 4 e 5.

ARTIGO 63.º – **Sistemas e procedimentos do controlo interno**

O Governo envia à Assembleia da República, acompanhando o relatório da Conta Geral do Estado, uma informação sobre os resultados do funcionamento do sistema e dos procedimentos do controlo interno das operações de execução do orçamento a que se refere o n.º 5 do artigo 58.º, especificando o respectivo impacte financeiro.

ARTIGO 64.º – **Gestão por objectivos**

1 – Os orçamentos e contas dos organismos a que se refere o n.º 1 do artigo 2.º devem ser objecto de uma sistematização complementar por objectivos, considerando a definição das actividades a desenvolver por cada organismo e respectivos centros de custos e tendo em conta a totalidade dos recursos envolvidos, incluindo os de capital, visando fundamentar as decisões sobre a reorientação e o controlo da despesa pública:

44 *Legislação de Direito Financeiro*

a) No conhecimento da missão, objectivos e estratégia do organismo;
b) Na correcta articulação de cada área de actividade em relação aos objectivos;
c) Na responsabilização dos agentes empenhados na gestão das actividades pela concretização dos objectivos e bom uso dos recursos que lhes estão afectos;
d) Na identificação de actividades redundantes na cadeia de valor do organismo a justificada reafectação dos recursos nelas consumidos.

2 – Os desenvolvimentos por objectivo devem ser introduzidos faseadamente, acompanhando a proposta de lei do Orçamento do Estado e a Conta Geral do Estado a título informativo, enquanto a lei não dispuser de outro modo.

3 – Os trabalhos preparatórios e os progressos registados na aplicação da sistematização por objectivos devem ser objecto de especial menção no debate a que se refere o n.° 1 do artigo 60.°

ARTIGO 65.° – **Cooperação entre as instâncias de controlo**

Sem prejuízo das respectivas competências fixadas na Constituição e na lei, os órgãos e serviços encarregados do controlo interno e externo da execução do Orçamento do Estado cooperam entre si, tendo em vista o melhor desempenho das suas funções.

ARTIGO 66.° – **Controlo cruzado**

1 – As instâncias de controlo, a que se refere o artigo 58.°, dispõem de poderes de controlo sobre quaisquer entidades, públicas ou privadas, nos casos em que estas beneficiem de subvenções ou outros auxílios financeiros concedidos através do Orçamento do Estado ou aqueles poderes se mostrem imprescindíveis ao controlo, por via indirecta e cruzada, da execução orçamental.

2 – O controlo cruzado será efectuado apenas nos casos em que se revele indispensável e na medida estritamente necessária ao controlo da execução orçamental e à fiscalização da legalidade, regularidade e correcção económica e financeira da aplicação dos dinheiros e outros activos públicos.

ARTIGO 67.° – **Informação a prestar pelos serviços e fundos autónomos**

1 – Com o objectivo de permitir uma informação consolidada do conjunto do sector público administrativo, os serviços e fundos autónomos devem remeter ao Ministério das Finanças, nos termos e com a periodicidade a definir no decreto--lei de execução orçamental, os seguintes elementos:

a) Informação completa sobre os saldos de depósitos ou de outras aplicações financeiras e respectivas remunerações;

I. Actividade Financeira 45

b) Informação completa sobre as operações de financiamento, nomeadamente empréstimos e amortizações efectuados, bem como as previstas até ao final de cada ano;

c) Contas da sua execução orçamental, donde constem os compromissos assumidos, os processamentos efectuados e os montantes pagos, bem como a previsão actualizada da execução orçamental para todo o ano e os balancetes que evidenciem as contas das classes de disponibilidades e de terceiros, no caso de organismos que utilizem a contabilidade patrimonial;

d) Relatório de execução orçamental;

e) Dados referentes á situação da dívida e dos activos expressos em títulos de dívida pública;

f) Documentos de prestação de contas.

2 – Nos termos a estabelecer pelo diploma referido no número anterior, podem ser solicitados a todo o tempo aos serviços e fundos autónomos outros elementos de informação não referidos neste artigo destinados ao acompanhamento da respectiva gestão orçamental.

ARTIGO 68.º – **Informação a prestar pelos municípios e Regiões Autónomas**

Com o objectivo de permitir uma informação consolidada do conjunto do sector público administrativo, os municípios e as Regiões Autónomas devem remeter ao Ministério das Finanças, nos termos e com a periodicidade a definir no decreto-lei de execução orçamental, os seguintes elementos:

a) Orçamentos, contas trimestrais e contas anuais;

b) Informação sobre a dívida contraída e sobre os activos expressos em títulos da dívida pública.

ARTIGO 69.º – **Informação a prestar pelo Instituto de Gestão Financeira da Segurança Social**

Com o objectivo de permitir uma informação consolidada do conjunto do sector público administrativo, o Instituto de Gestão Financeira da Segurança Social deve remeter ao Ministério das Finanças, nos termos e com a periodicidade a definir no decreto-lei de execução orçamental, os elementos sobre a execução do orçamento da segurança social.

ARTIGO 70.º – **Responsabilidade pela execução orçamental**

1 – Os titulares de cargos políticos respondem política, financeira, civil e criminalmente pelos actos e omissões que pratiquem no âmbito do exercício das suas funções de execução orçamental, nos termos da Constituição e demais legislação aplicável, a qual tipifica as infracções criminais e financeiras, bem como as respectivas sanções, conforme sejam ou não cometidas com dolo.

2 – Os funcionários e agentes são responsáveis disciplinar, financeira, civil e criminalmente pelos seus actos e omissões de que resulte violação das normas de execução orçamental, nos termos do artigo 271.º da Constituição e da legislação aplicável.

ARTIGO 71.º – **Responsabilidade financeira**

Sem prejuízo das formas próprias de efectivação das restantes modalidades de responsabilidade a que se refere o artigo anterior, a responsabilidade financeira é efectivada pelo Tribunal de Contas, nos termos da respectiva legislação.

ARTIGO 72.º – **Remessa do parecer do Tribunal de Contas**

Para efeitos da efectivação de eventuais responsabilidades financeiras ou criminais decorrentes da execução do Orçamento do Estado, o Plenário da Assembleia da República pode deliberar remeter às entidades competentes o parecer do Tribunal de Contas sobre a Conta Geral do Estado, quer esta seja ou não aprovada.

TÍTULO IV – Contas

ARTIGO 73.º – **Conta Geral do Estado**

1 – O Governo deve apresentar à Assembleia da República a Conta Geral do Estado, incluindo a da segurança social, até 30 de Junho do ano seguinte àquele a que respeite.

2 – A Assembleia da República aprecia e aprova a Conta Geral do Estado, incluindo a da segurança social, precedendo parecer do Tribunal de Contas, até 31 de Dezembro seguinte e, no caso de não aprovação, determina, se a isso houver lugar, a efectivação da correspondente responsabilidade.

3 – O parecer do Tribunal de Contas será acompanhado das respostas dos serviços e organismos às questões que esse órgão lhes formular.

4 – A Conta Geral do Estado inclui o relatório, os mapas contabilísticos gerais, os agrupamentos de contas e os elementos informativos.

Artigo 74.º – **Relatório**

O relatório contém a apresentação da Conta Geral do Estado e a análise dos principais elementos relativos aos seguintes aspectos:

a) Evolução dos principais agregados macroeconómicos durante o período da execução orçamental;

b) Evolução da situação financeira do Estado, incluindo a dos serviços e fundos autónomos e a da segurança social;

I. Actividade Financeira 47

c) Execução e alterações do Orçamento do Estado, incluindo o da segurança social;
d) Outras matérias relevantes para a apresentação e justificação da Conta Geral do Estado.

ARTIGO 75.º – **Mapas contabilísticos gerais**

1 – A Conta Geral do Estado compreende mapas contabilísticos gerais referentes à:
a) Execução orçamental;
b) Situação de tesouraria;
c) Situação patrimonial;
d) Conta dos fluxos financeiros do Estado.

2 – Os mapas referentes à execução orçamental são os seguintes:

Mapas I a XIX – de acordo com o disposto no n.º 7;

Mapa XX – contas das receitas e das despesas do subsector dos serviços integrados;

Mapa XXI – conta consolidada das receitas e das despesas dos serviços e fundos autónomos;

Mapa XXII – conta consolidada das receitas e das despesas do sistema de segurança social;

Mapa XXIII – conta consolidada do Estado, incluindo a do sistema de segurança social.

3 – Os mapas referentes à situação de tesouraria são os seguintes:

Mapa XXIV – cobranças e pagamentos orçamentais;

Mapa XXV – reposições abatidas nos pagamentos;

Mapa XXVI – movimentos e saldos das contas na Tesouraria do Estado;

Mapa XXVII – movimentos e saldos nas caixas da Tesouraria do Estado;

Mapa XXVIII-A – movimentos e saldos das contas na tesouraria do sistema de segurança social;

Mapa XXVII-B – movimentos e saldos nas caixas da tesouraria do sistema de segurança social.

4 – Os mapas referentes à situação patrimonial são os seguintes:

Mapa XXVIII – aplicação do produto de empréstimos;

Mapa XXIX – movimento da dívida pública;

Mapa XXX – balanço e demonstração de resultados do subsector dos serviços integrados;

Mapa XXXI – balanço e demonstração de resultados dos serviços e fundos autónomos;

Mapa XXXII – balanço e demonstração de resultados do sistema de solidariedade e segurança social.

48   *Legislação de Direito Financeiro*

5 – O mapa XXXIII é referente à conta dos fluxos financeiros dos serviços integrados do Estado.

6 – A apresentação dos mapas XXX a XXXI, previstos no n.º 4, apenas será obrigatória quando todos os serviços a que se referem tiverem adoptado o Plano Oficial de Contabilidade Pública, devendo os balanços apresentados nos mapas XXX a XXXII distinguir o património dos serviços e instituições abrangidos do património afecto por ou a outros serviços e instituições.

7 – Sem prejuízo do que o Governo estabelecer quanto ao conteúdo mínimo dos mapas contabilísticos gerais, a estrutura dos mapas I a XIX será idêntica à dos correspondentes mapas orçamentais, devendo o seu conteúdo, bem como o dos restantes mapas, evidenciar, conforme os casos, as principais regras contabilísticas utilizadas na execução das receitas e das despesas, nomeadamente as que se referem a excepções à regra da não compensação e da não consignação.

ARTIGO 76.º – **Elementos informativos**

1 – A Conta Geral do Estado compreende elementos informativos, apresentados sob a forma de mapas, referentes:

a) Em comum, às contas dos subsectores dos serviços integrados, dos serviços e fundos autónomos e do sistema de segurança social;
b) À conta do subsector dos serviços integrados;
c) À conta do subsector dos serviços e fundos autónomos;
d) À conta do sistema de segurança social.

2 – Os elementos informativos referentes, em comum, às contas do subsector dos serviços integrados, do subsector dos serviços e fundos autónomos e do sistema de segurança social são os seguintes:

a) Identificação das garantias pessoais do Estado, dos serviços e fundos autónomos e do sistema de segurança social;
b) Montante global dos auxílios financeiros a particulares;
c) Montante global das indemnizações pagas a particulares;
d) Créditos satisfeitos por dação em pagamento ou por compensação;
e) Créditos objecto de consolidação, alienação, conversão em capital ou qualquer outra forma de mobilização;
f) Créditos extintos por confusão;
g) Créditos extintos por prescrição;
h) Créditos anulados por força de decisão judicial ou por qualquer outra razão.

3 – Os elementos informativos referentes à conta do subsector dos serviços integrados são os seguintes:

a) Alterações orçamentais;

I. Actividade Financeira

b) Desdobramento das coberturas em receita das alterações orçamentais;
c) Receitas cobradas, especificadas de acordo com a classificação económica, comparadas com as orçamentadas e com as cobradas no ano económico anterior;
d) Despesas pagas, especificadas de acordo com a classificação económica, comparadas com as do ano económico anterior;
e) Despesas pagas, especificadas de acordo com a classificação funcional, comparadas com as do ano económico anterior;
f) Despesas sem receita consignada, comparadas com as do ano económico anterior;
g) Despesas com receita consignada, comparadas com as do ano económico anterior;
h) Despesas cruzadas pelas diversas classificações orçamentais;
i) Desenvolvimentos das despesas;
j) Mapa dos compromissos assumidos.

4 – Os elementos informativos referentes à conta do subsector dos serviços e fundos autónomos são os seguintes:
a) Alterações orçamentais;
b) Receitas cobradas, especificadas de acordo com a classificação económica, comparadas com as orçamentadas e com as cobradas no ano económico anterior;
c) Despesas pagas, especificadas de acordo com a classificação económica, comparadas com as do ano económico anterior;
d) Despesas pagas, especificadas de acordo com a classificação funcional, comparadas com as do ano económico anterior;
e) Despesas cruzadas pelas diversas classificações orçamentais;
f) Discriminação das receitas e das despesas dos serviços e fundos autónomos;
g) Mapa dos compromissos assumidos.

5 – Os elementos informativos referentes à conta do sistema de segurança social são os seguintes:
a) Alterações orçamentais;
b) Receitas cobradas, especificadas de acordo com a classificação económica, comparadas com as orçamentadas e com as cobradas no ano económico anterior;
c) Despesas pagas, especificadas de acordo com a classificação económica, comparadas com as do ano económico anterior;
d) Despesas pagas, especificadas de acordo com a classificação funcional, comparadas com as do ano económico anterior;
e) Despesas cruzadas pelas diversas classificações orçamentais;
f) Mapa dos compromissos assumidos.

50   *Legislação de Direito Financeiro*

6 – Os elementos informativos relativos aos programas orçamentais concluídos no ano evidenciam a despesa orçamental paga relativa a cada programa, medida e projecto.

7 – Para além dos elementos informativos previstos nos números anteriores, a Conta Geral do Estado deverá conter todos os demais elementos que se mostrem adequados a uma prestação clara e completa das contas públicas.

8 – A apresentação dos elementos relativos a compromissos assumidos apenas será obrigatória quando todos os serviços a que se referem tiverem adoptado o Plano Oficial de Contabilidade Pública.

9 – O Governo definirá, por decreto-lei, o conteúdo mínimo dos elementos informativos.

ARTIGO 77.º – **Apresentação das contas**

1 – As contas dos serviços integrados e dos serviços e fundos autónomos são também prestadas, até 30 de Abril do ano seguinte àquele a que respeitam, ao Ministro das Finanças e ao respectivo ministro da tutela.

2 – A falta injustificada da prestação de contas a que se refere o número anterior constitui:

a) Infracção financeira, punível com multa de valor igual ao previsto nos n.ᵒˢ 2, 3 e 4 do artigo 65.º da Lei n.º 98/97, de 26 de Agosto, pela qual são responsáveis os dirigentes dos serviços em causa;

b) Fundamento de recusa dos pedidos de requisição de fundos, de libertação de créditos e de autorização de pagamentos relativamente ao orçamento em execução, apresentados pelo serviço em causa, enquanto permanecer a situação de atraso.

ARTIGO 78.º – **Conta da Assembleia da República**

1 – O relatório e a conta da Assembleia da República são elaborados pelo conselho de administração, até 31 de Março do ano seguinte àquele a que respeitam.

2 – A conta da Assembleia da República é enviada, até 30 de Abril do ano seguinte àquele a que respeita, ao Governo, para efeitos da sua integração na Conta Geral do Estado.

ARTIGO 79.º – **Conta do Tribunal de Contas**

Depois de aprovada, a conta do Tribunal de Contas é remetida, até 30 de Abril do ano seguinte àquele a que respeita, à Assembleia da República, para informação, e ao Governo, para efeitos da sua integração na Conta Geral do Estado.

I. Actividade Financeira

ARTIGO 80.º – **Publicação**

Depois de aprovada pela Assembleia da República, a Conta Geral do Estado é publicada no *Diário da República*, nos termos a definir pelo Governo, que definirá igualmente o regime de publicação das contas próprias e dos elementos informativos, bem como a informação susceptível de ser publicada apenas em suporte informático.

ARTIGO 81.º – **Contas provisórias**

1 – O Governo faz publicar, no *Diário da República*, no prazo de 45 dias após o final de cada trimestre, contas provisórias respeitantes aos trimestres decorridos.

2 – As contas a que se refere o número anterior contêm, pelo menos, os seguintes elementos:

a) Mapas correspondentes aos mapas XXVI e XXVIII;
b) Resumos dos mapas XXVI e XXVIII;
c) Mapa correspondente ao mapa I;
d) Mapa apresentando a comparação, até ao nível dos artigos da classificação económica, entre as receitas do conjunto dos serviços integrados liquidadas e cobradas no período em causa e no período homólogo do ano anterior;
e) Mapas das despesas do subsector dos serviços integrados, especificadas por título da classificação orgânica, indicando os respectivos montantes dos duodécimos, das autorizações de pagamento e dos pagamentos;
f) Mapa do desenvolvimento das despesas do subsector dos serviços integrados, especificadas por capítulo da classificação orgânica, comparando os montantes dos respectivos duodécimos com os das correspondentes autorizações de pagamento expedidas no período em causa;
g) Mapas correspondentes aos mapas XXI e XXII.

TÍTULO V – **Estabilidade orçamental**

CAPÍTULO I – **Objecto e âmbito**

ARTIGO 82.º – **Objecto**

1 – O presente título contém os princípios e os procedimentos específicos a que devem obedecer a aprovação e execução dos orçamentos de todo o sector público administrativo, em matéria de estabilidade orçamental.

2 – No âmbito da estabilidade orçamental, o presente título destina-se a cumprir as obrigações decorrentes do artigo 104.º do Tratado que institui a Comunidade Europeia e do Pacto de Estabilidade e Crescimento, até à plena realização deste, e concretiza o disposto na parte final do n.º 5 do artigo 2.º, no n.º 2 do artigo 4.º e na alínea *b*) do artigo 17.º da presente lei.

Artigo 83.º – **Âmbito**

O presente título aplica-se ao Orçamento do Estado e aos orçamentos das Regiões Autónomas e das autarquias locais, sem prejuízo do princípio da independência orçamental estabelecido no n.º 2 do artigo 5.º da presente lei.

CAPÍTULO II – Estabilidade orçamental

Artigo 84.º – **Princípios da estabilidade orçamental, da solidariedade recíproca e da transparência orçamental**

1 – Os subsectores que constituem o sector público administrativo, bem como os organismos que os integram, estão sujeitos, na aprovação e execução dos seus orçamentos, aos princípios da estabilidade orçamental, da solidariedade recíproca e da transparência orçamental.

2 – A estabilidade orçamental consiste numa situação de equilíbrio ou excedente orçamental, calculada de acordo com a definição constante do Sistema Europeu de Contas Nacionais e Regionais, nas condições estabelecidas para cada um dos subsectores.

3 – O princípio da solidariedade recíproca obriga todos os subsectores do sector público administrativo, através dos seus organismos, a contribuírem proporcionalmente para a realização do princípio da estabilidade orçamental, de modo a evitar situações de desigualdade.

4 – O princípio da transparência orçamental implica a existência de um dever de informação entre as entidades públicas, por forma a garantir a estabilidade orçamental e a solidariedade recíproca.

Artigo 85.º – **Conselho de Coordenação Financeira do Sector Público Administrativo**

1 – É criado, junto do Ministério das Finanças, com natureza consultiva, o Conselho de Coordenação Financeira do Sector Público Administrativo.

2 – Compete ao Conselho:

a) Apreciar a adequação da situação e das políticas financeiras dos diversos subsectores do sector público administrativo à evolução da

I. Actividade Financeira 53

economia e às obrigações de estabilidade assumidas pelo Estado Português;

b) Promover a articulação entre os orçamentos das instituições dos diversos subsectores do sector público administrativo;

c) Apreciar os documentos orientadores da política financeira apresentados pelo Estado Português às instâncias europeias, a programação financeira plurianual dos diversos subsectores e qualquer medida com repercussões financeiras das instituições que os integram;

d) Emitir recomendações sobre quaisquer aspectos da actividade financeira das instituições dos diversos subsectores que, pelas suas características, careçam de uma acção coordenada.

3 – O Conselho tem a seguinte composição:

a) O Ministro das Finanças, que preside;

b) Os ministros responsáveis pelas áreas da administração do território, da segurança social e da saúde;

c) Os secretários dos Governos Regionais dos Açores e da Madeira responsáveis pela área das finanças;

d) Os presidentes da Associação Nacional de Municípios Portugueses e da Associação Nacional de Freguesias.

ARTIGO 86.° – **Objectivos e medidas de estabilidade orçamental**

1 – A aprovação e a execução dos orçamentos de todos os organismos do sector público administrativo são obrigatoriamente efectuadas de acordo com as medidas de estabilidade orçamental a inserir na lei do Orçamento, em conformidade com objectivos devidamente identificados para cada um dos subsectores, para cumprimento do Programa de Estabilidade e Crescimento.

2 – Os objectivos e medidas a que se refere o número anterior são integrados no elemento informativo previsto na alínea b) do n.° 1 do artigo 37.° da presente lei, o qual constitui um instrumento de gestão previsional que contém a programação financeira plurianual necessária para garantir a estabilidade orçamental.

3 – As medidas de estabilidade devem incluir a fixação dos limites de endividamento e do montante das transferências, nos termos dos artigos 87.° e 88.° da presente lei.

4 – A justificação das medidas de estabilidade consta do relatório da proposta de lei do Orçamento e inclui, designadamente, a justificação do cumprimento do Programa de Estabilidade e Crescimento e a sua repercussão nos orçamentos do sector público administrativo.

54   *Legislação de Direito Financeiro*

ARTIGO 87.º – **Equilíbrio orçamental e limites de endividamento**

1 – Em cumprimento das obrigações de estabilidade orçamental decorrentes do Programa de Estabilidade e Crescimento, a lei do Orçamento estabelece limites específicos de endividamento anual da administração central do Estado, das Regiões Autónomas e das autarquias locais, compatíveis com o saldo orçamental calculado para o conjunto do sector público administrativo.

2 – Os limites de endividamento a que se refere o número anterior podem ser inferiores aos que resultariam das leis financeiras especialmente aplicáveis a cada subsector.

ARTIGO 88.º – **Transferências do Orçamento do Estado**

1 – Para assegurar o estrito cumprimento dos princípios da estabilidade orçamental e da solidariedade recíproca, decorrentes do artigo 104.º do Tratado que institui a Comunidade Europeia e do Pacto de Estabilidade e Crescimento, a lei do Orçamento pode determinar transferências do Orçamento do Estado de montante inferior àquele que resultaria das leis financeiras especialmente aplicáveis a cada subsector, sem prejuízo dos compromissos assumidos pelo Estado no âmbito do sistema de solidariedade e de segurança social.

2 – A possibilidade de redução prevista no número anterior depende sempre da verificação de circunstâncias excepcionais imperiosamente exigidas pela rigorosa observância das obrigações decorrentes do Programa de Estabilidade e Crescimento e dos princípios da proporcionalidade, não arbítrio e solidariedade recíproca e carece de audição prévia dos órgãos constitucional e legalmente competentes dos subsectores envolvidos.

ARTIGO 89.º – **Prestação de informação**

O Governo presta à Assembleia da República toda a informação necessária ao acompanhamento e fiscalização da execução orçamental e, bem assim, toda a informação que se revele justificada para a fixação na lei do Orçamento do Estado dos limites específicos de endividamento anual da administração central, das Regiões Autónomas e das autarquias locais.

CAPÍTULO III – **Garantias da estabilidade orçamental**

ARTIGO 90.º – **Verificação do cumprimento do princípio da estabilidade orçamental**

1 – A verificação do cumprimento das exigências da estabilidade orçamental é feita pelos órgãos competentes para o controlo orçamental, nos termos da presente lei.

2 – O Governo apresentará, no relatório da proposta de lei do Orçamento do Estado, as informações necessárias sobre a concretização das medidas de estabilidade orçamental respeitantes ao ano económico anterior, em cumprimento do Programa de Estabilidade e Crescimento.

Artigo 91.º – **Dever de informação**

1 – O Ministro das Finanças pode exigir dos organismos que integram o sector público administrativo uma informação pormenorizada e justificada da observância das medidas e procedimentos que têm de cumprir nos termos da presente lei.

2 – Sempre que se verifique qualquer circunstância que envolva o perigo de ocorrência, no orçamento de qualquer dos organismos que integram o sector público administrativo, de uma situação orçamental incompatível com o cumprimento das medidas de estabilidade a que se refere o artigo 86.º, o respectivo organismo deve remeter imediatamente ao Ministério das Finanças uma informação pormenorizada e justificada acerca do ocorrido, identificando as receitas e despesas que as originaram, e uma proposta de regularização da situação verificada.

3 – O Ministro das Finanças pode solicitar ao Banco de Portugal e a todas as instituições de crédito e sociedades financeiras toda a informação que recaia sobre qualquer organismo do sector público administrativo e que considere pertinente para a verificação do cumprimento da presente lei.

Artigo 92.º – **Incumprimento das normas do presente título**

1 – O incumprimento das regras e procedimentos previstos no presente título constitui sempre uma circunstância agravante da inerente responsabilidade financeira.

2 – A verificação do incumprimento a que se refere o número anterior é comunicada de imediato ao Tribunal de Contas.

3 – Tendo em vista o estrito cumprimento das obrigações decorrentes do artigo 104.º do Tratado que institui a Comunidade Europeia e do Pacto de Estabilidade e Crescimento em matéria de estabilidade orçamental, pode suspender-se a efectivação das transferências do Orçamento do Estado, em caso de incumprimento do dever de informação estabelecido no artigo anterior e até que a situação criada tenha sido devidamente sanada.

4 – Por efeito do não cumprimento dos limites específicos de endividamento que se prevêem no artigo 87.º, a lei do Orçamento pode determinar a redução, na proporção do incumprimento, das transferências a efectuar, após audição prévia dos órgãos constitucional e legalmente competentes dos subsectores envolvidos.

TÍTULO VI – **Disposições finais**

ARTIGO 93.º – **Serviços e fundos autónomos**

1 – Os serviços e fundos autónomos, cujo regime de autonomia administrativa e financeira não decorra de imperativo constitucional e da sua integração nas áreas do Serviço Nacional de Saúde e regulação e supervisão, que, nos anos económicos de 2000 e 2001, não tiverem tido pelo menos dois terços de receitas próprias relativamente às suas despesas totais passarão ao regime de autonomia meramente administrativa, nos termos que vierem a ser definidos na lei do Orçamento e no decreto-lei de execução orçamental para 2003.

2 – Os organismos especialmente competentes para a gestão dos fundos comunitários podem manter o seu actual regime de autonomia, se isso se revelar indispensável àquela gestão.

ARTIGO 94.º – **Autonomia administrativa e financeira das universidades e dos institutos politécnicos**

O disposto na presente lei não prejudica a possibilidade de as universidades e os institutos politécnicos, bem como as suas unidades orgânicas, disporem de um regime especial de autonomia administrativa e financeira, nos termos estabelecidos nas respectivas leis de autonomia e legislação complementar.

ARTIGO 95.º – **Legislação complementar**

Até ao final do ano de 2002 o Governo deve aprovar as normas complementares necessárias à boa execução do disposto na presente lei.

ARTIGO 96.º – **Norma revogatória**

São revogadas a Lei n.º 6/91, de 20 de Fevereiro, e todas as normas, ainda que de carácter especial, que contrariem o disposto na presente lei, sem prejuízo do disposto no artigo seguinte.

ARTIGO 97.º – **Disposição transitória**

1 – Os processos de organização, elaboração, apresentação, discussão, votação, alteração e execução da fiscalização e responsabilidade orçamental relativos aos Orçamentos do Estado e contas anteriores aos de 2003 continuam a reger-se pela legislação a que se refere o artigo 96.º

2 – O disposto no número anterior é igualmente aplicável durante o período em que o Orçamento do Estado, incluindo o da segurança social, respeitante ao

ano económico em curso vigore no ano de 2003, por a sua vigência ter sido prorrogada nos termos da legislação a que se refere o artigo 96.º

3 – Não são de aplicação obrigatória à preparação, elaboração e apresentação do Orçamento do Estado para 2003 as disposições dos artigos 18.º a 20.º da presente lei.

4 – O disposto no título V aplica-se aos orçamentos para 2003 e vigora até à plena realização do Pacto de Estabilidade e Crescimento.

Aprovada em 28 de Junho de 2001.
O Presidente da Assembleia da República, *António de Almeida Santos.*

Promulgada em 4 de Agosto de 2001.
Publique-se.
O Presidente da República, JORGE SAMPAIO.

Referendada em 9 de Agosto de 2001
O Primeiro-Ministro, em exercício, *Jaime José Matos da Gama*

2. Alterações orçamentais da competência do Governo

Decreto-Lei n.º 71/95, de 15 de Abril

No quadro da reforma da administração financeira do Estado, a revisão constitucional de 1989 e a Lei n.º 6/91, de 20 de Fevereiro, modificaram significativamente o regime das alterações orçamentais anteriormente vigente.

É agora possível organizar todo o Orçamento do Estado por programas, a aprovar pela Assembleia da República, sendo, neste âmbito, atribuída ao Governo competência para autorizar, de acordo com critérios materiais a definir anualmente na Lei do Orçamento, as alterações entre dotações de despesa integradas nos programas aprovados.

Por outro lado, é também atribuída ao Governo competência para autorizar as alterações nos orçamentos dos serviços e fundos autónomos que não envolvam recurso ao crédito para além dos limites fixados na lei anual do Orçamento.

Deste modo, há necessidade de substituir o Decreto-Lei n.º 46/84, de 4 de Fevereiro, que disciplinava as alterações da competência do Governo, tendo em vista os seguintes objectivos principais:

- Sintetizar as regras gerais básicas a que devem obedecer as alterações;
- Clarificar a competência dos dirigentes dos serviços e organismos, prevista no Decreto-Lei n.º 323/89, de 26 de Setembro;
  Imprimir maior flexibilidade à execução orçamental;
- Reduzir as formalidades da sua tramitação, sem prejuízo das garantias a que deve obedecer.

Considerando o disposto no n.º 8 do artigo 20.º da Lei n.º 6/91, de 20 de Fevereiro:

Nos termos da alínea *a*) do n.º 1 do artigo 201.º da Constituição, o Governo decreta o seguinte:

ARTIGO 1.º – **(Objecto)**

O presente diploma estabelece as regras gerais a que devem obedecer as alterações orçamentais da competência do Governo.

60 *Legislação de Direito Financeiro*

ARTIGO 2.º – **(Definição e forma das alterações orçamentais)**

1 – As alterações orçamentais destinam-se a permitir uma adequada execução orçamental, ocorrendo a despesas inadiáveis, não previsíveis ou insuficientemente dotadas no Orçamento do Estado, e podem assumir as seguintes formas:

    a) Transferências de verbas entre rubricas de despesa, dentro do mesmo capítulo, cuja classificação funcional não altere os valores constantes do mapa III a que se refere o n.º 1 do artigo 12.º da Lei n.º 6/91;

    b) Transferências de verbas com contrapartida na dotação provisional;

    c) Créditos especiais, traduzidos na inscrição ou reforço de dotações de despesa, com compensação no aumento da previsão das receitas consignadas ou dos saldos de dotações de anos anteriores;

    d) Modificações na redacção de rubricas, desde que não constituam designações tipificadas da classificação económica.

2 – Se as despesas forem apresentadas por programas, ao abrigo do n.º 2 do artigo 12.º da Lei n.º 6/91, podem ainda efectuar-se, dentro de cada programa, aliterações dos montantes das dotações dos ministérios ou capítulos, nos termos do n.º 3 do artigo 20.º da referida lei.

ARTIGO 3.º – **(Competência para autorização das alterações orçamentais)**

1 – São da competência do Ministro das Finanças as transferências de verbas com contrapartida na dotação provisional.

2 – Carecem de autorização dos Ministros das Finanças e da tutela as alterações:

    a) Destinadas ao reforço de dotações de despesa não integradas no subagrupamento económico relativo às remunerações certas e permanentes, com contrapartida em verbas inscritas neste subagrupamento;

    b) Efectuadas no âmbito dos investimentos do Plano, entre programas ou, dentro do mesmo programa, quando impliquem transferências de despesas de capital para despesas correntes;

    c) Realizadas dentro dos programas a que se refere o n.º 2 do artigo anterior, quando impliquem transferências de verbas entre ministérios;

    d) Efectuadas com contrapartida em dotações anteriormente reforçadas pela dotação provisional;

    e) Resultantes dos créditos especiais a que se refere a alínea *c*) do n.º 1 do artigo anterior.

3 – As alterações orçamentais efectuadas no âmbito dos investimentos do Plano carecem também do acordo do Ministro do Planeamento e da Administração do Território, com excepção das alterações entre rubricas de classificação económica que se efectuem dentro do mesmo programa.

4 – As restantes alterações são da competência do ministro da tutela, com excepção das transferências de verbas efectuadas no âmbito do funcionamento de cada serviço ou organismo, as quais são da competência do respectivo órgão dirigente.

ARTIGO 4.º – (**Alterações nos orçamentos dos serviços e fundos autónomos**)

As alterações efectuadas nos orçamentos dos serviços e fundos autónomos são autorizadas:

a) Pelos Ministros das Finanças e da tutela, quando envolvam transferências de verbas no âmbito da administração central ou passivos financeiros ou ainda quando se traduzam em aplicação de saldos de gerência;

b) Pelo ministro da tutela, quando resultem de acréscimo de receitas e despesas;

c) Pelos respectivos órgãos dirigentes, nos restantes casos.

ARTIGO 5.º – (**Publicação e conhecimento**)

1 – Os mapas I a VIII a que se refere o n.º 1 do artigo 12.º da Lei n.º 6/91, modificados em virtude das alterações entretanto efectuadas, são publicados trimestralmente, até ao último dia do mês seguinte ao final do período a que respeitam, com excepção do último trimestre de cada ano, em que a publicação ocorrerá conjuntamente com a Conta Geral do Estado.

2 – A Direcção-Geral da Contabilidade Pública deve enviar à Assembleia da República, até ao último dia do mês seguinte ao final de cada trimestre, uma relação das alterações orçamentais autorizadas no período imediatamente anterior, com excepção das respeitantes ao último trimestre de cada ano, as quais são remetidas conjuntamente com a Conta Geral do Estado.

3 – A Direcção-Geral da Contabilidade Pública e os serviços e fundos autónomos devem remeter ao Tribunal de Contas, dentro dos prazos referidos no número anterior, uma relação das alterações orçamentais entretanto autorizadas.

4 – Devem ser comunicadas à Direcção-Geral da Contabilidade Pública, no prazo de oito dias após o final do mês em que forem efectuadas, todas as alterações orçamentais que não careçam da autorização do Ministro das Finanças.

ARTIGO 6.º – (**Efeitos e processo das alterações orçamentais**)

1 – As alterações orçamentais produzem efeitos logo que autorizadas pelas entidades competentes.

2 – A tramitação do processo das alterações orçamentais é objecto de despacho do Ministro das Finanças.

Artigo 7.º – (Norma revogatória)

É revogado o Decreto-Lei n.º 46/84, de 4 de Fevereiro.

Artigo 8.º – (Entrada em vigor)

O presidente diploma entra em vigor no dia imediato ao da sua publicação.

Visto e aprovado em Conselho de Ministros de 26 de Janeiro de 1995. – *Aníbal António Cavaco Silva – Eduardo de Almeida Catroga.*

Promulgado em 2 de Março de 1995.
Publique-se.
O Presidente da República, Mário Soares.

Referendado em 13 de Março de 1995.
O Primeiro-Ministro, *Aníbal António Cavaco Silva.*

b) *Receitas e Despesas*

3. Classificação económica das receitas e das despesas públicas

Decreto-Lei n.º 26/2002, de 14 de Fevereiro([1])

Constituíram, desde sempre, os pilares essenciais da aprovação dos diversos códigos de classificação económica das receitas e despesas públicas a observância de princípios fundamentais da contabilidade pública, como sejam a legalidade e a transparência na aplicação dos recursos públicos financeiros, visando a concretização das prioridades de política económica e social. Desde 1988, no entanto, ano a que reportam os códigos de classificação económica das receitas e despesas públicas (Decreto-Lei n.º 112/88, de 2 de Abril, e Decreto-Lei n.º 450/88, de 12 de Dezembro, respectivamente), actualmente aplicados em termos da contabilidade orçamental, foram profundas e marcantes as mudanças ocorridas com impacte na administração financeira do Estado, as quais tornaram desadequados os classificadores em vigor.

A participação de Portugal na união económica e monetária constitui, nesse âmbito, um dos mais importantes desafios no plano da política orçamental, não apenas em termos da importância que assume a compatibilidade da informação prestada pelo Governo Português às instâncias comunitárias face aos demais Estados-Membros, mas sobretudo pelos fortes constrangimentos impostos pelos compromissos assumidos em matéria de consolidação orçamental, através do Programa de Estabilidade e Crescimento acordado entre o Governo Português e a Comissão Europeia, o que passa pelo acompanhamento individualizado da execução orçamental de cada um dos subsectores do sector público administrativo.

São duas, essencialmente, as ordens de razão que justificam a revisão do classificador económico das receitas e despesas públicas: uma primeira, relacionada com a necessidade de obtenção de informação de natureza orçamental em moldes diferentes aos que estavam subjacentes aos classificadores de 1988 e, uma

---

([1]) De acordo com a Declaração de Rectificação n.º 8-F/2002, de 28 de Fevereiro.

segunda, respeitante à conclusão do processo de reforma da contabilidade pública que, tendo sido já consubstanciado no plano das contabilidades patrimonial e analítica, urgia agora completar no plano da contabilidade orçamental.

No que respeita à obtenção de informação de natureza orçamental, eram evidentes as limitações dos classificadores de receitas e despesas públicas aprovados em 1988. Por um lado, aplicando-se apenas ao Orçamento do Estado e aos orçamentos privativos dos fundos e serviços autónomos da administração central, encontravam-se em dissonância com as necessidades de obtenção de informação consolidada para o conjunto do sector público administrativo e respectivos fluxos financeiros com o sector público empresarial, para aferição do cumprimento dos objectivos fixados em matéria de consolidação orçamental.

Tornava-se igualmente premente a adequada desagregação das componentes que, à luz dos princípios subjacentes à feitura dos códigos de classificação económica de 1988, se teve por conveniente considerar como residuais mas que, face às novas realidades emergidas, quer da integração europeia, quer dos desenvolvimentos tecnológicos e dos novos instrumentos financeiros a que a própria Administração Pública teve acesso, atingiram níveis de valor incoerentes com a própria lógica subjacente ao conceito de rubrica residual.

Por outro lado, ainda, verificavam-se desajustamentos dos actuais classificadores face às necessidades de passagem das contas na óptica da Contabilidade Pública para Contabilidade Nacional, no âmbito das novas exigências resultantes da aplicação do Sistema Europeu de Contas de 1995. A uniformização do classificador económico das receitas e despesas públicas para todos os subsectores do sector público administrativo constitui igualmente um elemento da maior relevância no desenvolvimento de aplicações informáticas alternativas que integrem a informação relativa a toda a Administração Pública, numa lógica de conferir maior celeridade, compatibilidade e fidedignidade à informação coligida.

Igualmente se impunha uma adequada revisão da contabilidade orçamental enquadrada pela conceptualização do novo modelo de gestão a aplicar a toda a Administração Pública, por força da aprovação do Plano Oficial de Contabilidade Pública, pelo Decreto-Lei n.° 232/97, de 3 de Setembro. A nova abordagem de concepção da despesa pública num plano microeconómico traduziu-se na aplicação dos critérios de análise da eficiência, eficácia, e economicidade na utilização dos recursos financeiros, com base numa relação de custo/benefício dos serviços prestados e das tarefas cumpridas ao nível de cada organismo da Administração Pública. É nessa perspectiva que assenta o desenvolvimento da reforma da administração financeira do Estado, baseado no princípio de descentralização financeira, a par das actividades inspectivas a realizar no âmbito do Sistema Nacional de Controlo Interno. Esta abordagem pressupõe a integração dos sistemas de contabilidade orçamental, patrimonial e analítica, constituindo, dessa forma, suportes financeiro e contabilístico consistentes com práticas de

I. Actividade Financeira

gestão moderna a generalizar a todos os organismos da Administração Pública e que o presente diploma vem consubstanciar no plano da contabilidade orçamental.

Foram essas as linhas orientadoras que estiveram presentes à elaboração do classificador económico das receitas e despesas públicas aprovado pelo Decreto--Lei n.° 562/99, de 21 de Dezembro. Embora mantendo intacta a matriz original desse classificador, questões de natureza prática estiveram na origem da realização de reuniões consultivas da Comissão de Normalização Contabilística da Administração Pública (CNCAP) com os vários sectores institucionais, que se consubstanciaram em melhoramentos vários introduzidos, relacionados com situações anteriormente não contempladas.

Com efeito, impunha-se adequar o novo classificador ao Plano Oficial de Contabilidade Pública e às especificidades de planos sectoriais, nomeadamente o plano para as autarquias locais, e para os sectores da educação, da saúde e da segurança social. Foram preocupações desta natureza que levaram, por força do Decreto--Lei n.° 321/2000, de 16 de Dezembro, ao adiamento da aplicação do classificador para o Orçamento do Estado para 2001. Os contactos estabelecidos e os melhoramentos introduzidos foram incorporados no diploma legal que agora se pública.

Saliente-se, ainda, que, por forma a permitir a revogação total de todos os diplomas legais que, no todo ou em parte, regulem a classificação económica das receitas e despesas públicas, foi adaptado para o presente diploma legal o teor do artigo 2.° do Decreto-Lei n.° 737/76, de 16 de Outubro («Determina que as receitas e despesas públicas passem a reger-se por códigos de classificação orgânica, funcional e económica»), no que este apresenta de relevante em termos da definição da estrutura orgânica dos orçamentos e contas dos organismos que compõem a administração central.

Importa referir que o presente diploma apenas será aplicável à elaboração do orçamento para os anos 2003 e seguintes. Assim, por um lado, entre a sua entrada em vigor e a sua aplicação prática decorrerá um período de tempo razoável que permitirá o seu conhecimento aprofundado e, por outro, a legislação que ora se revoga manter-se-á, transitoriamente, em vigor, porquanto a execução do orçamento, tanto do ano em curso como o do ano 2002 deverão respeitar os princípios e as normas ao abrigo das quais os mesmos foram aprovados.

Por último importa referir que o presente diploma apenas será aplicável à elaboração do orçamento para os anos 2003 e seguintes. Até à aplicação do novo classificador de receitas e despesas públicas, entendeu-se como mais adequada a solução de se revogar a aplicação do Decreto-Lei n.° 562/99, de 21 de Dezembro, com as alterações introduzidas pelo Decreto-Lei n.° 321/2000, de 16 de Dezembro, repristinando-se, em conformidade, o regime anterior que o mesmo havia revogado.

Foram ouvidos os órgãos de governo próprio das Regiões Autónomas e a Associação Nacional de Municípios Portugueses.

66   *Legislação de Direito Financeiro*

Assim:

No desenvolvimento do regime jurídico estabelecido pela Lei n.º 91/2001, de 20 de Agosto, e nos termos da alínea *a*) e da alínea *c*) do n.º 1 do artigo 198.º da Constituição, o Governo decreta, para valer como lei geral da República, o seguinte:

ARTIGO 1.º – **Aprovação**

1 – São aprovados, nos termos do disposto no presente diploma, os códigos de classificação económica das receitas e das despesas públicas, que constam, respectivamente, dos anexos I e II ao presente diploma, bem como as respectivas notas explicativas, que constam do anexo III ao presente diploma e dele fazem parte integrante.

2 – É ainda definida a estrutura da classificação orgânica aplicável aos orçamentos e contas dos organismos que integram a administração central.

ARTIGO 2.º – **Âmbito de aplicação**

1 – Os códigos de classificação económica referidos no n.º 1 do artigo anterior são aplicáveis aos serviços integrados do Estado, aos serviços e fundos autónomos, à segurança social e à administração regional e local.

2 – A estrutura de classificação orgânica referida no n.º 2 do artigo anterior é aplicável aos serviços integrados nos subsectores Estado e serviços e fundos autónomos.

ARTIGO 3.º – **Estrutura dos códigos de classificação**

1 – Os códigos de classificação económica das receitas e das despesas públicas procedem à distinção das mesmas entre correntes e de capital.

2 – O código de classificação económica das receitas públicas constante do anexo I procede à sua especificação por capítulos, grupos e artigos.

3 – O código de classificação económica das despesas públicas constante do anexo II procede à sua especificação por agrupamentos, subagrupamentos e rubricas.

ARTIGO 4.º – **Níveis desagregados de especificação**

1 – A especificação desagregada das receitas públicas ao nível do subartigo e da rubrica e a especificação desagregada das despesas públicas ao nível da alínea e subalínea podem ser efectuadas de acordo com a necessidade de cada sector ou organismo.

2 – A aplicação do disposto no número anterior, em matéria de receitas dos serviços integrados do Estado, carece de despacho de autorização do director- -geral do Orçamento.

Artigo 5.º – **Estrutura da classificação orgânica**

1 – A classificação orgânica deverá estruturar-se por códigos que identifiquem os ministérios e secretarias de Estado, bem como os capítulos, divisões e subdivisões orçamentais.

2 – A cada ministério corresponderá um orçamento próprio, abrangendo as suas secretarias de Estado, com os serviços e despesas que, nos termos das respectivas leis orgânicas, a ele respeitem.

3 – Na unidade de classificação orgânica «Capítulo» incluir-se-ão grupos de despesas afins, descrevendo-se, em subordinação a cada um deles, os serviços dependentes de cada ministério (divisões) e, dentro destes, as subdivisões que se mostrem indispensáveis.

4 – Constituirão capítulos especiais a descrever nos orçamentos de cada ministério as «Contas de ordem», bem como as despesas de «Investimentos do Plano», correspondentes à parte das despesas do Programa de Investimentos e Despesas de Desenvolvimento da Administração Central cujas entidades responsáveis sejam serviços integrados no ministério em causa.

5 – Constituirão capítulos especiais do orçamento do Ministério das Finanças a «Protecção social», os «Encargos da dívida pública», as «Despesas excepcionais» e os «Recursos próprios comunitários».

Artigo 6.º – **Aplicação futura**

Os códigos de classificação económica constantes do anexo I e do anexo II ao presente diploma aplicam-se à elaboração dos orçamentos para os anos 2003 e seguintes.

Artigo 7.º – **Norma revogatória**

É revogado o Decreto Lei n.º 562/99, de 21 de Dezembro, com as alterações introduzidas pelo Decreto-Lei n.º 321/2000, de 16 de Dezembro.

Artigo 8.º – **Disposição transitória**

São repristinados o Decreto-Lei n.º 737/76, de 16 de Outubro, o Decreto-Lei n.º 112/88, de 2 de Abril, e o Decreto-Lei n.º 450/88, de 12 de Dezembro, para efeitos da elaboração, execução dos orçamentos do Estado para os anos 2001 e 2002.

Artigo 9.º – **Entrada em vigor**

O presente diploma entra em vigor no dia imediatamente a seguir ao da sua publicação.

68 Legislação de Direito Financeiro

Visto e aprovado em Conselho de Ministros de 22 de Novembro de 2001. – *António Manuel de Oliveira Guterres – Guilherme d'Oliveira Martins.*

Promulgado em 11 de Janeiro de 2002.
Publique-se.
O Presidente da República, JORGE SAMPAIO.

Referendado em 11 de Janeiro de 2002.
O Primeiro-Ministro, *António Manuel de Oliveira Guterres.*

ANEXO I
Classificação económica das receitas públicas

Capítulo	Grupo	Artigo	Designação
			Receitas correntes
01			Impostos directos:
	01		Sobre o rendimento:
		01	Imposto sobre o rendimento de pessoas singulares (IRS).
		02	Imposto sobre o rendimento de pessoas colectivas (IRC).
	02		Outros:
		01	Imposto sobre as sucessões e doações.
		02	Contribuição autárquica.
		03	Imposto municipal sobre veículos.
		04	Imposto municipal de sisa.
		05	Derrama.
		06	Imposto de uso, porte e detenção de armas.
		07	Impostos abolidos.
		99	Impostos directos diversos.
02			Impostos indirectos:
	01		Sobre o consumo:
		01	Imposto sobre produtos petrolíferos (ISP).
		02	Imposto sobre valor acrescentado (IVA).
		03	Imposto automóvel (IA).
		04	Imposto de consumo sobre o tabaco.
		05	Imposto sobre álcool e bebidas alcoólicas (IABA).
		99	Impostos diversos sobre o consumo.
	02		Outros:
		01	Lotarias.
		02	Imposto do selo.
		03	Imposto do jogo.
		04	Impostos rodoviários.
		05	Resultados da exploração de apostas mútuas.
		06	Impostos indirectos específicos das autarquias locais.
		99	Impostos indirectos diversos.
03			Contribuições para a segurança social, a Caixa Geral de Aposentações e a ADSE:
	01		Subsistema previdencial:
		01	Quotizações dos trabalhadores.
		02	Contribuições.
		03	Contribuições por políticas activas de emprego.
	02		Regimes complementares e especiais:
		01	Regimes especiais.
		02	Regimes complementares.

I. Actividade Financeira

Capítulo	Grupo	Artigo	Designação
	03		Caixa Geral de Aposentações e ADSE:
		01	Quotas e comparticipações para a Caixa Geral de Aposentações:
		02	Comparticipações para a ADSE.
		99	Outros.
04			Taxas, multas e outras penalidades:
	01		Taxas:
		01	Taxas de justiça.
		02	Taxas de registo de notariado.
		03	Taxas de registo predial.
		04	Taxas de registo civil.
		05	Taxas de registo comercial.
		06	Taxas florestais.
		07	Taxas vinícolas.
		08	Taxas moderadoras.
		09	Taxas sobre espectáculos e divertimentos.
		10	Taxas sobre energia.
		11	Taxas sobre geologia e minas.
		12	Taxas sobre comercialização e abate de gado.
		13	Taxas de portos.
		14	Taxas sobre operações de bolsa.
		15	Taxas sobre controlo metrológico e de qualidade.
		16	Taxas sobre fiscalização de actividades comerciais e industriais.
		17	Taxas sobre licenciamentos diversos concedidos a empresas.
		18	Taxas sobre o valor de adjudicação de obras públicas.
		19	Adicionais.
		20	Emolumentos consulares.
		21	Portagens.
		22	Propinas.
		23	Taxas específicas das autarquias locais.
		99	Taxas diversas.
	02		Multas e outras penalidades:
		01	Juros de mora.
		02	Juros compensatórios.
		03	Multas e coimas por infracções ao Código da Estrada e restante legislação.
		04	Coimas e penalidades por contra-ordenações.
		99	Multas e penalidades diversas.
05			Rendimentos da propriedade:
	01		Juros — Sociedades e quase-sociedades não financeiras:
		01	Públicas.
		02	Privadas.
	02		Juros — Sociedades financeiras:
		01	Bancos e outras instituições financeiras.
		02	Companhias de seguros e fundos de pensões.
	03		Juros — Administrações públicas:
		01	Administração central — Estado.
		02	Administração central — Serviços e fundos autónomos.
		03	Administração regional.
		04	Administração local — Continente.
		05	Administração local — Regiões Autónomas.
		06	Segurança social.
	04		Juros — Instituições sem fins lucrativos.
	05		Juros — Famílias.
	06		Juros — Resto do mundo:
		01	União Europeia — Instituições.
		02	União Europeia — Países membros.
		03	Países terceiros e organizações internacionais.
	07		Dividendos e participações nos lucros de sociedades e quase-sociedades não financeiras.
	08		Dividendos e participações nos lucros de sociedades financeiras.
	09		Participações nos lucros de administrações públicas.
	10		Rendas:
		01	Terrenos.
		02	Activos no subsolo.
		03	Habitações.
		04	Edifícios.
		05	Bens de domínio público.
		99	Outros.
	11		Activos incorpóreos.

Legislação de Direito Financeiro

Capítulo	Grupo	Artigo	Designação
06			Transferências correntes:
	01		Sociedades e quase-sociedades não financeiras:
		01	Públicas.
		02	Privadas.
	02		Sociedades financeiras:
		01	Bancos e outras instituições financeiras.
		02	Companhias de seguros e fundos de pensões.
	03		Administração central:
		01	Estado.
		02	Estado — Subsistema de protecção social de cidadania — Regime de solidariedade.
		03	Estado — Subsistema de protecção social de cidadania — Acção social.
		04	Estado — Subsistema de protecção à família e políticas activas de emprego e formação profissional.
		05	Estado — Participação portuguesa em projectos co-financiados.
		06	Estado — Participação comunitária em projectos co-financiados.
		07	Serviços e fundos autónomos.
		08	Serviços e fundos autónomos — Subsistema de protecção social de cidadania — Acção social.
		09	Serviços e fundos autónomos — Subsistema de protecção à família e políticas activas de emprego e formação profissional.
		10	Serviços e fundos autónomos — Participação portuguesa em projectos co-financiados.
		11	Serviços e fundos autónomos — Participação comunitária em projectos co-financiados.
	04		Administração regional:
		01	Região Autónoma dos Açores.
		02	Região Autónoma da Madeira.
	05		Administração local:
		01	Continente.
		02	Região Autónoma dos Açores.
		03	Região Autónoma da Madeira.
	06		Segurança social:
		01	Sistema de solidariedade e segurança social.
		02	Participação portuguesa em projectos co-financiados.
		03	Financiamento comunitário em projectos co-financiados.
		04	Outras transferências.
	07		Instituições sem fins lucrativos:
		01	Instituições sem fins lucrativos.
	08		Famílias:
		01	Famílias.
	09		Resto do mundo:
		01	União Europeia — Instituições.
		02	União Europeia — Instituições — Subsistema de protecção social de cidadania.
		03	União Europeia — Instituições — Subsistema de protecção à família e políticas activas de emprego e formação profissional.
		04	União Europeia — Países-Membros.
		05	Países terceiros e organizações internacionais.
		06	Países terceiros e organizações internacionais — Subsistema de protecção social de cidadania.
07			Venda de bens e serviços correntes:
	01		Venda de bens:
		01	Material de escritório.
		02	Livros e documentação técnica.
		03	Publicações e impressos.
		04	Fardamentos e artigos pessoais.
		05	Bens inutilizados.
		06	Produtos agrícolas e pecuários.
		07	Produtos alimentares e bebidas.
		08	Mercadorias.
		09	Matérias de consumo.
		10	Desperdícios, resíduos e refugos.
		11	Produtos acabados e intermédios.
		99	Outros.
	02		Serviços:
		01	Aluguer de espaços e equipamentos.
		02	Estudos, pareceres, projectos e consultadoria.
		03	Vistorias e ensaios.

I. Actividade Financeira

Capítulo	Grupo	Artigo	Designação
		04	Serviços de laboratórios.
		05	Actividades de saúde.
		06	Reparações.
		07	Alimentação e alojamento.
		08	Serviços sociais, recreativos, culturais e desporto.
		09	Serviços específicos das autarquias.
		99	Outros.
	03		Rendas:
		01	Habitações.
		02	Edifícios.
		99	Outras.
08			Outras receitas correntes:
	01		Outras:
		01	Prémios, taxas por garantias de risco e diferenças de câmbio.
		02	Produto da venda de valores desamoedados.
		03	Lucros de amoedação.
		99	Outras.
			Receitas de capital
09			Venda de bens de investimento:
	01		Terrenos:
		01	Sociedades e quase-sociedades não financeiras.
		02	Sociedades financeiras.
		03	Administração Pública — Administração central — Estado.
		04	Administração Pública — Administração central — Serviços e fundos autónomos.
		05	Administração Pública — Administração regional.
		06	Administração Pública — Administração local — Continente.
		07	Administração Pública — Administração local — Regiões Autónomas.
		08	Administração Pública — Segurança social.
		09	Instituições sem fins lucrativos.
		10	Famílias.
		11	Resto do mundo — União Europeia.
		12	Resto do mundo — Países terceiros e organizações internacionais.
	02		Habitações:
		01	Sociedades e quase-sociedades não financeiras.
		02	Sociedades financeiras.
		03	Administração Pública — Administração central — Estado.
		04	Administração Pública — Administração central — Serviços e fundos autónomos.
		05	Administração Pública — Administração regional.
		06	Administração Pública — Administração local — Continente.
		07	Administração Pública — Administração local — Regiões Autónomas.
		08	Administração Pública — Segurança social.
		09	Instituições sem fins lucrativos.
		10	Famílias.
		11	Resto do mundo — União Europeia.
		12	Resto do mundo — Países terceiros e organizações internacionais.
	03		Edifícios:
		01	Sociedades e quase-sociedades não financeiras.
		02	Sociedades financeiras.
		03	Administração Pública — Administração central — Estado.
		04	Administração Pública — Administração central — Serviços e fundos autónomos.
		05	Administração Pública — Administração regional.
		06	Administração Pública — Administração local — Continente.
		07	Administração Pública — Administração local — Regiões Autónomas.
		08	Administração Pública — Segurança social.
		09	Instituições sem fins lucrativos.
		10	Famílias.
		11	Resto do mundo — União Europeia.
		12	Resto do mundo — Países terceiros e organizações internacionais.
	04		Outros bens de investimento:
		01	Sociedades e quase-sociedades não financeiras.
		02	Sociedades financeiras.
		03	Administração Pública — Administração central — Estado.
		04	Administração Pública — Administração central — Serviços e fundos autónomos.
		05	Administração Pública — Administração regional.
		06	Administração Pública — Administração local — Continente.
		07	Administração Pública — Administração local — Regiões Autónomas.
		08	Administração Pública — Segurança social.
		09	Instituições sem fins lucrativos.

Legislação de Direito Financeiro

Capítulo	Grupo	Artigo	Designação
		10	Famílias.
		11	Resto do mundo — União Europeia.
		12	Resto do mundo — Países terceiros e organizações internacionais.
10			Transferências de capital:
	01		Sociedades e quase-sociedades não financeiras:
		01	Públicas.
		02	Privadas.
	02		Sociedades financeiras:
		01	Bancos e outras instituições financeiras.
		02	Companhias de seguros e fundos de pensões.
	03		Administração central:
		01	Estado.
		02	Estado — Subsistema de protecção social de cidadania — Regime de solidariedade.
		03	Estado — Subsistema de protecção social de cidadania — Acção social.
		04	Estado — Consignação dos rendimentos do Estado para reservas de capitalização.
		05	Estado — Excedentes de execução do Orçamento do Estado.
		06	Estado — Participação portuguesa em projectos co-financiados.
		07	Estado — Participação comunitária em projectos co-financiados.
		08	Serviços e fundos autónomos.
		09	Serviços e fundos autónomos — Participação portuguesa em projectos co-financiados.
		10	Serviços e fundos autónomos — Participação comunitária em projectos co-financiados.
	04		Administração regional:
		01	Região Autónoma dos Açores.
		02	Região Autónoma da Madeira.
	05		Administração local:
		01	Continente.
		02	Região Autónoma dos Açores.
		03	Região Autónoma da Madeira.
	06		Segurança social:
		01	Sistema de solidariedade e segurança social.
		02	Participação portuguesa em projectos co-financiados.
		03	Financiamento comunitário em projectos co-financiados.
		04	Capitalização pública de estabilização.
		05	Outras transferências.
	07		Instituições sem fins lucrativos:
		01	Instituições sem fins lucrativos.
	08		Famílias:
		01	Famílias.
	09		Resto do mundo:
		01	União Europeia — Instituições.
		02	União Europeia — Instituições — Subsistema de protecção social de cidadania.
		03	União Europeia — Países membros.
		04	Países terceiros e organizações internacionais.
		05	Países terceiros e organizações internacionais — Subsistema de protecção social de cidadania.
11			Activos financeiros:
	01		Depósitos, certificados de depósito e poupança:
		01	Sociedades e quase-sociedades não financeiras.
		02	Sociedades financeiras.
		03	Administração Pública — Administração central — Estado.
		04	Administração Pública — Administração central — Serviços e fundos autónomos.
		05	Administração Pública — Administração regional.
		06	Administração Pública — Administração local — Continente.
		07	Administração Pública — Administração local — Regiões Autónomas.
		08	Administração Pública — Segurança social.
		09	Instituições sem fins lucrativos.
		10	Famílias.
		11	Resto do mundo — União Europeia.
		12	Resto do mundo — Países terceiros e organizações internacionais.
	02		Títulos a curto prazo:
		01	Sociedades e quase-sociedades não financeiras.
		02	Sociedades financeiras.
		03	Administração Pública — Administração central — Estado.

I. Actividade Financeira

Capítulo	Grupo	Artigo	Designação
		04	Administração Pública — Administração central — Serviços e fundos autónomos.
		05	Administração Pública — Administração regional.
		06	Administração Pública — Administração local — Continente.
		07	Administração Pública — Administração local — Regiões Autónomas.
		08	Administração Pública — Segurança social.
		09	Instituições sem fins lucrativos.
		10	Famílias.
		11	Resto do mundo — União Europeia.
		12	Resto do mundo — Países terceiros e organizações internacionais.
	03		Títulos a médio e longo prazos:
		01	Sociedades e quase-sociedades não financeiras.
		02	Sociedades financeiras.
		03	Administração Pública — Administração central — Estado.
		04	Administração Pública — Administração central — Serviços e fundos autónomos.
		05	Administração Pública — Administração regional.
		06	Administração Pública — Administração local — Continente.
		07	Administração Pública — Administração local — Regiões Autónomas.
		08	Administração Pública — Segurança social.
		09	Instituições sem fins lucrativos.
		10	Famílias.
		11	Resto do mundo — União Europeia.
		12	Resto do mundo — Países terceiros e organizações internacionais.
	04		Derivados financeiros:
		01	Sociedades e quase-sociedades não financeiras.
		02	Sociedades financeiras.
		03	Administração Pública — Administração central — Estado.
		04	Administração Pública — Administração central — Serviços e fundos autónomos.
		05	Administração Pública — Administração regional.
		06	Administração Pública — Administração local — Continente.
		07	Administração Pública — Administração local — Regiões Autónomas.
		08	Administração Pública — Segurança social.
		09	Instituições sem fins lucrativos.
		10	Famílias.
		11	Resto do mundo — União Europeia.
		12	Resto do mundo — Países terceiros e organizações internacionais.
	05		Empréstimos a curto prazo:
		01	Sociedades e quase-sociedades não financeiras.
		02	Sociedades financeiras.
		03	Administração Pública — Administração central — Estado.
		04	Administração Pública — Administração central — Serviços e fundos autónomos.
		05	Administração Pública — Administração regional.
		06	Administração Pública — Administração local — Continente.
		07	Administração Pública — Administração local — Regiões Autónomas.
		08	Administração Pública — Segurança social.
		09	Instituições sem fins lucrativos.
		10	Famílias.
		11	Resto do mundo — União Europeia.
		12	Resto do mundo — Países terceiros e organizações internacionais.
	06		Empréstimos a médio e longo prazos:
		01	Sociedades e quase-sociedades não financeiras.
		02	Sociedades financeiras.
		03	Administração Pública — Administração central — Estado.
		04	Administração Pública — Administração central — Serviços e fundos autónomos.
		05	Administração Pública — Administração regional.
		06	Administração Pública — Administração local — Continente.
		07	Administração Pública — Administração local — Regiões Autónomas.
		08	Administração Pública — Segurança social.
		09	Instituições sem fins lucrativos.
		10	Famílias.
		11	Resto do mundo — União Europeia.
		12	Resto do mundo — Países terceiros e organizações internacionais.
	07		Recuperação de créditos garantidos.
	08		Acções e outras participações:
		01	Sociedades e quase-sociedades não financeiras.
		02	Sociedades financeiras.
		03	Administração Pública — Administração central — Estado.
		04	Administração Pública — Administração central — Serviços e fundos autónomos.
		05	Administração Pública — Administração regional.
		06	Administração Pública — Administração local — Continente.
		07	Administração Pública — Administração local — Regiões Autónomas.
		08	Administração Pública — Segurança social.
		09	Instituições sem fins lucrativos.

Legislação de Direito Financeiro

Capítulo	Grupo	Artigo	Designação
		10	Famílias.
		11	Resto do mundo — União Europeia.
		12	Resto do mundo — Países terceiros e organizações internacionais.
	09		Unidades de participação:
		01	Sociedades e quase-sociedades não financeiras.
		02	Sociedades financeiras.
		03	Administração Pública — Administração central — Estado.
		04	Administração Pública — Administração central — Serviços e fundos autónomos.
		05	Administração Pública — Administração regional.
		06	Administração Pública — Administração local — Continente.
		07	Administração Pública — Administração local — Regiões Autónomas.
		08	Administração Pública — Segurança social.
		09	Instituições sem fins lucrativos.
		10	Famílias.
		11	Resto do mundo — União Europeia.
		12	Resto do mundo — Países terceiros e organizações internacionais.
	10		Alienação de partes sociais de empresas.
	11		Outros activos financeiros:
		01	Sociedades e quase-sociedades não financeiras.
		02	Sociedades financeiras.
		03	Administração Pública — Administração central — Estado.
		04	Administração Pública — Administração central — Serviços e fundos autónomos.
		05	Administração Pública — Administração regional.
		06	Administração Pública — Administração local — Continente.
		07	Administração Pública — Administração local — Regiões Autónomas.
		08	Administração Pública — Segurança social.
		09	Instituições sem fins lucrativos.
		10	Famílias.
		11	Resto do mundo — União Europeia.
		12	Resto do mundo — Países terceiros e organizações internacionais.
12			Passivos financeiros:
	01		Depósitos, certificados de depósito e poupança:
		01	Sociedades e quase-sociedades não financeiras.
		02	Sociedades financeiras.
		03	Administração Pública — Administração central — Estado.
		04	Administração Pública — Administração central — Serviços e fundos autónomos.
		05	Administração Pública — Administração regional.
		06	Administração Pública — Administração local — Continente.
		07	Administração Pública — Administração local — Regiões Autónomas.
		08	Administração Pública — Segurança social.
		09	Instituições sem fins lucrativos.
		10	Famílias.
		11	Resto do mundo — União Europeia.
		12	Resto do mundo — Países terceiros e organizações internacionais.
	02		Títulos a curto prazo:
		01	Sociedades e quase-sociedades não financeiras.
		02	Sociedades financeiras.
		03	Administração Pública — Administração central — Estado.
		04	Administração Pública — Administração central — Serviços e fundos autónomos.
		05	Administração Pública — Administração regional.
		06	Administração Pública — Administração local — Continente.
		07	Administração Pública — Administração local — Regiões Autónomas.
		08	Administração Pública — Segurança social.
		09	Instituições sem fins lucrativos.
		10	Famílias.
		11	Resto do mundo — União Europeia.
		12	Resto do mundo — Países terceiros e organizações internacionais.
	03		Títulos a médio e longo prazos:
		01	Sociedades e quase-sociedades não financeiras.
		02	Sociedades financeiras.
		03	Administração Pública — Administração central — Estado.
		04	Administração Pública — Administração central — Serviços e fundos autónomos.
		05	Administração Pública — Administração regional.
		06	Administração Pública — Administração local — Continente.
		07	Administração Pública — Administração local — Regiões Autónomas.
		08	Administração Pública — Segurança social.
		09	Instituições sem fins lucrativos.
		10	Famílias.
		11	Resto do mundo — União Europeia.
		12	Resto do mundo — Países terceiros e organizações internacionais.

I. Actividade Financeira

Capítulo	Grupo	Artigo	Designação
	04		Derivados financeiros:
		01	Sociedades e quase-sociedades não financeiras.
		02	Sociedades financeiras.
		03	Administração Pública — Administração central — Estado.
		04	Administração Pública — Administração central — Serviços e fundos autónomos.
		05	Administração Pública — Administração regional.
		06	Administração Pública — Administração local — Continente.
		07	Administração Pública — Administração local — Regiões Autónomas.
		08	Administração Pública — Segurança social.
		09	Instituições sem fins lucrativos.
		10	Famílias.
		11	Resto do mundo — União Europeia.
		12	Resto do mundo — Países terceiros e organizações internacionais.
	05		Empréstimos a curto prazo:
		01	Sociedades e quase-sociedades não financeiras.
		02	Sociedades financeiras.
		03	Administração Pública — Administração central — Estado.
		04	Administração Pública — Administração central — Serviços e fundos autónomos.
		05	Administração Pública — Administração regional.
		06	Administração Pública — Administração local — Continente.
		07	Administração Pública — Administração local — Regiões Autónomas.
		08	Administração Pública — Segurança social.
		09	Instituições sem fins lucrativos.
		10	Famílias.
		11	Resto do mundo — União Europeia.
		12	Resto do mundo — Países terceiros e organizações internacionais.
	06		Empréstimos a médio e longo prazos:
		01	Sociedades e quase-sociedades não financeiras.
		02	Sociedades financeiras.
		03	Administração Pública — Administração central — Estado.
		04	Administração Pública — Administração central — Serviços e fundos autónomos.
		05	Administração Pública — Administração regional.
		06	Administração Pública — Administração local — Continente.
		07	Administração Pública — Administração local — Regiões Autónomas.
		08	Administração Pública — Segurança social.
		09	Instituições sem fins lucrativos.
		10	Famílias.
		11	Resto do mundo — União Europeia.
		12	Resto do mundo — Países terceiros e organizações internacionais.
	07		Outros passivos financeiros:
		01	Sociedades e quase-sociedades não financeiras.
		02	Sociedades financeiras.
		03	Administração Pública — Administração central — Estado.
		04	Administração Pública — Administração central — Serviços e fundos autónomos.
		05	Administração Pública — Administração regional.
		06	Administração Pública — Administração local — Continente.
		07	Administração Pública — Administração local — Regiões Autónomas.
		08	Administração Pública — Segurança social.
		09	Instituições sem fins lucrativos.
		10	Famílias.
		11	Resto do mundo — União Europeia.
		12	Resto do mundo — Países terceiros e organizações internacionais.
13			Outras receitas de capital:
	01		Outras:
		01	Indemnizações.
		02	Activos incorpóreos.
		99	Outras.
14			Recursos próprios comunitários:
	01		Recursos próprios comunitários:
		01	Direitos aduaneiros de importação.
		02	Direitos niveladores agrícolas.
		03	Quotização sobre açúcar e isoglucose.
		99	Outros.
15			Reposições não abatidas nos pagamentos:
	01		Reposições não abatidas nos pagamentos:
		01	Reposições não abatidas nos pagamentos.
16			Saldo da gerência anterior:
	01		Saldo orçamental:
		03	Na posse do serviço — Consignado.
		04	Na posse do Tesouro.
		05	Na posse do Tesouro — Consignado.
17			Operações extra-orçamentais:
	01		Operações de tesouraria — Retenção de receitas do Estado.
	02		Outras operações de tesouraria.
	03		Reposições abatidas nos pagamentos.
	04		Contas de ordem.

ANEXO II
Classificação económica das despesas públicas

Agrupamento	Subagru-pamento	Rubrica	Designação
			Despesas correntes
01			Despesas com o pessoal:
	01		Remunerações certas e permanentes:
		01	Titulares de órgãos de soberania e membros de órgãos autárquicos.
		02	Órgãos sociais.
		03	Pessoal dos quadros — Regime de função pública.
		04	Pessoal dos quadros — Regime de contrato individual de trabalho.
		05	Pessoal além dos quadros.
		06	Pessoal contratado a termo.
		07	Pessoal em regime de tarefa ou avença.
		08	Pessoal aguardando aposentação.
		09	Pessoal em qualquer outra situação.
		10	Gratificações.
		11	Representação.
		12	Suplementos e prémios.
		13	Subsídio de refeição.
		14	Subsídios de férias e de Natal.
		15	Remunerações por doença e maternidade/paternidade.
	02		Abonos variáveis oú eventuais:
		01	Gratificações variáveis ou eventuais.
		02	Horas extraordinárias.
		03	Alimentação e alojamento.
		04	Ajudas de custo.
		05	Abono para falhas.
		06	Formação.
		07	Colaboração técnica e especializada.
		08	Subsídios e abonos de fixação, residência e alojamento.
		09	Subsídio de prevenção.
		10	Subsídio de trabalho nocturno.
		11	Subsídio de turno.
		12	Indemnizações por cessação de funções.
		13	Outros suplementos e prémios.
		14	Outros abonos em numerário ou espécie.
	03		Segurança social:
		01	Encargos com a saúde.
		02	Outros encargos com a saúde.
		03	Subsídio familiar a crianças e jovens.
		04	Outras prestações familiares.
		05	Contribuições para a segurança social.
		06	Acidentes em serviço e doenças profissionais.
		07	Pensões de reserva.
		08	Outras pensões.
		09	Seguros.
		10	Outras despesas de segurança social.
02			Aquisição de bens e serviços:
	01		Aquisição de bens:
		01	Matérias-primas e subsidiárias.
		02	Combustíveis e lubrificantes.
		03	Munições, explosivos e artifícios.
		04	Limpeza e higiene.
		05	Alimentação — Refeições confeccionadas.
		06	Alimentação — Géneros para confeccionar.
		07	Vestuário e artigos pessoais.

I. Actividade Financeira

Agrupamento	Subagrupamento	Rubrica	Designação
		08	Material de escritório.
		09	Produtos químicos e farmacêuticos.
		10	Produtos vendidos nas farmácias.
		11	Material de consumo clínico.
		12	Material de transporte — Peças.
		13	Material de consumo hoteleiro.
		14	Outro material — Peças.
		15	Prémios, condecorações e ofertas.
		16	Mercadorias para venda.
		17	Ferramentas e utensílios.
		18	Livros e documentação técnica.
		19	Artigos honoríficos e de decoração.
		20	Material de educação, cultura e recreio.
		21	Outros bens.
	02		Aquisição de serviços:
		01	Encargos das instalações.
		02	Limpeza e higiene.
		03	Conservação de bens.
		04	Locação de edifícios.
		05	Locação de material de informática.
		06	Locação de material de transporte.
		07	Locação de bens de defesa.
		08	Locação de outros bens.
		09	Comunicações.
		10	Transportes.
		11	Representação dos serviços.
		12	Seguros.
		13	Deslocações e estadas.
		14	Estudos, pareceres, projectos e consultadoria.
		15	Formação.
		16	Seminários, exposições e similares.
		17	Publicidade.
		18	Vigilância e segurança.
		19	Assistência técnica.
		20	Outros trabalhos especializados.
		21	Utilização de infra-estruturas de transportes.
		22	Serviços de saúde.
		23	Outros serviços de saúde.
		24	Encargos de cobrança de receitas.
		25	Outros serviços.
03			Juros e outros encargos:
	01		Juros da dívida pública:
		01	Sociedades e quase-sociedades não financeiras — Privadas.
		02	Sociedades e quase-sociedades não financeiras — Públicas.
		03	Sociedades financeiras — Bancos e outras instituições financeiras.
		04	Sociedades financeiras — Companhias de seguros e fundos de pensões.
		05	Administração pública central — Estado.
		06	Administração pública central — Serviços e fundos autónomos.
		07	Administração pública regional.
		08	Administração pública local — Continente.
		09	Administração pública local — Regiões Autónomas.
		10	Administração Pública — Segurança social.
		11	Instituições sem fins lucrativos.
		12	Famílias — Empresário em nome individual.
		13	Famílias — Outras.
		14	Resto do mundo — União Europeia — Instituições.
		15	Resto do mundo — União Europeia — Países membros.
		16	Resto do mundo — Países terceiros e organizações internacionais
	02		Outros encargos correntes da dívida pública:
		01	Despesas diversas.
	03		Juros de locação financeira:
		01	Terrenos.
		02	Habitações.
		03	Edifícios.
		04	Construções diversas.
		05	Material de transporte.
		06	Material de informática.
		07	Maquinaria e equipamento.
		08	Outros investimentos.
	04		Juros tributários:
		01	Indemnizatórios.
		02	Outros.

Legislação de Direito Financeiro

Agrupamento	Subagru-pamento	Rubrica	Designação
	05		Outros juros:
		01	Remuneração de depósitos no Tesouro.
		02	Outros.
	06		Outros encargos financeiros:
		01	Outros encargos financeiros.
04			Transferências correntes:
	01		Sociedades e quase-sociedades não financeiras:
		01	Públicas.
		02	Privadas.
	02		Sociedades financeiras:
		01	Bancos e outras instituições financeiras.
		02	Companhias de seguros e fundos de pensões.
	03		Administração central:
		01	Estado.
		02	Estado — Subsistema de protecção social de cidadania — Acção social.
		03	Estado — Participação portuguesa em projectos co-financiados.
		04	Estado — Participação comunitária em projectos co-financiados.
		05	Serviços e fundos autónomos.
		06	Serviços e fundos autónomos — Subsistema de protecção social de cidadania — Acção social.
		07	Serviços e fundos autónomos — Subsistema de protecção à família e políticas activas de emprego e formação profissional.
		08	Serviços e fundos autónomos — Participação portuguesa em projectos co-financiados.
		09	Serviços e fundos autónomos — Participação comunitária em projectos co-financiados.
	04		Administração regional:
		01	Região Autónoma dos Açores.
		02	Região Autónoma da Madeira.
	05		Administração local:
		01	Continente.
		02	Região Autónoma dos Açores.
		03	Região Autónoma da Madeira.
	06		Segurança social.
	07		Instituições sem fins lucrativos:
		01	Instituições sem fins lucrativos.
		02	Instituições sem fins lucrativos — Subsistema de protecção social de cidadania — Regime de solidariedade.
		03	Instituições sem fins lucrativos — Subsistema de protecção social de cidadania — Acção social.
	08		Famílias:
		01	Empresário em nome individual.
		02	Outras.
		03	Subsistema de protecção social de cidadania — Regime de solidariedade.
		04	Subsistema de protecção social de cidadania — Acção social.
		05	Subsistema de protecção à família — Encargos familiares.
		06	Subsistema de protecção à família — Deficiência.
		07	Subsistema de protecção à família — Dependência.
		08	Subsistema de protecção à família e políticas activas de emprego e formação profissional.
		09	Subsistema previdencial.
		10	Regimes especiais.
		11	Regimes complementares.
	09		Resto do mundo:
		01	Resto do mundo — União Europeia — Instituições.
		02	Resto do mundo — União Europeia — Países membros.
		03	Resto do mundo — Países terceiros e organizações internacionais.
05			Subsídios:
	01		Sociedades e quase-sociedades não financeiras:
		01	Públicas.
		02	Públicas — Políticas activas de emprego e formação profissional — Acções de formação profissional.
		03	Privadas.
		04	Privadas — Políticas activas de emprego e formação profissional — Acções de formação profissional.
	02		Sociedades financeiras:
		01	Bancos e outras instituições financeiras.
		02	Bancos e outras instituições financeiras — Políticas activas de emprego e formação profissional — Acções de formação profissional.

I. Actividade Financeira

Agrupamento	Subagrupamento	Rubrica	Designação
		03	Companhias de seguros e fundos de pensões.
		04	Companhias de seguros e fundos de pensões — Políticas activas de emprego e formação profissional — Acções de formação.
	03		Administração central:
		01	Estado.
		02	Estado — Políticas activas de emprego e formação profissional — Acções de formação profissional.
		03	Serviços e fundos autónomos.
		04	Serviços e fundos autónomos — Políticas activas de emprego e formação profissional — Acções de formação profissional.
	04		Administração regional:
		01	Região Autónoma dos Açores.
		02	Região Autónoma dos Açores — Políticas activas de emprego e formação profissional — Acções de formação profissional.
		03	Região Autónoma da Madeira.
		04	Região Autónoma da Madeira — Políticas activas de emprego e formação profissional — Acções de formação profissional.
	05		Administração local:
		01	Continente.
		02	Continente — Políticas activas de emprego e formação profissional — Acções de formação profissional.
		03	Região Autónoma dos Açores.
		04	Região Autónoma dos Açores — Políticas activas de emprego e formação profissional — Acções de formação profissional.
		05	Região Autónoma da Madeira.
		06	Região Autónoma da Madeira — Políticas activas de emprego e formação profissional — Acções de formação profissional.
	06		Segurança social.
	07		Instituições sem fins lucrativos:
		01	Instituições sem fins lucrativos.
		02	Instituições sem fins lucrativos — Subsistema de protecção social de cidadania — Acção social.
		03	Instituições sem fins lucrativos — Políticas activas de emprego e formação profissional — Acções de formação profissional.
	08		Famílias:
		01	Empresário em nome individual.
		02	Subsistema de protecção social de cidadania — Acção social.
		03	Outras.
06			Outras despesas correntes:
	01		Dotação provisional.
	02		Diversas:
		01	Impostos e taxas.
		02	Activos incorpóreos.
		03	Outras.
			Despesas de capital
07			Aquisição de bens de capital:
	01		Investimentos:
		01	Terrenos.
		02	Habitações.
		03	Edifícios.
		04	Construções diversas.
		05	Melhoramentos fundiários.
		06	Material de transporte.
		07	Equipamento de informática.
		08	*Software* informático.
		09	Equipamento administrativo.
		10	Equipamento básico.
		11	Ferramentas e utensílios.
		12	Artigos e objectos de valor.
		13	Investimentos incorpóreos.
		14	Investimentos militares.
		15	Outros investimentos.
	02		Locação financeira:
		01	Terrenos — Locação financeira.
		02	Habitações — Locação financeira.
		03	Edifícios — Locação financeira.
		04	Construções diversas — Locação financeira.
		05	Material de transporte — Locação financeira.
		06	Material de informática — Locação financeira.

Legislação de Direito Financeiro

Agrupamento	Subagrupamento	Rubrica	Designação
		07	Maquinaria e equipamento — Locação financeira.
		08	Recursos militares — Locação financeira.
		09	Outros investimentos — Locação financeira.
	03		Bens de domínio público:
		01	Terrenos e recursos naturais.
		02	Edifícios.
		03	Outras construções e infra-estruturas.
		04	Infra-estruturas e equipamentos de natureza militar.
		05	Bens do património histórico, artístico e cultural.
		06	Outros bens de domínio público.
08			Transferências de capital:
	01		Sociedades e quase-sociedades não financeiras:
		01	Públicas.
		02	Privadas.
	02		Sociedades financeiras:
		01	Bancos e outras instituições financeiras.
		02	Companhias de seguros e fundos de pensões.
	03		Administração central:
		01	Estado.
		02	Estado — Subsistema de protecção social de cidadania — Regime de solidariedade.
		03	Estado — Subsistema de protecção social de cidadania — Acção social.
		04	Estado — Participação portuguesa em projectos co-financiados.
		05	Estado — Participação comunitária em projectos co-financiados.
		06	Serviços e fundos autónomos.
		07	Serviços e fundos autónomos — Participação portuguesa em projectos co-financiados.
		08	Serviços e fundos autónomos — Participação comunitária em projectos co-financiados.
	04		Administração regional:
		01	Região Autónoma dos Açores.
		02	Região Autónoma da Madeira.
	05		Administração local:
		01	Continente.
		02	Região Autónoma dos Açores.
		03	Região Autónoma da Madeira.
	06		Segurança social.
		01	Sistema de solidariedade e segurança social.
		02	Participação portuguesa em projectos co-financiados.
		03	Participação comunitária em projectos co-financiados.
		04	Capitalização pública de estabilização.
		05	Outras transferências.
	07		Instituições sem fins lucrativos:
		01	Instituições sem fins lucrativos.
		02	Instituições sem fins lucrativos — Acção social.
		03	Instituições sem fins lucrativos — Participação portuguesa em projectos co-financiados.
		04	Instituições sem fins lucrativos — Participação comunitária em projectos co-financiados.
	08		Famílias:
		01	Empresário em nome individual.
		02	Outras.
	09		Resto do mundo:
		01	União Europeia — Instituições.
		02	União Europeia — Países membros.
		03	Países terceiros e organizações internacionais.
09			Activos financeiros:
	01		Depósitos, certificados de depósito e poupança:
		01	Sociedades e quase-sociedades não financeiras — Privadas.
		02	Sociedades e quase-sociedades não financeiras — Públicas.
		03	Sociedades financeiras — Bancos e outras instituições financeiras.
		04	Sociedades financeiras — Companhias de seguros e fundos de pensões.
		05	Administração pública central — Estado.
		06	Administração pública central — Serviços e fundos autónomos.
		07	Administração pública — Administração regional.
		08	Administração pública local — Continente.
		09	Administração pública local — Regiões Autónomas.
		10	Administração pública — Segurança social.
		11	Instituições sem fins lucrativos.

I. Actividade Financeira

Agrupamento	Subagrupamento	Rubrica	Designação
		12	Famílias — Empresário em nome individual.
		13	Famílias — Outras.
		14	Resto do mundo — União Europeia — Instituições.
		15	Resto do mundo — União Europeia — Países membros.
		16	Resto do mundo — Países terceiros e organizações internacionais.
	02		Títulos a curto prazo:
		01	Sociedades e quase-sociedades não financeiras — Privadas.
		02	Sociedades e quase-sociedades não financeiras — Públicas.
		03	Sociedades financeiras — Bancos e outras instituições financeiras.
		04	Sociedades financeiras — Companhias de seguros e fundos de pensões.
		05	Administração pública central — Estado.
		06	Administração pública central — Serviços e fundos autónomos.
		07	Administração pública — Administração regional.
		08	Administração pública local — Continente.
		09	Administração pública local — Regiões Autónomas.
		10	Administração pública — Segurança social.
		11	Instituições sem fins lucrativos.
		12	Famílias — Empresário em nome individual.
		13	Famílias — Outras.
		14	Resto do mundo — União Europeia — Instituições.
		15	Resto do mundo — União Europeia — Países membros.
		16	Resto do mundo — Países terceiros e organizações internacionais.
	03		Títulos a médio e longo prazos:
		01	Sociedades e quase-sociedades não financeiras — Privadas.
		02	Sociedades e quase-sociedades não financeiras — Públicas.
		03	Sociedades financeiras — Bancos e outras instituições financeiras.
		04	Sociedades financeiras — Companhias de seguros e fundos de pensões.
		05	Administração pública central — Estado.
		06	Administração pública central — Serviços e fundos autónomos.
		07	Administração pública — Administração regional.
		08	Administração pública local — Continente.
		09	Administração pública local — Regiões Autónomas.
		10	Administração pública — Segurança social.
		11	Instituições sem fins lucrativos.
		12	Famílias — Empresário em nome individual.
		13	Famílias — Outras.
		14	Resto do mundo — União Europeia — Instituições.
		15	Resto do mundo — União Europeia — Países membros.
		16	Resto do mundo — Países terceiros e organizações internacionais.
	04		Derivados financeiros:
		01	Sociedades e quase-sociedades não financeiras — Privadas.
		02	Sociedades e quase-sociedades não financeiras — Públicas.
		03	Sociedades financeiras — Bancos e outras instituições financeiras.
		04	Sociedades financeiras — Companhias de seguros e fundos de pensões.
		05	Administração pública central — Estado.
		06	Administração pública central — Serviços e fundos autónomos.
		07	Administração pública — Administração regional.
		08	Administração pública local — Continente.
		09	Administração pública local — Regiões Autónomas.
		10	Administração pública — Segurança social.
		11	Instituições sem fins lucrativos.
		12	Famílias — Empresário em nome individual.
		13	Famílias — Outras.
		14	Resto do mundo — União Europeia — Instituições.
		15	Resto do mundo — União Europeia — Países membros.
		16	Resto do mundo — Países terceiros e organizações internacionais.
	05		Empréstimos a curto prazo:
		01	Sociedades e quase-sociedades não financeiras — Privadas.
		02	Sociedades e quase-sociedades não financeiras — Públicas.
		03	Sociedades financeiras — Bancos e outras instituições financeiras.
		04	Sociedades financeiras — Companhias de seguros e fundos de pensões.
		05	Administração pública central — Estado.
		06	Administração pública central — Serviços e fundos autónomos.
		07	Administração pública — Administração regional.
		08	Administração pública local — Continente.
		09	Administração pública local — Regiões Autónomas.
		10	Administração pública — Segurança social.
		11	Instituições sem fins lucrativos.
		12	Famílias — Empresário em nome individual.
		13	Famílias — Outras.
		14	Resto do mundo — União Europeia — Instituições.
		15	Resto do mundo — União Europeia — Países membros.
		16	Resto do mundo — Países terceiros e organizações internacionais.

Legislação de Direito Financeiro

Agrupamento	Subagrupamento	Rubrica	Designação
	06		**Empréstimos a médio e longo prazos:**
		01	Sociedades e quase-sociedades não financeiras — Privadas.
		02	Sociedades e quase-sociedades não financeiras — Públicas.
		03	Sociedades financeiras — Bancos e outras instituições financeiras.
		04	Sociedades financeiras — Companhias de seguros e fundos de pensões.
		05	Administração pública central — Estado.
		06	Administração pública central — Serviços e fundos autónomos.
		07	Administração pública — Administração regional.
		08	Administração pública local — Continente.
		09	Administração pública local — Regiões Autónomas.
		10	Administração pública — Segurança social.
		11	Instituições sem fins lucrativos.
		12	Famílias — Empresário em nome individual.
		13	Famílias — Outras.
		14	Resto do mundo — União Europeia Instituições.
		15	Resto do mundo — União Europeia — Países membros.
		16	Resto do mundo — Países terceiros e organizações internacionais.
	07		**Acções e outras participações:**
		01	Sociedades e quase-sociedades não financeiras — Privadas.
		02	Sociedades e quase-sociedades não financeiras — Públicas.
		03	Sociedades financeiras — Bancos e outras instituições financeiras.
		04	Sociedades financeiras — Companhias de seguros e fundos de pensões.
		05	Administração pública central — Estado.
		06	Administração pública central — Serviços e fundos autónomos.
		07	Administração pública — Administração regional.
		08	Administração pública local — Continente.
		09	Administração pública local — Regiões Autónomas.
		10	Administração pública — Segurança social.
		11	Instituições sem fins lucrativos.
		12	Famílias — Empresário em nome individual.
		13	Famílias — Outras.
		14	Resto do mundo — União Europeia — Instituições.
		15	Resto do mundo — União Europeia — Países membros.
		16	Resto do mundo — Países terceiros e organizações internacionais.
	08		**Unidades de participação:**
		01	Sociedades e quase-sociedades não financeiras — Privadas.
		02	Sociedades e quase-sociedades não financeiras — Públicas.
		03	Sociedades financeiras — Bancos e outras instituições financeiras.
		04	Sociedades financeiras — Companhias de seguros e fundos de pensões.
		05	Administração pública central — Estado.
		06	Administração pública central — Serviços e fundos autónomos.
		07	Administração pública — Administração regional.
		08	Administração pública local — Continente.
		09	Administração pública local — Regiões Autónomas.
		10	Administração pública — Segurança social.
		11	Instituições sem fins lucrativos.
		12	Famílias — Empresário em nome individual.
		13	Famílias — Outras.
		14	Resto do mundo — União Europeia — Instituições.
		15	Resto do mundo — União Europeia — Países membros.
		16	Resto do mundo — Países terceiros e organizações internacionais.
	09		**Outros activos financeiros:**
		01	Sociedades e quase-sociedades não financeiras — Privadas.
		02	Sociedades e quase-sociedades não financeiras — Públicas.
		03	Sociedades financeiras — Bancos e outras instituições financeiras.
		04	Sociedades financeiras — Companhias de seguros e fundos de pensões.
		05	Administração pública central — Estado.
		06	Administração pública central — Serviços e fundos autónomos.
		07	Administração pública — Administração regional.
		08	Administração pública local — Continente.
		09	Administração pública local — Regiões Autónomas.
		10	Administração pública — Segurança social.
		11	Instituições sem fins lucrativos.
		12	Famílias — Empresário em nome individual.
		13	Famílias — Outras.
		14	Resto do mundo — União Europeia — Instituições.
		15	Resto do mundo — União Europeia — Países membros.
		16	Resto do mundo — Países terceiros e organizações internacionais.
10			**Passivos financeiros:**
	01		**Depósitos e certificados de depósito e poupança:**
		01	Sociedades e quase-sociedades não financeiras — Privadas.
		02	Sociedades e quase-sociedades não financeiras — Públicas.
		03	Sociedades financeiras — Bancos e outras instituições financeiras.
		04	Sociedades financeiras — Companhias de seguros e fundos de pensões.
		05	Administração pública central — Estado.

I. Actividade Financeira

Agrupamento	Subagru-pamento	Rubrica	Designação
		06	Administração pública central — Serviços e fundos autónomos.
		07	Administração pública — Administração regional.
		08	Administração pública local — Continente.
		09	Administração pública local — Regiões Autónomas.
		10	Administração pública — Segurança social.
		11	Instituições sem fins lucrativos.
		12	Famílias — Empresário em nome individual.
		13	Famílias — Outras.
		14	Resto do mundo — União Europeia — Instituições.
		15	Resto do mundo — União Europeia — Países membros.
		16	Resto do mundo — Países terceiros e organizações internacionais
	02		Títulos a curto prazo:
		01	Sociedades e quase-sociedades não financeiras — Privadas.
		02	Sociedades e quase-sociedades não financeiras — Públicas.
		03	Sociedades financeiras — Bancos e outras instituições financeiras.
		04	Sociedades financeiras — Companhias de seguros e fundos de pensões.
		05	Administração pública central — Estado.
		06	Administração pública central — Serviços e fundos autónomos.
		07	Administração pública — Administração regional.
		08	Administração pública local — Continente.
		09	Administração pública local — Regiões Autónomas.
		10	Administração pública — Segurança social.
		11	Instituições sem fins lucrativos.
		12	Famílias — Empresário em nome individual.
		13	Famílias — Outras.
		14	Resto do mundo — União Europeia — Instituições.
		15	Resto do mundo — União Europeia — Países membros.
		16	Resto do mundo — Países terceiros e organizações internacionais.
	03		Títulos a médio e longo prazos:
		01	Sociedades e quase-sociedades não financeiras — Privadas.
		02	Sociedades e quase-sociedades não financeiras — Públicas.
		03	Sociedades financeiras — Bancos e outras instituições financeiras.
		04	Sociedades financeiras — Companhias de seguros e fundos de pensões.
		05	Administração pública central — Estado.
		06	Administração pública central — Serviços e fundos autónomos.
		07	Administração pública — Administração regional.
		08	Administração pública local — Continente.
		09	Administração pública local — Regiões Autónomas.
		10	Administração pública — Segurança social.
		11	Instituições sem fins lucrativos.
		12	Famílias — Empresário em nome individual.
		13	Famílias — Outras.
		14	Resto do mundo — União Europeia — Instituições.
		15	Resto do mundo — União Europeia — Países membros.
		16	Resto do mundo — Países terceiros e organizações internacionais.
	04		Derivados financeiros:
		01	Sociedades e quase-sociedades não financeiras — Privadas.
		02	Sociedades e quase-sociedades não financeiras — Públicas.
		03	Sociedades financeiras — Bancos e outras instituições financeiras.
		04	Sociedades financeiras — Companhias de seguros e fundos de pensões.
		05	Administração pública central — Estado.
		06	Administração pública central — Serviços e fundos autónomos.
		07	Administração pública — Administração regional.
		08	Administração pública local — Continente.
		09	Administração pública local — Regiões Autónomas.
		10	Administração pública — Segurança social.
		11	Instituições sem fins lucrativos.
		12	Famílias — Empresário em nome individual.
		13	Famílias — Outras.
		14	Resto do mundo — União Europeia — Instituições.
		15	Resto do mundo — União Europeia — Países membros.
		16	Resto do mundo — Países terceiros e organizações internacionais.
	05		Empréstimos a curto prazo:
		01	Sociedades e quase-sociedades não financeiras — Privadas.
		02	Sociedades e quase-sociedades não financeiras — Públicas.
		03	Sociedades financeiras — Bancos e outras instituições financeiras.
		04	Sociedades financeiras — Companhias de seguros e fundos de pensões.
		05	Administração pública central — Estado.
		06	Administração pública central — Serviços e fundos autónomos.
		07	Administração pública — Administração regional.
		08	Administração pública local — Continente.
		09	Administração pública local — Regiões Autónomas.
		10	Administração pública — Segurança social.

Agrupamento	Subagrupamento	Rubrica	Designação
		11	Instituições sem fins lucrativos.
		12	Famílias — Empresário em nome individual.
		13	Famílias — Outras.
		14	Resto do mundo — União Europeia — Instituições.
		15	Resto do mundo — União Europeia — Países membros.
		16	Resto do mundo — Países terceiros e organizações internacionais.
	06		Empréstimos a médio e longo prazos:
		01	Sociedades e quase-sociedades não financeiras — Privadas.
		02	Sociedades e quase-sociedades não financeiras — Públicas.
		03	Sociedades financeiras — Bancos e outras instituições financeiras.
		04	Sociedades financeiras — Companhias de seguros e fundos de pensões.
		05	Administração pública central — Estado.
		06	Administração pública central — Serviços e fundos autónomos.
		07	Administração pública — Administração regional.
		08	Administração pública local — Continente.
		09	Administração pública local — Regiões Autónomas.
		10	Administração pública — Segurança social.
		11	Instituições sem fins lucrativos.
		12	Famílias — Empresário em nome individual.
		13	Famílias — Outras.
		14	Resto do mundo — União Europeia — Instituições.
		15	Resto do mundo — União Europeia — Países membros.
		16	Resto do mundo — Países terceiros e organizações internacionais.
	07		Outros passivos financeiros:
		01	Sociedades e quase-sociedades não financeiras — Privadas.
		02	Sociedades e quase-sociedades não financeiras — Públicas.
		03	Sociedades financeiras — Bancos e outras instituições financeiras.
		04	Sociedades financeiras — Companhias de seguros e fundos de pensões.
		05	Administração pública central — Estado.
		06	Administração pública central — Serviços e fundos autónomos.
		07	Administração pública — Administração regional.
		08	Administração pública local — Continente.
		09	Administração pública local — Regiões Autónomas.
		10	Administração pública — Segurança social.
		11	Instituições sem fins lucrativos.
		12	Famílias — Empresário em nome individual.
		13	Famílias — Outras.
		14	Resto do mundo — União Europeia — Instituições.
		15	Resto do mundo — União Europeia — Países membros.
		16	Resto do mundo — Países terceiros e organizações internacionais.
11			Outras despesas de capital:
		01	Dotação provisional.
		02	Diversas.
12			Operações extra-orçamentais:
		01	Operações de tesouraria — Entrega de receitas do Estado.
		02	Outras operações de tesouraria.
		03	Contas de ordem.

ANEXO III
Notas explicativas ao classificador económico

A uniformização dos requisitos contabilísticos necessários a uma correcta gestão dos recursos financeiros públicos constitui uma das preocupações que se encontra subjacente ao actual regime da administração financeira do Estado (Lei n.º 8/90, de 20 de Fevereiro, e Decreto-Lei n.º 155/92, de 28 de Julho) e, complementarmente, ao Plano Oficial de Contabilidade Pública (POCP) e planos sectoriais, aprovados pelo Decreto-Lei n.º 232/97, de 3 de Setembro, e pela Portaria n.º 794/2000, de 20 de Setembro (Plano Oficial de Contabilidade Pública para o Sector da Educação), e pela Portaria n.º 898/2000, de 28 de Setembro (Plano Oficial de Contabilidade do Ministério da Saúde).

Com estes dispositivos legais pretendeu-se dotar o Estado com um sistema de contas adequado às necessidades de uma administração financeira moderna,

I. Actividade Financeira 85

inserida na realidade do euro, que exige a disponibilização de informação financeira em condições de acrescida transparência e compatibilidade, face aos restantes países da União Europeia.

Perante estas exigências, impõe-se, no plano orçamental, a substituição do actual regime de classificação económica das receitas e das despesas públicas, traduzida numa melhor adequação ao POCP e planos sectoriais, tendo sido, para o efeito, ouvidos os respectivos sectores.

Este novo esquema de classificação, ao reunir num só documento os códigos de classificação económica das receitas e das despesas públicas, pretende satisfazer as diversas necessidades de informação a nível contabilístico nacional, quer no que se refere às nomenclaturas e desagregação dos sectores institucionais, quer quanto à identificação de determinadas receitas e despesas, quer ainda quanto à contabilização de operações que dificilmente se enquadravam no classificador vigente, como, por exemplo, a locação financeira, a utilização de infra--estruturas de transporte e as operações de tesouraria.

A nova classificação abandona a classificação sectorial, até aqui adoptada, para, de um modo geral, seguir as figuras institucionais do Sistema Europeu de Contas e que, na sua essência, são as utilizadas no actual Sistema de Contas Nacionais Portuguesas (SCNP).

Na base de tais sistemas de contas relevam, como vectores fundamentais, as unidades institucionais e os sectores institucionais.

A unidade institucional identifica-se com o agente económico que, no exercício da sua actividade principal, tem uma contabilidade completa e, simultaneamente, dispõe de capacidade jurídica para decidir da afectação dos seus recursos correntes, de capital e financeiros, isto é, que pode considerar-se como um centro de decisão económica.

Por unidades institucionais residentes consideram-se as que fizeram operações económicas, durante um ou mais anos, no território nacional.

O sector institucional é todo o conjunto de unidades institucionais com um comportamento económico análogo.

Na caracterização desse comportamento atende-se a dois critérios: função principal e origem dos recursos das unidades.

Os sectores institucionais considerados no novo classificador económico das receitas e das despesas públicas, cuja caracterização se procede a seguir, são os seguintes:

Sociedades e quase-sociedades não financeiras;
Sociedades financeiras;
Administrações públicas;
Instituições sem fins lucrativos;
Famílias;

Resto do mundo.

Assim:

Sociedades e quase-sociedades não financeiras. – Compreende o conjunto de unidades institucionais residentes que têm como função predominante produzir bens e serviços comerciáveis não financeiros e como recursos principais as receitas provenientes da venda dessa produção.

A diferença fundamental entre sociedades e quase-sociedades decorre da circunstância de as primeiras terem uma personalidade jurídica plena, enquanto as últimas não.

No âmbito da nova classificação económica das receitas e das despesas públicas, este sector distribui-se pelos dois seguintes subsectores:

Empresas privadas;
Empresas públicas.

Sociedades financeiras. – Compreende as unidades institucionais cuja função principal é financiar – transformando e repartindo as disponibilidades financeiras que recebem –, sendo as suas receitas fundamentais constituídas por fundos provenientes de encargos contraídos (depósitos à ordem e a prazo, títulos, etc.) e por juros recebidos.

Em termos de classificador, são considerados os sub-sectores seguintes:

Bancos e outras instituições financeiras;
Companhias de seguros e fundos de pensões.

O primeiro subsector é integrado pelo Banco de Portugal (ou Banco Central) e pelas instituições de crédito cujo passivo seja constituído por depósitos à ordem transferíveis através de cheque (bancos comerciais, incluindo nacionais e estrangeiros, bancos de poupança, caixas económicas e caixas de crédito agrícola mútuo).

Engloba ainda os bancos de investimento, as sociedades de locação financeira e outras instituições financeiras.

O segundo subsector compreende o conjunto de unidades institucionais cuja função principal é segurar, isto é, garantir um pagamento, quando se verifique a consumação de um risco. Transformam, assim, os riscos individuais em colectivos, para o que constituem reservas técnicas de seguros, com base, maioritariamente, em prémios contratuais.

Administrações públicas. – Este sector reúne as unidades institucionais que têm por função principal produzir serviços não mercantis com vista à satisfação das necessidades da colectividade e efectuar operações de redistribuição do rendimento ou do património nacional.

Os seus recursos são constituídos, em regra, pelos impostos e pelas contribuições sociais obrigatórias recebidas directa ou indirectamente.

I. Actividade Financeira

O novo classificador considera como seus subsectores:

Administração pública central – Estado;
Administração pública central – Serviços e fundos autónomos;
Administração pública regional;
Administração pública local – Continente;
Administração pública local – Regiões Autónomas;
Administração Pública – Segurança social.

Instituições sem fins lucrativos. – Compreende as organizações de direito privado sem fins lucrativos, cuja actividade se desenvolve principalmente no âmbito social, cultural, desportivo ou recreativo.

Famílias. – O sector engloba os indivíduos (ou seus agrupamentos) cujas funções principais são o consumo final e a produção em empresas individuais. São caracterizáveis, dentro do sector, os dois subsectores:

Famílias – Empresário em nome individual;
Famílias – Outras.

Consideram-se empresários em nome individual aqueles cuja personalidade jurídica se confunde com a do próprio titular, pelo que não podem ser consideradas «quase-sociedades».

Os seus recursos principais são provenientes, principalmente, da venda da produção.

As outras correspondem às famílias e têm por receitas principais os salários, os rendimentos da propriedade e as transferências de outros sectores.

Resto do mundo. – Para efeitos do esquema de classificação de que se trata, deverá considerar-se este sector como integrado pelo conjunto seguinte:

União Europeia – Instituições;
União Europeia – Países-Membros;
Países terceiros e organizações internacionais.

Para além dos aspectos institucionais, constitui, também, nota muito saliente do esquema de classificação das receitas e despesas públicas agora aprovado o facto de a sua estrutura proporcionar uma visão sintética, mas muito relevante, em termos de análise macroeconómica, da realidade orçamental.

Receitas públicas

Estas notas explicativas apenas pretendem tratar as receitas de um ponto de vista genérico, uma vez que todos os anos, através da lei que aprova o Orçamento do Estado, o Governo é autorizado a cobrar as contribuições e impostos constantes dos códigos e demais legislação tributária em vigor, de acordo com as alterações previstas naquele diploma.

Nos termos deste diploma, as receitas mantêm a desagregação entre «Receitas correntes» e «Receitas de capital», assentando em três níveis principais de componentes:

Capítulos;
Grupos;
Artigos.

As «Receitas correntes» agrupam-se em oito capítulos, a saber:

1 – «Impostos directos»;
2 – «Impostos indirectos»;
3 – «Contribuições para a segurança social, Caixa Geral de Aposentações e Assistência na Doença aos Servidores do Estado»;
4 – «Taxas, multas e outras penalidades»;
5 – «Rendimentos da propriedade»;
6 – «Transferências correntes»;
7 – «Venda de bens e serviços correntes»;
8 – «Outras receitas correntes»;

No que se refere às «Receitas de capital» são cinco os capítulos em que se classificam:

9 – «Venda de bens de investimento»;
10 – «Transferências de capital»;
11 – «Activos financeiros»;
12 – «Passivos financeiros»;
13 – «Outras receitas de capital».

No que concerne «Outras receitas» desagregam-se em quarto capítulos:

14 – «Recursos próprios comunitários»;
15 – «Reposições não abatidas nos pagamentos»;
16 – «Saldo da gerência anterior»;
17 – «Operações extra-orçamentais».

Receitas correntes

São aquelas que, regra geral, se renovam em todos os períodos financeiros.

01.00.00 – «Impostos directos». – Compreendem-se as receitas da Administração Pública provenientes da tributação dos rendimentos do capital e do trabalho, dos ganhos de capital e de outras fontes de rendimento, incluindo os que recaem sobre os rendimentos da propriedade imobiliária (rústica e urbana).

Incluem-se, também, os impostos que incidem sobre os activos financeiros e sobre o valor líquido ou total do património dos agentes residentes.

I. Actividade Financeira

Abrangem-se também os que incidem sobre os particulares pela posse ou utilização de bens.

Excluem-se as imposições de uma ou outra natureza que não apresentem a característica de periodicidade.

Este capítulo engloba, de forma desagregada, os grupos dos impostos directos sobre o rendimento e outros:

01.01.00 – «Sobre o rendimento»;
01.02.00 – «Outros».

01.01.01 – «Imposto sobre o rendimento das pessoas singulares (IRS)». – É o imposto que incide sobre o valor anual dos rendimentos das categorias A a I, mesmo quando provenientes de actos ilícitos, depois de efectuadas as correspondentes deduções e abatimentos.

01.01.02 – «Imposto sobre o rendimento das pessoas colectivas (IRC)». – É o imposto que incide sobre os rendimentos obtidos, no período de tributação, pelos respectivos sujeitos passivos, nos termos do Código do IRC.

01.02.01 – «Imposto sobre as sucessões e doações». – Compreende as receitas provenientes da cobrança de taxas do imposto sobre as sucessões e doações, taxas essas constantes da tabela referida no Código do Imposto Municipal de Sisa e do Imposto sobre as Sucessões e Doações. Engloba ainda as receitas referentes ao imposto pela transmissão, a título gratuito, nomeadamente, títulos e certificados da dívida pública fundada, incluindo os certificados de aforro, obrigações emitidas por quaisquer outras entidades públicas ou privadas, incluindo as de sociedades concessionárias estrangeiras equiparadas às emitidas por sociedades nacionais, nos termos da legislação em vigor, e acções de sociedades com sede em território português.

01.02.02 – «Contribuição autárquica». – Compreende as receitas que incidem sobre o valor tributável dos prédios situados no território de cada município, dividindo-se, de harmonia com a classificação dos prédios, em rústica e urbana.

01.02.06 – «Imposto do uso, porte e detenção de armas» – Engloba as receitas oriundas da concessão de licença do uso, porte e detenção de armas que sejam cobradas a entidades particulares, nos termos da legislação em vigor.

01.02.07 – «Impostos abolidos». – Compreende as receitas provenientes, designadamente, da conclusão de processos pendentes, cujo movimento seria registado nos respectivos artigos de receita, se não fosse o facto de terem sido considerados abolidos.

01.02.99 – «Impostos directos diversos.» – Compreende as receitas não classificadas nos artigos tipificados deste grupo, como, por exemplo, imposto do cadastro. As receitas deste tipo devem ser individualizadas por subartigos.

02.00.00 – «Impostos indirectos». – Engloba as receitas que recaem exclusivamente sobre o sector produtivo, incidindo sobre a produção, a venda, a compra ou a utilização de bens e serviços.

Este capítulo engloba, de forma desagregada, os grupos dos impostos sobre o consumo e outros, que a seguir se apresenta:

02.01.00 – «Sobre o consumo»;
02.02.00 – «Outros».

02.01.01 – «Imposto sobre produtos petrolíferos (ISP)». – São contabilizadas as receitas provenientes da tributação dos óleos minerais, quaisquer outros produtos destinados a serem utilizados, colocados à venda ou a serem consumidos em uso como carburante; dos outros hidrocarbonetos, com excepção do carvão, da lenhite, da turfa ou de hidrocarbonetos sólidos semelhantes ou do gás natural, destinados a serem utilizados, colocados à venda ou consumidos como combustível.

02.01.02 – «Imposto sobre valor acrescentado (IVA)». – Compreende as receitas provenientes das transmissões de bens e as prestações de serviços efectuadas no território nacional, a título oneroso, por um sujeito passivo agindo como tal, das importações de bens e das operações intracomunitárias efectuadas no território nacional, tal como são definidas e reguladas no regime do IVA nas transacções intracomunitárias.

02.01.03 – «Imposto automóvel (IA)». – Compreende as receitas entregues na tesouraria do Estado, em resultado do imposto interno incidente sobre os veículos automóveis ligeiros de passageiros (incluindo os de uso misto, os de corrida e outros principalmente concebidos para o transporte de pessoas, com exclusão das autocaravanas) admitidos ou importados no estado de novos ou usados, incluindo os montados ou fabricados em Portugal e que se destinam a ser matriculados. Também estão abrangidos os veículos todo-o-terreno, os veículos automóveis ligeiros de mercadorias derivados de ligeiros de passageiros e os furgões ligeiros de passageiros.

Ficam ainda sujeitos ao IA os veículos automóveis ligeiros para os quais se pretenda nova matrícula, após cancelamento da inicial, tenham ou não sido objecto de transformação, e ainda aqueles que, após a sua admissão ou importação, sejam objecto de alteração da cilindrada do motor, mudança de chassis ou de transformação de veículos de mercadorias para veículos de passageiros ou de passageiros e de carga.

02.01.04 – «Imposto de consumo sobre o tabaco». – Compreende as receitas provenientes do tabaco manufacturado destinado ao consumo em todo o território nacional.

02.01.05 – «Imposto sobre álcool e bebidas alcoólicas (IABA)». – Trata-se de um imposto que incide sobre a cerveja, as outras bebidas fermentadas, os produtos intermédios e as bebidas espirituosas, genericamente designadas «bebidas alcoólicas».

I. Actividade Financeira

Incluem-se ainda as receitas provenientes da tributação do álcool etílico, genericamente designado «álcool».

02.01.99 – «Impostos diversos sobre o consumo». – Compreende as receitas não enquadráveis nos artigos tipificados deste grupo.

02.02.01 – «Lotarias». – São escrituradas neste artigo as entregas feitas pela Santa Casa da Misericórdia, correspondentes à parte do Estado no produto líquido da lotaria nacional em resultado da sua entrega àquela entidade em regime de monopólio.

02.02.02 – «Imposto do selo». – Engloba as receitas oriundas da incidência sobre todos os actos, contratos, documentos, títulos, livros, papéis e outros factos previstos na legislação em vigor([1]).

02.02.03 – «Imposto do jogo». – Inclui as receitas provenientes das empresas concessionárias de jogos de fortuna ou azar pelo exercício da actividade do jogo, nos termos da legislação em vigor.

02.02.05 – «Resultados da exploração de apostas mútuas». – São contabilizadas neste artigo as entregas ocasionadas em resultado de todo o tipo de apostas mútuas, como sejam as resultantes da exploração do Totoloto, Joker, Totobola, Totogolo, etc.

02.02.06 – «Impostos indirectos específicos das autarquias locais». – Compreende as receitas provenientes da cobrança de impostos municipais estabelecidos na Lei das Finanças Locais. As receitas deste tipo devem ser individualizadas por subartigos.

02.02.99 – «Impostos indirectos diversos». – Compreende as receitas cobradas e que não estão tipificadas em artigo próprio deste grupo. As receitas deste tipo devem ser individualizadas por subartigos.

03.00.00 – «Contribuições para segurança social, Caixa Geral de Aposentações e ADSE». – Abrange as receitas provenientes das contribuições para a segurança social, a Caixa Geral de Aposentações (CGA) e descontos para a ADSE.

Este capítulo engloba, de forma desagregada, três grupos de contribuições:

03.01.00 – «Subsistema previdencial»;
03.02.00 – «Regimes complementares e especiais»;
03.03.00 – «Caixa Geral de Aposentações e ADSE».

03.01.01 – «Quotizações dos trabalhadores». – engloba as receitas provenientes da aplicação das taxas, legalmente previstas, às remunerações efectivamente auferidas ou convencionais que, nos termos da lei, constituam base de incidência contributiva.

([1]) Lei n.° 150/99, 11 Setembro.

03.01.02 – «Contribuições». – Incluem-se as receitas originadas pelas contribuições e cobradas pela segurança social, pela aplicação das taxas, legalmente previstas, às remunerações efectivamente pagas ou convencionais que, nos termos da lei, constituam base de incidência contributiva, sem prejuízo de virem a ser definidas bases de incidência distintas das remunerações no contexto de defesa e promoção do emprego.

03.01.03 – «Contribuições por políticas activas de emprego». – Incluem-se as receitas associadas à compensação financeira obtida em função nomeadamente da modulação das taxas contributivas, por força de políticas activas de emprego.

03.02.01 – «Regimes especiais». – Compreende as receitas provenientes de acordo com a legislação que regulamenta esta matéria([2]).

03.02.02 – «Regimes complementares». – Compreende as receitas provenientes, de acordo com os regimes e taxas definidas na legislação que regulamenta esta matéria([3]).

03.03.01 – «Quotas e comparticipações para a CGA». – Compreende as receitas provenientes dos descontos nos vencimentos dos funcionários e agentes dos serviços do Estado, de acordo com a legislação em vigor.

03.03.02 – «Comparticipações para a ADSE». – Engloba a receita oriunda do desconto de 1% nos vencimentos dos funcionários e agentes dos serviços do Estado beneficiários da ADSE ou de outros subsistemas de assistência própria.

04.00.00 – «Taxas, multas e outras penalidades». – Este capítulo engloba os seguintes grupos:

04.01.00 – «Taxas»;
04.02.00 – «Multas e outras penalidades».

No grupo das «Taxas» inclui-se os pagamentos em contrapartida da emissão de licenças e da prestação de serviços, nos termos da lei, não havendo qualquer relação de valor entre os aludidos pagamentos e o custo dos serviços prestados.

No grupo das «Multas e outras penalidades» engloba-se as receitas provenientes da aplicação de multas pela transgressão da lei, posturas e outros regulamentos.

04.01.19 – «Adicionais». – Compreende as receitas provenientes da arrecadação de quaisquer adicionais que incidam sobre a liquidação e cobrança de taxas.

04.01.23 – «Taxas específicas das autarquias locais». – Compreende as receitas provenientes da cobrança de taxas municipais estabelecidas na Lei das Finanças Locais. As receitas deste tipo devem ser individualizadas por subartigos.

04.01.99 – «Taxas diversas». – Compreende as receitas cobradas e que não estão tipificadas em artigo próprio deste grupo. As receitas deste tipo devem ser individualizadas por subartigos.

([2]) Lei n.º 17/2000, de 8 de Agosto.
([3]) Lei n.º 17/2000, de 8 de Agosto.

04.02.01 – «Juros de mora». – Engloba as receitas provenientes da arrecadação de juros devidos pelas importâncias em dívida, quando pagas depois do prazo de pagamento voluntário.

04.02.02 – «Juros compensatórios». – São receitas devidas quando, por facto imputável ao sujeito passivo, for retardada a liquidação de parte ou da totalidade do imposto devido, ou a entrega de imposto a pagar antecipadamente, retidos ou a reter no âmbito da substituição tributária. São também devidos juros compensatórios quando o sujeito passivo, por facto a si imputável, tenha recebido reembolso superior ao devido.

Sao, ainda, considerados juros compensatórios os juros obtidos nomeadamente pela arrecadação deferida de valores devidos, quer respeitantes à regularização prestacional de contribuições em dívida à segurança social, quer de regularização de outros créditos devidos sobre terceiros e decorrentes de actividades das unidades institucionais.

04.02.03 – «Multas e coimas por infracções ao Código da Estrada e restante legislação». – São contabilizadas as receitas resultantes das multas e coimas cobradas em resultado das transgressões às disposições do Código da Estrada, as coimas respeitantes às contra-ordenações por infracção ao regime de realização de exames de condução de veículos automóveis, as multas cobradas por falta de pagamento das portagens, as contra-ordenações pela falta de instalações de um separador de segurança no interior dos veículos ligeiros de passageiros de aluguer, as coimas por infracções relativas às chapas de matrícula, as coimas por infracção ao disposto quanto ao ensino da condução, as coimas em resultado de contra-ordenações quanto ao não cumprimento do disposto quanto aos limitadores de velocidade e relevo dos desenhos do piso dos pneus, as coimas respeitantes às contra-ordenações levantadas por violação do regime jurídico relativo à actividade de inspecções técnicas de veículos a motor e seus reboques, as coimas por contra-ordenações levantadas pelo não cumprimento do Regulamento das Passagens de Nível, etc.

04.02.04 – «Coimas e penalidades por contra-ordenações». – Incluem-se as receitas provenientes das coimas decorrentes das contra-ordenações praticadas em diversos sectores.

04.02.99 – «Multas e penalidades diversas». – Compreende as receitas cobradas e que não estão tipificadas em artigo próprio deste grupo. As receitas deste tipo devem ser individualizadas por subartigos.

05.00.00 – «Rendimentos da propriedade». – Abrange este capítulo as receitas provenientes do rendimento de activos financeiros (depósitos bancários, títulos e empréstimos) e rendas de activos não produtivos, nomeadamente terrenos e activos incorpóreos (direitos de autor, patentes e outros).

Dado que ao nível do grupo e artigo sistematicamente foram considerados sectores institucionais nas classificações económicas «Juros» e «Dividendos e outras participações nos lucros», refere-se de seguida o âmbito genérico, designado por «X» destas duas naturezas de receita.

05.0X.0X – «Juros». – Engloba as receitas referentes a juros de empréstimos concedidos, ou outros tipos de financiamentos, de contratos subsidiários, de obrigações emitidas pelas sociedades, do pagamento em prestações do preço de arrematação dos bens imóveis, de depósitos de aplicações, etc.

Este grupo desagrega-se de acordo com a classificação do sector institucional.

05.0X.0X – «Dividendos e outras participações nos lucros». – Incluem-se as receitas resultantes de dividendos e de lucros provenientes de sectores institucionais.

Este grupo desagrega-se de acordo com a classificação do sector institucional.

05.10.01 – «Terrenos». – Abrange as receitas provenientes do arrendamento de terrenos e da constituição do direito de superfície ou propriedade do solo, a favor de pessoas singulares ou colectivas. Apenas são de considerar os rendimentos da propriedade rústica, pelo que não devem ser incluídas as rendas de prédios urbanos que constituem receita a classificar no capítulo 07.00.00 – «Venda de bens e de serviços correntes».

05.10.03 – «Habitações». – Abrange as receitas provenientes do rendimento da propriedade consoante a natureza de direitos do Estado, a saber: compropriedade, propriedade horizontal, comodato, nua-propriedade, propriedade plena, direito de reversão, direito de superfície e usufruto.

05.10.04 – «Edifícios». – Abrange as receitas provenientes do rendimento da propriedade consoante a natureza de direitos do Estado, designadamente: compropriedade, propriedade horizontal, comodato, nua-propriedade, propriedade plena, direito de reversão, direito de superfície e usufruto.

05.10.05 – «Bens de domínio público». – Abrange as receitas provenientes do rendimento da propriedade de bens de domínio público, consoante a natureza de direitos do Estado, concretamente: compropriedade, propriedade horizontal, comodato, nua-propriedade, propriedade plena, direito de reversão, direito de superfície e usufruto. Como exemplo escolheram-se os rendimentos provenientes da cedência de espaços dos palácios.

05.10.99 – «Outros». – Compreende as receitas cobradas e que não estão tipificadas em artigo próprio deste grupo.

05.11.00 – «Activos incorpóreos». – Integra as receitas provenientes do rendimento da propriedade relativas à cedência temporária, de direitos de propriedade intelectual (direitos de autor ou direitos conexos) ou os direitos de propriedade industrial (exploração de patentes, licenças, modelos, marcas, desenhos, processos de fabrico, etc.), ou ainda os contratos de cedência de *know-how*.

Esta classificação económica não contempla a alienação dos activos incorpóreos, a qual se enquadra no capítulo «Outras receitas de capital», designadamente a classificação económica 13.01.03.

06.00.00 – «Transferências correntes». – Entende-se por transferências correntes os recursos financeiros auferidos sem qualquer contrapartida, destinados ao financiamento de despesas correntes ou sem afectação preestabelecida.

Este capítulo desagrega-se de acordo com a classificação do sector e da unidade institucional.

06.03.05 – «Estado – Participação portuguesa em projectos co-financiados». – Incluem-se as receitas provenientes do Orçamento do Estado que se destinem à comparticipação nacional nos projectos co-financiados.

06.03.06 – «Estado – Participação comunitária em projectos co-financiados». – Incluem-se as receitas provenientes da União Europeia que se destinem à comparticipação comunitária nos projectos co-financiados.

06.03.10 – «Serviços e fundos autónomos – Participação portuguesa em projectos co-financiados». – Incluem-se as receitas provenientes dos serviços e fundos autónomos que se destinem à comparticipação nacional nos projectos financiados.

06.03.11 – «Serviços e fundos autónomos – Participação comunitária em projectos co-financiados». – Incluem-se as receitas provenientes da União Europeia que se destinem à comparticipação comunitária nos projectos financiados.

07.00.00 – «Venda de bens e serviços correntes». – Neste capítulo incluem-se, na generalidade, as receitas quer com o produto da venda dos bens, inventariados ou não, que inicialmente não tenham sido classificados como bens de capital ou de investimento, quer ainda com os recebimentos de prestação de serviços. Às receitas enquadráveis neste capítulo estão subjacentes preços que correspondem a valores sensivelmente idênticos aos custos de produção dos bens ou serviços vendidos.

Este capítulo desagrega-se em três grupos, que se apresentam de seguida:

07.01.00 – «Venda de bens»;
07.02.00 – «Serviços»;
07.03.00 – «Rendas.

No caso de a entidade contabilística ser sujeito passivo de IVA, as operações relacionadas com imposto liquidado devem ser tratadas como «Operações de tesouraria», capítulo 17, grupo 02, portanto, não têm enquadramento neste capítulo.

07.01.01 – «Material de escritório». – Incluem-se as receitas provenientes do produto da venda de bens que não sejam considerados equipamento de escritório (imobilizado), embora alguns sejam inventariáveis, caso do material considerado excedentário ou obsoleto.

96   Legislação de Direito Financeiro

07.01.02 – «Livros e documentação técnica». – Engloba as receitas oriundas da venda de livros técnicos e documentação técnica, desde que relacionados com a actividade de forma directa ou indirecta.

07.01.03 – «Publicações e impressos». – Escritura-se o produto das cobranças provenientes da venda ao sector particular ou empresarial de publicações e impressos, de acordo com a legislação em vigor.

Incluem-se também as receitas resultantes da venda das vinhetas dos vistos, das cadernetas prediais, quando forem segundas vias, etc.

07.01.04 – «Fardamentos e artigos pessoais». – Englobam-se as receitas cobradas como reembolso das verbas despendidas com a aquisição de fardamentos e artigos destinados a serem utilizados por pessoal adstrito aos seus serviços, quando a lei não determine o fornecimento gratuito deste material.

07.01.05 – «Bens inutilizados». – Incluem-se as receitas provenientes da venda de bens, como por exemplo a venda de bens móveis considerados não duradouros (ferramentas e utensílios), de papel inútil, de óleos de lubrificação já usados, etc.

07.01.06 – «Produtos agrícolas e pecuários». – Englobam-se as receitas resultantes da venda de lenhas, palhas, ervas, frutos, matos e outras produções das margens de leitos de rios e ribeiros, das florestas, das estações piscícolas e de outras explorações, exceptuando-se contudo, a extracção de areias cuja venda, por estar sujeita a licenciamento prévio, será contabilizada no capítulo 04 – «Taxas».

07.01.07 – «Produtos alimentares e bebidas». – Incluem-se as receitas provenientes da venda dos produtos alimentares e bebidas.

07.01.08 – «Mercadorias». – Icluem-se as receitas das vendas de mercadorias (bens e produtos adquiridos ao exterior com o objectivo de venda).

07.01.09 – «Matérias de consumo». – Icluem-se as receitas provenientes das existências (consumos), como, por exemplo, produtos farmacêuticos, material de consumo clínico, produtos alimentares, material de consumo hoteleiro, material de consumo administrativo e material de manutenção e conservação.

07.01.10 – «Desperdícios, resíduos e refugos». – Englobam-se as receitas resultantes da venda de bens cuja característica principal é derivarem do processo produtivo normal, na forma de um bem com valor comercial, sem no entanto ter sido esse o objectivo da produção.

07.01.11 – «Produtos acabados e intermédios». – Englobam-se as receitas resultantes da venda de produtos acabados e intermédios efectuados a terceiros.

07.02.01 – «Aluguer de espaços e equipamentos». – Incluem-se as receitas provenientes do aluguer esporádico de espaços e equipamentos da entidade.

07.02.02 – «Estudos, pareceres, projectos e consultadoria». – Abrange as receitas resultantes da venda de serviços prestados pela entidade no âmbito da realização de trabalhos requisitados ou da responsabilidade de pessoas singulares ou colectivas, nomeadamente estudos, pareceres, consultoria de organização, apoio à gestão e serviços de natureza técnica.

07.02.05 – «Actividades de saúde». – Engloba as receitas resultantes das facturações emitidas em relação aos vários subsistemas relativamente a entidades de direito público e privado.

07.02.06 – «Reparações». – Abrange as receitas provenientes de reparações.

07.02.07 – «Alimentação e alojamento». – Abrange as receitas oriundas do fornecimento de alimentação e estada aos funcionários, nomeadamente na utilização de centros de formação.

07.02.08 – «Serviços sociais, recreativos, culturais e de desporto». – Abrange as receitas resultantes da utilização de piscinas, museus e bibliotecas e a cedência, a título oneroso, dessas mesmas instalações para a realização de certames e manifestações de carácter desportivo, social, cultural e recreativo.

07.02.09 – «Serviços específicos das autarquias». – Abrange as receitas provenientes da prestação de serviços específicos das autarquias. As receitas deste tipo devem ser individualizadas por subartigos.

07.03.00 – «Rendas». – Abrange as receitas provenientes do arrendamento de casas ou outros edifícios para fins habitacionais ou outros.

07.03.01 – «Habitações». – Englobam-se as receitas provenientes de rendas pagas pelos inquilinos das casas de habitação que fazem parte do património do Estado, incluindo os que são funcionários públicos ou militares, de acordo com a legislação em vigor.

Igualmente se inclui o produto do reembolso das rendas de habitações arrendadas pelo Estado e ocupadas por funcionários públicos, civis ou militares.

Este artigo deverá ser desagregado em subartigos de acordo com o tipo de habitação, ou seja, em casas de função, casas de guarda florestais ou outras.

07.03.02 – «Edifícios». – Incluem-se o produto das rendas de casas pertencentes ao Estado, alugadas para determinados fins (armazenagem, guarda ou arrecadação de artigos ou materiais, comércio, indústria, etc.).

Este artigo engloba também, o produto das receitas resultantes das empresas às quais foi adjudicada a concessão do exclusivo do jogo nas zonas de jogo, as quais pagarão ao Estado, por todo o tempo que dure o arrendamento, a renda anual que vier a ser estipulada no respectivo contrato.

07.03.99 – «Outras». – Abrange as receitas provenientes de rendas não tipificadas nos artigos precedentes. Inclui-se as receitas resultantes da cobrança da taxa anual denominada «Taxa de rega e beneficiação» devida pelos beneficiários das obras de fomento hidroagrícola realizadas pelo Estado, pela utilização de água e aproveitamento das obras de drenagem, enxugo e defesa de terrenos.

Engloba também as receitas resultantes da arrecadação da taxa anual denominada «Taxa de exploração e conservação» satisfeita pelos beneficiários das obras de fomento hidroagrícola como reembolsos das despesas efectuadas pelo Estado com a conservação e exploração das referidas obras.

Incluem-se ainda, entre outras, as taxas devidas pelos utentes das águas provenientes das obras para fins de produção de energia eléctrica, abastecimento de povoações, usos industriais ou rega fora das áreas incluídas nas mesmas obras.

08.00.00 – «Outras receitas correntes». – Classificam-se as receitas não \tipificadas nos artigos precedentes.

08.01.01 – «Prémios, taxas por garantias de risco e diferenças de câmbio». – Compreende as receitas resultantes da comissão anual de 3% sobre os montantes utilizados ao abrigo dos contratos de financiamento com o Banco Europeu de Investimento, de acordo com a legislação em vigor[4]. Igualmente têm expressão orçamental os créditos emergentes da extinção do Fundo de Garantia de Riscos Cambiais, bem como os prémios subjacentes à fixação de taxas de câmbio de que podem beneficiar as operações de créditos à exportação de bens e serviços de origem nacional e a prazo superior a um ano, denominadas em moeda estrangeira, e ainda as taxas de avales e outras taxas de risco de câmbio previstas em legislação avulsa.

08.01.02 – «Produtos da venda de valores desamoedados». – Incluem-se as receitas do produto da venda de moedas retiradas de circulação.

08.01.03 – «Lucros de amoedação». – Compreende as receitas provenientes da diferença entre o valor facial da moeda colocada em circulação e o custo da sua produção. Inclui-se também o diferencial entre o valor facial e os custos de produção de moedas comemorativas afecto pelo Estado a entidades ou fins específicos relacionados com o motivo das emissões, ao abrigo da legislação em vigor.

08.01.99 – «Outras». – Compreende as receitas cobradas e que não estão tipificadas em artigo próprio deste grupo, como sejam as resultantes das indemnizações por deterioração, roubo e extravio de bens patrimoniais, a indemnização de estragos provocados por outrem em viaturas ou em quaisquer outros equipamentos pertencentes às entidades e as recuperações de IVA.

Receitas de capital

São receitas cobradas ocasionalmente, isto é, que se revestem de carácter transitório, e que, regra geral, estão associadas a uma diminuição do património.

09.00.00 – «Venda de bens de investimento». – Compreende os rendimentos provenientes da alienação, a título oneroso, de bens de capital que na aquisição ou construção tenham sido contabilizados como investimento. Consideram-se neste capítulo as vendas de bens de capital em qualquer estado, inclusive os que tenham ultrapassado o período máximo de vida útil.

---

[4] Cláusula 3ª dos contratos aprovados pelo Decreto-Lei n.° 287/76, de 22 de Abril, e pelo Decreto-Lei n.° 606/76, de 24 de Julho.

I. Actividade Financeira 99

Este capítulo desagrega-se em quatro grupos, que a seguir se discriminam:

09.01.00 – «Terrenos»;
09.02.00 – «Habitações»;
09.03.00 – «Edifícios»;
09.04.00 – «Outros bens de investimento».

09.01.00 – «Terrenos». – Engloba as receitas provenientes da alienação de terrenos, de harmonia com a legislação em vigor[5].

Incluem-se também as receitas resultantes do produto da remição de foros respeitantes a terrenos do Estado. Abrangem ainda as receitas resultantes da alienação, em hasta pública, nos termos da lei[6], dos terrenos que se encontrem em situação de alienação legalmente permitida.

Este grupo deverá ser desagregado por sectores institucionais.

09.02.00 – «Habitações». – Incluem-se as receitas oriundas da alienação de imóveis destinados a habitações. Abrangem ainda as receitas resultantes da alienação, em hasta pública, nos termos da lei[7], das habitações que se encontrem em situação de alienação legalmente permitida.

Este grupo deverá ser desagregado por sectores institucionais.

09.03.00 – «Edifícios». – Abrange o produto da alienação de edifícios construídos ou adquiridos para fins diferentes dos da habitação, tais como instalação de serviços, escolas, creches, pavilhões desportivos, bibliotecas, armazéns e garagens.

Incluem-se também as receitas provenientes da alienação de edifícios do Estado que se destinem à aquisição de instalações para serviços públicos, de harmonia com a legislação em vigor[8].

Abrangem ainda as receitas resultantes da alienação, em hasta pública, nos termos da lei[9], dos edifícios que se encontrem em situação de alienação legalmente permitida.

Este grupo deverá ser desagregado por sectores institucionais.

09.04.00 – «Outros bens de investimento». – Englobam-se as receitas provenientes da alienação de construções diversas, melhoramentos fundiários, material de transporte, maquinaria e equipamento, animais, investimentos incorpóreos, investimentos militares, etc. Inclui-se também o produto da alienação de viaturas automóveis dadas como incapazes e entregue nos cofres do Estado, destinado à aquisição de novas viaturas automóveis, de acordo com a legislação em vigor.

---

[5] Artigo 5.º do Decreto-Lei n.º 36 197/47, de 27 de Março.
[6] Artigo 1.º do Decreto-Lei n.º 309/89, de 19 de Setembro.
[7] Artigo 1.º do Decreto-Lei n.º 309/89, de 19 de Setembro.
[8] Artigo 5.º do Decreto-Lei n.º 36 197/47, de 27 de Março.
[9] Artigo 1.º do Decreto-Lei n.º 309/89, de 19 de Setembro.

100   *Legislação de Direito Financeiro*

Abrangem ainda as receitas resultantes da alienação de bens de investimento não classificáveis nos grupos anteriores deste capítulo, como por exemplo, as receitas ao abrigo de diversa legislação em vigor, incluindo as alienações em hasta pública.

Este grupo deverá ser desagregado por sectores institucionais.

10.00.00 – «Transferências de capital». – Entende-se por transferências de capital os recursos financeiros auferidos sem qualquer contrapartida, destinados ao financiamento de despesas de capital.

Inclui as receitas relativas a cauções e depósitos de garantia que revertem a favor da entidade, assim como heranças jacentes e outros valores prescritos ou abandonados.

Engloba ainda as receitas provenientes do remanescente da revalorização das reservas de ouro existentes no Banco de Portugal.

Abrange também as quantias ou valores apreendidos, bem como a venda de géneros e mercadorias apreendidos e ainda as receitas referentes a fianças-crime quebradas e depósitos de contratos não cumpridos.

10.03.04 – «Estado – Consignação dos rendimentos do Estado para as reservas de capitalização». – Engloba as transferências do Estado relativas a rendimentos do património consignados a reservas de capitalização.

10.03.05 – «Estado – Excedentes de execução do Orçamento do Estado». – Inclui as transferências do Orçamento do Estado relativas a excedentes de execução do Orçamento do Estado, tendo em vista a correcção do subfinanciamento por incumprimento da legislação em vigor([10]).

11.00.00 – «Activos financeiros». – Compreende as receitas provenientes da venda e amortização de títulos de crédito, designadamente obrigações e acções ou outras formas de participação, assim como as resultantes do reembolso de empréstimos ou subsídios concedidos.

Os activos financeiros apresentam uma estrutura comum nos vários tipos de aplicações financeiras, englobando as de tesouraria e as de médio e longo prazos, uma vez que se optou por seguir uma uniformização em termos de classificador económico sabendo à partida que só alguns sectores institucionais o irão utilizar.

Este capítulo desdobra-se pelos seguintes grupos:

11.01.00 – «Depósitos, certificados de depósito e poupança». – Englobam-se as receitas provenientes de reaplicações de capital de depósitos com pré-aviso e de depósitos a prazo, não incluindo os certificados de depósito negociáveis.

Os artigos deverão ser desagregados pelos sectores institucionais anteriormente mencionados.

([10]) Lei n.° 28/84, de 14 de Agosto.

I. Actividade Financeira 101

11.02.00 – «Títulos a curto prazo». – Engloba as receitas provenientes das aplicações financeiras de prazo inferior a um ano, nomeadamente os bilhetes do Tesouro, o papel comercial, as obrigações e títulos de participação, certificados de aforro, depósitos negociáveis, etc.

Os artigos deverão ser desagregados pelos sectores institucionais anteriormente mencionados.

11.03.00 – «Títulos a médio e longo prazos».- Engloba as receitas provenientes das aplicações financeiras de prazo superior a um ano, incluindo os depósitos negociáveis.

Os artigos deverão ser desagregados pelos sectores institucionais anteriormente mencionados.

11.04.00 – «Derivados financeiros». – Engloba as receitas provenientes das aplicações financeiras, cuja rendibilidade depende de outros activos, nomeadamente, as opções, *warrants,* futuros, *swaps, forward rate agreement.* Não inclui os instrumentos subjacentes aos derivados nem os instrumentos secundários não transaccionáveis. Os artigos deverão ser desagregados pelos sectores institucionais anteriormente mencionados.

11.05.00 – «Empréstimos a curto prazo». – Engloba as receitas provenientes de empréstimos concedidos a título reembolsável com horizonte temporal inferior a um ano.

Os artigos deverão ser desagregados pelos sectores institucionais anteriormente mencionados.

11.06.00 – «Empréstimos a médio e longo prazos». – Engloba as receitas provenientes de empréstimos concedidos a título reembolsável com horizonte temporal superior a um ano.

Os artigos deverão ser desagregados pelos sectores institucionais anteriormente mencionados.

11.07.00 – «Recuperação de créditos garantidos». – Engloba as receitas provenientes da recuperação de créditos avalizados.

11.08.00 – «Acções e outras participações». – Engloba as receitas provenientes da alienação de aplicações financeiras, nomeadamente acções e outras participações.

Os artigos deverão ser desagregados pelos sectores institucionais anteriormente mencionados.

11.09.00 – «Unidades de participação». – Engloba as receitas provenientes de outras aplicações financeiras, nomeadamente as unidades de participação.

Os artigos deverão ser desagregados pelos sectores institucionais anteriormente mencionados.

11.10.00 – «Alienação de partes sociais de empresas». – Incluem-se as receitas provenientes das operações relacionadas com reprivatizações.

12.00.00 – «Passivos financeiros». – Como «Passivos financeiros» consi-

102   *Legislação de Direito Financeiro*

deram-se as receitas provenientes da emissão de obrigações e de empréstimos contraídos a curto e a médio e longo prazos.

Os passivos financeiros apresentam uma estrutura comum nos vários tipos de aplicações financeiras, englobando as de tesouraria e as de médio e longo prazos, uma vez que se optou por seguir uma uniformização em termos de classificador económico sabendo à partida que só alguns sectores institucionais o irão utilizar.

Os grupos por corresponderem a conceitos já utilizados, e se desdobrarem por artigos que, por sua vez, envolvem caracterização de âmbito institucional igualmente conhecida, não carecem de esclarecimento suplementar.

13.00.00 – «Outras receitas de capital». – Trata-se de um capítulo económico com carácter residual.

13.01.01 – «Indemnizações». – Engloba as receitas de todos os ganhos inerentes a contratos celebrados e que foram incumpridos pela outra parte envolvida.

Inclui também as receitas resultantes das compensações pagas relativas a sinistros.

13.01.02 – «Activos incorpóreos». – Integra as receitas de capital provenientes da alienação de direitos de propriedade intelectual (direitos de autor ou direitos conexos) ou os direitos de propriedade industrial (exploração de patentes, licenças, modelos, marcas, desenhos, processos de fabrico, etc.), ou ainda os contratos de cedência de *know-how*.

Esta classificação económica não contempla a cedência temporária dos activos incorpóreos, a qual se enquadra no capítulo de «Rendimentos da propriedade», designadamente a classificação económica 05.11.00.

Outras Receitas

14.00.00 – «Recursos próprios comunitários». – Incluem-se as receitas que constituem recursos próprios comunitários e cuja cobrança está subjacente à adesão de Portugal à União Europeia, de acordo com a legislação em vigor[11].

15.00.00 – «Reposições não abatidas nos pagamentos». – Abrange as receitas resultantes das entradas de fundos na tesouraria em resultado de pagamentos orçamentais indevidos, ocorridos em anos anteriores, ou em razão de não terem sido utilizados, na globalidade ou em parte, pelas entidades que os receberam.

Contudo, neste capítulo só se registam as devoluções que têm lugar depois de encerrado o ano financeiro em que ocorreu o pagamento. Caso contrário, ou seja, no caso de as devoluções terem lugar antes do encerramento do ano finan-

---

[11] Resolução da Assembleia da República n.º 22/85, de 10 de Julho, publicada no *Diário da República,* Iª série, n.º 215, de 18 de Setembro de 1985.

I. *Actividade Financeira* 103

ceiro, estamos perante reposições abatidas nos pagamentos. Estas últimas implicam unicamente correcções da dotação utilizada e do respectivo saldo disponível e, portanto, não são tidas como receita orçamental.

16.00.00 – «Saldo da gerência anterior».

16.01.00 – «Saldos orçamentais». – Contabilizam-se os saldos de gerência que constituem receita dos serviços, devendo ser desagregados de acordo com a sua proveniência.

São igualmente englobados neste grupo outros saldos que porventura permaneçam nos cofres do Estado, nomeadamente na posse do serviço e na posse do Tesouro.

17.00.00 – «Operações extraorçamentais». – Neste agrupamento englobam-se as operações que não são consideradas receita orçamental, mas com expressão na tesouraria.

Este capítulo desagrega-se em três grupos, que a seguir se apresentam:

17.01.00 – «Operações de tesouraria – Retenção de receitas do Estado»;
17.02.00 – «Outras operações de tesouraria»;
17.03.00 – «Reposições abatidas nos pagamentos»;
17.04.00 – «Contas de ordem».

17.01.00 – «Operações de tesouraria – Retenção de receitas do Estado». – Engloba os montantes provenientes de impostos, contribuições e outros que tenham ficado por entregar nos cofres públicos, como, por exemplo, o IRS, o imposto do selo, a ADSE, etc.

17.02.00 – «Outras operações de tesouraria». – Incluem-se os montantes provenientes de retenção de fundos alheios que deverão constituir posteriormente fluxos de entrega às entidades a quem respeitam, como, por exemplo, os descontos em vencimentos que não sejam receitas do Estado, as cauções e garantias de fornecedores, as quotas de sindicatos, emolumentos, etc.

17.03.00 – «Reposições abatidas nos pagamentos». – Abrange as receitas resultantes das entradas de fundos na tesouraria em resultado de pagamentos orçamentais indevidos ocorridos no próprio ano.

17.04.00 – «Contas de ordem». – Incluem-se os movimentos extra-orçamentais relativos às receitas próprias geradas pelos organismos dotados de autonomia administrativa e financeira, que se encontrem inseridas no mecanismo de depósito no Tesouro, previsto na legislação em vigor[12].

Despesas públicas

O novo esquema de classificação mantém a distinção entre «Despesas

---

[12] Decreto-Lei n.° 459/82, de 26 de Novembro.

104 *Legislação de Direito Financeiro*

correntes» e «Despesas de capital» e deverá ser entendido como integrado por três níveis de componentes:

Agrupamentos;
Subagrupamentos;
Rubricas.

Os agrupamentos económicos constituem a estrutura do esquema classificativo susceptível de, só por si, congregar os elementos integrantes da expressão orçamental sintética.

Em número de 12, são os seguintes:

Códigos	Agrupamentos
01.00.00	«Despesas com o pessoal».
02.00.00	«Aquisição de bens e serviços».
03.00.00	«Juros e outros encargos».
04.00.00	«Transferências correntes».
05.00.00	«Subsídios».
06.00.00	«Outras despesas correntes».
07.00.00	«Aquisição de bens de capital».
08.00.00	«Transferências de capital».
09.00.00	«Activos financeiros».
10.00.00	«Passivos financeiros».
11.00.00	«Outras despesas de capital».
12.00.00	«Operações extra-orçamentais».

Cada agrupamento divide-se em subagrupamentos, distribuindo-se, cada um destes, por rubricas.

A seguir, procede-se a uma análise individualizada dos agrupamentos, privilegiando-se, nesse contexto, a caracterização e a delimitação do conteúdo, quer dos subagrupamentos, quer das rubricas por que aqueles se desagregam.

Despesas correntes

01.00.00 – «Despesas com o pessoal». – Neste agrupamento devem considerar-se todas as espécies de remunerações principais, de abonos acessórios e de compensações que, necessariamente, requeiram processamento nominalmente individualizado e que, de forma transitória ou permanente, sejam satisfeitos pela Administração, tanto aos seus funcionários e agentes como aos indivíduos que, embora não tendo essa qualidade, prestem, contudo, serviço ao Estado nos estritos termos de contratos a termo, em regime de tarefa ou de avença.

Compreendem-se, também, no âmbito deste agrupamento, as despesas que o Estado, como entidade patronal, suporta com o esquema de segurança social dos seus funcionários.

Para o efeito, consideram-se «Remunerações principais» todas aquelas que são pagas como forma principal de rendimento dos funcionários, de que são exemplos, entre outras: vencimentos, salários, gratificações certas e pensões.

Por «Abonos acessórios» entende-se, de um modo geral, os que são atribuídos como contrapartida de certa situação, esforço ou responsabilidade especial, tais como gratificações variáveis, suplementos e prémios, despesas de representação, horas extraordinárias, abonos para falhas, ajudas de custo, etc.

Como subagrupamentos das «Despesas com o pessoal» têm-se:

Códigos	Subagrupamentos
01.01.00	«Remunerações certas e permanentes».
01.02.00	«Abonos variáveis ou eventuais».
01.03.00	«Segurança social».

01.01.00 – «Remunerações certas e permanentes». – Tendo por denominador comum, a exigência do já referido processamento nominalmente individualizado, apresentam-se no classificador com a seguinte distribuição, por rubricas:

01.01.01 – «Titulares de órgãos de soberania e membros de órgãos autárquicos». – Consideram-se os honorários (que têm a natureza de vencimento) do Presidente da República, da Assembleia da República, dos membros do Governo e dos tribunais, bem como os vencimentos dos órgãos autárquicos legalmente aprovados.

01.01.02 – «Órgãos sociais». – Incluem-se as remunerações dos titulares de órgãos sociais dos serviços e fundos autónomos que integram os conselhos de administração, directivos ou outros órgãos sociais, tais como os conselhos de fiscalização, consultivos, etc.

01.01.03 – «Pessoal dos quadros – Regime de função pública». – Consideram-se os vencimentos dos funcionários e agentes que fazem parte dos quadros legalmente aprovados e que estejam em serviço efectivo. Sempre que os funcionários ou agentes se encontrem em situação de ausência do local de trabalho, por doença, maternidade/paternidade, ao abrigo do diploma do regime de férias, faltas e licenças([13]), deverão as suas remunerações ser classificadas na rubrica 01.01.15 – «Remunerações por doença e maternidade/paternidade».

Devem considerar-se aqui, também, os vencimentos dos indivíduos que, em

---

([13]) Artigo 23.º e artigo 29.º do Decreto-Lei n.º 100/99, de 31 de Março, Lei n.º 4/84, de 5 de Abril, e Decreto-Lei n.º 194/96, de 16 de Outubro.

106   *Legislação de Direito Financeiro*

comissão de serviço, estejam nos organismos a preencher lugares dos respectivos quadros.

01.01.04 – «Pessoal dos quadros – Regime de contrato individual de trabalho». – Consideram-se as remunerações do pessoal abrangido pelo contrato individual de trabalho.

01.01.05 – «Pessoal além dos quadros». – Engloba os vencimentos do pessoal de nomeação vitalícia além dos quadros, do pessoal contratado não pertencente aos quadros e, também, os salários do pessoal eventual.

01.01.06 – «Pessoal contratado a termo». – Circunscreve-se, exclusivamente, aos indivíduos que se encontrem a prestar serviço à Administração no âmbito de contratos rigorosamente baseados em legislação específica([14]).

01.01.07 – «Pessoal em regime de tarefa ou de avença». – Consideram-se, rigorosa e limitativamente, apenas, os indivíduos que se encontrem abrangidos pelos contratos de tarefa ou pelos contratos de avença, celebrados nos termos da legislação em vigor([15]).

01.01.08 – «Pessoal aguardando aposentação». – Salvo o disposto em lei especial, é pela respectiva dotação que os funcionários desligados do serviço para efeitos de aposentação devem ser abonados das suas pensões provisórias de aposentação até ao fim do mês em que, com a indicação das respectivas pensões definitivas de aposentação, constarem da lista que a Caixa Geral de Aposentações faz publicar todos os meses no *Diário da República,* IIª série.

01.01.09 – «Pessoal em qualquer outra situação». – Atribui-se-lhe, em relação às rubricas de pessoal atrás caracterizadas, uma natureza residual.

01.01.10 – «Gratificações» (certas e permanentes). – apenas se incluem os abonos cujo direito esteja reconhecido em lei sob a designação expressa de «Gratificação» e sejam devidos regularmente, podendo o seu quantitativo constar da própria lei ou com fundamento nela ser fixado por via administrativa (despacho conjunto dos Ministros da tutela e das Finanças).

01.01.11 – «Representação» (que é, também, certa e permanente). – Consideram-se os abonos feitos juntamente com os vencimentos a funcionários que ocupam determinados cargos políticos ou dirigentes, no intuito de os compensar pelo acréscimo de despesa, que a manutenção da dignidade inerente a esses car-

---

([14]) Artigo 17.º do Decreto-Lei n.º 41/84, de 3 de Fevereiro, com a nova redação dada pelo artigo único do Decreto-Lei n.º 299/85, de 29 de Julho, artigo 7.º a artigo 10.º do Decreto-Lei n.º 184/89, de 2 de Junho, e artigo 18.º a artigo 21.º do Decreto-Lei n.º 427/89, de 7 de Dezembro, com a nova redação dada pelo Decreto-Lei n.º 218/98, de 17 de Julho.

([15]) Artigo 17.º do Decreto-Lei n.º 41/84, de 3 de Fevereiro, com a nova redação dada pelo artigo único do Decreto-Lei n.º 299/85, de 29 de Julho.

I. Actividade Financeira 107

gos e as exigências do seu desempenho impõem. O seu quantitativo é fixado por lei([16]).

01.01.12 – «Suplementos e prémios». – Deverá entender-se como englobando, exclusivamente, os abonos que, revestindo tal natureza, tenham, contudo, o seu direito e o regime de atribuição (certa e permanente) fixados em lei ([17]), havendo lugar na sua liquidação ao respectivo desconto de quota para a Caixa Geral de Aposentações.

Trata-se de abonos a funcionários pelo desempenho, regular e continuado, de funções especiais que, por exigirem especial tecnicidade ou responsabilidade, justificam a sua atribuição.

01.01.13 – «Subsídio de refeição». – engloba, apenas, os abonos que, para o fim expresso na designação da própria epígrafe, decorrem da aplicação da legislação em vigor([18]).

01.01.14 – «Subsídios de férias e de Natal». – Trata-se, efectivamente, da rubrica por onde os subsídios em questão devem ser processados relativamente ao pessoal enquadrado nas «Remunerações certas e permanentes», quando a lei lhe reconheça esse direito.

01.01.15 – «Remunerações por doença e maternidade/paternidade». – Consideram-se os abonos dos funcionários e agentes que se encontrem em situação de ausência do local de trabalho, por doença, maternidade/paternidade, ao abrigo do diploma do regime de férias, faltas e licenças([19]), e que fazem parte do «Pessoal dos quadros – Regime de função pública». Esta rubrica compreende o abono dos cinco sextos das remunerações certas e permanentes e ainda o de um sexto de vencimento de exercício quando recuperado.

01.02.00 – «Abonos variáveis ou eventuais». – Neste subagrupamento económico, tal como é requisito essencial em termos de «Remunerações certas e permanentes», deverá, também, verificar-se a exigência rigorosa do processamento nominalmente individualizado.

As rubricas a considerar são as seguintes:

01.02.01 – «Gratificações variáveis ou eventuais». – Consideram-se aquelas cujo quantitativo não esteja fixado na lei e a sua efectiva atribuição se encontre condicionada à quantidade de serviço realizado ou à verificação de deter-

---

([16]) N.º 2 do artigo 34.º da Lei n.º 49/99, de 22 de Junho, e despacho conjunto n.º 625/99, de 13 Julho.

([17]) Artigo 19.º do Decreto-Lei n.º 184/89, de 2 de Junho.

([18]) Decreto-Lei n.º 57-B/84, de 20 de Fevereiro.

([19]) Artigo 23.º e artigo 29.º do Decreto-Lei n.º 100/99, de 31 de Março, Lei n.º 4/84, de 5 de Abril, e Decreto-Lei n.º 194/96, de 16 de Outubro.

108 *Legislação de Direito Financeiro*

minados requisitos inerentes ao mesmo, nomeadamente, o local da sua prestação. De qualquer modo, tal como acontece em relação às outras gratificações (certas e permanentes) referenciadas anteriormente, é igualmente indispensável que na lei, para além do inequívoco reconhecimento ao seu direito, se identifique expressamente como gratificação a natureza do abono a atribuir.

01.02.02 – «Horas extraordinárias». – Refere-se aos abonos das prestações quando as necessidades do serviço imperiosamente o exigirem, em virtude da acumulação anormal ou imprevista de trabalho ou da urgência na realização de tarefas especiais e ainda em situações que resultem de imposição legal[20].

01.02.03 – «Alimentação e alojamento». – São as que, independentemente do «Subsídio de refeição» considerado no âmbito das «Remunerações certas e permanentes», devam, com fundamento em lei[21], ser atribuídas aos funcionários e agentes, em numerário, mediante processamento que terá de ser nominalmente individualizado.

01.02.04 – «Ajudas de custo». – Classificam-se, apenas, as despesas com essa estrita natureza, de acordo com a legislação em vigor[22]. Incluem as importâncias a abonar a funcionários e agentes, quando deslocados da sua residência oficial por motivo de serviço público, quer em território nacional quer no estrangeiro.

Também deve incluir as despesas com a alimentação e alojamento, que possam ter lugar no decurso das deslocações e, com elas, estejam intimamente ligadas.

01.02.05 – «Abono para falhas». – Engloba o abono que, revestindo tal natureza, tenha, contudo, o seu direito e o regime de atribuição fixado em lei[23]. Trata-se do abono a funcionários cuja atribuição se justifica pela responsabilidade que exige.

01.02.06 – «Formação». – Engloba os abonos devidos aos funcionários do próprio serviço que ministrem formação.

01.02.07 – «Colaboração técnica e especializada». – Incluem-se as remunerações devidas aos funcionários que, para além do seu trabalho e horário normais, e independentemente de subordinação ao estatuto jurídico do trabalho extraordinário, prestam a sua colaboração técnica ou especializada, quer no âmbito do próprio serviço de que dependem quer a outros organismos oficiais.

---

[20] Artigo 28.º Decreto-Lei n.º 259/98, de 18 de Agosto.

[21] Decreto-Lei n.º 72/80, de 15 de Abril, Decreto-Lei n.º 331/88, de 27 de Setembro, e Decreto-Lei n.º 106/98, de 24 de Abril.

[22] Decreto-Lei n.º 192/95, de 28 de Julho, e Decreto-Lei n.º 106/98, de 24 Abril.

[23] Decreto-Lei n.º 4/89, de 6 de Janeiro.

I. Actividade Financeira 109

01.02.08 – «Subsídios e abonos de fixação, residência e alojamento». – Incluem os subsídios e abonos a que nos termos da legislação em vigor[24] têm direito os membros do Governo e os chefes dos respectivos gabinetes que tenham a sua residência habitual a mais de 100 km de Lisboa.

01.02.09 – «Subsídio de prevenção». – Inclui o subsídio de prevenção definido na legislação em vigor[25]. Entende-se por regime de prevenção aquele em que os funcionários não estão obrigados a permanecer fisicamente no serviço, mas apenas a ficar disponíveis para ocorrer a este, em situações de manifesta necessidade, sempre que solicitados.

01.02.10 – «Subsídio de trabalho nocturno». – Inclui o subsídio de noites e suplementos definido na legislação em vigor[26]. Considera-se trabalho nocturno o prestado entre as 20 horas de um dia e as 7 horas do dia seguinte.

01.02.11 – «Subsídio de turno». – Engloba as remunerações, que por necessidade do regular e normal funcionamento do serviço exige a prestação de trabalho em pelo menos dois períodos diários sucessivos, sendo cada um de duração não inferior à duração média diária do trabalho correspondente a cada grupo profissional, nos termos da legislação em vigor[27].

01.02.12 – «Indemnizações por cessação de funções». – Engloba as remunerações de compensação por cessão de funções definidas na legislação em vigor[28].

01.02.13 – «Outros suplementos e prémios». – Incluem-se os abonos que, revestindo tal natureza, tenham, contudo, o seu direito e o regime de atribuição fixado em lei[29] como, por exemplo, as senhas de presença de participações em reuniões e outros não enquadráveis.

01.02.14 – «Outros abonos em numerário ou espécie». – Tendo uma natureza residual, incluem-se, entre outras, as despesas de telefones individuais e subsídios diversos a abonar a funcionários, agentes e dirigentes, por trabalho prestado em dias de descanso semanal, de descanso complementar e em feriados.

Engloba, também, as despesas relativas ao adicional à remuneração.

---

[24] Decreto-Lei n.º 72/80, de 15 de Abril.

[25] Decreto-Lei n.º 259/98, de 18 de Agosto, e artigo 9.º do Decreto-Lei n.º 62/79, de 30 de Março.

[26] Decreto-Lei n.º 259/98, de 18 de Agosto, e artigo 5.º e artigo 6.º do Decreto-Lei n.º 62/79, de 30 de Março.

[27] Decreto-Lei n.º 259/98, de 18 de Agosto.

[28] Artigo 28.º do Decreto-Lei n.º 427/89, de 7 de Dezembro, com a nova redação dada pelo Decreto-Lei n.º 218/98, de 17 de Julho.

[29] Artigo 19.º do Decreto-Lei n.º 184/89, de 2 de Junho, e artigo 11.º e artigo 12.º do Decreto-Lei n.º 353-A/89, de 16 de Outubro.

110 *Legislação de Direito Financeiro*

01.03.00 – «Segurança social». – Neste subagrupamento económico incluem-se as rubricas seguintes:

01.03.01 – «Encargos com a saúde». – Incluem-se aqui as despesas com a aquisição de próteses, artigos e medicamentos, serviços de especialidades clínicas, tratamentos, internamentos e outras despesas da mesma natureza, quando feitas em directo benefício dos funcionários.

Salienta-se que não têm aqui enquadramento as despesas ocasionadas por acidentes em serviço, que deverão enquadrar-se na rubrica específica de «Acidentes em serviço», adiante referenciada.

01.03.02 – «Outros encargos com saúde». – Engloba as despesas com as aquisições de outros bens e serviços de saúde que assumam a forma de compensação financeira, correspondentes a reembolsos a funcionários e agentes do Estado.

01.03.03 – «Subsídio familiar a crianças e jovens». – É uma prestação mensal que visa compensar os encargos familiares respeitantes ao sustento e educação dos descendentes do beneficiário, de acordo com a legislação em vigor[30].

01.03.04 – «Outras prestações familiares». – Abrange as prestações complementares atribuídas aos funcionários (subsídios mensal vitalício, de infantário, de morte ou reembolso das despesas de funeral), nos termos da legislação em vigor[31].

01.03.05 – «Contribuições para a segurança social». – Engloba as despesas com o pagamento pelo Estado, como entidade patronal, de quotas ou contribuições para organismos dependentes da segurança social, bem como as despesas com a concessão de subsídios à Caixa Geral de Aposentações.

01.03.06 – «Acidentes em serviço e doenças profissionais». – Devem englobar as despesas com o pessoal vítima de acidente em serviço ou doença profissional, de acordo com a legislação em vigor[32]. Assim, incluem-se aqui as despesas com os medicamentos fornecidos aos sinistrados, a facturação apresentada pelos hospitais, os honorários médicos e os transportes dos acidentados. Incluem-se, também, as despesas com as aquisições de quaisquer aparelhos de prótese ou de ortopedia que se mostrarem necessários em resultado do acidente ou da doença profissional.

01.03.07 – «Pensões de reserva». – Classificam-se exclusivamente pensões a atribuir ao pessoal militar quando, nos termos da legislação respectiva, são colocados na situação transitória (de «Reserva») que medeia entre a situação do activo e a situação de reforma.

---

[30] Artigo 31.º do Decreto-Lei n.º 133-B/1997, de 30 de Maio.

[31] Decreto-Lei n.º 197/77, de 17 de Maio, Decreto-Lei n.º 133-B/97, de 30 de Maio, e Decreto-Lei n.º 223/95, de 8 de Setembro.

[32] Decreto-Lei n.º 503/99, de 20 de Novembro.

I. Actividade Financeira

01.03.08 – «Outras pensões». – Enquadram-se as despesas com as características de pensões de aposentação, de reforma ou de invalidez, quando os respectivos encargos, por circunstâncias especiais, não estejam a cargo da Caixa Geral de Aposentações.

É, igualmente, nesta rubrica que se classificam os complementos de pensão de aposentação ou de reforma que, em casos também especiais e na sequência de acordos, nomeadamente com a Caixa Nacional de Pensões, os serviços abonam a funcionários aposentados ou reformados.

01.03.09 – «Seguros». – Englobam as despesas com seguros dos funcionários ou agentes, quando tal seja exigido no exercício das suas funções.

01.03.10 – «Outras despesas de segurança social». – Tem uma natureza meramente residual, no contexto do subagrupamento económico. Há, no entanto, a assinalar como sendo aqui enquadráveis as despesas com o subsídio de Natal (e, porventura, o de férias, se, temporariamente, forem chamados à efectividade de serviço) a atribuir aos militares na situação de reserva.

02.00.00 – «Aquisição de bens e serviços». – Neste agrupamento incluem-se, de um modo geral, as despesas quer com bens de consumo (duráveis ou não) a que não possa reconhecer-se a natureza de despesas de capital quer, ainda, com a aquisição de serviços.

O agrupamento económico em análise desagrega-se nos subagrupamentos seguintes:

Códigos	Subagrupamentos
02.01.00	«Aquisição de bens».
02.02.00	«Aquisição de serviços».

02.01.00 – Aquisição de bens». – Devem classificar-se neste agrupamento os bens que em regra tenham, pelo menos, um ano de duração, devendo por isso ser inventariáveis e que, por não contribuírem para a formação de capital fixo, não são caracterizáveis como bens de capital (investimento). Incluem-se, igualmente, os bens que são correntemente consumidos na produção ou com uma presumível duração útil não superior a um ano, não sendo, por isso, inventariáveis.

As rubricas a considerar são:

02.01.01 – «Matérias-primas e subsidiárias». – Compreendem-se os bens adquiridos para serem utilizados na produção, podendo incorporar-se materialmente (matérias-primas) ou não (matérias subsidiárias) nos produtos finais.

Em tal conformidade, cabem nesta rubrica os artigos e produtos correntemente consumidos, transformados ou utilizados em organismos que desenvolvem actividades produtivas, com fins industriais, de investigação, de exploração agrícola ou pecuária e outros semelhantes.

Assim, são aqui englobados os bens utilizados ou transformados em oficinas e estabelecimentos fabris (papel, madeira, ferro, tintas, etc.), em laboratórios

(ratos, coelhos e outros animais, reagentes, ácidos, sais, drogas, etc., para serem utilizados em ensaios, testes ou análises diversas) e em explorações agrícolas ou pecuárias (adubos, sementes, fertilizantes, herbicidas e fungicidas, medicamentos, correctivos e alimentação para gado de engorda ou abate).

02.01.02 – Combustíveis e lubrificantes». – Inclui as despesas com bens de consumo a utilizar como combustão ou lubrificação.

Recorda-se, no entanto, que, aqui, se englobam os bens de consumo utilizados na produção de força motriz, calor e luz, nomeadamente os combustíveis destinados à obtenção de energia, os lubrificantes utilizados na manutenção de veículos com motor e tudo o que se destina a queima, como, por exemplo, óleos, gasolina, gasóleo, petróleo, gás em garrafas, álcool, carvão, lenha, oxigénio e outros compostos, velas, fósforos, etc.

Excluem-se os materiais especificados na rubrica *02.01.11 – «Material de consumo clínico».*

02.01.03 – «Munições, explosivos e artifícios». – Inclui bens que se extinguem logo que utilizados, ou seja, bens com as estritas características inerentes ao significado da própria rubrica e qualquer que seja o seu potencial destino ou utilização (serviços militares ou civis). Engloba também as despesas com a aquisição de bombas, fumígeros e, de um modo geral, os artifícios utilizados com fins de sinalização e socorros, pólvora, dinamite e rastilhos.

02.01.04 – «Limpeza e higiene». – Engloba as despesas referentes a materiais de limpeza e higiene a utilizar nas instalações do organismo.

02.01.05 – «Alimentação – Refeições confeccionadas». – Incluem-se as despesas com a alimentação já confeccionada que os serviços fornecem tanto a funcionários e agentes como a pessoas que, não tendo essa qualidade, estão, no entanto, em situações que colocam o Estado na incumbência de lhes proporcionar a alimentação (hospitais, asilos, prisões, etc.).

02.01.06 – «Alimentação – Géneros para confeccionar». – Incluem-se as despesas com a aquisição dos géneros alimentícios para confeccionar que os serviços fornecem tanto a funcionários como a pessoas que, não tendo essa qualidade, estão, no entanto, em situações que colocam o Estado na incumbência de lhes proporcionar a alimentação (hospitais, asilos, prisões, etc.).

02.01.07 – «Vestuário e artigos pessoais». – Engloba as despesas com aquisição de peças de vestuário e artigos de uso restrito ou individual a utilizar por pessoal civil ou militar nos termos regulamentares. Igualmente se devem incluir as importâncias a despender com eventuais reparações nos bens em causa.

02.01.08 – «Material de escritório». – Incluem-se as despesas com bens de consumo imediato, que não sejam considerados equipamento de escritório (imobilizado), embora alguns sejam duradouros e inventariáveis e não se mostrem

I. Actividade Financeira 113

directamente ligados à produção de bens e serviços, como, por exemplo, papel de impressora, lápis, agrafadores, furadores, etc.

02.01.09 – «Produtos químicos e farmacêuticos». – Incluem-se as despesas com medicamentos inscritos no Formulário Nacional de Medicamentos, com reagentes e produtos de diagnóstico rápido e com outros produtos farmacêuticos, adquiridos para consumo.

02.01.10 – «Produtos vendidos nas farmácias». – Engloba as despesas com medicamentos e outros produtos vendidos na farmácias comparticipados pelo SNS.

02.01.11 – «Material de consumo clínico». – Inclui as despesas de material clínico (de penso, de artigos cirúrgicos, de tratamento de electromedicina, de laboratório, próteses, osteosíntese e outro), por exemplo, álcool, algodão, oxigénio, etc., que são adquiridos, separadamente, para limpeza, desinfecção ou fins sanitários ou hospitalares.

02.01.12 – «Material de transporte – Peças». – Engloba as despesas com a aquisição dos materiais (peças) que alguns serviços, dispondo de oficinas próprias, utilizam em trabalhos de reparação, conservação e beneficiação do material considerado como de transporte, designadamente pneus.

Salienta-se que não cabem aqui as aquisições de motores, a que será feita referência oportuna quando, adiante, em sede do subagrupamento «Investimentos», se aludir à rubrica «Material de transporte».

02.01.13 – «Material de consumo hoteleiro». – Incluem-se as despesas com material de consumo imediato que não seja considerado equipamento de hotelaria (imobilizado), embora alguns duradouros e inventariáveis.

02.01.14 – «Outro material – Peças». – Engloba as despesas com a aquisição dos materiais (peças) que não sejam consideradas em «Material de transporte – Peças».

02.01.15 – «Prémios, condecorações e ofertas». – Considera-se as despesas referentes a bens destinados a prémios, condecorações e ofertas.

02.01.16 – «Mercadorias para venda». Engloba as despesas com a aquisição de bens destinados a serem vendidos.

02.01.17 – «Ferramentas e utensílios». – Engloba as despesas com bens dessa natureza, cuja vida útil não exceda, em condições de utilização normal, o período de um ano. Mas os serviços responsáveis devem manter o inventário actualizado, de acordo com a legislação em vigor e, dado o seu valor unitário materialmente pouco relevante, devem considerar-se como despesa do exercício, embora a sua duração possa exceder o período de um ano.

02.01.18 – «Livros e documentação técnica». – Incluem-se as despesas com aquisição de livros técnicos e documentação técnica, desde que relacionados com a actividade de forma directa ou indirecta.

São ainda classificados na presente rubrica os números do *Diário da República,* quando inventariáveis para serem integrados na colecção patrimonial dos serviços (os exemplares que não tenham esse destino são caracterizados como simples bens e classificados em «Material de escritório»).

02.01.19 – «Artigos honoríficos e de decoração». – Engloba as despesas com artigos honoríficos, nomeadamente bandeiras, estandartes e galhardetes. Salienta-se, todavia, que as importâncias despendidas com os prémios e condecorações que se adquirem com o propósito de serem entregues a quaisquer indivíduos ou entidades são consideradas na rubrica *02.01.15 – «Prémios, condecorações e ofertas».*

02.01.20 – «Material de educação, cultura e recreio». – Engloba todo o bem durável, mas não directamente ligado à produção de bens e serviços, que seja susceptível de constituir junto dos indivíduos factor de dinamização e de enriquecimento da sua cultura, a qual, para efeitos exclusivos do classificador, é tomada num sentido muito amplo, de modo a compreender os campos da educação (incluindo a educação física e o desporto), das artes recreativas e musicais, das belas-artes, da museologia *lato sensu*, do culto religioso, de recreio e da formação profissional.

Em tal conformidade, são enquadráveis na rubrica, entre muitos outros, o material escolar afecto aos estabelecimentos com funções de ensino (como sejam mapas didácticos, colecções mineralógicas, zoológicas e anatómicas, utensílios e aparelhos de laboratórios escolares, réguas, compassos e outros artigos normalmente utilizados nas salas de aula), equipamentos e aparelhos para educação física e desporto, instrumentos musicais, jogos, aparelhos de rádio e de televisão para salas de convívio, alfaias religiosas, paramentos e outros bens afectos ao culto, livros e revistas quando inventariáveis e afectos a bibliotecas.

02.01.21 – «Outros bens». – Tem um carácter residual, nela se incluindo todos os bens que, pela sua natureza, não se enquadrem em qualquer das rubricas que antecedem. Considera-se ainda os encargos com a aquisição de rações para animais que não sejam para abate, devendo distinguir-se a aquisição de alimentação para gado para engorda e abate, a englobar na rubrica 02.01.01 – «Matérias-primas e subsidiárias».

02.02.00 – «Aquisição de serviços». – Em termos deste subagrupamento temos as seguintes rubricas:

02.02.01 – «Encargos das instalações». – Mantém-se inalterável no seu significado e âmbito e engloba as despesas com água, electricidade e aquecimento.

02.02.02 – «Limpeza e higiene». – Incluem-se as despesas referentes a aquisição de serviços de limpeza e higiene assegurados por empresas da especialidade.

02.02.03 – «Conservação de bens». – Compreende todas as despesas (incluindo os custos de serviços e materiais quando conjuntamente facturados) a satisfazer por trabalhos de reparação, conservação e beneficiação de bens

I. Actividade Financeira

imóveis, móveis e semoventes, quando adjudicados a empresas ou profissionais autónomos.

Nos casos em que os serviços pretendam realizar aqueles trabalhos por administração directa deverão ter em atenção as duas prováveis hipóteses:

Os serviços dispõem de mão-de-obra própria e, por isso, necessitam apenas de adquirir os materiais necessários à efectivação das obras (trata-se de uma despesa exclusivamente com aquisição de bens, a enquadrar na rubrica «Outros bens» ou «Material de transporte – Peças» quando a conservação se reporte a bens desta natureza).

Os serviços não dispõem de mão-de-obra própria e, então, recrutam, directamente para o efeito, o necessário pessoal especializado (dando origem a uma despesa a considerar na presente rubrica) e adquirem os materiais indispensáveis aos trabalhos (originando uma despesa classificável em «Outros bens»).

Salienta-se que, tratando-se de «Grandes reparações» a levar a efeito em edifícios, habitações e material de transporte, as inerentes despesas não devem ser classificadas como «Conservação de bens», mas devem ser consignadas às rubricas dos respectivos investimentos, conforme adiante será referenciado.

02.02.04, 02.02.05, 02.02.06 e 02.02.08». – As quatro rubricas que, em termos de «Locação», se afectam neste subagrupamento a «Edifícios», «Material de informática», «Material de transporte» e «Outros bens», destinam-se a enquadrar as despesas relativas à renda de terrenos e edifícios e ao aluguer de equipamentos, que tenham por suporte a figura jurídica do «Contrato de locação». Não inclui as rendas de bens em regime de locação financeira, mas sim as de bens em regime de locação operacional.

02.02.07 – «Locação de bens de defesa». – Enquadram-se as despesas com locação operacional que tenham por objecto bens que se destinem predominantemente a fins militares, como, por exemplo, equipamento, armamento e infra-estruturas das Forças Armadas, celebrados no âmbito da legislação em vigor.

02.02.09 – «Comunicações». – Englobam as despesas com telefones (instalação, aluguer, chamadas, mudanças e cargas desinfectantes), telex, correios (nomeadamente, selos, telegramas, taxas de apartados e prémios de vales) e tráfego radiotelegráfico internacional. Incluem-se ainda os encargos com taxas e impulsos com ligação à Internet para diversas utilizações, designadamente consultas do *Diário da República,* de *sites* institucionais, aquisição de bens e serviços, etc.

02.02.10 – «Transportes». – Consideram-se aqui incluídas todas as despesas com transportes de pessoas, quer tenham ou não a qualidade de funcionários. Os gastos com o transporte de pessoal que aqui se devem considerar são aluguer permanente de veículos para transporte de pessoal, subsídios de transporte concedidos em carácter de permanência ao pessoal, passes sociais concedidos ao pessoal, tudo para fazer face às deslocações de e para o local de trabalho.

Afectam-se também a esta rubrica as despesas com o transporte de bens já na posse dos serviços (se ainda não o estiverem, as despesas vão onerar as dotações que suportam ou suportariam as respectivas aquisições).

Por aqui se devem satisfazer, igualmente, os encargos com o aluguer de automóveis, com ou sem condutor.

02.02.11 – «Representação dos serviços». – Incluem-se as despesas determinadas por necessidades acidentais de representação dos organismos, com exclusão, portanto, das despesas de representação pelo exercício de determinados cargos oficiais, que assumem a natureza de despesas com pessoal. Quando efectuadas no País, trata-se, em regra, de despesas dos próprios ministérios, serviços ou entidades que os representam, em virtude de recepções ou de visitas de individualidades nacionais ou estrangeiras.

Podem, também, ocorrer no estrangeiro, por motivo de congresso, feiras e outros certames e missões em que se torne necessária a nossa participação oficial.

As despesas com os funcionários que forem determinadas pela representação dos serviços aqui tratada classificar-se-ão nas adequadas rubricas.

Assim, incluir-se-ão, por exemplo, em «Deslocações e estadas», código 02.02.12, as despesas que se fizerem com as deslocações que ocorrem no âmbito das respectivas missões. Do mesmo modo, afectar-se-ão à rubrica «Ajudas de custo» os encargos que com tal natureza haja necessidade de se satisfazer (para o que são consideradas em pé de igualdade com os funcionários as pessoas que, embora estranhas aos serviços públicos, são chamadas ou convidadas, no interesse dos mesmos, a participar em determinadas reuniões ou a constituir comitiva de missões, visitas e viagens oficiais).

Salienta-se, por fim que, face ao enquadramento da presente rubrica em termos de subagrupamento económico, no seu âmbito apenas poderão ter cabimento as despesas com pagamentos de serviços, pelo que as eventuais aquisições de bens destinados a serem oferecidos em quaisquer circunstâncias de «Representação dos serviços» deverão onerar a rubrica «Prémios, condecorações e ofertas», código 02.01.15.

02.02.12 – «Seguros». – Enquadram-se as despesas com a constituição e os prémios de quaisquer seguros (incluindo, portanto, bens ou pessoas) que, nos termos legais, sejam excepcionalmente autorizados. Devem excluir-se os seguros de saúde que deverão onerar a rubrica 01.03.09 – «Seguros».

02.02.13 – «Deslocações e estadas». – englobam-se as despesas com alojamento e alimentação fora do local de trabalho, que não sejam suportadas através de ajudas de custo. Incluem-se também as despesas com transporte relativo a viagens, bem como a deslocação em veículo próprio, em que é paga através da multiplicação dos quilómetros percorridos pelo valor por quilómetro.

02.02.14 – «Estudos, pareceres, projectos e consultoria». – Incluem-se as despesas relativas a estudos, pareceres, projectos e consultoria, de organização, apoio à gestão e serviços de natureza técnica prestados por particulares ou outras entidades. Devem ser classificados nesta rubrica, de entre outros, os encargos com estudos de organização de projectos informáticos e estudos económico--financeiros.

02.02.15 – «Formação». – Incluem-se as despesas com os cursos de formação profissional dos funcionários, quando prestados por outras entidades.

02.02.16 – «Seminários, exposições e similares». – Englobam-se as despesas decorrentes da realização de seminários, exposições e similares promovidos pela entidade.

02.02.17 – «Publicidade». – Incluem-se as despesas referentes a publicidade independentemente da forma, designadamente anúncios em meios de comunicação social, campanhas publicitárias promocionais e materiais publicitários.

02.02.18 – «Vigilância e segurança». – Consideram-se as despesas referentes a materiais e ou serviços de vigilância e segurança das pessoas e bens da entidade, incluindo o transporte de valores.

02.02.19 – «Assistência técnica». – Incluem-se as despesas referentes à assistência técnica dos bens, no âmbito de contratos realizados.

02.02.20 – «Outros trabalhos especializados». – Incluem-se as despesas relativas aos serviços técnicos prestados por outras empresas que o próprio organismo não pode superar pelos seus meios, tais como serviços informáticos, análises laboratoriais, trabalhos tipográficos, etc.

02.02.21 – «Utilização de infra-estruturas de transportes». – Englobam-se as despesas relacionadas com pagamentos de compensação às empresas concessionárias de infra-estruturas de transportes (auto-estradas, estradas, pontes etc.).

02.02.22 – «Serviços de saúde». – Compreende as despesas com todas as aquisições de serviços de saúde, quando adjudicados a empresas ou profissionais autónomos. Incluem-se ainda os acordos internacionais inerentes à prestação de serviços de saúde (reembolsos e assistência ambulatória). Incluem se as despesas das ARS com o sector privado convencionado, como sejam despesas geradas pelos hospitais resultantes da prestação de serviços, cuja facturação é apresentada pelas ARS, no âmbito do Serviço Nacional de Saúde.

02.02.23 – «Outros serviços de saúde». – Engloba as aquisições de outros bens e serviços de saúde que assumam a forma de compensação financeira correspondentes a reembolsos a utentes do Serviço Nacional de Saúde.

02.02.24 – «Encargos de cobrança de receitas». – Compreende o pagamento de encargos de cobrança de receitas efectuada por outras entidades, nomeadamente a percentagem paga à administração fiscal pela cobrança dos impostos e, ainda, despesas resultantes da cobrança de receitas comunitárias.

02.02.25 – «Outros serviços». – Assumem carácter residual no contexto das aquisições de serviços. Só lhe devem ser afectadas as despesas que, de modo algum, não possam ser classificadas nas rubricas tipificadas do respectivo subagrupamento.

03.00.00 – «Juros e outros encargos». – A título de definição genérica, o termo «juro» designa habitualmente o montante que o devedor tem a responsabilidade de pagar ao credor ao longo de um determinado período pela utilização de um determinado montante de capital, sem que este último se reduza. O juro é, assim, um montante fixo ou uma percentagem do capital, sendo este último o montante da responsabilidade do devedor para com o credor em qualquer momento do tempo. Neste agrupamento há a considerar os seguintes subagrupamentos:

03.01.00 – «Juros da dívida pública». – Incluem-se neste subagrupamento as despesas associadas à contratação, gestão e amortização de empréstimos, transaccionáveis ou não transaccionáveis, directamente contraídos pelas entidades integrantes do sector público.

Em juros da dívida pública, são registados os fluxos referentes aos juros de empréstimos contratados para a satisfação de necessidades de financiamento, bem como os fluxos da mesma natureza decorrentes de contratos sobre instrumentos derivados contratados para cobertura de riscos financeiros associados a esses empréstimos.

03.02.00 – «Outros encargos correntes da dívida pública». – Este subagrupamento económico contém todas as outras despesas correntes que, para além dos juros, já anteriormente considerados, são inerentes à contratação e gestão dos empréstimos até ao seu vencimento.

São exemplos as despesas relacionadas com a emissão e a gestão da dívida, das quais se destacam as comissões de subscrição e gestão, as despesas de introdução em bolsa, as comissões pagas a agentes pagadores, as despesas com a manutenção de contas, bem como outros custos associados à execução de transacções e *rating* da dívida.

03.03.00 – «Juros de locação financeira». – Incluem-se os juros suportados com a locação financeira. As oito rubricas que, em termos de juros de locação financeira, afectam neste subagrupamento são 03.03.01 – «Terrenos», 03.03.02 – «Habitações», 03.03.03 – «Edifícios», 03.03.04 – «Construções diversas», 03.03.05 – «Material de transporte», 03.03.06 – «Material de informática», 03.03.07 – «Maquinaria e equipamento» e 03.03.08 – «Outros investimentos».

03.04.00 – «Juros tributários». – Incluem-se os juros a pagar pelo ressarcimento de importâncias provenientes da cobrança de impostos a mais ou indevidamente cobrados.

I. Actividade Financeira

Este subagrupamento subdivide-se em duas rubricas:

03.04.01 – «Indemnizatórios» e 03.04.02 – «Outros».

03.05.00 – «Outros juros». – Englobam-se outros encargos, designadamente juros de dívidas contraídas, de acordo com a legislação em vigor.

Este subagrupamento subdivide-se em duas rubricas:

03.05.01 – «Remuneração de depósitos no Tesouro» e 03.05.02 – «Outros».

03.05.01 – «Remuneração de depósitos no Tesouro». – Engloba os encargos originados pelo pagamento de juros às contas dos serviços integrados do Estado, como dos serviços e fundos autónomos, de acordo com a legislação em vigor[33].

03.06.00 – «Outros encargos financeiros». – Esta rubrica é de carácter residual. No entanto, incluem-se despesas inerentes a serviços bancários e todas as despesas não previstas nas rubricas anteriores.

04.00.00 – «Transferências correntes». – Neste agrupamento são contabilizadas as importâncias a entregar a quaisquer organismos ou entidades para financiar despesas correntes, sem que tal implique, por parte das unidades recebedoras, qualquer contraprestação directa para com o organismo dador.

Os subagrupamentos por que se desagrega o presente agrupamento correspondem aos sectores institucionais em que é previsível a existência de beneficiários de transferências correntes.

No contexto do classificador, os subsectores institucionais a que se afectam as transferências são as consideradas nas rubricas respectivas.

As rubricas «Serviços e fundos autónomos» e «Administração regional» serão obrigatoriamente desagregadas por alíneas, de modo a serem expressamente individualizadas as entidades beneficiárias das transferências.

Salienta-se que as rubricas da «Administração local» deverão ser sempre desagregadas por alineas de acordo com as entidades que beneficiem das transferências, designadamente:

Assemblcias distritais;
Municípios;
Freguesias;
Regiões de turismo;
Serviços autónomos da administração local.

---

(33) N.º 4 do artigo 2.º Decreto-Lei n.º 191/99, 5 de Junho, e Resolução do Conselho de Ministros n.º 45/2000, de 2 de Junho.

120   *Legislação de Direito Financeiro*

Nas restantes rubricas a desagregação é facultativa e circunscrita a situações pontuais.

04.03.03 – «Estado – Participação portuguesa em projectos co-financiados». – Incluem-se as despesas resultantes da aplicação das transferências do Orçamento do Estado que correspondam à comparticipação nacional nos projectos co-financiados.

04.03.04 – «Estado – Participação comunitária em projectos co-financiados». – Incluem-se as despesas resultantes da aplicação das verbas provenientes da União Europeia que correspondam à comparticipação comunitária nos projectos co-financiados.

04.03.08 – «Serviços e fundos autónomos – participação portuguesa em projectos co-financiados». – Incluem-se as despesas resultantes da aplicação das transferências dos serviços e fundos autónomos que correspondam à comparticipação nacional nos projectos co-financiados.

04.03.09 – «Serviços e fundos autónomos – participação comunitária em projectos co-financiados». – Incluem-se as despesas resultantes da aplicação das transferências dos serviços e fundos autónomos que correspondam à comparticipação comunitária nos projectos co-financiados.

05.00.00 – «Subsídios». – Os subsídios em epígrafe, tendo, embora, a natureza de transferências correntes, revestem-se, contudo, de características especiais que, sob o aspecto económico, recomendam uma identificação à parte daquelas.

Assim, para efeitos do presente classificador, consideram-se «Subsídios» os fluxos financeiros não reembolsáveis do Estado para as empresas públicas (equiparadas ou participadas) e empresas privadas, destinadas ao seu equilíbrio financeiro e à garantia, relativamente ao produto da sua actividade, de níveis de preços inferiores aos respectivos custos de produção.

Cabem, aqui, como exemplos, de entre outros, os apoios financeiros à exploração de empresas de transporte, tarifárias e subvenção de equilíbrio, as compensações financeiras no âmbito do apoio do Estado a serviços de transporte de natureza social, as indemnizações compensatórias devidas como apoio do Estado a serviços públicos essenciais às Regiões Autónomas, bem como as bonificações de juros e outras subvenções com objectivos análogos.

Considera-se ainda «Subsídios» as compensações provenientes das políticas activas de emprego e formação profissional.

Em termos do classificador, este agrupamento económico desdobra-se em subagrupamentos que coincidem com os dos sectores institucionais, já caracterizados anteriormente, onde é previsível a atribuição de subsídios.

Com ressalva do subagrupamento «Famílias», nos restantes e sempre que isso seja exequível, proceder-se-á ao seu desdobramento em alíneas, que

I. Actividade Financeira

identificarão as entidades beneficiárias dos subsídios e os correspondentes valores.

06.00.00 – «Outras despesas correntes». – Este agrupamento tem um carácter residual relativamente aos anteriores e desdobra-se nos seguintes subagrupamentos:

06.01.00 – «Dotação provisional». – Consideram-se, apenas, as dotações que, com fundamento na legislação em vigor[34], se reconheça que devam ser inscritas no orçamento do Ministério das Finanças para fazer face a despesas correntes não previstas e inadiáveis.

06.02.01 – «Impostos e taxas». – Inclui a restituição de impostos ou contribuições que não sejam em termos da lei em vigor por abate à receita.

06.02.02 – «Activos incorpóreos». – Incluem-se as despesas resultantes da cedência temporária de activos intangíveis, englobando, nomeadamente, despesas de constituição, despesas de investigação e desenvolvimento de propriedade industrial, outros direitos e, ainda, os trespasses.

Citam-se, como exemplos, o poema, a composição literária ou musical, a patente, as técnicas de fabrico, de gestão, de exploração e outros análogos para os quais os seus criadores ou inventores constituírem direitos exclusivos de autor ou de propriedade.

Esta rubrica não contempla a aquisição de activos incorpóreos, a qual se enquadra no subagrupamento de «Investimentos», designadamente na classificação económica 07.01.13 – «Investimentos incorpóreos».

06.02.03 – «Outros». – Trata-se de uma rubrica económica com uma função meramente residual. Engloba as despesas originadas pela diferença de câmbio desfavorável, relacionadas com a actividade corrente da entidade. Inclui ainda as despesas relacionadas com serviços bancários.

Despesas de capital

07.00.00 – «Aquisição de bens de capital». – Este agrupamento económico apresenta-se com três subagrupamentos sob a designação «Investimentos», «Locação financeira» e «Bens de domínio público».

07.01.00 – «Investimentos». – Não obstante as várias acepções em que o termo «investimento» pode teoricamente ser tomado, salienta-se que, para efeitos do presente classificador, o mesmo é encarado segundo uma óptica de estrita natureza de investimento, pelo que, no âmbito daquele subagrupamento, se compreenderão, exclusivamente, as despesas com a aquisição (e também as grandes reparações) dos bens que contribuam para a formação de «capital fixo», isto é, os bens duradouros utilizados, pelo menos, durante um ano, na produção de bens ou serviços, sem que

---

[34] Lei n.º 6/91, de 2 de Fevereiro.

122 *Legislação de Direito Financeiro*

dessa utilização resulte alteração significativa da sua estrutura técnica (máquinas, equipamentos, material de transporte, edifícios, outras construções, etc.).

O conceito de «grande reparação» está associado não só ao maior ou menor custo das obras a realizar, mas às razões subjacentes às mesmas onde, necessariamente, terão de constar objectivos de acréscimo de duração ou de produtividade dos bens de capital em causa.

Assim, por exemplo, tratando-se de edifícios ou de habitações, são «Grandes reparações» e, consequentemente, classificáveis nas respectivas rubricas de investimento, as obras que impliquem alteração das plantas dos imóveis.

No caso das viaturas automóveis e de outro material de transporte com características semelhantes, considera-se «grande reparação» a que implica a substituição do motor.

A desagregação do subagrupamento deverá ser efectuada por subsectores institucionais com a utilização das seguintes alíneas:

A – Administração central – Estado;
B – Administração central – Serviços e fundos autónomos;
C – Administração regional;
D – Administração local – Continente;
E – Administração local – Regiões Autónomas;
F – Segurança social;
G – Instituições sem fins lucrativos;

07.01.07 – «Equipamento de informática». – Consideram-se os computadores, os terminais, as impressoras *(hardware)* e quaisquer outros bens que, assumindo características de bens de investimento, possam considerar-se como técnica, directa e exclusivamente ligados à produção informática.

07.01.08 – «Software *informático».* – Engloba as despesas com os produtos informáticos.

07.01.09 – «Equipamento administrativo». – Incluem-se as despesas com o equipamento social e o mobiliário diverso. Como equipamento administrativo entende-se mobiliário, máquinas de calcular, impressoras, fotocopiadoras e demais equipamento de escritório. Como equipamento social entende-se equipamento de refeitório, postos médicos ou de primeiros socorros, de desporto ou equipamentos culturais, entre outros bens que sirvam aos funcionários fora do âmbito da relação profissional.

07.01.10 – «Equipamento básico». – Incluem-se as despesas com instrumentos, máquinas, instalações e outros bens, com excepção dos indicados na rubrica.

07.01.11 – «Ferramentas e utensílios», com os quais se realiza a extracção, transformação e elaboração dos produtos ou a prestação dos serviços. Compreende também os gastos adicionais com a adaptação de maquinaria e de instalações no desempenho das actividades próprias do organismo.

I. Actividade Financeira 123

07.01.11 – «Ferramentas e utensílios». – Englobam-se as despesas com as ferramentas e utensílios com duração superior a um ano e de valor unitário materialmente relevante.

07.01.12 – «Artigos e objectos de valor». – Incluem-se as despesas com artigos de conforto e decoração em que o valor é elevado, designadamente quadros, carpetes, etc.

Englobam-se ainda as obras de arte, de colecção e de valor histórico e recheios de museus, etc.

07.01.13 – «Investimentos incorpóreos». – Incluem-se as despesas resultantes da aquisição de direitos de propriedade intelectual (direitos de autor ou direitos conexos) ou os direitos de propriedade industrial (exploração de patentes, licenças, modelos, marcas, desenhos, processos de fabrico, etc.) ou, ainda, contratos de cedência de *know-how*.

07.01.14 – «Investimentos militares». – Compreende as construções e as obras de engenharia que as administrações militares realizam com fins predominantemente militares de que, entre outros, são exemplos os quartéis, os campos de tiro, os aeródromos, as estradas e as pontes militares (ainda que algumas dessas construções possam, por vezes, ter utilização civil).

Enquadram-se, igualmente, nesta rubrica, as grandes reparações a efectuar nessas estruturas, para o que se considerará «grande reparação» a que implicar alteração das respectivas plantas. Incluem-se, ainda, no âmbito da presente rubrica as fragatas, o equipamento de radar e os aviões integrados na Lei de Programação Militar, por terem como missão predominante o patrulhamento da área oceânica de interesse nacional.

Também se englobam o armamento e os equipamentos principais utilizados pelas Forças Armadas, como, por exemplo, aeronaves, navios, viaturas blindadas e outras viaturas tácticas, armas individuais e colectivas, equipamento e máquinas de engenharia e equipamentos de comunicações.

07.01.15 – «Outros investimentos». – Contém as despesas em «Plantações» e «Animais» e, ainda, quaisquer outras que, tendo carácter de «investimento», não possam, eventualmente, enquadrar-se nas rubricas tipificadas do respectivo subagrupamento.

07.02.00 – «Locação financeira». – Compreende as despesas com contratos de locação financeira, de acordo com a legislação em vigor, incluindo, também, a opção de compra final, sendo que a componente juros deverá ser classificada na rubrica 03.03.00 – «Juros de locação financeira».

07.02.08 – «Recursos militares – Locação financeira». – Incluem-se as despesas com contratos de investimento público sob a forma de locação, relativos às forças, equipamento, armamento e infra-estruturas das Forças Armadas, celebrados no âmbito da legislação em vigor.

07.03.00 – «Bens de domínio público». – Englobam-se as despesas

124 *Legislação de Direito Financeiro*

com os bens de domínio público que estão definidos na legislação em vigor([35]).

08.00.00 – «Transferências de capital». – As transferências que se integram neste agrupamento económico revestem-se de características idênticas às já apontadas para as transferências correntes com a diferença de, aqui, se destinarem a financiar despesas de capital das unidades recebedoras.

Os subagrupamentos correspondem aos sectores institucionais anteriormente referidos.

09.00.00 – «Activos financeiros». – Neste agrupamento económico contabilizam-se as operações financeiras quer com a aquisição de títulos de crédito, incluindo obrigações, acções, quotas e outras formas de participação, quer com a concessão de empréstimos e adiantamentos ou subsídios reembolsáveis.

Os activos financeiros apresentam uma estrutura comum nos vários tipos de aplicações financeiras, englobando as de tesouraria e as de médio e longo prazos uma vez que se optou por seguir uma uniformização em termos de classificador económico, sabendo à partida que serão utilizados apenas por alguns sectores institucionais.

Este agrupamento desdobra-se pelos seguintes subagrupamentos:

09.01.00 – «Depósitos, certificados de depósito e poupança». – Incluem-se as despesas resultantes de reaplicações de capital de depósitos com pré-aviso e de depósitos a prazo, não incluindo os certificados de depósito negociáveis.

As rubricas deverão ser desagregadas pelos sectores institucionais anteriormente mencionados.

09.02.00 – «Títulos de curto prazo». – Engloba as despesas resultantes das aplicações financeiras de prazo inferior a um ano, nomeadamente os bilhetes de tesouro, o papel comercial, as obrigações e títulos de participação, certificados de aforro, depósitos negociáveis, etc. As rubricas deverão ser desagregadas pelos sectores institucionais anteriormente mencionados.

09.03.00 – «Títulos a médio e longo prazos». – Engloba as despesas resultantes das aplicações financeiras de prazo superior a um ano, incluindo os depósitos negociáveis.

As rubricas deverão ser desagregadas pelos sectores institucionais anteriormente mencionados.

09.04.00 – «Derivados financeiros». – Engloba as despesas resultantes das aplicações financeiras, cuja rendibilidade depende de outros activos, nomeadamente as opções, *warrants, futures, swaps, forward rate agreement.*

([35]) Artigo 4.º do Decreto-Lei n.º 477/80, 15 de Outubro, e Portaria n.º 671/2000, de 17 de Abril.

I. Actividade Financeira

Não inclui os instrumentos subjacentes aos derivados nem os instrumentos secundários não transaccionáveis.

As rubricas deverão ser desagregadas pelos sectores institucionais anteriormente mencionados.

09.05.00 – «Empréstimos a curto prazo». – Engloba as despesas ocasionadas pelos empréstimos concedidos a título reembolsável com horizonte temporal inferior a um ano.

As rubricas deverão ser desagregadas pelos sectores institucionais anteriormente mencionados.

09.06.00 – «Empréstimos a médio e longo prazos». – Engloba as despesas provenientes de empréstimos concedidos a título reembolsável com horizonte temporal superior a um ano.

As rubricas deverão ser desagregadas pelos sectores institucionais anteriormente mencionados.

09.07.00 – «Acções e outras participações». – Engloba as despesas resultantes das aplicações financeiras, nomeadamente acções e outras participações. As rubricas deverão ser desagregadas pelos sectores institucionais anteriormente mencionados.

09.08.00 – «Unidades de participação». – Engloba as despesas resultantes de outras aplicações financeiras, nomeadamente as unidades de participação.

10.00.00 – «Passivos financeiros». – Este agrupamento económico compreende as operações financeiras, englobando as de tesouraria e as de médio e longo prazos, que envolvam pagamentos decorrentes quer da amortização de empréstimos, titulados ou não, quer da regularização de adiantamentos ou de subsídios reembolsáveis, quer, ainda, da execução de avales ou garantias.

As despesas com passivos financeiros deverão incluir os prémios ou descontos que possam ocorrer na amortização dos empréstimos.

Com excepção dos «Outros passivos financeiros», os restantes subagrupamentos por que se desagregam os «Passivos financeiros» não carecem de explicações suplementares, por corresponderem a conceitos já utilizados e se desdobrarem por rubricas que, por sua vez, envolvem a caracterização de âmbito institucional igualmente conhecida.

10.09.00 – «Outros passivos financeiros». – Consideram-se, residualmente, todos os passivos financeiros referidos anteriormente que não se enquadrem nas rubricas antecedentes. Face à inexistência de rubricas, as dotações deverão afectar-se directamente à epígrafe em questão, sem prejuízo de se recorrer à pormenorização em termos de alínea, se circunstâncias pontuais o recomendarem.

11.00.00 – «Outras despesas de capital». – Trata-se de um agrupamento económico com carácter residual que se desdobra nos seguintes subagrupamentos:

11.01.00 – «Dotação provisional». – Neste subagrupamento consideram-se, apenas, as dotações que, com fundamento na legislação em vigor[36], se reconheça que devam ser inscritas no orçamento do Ministério das Finanças para fazer face a despesas de capital não previstas e inadiáveis.

Outras despesas

12.00.00 – «Operações extra-orçamentais». – Neste agrupamento englobam-se as operações que não são consideradas despesa orçamental mas com expressão na tesouraria.

12.01.00 – «Operações de tesouraria – Entrega de receitas do Estado». – Incluem-se os montantes provenientes de impostos, contribuições e outros, que tenham ficado por entregar nos cofres públicos, como por exemplo o IRS, o imposto do selo, a ADSE, etc.

12.02.00 – «Outras operações de tesouraria». – Incluem-se os montantes relativos a fundos alheios, entregues às entidades competentes e que constituem fluxos de caixa relativos a descontos em vencimentos, que não sejam receitas do Estado, a cauções e garantias de fornecedores, a quotas de sindicatos, a emolumentos, etc.

12.03.00 – «Contas de ordem». – Incluem-se os movimentos extra-orçamentais relativos às receitas próprias geradas pelos organismos dotados de autonomia administrativa e financeira, que se encontrem inseridos no mecanismo de depósito no Tesouro, previsto na legislação em vigor[37].

---

[36] Lei n.º 6/91, de 2 de Fevereiro.
[37] Decreto-Lei n.º 459/82, de 26 de Novembro.

4. Classificação funcional das despesas públicas

Decreto-Lei n.º 171/94, de 24 de Junho

O desajustamento da actual estrutura da classificação funcional das despesas públicas e a necessidade de melhorar a análise da tendência dos gastos do Estado obrigam à sua revisão.

O novo modelo, que adapta o esquema da classificação funcional ao usado no Fundo Monetário Internacional (FMI), assinala um significativo progresso na análise da evolução das despesas públicas, nomeadamente quanto ao grau de aplicação dos recursos financeiros às diversas funções do Estado, e reduz alguns constrangimentos à concretização de alterações orçamentais ao nível de certas funções, permitindo uma gestão mais flexível e uma utilização mais racional das dotações orçamentais.

Na esteira das profundas reformas orçamental e de contabilidade pública que têm vindo a ser postas em prática, nas quais se inseriu já a revisão da classificação económica das receitas e das despesas públicas, importa agora definir, com fundamento na Lei n.º 6/91, de 20 de Fevereiro, a nova estrutura dos códigos de classificação funcional das despesas públicas.

Assim.

No desenvolvimento do regime jurídico estabelecido pela Lei n.º 6/91, de 20 de Fevereiro, e nos termos das alíneas *a*) e *c*) do n.º 1 do artigo 201.º da Constituição, o Governo decreta o seguinte:

Artigo 1.º – 1 – A classificação funcional das despesas públicas é estruturada de harmonia com o anexo I ao presente diploma, do qual faz parte integrante.

2 – A estrutura do mapa III a que se refere o n.º 1 do artigo 12.º da Lei n.º 6/91, de 20 de Fevereiro, consta do anexo II ao presente diploma, do qual faz parte integrante.

3 – A classificação funcional a que se refere o n.º 1 aplica-se às despesas públicas da administração central.

Art. 2.º – A nova estrutura dos códigos de classificação funcional aprovada pelo presente diploma aplica-se à elaboração do Orçamento do Estado para o ano de 1995.

Visto e aprovado em Conselho de Ministros de 12 de Maio de 1994. – *Aníbal António Cavaco Silva – Eduardo de Almeida Catroga.*

Promulgado em 1 de Junho de 1994.
Publique-se.
O Presidente da República, MÁRIO SOARES.

Referendado em 3 de Junho de 1994.
O Primeiro-Ministro, *Aníbal António Cavaco Silva.*

ANEXO I A QUE SE REFERE O N.° 1 DO ARTIGO 1.°
Classificação funcional das receitas públicas

Código	Designação das rubricas
1	Funções gerais de soberania:
1.1.0	Serviços gerais da Administração Pública:
1.1.1	Administração geral.
1.1.2	Negócios estrangeiros.
1.1.3	Cooperação económica externa.
1.1.4	Investigação científica de carácter geral.
1.2.0	Defesa nacional:
1.2.1	Administração e regulamentação.
1.2.2	Investigação.
1.2.3	Forças Armadas.
1.2.4	Cooperação militar externa.
1.3.0	Segurança e ordem públicas:
1.3.1	Administração e regulamentação.
1.3.2	Investigação.
1.3.3	Forças de segurança.
1.3.4	Sistema judiciário.
1.3.5	Sistema prisional, de reinserção social e de menores.
1.3.6	Protecção civil e luta contra incêndios.
2	Funções sociais:
2.1.0	Educação:
2.1.1	Administração e regulamentação.
2.1.2	Investigação.
2.1.3	Estabelecimentos de ensino não superior.
2.1.4	Estabelecimentos de ensino superior.
2.1.5	Serviços auxiliares de ensino.
2.2.0	Saúde:
2.2.1	Administração e regulamentação.
2.2.2	Investigação.
2.2.3	Hospitais e clínicas.
2.2.4	Serviços individuais de saúde.
2.3.0	Segurança e acção sociais:
2.3.1	Administração e regulamentação.
2.3.2	Investigação.
2.3.3	Segurança social.
2.3.4	Acção social.
2.4.0	Habitação e serviços colectivos:
2.4.1	Administração e regulamentação.
2.4.2	Investigação.
2.4.3	Habitação.
2.4.4	Ordenamento do território.
2.4.5	Saneamento e abastecimento de água.
2.4.6	Protecção do meio ambiente e conservação da Natureza.

Código	Designação das rubricas
2.5.0	Serviços culturais, recreativos e religiosos:
2.5.1	Administração e regulamentação.
2.5.2	Investigação.
2.5.3	Cultura.
2.5.4	Desporto, recreio e lazer.
2.5.5	Comunicação social.
2.5.6	Outras actividades cívicas e religiosas.
3	Funções económicas:
3.1.0	Agricultura e pecuária, silvicultura, caça e pesca:
3.1.1	Administração e regulamentação.
3.1.2	Investigação.
3.1.3	Agricultura e pecuária.
3.1.4	Silvicultura.
3.1.5	Caça.
3.1.6	Pesca.
3.2.0	Indústria e energia:
3.2.1	Administração e regulamentação.
3.2.2	Investigação.
3.2.3	Indústrias extractivas.
3.2.4	Indústrias transformadoras.
3.2.5	Indústrias de construção civil.
3.2.6	Combustíveis, electricidade e outras fontes de energia.
3.3.0	Transportes e comunicações:
3.3.1	Administração e regulamentação.
3.3.2	Investigação.
3.3.3	Transportes rodoviários.
3.3.4	Transportes ferroviários.
3.3.5	Transportes aéreos.
3.3.6	Transportes marítimos e fluviais.
3.3.7	Sistemas de comunicações.
3.4.0	Comércio e turismo:
3.4.1	Administração e regulamentação.
3.4.2	Investigação.
3.4.3	Comércio.
3.4.4	Turismo.
3.5.0	Outras funções económicas:
3.5.1	Administração e regulamentação.
3.5.2	Relações gerais do trabalho.
3.5.3	Diversas não especificadas.
4	Outras funções:
4.1.0	Operações da dívida pública.
4.2.0	Transferências entre administrações.
4.3.0	Diversas não especificadas.

MAPA III

ANEXO II A QUE SE REFERE O N.º 2 DO ARTIGO 1.º
Despesas do Estado, específicas, segundo a classificação funcional

Código	Designação das funções	Valor em contos
1	Funções gerais de soberania:	
1.1	Serviços gerais da Administração Pública	
1.2	Defesa nacional	
1.3	Segurança e ordem públicas	
2	Funções sociais:	
2.1	Educação	
2.2	Saúde......................	
2.3	Segurança e acção sociais.......	
2.4	Habitação e serviços colectivos...	
2.5	Serviços culturais, recreativos e religiosos	
3	Funções económicas:	
3.1	Agricultura e pecuária, silvicultura, caça e pesca	
3.2	Indústria e energia	
3.3	Transportes e comunicações.....	
3.4	Comércio e turismo	
3.5	Outras funções económicas	
4	Outras funções:	
4.1	Operações da dívida pública	
4.2	Transferências entre administrações	
4.3	Diversas não especificadas	
	Totais $(1 + 2 + 3 + 4)$	

5. Regime da despesa e da contratação públicas

Decreto-Lei n.° 197/99, de 8 de Junho

1 – A aprovação de um novo regime jurídico de realização de despesas públicas e da contratação pública relativa à locação e aquisição de bens móveis e serviços constitui um momento fundamental da acção reformadora do Governo e tem por objectivos simplificar procedimentos, garantir a concorrência e assegurar a boa gestão dos dinheiros públicos.

Com o presente diploma transpõe-se, na parte correspondente, para a ordem jurídica interna a Directiva n.° 97/52/CE, do Parlamento Europeu e do Conselho, de 13 de Outubro, e revoga-se o Decreto-Lei n.° 55/95, de 29 de Março, diploma que continha, em múltiplas aspectos, uma regulamentação desadequada e que foi objecto de críticas generalizadas por parte da Administração Pública, das autarquias locais e dos agentes económicos em geral.

2 – A opção a nível de sistematização foi a de incluir no capítulo I as matérias comuns a todas as aquisições, desde as regras relativas à realização de despesas até às normas sobre celebração de contratos, passando pelas noções comuns aos diversos procedimentos e sua regulamentação. Nos capítulos seguintes apenas são regulados os aspectos específicos de cada um dos procedimentos, tendo havido a preocupação de densificar aqueles que se encontravam escassamente regulamentados no Decreto-Lei n.° 55/95.

3 – Não obstante os princípios constitucionais da actividade da Administração Pública e os princípios consagrados no Código do Procedimento Administrativo terem vocação para se aplicar à matéria disciplinada pelo presente diploma, incluiu-se no capítulo I uma secção dedicada aos princípios gerais da contratação pública e que traduz uma novidade no panorama legislativo português. O objectivo foi o de explicitar, ainda que sinteticamente, o sentido dos princípios que mais frequentemente têm vocação para se aplicar no domínio da contratação pública, que é uma área em que, muitas vezes, as regras são insuficientes e dificilmente aplicáveis sem o recurso aos referidos princípios.

134   *Legislação de Direito Financeiro*

4 – No regime jurídico da realização das despesas públicas destacam-se os seguintes aspectos inovadores:

a) Estabelece-se um único valor até ao qual as diversas entidades têm competência para autorizar despesas, independentemente do procedimento em causa, sem prejuízo de em situações específicas ser exigível a autorização de outras entidades para a escolha prévia do tipo de procedimento;

b) Aumentam-se os valores até aos quais são competentes para autorizar despesas os directores-gerais e os órgãos máximos dos serviços com autonomia administrativa e com autonomia administrativa e financeira;

c) Estabelece-se a competência para autorizar despesas dos órgãos das autarquias locais;

d) Consagra-se a possibilidade de se efectuarem despesas com seguros de viaturas oficiais, desde que limitados à responsabilidade civil contra terceiros com o capital mínimo obrigatório previsto por lei, sem necessidade de prévia autorização do respectivo ministro e do Ministro das Finanças;

e) Fixa-se um regime especial para as despesas que dêem origem a encargos em mais de um ano económico ou em ano que não seja o da sua realização nas autarquias locais e aumenta-se o valor até ao qual é possível efectuar este tipo de despesas sem portaria de extensão de encargos;

f) Criam-se regras especiais sobre delegação de competências, nomeadamente para as autarquias locais.

5 – A simplificação dos diversos procedimentos partiu, em todos os casos, de uma ponderação entre os benefícios decorrentes para a regularidade dos contratos públicos da observância de determinadas formalidades e os eventuais prejuízos que as mesmas pudessem acarretar quer para o interesse público quer para os interesses dos potenciais contratantes. Em consequência, eliminaram-se todas as formalidades que se julgaram desadequadas, desnecessárias ou demasiado onerosas para os interesses envolvidos.

Neste âmbito é importante salientar os aspectos seguintes:

a) A comprovação negativa por parte dos concorrentes de que não se encontram em qualquer situação de impedimento para concorrer prevista na lei é simplificada. Para o efeito, substitui-se a entrega inicial da documentação por uma declaração sob compromisso de honra, nos termos do modelo anexo ao diploma, sem prejuízo da entidade adjudicante poder, a qualquer momento, solicitar os documentos comprovativos das situações declaradas e de exigir ao adjudicatário antes da celebração do contrato, nos casos previstos, determinados documentos comprovativos;

b) Aumenta-se o valor até ao qual não é exigida a celebração de contrato escrito, mas determina-se que quando o contrato não seja reduzido a

I. Actividade Financeira 135

escrito as propostas devem conter as condições essenciais da locação ou do fornecimento dos bens ou serviços;

c) Clarifica-se quais as situações em que a entrega imediata dos bens ou serviços torna inexigível a celebração de contrato escrito;

d) Pela primeira vez neste tipo de contratos, estabelece-se uma disposição que regulamenta a cessão da posição contratual, preenchendo-se, assim, uma lacuna que por vezes suscitava alguns problemas;

e) Respondendo a uma necessidade demonstrada pelos serviços, mas simultaneamente com a preocupação de não dar azo a uma utilização abusiva, estabelece-se a possibilidade de se proceder a pagamentos adiantados por conta de bens a entregar ou serviços a prestar e fixa-se o respectivo regime;

f) São definidos novos conceitos de proposta base e proposta com variantes, desaparecendo o de proposta condicionada. Sempre que a proposta base contenha alterações de cláusulas do caderno de encargos, o concorrente deve indicar o valor que atribui a cada uma delas para garantir a comparabilidade das propostas.

6 – No que se refere aos tipos de procedimentos, o diploma mantém todos os actualmente previstos e a mesma lógica na sua escolha em função do valor. Porém, introduz-se um novo procedimento, o qual é designado por consulta prévia, deixando o ajuste directo de implicar a consulta a vários locadores ou fornecedores de bens ou serviços.

O novo procedimento pretende, simultaneamente, ser célere e capaz de assegurar as necessárias transparência e concorrência fundamentais a uma boa contratação pública, sendo genericamente admitido para contratos até 10 000 contos, mas tem diferentes regras – progressivamente mais exigentes –, consoante o valor envolvido.

7 – Sem prejuízo do respeito pelas directivas comunitárias, simplifica-se o concurso público do seguinte modo:

a) Institui-se a existência de uma única comissão, à qual se dá a designação de júri, com a vantagem de haver apenas um único órgão instrutor responsável por todo o procedimento;

b) Torna-se claro que os diversos elementos que interferem nos critérios de adjudicação (os usualmente chamados «subcritérios») e a sua ponderação têm de ser fixados pelo júri até ao termo do segundo terço do prazo para apresentação de propostas, devendo ser dados a conhecer aos interessados que o solicitem no prazo de dois dias ou no decurso do acto público. Garante-se, assim, a imparcialidade do júri na fixação desses subcritérios e permite-se que os concorrentes deles possam tomar conhecimento antes de elaborarem as suas propostas;

c) Consagra-se o acto público como um momento de análise formal dos documentos e das propostas e, simultaneamente, diminui-se conside-

136 *Legislação de Direito Financeiro*

ravelmente o formalismo desse acto, evitando-se, tanto quanto possível, a exclusão de concorrentes e de propostas por razões meramente formais;

d) Evidencia-se a separação que deve existir entre a apreciação da capacidade dos concorrentes e a análise das propostas com vista à adjudicação.

8 – Relativamente ao procedimento por negociação, estabelece-se que as negociações têm sempre lugar em sessão oral com a participação simultânea dos concorrentes, instituindo-se que a falta de comparência a tal sessão não determina a exclusão do respectivo concorrente. Em consequência, as propostas dos concorrentes que não comparecem à sessão de negociações são comparadas com as restantes, estas com o conteúdo que resultarem das negociações. Neste procedimento também se definiu que os subcritérios e sua ponderação têm de ser fixados até ao termo do segundo terço do prazo para apresentação das propostas.

9 – Importa salientar também que deixa de existir uma disposição dedicada aos contratos públicos de aprovisionamento, estabelecendo-se a possibilidade de ajuste directo e a inexigibilidade de contrato escrito quando as aquisições sejam efectuadas ao abrigo daqueles contratos.

10 – De acordo com o objectivo de aperfeiçoar o sistema de garantias para os contratantes adoptam-se as seguintes soluções:

a) Distinção clara entre as situações de anulação da adjudicação, as causas de não adjudicação e de anulação do procedimento. Passa a ficar restringida a possibilidade de anulação do procedimento, porquanto entende-se que quando a entidade adjudicante inicia um procedimento de contratação deve, em princípio, levá-lo até ao fim, a não ser que causas supervenientes de interesse público determinem a sua anulação;

b) Clarificação do regime de audiência prévia nos diversos procedimentos, estabelecendo-se que esta é sempre escrita e quais os momentos em que a mesma é exigida;

c) Em matéria de recursos hierárquicos, desenvolvimento do regime hoje em vigor, nomeadamente esclarecendo-se quais as consequências da interposição do recurso na tramitação do procedimento, tendo-se considerado desnecessário que o procedimento se suspendesse em todos os casos. Todavia, determinou-se que alguns actos não podem ser praticados sem que estejam decididos os recursos.

11 – Finalmente, a regulamentação dos contratos para trabalhos de concepção constitui uma exigência das directivas comunitárias, tendo-se clarificado o seu regime. A escolha do procedimento fica sujeita às regras gerais do diploma (ou seja, até 25 000 contos os contratos de concepção estão sujeitos aos mesmos procedimentos que os restantes contratos), apenas se estabelecendo especificidades quanto ao concurso público e ao concurso limitado com prévia qualificação

com vista à celebração de contratos desta natureza, os quais têm de garantir o anonimato dos projectos e planos até à sua hierarquização pelo júri.

Foram ouvidos os órgãos de governo próprio das Regiões Autónomas dos Açores e da Madeira, a Associação Nacional de Municípios Portugueses e a Associação Nacional de Freguesias.

Assim:

No uso da autorização legislativa concedida pelo artigo 20.º da Lei n.º 87-B/98, de 31 de Dezembro, e nos termos das alíneas *a*) e *b*) do n.º 1 do artigo 198.º da Constituição, o Governo decreta, para valer como lei geral da República, o seguinte:

CAPÍTULO I – Disposições gerais comuns

SECÇÃO I – Objecto, âmbito e prazos

ARTIGO 1.º – (Objecto)

O presente diploma estabelece o regime da realização de despesas públicas com locação e aquisição de bens e serviços, bem como da contratação pública relativa à locação e aquisição de bens móveis e de serviços.

ARTIGO 2.º – (Âmbito de aplicação pessoal)

O presente diploma aplica-se às seguintes entidades:

a) Estado;

b) Organismos públicos dotados de personalidade jurídica, com ou sem autonomia financeira, que não revistam natureza, forma e designação de empresa pública;

c) Regiões Autónomas;

d) Autarquias locais e entidades equiparadas sujeitas a tutela administrativa;

e) Associações exclusivamente formadas por autarquias locais e ou por outras pessoas colectivas de direito público mencionadas nas alíneas anteriores.

ARTIGO 3.º – (Extensão do âmbito de aplicação pessoal)

1 – Ficam sujeitas às disposições do capítulo XIII do presente diploma as pessoas colectivas sem natureza empresarial que, cumulativamente, sejam:

a) Criadas com o objectivo específico de satisfazer necessidades de interesse geral;

b) Financiadas maioritariamente pelas entidades referidas no artigo anterior ou sujeitas ao seu controlo de gestão ou tenham um órgão de administração, direcção ou fiscalização cujos membros sejam em mais de 50% designados por aquelas entidades.

2 – Quando qualquer das entidades referidas no artigo 2.° ou no número anterior financie directamente, em mais de 50%, um contrato de prestação de serviços de valor igual ou superior a 200 000 euros celebrado por outra entidade e relacionado com um contrato de empreitada de obras públicas, deverá reter esse financiamento ou exigir a sua restituição imediata, caso essa entidade não cumpra o disposto no capítulo XIII.

ARTIGO 4.° – **(Extensão do âmbito material)**

1 – São aplicáveis às empreitadas de obras públicas, com as necessárias adaptações e em tudo o que não contrarie o regime do respectivo contrato administrativo:

a) A todas as entidades abrangidas pelo referido regime, os artigos 7.° a 16.°, 59.°, n.ºs 1, alíneas *a*) e *b*), e 3, e 79.°, n.° 1;

b) Às entidades referidas no artigo 2.° do presente diploma, os artigos 17.°, 18.°, 21.°, 22.°, 27.° a 29.°, 60.° e 63.°

2 – O presente diploma é aplicável, com as necessárias adaptações, à venda de bens móveis que pertençam às entidades referidas no artigo 2.°, sem prejuízo do disposto em legislação especial sobre gestão e alienação de bens móveis do domínio privado do Estado.

ARTIGO 5.° – **(Contratos mistos)**

Na realização de despesas e na contratação pública que abranja, simultaneamente, empreitadas de obras públicas, locação, aquisição de bens ou serviços aplica-se o regime previsto para a componente de maior expressão financeira.

ARTIGO 6.° – **(Prazos)**

1 – Com excepção do disposto no número seguinte, os prazos estabelecidos no presente diploma contam-se nos termos do artigo 72.° do Código do Procedimento Administrativo.

2 – Os prazos fixados no presente diploma para apresentação de propostas e de candidaturas não se suspendem nos sábados, domingos e feriados.

SECÇÃO II – **Princípios**

Artigo 7.º – **(Princípios da legalidade e da prossecução do interesse público)**

1 – Na formação e execução dos contratos, as entidades públicas e privadas devem observar as regras e princípios previstos no presente diploma, não podendo, designadamente, ser adoptados procedimentos diferentes dos nele tipificados, excepto quando previstos na lei.

2 – Na formação e execução dos contratos, as entidades adjudicantes devem optimizar a satisfação das necessidades colectivas que a lei define como suas atribuições.

Artigo 8.º – **(Princípios da transparência e da publicidade)**

1 – O critério de adjudicação e as condições essenciais do contrato que se pretende celebrar devem estar definidos previamente à abertura do procedimento e ser dados a conhecer a todos os interessados a partir da data daquela abertura.

2 – As entidades públicas devem garantir uma adequada publicidade da sua intenção de contratar.

3 – A escolha de propostas deve ser sempre fundamentada.

Artigo 9.º – **(Princípio da igualdade)**

1 – Na formação dos contratos públicos devem proporcionar-se iguais condições de acesso e de participação dos interessados em contratar, segundo critérios que traduzam juízos de valor dos aspectos decisivos para contratar, coordenados com o objecto específico do contrato.

2 – Iniciado o procedimento, não pode ser feita discriminação de qualquer natureza entre os interessados em contratar nem admitir-se qualquer interpretação das regras que disciplinam a contratação que seja susceptível de determinar uma discriminação entre os concorrentes e aqueles que não apresentaram candidaturas ou propostas.

Artigo 10.º – **(Princípio da concorrência)**

Na formação dos contratos deve garantir-se o mais amplo acesso aos procedimentos dos interessados em contratar, e em cada procedimento deve ser consultado o maior número de interessados, no respeito pelo número mínimo que a lei imponha.

Artigo 11.º – **(Princípio da imparcialidade)**

1 – Nos procedimentos devem ser ponderados todos os interesses públicos e privados relevantes, uns com os outros e entre si.

2 – Os programas de concurso, cadernos de encargos e outros documentos que servem de base ao procedimento não podem conter qualquer cláusula que vise favorecer ou prejudicar interessados em contratar, nem tão-pouco é permitida, na sua aplicação, qualquer interpretação que contemple tais propósitos.

Artigo 12.º – **(Princípio da proporcionalidade)**

1 – Observados os limites fixados no presente diploma, deve ser escolhido o procedimento mais adequado ao interesse público a prosseguir, ponderando-se os custos e os benefícios decorrentes da respectiva utilização.

2 – Na tramitação dos procedimentos apenas se devem efectuar as diligências e praticar os actos que se revelem indispensáveis à prossecução dos fins que legitimamente se visam alcançar.

Artigo 13.º – **(Princípio da boa fé)**

1 – Na formação e execução dos contratos as entidades públicas e privadas devem agir segundo as exigências da identidade, autenticidade e veracidade na comunicação.

2 – Os programas de concurso, cadernos de encargos e outros documentos que servem de base ao procedimento, bem como os contratos, devem conter disposições claras e precisas.

Artigo 14.º – **(Princípio da estabilidade)**

1 – Os programas de concurso, cadernos de encargos e outros documentos que servem de base ao procedimento devem manter-se inalterados durante a pendência dos respectivos procedimentos.

2 – Nos procedimentos em que não esteja prevista qualquer negociação, as propostas apresentadas pelos concorrentes são inalteráveis até à adjudicação.

3 – Efectuada a adjudicação, podem ser introduzidos, por acordo entre as partes, ajustamentos à proposta escolhida, desde que as alterações digam respeito a condições acessórias e sejam inequivocamente em benefício da entidade adjudicante.

4 – Quando já tenham sido apresentadas propostas, a entidade adjudicante não pode desistir de contratar, salvo nos casos previstos no presente diploma.

ARTIGO 15.° – **(Princípio da responsabilidade)**

1 – As entidades, funcionários e agentes podem ser responsabilizados civil, financeira e disciplinarmente pela prática de actos que violem o disposto no presente diploma.

2 – Os serviços públicos com competência para fiscalizar a observância do regime da realização de despesas e da contratação públicas devem, para os efeitos previstos no número anterior, comunicar às entidades competentes as infracções detectadas.

SECÇÃO III – **Realização de despesas**

ARTIGO 16.° – **(Unidade da despesa)**

1 – Para efeitos do presente diploma, a despesa a considerar é a do custo total da locação ou da aquisição de bens ou serviços.

2 – É proibido o fraccionamento da despesa com a intenção de a subtrair ao regime previsto no presente diploma.

ARTIGO 17.° – **(Competência para autorizar despesas)**

1 – São competentes para autorizar despesas com locação e aquisição de bens e serviços as seguintes entidades:
> *a)* Até 20 000 contos, os directores-gerais ou equiparados e os órgãos máximos dos serviços com autonomia administrativa;
> *b)* Até 40 000 contos, os órgãos máximos dos organismos dotados de autonomia administrativa e financeira, com ou sem personalidade jurídica;
> *c)* Até 750 000 contos, os ministros;
> *d)* Até 1 500 000 contos, o Primeiro-Ministro;
> *e)* Sem limite, o Conselho de Ministros.

2 – As despesas devidamente discriminadas incluídas em planos de actividade que sejam objecto de aprovação ministerial podem ser autorizadas:
> *a)* Até 30 000 contos, pelos directores-gerais ou equiparados e pelos órgãos máximos dos serviços com autonomia administrativa;
> *b)* Até 60 000 contos, pelos órgãos máximos dos organismos dotados de autonomia administrativa e financeira, com ou sem personalidade jurídica.

3 – As despesas relativas à execução de planos ou programas plurianuais legalmente aprovados podem ser autorizadas:
> *a)* Até 100 000 contos, pelos directores-gerais ou equiparados e pelos órgãos máximos dos serviços com autonomia administrativa;

142 *Legislação de Direito Financeiro*

b) Até 200 000 contos, pelos órgãos máximos dos organismos dotados de autonomia administrativa e financeira, com ou sem personalidade jurídica;

c) Sem limite, pelos ministros e pelo Primeiro-Ministro.

ARTIGO 18.º – **(Competência para autorizar despesas no âmbito das autarquias locais)**

1 – São competentes para autorizar despesas com locação e aquisição de bens e serviços as seguintes entidades:

a) Até 30 000 contos, os presidentes de câmara e os conselhos de administração dos serviços municipalizados;

b) Sem limite, as câmaras municipais, as juntas de freguesia, o conselho de administração das associações de autarquias locais e o órgão executivo de entidades equiparadas a autarquias locais.

2 – As câmaras municipais e as juntas de freguesia podem autorizar a realização de obras ou reparações por administração directa até, respectivamente, 30 000 contos e 10 000 contos, podendo estes valores ser aumentados pelas respectivas assembleias deliberativas.

ARTIGO 19.º – **(Despesas com seguros)**

1 – As despesas com seguros que, em casos excepcionais, seja considerado conveniente fazer carecem de prévia autorização do respectivo ministro e do Ministro das Finanças.

2 – Excepcionam-se do disposto no número anterior as despesas com seguros:

a) De viaturas oficiais, desde que limitados ao seguro obrigatório de responsabilidade civil automóvel;

b) Que, por imposição de leis locais ou do titular do direito a segurar, tenham de efectuar-se no estrangeiro;

c) De bens culturais e outros casos previstos em norma especial.

3 – O regime previsto no presente artigo não é aplicável às entidades referidas nas alíneas *d)* e *e)* do artigo 2.º

ARTIGO 20.º – **(Contratos de arrendamento)**

1 – Sem prejuízo do regime especial previsto no Decreto-Lei n.º 228/95, de 11 de Setembro, são competentes para autorizar despesas com arrendamento de imóveis para instalação de serviços do Estado e dos organismos dotados de autonomia administrativa e financeira, com ou sem personalidade jurídica:

a) O respectivo ministro, quando a renda anual não exceda 40 000 contos;

I. Actividade Financeira 143

b) O respectivo ministro e o Ministro das Finanças, quando a renda anual seja superior a 40 000 contos.

2 – As despesas com contratos de arrendamento de imóveis sitos no estrangeiro dispensam a autorização do Ministro das Finanças prevista na alínea *b)* do número anterior.

3 – Os contratos de arrendamento escritos em idioma estrangeiro devem ser remetidos à sede do serviço em Portugal, acompanhados da respectiva tradução oficial.

4 – O regime previsto no n.° 1 não é aplicável às entidades referidas nas alíneas *d)* e *e)* do artigo 2.°

ARTIGO 21.° – **(Alteração do montante da despesa autorizada)**

1 – A competência fixada nos termos do artigo 17.° mantém-se para as despesas provenientes de alterações, variantes, revisões de preços e contratos adicionais, desde que o respectivo custo total não exceda 10% do limite da competência inicial.

2 – Quando for excedido o limite percentual estabelecido no número anterior, a autorização do acréscimo da despesa compete à entidade que, nos termos do artigo 17.°, detém a competência para autorizar a realização do montante total da despesa.

ARTIGO 22.° – **(Ano económico)**

1 – Sem prejuízo do disposto no n.° 3, a abertura de procedimento relativo a despesas que dêem lugar a encargo orçamental em mais de um ano económico ou em ano que não seja o da sua realização, designadamente com a aquisição de serviços e bens através de locação com opção de compra, locação financeira, locação-venda ou compra a prestações com encargos, não pode ser efectivada sem prévia autorização conferida em portaria conjunta do Ministro das Finanças e do respectivo ministro, salvo quando:

a) Resultem de planos ou programas plurianuais legalmente aprovados;

b) Os seus encargos não excedam o limite de 20 000 contos em cada um dos anos económicos seguintes ao da sua contracção e o prazo de execução de três anos.

2 – Os contratos e as portarias a que se refere o número anterior devem fixar o limite máximo do encargo correspondente a cada ano económico.

3 – Dentro dos 60 dias anteriores ao fim do ano económico, podem ser efectuadas adjudicações de bens ou serviços ou celebrados contratos de arrendamento cujos efeitos se iniciem no começo do ano económico imediato, desde que se verifiquem, cumulativamente, as seguintes condições:

a) Constituir o fim da adjudicação ou da celebração do contrato despesa certa e indispensável;

144   *Legislação de Direito Financeiro*

b) Os encargos contraídos não excederem a importância de dois duo-décimos da verba consignada a despesas da mesma natureza no orça-mento do ano em que se fizer a adjudicação ou se celebrar o contrato;

c) Seja devidamente declarado que no projecto de orçamento aplicável foi inscrita a verba adequada para suportar a despesa.

4 – A declaração referida na alínea *c*) do número anterior supre a infor-mação de cabimento exigida no instrumento do contrato e obedece à condição do encargo vir a ser suportado pela correspondente verba do orçamento do ano económico imediato.

5 – As despesas resultantes de situações imprevistas ou de fornecimentos a mais, cujos contratos iniciais tenham sido precedidos da portaria a que se refere o n.º 1 e desde que os novos encargos tenham cabimento no orçamento em vigor à data do adicional, são autorizadas nos termos do artigo anterior, sendo, neste caso, dispensada a publicação de nova portaria.

6 – No caso da entidade adjudicante ser uma das referidas nas alíneas *d*) ou *e*) do artigo 2.º, a portaria a que se refere o n.º 1 é substituída por autorização do respectivo órgão deliberativo.

7 – Podem ser excepcionados do disposto no presente artigo determinado tipo de contratos que se revelem imprescindíveis ao funcionamento das entidades referidas no artigo 2.º e que sejam incompatíveis com as regras relativas às despesas plurianuais, mediante despacho conjunto do Ministro das Finanças e do ministro da tutela.

ARTIGO 23.º – (**Estimativa do valor global de bens**)

1 – A estimativa do valor global dos contratos relativos à aquisição de bens é feita com base no número de unidades a adquirir.

2 – No caso de contratos de fornecimento contínuo, o valor do contrato deve calcular-se com base nos seguintes elementos:

a) O número de unidades que se prevê venham a ser adquiridas durante o prazo de execução do contrato, ou durante os primeiros 12 meses, se aquele prazo for superior a este; ou

b) O número de unidades de bens semelhantes adquiridos durante os 12 meses ou o ano económico anteriores.

3 – No caso de contratos de locação, a estimativa do valor global é feita com base nos seguintes elementos:

a) No caso de contratos com duração fixa, atende-se ao valor total das prestações acrescido do valor residual, se o houver;

b) No caso de contratos de duração indeterminada ou indeterminável, atende-se ao valor mensal das prestações multiplicado por 48.

4 – Quando se preveja expressamente o recurso a opções, deve ser

I. Actividade Financeira 145

tomado como base para o cálculo do valor do contrato o total máximo possível, incluindo o recurso a opções.

ARTIGO 24.º – (**Estimativa do valor global de serviços**)

1 – A estimativa do valor global dos contratos relativos à aquisição de serviços é feita com base nos seguintes elementos:
   a) Quanto aos serviços de seguros, o prémio a pagar;
   b) Quanto aos serviços bancários e outros serviços financeiros, os honorários, comissões e juros ou outros tipos de remuneração;
   c) Quanto aos serviços de concepção, os honorários ou comissões a pagar.

2 – No caso de contratos que não especifiquem um preço total, deve ser tomado como base para o cálculo do valor estimado:
   a) Quanto aos contratos de duração fixa igual ou inferior a 48 meses, o valor total do contrato em relação ao seu período de vigência;
   b) Quanto aos contratos de duração fixa superior a 48 meses, ou no caso de contratos de duração indeterminada, o valor mensal multiplicado por 48.

3 – No caso de contratos de execução duradoura ou que devam ser renovados no decurso de determinado período, deve ser tomado como base para o cálculo do valor:
   a) O valor global de contratos semelhantes celebrados durante o ano económico ou nos 12 meses anteriores, para a mesma categoria de serviços, valor esse corrigido, sempre que possível, em função das alterações de quantidade ou valor que previsivelmente venham a ocorrer nos 12 meses seguintes ao contrato inicial; ou
   b) O valor global estimado dos contratos durante os 12 meses seguintes à primeira prestação, ou durante o período de vigência do contrato, caso este seja superior a 12 meses.

4 – Quando se preveja expressamente o recurso a opções, deve ser tomado como base para o cálculo do valor do contrato o total máximo possível, incluindo o recurso a opções.

ARTIGO 25.º – (**Divisão em lotes**)

1 – Nos casos em que a locação, aquisição de bens ou serviços idênticos ou homogéneos puder ocasionar a celebração simultânea de contratos por lotes separados, o valor a atender para efeitos do regime aplicável a cada lote é o somatório dos valores estimados dos vários lotes.

2 – Na aquisição de serviços por lotes, as entidades adjudicantes ficam dispensadas da aplicação do disposto no capítulo XIII quando o valor estimado de algum dos lotes seja inferior a 80 000 euros e desde que o valor estimado do

146 *Legislação de Direito Financeiro*

conjunto dos lotes de valor inferior àquele limite não exceda 20% do valor estimado de todos os lotes.

ARTIGO 26.º – **(Agrupamento de entidades adjudicantes)**

1 – É admitido o agrupamento de entidades adjudicantes quando lhes seja vantajosa a celebração de um único contrato de locação para a aquisição de bens ou serviços ou obtenção de propostas.

2 – O agrupamento é representado pela entidade que a lei indicar ou, sendo esta omissa, pela que vise obter, em maior valor, os bens ou serviços objecto do contrato.

3 – Quando o agrupamento se destine à obtenção de propostas, nos termos previstos na parte final do n.º 1, o cumprimento das formalidades inerentes à celebração do contrato compete a cada uma das entidades, cabendo ao representante do agrupamento assegurar o procedimento com vista à escolha do adjudicatário.

SECÇÃO IV – **Delegação de competências**

ARTIGO 27.º – **(Regra geral)**

Salvo nos casos em que a delegação ou subdelegação esteja expressamente proibida por lei, a competência para a prática dos actos mencionados no presente diploma pode ser delegada ou subdelegada.

ARTIGO 28.º – **(Competências ministeriais)**

1 – As competências atribuídas ao Conselho de Ministros pelo presente diploma consideram-se delegadas no Primeiro-Ministro, com a faculdade de subdelegação, caso a caso, no Ministro das Finanças.

2 – A competência ministerial para autorizar despesas superiores a 500 000 contos, dispensar a celebração de contrato escrito e autorizar adiantamentos, nos termos previstos, respectivamente, no artigo 60.º e no n.º 4 do artigo 72.º, só pode ser delegada ou subdelegada em membros do Governo.

3 – Entende-se que as delegações e subdelegações de competência efectuadas nos secretários e subsecretários de Estado compreendem a competência para autorizar despesas até 375 000 contos nos casos previstos no n.º 1 do artigo 17.º e até 750 000 contos nos casos previstos no n.º 3 do mesmo artigo, salvo indicação em contrário da entidade delegante.

ARTIGO 29.º – **(Autarquias locais)**

1 – As competências atribuídas às câmaras municipais pelo presente diplo-

I. Actividade Financeira

ma podem ser delegadas nos conselhos de administração dos serviços municipalizados, no âmbito das respectivas atribuições.

2 – As competências atribuídas pelo presente diploma às câmaras municipais, às juntas de freguesia e aos conselhos de administração dos serviços municipalizados podem ser delegadas nos seus presidentes até 150 000 contos, 20 000 contos e 50 000 contos, respectivamente.

3 – Pode ser delegada nos dirigentes municipais a competência para autorizar despesas até 10 000 contos.

SECÇÃO V – **Concorrentes**

ARTIGO 30.º – **(Conceito)**

É concorrente a entidade que apresenta, nos termos fixados no presente diploma, proposta ou candidatura para locação ou fornecimento de bens ou de serviços.

ARTIGO 31.º – **(Nacionalidade dos concorrentes)**

1 – Os concorrentes nacionais de outros Estados membros da União Europeia ou neles estabelecidos e das Partes Contratantes do Acordo do Espaço Económico Europeu e da Organização Mundial do Comércio podem concorrer em situação de igualdade com os nacionais, nos termos previstos nos respectivos acordos.

2 – Os concorrentes referidos no número anterior devem apresentar os mesmos documentos que são exigidos aos concorrentes nacionais, os quais, quando for caso disso, são emitidos pelas autoridades competentes do país de origem.

3 – No caso de na ordem jurídica do país de origem do concorrente não existir documento idêntico ao especialmente requerido, pode o mesmo ser substituído por declaração sob compromisso de honra, feita pelo concorrente perante uma autoridade judiciária ou administrativa, notário ou outra autoridade competente do país de origem.

4 – Os concorrentes que, ao abrigo da legislação do Estado membro da União Europeia em que estão estabelecidos, estejam habilitados a desenvolver a actividade de serviços objecto do procedimento não podem ser excluídos pelo simples facto de, ao abrigo da legislação nacional, tal actividade estar reservada exclusivamente a pessoas singulares ou a pessoas colectivas.

ARTIGO 32.º – **(Agrupamento de concorrentes)**

1 – É permitida a apresentação de propostas ou candidaturas por um agrupamento de concorrentes, o qual deve assumir a forma jurídica exigida, quando

148   *Legislação de Direito Financeiro*

lhe for adjudicado o contrato e aquela forma seja necessária à boa execução do mesmo.

2 – Cada uma das entidades que compõe o agrupamento deve apresentar os documentos que são exigidos para acompanhar as propostas ou candidaturas.

3 – As entidades que compõem o agrupamento podem, a qualquer momento, designar um representante comum para praticar todos os actos no âmbito do respectivo procedimento, incluindo a assinatura da candidatura ou proposta, devendo, para o efeito, entregar instrumentos de mandato, emitidos por cada uma das entidades.

4 – Não existindo representante comum, as propostas e candidaturas devem ser assinadas por todas as entidades que compõem o agrupamento ou seus representantes.

ARTIGO 33.º – **(Impedimentos)**

1 – São excluídas dos procedimentos de contratação as entidades relativamente às quais se verifique que:

a) Não se encontrem em situação regularizada relativamente a dívidas por impostos ao Estado Português e à respectiva Região Autónoma ou autarquia local, no caso de uma destas ser a entidade pública adjudicante;

b) Não se encontrem em situação regularizada relativamente a dívidas por contribuições para a segurança social em Portugal ou no Estado de que sejam nacionais ou onde se encontrem estabelecidas;

c) Se encontrem em estado de falência, de liquidação ou de cessação de actividade, ou tenham o respectivo processo pendente;

d) Tenham sido condenadas por sentença transitada em julgado, por qualquer delito que afecte a sua honorabilidade profissional, ou tenham sido disciplinarmente punidas por falta grave em matéria profissional, se entretanto não tiver ocorrido a sua reabilitação;

e) Tenham sido objecto de aplicação da sanção acessória prevista na alínea *e)* do n.º 1 do artigo 21.º do Decreto-Lei n.º 433/82, de 27 de Outubro, com a redacção dada pelo Decreto-Lei n.º 244/95, de 14 de Setembro, durante o período de inabilidade legalmente previsto;

f) Tenham sido objecto de aplicação da sanção acessória prevista no n.º 1 do artigo 5.º do Decreto-Lei n.º 396/91, de 16 de Outubro, durante o período de inabilidade legalmente previsto;

g) Tenham sido objecto de aplicação de sanção administrativa ou judicial pela utilização ao seu serviço de mão-de-obra legalmente sujeita ao pagamento de impostos e contribuições para a segurança social não declarada nos termos das normas que imponham essa obrigação, em Portugal ou no Estado membro da União Europeia de que sejam nacio-

I. Actividade Financeira 149

nais ou onde se encontrem estabelecidas, durante o prazo de prescrição da sanção legalmente previsto.

2 – Sem prejuízo das excepções previstas no presente diploma, para comprovação negativa das situações referidas no número anterior, os concorrentes devem apresentar declaração emitida conforme modelo constante do anexo I ao presente diploma.

ARTIGO 34.º – **(Habilitações profissionais)**

1   Quando legalmente exigido, os concorrentes devem ser titulares de habilitações ou autorizações profissionais específicas ou membros de determinadas organizações profissionais para poderem prestar determinado serviço.

2 – Os concorrentes nacionais de outros Estados membros da União Europeia, ou neles estabelecidos, devem deter os requisitos exigidos legalmente nesse Estado membro para a prestação de serviços objecto do contrato.

3 – Pode ser exigida, a qualquer momento, prova das situações previstas nos números anteriores, devendo, para o efeito, ser fixado um prazo razoável.

ARTIGO 35.º – **(Capacidade financeira)**

1 – Para avaliação da capacidade financeira dos concorrentes, pode ser exigida a apresentação dos seguintes documentos:
   a) Declarações bancárias adequadas ou prova da subscrição de um seguro de riscos profissionais;
   b) No caso de pessoas colectivas, documentos de prestação de contas dos três últimos exercícios findos ou dos exercícios findos desde a constituição, caso esta tenha ocorrido há menos de três anos;
   c) No caso de pessoas singulares, declarações do IRS apresentadas nos três últimos anos;
   d) Declaração do concorrente na qual indique, em relação aos três últimos anos, o volume global dos seus negócios e dos fornecimentos de bens ou serviços objecto do procedimento.

2 – Podem, excepcionalmente, ser exigidos ainda outros elementos probatórios, desde que os mesmos interessem especialmente à finalidade do contrato.

3 – Quando o concorrente, justificadamente, não estiver em condições de apresentar os documentos exigidos, pode provar a sua capacidade financeira através de outros documentos, desde que estes sejam aceites pela entidade competente para a admissão das propostas ou candidaturas.

4 – Para efeitos do disposto no número anterior, pode o interessado solicitar informações à entidade competente para a admissão das propostas ou candidaturas, sendo aplicável o regime previsto no presente diploma relativo ao pedido e prestação de esclarecimentos.

150 *Legislação de Direito Financeiro*

Artigo 36.º – **(Capacidade técnica)**

1 – Para a avaliação da capacidade técnica dos concorrentes, incluindo a conformidade das soluções técnicas propostas com as características do fornecimento dos bens ou serviços, pode ser exigida, de acordo com a natureza, quantidade e finalidade do fornecimento, a apresentação dos seguintes documentos:

a) Lista dos principais bens ou serviços fornecidos nos últimos três anos, respectivos montantes, datas e destinatários, a comprovar por declaração destes ou, na sua falta e tratando-se de destinatários particulares, por simples declaração do concorrente;

b) Descrição do equipamento técnico utilizado pelo concorrente;

c) Indicação dos técnicos ou dos órgãos técnicos integrados ou não na empresa e, mais especificamente, daqueles que têm a seu cargo o controlo de qualidade, bem como das habilitações literárias e profissionais desses técnicos, especialmente dos afectos ao fornecimento dos bens ou serviços;

d) Indicação do pessoal efectivo médio anual do concorrente nos últimos três anos;

e) Descrição dos métodos adoptados pelo concorrente para garantia da qualidade e dos meios de estudo e investigação que utiliza;

f) Certificado emitido por instituto ou serviço oficial incumbido do controlo da qualidade, com competência reconhecida e que ateste a conformidade dos bens devidamente identificados, mediante referência a certas especificações ou normas;

g) Certificado emitido por organismos independentes para a certificação da conformidade do prestador de serviços com determinadas normas de garantia da qualidade.

2 – Caso as entidades adjudicantes exijam a apresentação do certificado previsto na alínea *g)* do número anterior, deve ser feita referência a sistemas de garantia da qualidade baseados no conjunto de normas de série NP EN ISO 9000 certificados por organismos conformes ao conjunto de normas de série NP EN 45 000.

3 – Se os bens ou serviços a fornecer forem complexos ou se, excepcionalmente, se destinarem a um fim especial, pode a entidade adjudicante efectuar um controlo relativo à capacidade de produção do fornecedor de bens ou à capacidade técnica do prestador de serviços.

4 – Se necessário, o controlo previsto no número anterior pode ainda abranger os meios de estudo e de investigação que o fornecedor de bens ou serviços utilize, bem como as medidas adoptadas para controlo da qualidade.

5 – Para efeitos do disposto nos n.os 3 e 4, pode a entidade adjudicante

I. Actividade Financeira 151

recorrer a um organismo oficial competente do país onde o fornecedor está estabelecido, sob reserva do acordo desse organismo.

6 – É aplicável à comprovação da capacidade técnica dos concorrentes o disposto nos n.ᵒˢ 3 e 4 do artigo anterior.

ARTIGO 37.º – (**Inscrição em listas oficiais de fornecedores de bens e serviços**)

1 – Os requisitos constantes das alíneas *c*) e *d*) do n.º 1 do artigo 33.º, do n.º 1 do artigo 34.º, das alíneas *b*), *c*), e *d*) do n.º 1 do artigo 35.º e da alínea *a*) do n.º 1 do artigo 36.º, que constem de listas oficiais de fornecedores de bens e serviços, podem ser comprovados por certificados de inscrição emitidos pelas autoridades competentes dos Estados membros da União Europeia em que os fornecedores se encontram inscritos, devendo esses certificados indicar os elementos de referência que permitiram a sua inscrição na lista e a classificação que na mesma lhes é atribuída.

2 – A inscrição nas listas referidas no número anterior constitui presunção de que os fornecedores não são culpados de falsas declarações relativamente às informações necessárias à sua inscrição nas mesmas.

ARTIGO 38.º – (**Irregularidades contributivas**)

1 – As entidades com competência para fiscalizar o cumprimento das obrigações fiscais ou de contribuições para a segurança social devem notificar a entidade adjudicante, a pedido desta ou por iniciativa própria, dos casos em que se verifique a utilização, na execução de contratos celebrados ao abrigo do presente diploma, de mão-de-obra em situação contributiva irregular, resultante da falta de cumprimento da obrigação de declaração imputável ao adjudicatário ou aos subcontratantes.

2 – Ocorrendo a situação referida no número anterior, deve excluir-se do procedimento o respectivo concorrente.

3 – Quando a notificação a que se refere o n.º 1 ocorra após o acto de adjudicação, as entidades adjudicantes devem reter, mediante declaração das entidades competentes, os montantes previsíveis em dívida pelas situações referidas no mesmo número, sendo aplicável o disposto no artigo 11.º do Decreto-Lei n.º 411/91, de 17 de Outubro, quanto à retenção de pagamentos.

4 – Quando o exercício da actividade objecto do contrato estiver sujeito autorização, a utilização reiterada de mão-de-obra na situação referida no n.º 1 gera a inidoneidade para a manutenção da autorização.

5 – Para efeitos do disposto no número anterior, as entidades adjudicantes devem comunicar a situação de mão-de-obra em situação contributiva irregular às entidades competentes para a emissão da autorização para o exercício das respectivas actividades.

152 Legislação de Direito Financeiro

6 – A verificação reiterada de situações de irregularidades contributivas previstas no n.º 1 constitui fundamento do exercício do direito de rescisão do contrato por incumprimento.

ARTIGO 39.º – (**Prova de declarações**)

1 – A entidade adjudicante pode, a qualquer momento, exigir a apresentação de documentos comprovativos das declarações prestadas pelos concorrentes.

2 – Nas adjudicações de valor igual ou superior a 5000 contos, deve ser exigido ao adjudicatário, aquando da notificação da adjudicação, a entrega de documentos comprovativos de que não se encontra em nenhuma das situações referidas nas alíneas *a*) e *b*) do n.º 1 do artigo 33.º

3 – Para efeitos do disposto nos números anteriores, deve ser fixado um prazo razoável para os concorrentes ou o adjudicatário apresentarem os documentos exigidos.

4 – O prazo fixado nos termos do número anterior pode, por motivos devidamente justificados, ser prorrogado.

5 – Para comprovação negativa das situações referidas nas alíneas *a*) e *b*) do n.º 1 do artigo 33.º devem ser apresentadas certidões emitidas pelas autoridades competentes do respectivo Estado membro.

6 – Para comprovação negativa das restantes situações referidas no n.º 1 do artigo 33.º é suficiente a apresentação de certificado de registo criminal ou, na sua falta, de documentos equivalentes emitidos pelas autoridades judiciais ou administrativas competentes.

7 – A não apresentação pelo concorrente ou adjudicatário dos documentos solicitados ao abrigo do disposto no presente artigo, por motivo que lhe seja imputável, determina, para além da exclusão do procedimento ou da anulação da adjudicação, consoante o caso, a impossibilidade de, durante dois anos, concorrer a procedimentos abertos pelo serviço ou organismo público adjudicante.

8 – O prazo a que se refere o número anterior conta-se, consoante o caso, a partir da data da notificação da exclusão ou do termo do prazo fixado para a apresentação pelo adjudicatário dos documentos comprovativos.

ARTIGO 40.º – (**Falsidade de documentos e de declarações**)

Sem prejuízo da participação à entidade competente para efeitos de procedimento penal, a falsificação de documentos ou a prestação culposa de falsas declarações em propostas ou candidaturas determina, consoante o caso, a respectiva exclusão ou a invalidade da adjudicação e dos actos subsequentes.

I. Actividade Financeira   153

Artigo 41.º – (**Audiência prévia**)

1 – Com excepção da exclusão de concorrentes ou de propostas efectuadas ao abrigo do disposto nos n.ᵒˢ 3 dos artigos 101.º, 103.º e 104.º e das situações previstas no artigo 154.º, as restantes decisões previstas no presente diploma relativas à exclusão de concorrentes, propostas e candidaturas, bem como à não selecção de candidaturas, devem ser precedidas de realização de audiência escrita dos concorrentes objecto daquelas decisões.

2 – Os concorrentes têm cinco dias, após a notificação do projecto de decisão, para se pronunciarem.

SECÇÃO VI – Caderno de encargos e especificações técnicas

Artigo 42.º – (**Caderno de encargos**)

O caderno de encargos é o documento que contém, ordenado por artigos numerados, as cláusulas jurídicas e técnicas, gerais e especiais, a incluir no contrato a celebrar.

Artigo 43.º – (**Especificações técnicas**)

1 – As especificações técnicas definem as características exigidas de um produto, tais como os níveis de qualidade ou de propriedade de utilização, a segurança, as dimensões, incluindo as prescrições aplicáveis ao produto, no que respeita ao sistema de garantia de qualidade, à terminologia, aos símbolos, aos ensaios e métodos de ensaio, à embalagem, à marcação e à rotulagem, e que permitem caracterizar objectivamente um material, um produto ou um bem a fornecer, de maneira a que corresponda à utilização a que é destinado pela entidade pública contratante.

2 – As especificações técnicas podem ser completadas por um protótipo do material ou do elemento, devendo o mesmo ser expressamente identificado nos documentos que servem de base ao procedimento.

3 – As especificações técnicas podem ser definidas por referência a normas especiais europeias, nacionais ou internacionais.

4 – Não é permitido fixar especificações técnicas que mencionem produtos de uma dada fabricação ou proveniência ou mencionar processos de fabrico particulares cujo efeito seja o de favorecer ou eliminar determinadas empresas ou produtos, sendo igualmente proibido utilizar marcas, patentes ou tipos de marca ou indicar uma origem ou produção determinada, salvo quando haja impossibilidade na descrição das especificações, caso em que é permitido o uso daqueles, acompanhados da expressão «ou equivalente».

154 *Legislação de Direito Financeiro*

5 – Sem prejuízo das regras técnicas nacionais obrigatórias, desde que estas sejam compatíveis com o direito comunitário, as especificações técnicas devem ser definidas por referência a normas nacionais que adoptem normas europeias, a condições de homologação técnica europeias ou a especificações técnicas comuns e, tratando-se de serviços, também por referência a requisitos essenciais.

6 – Para efeitos do disposto no número anterior, entende-se por:

a) Norma, a especificação técnica para a aplicação repetida ou continuada aprovada por um organismo reconhecido com actividade normativa, cuja observação não é, em princípio, obrigatória;

b) Normas europeias, as aprovadas pelos organismos europeus de normalização e colocadas à disposição do público;

c) Homologação técnica europeia, a apreciação técnica favorável, emitida pelo organismo competente, da aptidão de um produto para ser utilizado;

d) Especificação técnica comum, a especificação técnica oficialmente reconhecida para assegurar uma aplicação uniformizada e que tenha sido publicada no *Jornal Oficial das Comunidades Europeias;*

e) Requisitos essenciais, as exigências relativas à segurança, saúde e certos outros aspectos de interesse colectivo a que devem obedecer as obras de construção.

7 – O disposto no n.º 5 não é aplicável:

a) Se as normas nacionais, as condições de homologação técnica europeias ou as especificações técnicas comuns não viabilizarem a verificação da sua conformidade com essas normas, condições ou especificações ou se não existirem meios técnicos que permitam estabelecer de forma satisfatória essa conformidade;

b) Se a sua aplicação for incompatível com a aplicação da Directiva n.º 98/13/CE, de 12 de Março, e da Decisão n.º 87/95/CEE, de 27 de Dezembro, ambas do Conselho, referentes ao sector das telecomunicações, ou de outros instrumentos comunitários precisos, relativos a produtos ou prestações de serviços;

c) Se as normas obrigarem a entidade adjudicante a adquirir fornecimentos incompatíveis com instalações já utilizadas ou acarretarem custos ou dificuldades técnicas desproporcionadas, mas unicamente no âmbito de uma estratégia claramente definida e estabelecida de forma a dar lugar, num prazo determinado, a normas europeias ou especificações técnicas comuns;

d) Se o projecto em causa for verdadeiramente inovador e não for possível o recurso a normas existentes.

8 – Na falta de normas europeias, de condições de homologação técnica

europeias ou de especificações técnicas comuns, as especificações técnicas são definidas por referência:

a) Às especificações técnicas nacionais reconhecidas como sendo conformes aos requisitos essenciais enunciados nas directivas relativas à harmonização técnica, nos termos dos processos nelas previstos e, em especial, nos termos dos processos previstos na Directiva n.º 89/106/CEE, do Conselho, de 11 de Fevereiro;

b) Às especificações técnicas nacionais em matéria de concepção, de cálculo e de realização de obras e de utilização dos produtos;

c) A outros documentos, designadamente e por ordem de preferência, às normas nacionais que transpõem normas internacionais já aceites, outras normas ou condições internas de homologação técnica nacionais, ou a qualquer outra norma.

9 – Quando ocorram circunstâncias que justifiquem a não aplicação do n.º 5, deve tal procedimento de excepção ser fundamentado, mediante a indicação das respectivas razões nos documentos que servem de base ao procedimento.

SECÇÃO VII – **Propostas e candidaturas**

ARTIGO 44.º – **(Conteúdo das propostas e candidaturas)**

1 – Nas propostas e candidaturas os concorrentes manifestam a sua vontade de contratar, indicando nas propostas as condições em que se dispõem a fazê-lo.

2 – As propostas e candidaturas devem ser assinadas pelos concorrentes ou seus representantes.

ARTIGO 45.º – **(Fixação do prazo para entrega de propostas ou candidaturas)**

1 – O prazo para entrega de propostas ou candidaturas deve ser fixado de acordo com a natureza e características dos bens ou dos serviços objecto do fornecimento.

2 – Os prazos mínimos estabelecidos no presente diploma para entrega de propostas devem ser adequadamente alargados quando aquelas apenas possam ser apresentadas na sequência de visita aos locais do fornecimento dos bens ou serviços.

3 – A data limite para a entrega de propostas ou candidaturas pode, a pedido dos interessados e em casos devidamente fundamentados, ser prorrogada por prazo adequado quando o programa do procedimento, o caderno de encargos ou os esclarecimentos não puderem ser fornecidos nos prazos fixados, para o efeito, no presente diploma.

156 *Legislação de Direito Financeiro*

4 – A prorrogação do prazo prevista no número anterior beneficia todos os interessados, devendo ser comunicada àqueles que procederam ou venham a proceder ao levantamento dos documentos que servem de base ao procedimento e publicitada pelos meios julgados mais convenientes.

Artigo 46.º – **(Entrega de propostas e candidaturas)**

1 – As propostas e candidaturas, bem como os documentos que as acompanham, podem ser entregues directamente ou enviadas por correio registado, devendo a respectiva recepção ocorrer dentro do prazo e no local fixados para a sua entrega.

2 – Nos casos previstos no presente diploma, a entrega de propostas e candidaturas pode ser efectuada por meios diferentes dos indicados no número anterior.

3 – Sem prejuízo do disposto no n.º 2 do artigo 167.º, a recepção das propostas e candidaturas deve ser registada, anotando-se a data e hora em que as mesmas são recebidas, o número de ordem de apresentação e, no caso de entregas directas, a identidade e morada das pessoas que as entregam, devendo iguais anotações ser feitas pelo serviço de recepção nos invólucros exteriores que as contêm.

Artigo 47.º – **(Elementos da proposta)**

1 – Nas propostas os concorrentes devem indicar os seguintes elementos:
a) O preço total e condições de pagamento;
b) O prazo de entrega ou de execução;
c) O programa de trabalhos, quando exigido;
d) Outros elementos exigidos, designadamente nota justificativa do preço.

2 – Nas propostas os concorrentes podem especificar aspectos que considerem relevantes para avaliação das mesmas.

3 – O preço, que não deve incluir o IVA, é indicado em algarismos e, preferencialmente, por extenso, prevalecendo, em caso de divergência, o expresso por extenso.

4 – As propostas devem mencionar expressamente que ao preço total acresce o IVA, indicando-se o respectivo valor e a taxa legal aplicável, entendendo-se, na falta daquela menção, que o preço apresentado não inclui aquele imposto.

5 – No caso de existir divergência entre o preço total indicado na proposta e o valor resultante da respectiva nota justificativa, prevalece o valor mais baixo.

Artigo 48.º – **(Documentos que acompanham as propostas e candidaturas)**

1 – As propostas e candidaturas devem ser acompanhadas dos documentos

I. Actividade Financeira 157

exigidos, consoante o caso, no programa do procedimento, no anúncio ou no convite, de entre os indicados nos artigos 33.° a 36.°

2 – Os documentos que acompanham as propostas e candidaturas devem ser assinados pelas entidades que os emitem.

ARTIGO 49.° – (**Proposta base**)

1 – Proposta base é a única apresentada pelo concorrente ou aquela que este indica como a sua principal proposta.

2   A proposta base pode ser apresentada:

a) Sem alteração de cláusulas do caderno de encargos ou de condições fixadas noutros documentos que servem de base ao procedimento;

b) Com alteração de cláusulas do caderno de encargos ou de condições fixadas noutros documentos que servem de base ao procedimento, quando essa alteração seja expressamente admitida.

3 – O concorrente que apresente proposta base com alterações de cláusulas do caderno de encargos ou de condições fixadas noutros documentos que servem de base ao procedimento, quando admitidas, deve indicar o valor que atribui a cada uma das condições especiais nela incluídas, de forma a garantir a comparabilidade entre as propostas apresentadas no procedimento.

ARTIGO 50.° – (**Proposta com variantes**)

1 – Proposta com variantes é aquela que apresenta diferenças em relação à proposta base.

2 – O concorrente só pode apresentar uma ou mais propostas com variantes quando essa apresentação seja admitida nos documentos que servem de base ao procedimento.

3 – O concorrente que apresente proposta variante com alterações de cláusulas do caderno de encargos ou de condições fixadas noutros documentos que servem de base ao procedimento, quando admitidas, deve indicar o valor que atribui a cada uma das condições especiais nela incluídas, de forma a garantir a comparabilidade entre as propostas apresentadas no procedimento.

4 – Quando o critério de adjudicação seja o da proposta economicamente mais vantajosa, a proposta com variantes deve ser elaborada com sistematização idêntica à da proposta base em termos que permitam fácil comparação e de acordo com as regras estabelecidas para a sua apresentação.

5 – Quando sejam admitidas propostas variantes, as entidades adjudicantes não as podem recusar:

a) Por terem sido elaboradas com especificações técnicas definidas por referência a normas nacionais que transponham normas europeias ou a especificações técnicas comuns referidas no n.° 5 do artigo 43.° ou por

referência a especificações técnicas nacionais referidas nas alíneas *a*) e
b) do n.º 8 do mesmo artigo;

b) Se forem susceptíveis de conduzir, caso sejam escolhidas, a um contrato
de fornecimento de bens e não a um contrato de prestação de serviços,
ou vice-versa.

ARTIGO 51.º – **(Idioma)**

1 – As propostas e candidaturas, bem como os documentos que as acompanham, devem ser redigidos em língua portuguesa ou, não o sendo, devem ser acompanhados de tradução devidamente legalizada e em relação à qual o concorrente declara aceitar a prevalência, para todos os efeitos, sobre os respectivos originais.

2 – Nos documentos que servem de base ao procedimento pode, excepcionalmente, permitir-se a apresentação de documentos em língua estrangeira com dispensa de tradução, desde que se especifiquem os documentos e os idiomas admitidos.

ARTIGO 52.º – **(Prazo de manutenção das propostas)**

1 – Sem prejuízo da fixação de um prazo superior nos documentos que servem de base ao procedimento, os concorrentes ficam obrigados a manter as suas propostas durante um período de 60 dias contados da data limite para a sua entrega.

2 – O prazo de manutenção das propostas considera-se prorrogado por iguais períodos, para os concorrentes que nada requererem em contrário.

ARTIGO 53.º – **(Práticas restritivas da concorrência)**

1 – As propostas que resultem de práticas restritivas da concorrência ilícitas devem ser excluídas.

2 – Quando, após a adjudicação, se verifique existirem indícios sérios de que as propostas apresentadas resultam de práticas restritivas da concorrência, deve a entidade competente para autorizar a despesa suspender a adjudicação até à conclusão do processo de contra-ordenação instaurado nos termos do Decreto--Lei n.º 371/93, de 29 de Outubro, salvo se decidir fundamentadamente de outro modo.

3 – A ocorrência de qualquer dos factos previstos nos números anteriores deve ser comunicada pela entidade competente para autorizar a despesa à Direcção-Geral do Comércio e da Concorrência, bem como à entidade que comprova a inscrição no registo profissional nas condições do Estado membro da União Europeia onde está estabelecido o fornecedor de bens ou serviços.

I. Actividade Financeira 159

SECÇÃO VIII – **Adjudicação**

ARTIGO 54.º – **(Conceito)**

Adjudicação é o acto administrativo pelo qual a entidade competente para autorizar a despesa escolhe uma proposta.

ARTIGO 55.º – **(Critérios)**

1 – A adjudicação é feita segundo um dos seguintes critérios:
a) O da proposta economicamente mais vantajosa, tendo em conta, entre outros e consoante o contrato em questão, factores como o preço, qualidade, mérito técnico, características estéticas e funcionais, assistência técnica e prazos de entrega ou de execução;
b) Unicamente o do mais baixo preço.

2 – O critério de adjudicação escolhido deve ser indicado nos documentos que servem de base ao procedimento, com explicitação, no caso da alínea *a*) do número anterior, dos factores que nele intervêm, por ordem decrescente de importância.

3 – Na análise do conteúdo das propostas não se pode, em qualquer circunstância, ter em consideração, directa ou indirectamente, factores relacionados com as habilitações profissionais ou capacidade financeira ou técnica dos concorrentes.

4 – Se uma proposta apresentar um preço anormalmente baixo, a entidade que procede à respectiva análise deve solicitar, por escrito, esclarecimentos sobre os elementos constitutivos da mesma.

5 – Deve ser rejeitada a proposta cujo preço seja anormalmente baixo e não se encontre devidamente justificado por razões objectivas, tais como a economia do método do serviço ou processo de fabrico, as soluções técnicas escolhidas, as condições excepcionalmente favoráveis de que o concorrente dispõe para o fornecimento de bens ou serviços, ou a originalidade do serviço ou projecto proposto.

ARTIGO 56.º – **(Anulação da adjudicação)**

1 – A adjudicação considera-se sem efeito quando, por facto que lhe seja imputável, o adjudicatário:
a) Não entregue a documentação que lhe seja exigida nos termos do artigo 39.º;
b) Não preste a caução que lhe seja exigida nos termos dos artigos 69.º e 70.º;
c) Não compareça no dia, hora e local fixados para a outorga do contrato.

160   *Legislação de Direito Financeiro*

2 – Nos casos previstos no número anterior, a entidade competente para autorizar a despesa pode decidir pela adjudicação ao concorrente classificado em segundo lugar.

Artigo 57.º – (**Causas de não adjudicação**)

1 – Não há lugar à adjudicação nos seguintes casos:
a) Quando todas as propostas apresentadas sejam consideradas inaceitáveis pela entidade competente para autorizar a despesa;
b) Quando houver forte presunção de conluio entre os concorrentes, nos termos do disposto no artigo 53.º

2 – Na decisão de não adjudicação devem indicar-se as medidas a adoptar em seguida.

3 – Os concorrentes devem ser notificados da decisão de não adjudicação, das medidas a adoptar de seguida e dos respectivos fundamentos.

Artigo 58.º – (**Anulação do procedimento**)

1 – A entidade competente para autorizar a despesa pode anular o procedimento quando:
a) Por circunstância imprevisível, seja necessário alterar os elementos fundamentais dos documentos que servem de base ao procedimento;
b) Outras razões supervenientes e de manifesto interesse público o justifiquem.

2 – No caso da alínea *a*) do número anterior é obrigatória a abertura de um procedimento do mesmo tipo, no prazo de seis meses a contar da data do despacho de anulação.

3 – A decisão de anulação do procedimento deve ser fundamentada e publicitada nos mesmos termos em que foi publicitada a sua abertura.

4 – Os concorrentes que, entretanto, tenham apresentado propostas devem ser notificados dos fundamentos da decisão de anulação do procedimento e, ulteriormente, da abertura do novo procedimento.

SECÇÃO IX – **Contrato**

Artigo 59.º – (**Contrato escrito**)

1 – A celebração de contrato escrito não é exigida quando:
a) A despesa seja de valor igual ou inferior a 10 000 contos;
b) Se trate de despesa proveniente de revisão de preços;
c) A aquisição de bens ou serviços seja efectuada ao abrigo de contratos

I. Actividade Financeira

públicos de aprovisionamento celebrados pela Direcção-Geral do Património;

d) A aquisição de bens ou serviços seja efectuada ao abrigo de contratos públicos de aprovisionamento celebrados para sectores específicos e aprovados por portaria conjunta do Ministro das Finanças e do respectivo ministro.

2 – Não é igualmente exigida a celebração de contrato escrito para a realização de despesa de valor superior ao fixado na alínea *a*) do número anterior quando, cumulativamente:

a) A prestaçao de serviços ou a entrega dos bens ocorra integralmente no prazo de 20 dias a contar da data da notificação da adjudicação;

b) As relações contratuais se extingam com a entrega dos bens ou da prestação de serviços, sem prejuízo da existência de eventuais garantias;

c) Pelo seu valor, não esteja sujeita a fiscalização prévia do Tribunal de Contas.

3 – Quando não seja exigível a celebração de contrato escrito ou a mesma seja dispensada nos termos previstos no artigo seguinte, as entidades adjudicantes devem assegurar que as propostas dos concorrentes, ainda que por mera adesão às condições fixadas nos documentos que servem de base ao procedimento, contêm as condições essenciais do fornecimento dos bens ou serviços, designadamente o seu objecto, preço, condições de pagamento, prazo de entrega ou de execução e garantias.

Artigo 60.° – (**Dispensa da celebração de contrato escrito**)

1 – A celebração de contrato escrito só pode ser dispensada quando:

a) A segurança pública interna ou externa o aconselhe;

b) Seja necessário dar execução imediata às relações contratuais e apenas na medida do estritamente necessário, em resultado de acontecimentos imprevisíveis e por motivos de urgência imperiosa, desde que as circunstâncias invocadas não sejam, em caso algum, imputáveis às entidades adjudicantes.

2 – Sem prejuízo do disposto nos números seguintes, a dispensa da celebração de contrato escrito é da competência do respectivo ministro.

3 – Nos casos em que a despesa deva ser autorizada pelo Primeiro--Ministro ou pelo Conselho de Ministros, a dispensa da celebração de contrato escrito é da competência dessas entidades, sob proposta do respectivo ministro.

4 – Nas entidades referidas nas alíneas *d*) e *e*) do artigo 2.°, a competência para autorizar a dispensa da celebração de contrato escrito cabe à entidade competente para autorizar a respectiva despesa nos termos fixados no n.° 1 do artigo 18.°

162 *Legislação de Direito Financeiro*

ARTIGO 61.º – (**Cláusulas contratuais**)

Os contratos devem mencionar, designadamente e quando aplicável:

a) A identificação da entidade adjudicante;

b) Os despachos de adjudicação, de autorização da celebração do contrato e de designação do representante para a respectiva outorga;

c) Os elementos de identificação do adjudicatário;

d) O objecto do contrato, suficientemente individualizado;

e) O prazo durante o qual se efectua a locação ou o fornecimento dos bens ou serviços, com as datas dos respectivos início e termo;

f) As garantias relativas à execução do contrato, quando oferecidas ou exigidas;

g) A forma, os prazos e demais cláusulas sobre o regime de pagamentos e de revisão de preços;

h) O encargo total ou encargo máximo estimado resultante do contrato, com indicação do valor da locação ou dos bens ou serviços e do correspondente IVA;

i) O limite máximo do encargo correspondente a cada ano económico;

j) A classificação orçamental da dotação por onde será satisfeito o encargo no ano económico da celebração do contrato;

l) As sanções aplicáveis por incumprimento;

m) As condições de denúncia e de rescisão do contrato.

ARTIGO 62.º – (**Representação na outorga de contrato escrito**)

1 – A representação na outorga dos contratos cabe à entidade competente para autorizar a despesa, sem prejuízo do disposto no número seguinte.

2 – Quando a entidade adjudicante seja uma pessoa colectiva distinta do Estado, a sua representação cabe ao órgão designado no respectivo diploma orgânico, qualquer que seja o valor do contrato.

3 – Para efeitos do disposto no número anterior, quando seja competente um órgão colegial, entende-se que a sua representação se encontra delegada no respectivo presidente.

4 – Quando a competência para a outorga do contrato seja delegada, o respectivo acto deve constar do despacho que aprova a minuta do contrato.

5 – A representação na outorga de contratos escritos pelas autarquias locais, respectivas associações e entidades equiparadas a autarquias locais cabe ao presidente dos respectivos órgãos executivos, podendo ser delegada nos vereadores ou nos dirigentes municipais, no caso dos municípios.

6 – A representação na outorga de contratos escritos pelas autarquias locais, respectivas associações e entidades equiparadas a autarquias locais cabe ao presi-

dente dos respectivos órgãos executivos, podendo ser delegada nos vereadores ou nos dirigentes municipais, no caso dos municípios.

Artigo 63.º – (**Contratos celebrados no estrangeiro**)

1 – Os contratos que haja necessidade de celebrar no estrangeiro estão sujeitos às normas estabelecidas para os contratos celebrados em território nacional, que não sejam excluídas pela lei do lugar da celebração, devendo a respectiva minuta ser aprovada nos termos gerais.

2 – Se o contrato tiver de ser escrito em língua estrangeira, a minuta a aprovar é redigida em português e devolvida à sede do serviço, após a celebração do contrato, com a declaração do funcionário responsável de que o texto em língua estrangeira do título contratual está conforme com os seus termos.

Artigo 64.º – (**Aprovação das minutas dos contratos**)

1 – Nos casos em que haja lugar à celebração de contrato escrito, a respectiva minuta é aprovada, após o acto de adjudicação, ou em simultâneo com este, pela entidade competente para autorizar a despesa.

2 – A aprovação da minuta do contrato tem por objectivo verificar o cumprimento das disposições legais aplicáveis, designadamente:

a) Se a redacção corresponde ao que se determina na decisão ou deliberação que autorizou a contratação e a despesa dela resultante;

b) Se o conteúdo do contrato está conforme aos objectivos a prosseguir;

c) Se foram observadas as normas aplicáveis previstas no presente diploma.

Artigo 65.º – (**Aceitação da minuta do contrato**)

1 – Após a aprovação prevista no artigo anterior, a minuta do contrato é enviada, para aceitação, ao adjudicatário, determinando-se-lhe que, no prazo de seis dias, comprove a prestação da caução devida, aos termos dos artigos 69.º e 70.º, e cujo valor expressamente se deve indicar.

2 – A minuta considera-se aceite pelo adjudicatário quando haja aceitação expressa ou quando não haja reclamação nos cinco dias subsequentes à respectiva notificação.

Artigo 66.º – (**Reclamações contra a minuta**)

1 – São admissíveis reclamações contra a minuta quando dela constem obrigações não contidas na proposta ou nos documentos que servem de base ao procedimento.

2 – Em caso de reclamação a entidade que aprovou a minuta comunica ao

164 *Legislação de Direito Financeiro*

adjudicatário, no prazo de 10 dias, o que houver decidido sobre a mesma, entendendo-se que a defere se nada disser no referido prazo.

3 – O prazo referido no número anterior é alargado para 30 dias no caso de a entidade competente ser o Conselho de Ministros.

4 – Nos casos em que haja reclamação contra a minuta, o prazo para comprovar a prestação da caução interrompe-se a partir da data da apresentação da reclamação e até ao conhecimento da decisão da reclamação ou ao termo do prazo fixado nos números anteriores para o respectivo deferimento tácito.

ARTIGO 67.º – **(Celebração de contrato escrito)**

1 – O contrato deve ser celebrado no prazo de 30 dias a contar da prova da prestação da caução.

2 – Não havendo lugar à prestação de caução, o prazo fixado no número anterior conta-se a partir da aceitação da minuta ou, consoante o caso, do conhecimento da decisão sobre a reclamação contra aquela ou do termo do prazo fixado para o respectivo deferimento tácito.

3 – A entidade pública contratante comunica ao adjudicatário, com a antecedência mínima de cinco dias, a data, hora e local em que se celebra o contrato.

4 – Se a entidade pública contratante não celebrar o contrato no prazo fixado, pode o adjudicatário desvincular-se da proposta, liberando-se a caução que haja sido prestada, sendo reembolsado de todas as despesas e demais encargos decorrentes da prestação da caução, sem prejuízo de direito a justa indemnização.

ARTIGO 68.º – **(Cessão da posição contratual)**

1 – No decurso da execução do contrato, a entidade adjudicante pode, a pedido fundamentado do adjudicatário, autorizar a cessão da correspondente posição contratual.

2 – Para efeitos da autorização prevista no número anterior, deve:

a) Ser apresentada pelo eventual cessionário toda a documentação exigida ao adjudicatário no respectivo procedimento;

b) A entidade adjudicante apreciar, designadamente, se o eventual cessionário não se encontra em nenhuma das situações previstas no artigo 33.º e se tem capacidade técnica e financeira para assegurar o exacto e pontual cumprimento do contrato.

SECÇÃO X – **Caução**

ARTIGO 69.º – **(Valor e finalidade)**

1 – Para garantir o exacto e pontual cumprimento das suas obrigações, pode

I. Actividade Financeira

ser exigida ao adjudicatário a prestação de caução no valor máximo de 5% do valor total do fornecimento, com exclusão do IVA.

2 – A entidade adjudicante pode considerar perdida a seu favor a caução prestada, independentemente de decisão judicial, nos casos de não cumprimento das obrigações legais, contratuais ou pré-contratuais pelo adjudicatário.

Artigo 70.º – (**Modos de prestação**)

1 – A caução pode ser prestada por depósito em dinheiro ou em títulos emitidos ou garantidos pelo Estado, ou mediante garantia bancária ou seguro-caução, conforme escolha do adjudicatário.

2 – O depósito de dinheiro ou títulos efectua-se numa instituição de crédito, à ordem da entidade previamente indicada nos documentos que servem de base ao procedimento, devendo ser especificado o fim a que se destina.

3 – Quando o depósito for efectuado em títulos, estes devem ser avaliados pelo respectivo valor nominal, salvo se, nos últimos três meses, a média da cotação na Bolsa de Valores de Lisboa ficar abaixo do par, caso em que a avaliação deve ser feita em 90% dessa média.

4 – Se o adjudicatário prestar a caução mediante garantia bancária, deve apresentar um documento pelo qual um estabelecimento bancário legalmente autorizado assegure, até ao limite do valor da caução, o imediato pagamento de quaisquer importâncias exigidas pela entidade adjudicante em virtude de incumprimento das obrigações, nos termos do disposto no n.º 2 do artigo anterior.

5 – Tratando-se de seguro-caução, o adjudicatário deve apresentar apólice pela qual uma entidade legalmente autorizada a realizar esse seguro assuma, até ao limite do valor da caução, o encargo de satisfazer de imediato quaisquer importâncias exigidas pela entidade adjudicante, em virtude de incumprimento das obrigações.

6 – Das condições da garantia bancária ou da apólice de seguro-caução não pode, em caso algum, resultar uma diminuição das garantias da entidade adjudicante, nos moldes em que são asseguradas pelas outras formas admitidas de prestação da caução, ainda que não tenha sido pago o respectivo prémio.

7 – Todas as despesas derivadas da prestação da caução são da responsabilidade do adjudicatário.

Artigo 71.º – (**Liberação da caução**)

1 – No prazo de 30 dias contados do cumprimento de todas as obrigações contratuais por parte do adjudicatário, a entidade adjudicante promove a liberação da caução prestada.

2 – A demora na liberação da caução confere ao adjudicatário o direito de exigir à entidade adjudicante juros sobre a importância da caução, calculados sobre

166   *Legislação de Direito Financeiro*

o tempo decorrido desde o dia seguinte ao termo do prazo referido no número anterior, nas condições a estabelecer por portaria do Ministro das Finanças.

SECÇÃO XI – **Adiantamentos e pagamentos parciais**

ARTIGO 72.º – (**Adiantamentos**)

1 – Podem ser autorizados adiantamentos por conta de bens a entregar ou serviços a prestar quando, cumulativamente:

a) O valor dos adiantamentos não seja superior a 30% do montante total do contrato, incluindo o IVA;

b) Seja prestada caução de valor igual ou superior aos adiantamentos efectuados;

c) O contrato seja integralmente executado no ano económico em que a realização da despesa foi autorizada, sem prejuízo da existência de eventuais garantias.

2 – Quando a despesa dê lugar a encargo orçamental em mais de um ano económico, podem ser autorizados adiantamentos desde que, cumulativamente:

a) O valor dos adiantamentos não seja superior a 30% do montante fixado no contrato, incluindo o IVA, relativamente a pagamentos a efectuar no ano económico em que se procede aos adiantamentos;

b) Seja prestada caução de valor igual ou superior aos adiantamentos efectuados;

c) No ano económico em que são efectivados os adiantamentos sejam entregues bens ou prestados serviços de montante igual ou superior aos valores adiantados.

3 – Os adiantamentos só podem ser autorizados em casos devidamente fundamentados e efectivados desde que tenham sido previstos nas condições contratuais fixadas.

4 – Em casos excepcionais e devidamente fundamentados podem ser autorizados adiantamentos sem que estejam reunidas todas as condições previstas nos n.ºˢ 1 e 2, desde que obtida a anuência do Ministro das Finanças.

5 – Nas entidades referidas nas alíneas *d*) e *e*) do artigo 2.º, a anuência a que se refere o número anterior cabe à entidade competente para autorizar a respectiva despesa nos termos fixados no artigo 18.º

ARTIGO 73.º – (**Caução para adiantamentos**)

1 – A caução deve ser prestada nos termos definidos no artigo 70.º

2 – No caso de se verificar o incumprimento do contrato, a entidade adjudicante pode considerar perdida a seu favor uma parte ou a totalidade da caução

I. *Actividade Financeira*
167

prestada, independentemente de decisão judicial, quando o adjudicatário não forneça bens ou serviços de valor igual ou superior ao montante em causa.

3 – A pedido do adjudicatário, a caução deve ser reduzida à medida que se procede à dedução nos pagamentos previstos no artigo seguinte ou quando aquele forneça bens ou serviços de valor igual ou superior ao montante da redução sem que se tenha procedido ao respectivo pagamento.

4 – Ocorrendo a situação prevista no número anterior, a caução deve ser reduzida ou totalmente liberada nos 30 dias subsequentes ao pedido apresentado, sendo aplicável o disposto no n.° 2 do artigo 71.°

ARTIGO 74.° – **(Reembolso dos adiantamentos)**

O reembolso dos adiantamentos faz-se por dedução nos pagamentos, de acordo com as condições contratuais fixadas.

ARTIGO 75.° – **(Pagamentos parciais)**

De acordo com as condições contratuais fixadas e sem prejuízo da existência de adiantamentos, podem ser efectuados pagamentos parciais por conta do valor total do contrato, desde que os bens já entregues ou os serviços prestados sejam de valor igual ou superior aos pagamentos.

CAPÍTULO II – **Contratos excepcionados**

ARTIGO 76.° – **(Contratos disciplinados por regras processuais específicas)**

Não estão sujeitos ao disposto nos capítulos seguintes, desde que disciplinados por regras processuais específicas, os contratos que:

a) Tenham por objecto a execução ou exploração conjunta de um dado projecto, celebrados entre o Estado Português e países terceiros à União Europeia, ao abrigo de um acordo internacional notificado à Comissão da Comunidade Europeia;

b) Sejam celebrados com empresas de outro Estado, por força de um acordo internacional relativo ao estacionamento de tropas;

c) Sejam celebrados por força de regras específicas de uma organização internacional.

ARTIGO 77.° – **(Outros contratos)**

1 – Não estão, igualmente, sujeitos ao disposto nos capítulos seguintes os contratos:

a) Para aquisição, desenvolvimento, produção ou co-produção de progra-

168   *Legislação de Direito Financeiro*

mas por parte de organismos de radiodifusão e contratos relativos ao tempo de antena;

b) De aquisição de serviços de telefonia vocal, telex, radiotelefonia móvel, chamada de pessoas e comunicações via satélite;

c) De aquisição de serviços de arbitragem e conciliação;

d) De aquisição de serviços financeiros relativos à emissão, compra, venda ou transferência de títulos ou outros produtos financeiros, bem como serviços prestados pelo Banco de Portugal;

e) De aquisição de serviços de investigação e desenvolvimento, excepto quando os resultados destes sejam pertença exclusiva da entidade adjudicante que deles faça uso no exercício da sua própria actividade e desde que a prestação do serviço seja inteiramente remunerada pela entidade adjudicante;

f) Celebrados com um fornecedor de bens ou de serviços que seja, ele próprio, uma das entidades referidas no artigo 2.º, desde que o valor do contrato seja inferior, consoante o caso, ao fixado nos artigos 190.º e 191.º;

g) Celebrados com um fornecedor de serviços que seja, ele próprio, uma das entidades referidas nos artigos 2.º e 3.º, desde que o valor do contrato seja igual ou superior, consoante o caso, ao fixado no artigo 191.º e exista um direito exclusivo estabelecido por lei ou regulamento;

h) Celebrados no domínio da defesa, desde que abrangidos pelo disposto no artigo 223.º do Tratado CEE, sem prejuízo do disposto em legislação especial;

i) Que, nos termos da lei, sejam declarados secretos ou cuja execução deva ser acompanhada de medidas especiais de segurança, ou quando a protecção dos interesses essenciais de segurança do Estado Português o exigir;

j) A que se aplique a Directiva n.º 93/38/CEE, do Conselho, de 14 de Junho, para os sectores de água, energia, transportes e telecomunicações;

l) Contratos-programas previstos em legislação especial;

m) Que não se encontrem abrangidos pelo disposto no capítulo XIII do presente diploma e destinados a satisfazer necessidades de serviços instalados no estrangeiro, desde que a locação ou aquisição seja contratada com uma entidade sediada no estrangeiro e não se mostre fundamentadamente possível cumprir as formalidades previstas no presente diploma para o respectivo procedimento.

2 – A excepção prevista na alínea *i)* do número anterior deve ser reconhecida em despacho fundamentado do respectivo ministro.

3 – Nas locações e aquisições efectuadas ao abrigo do disposto na alínea *m)*

I. Actividade Financeira 169

do n.º 1 deve, sempre que possível, observar-se um dos procedimentos previstos no presente diploma que melhor se adeque à respectiva situação.

4 – Não estão, ainda, sujeitos ao disposto nos capítulos seguintes os contratos celebrados por organismos públicos dotados de personalidade jurídica, com autonomia administrativa e financeira, que tenham carácter comercial ou industrial.

5 – O carácter comercial ou industrial dos organismos a que se refere o número anterior deve ser reconhecido por despacho conjunto, devidamente fundamentado, dos ministros das Finanças e da respectiva tutela, o qual é válido pelo período de um ano, podendo ser sucessivamente renovado, desde que se continuem a verificar os pressupostos que conduziram ao reconhecimento do carácter comercial ou industrial do organismo.

6 – Os organismos a que se refere o n.º 4 devem, sempre que possível, adoptar os procedimentos previstos no presente diploma, bem como a respectiva disciplina, incluindo a escolha do procedimento em função do valor, sem prejuízo de procederem à redução dos prazos previstos para apresentação de propostas ou candidaturas e simplificação de algumas formalidades.

CAPÍTULO III – **Tipos e escolha de procedimentos**

SECÇÃO I – **Tipos de procedimentos**

ARTIGO 78.º – **(Tipos)**

1 – A contratação relativa à locação e aquisição de bens ou serviços deve ser precedida de um dos seguintes procedimentos:

a) Concurso público;

b) Concurso limitado por prévia qualificação;

c) Concurso limitado sem apresentação de candidaturas;

d) Por negociação, com ou sem publicação prévia de anúncio;

e) Com consulta prévia;

f) Ajuste directo.

2 – No concurso público qualquer interessado que reúna os requisitos exigidos pode apresentar proposta.

3 – No concurso limitado por prévia qualificação apenas os seleccionados pela entidade adjudicante, na fase de candidaturas, podem apresentar propostas.

4 – No concurso limitado sem apresentação de candidaturas, apenas os convidados pela entidade adjudicante podem apresentar propostas.

170   *Legislação de Direito Financeiro*

5 – Os procedimentos por negociação implicam a existência de uma fase de negociação do conteúdo do contrato com um ou vários locadores ou fornecedores de bens ou serviços.

6 – No procedimento com consulta prévia devem ser consultados vários locadores ou fornecedores de bens ou serviços.

7 – O ajuste directo não implica a consulta a vários locadores ou fornecedores de bens ou serviços.

Artigo 79.º – (**Competência para a escolha do tipo de procedimento**)

1 – A escolha prévia do tipo de procedimento, de acordo com os critérios fixados no presente diploma, deve ser fundamentada e cabe à entidade competente para autorizar a respectiva despesa.

2 – A escolha prévia do tipo de procedimento ao abrigo do disposto na alínea *b*) do n.º 3 do artigo 81.º, na alínea *a*) do artigo 84.º, no artigo 85.º e nas alíneas *c*) a *g*) do n.º 1 do artigo 86.º carece de aprovação prévia do respectivo ministro quando o valor do contrato seja igual ou superior a 15 000 contos e não exceda a sua competência para autorizar despesas.

3 – O disposto no número anterior não é aplicável às entidades referidas nas alíneas *d*) e *e*) do artigo 2.º

SECÇÃO II – **Escolha do tipo de procedimento em função do valor**

Artigo 80.º – (**Concursos e procedimentos por negociação**)

1 – É aplicável o concurso público quando o valor do contrato seja igual ou superior a 25 000 contos ou, por decisão da entidade competente para autorizar a despesa, quando inferior àquele valor.

2 – Nas situações referidas no número anterior pode ser adoptado o concurso limitado por prévia qualificação quando a complexidade técnica ou o montante envolvido exijam uma pré-avaliação das capacidades técnicas, comerciais, financeiras e administrativas dos concorrentes.

3 – O procedimento por negociação com publicação prévia de anúncio é aplicável quando o valor do contrato seja inferior a 25 000 contos.

4 – É aplicável o procedimento por negociação sem publicação prévia de anúncio ou o concurso limitado sem apresentação de candidaturas quando o valor do contrato seja igual ou inferior a 15 000 contos.

Artigo 81.º – (**Consulta prévia e ajuste directo**)

1 – O procedimento com consulta prévia é aplicável quando o valor do con-

I. *Actividade Financeira* 171

trato seja igual ou inferior a 10 000 contos, sendo obrigatória a consulta a, pelo menos:

a) Cinco locadores ou fornecedores, quando o valor do contrato seja igual ou inferior a 10 000 contos;

b) Três locadores ou fornecedores, quando o valor do contrato seja igual ou inferior a 5000 contos;

c) Dois locadores ou fornecedores, quando o valor do contrato seja igual ou inferior a 2500 contos.

2 – Quando não seja possível consultar o número mínimo de locadores ou fornecedores fixado no número anterior, deve ser adoptado um dos outros procedimentos, com excepção do ajuste directo.

3 – Pode recorrer-se ao ajuste directo quando:

a) O valor do contrato seja igual ou inferior a 1000 contos;

b) A natureza dos serviços a prestar, nomeadamente no caso de serviços de carácter intelectual e de serviços financeiros, não permita a definição das especificações do contrato necessárias à sua adjudicação de acordo com as regras aplicáveis aos restantes procedimentos, desde que o contrato não ultrapasse os limites estabelecidos no artigo 191.º

4 – Quando o valor do contrato seja igual ou inferior a 1000 contos, deve, preferencialmente e desde que o valor o justifique, adoptar-se o procedimento com consulta prévia a, pelo menos, dois locadores ou fornecedores.

ARTIGO 82.º – **(Modificação do tipo de procedimento)**

1 – Quando o valor da proposta a adjudicar não seja consentâneo com o tipo de procedimento que foi adoptado de acordo com os valores fixados nos artigos anteriores, deve proceder-se, de seguida, à abertura de um novo procedimento que observe os limites fixados naqueles preceitos.

2 – Os concorrentes devem ser notificados da decisão de abertura do novo procedimento a que se refere o número anterior.

SECÇÃO III – **Escolha do tipo de procedimento**
independentemente do valor

ARTIGO 83.º – **(Procedimento por negociação com publicação prévia de anúncio)**

Independentemente do valor do contrato, pode ser adoptado o procedimento por negociação com publicação prévia de anúncio quando:

a) Na sequência de concurso, todas as propostas tenham sido consideradas inaceitáveis, desde que as condições iniciais do caderno de encargos não sejam substancialmente alteradas;

b) Em casos excepcionais, a natureza dos serviços a adquirir ou as contingências a eles inerentes não permitam uma fixação prévia e global do preço;

c) A natureza dos serviços a prestar, nomeadamente no caso de serviços de carácter intelectual e de serviços financeiros, não permita a definição das especificações do contrato necessárias à sua adjudicação de acordo com as regras aplicáveis aos concursos.

ARTIGO 84.° – **(Procedimento por negociação sem publicação prévia de anúncio ou concurso limitado sem apresentação de candidaturas)**

O procedimento por negociação sem publicação prévia de anúncio ou o concurso limitado sem apresentação de candidaturas podem ter lugar, independentemente do valor, quando:

a) Na medida do estritamente necessário e por motivos de urgência imperiosa resultante de acontecimentos imprevisíveis, não possam ser cumpridos os prazos previstos para os processos de concurso ou para o procedimento por negociação com publicação prévia de anúncio, desde que as circunstâncias invocadas não sejam, em caso algum, imputáveis às entidades adjudicantes;

b) Um concurso tenha ficado deserto, desde que as condições iniciais do caderno de encargos não sejam substancialmente alteradas;

c) Num concurso nenhuma das propostas tenha sido admitida nos termos do artigo 104.°, desde que as condições iniciais do caderno de encargos não sejam substancialmente alteradas e sejam convidados a apresentar proposta todos os concorrentes que não tenham sido excluídos nesse concurso;

d) Se encontrem reunidas as condições previstas na alínea *a*) do artigo anterior e desde que sejam incluídos no procedimento todos os concorrentes cujas propostas tenham sido apresentadas em conformidade com os requisitos formais do processo de concurso e detenham os requisitos a que se referem os artigos 34.° a 36.° e não estejam nas situações previstas no n.° 1 do artigo 33.°;

e) O contrato a celebrar venha na sequência de um procedimento para trabalhos de concepção e, de acordo com as regras aplicáveis, deva ser atribuído a um dos candidatos seleccionados, caso em que todos os candidatos seleccionados devem ser convidados a apresentar proposta.

Artigo 85.° – **(Consulta prévia)**

O procedimento com consulta prévia, a pelo menos dois locadores ou fornecedores, pode ser adoptado, independentemente do valor, quando, na medida do estritamente necessário e por motivos de urgência imperiosa resultante de acontecimentos imprevisíveis, não possam ser cumpridos os prazos previstos para os processos de concurso ou para os procedimentos por negociação, desde que as circunstâncias invocadas não sejam, em caso algum, imputáveis às entidades adjudicantes.

Artigo 86.° – **(Ajuste directo)**

1 – O ajuste directo pode ter lugar, independentemente do valor, quando:

a) As aquisições sejam efectuadas ao abrigo de contratos públicos de aprovisionamento celebrados pela Direcção-Geral do Património;

b) As aquisições sejam efectuadas ao abrigo de contratos públicos de aprovisionamento celebrados para sectores específicos e aprovados por portaria conjunta do Ministro das Finanças e do respectivo ministro;

c) Na medida do estritamente necessário e por motivos de urgência imperiosa resultante de acontecimentos imprevisíveis, não possam ser cumpridos os prazos ou formalidades previstos para os restantes procedimentos, desde que as circunstâncias invocadas não sejam, em caso algum, imputáveis às entidades adjudicantes;

d) Por motivos de aptidão técnica ou artística ou relativos à protecção de direitos exclusivos ou de direitos de autor, a locação ou o fornecimento dos bens ou serviços apenas possa ser executado por um locador ou fornecedor determinado;

e) Se trate de serviços complementares não incluídos no projecto inicial ou no primeiro contrato celebrado, mas que, na sequência de circunstâncias imprevistas, se tenham tornado necessários para a execução dos serviços descritos nesses documentos, na condição de a sua adjudicação ser feita ao prestador inicial e se verificar que:

i) Esses serviços complementares não podem ser técnica ou economicamente separados do contrato inicial sem graves inconvenientes para as entidades adjudicantes; ou

ii) Os serviços em questão, embora possam ser separados da execução do contrato inicial, sejam estritamente necessários ao seu aperfeiçoamento;

f) Se trate de entregas complementares destinadas à substituição parcial de bens fornecidos ou de instalações de uso corrente ou à ampliação

174 *Legislação de Direito Financeiro*

de fornecimentos ou de instalações existentes, desde que, cumulativamente:

    i) A mudança de fornecedor obrigue a entidade adjudicante a adquirir material de técnica diferente que origine uma incompatibilidade ou dificuldades técnicas desproporcionadas de utilização e manutenção;

    ii) A adjudicação seja feita ao fornecedor inicial;

    iii) A duração do novo contrato não exceda, em regra, três anos;

g) Se trate de novos serviços que consistam na repetição de serviços similares confiados ao prestador de serviços a quem foi adjudicado um contrato anterior pela mesma entidade adjudicante, desde que, cumulativamente:

    i) Esses serviços estejam em conformidade com um projecto base, projecto esse que tenha sido objecto de um primeiro contrato celebrado na sequência de concurso público ou concurso limitado por prévia qualificação;

    ii) Não tenha decorrido mais de três anos sobre a data da celebração do contrato inicial;

    iii) A possibilidade de se recorrer a este procedimento tenha sido indicada aquando da abertura do concurso para o primeiro contrato e o custo estimado dos serviços subsequentes tenha sido tomado em consideração pelas entidades adjudicantes para efeitos da escolha do procedimento inicialmente adoptado;

h) O contrato a celebrar venha na sequência de um procedimento para trabalhos de concepção e, de acordo com as regras aplicáveis, deva ser atribuído ao candidato seleccionado.

2 – No caso da alínea *e*) do número anterior, o valor acumulado estimado dos contratos não pode exceder 50% do montante do contrato inicial.

CAPÍTULO IV – **Concurso público**

SECÇÃO I – **Abertura**

ARTIGO 87.º – **(Publicitação)**

1 – O concurso público é publicitado na 3.ª série do *Diário da República* e em dois jornais de grande circulação, conforme modelo de anúncio constante do anexo II ao presente diploma.

2 – No caso do concurso público se encontrar abrangido pelo disposto no capítulo XIII do presente diploma é ainda obrigatório o envio do anúncio a que se

I. Actividade Financeira

refere o número anterior para publicação no *Jornal Oficial das Comunidades Europeias.*

3 – Nos concursos não abrangidos pelo disposto no capítulo XIII do presente diploma, a entidade adjudicante pode mandar publicar no *Jornal Oficial das Comunidades Europeias* o anúncio previsto no n.° 1, devendo, neste caso, ser cumpridas as regras fixadas no presente diploma para a publicação obrigatória.

4 – A publicação do anúncio nos jornais de grande circulação pode incluir apenas o resumo dos elementos mais importantes constantes do anexo referido no n.° 1, devendo, quando aplicável, fazer referência à data de envio do anúncio ao Serviço de Publicações Oficiais das Comunidades Europeias.

5 – O anúncio a que se refere o presente artigo deve ser enviado para publicação às diversas entidades em simultâneo.

ARTIGO 88.° – **(Programa de concurso e caderno de encargos)**

1 – No concurso público há um programa e um caderno de encargos, os quais devem estar patentes no local indicado no anúncio desde o dia da primeira publicação até ao dia e hora da abertura do acto público do concurso.

2 – Desde que solicitados em tempo útil e mediante pagamento dos respectivos custos, o programa de concurso e o caderno de encargos devem ser enviados ou entregues aos interessados nos quatro dias subsequentes à recepção do pedido.

3 – Os serviços devem registar o nome e morada dos interessados que solicitem os documentos a que se refere o número anterior.

ARTIGO 89.° – **(Programa de concurso)**

O programa destina-se a definir os termos a que obedece o concurso e deve especificar, designadamente:

a) Identificação do concurso;
b) Endereço e a data limite para a solicitação dos esclarecimentos necessários à boa compreensão e interpretação dos elementos expostos;
c) Endereço e designação do serviço de recepção das propostas, com menção do respectivo horário de funcionamento e a hora e data limites para recepção das propostas;
d) Requisitos necessários à admissão dos concorrentes;
e) Modo de apresentação das propostas;
f) Cláusulas do caderno de encargos que podem ser alteradas;
g) Possibilidade de apresentação de propostas com variantes;
h) Elementos da proposta e os documentos que a acompanham;
i) Data, hora e local do acto público de abertura dos invólucros;

j) Prazo durante o qual o concorrente fica vinculado a manter a proposta, para além do previsto no n.° 1 do artigo 52.°;

l) Critério de adjudicação, com explicitação, no caso de o mesmo ser o da proposta economicamente mais vantajosa, dos factores que nela intervêm, por ordem decrescente de importância.

SECÇÃO II – **Júri do concurso**

Artigo 90.° – (Designação e constituição)

1 – O concurso é conduzido por um júri, designado pela entidade competente para autorizar a despesa, constituído, em número ímpar, com pelo menos três membros efectivos, um dos quais presidirá, e dois suplentes.

2 – O despacho constitutivo do júri deve indicar o vogal efectivo que substitui o presidente nas suas faltas e impedimentos.

Artigo 91.° – (Funcionamento)

1 – O júri entra em exercício de funções a partir do dia útil subsequente ao envio para publicação do anúncio a que se refere o artigo 87.°

2 – O júri só pode funcionar quando estiverem presentes todos os seus membros.

3 – O júri pode designar um secretário, de entre os seus membros ou de entre o pessoal dos serviços, neste caso com a anuência do respectivo dirigente, a quem compete, designadamente, lavrar as actas.

4 – O júri deve fundamentar em acta as suas deliberações e as mesmas são aprovadas por maioria de votos, não sendo admitida a abstenção.

5 – Nas deliberações em que haja voto de vencido de algum membro do júri menciona-se em acta essa circunstância, devendo o membro em questão fazer exarar as razões da sua discordância.

Artigo 92.° – (Competência)

1 – Compete ao júri a realização de todas as operações do concurso, podendo, para o efeito, solicitar o apoio a outras entidades.

2 – Quando o júri tenha conhecimento de que se verifica alguma das situações previstas nos artigos 33.°, n.° 1, 38.°, n.° 1, 39.°, n.° 7, 40.° e 53.°, n.° 1, deve propor, de imediato, a exclusão dos respectivos concorrentes.

3 – No estrito respeito pelos princípios da igualdade, da imparcialidade e da estabilidade, o júri pode solicitar aos concorrentes, por escrito, esclarecimentos sobre aspectos das propostas que suscitem fundadas dúvidas, devendo fixar prazo para a obtenção, por escrito, dá respectiva resposta.

I. Actividade Financeira 177

SECÇÃO III – **Esclarecimentos e definição de critérios**

ARTIGO 93.º – **(Esclarecimentos)**

1 – O júri, por iniciativa própria ou por solicitação dos interessados, desde que apresentada por escrito no primeiro terço do prazo fixado para a entrega das propostas, deve prestar os esclarecimentos necessários à boa compreensão e interpretação dos elementos expostos.

2 – Os esclarecimentos previstos no número anterior devem ser prestados por escrito até ao fim do segundo terço de prazo fixado para a entrega das propostas.

3 – Dos esclarecimentos prestados juntar-se-á cópia às peças patentes em concurso, devendo ser comunicados a todos os interessados que procederam ou venham a proceder ao levantamento dos documentos que servem de base ao concurso e publicitados pelos meios julgados mais convenientes.

ARTIGO 94.º – **(Definição de critérios)**

1 – Até ao termo do segundo terço do prazo fixado para a entrega das propostas, o júri deve definir a ponderação a aplicar aos diferentes elementos que interfiram na aplicação do critério de adjudicação estabelecido no programa do concurso.

2 – Sem prejuízo do disposto na alínea *f)* do n.º 2 do artigo 99.º, a cópia da acta relativa à definição dos critérios a que se refere o número anterior deve ser entregue, no prazo de dois dias, aos interessados que a solicitem.

SECÇÃO IV – **Proposta**

ARTIGO 95.º – **(Prazo de entrega)**

1 – Quando haja lugar à publicação do anúncio no *Jornal Oficial das Comunidades Europeias,* o prazo para entrega das propostas não pode ser inferior a 52 dias.

2 – Quando se tenha procedido à publicitação prevista no artigo 195.º, pode ser fixado um prazo não inferior a 36 dias ou, em casos excepcionais e devidamente fundamentados, não inferior a 24 dias.

3 – Os prazos a que se referem os números anteriores contam-se a partir da data do envio para publicação do anúncio a que se refere o artigo 87.º

4 – Quando não haja lugar à publicação do anúncio no *Jornal Oficial das Comunidades Europeias,* pode ser fixado um prazo não inferior a 15 dias a contar da data da publicação do respectivo anúncio no *Diário da República.*

Artigo 96.º – (Documentos que acompanham a proposta)

1 – A proposta deve ser acompanhada dos seguintes documentos:

a) Declaração na qual os concorrentes indiquem o seu nome, número fiscal de contribuinte, número do bilhete de identidade ou de pessoa colectiva, estado civil e domicílio ou, no caso de pessoa colectiva, a denominação social, número de pessoa colectiva, sede, filiais que interessem à execução do contrato, objecto social, nome dos titulares dos corpos sociais e de outras pessoas com poderes para a obrigarem, conservatória do registo comercial onde se encontra matriculada e o seu número de matrícula nessa conservatória;

b) Declaração emitida conforme modelo constante do anexo I ao presente diploma;

c) Outros documentos que forem exigidos no programa do concurso adequados à comprovação da habilitação profissional e capacidade técnica e financeira dos concorrentes, de entre, exclusivamente, os indicados nos artigos 34.º a 36.º

2 – No caso de o concorrente propor a subcontratação parcial do fornecimento de bens ou serviços, a proposta deve ainda ser acompanhada, relativamente às entidades a subcontratar, dos mesmos documentos exigidos no programa de concurso ao concorrente para comprovação da respectiva capacidade técnica.

Artigo 97.º – (Modo de apresentação da proposta)

1 – A proposta, elaborada nos termos do artigo 47.º, é apresentada em invólucro opaco e fechado, em cujo rosto se deve escrever a palavra «Proposta» e o nome ou denominação do concorrente.

2 – Os documentos a que se refere o artigo anterior são apresentados noutro invólucro, também opaco e fechado, em cujo rosto se deve escrever a palavra «Documentos» e o nome ou denominação do concorrente.

3 – Em caso de apresentação de propostas com variantes, cada uma delas é apresentada em invólucro opaco e fechado, em cujo rosto se deve escrever a expressão «Proposta, variante» e o nome ou denominação do concorrente.

4 – Os invólucros referidos nos números anteriores são, por sua vez, guardados num outro invólucro opaco e fechado, em cujo rosto se identifica o concurso.

5 – Na organização da proposta deve ser observado o disposto no artigo 51.º

SECÇÃO V – **Acto público do concurso**

ARTIGO 98.º – **(Data da abertura)**

1 – No dia útil imediato à data limite para a apresentação das propostas o júri procede, em acto público, à abertura dos invólucros recebidos.

2 – Por motivo justificado, pode o acto público realizar-se dentro dos 10 dias subsequentes ao indicado no número anterior, em data a determinar pela entidade competente para autorizar a despesa.

3 – A alteração da data do acto público deve ser comunicada aos interessados que procederam ou venham a proceder ao levantamento dos documentos do concurso e publicitada pelos meios que o júri entenda mais convenientes.

ARTIGO 99.º – **(Regras gerais)**

1 – Ao acto público pode assistir qualquer interessado, apenas podendo nele intervir os concorrentes e seus representantes, devidamente credenciados.

2 – Os concorrentes ou os seus representantes podem, no acto:

a) Pedir esclarecimentos;

b) Apresentar reclamações sempre que seja cometida, no próprio acto, qualquer infracção aos preceitos deste diploma ou demais legislação aplicável ou ao programa de concurso;

c) Apresentar reclamações contra a admissão de qualquer outro concorrente, das respectivas propostas ou contra a sua própria admissão condicionada ou exclusão, ou da entidade que representam;

d) Apresentar recurso hierárquico facultativo das deliberações do júri;

e) Examinar a documentação apresentada durante um período razoável a fixar pelo júri;

f) Obter cópia da acta relativa à definição dos critérios a que se refere o artigo 94.º, bem como dos esclarecimentos prestados.

3 – As reclamações dos concorrentes podem consistir em declaração ditada para a acta ou em petição escrita.

4 – As deliberações do júri tomadas no âmbito do acto público são notificadas aos interessados, no próprio acto, não havendo lugar a qualquer outra forma de notificação, ainda que não estejam presentes ou representados no referido acto os destinatários das mesmas deliberações.

5 – Em qualquer momento, o presidente do júri pode interromper o acto público ou a sessão privada a que se refere o n.º 1 do artigo 101.º, fixando logo a hora e o dia da sua continuação, devendo justificar os motivos por que o faz.

6 – Do acto público é elaborada acta, a qual é assinada por todos os membros do júri.

ARTIGO 100.º – (**Abertura dos invólucros**)

1 – O acto público inicia-se com a identificação do concurso e com a abertura de todos os invólucros exteriores, bem como os relativos a documentos, mantendo-se inviolados os referidos nos n.ᵒˢ 1 e 3 do artigo 97.º

2 – É feita, depois, a leitura da lista de concorrentes, elaborada de acordo com a ordem de entrada dos invólucros.

3 – De seguida, o presidente do júri procede à identificação dos concorrentes e dos seus representantes.

4 – Os invólucros a que se referem os n.ᵒˢ 1 e 3 do artigo 97.º são guardados pelo presidente do júri num outro invólucro opaco e fechado.

5 – O invólucro referido no número anterior deve ser assinado pelos membros do júri e pelos concorrentes e seus representantes presentes no acto público.

6 – De seguida, interrompe-se o acto público para o júri passar à sessão privada a que se refere o n.º 1 do artigo seguinte.

ARTIGO 101.º – (**Admissão de concorrentes**)

1 – Em sessão privada, o júri começa por rubricar, pela maioria dos seus membros, os documentos inseridos no invólucro referido na n.º 2 do artigo 97.º, podendo as rubricas ser substituídas por chancela.

2 – Analisados os documentos, o júri delibera sobre a admissão e exclusão dos concorrentes.

3 – São excluídos os concorrentes:

a) Cujas propostas não sejam recebidas no prazo fixado;

b) Que nos documentos incluam qualquer referência que seja considerada indiciadora do preço da proposta ou das respectivas condições de pagamento;

c) Que não observem o disposto no artigo 97.º, desde que a falta seja essencial.

4 – São admitidos condicionalmente os concorrentes que:

a) Não entreguem a totalidade dos documentos exigidos nos termos do artigo 96.º;

b) Na documentação apresentada omitam qualquer dado exigido.

5 – Retomado o acto público, o presidente do júri procede à leitura da lista dos concorrentes admitidos, bem como dos admitidos condicionalmente e dos excluídos, indicando, nestes dois últimos casos, as respectivas razões.

6 – No caso de existirem concorrentes admitidos condicionalmente, o júri concede-lhes um prazo, até cinco dias, para entregarem os documentos em falta ou para completarem os dados omissos, contra a emissão de recibo no caso da entrega não ser feita de imediato no acto público, não sendo exigida qualquer formalidade para a respectiva apresentação.

I. Actividade Financeira

7 – Cumpridas as formalidades previstas nos números anteriores, o júri delibera sobre as eventuais reclamações apresentadas pelos concorrentes relativamente a esta fase do acto público.

8 – Verificando-se a situação prevista no n.º 6, o júri, se necessário, interrompe o acto público, indicando o local, a hora e o dia limites para os concorrentes completarem as suas propostas e data da continuação do acto público.

ARTIGO 102.º – **(Prosseguimento do acto público no caso de não ocorrer a admissão condicional de concorrentes)**

No caso de não ocorrer a admissão condicional de concorrentes, o acto público prossegue de imediato com a abertura dos invólucros a que se referem os n.ºs 1 e 3 do artigo 97.º

ARTIGO 103.º – **(Prosseguimento do acto público no caso de ocorrer a admissão condicional de concorrentes)**

1 – Ocorrendo a situação prevista no n.º 6 do artigo 101.º, o acto público prossegue de imediato se a falta aí for suprida ou no dia útil seguinte ao termo do prazo fixado para a entrega dos documentos e dados em falta.

2 – Verificados os documentos e os elementos entregues, se necessário em sessão prévia ao prosseguimento do acto público, o júri delibera sobre a admissão e a exclusão dos concorrentes admitidos condicionalmente.

3 – São excluídos os concorrentes admitidos condicionalmente quando:

a) Não entreguem os documentos em falta no prazo fixado;

b) Na nova documentação apresentada incluam qualquer referência que seja considerada indiciadora do preço da proposta ou das respectivas condições de pagamento;

c) Na nova documentação apresentada seja omitido qualquer dado exigido ou não sejam entregues, no prazo fixado, os dados entretanto exigidos e desde que, em qualquer caso, a falta seja essencial.

4 – O júri dá a conhecer as razões da exclusão de concorrentes nesta fase do processo, bem como a lista dos concorrentes admitidos.

5 – Cumpridas as formalidades previstas nos números anteriores, o júri delibera sobre as eventuais reclamações apresentadas pelos concorrentes relativamente a esta fase do acto público.

ARTIGO 104.º – **(Abertura e admissão das propostas)**

1 – O júri, no acto público, procede à abertura dos invólucros a que se referem os n.ºs 1 e 3 do artigo 97.º relativos aos concorrentes admitidos e ao exame

formal das propostas, devendo estas ser rubricadas pela maioria dos membros do júri, podendo as rubricas ser substituídas por chancela.

2 – O júri, se o entender oportuno, pode proceder, em sessão privada, ao exame formal das propostas e aí deliberar sobre a admissão das mesmas.

3 – São excluídas as propostas que:

a) Sejam apresentadas como variantes, quando estas não sejam admitidas no programa do concurso;

b) Não contenham os elementos exigidos nos termos do n.º 1 do artigo 47.º;

c) Não observem o disposto no artigo 97.º, desde que a falta seja essencial.

4 – O júri procede à leitura da lista das propostas admitidas, elaborada de acordo com a sua ordem de entrada, e identifica as excluídas, com indicação dos respectivos motivos.

5 – Em seguida, o júri dá a conhecer o preço total de cada uma das propostas admitidas, bem como os aspectos essenciais das mesmas.

6 – Cumpridas as formalidades previstas nos números anteriores e decididas as eventuais reclamações apresentadas pelos concorrentes relativamente a esta fase do acto público, o presidente do júri encerra esse acto.

SECÇÃO VI – **Apreciação dos concorrentes
e das propostas e decisão final**

ARTIGO 105.º – (**Apreciação dos concorrentes**)

1 – Num primeiro momento, o júri deve apreciar as habilitações profissionais e a capacidade técnica e financeira dos concorrentes.

2 – Quando não estejam devidamente comprovadas as habilitações profissionais ou a capacidade técnica ou financeira de concorrentes, o júri, no relatório a que se refere o artigo 107.º, deve propor a respectiva exclusão.

ARTIGO 106.º – (**Apreciação das propostas**)

1 – Não devem ser objecto de apreciação as propostas apresentadas pelos concorrentes cuja exclusão seja proposta pelo júri nos termos previstos no n.º 2 do artigo anterior.

2 – O júri procede à apreciação do mérito das restantes propostas e ordena--as para efeitos de adjudicação, de acordo com o critério de adjudicação fixado.

3 – O júri, no relatório a que se refere o artigo seguinte, deve propor a exclusão das propostas que considere inaceitáveis.

I. Actividade Financeira

Artigo 107.º – **(Relatório)**

1 – O júri elabora relatório fundamentado sobre o mérito das propostas.

2 – No relatório o júri deve fundamentar as razões por que propõe a exclusão de concorrentes nos termos previstos no n.º 2 do artigo 105.º e no n.º 3 do artigo anterior, bem como indicar os fundamentos que estiveram na base das exclusões efectuadas no acto público.

Artigo 108.º – **(Audiência prévia)**

1 – A entidade competente para autorizar a despesa deve, antes de proferir a decisão final, proceder à audiência escrita dos concorrentes.

2 – Os concorrentes têm cinco dias, após a notificação do projecto de decisão final, para se pronunciarem.

3 – A entidade referida no n.º 1 pode delegar no júri a realização da audiência prévia.

4 – Está dispensada a audiência prévia dos concorrentes quando, cumulativamente:

a) Nenhuma proposta tenha sido considerada inaceitável;

b) O critério de adjudicação seja unicamente o do mais baixo preço.

Artigo 109.º – **(Relatório final e escolha do adjudicatário)**

1 – O júri pondera as observações dos concorrentes e submete à aprovação da entidade competente para autorizar a despesa um relatório final fundamentado.

2 – A entidade competente para autorizar a despesa escolhe o adjudicatário, devendo a respectiva decisão ser notificada aos concorrentes nos cinco dias subsequentes à data daquela decisão.

CAPÍTULO V – **Concurso limitado por prévia qualificação**

SECÇÃO I – **Disposições gerais**

Artigo 110.º – **(Regime)**

O concurso limitado por prévia qualificação rege-se, com as necessárias adaptações, pelas disposições que regulam o concurso público em tudo o que não seja incompatível com o disposto nos artigos seguintes.

Legislação de Direito Financeiro

ARTIGO 111.º – **(Formas e fases do processo)**

1 – O concurso limitado por prévia qualificação pode seguir um processo normal ou urgente.

2 – O processo urgente pode ser adoptado quando, por razões de interesse público, devidamente fundamentadas, não seja possível observar os prazos estabelecidos para o processo normal.

3 – Independentemente da forma do processo adoptado, o concurso limitado por prévia qualificação comporta as seguintes fases:

a) Entrega, apreciação e selecção de candidaturas;

b) Entrega e apreciação de propostas e escolha do adjudicatário.

ARTIGO 112.º – **(Programa de concurso)**

O programa de concurso deve especificar, designadamente:

a) Identificação do concurso;

b) Endereço e data limite para a solicitação dos esclarecimentos necessários à boa compreensão e interpretação dos elementos expostos;

c) Endereço e designação do serviço de recepção das candidaturas, com menção do respectivo horário de funcionamento e a hora e a data limites para a recepção das candidaturas;

d) Requisitos necessários à admissão dos concorrentes;

e) Modo de apresentação das candidaturas, com indicação dos documentos que as integram;

f) Critérios de selecção de candidaturas;

g) Cláusulas do caderno de encargos que podem ser alteradas;

h) Possibilidade de apresentação de propostas com variantes;

i) Números mínimo e máximo de concorrentes que se pretende convidar a apresentar propostas;

j) Critério de adjudicação, com explicitação, no caso de o mesmo ser o da proposta economicamente mais vantajosa, dos factores que nela intervêm, por ordem decrescente de importância.

ARTIGO 113.º – **(Esclarecimentos)**

Os esclarecimentos necessários à boa compreensão e interpretação dos elementos expostos podem ser solicitados e prestados nas duas fases do procedimento, sendo os prazos fixados no artigo 93.º também aplicáveis à fase de entrega, apreciação e selecção de candidaturas.

ARTIGO 114.º – **(Definição de critérios)**

1 – Os critérios de selecção de candidaturas devem ser exclusivamente

I. Actividade Financeira   185

fixados em função das habilitações profissionais e capacidade financeira e ou técnica.

2 – Até ao termo do segundo terço do prazo fixado para a entrega das candidaturas, o júri deve definir a ponderação a aplicar aos diferentes elementos que interfiram na aplicação dos critérios de selecção e de adjudicação estabelecidos no programa do concurso.

3 – A cópia da acta relativa à definição dos critérios a que se refere o número anterior deve ser entregue, no prazo de dois dias, aos interessados que a solicitem.

SECÇÃO II – **Fase de entrega, apreciação
e selecção de candidaturas**

ARTIGO 115.° – **(Publicitação)**

O modelo de anúncio a que se refere o n.° 1 do artigo 87.° é substituído pelo modelo constante do anexo III ao presente diploma.

ARTIGO 116.° – **(Candidaturas)**

1 – As candidaturas são efectuadas por carta registada.

2 – As candidaturas podem ainda ser efectuadas por telegrama, telefax, telefone ou outro meio equivalente, devendo ser confirmadas por carta, sob pena de se considerarem inexistentes.

3 – As cartas a que se referem os números anteriores são acompanhadas dos documentos indicados no artigo 96.°

4 – Em caso de processo urgente, as candidaturas devem ser efectuadas pela via mais rápida possível.

ARTIGO 117.° – **(Prazo de entrega)**

1 – Quando haja lugar à publicação do anúncio no *Jornal Oficial das Comunidades Europeias,* o prazo para entrega das cartas a que se refere o artigo anterior não pode ser inferior a 39 ou 21 dias, consoante o processo seja normal ou urgente.

2 – O prazo a que se refere o número anterior conta-se a partir da data do envio para publicação do anúncio a que se refere o artigo 115.°

3 – Quando não haja lugar à publicação do anúncio no *Jornal Oficial das Comunidades Europeias,* pode ser fixado um prazo não inferior a 12 ou 9 dias a contar da data da publicação do respectivo anúncio no *Diário da República,* consoante o processo seja normal ou urgente.

186 *Legislação de Direito Financeiro*

ARTIGO 118.º – (**Admissão de candidaturas**)

1 – No dia útil imediato à data limite para entrega das candidaturas, o júri procede, em sessão privada, ao exame formal das mesmas.

2 – O júri deve excluir as candidaturas que:

a) Não sejam recebidas no prazo fixado;

b) Incluam qualquer referência que seja indiciadora da proposta a apresentar.

3 – Verificando-se a não entrega de qualquer documento ou dado exigidos, o júri notifica os concorrentes das faltas detectadas, por via postal, telegrama, telefone ou telefax, concedendo-lhes um prazo até três dias para completarem as suas candidaturas.

4 – Sempre que a notificação a que se refere o número anterior seja feita pelo telefone, deve a mesma ser confirmada por carta registada, enviada o mais tardar no dia útil imediato, sem prejuízo da notificação se considerar feita na data da primeira comunicação.

5 – Cumprido o disposto nos números anteriores, o júri deve excluir as candidaturas quando:

a) Os documentos em falta não sejam entregues no prazo fixado;

b) Na nova documentação apresentada seja omitido qualquer dado exigido, desde que a falta seja essencial;

c) Não sejam entregues, no prazo fixado, os dados solicitados, desde que a falta seja essencial;

d) Na nova documentação apresentada incluam qualquer referência que seja indiciadora da proposta a apresentar.

6 – Os concorrentes devem ser notificados dos motivos da respectiva exclusão.

ARTIGO 119.º – (**Número de concorrentes a seleccionar**)

O número de concorrentes a seleccionar para apresentação de propostas só pode ser inferior a cinco quando apenas um número inferior comprove as condições mínimas de carácter profissional, capacidade técnica e ou económica exigidas.

ARTIGO 120.º – (**Apreciação e selecção**)

1 – Apreciadas as candidaturas, o júri deve:

a) Excluir os concorrentes que não comprovem as condições mínimas de carácter profissional, capacidade técnica e económica exigidas;

b) Proceder à ordenação dos restantes concorrentes, de acordo com os critérios de selecção estabelecidos, identificando aqueles que serão con-

I. Actividade Financeira 187

vidados a apresentar propostas, observados os respectivos limites numéricos fixados no programa do concurso.

2 – Os concorrentes excluídos, bem como os não seleccionados, são notificados, respectivamente, das decisões de exclusão e de não selecção.

SECÇÃO III – **Fase de entrega e apreciação de propostas e escolha do adjudicatário**

ARTIGO 121.º – **(Convite)**

1 – O convite deve ser formulado, simultaneamente, a todos os concorrentes seleccionados por qualquer meio escrito.

2 – Em caso de processo urgente, o convite deve ser efectuado pela via mais rápida possível.

3 – No convite devem constar, designadamente, os seguintes elementos:

a) Referência ao anúncio;

b) Endereço onde podem ser pedidos o programa do concurso e o caderno de encargos, respectiva data limite e custo do envio;

c) Hora e data limites de recepção de propostas;

d) Elementos que devem ser indicados nas propostas;

e) Modo de apresentação das propostas;

f) Local de entrega das propostas e respectivo horário de funcionamento;

g) Data, hora e local do acto público de abertura das propostas;

h) Critério de adjudicação, com explicitação, no caso de o mesmo ser o da proposta economicamente mais vantajosa, dos factores que nele intervirão, por ordem decrescente de importância;

i) Prazo durante o qual os concorrentes ficam vinculados a manter as propostas, para além do previsto no n.º 1 do artigo 52.º

ARTIGO 122.º – **(Prazo de entrega)**

1 – Quando haja lugar à publicação do anúncio no *Jornal Oficial das Comunidades Europeias,* o prazo para entrega das propostas não pode ser inferior a 42 ou 12 dias, consoante o processo seja normal ou urgente.

2 – Quando se tenha procedido à publicitação prevista no artigo 195.º, pode ser fixado um prazo não inferior a 27 dias.

3 – Quando não haja lugar à publicação do anúncio no Jornal *Oficial das Comunidades Europeias,* pode ser fixado um prazo não inferior a 15 dias.

4 – Os prazos a que se referem os números anteriores contam-se a partir da data do envio do convite.

Artigo 123.º – (Modo de apresentação das propostas)

A proposta, elaborada nos termos do artigo 47.º, é apresentada em invólucro opaco e fechado em cujo rosto se identifica o concorrente e o concurso.

Artigo 124.º – (Acto público)

1 – O acto público inicia-se com a identificação do concurso e com a abertura de todos os invólucros que contêm as propostas.

2 – O acto público rege-se pelo disposto nos artigos 98.º, 99.º, 100.º, n.os 2 e 3, e 104.º, n.os 2 a 6.

Artigo 125.º – (Apreciação das propostas)

1 – O júri procede à apreciação do mérito das propostas e ordena-as para efeitos de adjudicação, de acordo com o critério de adjudicação fixado.

2 – O júri elabora relatório fundamentado sobre o mérito das propostas, devendo propor a exclusão das propostas que considere inaceitáveis e indicar as razões que estiveram na base das exclusões efectuadas no acto público.

Artigo 126.º – (Procedimentos subsequentes)

O procedimento prossegue nos termos dos artigos 108.º e 109.º

CAPÍTULO VI – Concurso limitado
sem apresentação de candidaturas

Artigo 127.º – (Regime aplicável)

O concurso limitado sem apresentação de candidaturas rege-se, com as necessárias adaptações, pelas disposições que regulam o concurso público em tudo o que não seja incompatível com o disposto nos artigos seguintes.

Artigo 128.º – (Convite)

1 – O convite para apresentação de propostas deve ser simultaneamente formulado a, pelo menos, cinco locadores ou fornecedores, podendo ser utilizado qualquer meio escrito.

2 – No convite, para além da referência ao objecto do fornecimento e aos documentos que acompanham a proposta, devem ser indicados os elementos referidos nas alíneas *b*) a *i*) do n.º 3 do artigo 121.º

I. Actividade Financeira

Artigo 129.º – **(Programa de concurso e caderno de encargos)**

A entrega ou envio do programa de concurso e do caderno de encargos aos interessados que o solicitem nos termos do n.º 2 do artigo 88.º deve ocorrer nos dois dias subsequentes à recepção do pedido.

Artigo 130.º – **(Prazo para a entrega das propostas)**

O prazo para a entrega das propostas não pode ser inferior a seis dias a contar da data do envio do convite a que se refere o artigo 128.º

Artigo 131.º – **(Documentos que acompanham a proposta)**

Pode ser autorizado, no convite, que os documentos a que se refere a alínea *c*) do n.º 1 do artigo 96.º sejam substituídos por declaração prestada pelos concorrentes.

CAPÍTULO VII – Procedimento por negociação com publicação prévia de anúncio

SECÇÃO I – Disposições gerais

Artigo 132.º – **(Formas e fases do processo)**

1 – O procedimento por negociação com publicação de anúncio pode seguir um processo normal ou urgente.

2 – O processo urgente pode ser adoptado quando, por razões de interesse público, devidamente fundamentadas, não seja possível observar os prazos estabelecidos para o processo normal.

3 – Independentemente da forma do processo adoptado, o procedimento por negociação com publicação prévia de anúncio comporta as seguintes fases:

a) Entrega, apreciação e selecção de candidaturas;

b) Entrega, negociação e apreciação de propostas e escolha do adjudicatário.

Artigo 133.º – **(Programa de procedimento e caderno de encargos)**

1 – Quando a natureza dos bens ou serviços a adquirir o justifique, pode ser elaborado programa de procedimento e caderno de encargos.

2 – No caso do procedimento se encontrar abrangido pelo disposto no capítulo XIII do presente diploma, é obrigatória a elaboração de programa de procedimento e caderno de encargos.

190   *Legislação de Direito Financeiro*

3 – O programa de procedimento e caderno de encargos devem estar patentes no local indicado no anúncio desde o dia da primeira publicação até ao dia e hora marcados para a sessão de negociação, sendo aplicável o disposto nos n.ºs 2 e 3 do artigo 88.°

4 – O programa de procedimento deve observar, com as necessárias adaptações, o disposto no artigo 112.°

ARTIGO 134.° – **(Esclarecimentos)**

1 – Aos pedidos e prestação de esclarecimentos é aplicável, com as necessárias adaptações, o regime previsto no artigo 93.°

2 – Os esclarecimentos podem ser solicitados e prestados nas duas fases do procedimento, sendo os prazos fixados no artigo a que se refere o número anterior também aplicáveis à fase de apresentação, apreciação e selecção de candidaturas.

ARTIGO 135.° – **(Definição de critérios)**

1 – Os critérios de selecção de candidaturas devem ser exclusivamente fixados em função das habilitações profissionais e capacidade financeira e ou técnica.

2 – Até ao termo do 2.° terço do prazo fixado para a entrega das candidaturas, a comissão a que se refere o artigo seguinte deve definir a ponderação a aplicar aos diferentes elementos que interfiram na aplicação dos critérios de selecção e de adjudicação estabelecidos nos documentos que servem de base ao procedimento.

3 – A cópia da acta relativa à definição dos critérios a que se refere o número anterior deve ser entregue, no prazo de dois dias, aos interessados que a solicitem.

ARTIGO 136.° – **(Comissão)**

1 – O procedimento é conduzido por uma comissão, designada pela entidade competente para autorizar a despesa, constituída em número ímpar, com pelo menos três elementos, um dos quais presidirá.

2 – O despacho constitutivo da comissão deve designar o vogal que substitui o presidente nas suas faltas e impedimentos.

3 – Ao funcionamento e competência da comissão é aplicável, com as necessárias adaptações, o disposto nos artigos 91.° e 92.°

I. Actividade Financeira

SECÇÃO II – **Fase de entrega, apreciação e selecção de candidaturas**

ARTIGO 137.º – **(Publicitação)**

1 – O procedimento é publicitado na 3.ª série do *Diário da República* e em dois jornais de grande circulação, conforme modelo de anúncio constante do anexo IV ao presente diploma.

2 – É aplicável à publicitação do procedimento o disposto nos n.ᵒˢ 2 a 5 do artigo 87.º com as necessárias adaptações.

ARTIGO 138.º – **(Candidaturas)**

1 – As candidaturas são apresentadas nos termos fixados no artigo 116.º

2 – Pode ser autorizado, no anúncio de abertura do procedimento, que os documentos a que se refere a alínea *c*) do n.º 1 do artigo 96.º sejam parcialmente substituídos por declaração prestada pelos concorrentes.

3 – Com excepção do disposto no número seguinte, as candidaturas devem ser entregues nos prazos definidos no artigo 117.º

4 – No caso de processo urgente em que haja lugar à publicação de anúncio no *Jornal Oficial das Comunidades Europeias,* pode ser fixado um prazo não inferior a 15 dias para a entrega das cartas.

5 – A admissão de candidaturas é efectuada, pela comissão, nos termos fixados no artigo 118.º, com as necessárias adaptações.

ARTIGO 139.º – **(Número de concorrentes a seleccionar)**

O número de concorrentes a seleccionar para apresentação de propostas só pode ser inferior a três quando apenas um ou dois comprovem as condições mínimas de carácter profissional, técnico e económico exigidas.

ARTIGO 140.º – **(Apreciação e selecção)**

A apreciação e selecção de candidaturas são efectuadas, pela comissão, nos termos definidos no n.º 1 do artigo 120.º, sendo aplicável o disposto no n.º 2 do mesmo artigo.

SECÇÃO III – **Fase de entrega, negociação e apreciação de propostas e escolha do adjudicatário**

ARTIGO 141.º – **(Convite e prazo para entrega das propostas)**

1 – O convite deve ser formulado nos termos fixados no artigo 121.º

2 – O prazo para entrega das propostas não pode ser inferior a nove dias.

192   *Legislação de Direito Financeiro*

3 – No caso de o procedimento se encontrar abrangido pelo disposto no capítulo XIII do presente diploma, o prazo para entrega das propostas é fixado nos termos definidos nos n.ᵒˢ 1 e 2 do artigo 122.º

4 – Os prazos a que se referem os n.ᵒˢ 2 e 3 contam-se a partir da data do envio do convite.

ARTIGO 142.º – **(Modo de apresentação das propostas e exclusões)**

1 – As propostas, elaboradas nos termos do artigo 47.º, podem ser apresentadas por qualquer meio escrito.

2 – No caso de o procedimento se encontrar abrangido pelo disposto no capítulo XIII do presente diploma, as propostas:

a) Devem ser apresentadas em invólucro opaco e fechado, em cujo rosto se escreve a expressão «Proposta de fornecimento» e o nome ou denominação do concorrente;

b) São abertas, pela comissão, em sessão privada, no dia útil imediato à data limite para a respectiva entrega.

3 – São excluídas, pela comissão, as propostas que não sejam recebidas no prazo fixado, devendo proceder-se à notificação dos respectivos concorrentes.

ARTIGO 143.º – **(Sessão de negociação)**

1 – Os concorrentes cujas propostas tenham sido admitidas devem ser simultaneamente notificados, com uma antecedência mínima de três dias, da data, hora e local da sessão de negociação.

2 – No caso de se verificar a exclusão de propostas e sem prejuízo do disposto na alínea *b)* do n.º 2 do artigo 181.º, a sessão de negociação não pode ocorrer antes de decorridos os prazos para a realização da audiência prévia e interposição de recurso.

3 – A negociação deve ocorrer simultaneamente com todos os concorrentes.

4 – As condições apresentadas nas propostas são livremente negociáveis, não podendo resultar das negociações condições globalmente menos favoráveis para a entidade adjudicante do que as inicialmente apresentadas.

5 – Na sessão deve ser lavrada acta, na qual deve constar, designadamente, a identificação dos concorrentes presentes ou representados e o resultado final das negociações.

6 – A acta deve ser assinada pelos membros da comissão e pelos concorrentes que tenham alterado as suas propostas.

7 – As propostas que não sejam alteradas na sessão de negociação, bem como as entregues pelos concorrentes que não compareçam à sessão, são consideradas, para efeitos de apreciação, nos termos em que inicialmente foram apresentadas.

I. *Actividade Financeira* 193

Artigo 144.º – **(Apreciação das propostas)**

Apreciado o mérito das propostas, a comissão elabora um relatório fundamentado, no qual devem ser indicadas as propostas excluídas.

Artigo 145.º – **(Procedimentos subsequentes)**

O procedimento prossegue nos termos dos artigos 108.º e 109.º

CAPÍTULO VIII – Procedimento por negociação sem publicação prévia de anúncio

Artigo 146.º – **(Programa de procedimento, caderno de encargos e esclarecimentos)**

1 – Quando a natureza dos bens ou serviços a adquirir o justifique, pode ser elaborado programa de procedimento e caderno de encargos.

2 – Nos casos em que o procedimento é escolhido ao abrigo do disposto nas alíneas *b*) a *d*) do artigo 84.º é obrigatória a elaboração daqueles documentos.

3 – O programa de procedimento deve observar, com as necessárias adaptações, o disposto no artigo 89.º

4 – O programa de procedimento e o caderno de encargos devem estar patentes no local indicado no convite desde a data do respectivo envio até ao dia e hora marcados para a sessão de negociação.

5 – A entrega ou envio do programa de concurso e caderno de encargos aos interessados que o solicitem nos termos do n.º 2 do artigo 88.º deve ocorrer nos dois dias subsequentes à recepção do pedido.

6 – Aos pedidos e prestação de esclarecimentos é aplicável, com as necessárias adaptações, o disposto no artigo 93.º

Artigo 147.º – **(Comissão)**

1 – O procedimento por negociação sem publicação prévia de anúncio é conduzido por uma comissão, designada e constituída nos termos fixados nos n.ºs 1 e 2 do artigo 136.º

2 – Ao funcionamento e competência da comissão é aplicável, com as necessárias adaptações, o disposto nos artigos 91.º e 92.º

Artigo 148.º – **(Convite e prazo para entrega das propostas)**

1 – O convite para apresentação de propostas deve ser dirigido a, pelo

194   *Legislação de Direito Financeiro*

menos, três locadores ou fornecedores, podendo ser reduzido a dois em casos devidamente justificados.

2 – O convite deve ser formulado por qualquer meio escrito e enviado, simultaneamente, aos locadores ou fornecedores.

3 – No convite devem constar os seguintes elementos:

a) Objecto do fornecimento;

b) Os indicados mas alíneas *b)* a *f)*, *h)* e *i)* do n.º 3 do artigo 121.º;

c) Documentos que devem acompanhar a proposta, nos termos do disposto no n.º 1 do artigo seguinte.

4 – O prazo para entrega das propostas não pode ser inferior a seis dias, a contar da data do envio do convite.

ARTIGO 149.º – **(Modo de apresentação das propostas e exclusões)**

1 – As propostas, elaboradas nos termos do artigo 47.º, podem ser apresentadas por qualquer meio escrito e devem ser acompanhadas dos seguintes documentos:

a) Declarações a que se referem as alíneas *a)* e *b)* do n.º 1 do artigo 96.º;

b) Outros documentos de entre, exclusivamente, os indicados nos artigos 34.º a 36.º adequados à comprovação da habilitação profissional e capacidade técnica e financeira dos concorrentes, os quais podem ser substituídos por declaração prestada pelos concorrentes.

2 – No caso de o procedimento se encontrar abrangido pelo disposto no capítulo XIII do presente diploma, as propostas e os documentos que as acompanham devem ser apresentados num único invólucro opaco e fechado, em cujo rosto se escreve a expressão «Proposta de fornecimento» e o nome ou denominação do concorrente.

3 – Os invólucros a que se refere o número anterior são abertos, pela comissão, em sessão privada, no dia útil imediato à data limite para a respectiva entrega.

4 – São excluídas, pela comissão, as propostas que não sejam recebidas no prazo fixado.

5 – Verificando-se a não entrega de qualquer documento ou dado exigidos, é aplicável, com as necessárias adaptações, o disposto nos n.os 3 a 5 do artigo 118.º

6 – Os concorrentes devem ser notificados dos motivos da respectiva exclusão.

ARTIGO 150.º – **(Procedimentos subsequentes)**

O procedimento prossegue nos termos dos artigos 143.º a 145.º

CAPÍTULO IX – **Consulta prévia**

SECÇÃO I – **Disposições comuns**

Artigo 151.º – **(Convite)**

1 – O convite para apresentação de propostas deve ser formulado por qualquer meio escrito e enviado simultaneamente aos locadores ou fornecedores.

2 – No convite devem ser indicados, designadamente, os seguintes elementos:

  a) Objecto do fornecimento;
  b) Critério de adjudicação, com explicitação, no caso de o mesmo ser o da proposta economicamente mais vantajosa, dos factores que nele intervêm, por ordem decrescente de importância;
  c) Endereço e designação do serviço de recepção das propostas, com menção do respectivo horário de funcionamento, e a hora e data limites para apresentação das propostas;
  d) Elementos que devem ser indicados nas propostas;
  e) Modo de apresentação das propostas e documentos que a devem acompanhar, quando exigidos.

Artigo 152.º – **(Entrega de propostas e exclusões)**

1 – O prazo para entrega de propostas não deve ser inferior a cinco dias, a contar da data do envio do convite.

2 – Em casos devidamente justificados, pode ser fixado um prazo inferior ao indicado no número anterior.

3 – Nas locações ou aquisições de valor igual ou superior a 2500 contos, a proposta deve ser acompanhada de declaração emitida conforme modelo constante do anexo I ao presente diploma.

4 – Devem ser excluídas as propostas que:

  a) Não sejam recebidas dentro do prazo fixado;
  b) Não contenham os elementos exigidos nos termos do artigo 47.º;
  c) Não sejam acompanhadas, quando exigível, da declaração a que se refere o número anterior;
  d) Não sejam entregues em invólucro fechado, quando exigível.

SECÇÃO II – **Aquisições até 5000 contos**

ARTIGO 153.º – **(Entrega e análise das propostas)**

1 – Nas locações ou aquisições de valor igual ou inferior a 5000 contos, a entrega de propostas pode ser feita por qualquer meio escrito.

2 – As propostas são analisadas pelos respectivos serviços, a quem cabe submeter à entidade competente para autorizar a despesa um projecto de decisão final.

ARTIGO 154.º – **(Dispensa de audiência prévia dos interessados)**

Nas locações ou aquisições a que se refere o artigo anterior é dispensada a audiência prévia dos interessados, incluindo aqueles cujas propostas sejam excluídas nos termos do n.º 4 do artigo 152.º

SECÇÃO III – **Aquisições de valor superior a 5000 contos**

ARTIGO 155.º – **(Comissão)**

1 – Nas locações ou aquisições de valor superior a 5000 contos, o procedimento é conduzido por uma comissão, designada e constituída nos termos fixados nos n.ºs 1 e 2 do artigo 136.º

2 – Ao funcionamento e competência da comissão é aplicável, com as necessárias adaptações, o disposto nos artigos 91.º e 92.º

ARTIGO 156.º – **(Entrega e abertura das propostas)**

1 – A proposta e a declaração que a acompanha devem ser entregues em invólucro opaco e fechado, em cujo rosto se escreve a expressão «Proposta de fornecimento» e o nome ou denominação do concorrente.

2 – No dia útil imediato à data limite para a respectiva recepção, a comissão procede, em sessão privada, ao exame formal das propostas recebidas.

ARTIGO 157.º – **(Número mínimo de propostas admitidas)**

1 – Quando as propostas admitidas sejam em número inferior a três, a comissão negoceia com os concorrentes as condições das propostas admitidas.

2 – Ocorrendo a situação prevista no número anterior, o processo prossegue nos termos definidos nos artigos 143.º a 145.º

I. Actividade Financeira 197

Artigo 158.º – (**Apreciação das propostas**)

1 – Sendo admitidas três ou mais propostas, a comissão procede à apreciação do respectivo mérito e elabora um relatório fundamentado.

2 – No relatório a comissão deve indicar os fundamentos que estão na base da exclusão de propostas.

Artigo 159.º – (**Audiência prévia**)

1 – A entidade competente para autorizar a despesa deve, antes de proferir a decisão final, proceder à audiência escrita dos concorrentes.

2 – Os concorrentes têm três dias, após a notificação do projecto de decisão final, para se pronunciarem.

3 – A entidade referida no n.º 1 pode delegar na comissão a realização da audiência prévia.

4 – Está dispensada a audiência prévia dos concorrentes quando, cumulativamente:

a) Sejam admitidas todas as propostas apresentadas;

b) O critério de adjudicação seja unicamente o do mais baixo preço.

Artigo 160.º – (**Relatório final e escolha do adjudicatário**)

1 – A comissão pondera as observações dos concorrentes e submete à aprovação da entidade competente para autorizar a despesa um relatório final fundamentado.

2 – A entidade competente para autorizar a despesa escolhe o adjudicatário, devendo a respectiva decisão ser notificada aos concorrentes, nos três dias subsequentes à data daquela decisão.

CAPÍTULO X – Ajuste directo

Artigo 161.º – (**Declaração**)

Nas locações ou aquisições de valor igual ou superior a 2500 contos efectuadas ao abrigo da alínea *b*) do n.º 3 do artigo 81.º e das alíneas *c*) a *h*) do n.º 1 do artigo 86.º, as propostas devem ser acompanhadas de declaração emitida conforme modelo constante do anexo I ao presente diploma.

Artigo 162.º – (**Negociações**)

1 – Quando as circunstâncias e o valor da aquisição o justifiquem, os serviços devem negociar as propostas apresentadas pelos concorrentes, não

198   *Legislação de Direito Financeiro*

podendo resultar das negociações condições globalmente menos favoráveis para a entidade adjudicante do que as inicialmente apresentadas.

2 – As negociações não estão sujeitas a qualquer formalidade, devendo fazer-se menção do resultado das mesmas, quando existam, no projecto de decisão final a submeter à entidade competente para autorizar a despesa.

ARTIGO 163.º – (**Adjudicação**)

Compete aos respectivos serviços submeter à entidade competente para autorizar a despesa o projecto de decisão final.

CAPÍTULO XI – **Trabalhos de concepção**

SECÇÃO I – **Disposições gerais**

ARTIGO 164.º – (**Definição**)

1 – Os contratos de concepção destinam-se a fornecer projectos ou planos, designadamente nos domínios artístico, do ordenamento do território, do planeamento urbanístico, da arquitectura e engenharia civil ou do processamento de dados.

2 – Nos procedimentos para trabalhos de concepção pode-se conferir, ou não, o direito à celebração de um contrato de prestação de serviços na sua sequência.

ARTIGO 165.º – (**Escolha do tipo de procedimento**)

1 – A escolha do tipo de procedimento para a execução de trabalhos de concepção está sujeita ao regime fixado no capítulo III do presente diploma.

2 – Para efeitos de escolha do procedimento, o valor a considerar é o total dos prémios de participação e de outros pagamentos a que os concorrentes tenham direito.

3 – Quando no procedimento se preveja a subsequente adjudicação do respectivo contrato de prestação de serviços, ao valor apurado nos termos do número anterior acresce o valor estimado desse contrato.

4 – Deve adoptar-se o concurso limitado por prévia qualificação quando a complexidade do respectivo objecto aconselhe maior exigência de qualificação dos concorrentes, designadamente experiência anterior reconhecida em domínios específicos.

I. Actividade Financeira 199

Artigo 166.° – (**Admissão de concorrentes**)

A admissão de concorrentes não pode ser restringida ao território ou a parte do território nacional nem à condição de pessoa singular ou colectiva.

Artigo 167.° – (**Anonimato dos projectos ou planos**)

1 – No concurso público e no concurso limitado por prévia qualificação, a identidade dos autores dos projectos ou planos só pode ser conhecida e revelada depois de apreciados e hierarquizados os projectos ou planos apresentados.

2 – Para efeitos do disposto no número anterior, na recepção dos projectos ou planos não deve registar-se a identidade e morada das pessoas que os entregam.

3 – A entidade que organiza o concurso e os concorrentes devem praticar todos os actos que se revelem necessários a assegurar o cumprimento do disposto no n.° 1.

SECÇÃO II – **Concurso público**

Artigo 168.° – (**Regime aplicável**)

Ao concurso público para trabalhos de concepção é aplicável o regime previsto no capítulo IV, com as necessárias adaptações e com as especialidades indicadas nos artigos seguintes.

Artigo 169.° – (**Publicitação**)

1 – O modelo de anúncio a que se refere o n.° 1 do artigo 87.° é substituído pelo modelo constante do anexo VIII ao presente diploma.

2 – No prazo de 30 dias a contar da data do despacho que determina o resultado do concurso, deve ser enviado para publicação no *Diário da República* um anúncio, conforme modelo constante do anexo IX ao presente diploma.

Artigo 170.° – (**Júri**)

1 – O júri é composto unicamente por pessoas singulares.

2 – Quando seja exigida uma habilitação profissional específica aos concorrentes, a maioria dos membros do júri deve possuir as mesmas habilitações ou habilitações equivalentes, devendo, sempre que possível, um deles ser indicado pela respectiva associação pública.

3 – A composição nominal do júri não pode ser tornada pública antes da realização do acto público de abertura dos invólucros que contêm os projectos ou planos.

200   *Legislação de Direito Financeiro*

ARTIGO 171.º – (**Modo de apresentação dos projectos ou planos**)

1 – Os projectos ou planos são apresentados em invólucro opaco e fechado, em cujo rosto se deve escrever exclusivamente a palavra «Projecto».

2 – Os documentos que devem acompanhar o projecto são apresentados noutro invólucro, também opaco e fechado, em cujo rosto se escreve exclusivamente a palavra «Documentos».

3 – Quando, de acordo com as regras do concurso, se preveja a subsequente adjudicação do respectivo contrato de prestação de serviços ao concorrente hierarquizado em primeiro lugar, deve ser elaborada proposta nos termos do artigo 47.º, a qual é apresentada noutro sobrescrito opaco e fechado, em cujo rosto se escreve exclusivamente a palavra «Proposta».

4 – Os invólucros referidos nos números anteriores são, por sua vez, guardados num outro invólucro opaco e fechado, em cujo rosto se deve identificar exclusivamente o concurso.

5 – Em nenhum dos invólucros pode constar exteriormente qualquer elemento susceptível de identificar os concorrentes.

6 – As inscrições nos invólucros devem ser dactilografadas.

ARTIGO 172.º – (**Acto público de abertura dos invólucros**)

1 – O acto público inicia-se com a identificação do concurso.

2 – No acto público o júri atribui um número a cada um dos invólucros recebidos e escreve esse número nos mesmos.

3 – O júri, à medida que procede à abertura dos invólucros exteriores, escreve nos respectivos invólucros interiores o número que foi escrito naqueles.

4 – Os invólucros que contêm os documentos e, quando for o caso, as propostas são guardados pelo presidente do júri num outro invólucro opaco e fechado, devendo ser assinado por todos os membros do júri.

5 – Depois de se ter procedido à abertura dos invólucros que contêm os projectos ou planos, o júri informa os presentes da hora, local e data da continuação do acto público, interrompendo este de seguida.

ARTIGO 173.º – (**Apreciação e hierarquização dos projectos ou planos**)

1 – O júri, em sessão privada, procede à apreciação e hierarquização dos projectos ou planos apresentados.

2 – Não devem ser hierarquizados os projectos ou planos;

a) Inseridos em invólucros que não tenham sido entregues no prazo fixado;

I. Actividade Financeira

b) Cujos concorrentes tenham fornecido elementos susceptíveis de identificar a respectiva autoria;

c) Que sejam considerados inaceitáveis.

3 – A hierarquização deve ser fundamentada em relatório elaborado pelo júri.

4 – As deliberações do júri sobre a hierarquização ou sobre a qualificação como inaceitáveis dos projectos ou planos têm carácter técnico vinculativo, não podendo, em qualquer circunstância, ser alterada depois de conhecida a identidade dos concorrentes.

ARTIGO 174.º – **(Prosseguimento do acto público)**

1 – O acto público prossegue, com as necessárias adaptações, nos termos dos artigos 100.º a 103.º

2 – No acto público, o júri:

a) Enuncia os concorrentes cujos projectos ou planos não foram hierarquizados ao abrigo do disposto no n.º 2 do artigo anterior;

b) Dá a conhecer a hierarquização dos projectos ou planos;

c) Coloca à disposição dos concorrentes ou seus representantes, durante um prazo razoável, o relatório a que se refere o n.º 3 do artigo anterior.

3 – A não hierarquização de projectos ou planos ao abrigo do n.º 2 do artigo anterior corresponde, para todos os efeitos, à exclusão de concorrentes no acto público.

ARTIGO 175.º – **(Apreciação dos concorrentes)**

Quando, de acordo com as regras do concurso, se preveja a adjudicação subsequente do respectivo contrato de prestação de serviços ao concorrente hierarquizada em primeiro lugar ou a um dos concorrentes seleccionados, o júri deve propor, no relatório a que se refere o artigo seguinte, a exclusão dos concorrentes que não comprovem a capacidade técnica e financeira adequada.

ARTIGO 176.º – **(Relatório)**

1 – O júri, em relatório fundamentado, propõe o resultado do concurso.

2 – No relatório o júri deve fundamentar as razões por que propõe a exclusão de concorrentes, bem como indicar os fundamentos que estiveram na base das exclusões efectuadas no acto público.

ARTIGO 177.º – **(Abertura do invólucro da proposta)**

Quando, de acordo com as regras do concurso, se preveja a adjudicação subsequente do respectivo contrato de prestação de serviços ao concorrente

202   *Legislação de Direito Financeiro*

hierarquizada em primeiro lugar, apenas pode ser aberto, para efeitos do disposto na alínea *h*) do n.° 1 do artigo 86.°, o invólucro da proposta apresentado por esse concorrente.

SECÇÃO III – **Concurso limitado por prévia qualificação**

ARTIGO 178.° – **(Regimes aplicáveis)**

Ao concurso limitado por prévia qualificação são aplicáveis, com as necessárias adaptações, os regimes previstos para o concurso público para trabalhos de concepção e para o concurso limitado por prévia qualificação previsto no capítulo V deste diploma.

ARTIGO 179.° – **(Disposições especiais)**

1 – Quando, de acordo com as regras do concurso, não se preveja a adjudicação subsequente do respectivo contrato de prestação de serviços ao concorrente hierarquizado em primeiro lugar, o invólucro que contém o projecto ou plano deve ser acompanhado de um outro invólucro que contenha um documento com a identificação completa do concorrente, sendo os dois invólucros encerrados num terceiro.

2 – Os critérios de selecção dos concorrentes a convidar para apresentarem projectos ou planos devem ser claros e não discriminatórios.

3 – Um terço do número máximo previsto de concorrentes que se pretende seleccionar pode ser directamente convidado para apresentar projectos ou planos sem necessidade de apresentação de candidaturas.

CAPÍTULO XII – **Recursos hierárquicos**

SECÇÃO I – **Disposições gerais**

ARTIGO 180.° – **(Prazos de interposição)**

1 – O recurso hierárquico facultativo das deliberações dos júris tomadas no acto público tem obrigatoriamente de ser interposto no próprio acto, podendo consistir em declaração ditada para a acta ou em petição escrita entregue ao júri.

2 – No caso de o recurso ter por objecto o acto de adjudicação, o prazo para a respectiva interposição é de 10 dias a contar da notificação do respectivo acto.

3 – O recurso hierárquico dos restantes actos proferidos no âmbito do presente diploma deve ser interposto no prazo de cinco dias a contar da notificação do respectivo acto.

ARTIGO 181.º – (Efeitos)

1 – Com excepção do disposto no número seguinte, a interposição do recurso hierárquico não suspende a realização das operações subsequentes do respectivo procedimento.

2 – Enquanto o recurso hierárquico não for decidido ou não tiver decorrido o prazo para o respectivo indeferimento tácito, não se pode proceder:

a) Nos concursos, à abertura, nos termos definidos no artigo 104.º, dos invólucros que contêm as propostas;

b) Nos procedimentos por negociação, à realização da sessão de negociação;

c) Em todos os procedimentos, à adjudicação.

ARTIGO 182.º – (Audiência dos contra-interessados)

1 – Só há lugar a audiência dos contra-interessados nos casos em que o recurso tenha por objecto o acto de adjudicação.

2 – Interposto o recurso do acto de adjudicação, a entidade competente para dele conhecer deve notificar, de imediato, os concorrentes que possam ser prejudicados pela sua procedência para alegarem, no prazo de cinco dias, o que tiverem por conveniente sobre o pedido e os seus fundamentos.

3 – O recorrente deve ser notificado da data em que se procedeu à notificação referida no número anterior.

ARTIGO 183.º – (Decisão dos recursos)

1 – Se o recurso for deferido, devem ser praticados os actos necessários à satisfação dos legítimos interesses do recorrente.

2 – Considera-se o recurso tacitamente indeferido se o recorrente não for notificado da decisão no prazo de 10 dias a contar:

a) Do termo do prazo fixado para a audiência dos contra-interessados, no caso do recurso ter por objecto o acto de adjudicação;

b) Da data da sua apresentação, nos restantes casos.

SECÇÃO II – Recurso das deliberações dos júris

ARTIGO 184.º – (No âmbito do acto público)

1 – Das deliberações dos júris tomadas no acto público cabe recurso hierárquico facultativo, independentemente de prévia reclamação.

2 – As alegações do recurso devem ser apresentadas no prazo de cinco dias a contar do termo do acto público ou da entrega da certidão onde conste a deli-

204 *Legislação de Direito Financeiro*

beração objecto do recurso, desde que aquela seja solicitada nos três dias subsequentes ao termo do acto público.

ARTIGO 185.º – **(Outras deliberações dos júris)**

As restantes deliberações dos júris que não sejam tomadas no âmbito do acto público podem ser objecto de recurso hierárquico facultativo independentemente de prévia reclamação, devendo as respectivas alegações ser apresentadas junto com o recurso.

ARTIGO 186.º – **(Entidade competente)**

O recurso deve ser interposto para o membro do Governo competente, quando o contrato deva ser celebrado pelo Estado ou pelas Regiões Autónomas, ou para o órgão executivo máximo da respectiva entidade pública, nos restantes casos.

SECÇÃO III – Recurso das deliberações das comissões

ARTIGO 187.º – **(Objecto)**

As deliberações das comissões podem ser objecto de recurso hierárquico facultativo, independentemente de apresentação de prévia reclamação.

ARTIGO 188.º – **(Entidade competente)**

1 – Quando o contrato deva ser celebrado pelo Estado ou pelas Regiões Autónomas, o recurso deve ser interposto para o órgão ou dirigente máximo do serviço que procedeu à abertura do procedimento ou, se aquele dirigente for membro da comissão, para o membro do Governo competente.

2 – Quando o contrato deva ser celebrado por pessoa colectiva diferente do Estado ou da Região Autónoma, o recurso deve ser interposto para o órgão executivo máximo da respectiva entidade pública.

SECÇÃO IV – Recurso de outras decisões

ARTIGO 189.º – **(Regime aplicável)**

Sem prejuízo do regime previsto nos artigos 180.º a 183.º, os actos proferidos no âmbito do presente diploma que não sejam da autoria dos júris ou das comissões são recorríveis nos termos gerais de direito.

I. Actividade Financeira

CAPÍTULO XIII – Disposições especiais de natureza comunitária

SECÇÃO I – Âmbito

ARTIGO 190.° – (Locação e fornecimento de bens móveis)

As regras do presente capítulo são aplicáveis, cumulativamente com as disposições dos capítulos anteriores, às locações ou aquisições de bens móveis efectuadas:

a) Pelo Estado, quando o valor estimado dos contratos seja igual ou superior ao equivalente em euros a 130000 direitos de saque especiais (DSE);

b) Pelas entidades referidas nas alíneas *b*) a *e*) do artigo 2.° e no n.° 1 do artigo 3.°, quando o valor estimado dos contratos seja igual ou superior ao equivalente em curas a 200 000 DSE.

ARTIGO 191.° – (Fornecimento de serviços e trabalhos de concepção)

1 – As regras do presente capítulo são aplicáveis, cumulativamente com as disposições dos capítulos anteriores, às aquisições de serviços incluídos no anexo V efectuadas:

a) Pelo Estado quando o valor dos contratos seja igual ou superior ao equivalente em euros a 130 000 DSE;

b) Pelas entidades referidas nas alíneas *b*) a *e*) do artigo 2.° e no n.° 1 do artigo 3.° quando o valor estimado dos contratos seja igual ou superior a 200 000 euros.

2 – As regras do presente capítulo são, igualmente, aplicáveis, cumulativamente com as disposições dos capítulos anteriores, às aquisições de serviços incluídos no anexo VI efectuadas pelas entidades referidas no artigo 2.° e no n.° 1 do artigo 3.° quando o valor dos contratos seja igual ou superior a 200 000 euros.

3 – O disposto nos n.os 1, 3 e 4 do artigo 196.° é aplicável, cumulativamente com as disposições dos capítulos anteriores, às aquisições de serviços incluídos no anexo VII efectuadas pelas entidades referidas no artigo 2.° e no n.° 1 do artigo 3.° quando o valor dos contratos seja igual ou superior a 200 000 euros.

4 – O disposto nos números anteriores é aplicável, consoante o caso, aos concursos para trabalhos de concepção:

a) Cujos valores dos prémios e de outros pagamentos a que os participantes tenham direito, nos termos do respectivo regulamento, sejam iguais ou superiores aos fixados nesses números;

b) Que sejam organizados no âmbito de um processo que tenha por objecto

206 *Legislação de Direito Financeiro*

a aquisição de serviços mencionados nesses números e cujos valores sejam iguais ou superiores aos neles fixados.

ARTIGO 192.º – **(Contratos de serviços mistos)**

Os contratos que tenham simultaneamente por objecto a aquisição de serviços constantes dos anexos V, VI ou VII devem ser celebrados de acordo com o regime previsto para a componente de maior expressão financeira.

ARTIGO 193.º – **(Fornecimentos no domínio da defesa)**

O disposto no presente capítulo é aplicável às locações ou aquisições de bens no domínio da defesa, cumulativamente com as disposições dos capítulos anteriores, nos seguintes casos:

a) Relativamente aos produtos constantes do anexo II da Directiva n.º 93/36/CEE, do Conselho, de 14 de Junho, publicada no *Jornal Oficial das Comunidades Europeias,* de 9 de Agosto de 1993, quando o valor estimado do contrato seja igual ou superior ao equivalente em euros a 130 000 DSE;

b) Relativamente aos restantes produtos, quando o valor estimado do contrato seja igual ou superior ao equivalente em euros a 200 000 DSE, sem prejuízo do disposto na alínea *h)* do n.º 1 do artigo 77.º

SECÇÃO II – **Publicações**

ARTIGO 194.º – **(Anúncios de procedimentos)**

1 – Nos procedimentos em que haja lugar à publicação de anúncio no *Diário da República* devem as entidades adjudicantes proceder também ao seu envio para o Serviço de Publicações Oficiais das Comunidades Europeias.

2 – Os anúncios previstos no presente diploma para publicação no *Diário da República* e no *Jornal Oficial das Comunidades Europeias* são de conteúdo idêntico.

3 – Os anúncios a publicar no *Diário da República* não podem conter outras informações para além daquelas que são publicadas no *Jornal Oficial das Comunidades Europeias.*

4 – Os anúncios a que se referem os números anteriores, bem como os que se destinam à imprensa nacional, devem ser enviados para publicação no mesmo dia, não podendo, em caso algum, a publicação anteceder o envio do anúncio para o Serviço de Publicações Oficiais das Comunidades Europeias.

5 – Em caso de desfasamento temporal, prevalece a data do envio do anúncio para o Serviço de Publicações Oficiais das Comunidades Europeias.

I. Actividade Financeira

6 – Os anúncios são enviados o mais rapidamente possível e pela via considerada adequada, devendo-o ser por telex, telegrama ou telefax, no caso de procedimentos urgentes.

ARTIGO 195.º – (**Anúncio indicativo**)

1 – No mais curto prazo possível após o início de cada exercício orçamental, devem as entidades adjudicantes enviar para o Serviço de Publicações Oficiais das Comunidades Europeias um anúncio indicativo, conforme modelo constante do anexo X ao presente diploma, no qual se mencione o total dos contratos de prestação de serviços incluídos nos anexos V e VI ou de aquisição de bens que tencionam celebrar durante os 12 meses seguintes, sempre que o seu valor total, estimado nos termos dos artigos 23.º a 25.º, seja igual ou superior a 750 000 euros.

2 – Quando os procedimentos sejam publicitados nos termos do número anterior, só é permitida redução de prazos prevista nos n.ᵒˢ 2 dos artigos 95.º e 122.º desde que, cumulativamente:

a) O anúncio indicativo tenha sido enviado para o Serviço de Publicações Oficiais das Comunidades Europeias com uma antecedência mínima de 52 dias e máxima de 12 meses em relação à data do envio para aquele Serviço do anúncio de abertura do respectivo procedimento;

b) O anúncio indicativo inclua as informações exigidas para os anúncios de abertura do respectivo procedimento;

c) Essas informações estejam disponíveis no momento da publicação do anúncio indicativo.

ARTIGO 196.º – (**Anúncio de resultados**)

1 – No prazo de 48 dias após cada adjudicação, devem as entidades adjudicantes enviar ao Serviço de Publicações Oficiais das Comunidades Europeias um anúncio com os respectivos resultados, conforme modelo constante do anexo XI ao presente diploma.

2 – No caso de concursos para trabalhos de concepção, o anúncio a que se refere o n.º 2 do artigo 169.º deve ser enviado simultaneamente ao Serviço de Publicações Oficiais das Comunidades Europeias.

3 – No caso de aquisição de serviços constantes do anexo VII, o anúncio de resultados previsto no n.º 1 deve indicar expressamente se a entidade adjudicante concorda ou não com a publicação no *Jornal Oficial das Comunidades Europeias*.

4 – Em todos os casos em que a divulgação de informações relativas a adjudicações possa obstar à aplicação da lei, ser contrária ao interesse público, prejudicar os legítimos interesses comerciais dos fornecedores ou a concorrência leal entre eles, essas informações podem não ser publicadas.

ARTIGO 197.º – (Dimensão dos anúncios e comprovação da data de envio)

Cada anúncio não pode exceder uma página do *Jornal Oficial das Comunidades Europeias,* a que correspondem cerca de 650 palavras, devendo as entidades adjudicantes poder comprovar a respectiva data de envio.

SECÇÃO III – Comunicações e relatórios

ARTIGO 198.º – (Comunicações)

1 – A pedido da Comissão Europeia, devem as entidades adjudicantes fornecer os seguintes elementos:

a) Relatórios de contratos a que se refere o artigo seguinte;

b) Relatórios referentes às situações previstas nas alíneas *b)* e *c)* do artigo 84.º;

c) Os fundamentos referidos no n.º 9 do artigo 43.º

2 – As entidades adjudicantes devem ainda comunicar à Comissão Europeia a rejeição de propostas por os preços serem considerados anormalmente baixos, nos termos dos n.ºˢ 4 e 5 do artigo 55.º

3 – Deve ser comunicada no Serviço de Publicações Oficiais das Comunidades Europeias a decisão de não adjudicação de um contrato objecto de um concurso ou de um procedimento por negociação ou a decisão de recomeçar o processo, bem como as respectivas razões.

ARTIGO 199.º – (Relatórios de contratos)

Por cada contrato celebrado devem as entidades adjudicantes elaborar um relatório do qual constem, designadamente, os seguintes elementos:

a) Nome e endereço da entidade adjudicante;

b) Objecto e valor do contrato;

c) Nomes dos concorrentes admitidos e respectivos fundamentos;

d) Nomes dos concorrentes não admitidos e respectivos fundamentos;

e) Nome do concorrente escolhido e respectivos fundamentos;

f) Indicação da parte do contrato a subcontratar;

g) Razões para a escolha do procedimento por negociação, com ou sem publicação de anúncio, do procedimento com consulta prévia ou do procedimento por ajuste directo.

I. Actividade Financeira

CAPÍTULO XIV – **Disposições finais e transitórias**

ARTIGO 200.º – **(Relatórios estatísticos)**

1 – Compete à Direcção-Geral do Património elaborar e remeter à Comissão Europeia, até 31 de Outubro de cada ano, os relatórios estatísticos a que se referem os artigos 39.º e 31.º, respectivamente, das Directivas n.ºs 92/50/CEE, do Conselho, de 18 de Junho, e 93/36/CEE, do Conselho, de 14 de Junho, com a redacção que lhes foi introduzida pela Directiva n.º 97/52/CE, do Parlamento Europeu e do Conselho, de 13 de Outubro.

2 – Para efeitos do disposto no número anterior, as entidades abrangidas pelo presente diploma devem remeter àquela Direcção-Geral, até 31 de Março de cada ano, todos os dados estatísticos necessários à elaboração dos relatórios.

ARTIGO 201.º – **(Confidencialidade das informações)**

As entidades públicas devem, nos termos do disposto na lei sobre acesso a documentos da Administração, salvaguardar o carácter confidencial dos documentos e informações fornecidos pelos concorrentes.

ARTIGO 202.º – **(Alteração de quantitativos e IVA)**

1 – As importâncias fixadas no presente diploma em moeda nacional devem ser objecto de actualização de dois em dois anos.

2 – A referência a todas as importâncias nas disposições do presente diploma não inclui o imposto sobre o valor acrescentado (IVA).

ARTIGO 203.º – **(Foro competente)**

As questões emergentes da aplicação do regime previsto no presente diploma, incluindo as relações de natureza contratual, devem ser submetidas à legislação portuguesa e ao foro do tribunal português competente, sem prejuízo da sua submissão a tribunal arbitral quando o mesmo seja admitido nos termos da lei e do contrato.

ARTIGO 204.º – **(Modelos)**

1 – O Ministro das Finanças pode aprovar, por portaria, modelos para prestação de caução, bem como modelos de programas de procedimentos, cadernos de encargos e contratos.

2 – Os modelos referidos no número anterior não são de utilização obrigatória.

Legislação de Direito Financeiro

ARTIGO 205.° – **(Empreitadas de obras públicas)**

1 – Quando, nos termos fixados no regime do contrato administrativo de empreitadas de obras públicas, a escolha prévia do tipo de procedimento deva ser feita independentemente do valor da despesa, essa escolha carece de aprovação prévia do respectivo ministro, desde que o valor do contrato seja igual ou superior a 20 000 contos e não exceda sua competência para autorizar despesas.

2 – Para efeitos da aplicação do presente diploma, só é permitida a divisão de uma empreitada em partes desde que cada uma delas respeite a um tipo de trabalho tecnicamente diferenciado dos restantes ou deva ser executada com intervalo de um ano ou mais relativamente às outras.

3 – O disposto no n.° 1 não é aplicável às entidades referidas nas alíneas *d*) a *e*) do artigo 2.°

ARTIGO 206.° – **(Legislação subsidiária)**

A tudo o que não esteja especialmente previsto no presente diploma aplica-se, subsidiariamente, o Código do Procedimento Administrativo.

ARTIGO 207.° – **(Norma revogatória)**

São revogados o Decreto-Lei n.° 55/95, de 29 de Março, e o artigo 6.° do Decreto-Lei n.° 390/82, de 17 de Setembro.

ARTIGO 208.° – **(Regime transitório)**

As entidades a que se refere a alínea *b*) do artigo 2.° que se encontrem enumeradas no anexo I da Directiva n.° 93/36/CEE, do Conselho, de 14 de Junho, publicada no *Jornal Oficial das Comunidades Europeias,* de 9 de Agosto de 1993, ficam sujeitas ao regime previsto para o Estado no capítulo XIII, enquanto figurarem no elenco desse anexo.

ARTIGO 209.° – **(Entrada em vigor)**

1 – O presente diploma entra em vigor no prazo de 60 dias após a data da sua publicação.

2 – O presente diploma não se aplica aos procedimentos iniciados em data anterior à da sua entrada em vigor.

I. Actividade Financeira

Visto e aprovado em Conselho de Ministros de 19 de Fevereiro de 1999. – *António Manuel de Oliveira Guterres – António Luciano Pacheco de Sousa Franco – João Cardona Gomes Cravinho.*

Promulgado em 14 de Maio de 1999.
Publique-se.
O Presidente da República, JORGE SAMPAIO.

Referendado em 25 de Maio de 1999.
O Primeiro-Ministro, *António Manuel de Oliveira Guterres.*

ANEXO I
Modelo de declaração
(artigo 33.°, n.° 2)

1 – ... (1), titular do bilhete de identidade n.°..., residente em ..., na qualidade de representante legal de... (2), declara, sob compromisso de, honra, que a sua representada (3):

a) Se encontra em situação regularizada relativamente a dívidas por impostos ao Estado Português;

b) Se encontra em situação regularizada relativamente a dívidas por impostos à Região Autónoma ou autarquia local adjudicante (4);

c) Se encontra em situação regularizada relativamente a dívidas por contribuições para a segurança social em Portugal (ou no Estado de que é nacional ou onde se encontra estabelecido/a) (5);

d) Não se encontra em estado de falência, de liquidação ou de cessação de actividade, nem tem o respectivo processo pendente;

e) Não foi condenado/a, por sentença transitada em julgado, por qualquer delito que afecte a sua honorabilidade profissional nem foi disciplinarmente punido/a por falta grave em matéria profissional (6);

f) Não foi objecto de aplicação da sanção acessória prevista na alínea e) do n.° 1 do artigo 21.° do Decreto-Lei n.° 433/82, de 27 de Outubro, com a redacção introduzida pelo Decreto-Lei n.° 244/95, de 14 de Setembro (7);

g) Não foi objecto de aplicação da sanção acessória prevista no n.° 1 do artigo 5.° do Decreto-Lei n.° 396/91, de 16 de Outubro (7);

h) Não foi objecto de aplicação de sanção administrativa ou judicial pela utilização ao seu serviço de mão-de-obra legalmente sujeita ao pagamento de impostos e contribuições para a segurança social não declarada nos termos das normas que imponham essa obrigação, em Portugal (ou no Estado membro da União Europeia de que é nacional ou onde se encontra estabelecido/a) (8).

2 – O declarante tem pleno conhecimento de que a prestação de falsas declarações implica a exclusão da proposta apresentada, bem como da participação à entidade competente para efeitos de procedimento penal.

3 – Quando o entidade adjudicante o solicitar, o concorrente obriga-se, nos termos fixados no artigo 39.º do Decreto-Lei n.º 196/99, de 8 de Junho, a apresentar documentos comprovativos de qualquer das situações referidas no n.º 1 desta declaração.

4 – O declarante tem ainda pleno conhecimento de que a não apresentação dos documentos solicitados nos termos do número anterior, por motivo que lhe seja imputável, determina, para além da sua exclusão do procedimento ou da anulação da adjudicação que eventualmente lhe seja efectuada, consoante o caso, a impossibilidade de, durante dois anos, concorrer a procedimentos abertos pelo serviço ou organismo adjudicante.

... [data e assinatura (9)].

(1) Identificação do concorrente pessoa singular ou do/s representante/s legal/ais do concorrente, se se tratar de pessoa colectiva.

(2) Só aplicável a concorrentes pessoas colectivas.

(3) No caso de concorrente pessoa singular suprimir a expressão «a sua representada».

(4) Só aplicável quando a entidade adjudicante seja uma Região Autónoma ou autarquia local.

(5) Declarar consoante a situação.

(6) Indicar se, entretanto, ocorreu a respectiva reabilitação.

(7) Se foi objecto dessa sanção, indicar se já decorreu o período de inabilidade legalmente previsto.

(8) Se foi objecto dessa sanção, indicar se já decorreu o prazo de prescrição legalmente previsto.

(9) Assinatura do concorrente pessoa singular ou do/s representante/s legal/ais do concorrente, se se tratar de pessoa colectiva.

I. Actividade Financeira

ANEXOS II, III e IV([1])
Anúncio de pré-informação

Obras ☐
Fornecimentos ☐
Serviços ☐

O concurso está abrangido pelo Acordo sobre Contratos Públicos (ACP)?
NÃO ☐   SIM ☐

SECÇÃO I: ENTIDADE ADJUDICANTE

I.1) Designação e endereço oficiais da entidade adjudicante

Organismo	Á atenção de
Endereço	Código postal
Localidade/Cidade	País
Telefone	Fax
Correio electrónico	Endereço internet (URL)

I.2) Endereço onde podem ser obtidas informações adicionais
Indicado em I.1 ☐   Se distinto, ver anexo A

I.3) Tipo de entidade adjudicante
Governo central ☐   Instituição Europeia ☐
Autoridade regional/local ☐   Organismo de direito público ☐
Outro ☐

SECÇÃO II: OBJECTO DO CONCURSO   OBRAS ☐

II.1) DESIGNAÇÃO DADA AO CONTRATO PELA ENTIDADE ADJUDICANTE

II.2) LOCAL DE EXECUÇÃO

Código NUTS _____
II.3) NOMENCLATURA
II.3.1) Classificação CPV (Common Procurement Vocabulary) *

	Vocabulário principal	Vocabulário complementar (se aplicável)
Objecto principal	☐☐ ☐☐ ☐☐ ☐☐-☐	☐☐☐☐-☐ ☐☐☐☐-☐ ☐☐☐☐-☐
Objectos complementares	☐☐ ☐☐ ☐☐ ☐☐-☐	☐☐☐☐-☐ ☐☐☐☐-☐ ☐☐☐☐-☐
	☐☐ ☐☐ ☐☐ ☐☐-☐	☐☐☐☐-☐ ☐☐☐☐-☐ ☐☐☐☐-☐
	☐☐ ☐☐ ☐☐ ☐☐-☐	☐☐☐☐-☐ ☐☐☐☐-☐ ☐☐☐☐-☐
	☐☐ ☐☐ ☐☐ ☐☐-☐	☐☐☐☐-☐ ☐☐☐☐-☐ ☐☐☐☐-☐

II.3.2) Outra nomenclatura relevante (NACE): _____
II.4) NATUREZA E EXTENSÃO DA OBRA _____

([1]) Os modelos dos anexos II, III, IV, VII, IX, X e XI foram alterados pelo Decreto-
-Lei n.° 245/2003, de 7 de Outubro.

II.5) CUSTO ESTIMADO DA OBRA SEM IVA *(se conhecido)*

Entre _____ e _____ Moeda: _____

II.6) DATAS PREVISTAS *(se conhecidas)*

Do lançamento do concurso □□/□□/□□□□ *(dd/mm/aaaa)*

Do início das obras □□/□□/□□□□ *(dd/mm/aaaa)*

II.7) DATA PREVISTA DE CONCLUSÃO *(se conhecida)* □□/□□/□□□□ *(dd/mm/aaaa)*

II.8) MODALIDADES ESSENCIAIS DE FINANCIAMENTO E DE PAGAMENTO *(se conhecidas)*

_____

II.9) OUTRAS INFORMAÇÕES *(se aplicável)* _____

_____

(Para fornecer informações suplementares sobre os lotes, utilizar o anexo B sempre que necessário)

SECÇÃO II: OBJECTO DO CONCURSO

FORNECIMENTOS □

SERVIÇOS □

II.1) DESIGNAÇÃO DADA AO CONCURSO PELA ENTIDADE ADJUDICANTE

_____

II.2) NOMENCLATURA _____

II.2.1) Classificação CPV (Common Procurement Vocabulary) *

	Vocabulário principal	Vocabulário complementar *(se aplicável)*
Objecto principal	□□ □□ □□ □□-□	□□□□-□ □□□□-□ □□□□-□
Objectos complementares	□□ □□ □□ □□-□	□□□□-□ □□□□-□ □□□□-□
	□□ □□ □□ □□-□	□□□□-□ □□□□-□ □□□□-□
	□□ □□ □□ □□-□	□□□□-□ □□□□-□ □□□□-□
	□□ □□ □□ □□-□	□□□□-□ □□□□-□ □□□□-□

II.2.2) Outra nomenclatura relevante (CPA/CPC)**

II.2.3) Categoria de serviços □□

II.3) NATUREZA E QUANTIDADE OU VALOR DOS BENS OU SERVIÇOS PARA CADA UMA DAS CATEGORIAS DE SERVIÇOS

_____

II.4) DATA PREVISTA DO LANÇAMENTO DO CONCURSO *(se conhecida)*

□□/□□/□□□□ *(dd/mm/aaaa)*

II.5) OUTRAS INFORMAÇÕES *(se aplicável)*

_____

II.1) DESIGNAÇÃO DADA AO CONCURSO PELA ENTIDADE ADJUDICANTE

_____

II.2) NOMENCLATURA

II.2.1) Classificação CPV (Common Procurement Vocabulary) *

	Vocabulário principal	Vocabulário complementar *(se aplicável)*
Objecto principal	□□ □□ □□ □□-□	□□□□-□ □□□□-□ □□□□-□
Objectos complementares	□□ □□ □□ □□-□	□□□□-□ □□□□-□ □□□□-□
	□□ □□ □□ □□-□	□□□□-□ □□□□-□ □□□□-□
	□□ □□ □□ □□-□	□□□□-□ □□□□-□ □□□□-□
	□□ □□ □□ □□-□	□□□□-□ □□□□-□ □□□□-□

II.2.2) Outra nomenclatura relevante (CPA/CPC)** _____

II.2.3) Categoria de serviços □□

I. Actividade Financeira

II.3) NATUREZA E QUANTIDADE OU VALOR DOS BENS OU SERVIÇOS PARA CADA UMA DAS CATEGORIAS DE SERVIÇOS

II.4) DATA PREVISTA DO LANÇAMENTO DO CONCURSO *(se conhecida)*

□□/□□/□□□□ *(dd/mm/aaaa)*

II.5) OUTRAS INFORMAÇÕES *(se aplicável)*

(Para fornecer informações sobre os lotes, utilize o número de exemplares do anexo B necessários)

(Utilizar a presente secção as vezes necessárias)

SECÇAO IV: INFORMAÇOES DE CARACTER ADMINISTRATIVO

IV.1) NÚMERO DE REFERÊNCIA ATRIBUÍDO AO PROCESSO PELA ENTIDADE ADJUDICANTE

SECÇÃO VI: INFORMAÇÕES ADICIONAIS

VI.1) Trata-se de um anúncio não obrigatório?

NÃO □   SIM □

VI.2) O PRESENTE CONTRATO ENQUADRA-SE NUM PROJECTO/PROGRAMA FINANCIADO PELOS FUNDOS COMUNITÁRIOS?

NÃO □   SIM □

Em caso afirmativo, indicar o projecto/programa, bem como qualquer referência útil _____

VI.3) DATA DE ENVIO DO PRESENTE ANÚNCIO   □□/□□/□□□□ *(dd/mm/aaaa)*

* cfr. descrito no Regulamento CPV 2195/2002, publicado no JOCE nº L340 de 16 de Dezembro, para os contratos de valor igual ou superior ao limiar europeu

** cfr. descrito no Regulamento 3696/93, publicado no JOCE nº L342 de 31 de Dezembro, alterado pelo Regulamento 1232/08 da Comissão de 17 de Junho, publicado no JOCE n.º L177, de 22 de Junho

ANEXO A

1.2) Endereço onde podem ser obtidas informações adicionais

Organismo	À atenção de
Endereço	Código postal
Localidade/Cidade	País
Telefone	Fax
Correio electrónico	Endereço internet (URL)

ANEXO B
ANÚNCIO DE PRÉ-INFORMAÇÃO/INFORMAÇÃO SOBRE OS LOTES

LOTE N° ☐☐

1) Nomenclatura

1.1) Classificação CPV (Common Procurement Vocabulary) *

	Vocabulário principal	Vocabulário complementar *(se aplicável)*
Objecto principal	☐☐ ☐☐ ☐☐ ☐☐-☐	☐☐☐☐-☐ ☐☐☐☐-☐ ☐☐☐☐-☐
Objectos	☐☐ ☐☐ ☐☐ ☐☐-☐	☐☐☐☐-☐ ☐☐☐☐-☐ ☐☐☐☐-☐
complementares	☐☐ ☐☐ ☐☐ ☐☐-☐	☐☐☐☐-☐ ☐☐☐☐-☐ ☐☐☐☐-☐
	☐☐ ☐☐ ☐☐ ☐☐-☐	☐☐☐☐-☐ ☐☐☐☐-☐ ☐☐☐☐-☐
	☐☐ ☐☐ ☐☐ ☐☐-☐	☐☐☐☐-☐ ☐☐☐☐-☐ ☐☐☐☐-☐

1.2) Outra nomenclatura relevante (NACE/CPA/CPC) _____

2) Natureza e extensão _____

3) Custo previsto *(sem IVA)*: _____ Moeda: _____

4) Datas previstas *(se conhecidas)*

Do lançamento do concurso ☐☐/☐☐/☐☐☐☐ *(dd/mm/aaaa)*

Do início da execução/fornecimento ☐☐/☐☐/☐☐☐☐ *(dd/mm/aaaa)*

5) Data de conclusão *(se conhecida)*☐☐/☐☐/☐☐☐☐ *(dd/mm/aaaa)*

LOTE N° ☐☐

1) Nomenclatura

1.1) Classificação CPV (Common Procurement Vocabulary) *

	Vocabulário principal	Vocabulário complementar *(se aplicável)*
Objecto principal	☐☐ ☐☐ ☐☐ ☐☐-☐	☐☐☐☐-☐ ☐☐☐☐-☐ ☐☐☐☐-☐
Objectos	☐☐ ☐☐ ☐☐ ☐☐-☐	☐☐☐☐-☐ ☐☐☐☐-☐ ☐☐☐☐-☐
complementares	☐☐ ☐☐ ☐☐ ☐☐-☐	☐☐☐☐-☐ ☐☐☐☐-☐ ☐☐☐☐-☐
	☐☐ ☐☐ ☐☐ ☐☐-☐	☐☐☐☐-☐ ☐☐☐☐-☐ ☐☐☐☐-☐
	☐☐ ☐☐ ☐☐ ☐☐-☐	☐☐☐☐-☐ ☐☐☐☐-☐ ☐☐☐☐-☐

1.2) Outra nomenclatura relevante (NACE/CPA/CPC)* _____

2) Natureza e extensão _____

3) Custo previsto *(sem IVA)*: _____ Moeda: _____

4) Datas previstas *(se conhecidas)*

Do lançamento do concurso ☐☐/☐☐/☐☐☐☐ *(dd/mm/aaaa)*

Do início da execução/fornecimento ☐☐/☐☐/☐☐☐☐ *(dd/mm/aaaa)*

5) Data de conclusão *(se conhecida)*☐☐/☐☐/☐☐☐☐ *(dd/mm/aaaa)*

Utilizar o presente anexo as vezes necessárias

* CPV cfr. descrito no Regulamento CPV 2195/2002, publicado no JOCE nº L340 de 16 de Dezembro, para os contratos de valor igual ou superior ao limiar europeu

** CPC/CPA cfr. descrito no Regulamento 3696/93, publicado no JOCE nº L342 de 31 de Dezembro, alterado pelo Regulamento 1232/98 da Comissão de 17 de Junho, publicado no JOCE nº L177, de 22 de Junho

I. *Actividade Financeira*

ANEXO V
Serviços a que se refere o n.° 1 do artigo 191.°

Categoria	Serviços
1	Serviços de manutenção e de reparação.
2	Serviços de transporte terrestre [1] incluindo os serviços de veículos blindados e serviços de mensagens, com excepção do transporte de correio.
3	Serviços de transporte aéreo de passageiros e mercadorias, com excepção do transporte de correio.
4	Transporte terrestre [1] e aéreo de correio.
6	Serviços financeiros: a) Serviços de seguros; b) Serviços bancários e de investimento [2].
7	Serviços informáticos e afins.
9	Serviços de contabilidade, auditoria e escrituração.
10	Serviços de estudos de mercado e de sondagem da opinião pública.
11	Serviços de consultoria em gestão e afins [3].
12	Serviços de arquitectura, serviços de engenharia e serviços de engenharia integrados. Planeamento urbano e serviços de arquitectura paisagísticos. Serviços de consultoria científica e técnicas afins. Serviços técnicos de ensaio e análise.
13	Serviços publicitários.
14	Serviços de limpeza de edifícios e serviços de gestão de imóveis.
15	Serviços de edição e de impressão à obra ou de forma continuada.
16	Esgotos e eliminação de resíduos; serviços de saneamento e afins.

[1] Com excepção dos serviços de transporte ferroviário visado na categoria 18.
[2] Com excepção dos serviços previstos na alínea d) do n.° 1 do artigo 77.°
[3] Com excepção dos serviços previstos na alínea c) do n.° 1 do artigo 77.°

ANEXO VI
Serviços a que se refere o n.° 2 do artigo 191.°

Categoria	Serviços
5	Serviço de telecomunicações [1].
8	Serviços de investigação e desenvolvimento [2].

[1] Com excepção dos serviços previstos na alínea b) do n.° 1 do artigo 77.°
[2] Com excepção dos serviços previstos na alínea e) do n.° 1 do artigo 77.°

ANEXO VII
Serviços a que se refere o n.° 3 do artigo 191.°

Categoria	Serviços
17	Serviços de hotelaria e restauração.
18	Serviços de transporte ferroviário.
19	Serviços de transporte marítimo e fluvial.
20	Serviços conexos e auxiliares dos transportes.
21	Serviços jurídicos.
22	Serviços de colocação e fornecimento de pessoal.
23	Serviços de investigação e de segurança com excepção dos serviços de veículos blindados.
24	Serviços de educação e formação profissional.
25	Serviços de saúde e de carácter social.
26	Serviços de carácter recreativo, cultural e desportivo.
27	Outros serviços.

218 *Legislação de Direito Financeiro*

ANEXO VIII
Anúncio de concurso de concepção

Serviços   □
Serviços Especiais   □

SECÇÃO I: ENTIDADE ADJUDICANTE

I.1) Designação e endereço oficiais da entidade adjudicante

Organismo	A atenção de
Endereço	Código postal
Localidade/Cidade	País
Telefone	Fax
Correio electrónico	Endereço internet (URL)

I.2) Endereço onde podem ser obtidas informações adicionais

    Indicado em I.1 □   *Se distinto, ver anexo A*

I.3) Endereço onde pode ser obtida a documentação

    Indicado em I.1 □   *Se distinto, ver anexo A*

I.4) Endereço para onde devem ser enviados os projectos/pedidos de participação

    Indicado em I.1 □   *Se distinto, ver anexo A*

I.5) Tipo de entidade adjudicante

Governo central □	Instituição Europeia □
Autoridade regional/local □	Organismo de direito público □
Outro □	

SECÇÃO II: OBJECTO DO CONCURSO

II.1) Descrição do projecto

II.1.1) Designação dada ao contrato pela entidade adjudicante _____

II.1.2) Descrição _____

II.1.3) Local de execução _____
    Código NUTS _____

II.1.4) Nomenclatura

II.1.4.1) Classificação CPV (Common Procurement Vocabulary) *

	Vocabulário principal	Vocabulário complementar *(se aplicável)*
Objecto principal	□□.□□.□□.□□-□	□□□□-□ □□□□-□ □□□□-□
Objectos complementares	□□.□□.□□.□□-□	□□□□-□ □□□□-□ □□□□-□
	□□.□□.□□.□□-□	□□□□-□ □□□□-□ □□□□-□
	□□.□□.□□.□□-□	□□□□-□ □□□□-□ □□□□-□
	□□.□□.□□.□□-□	□□□□-□ □□□□-□ □□□□-□

II.1.4.2) Outra nomenclatura relevante (CPC)** _____

_____

    Categoria de serviço □□

SECÇÃO III: INFORMAÇÕES DE CARÁCTER JURÍDICO, ECONÓMICO, FINANCEIRO E TÉCNICO

III.1) Critérios de selecção dos participantes *(se aplicável)*

_____

III.2) A participação está reservada a uma determinada profissão *(se aplicável)*?
    NÃO □   SIM □
    Em caso afirmativo, indicar qual _____

I. Actividade Financeira

SECÇÃO IV: PROCEDIMENTOS

IV.1) Tipo de procedimento

Concurso público ☐   Concurso limitado ☐

IV.1.1) Número (ou intervalo de variação) de participantes que se prevê convidar *(se aplicável)*

Número: ☐☐   ou   Mínimo: ☐☐/máximo: ☐☐

IV.1.1.1) Nomes dos participantes já seleccionados *(se aplicável)*

1. _____
2. _____
3. _____
4. _____
5. _____
6. _____
7. _____

IV.2) Critérios de avaliação dos projectos

_____
_____

IV.3) Informações de carácter administrativo

IV.3.1) Número de referência atribuído ao projecto pela entidade adjudicante *

_____

IV.3.2) Condições para a obtenção de documentos contratuais e adicionais

Data limite de obtenção ☐☐/☐☐/☐☐☐☐ *(dd/mm/aaaa)*
Custo *(se aplicável)* _____   Moeda: _____
Condições e forma de pagamento _____
_____

IV.3.3) Prazo para recepção dos projectos ou dos pedidos de participação

☐☐/☐☐/☐☐☐☐ *(dd/mm/aaaa)* ou ☐☐☐ dias a contar do envio do anúncio
Hora *(se aplicável)* _____

IV.3.4) Envio dos convites de participação aos candidatos seleccionados *(nos concursos limitados)*

Data prevista ☐☐/☐☐/☐☐☐☐ *(dd/mm/aaaa)*

IV.3.5) Língua ou línguas que podem ser utilizadas pelos candidatos

ES	DA	DE	EL	EN	FR	IT	NL	PT	FI	SV	Outra – país terceiro
☐	☐	☐	☐	☐	☐	☐	☐	☐	☐	☐	_____

IV.4) Prémios e júri

IV.4.1) Número e valor dos prémios a atribuir *(se aplicável)*

_____

IV.4.2) Se aplicável, informações sobre os pagamentos a todos os participantes

_____

IV.4.3) O contrato de prestação de serviços celebrado na sequência de um concurso de concepção deve ser atribuído ao vencedor ou a um dos vencedores deste concurso?

NÃO ☐   SIM ☐

IV.4.4) A entidade adjudicante está vinculada à decisão do júri?

NÃO ☐   SIM ☐

IV.4.5) Nomes dos membros do júri seleccionados *(se aplicável)*

_____

SECÇÃO VI: INFORMAÇÕES ADICIONAIS

VI.1) Trata-se de um anúncio não obrigatório?

NÃO ☐   SIM ☐

VI.2) O presente concurso de concepção enquadra-se num projecto/programa financiado pelos fundos estruturais comunitários?

NÃO ☐   SIM ☐
Em caso afirmativo, indicar o projecto/programa, assim como qualquer referência útil _____
_____
_____

VI.3) OUTRAS INFORMAÇÕES *(se aplicável)*

_____
_____

VI.4) DATA DE ENVIO DO PRESENTE ANÚNCIO ☐☐/☐☐/☐☐☐☐ *(dd/mm/aaaa)*

* cfr. descrito no Regulamento CPV 2195/2002, publicado no JOCE nº L340 de 16 de Dezembro, para os contratos de valor igual ou superior ao limiar europeu

** cfr. descrito no Regulamento 3696/93, publicado no JOCE nº L342 de 31 de Dezembro, alterado pelo Regulamento 1232/98 da Comissão de 17 de Junho, publicado no JOCE nº L177, de 22 de Junho

ANEXO A

1.2) ENDEREÇO ONDE PODEM SER OBTIDAS INFORMAÇÕES ADICIONAIS

Organismo	À atenção de
Endereço	Código postal
Localidade/Cidade	País
Telefone	Fax
Correio electrónico	Endereço internet (URL)

1.3) ENDEREÇO ONDE PODE SER OBTIDA A DOCUMENTAÇÃO RELATIVA AO PRESENTE ANÚNCIO

Organismo	À atenção de
Endereço	Código postal
Localidade/Cidade	País
Telefone	Fax
Correio electrónico	Endereço internet (URL)

1.4) ENDEREÇO PARA ONDE DEVEM SER ENVIADOS OS PROJECTOS/PEDIDOS DE PARTICIPAÇÃO

Organismo	À atenção de
Endereço	Código postal
Localidade/Cidade	País
Telefone	Fax
Correio electrónico	Endereço internet (URL)

ANEXO IX
Resultado do concurso de recepção

Serviços ☐
Serviços Especiais ☐

SECÇÃO I: ENTIDADE ADJUDICANTE

I.1) DESIGNAÇÃO E ENDEREÇO OFICIAIS DA ENTIDADE ADJUDICANTE

Organismo	À atenção de
Endereço	Código postal
Localidade/Cidade	País
Telefone	Fax
Correio electrónico	Endereço internet (URL)

I. Actividade Financeira

I.2) Tipo de entidade adjudicante

Governo central ☐   Instituição Europeia ☐

Autoridade regional/local ☐   Organismo de direito público ☐

Outro ☐

SECÇÃO II: OBJECTO DO CONCURSO/DESCRIÇÃO DO PROJECTO

II.1) Designação dada ao concurso pela entidade adjudicante

II.2) Nomenclatura

II.2.1) Classificação CPV (Common Procurement Vocabulary) *

	Vocabulário principal	Vocabulário complementar *(se aplicável)*
Objecto principal	☐☐ ☐☐ ☐☐ ☐☐-☐	☐☐☐☐-☐ ☐☐☐☐-☐ ☐☐☐☐-☐
Objectos complementares	☐☐☐☐☐☐☐☐☐☐-☐	☐☐☐☐-☐ ☐☐☐☐-☐ ☐☐☐☐-☐
	☐☐ ☐☐ ☐☐ ☐☐-☐	☐☐☐☐-☐ ☐☐☐☐-☐ ☐☐☐☐-☐
	☐☐ ☐☐ ☐☐ ☐☐-☐	☐☐☐☐-☐ ☐☐☐☐-☐ ☐☐☐☐-☐
	☐☐ ☐☐ ☐☐ ☐☐-☐	☐☐☐☐-☐ ☐☐☐☐-☐ ☐☐☐☐-☐

II.2.2) Outra nomenclatura relevante (CPC) **_____

Categoria de serviços ☐☐

II.3) Descrição

_____

_____

II.4) Valor do prémio ou prémios *(se aplicável)*

_____

_____

SECÇAO V: RESULTADOS DO CONCURSO

V.1) Adjudicação e prémios *(se aplicável)*

V.1.1) Nome e endereço do vencedor ou vencedores do concurso

NÚMERO _____

Designação	À atenção de
Endereço	Código postal
Localidade/Cidade	País
Telefone	Fax
Correio electrónico	Endereço internet (URL)

V.1.2) Valor do prémio

Prémio *(sem IVA)*: ___   Moeda:

V.1.1) Nome e endereço do vencedor ou vencedores do concurso

NÚMERO _____

Designação	À atenção de
Endereço	Código postal
Localidade/Cidade	País
Telefone	Fax
Correio electrónico	Endereço internet (URL)

V.1.2) Valor do prémio

Prémio *(sem IVA)*: _____   Moeda: _____

.... *(Utilizar a presente secção as vezes necessárias)* ....

Legislação de Direito Financeiro

SECÇÃO VI: INFORMAÇÕES ADICIONAIS

VI.1) TRATA-SE DE UM ANÚNCIO NÃO OBRIGATÓRIO?

NÃO ☐   SIM ☐

VI.2) NÚMERO DE PARTICIPANTES   ☐☐☐

VI.3) NÚMERO DE PARTICIPANTES ESTRANGEIROS ☐☐☐

VI.4) O CONCURSO FOI OBJECTO DE UM ANÚNCIO PUBLICADO NO JO?

NÃO ☐   SIM ☐

Em caso afirmativo, indicar o número da referência do anúncio

no Diário da República ☐☐☐☐☐ III.ª Série

☐☐☐☐/☐☐☐☐ de ☐☐/☐☐/☐☐☐☐ *(dd/mm/aaaa)*

Número do anúncio no índice do JO

☐☐☐☐/S ☐☐☐-☐☐☐☐☐☐☐ DE ☐☐/☐☐/☐☐☐☐ *(DD/MM/AAAA)*

VI.5) O CONCURSO DE CONCEPÇÃO ENQUADRA-SE NUM PROJECTO/PROGRAMA FINANCIADO PELOS FUNDOS COMUNITÁRIOS?

NÃO ☐   SIM ☐

Em caso afirmativo, indicar o projecto/programa, assim como qualquer referência útil

---

VI.6) OUTRAS INFORMAÇÕES *(se aplicável)*

VI.7) DATA DE ENVIO DO PRESENTE ANÚNCIO   ☐☐/☐☐/☐☐☐☐ *(dd/mm/aaaa)*

ANEXO X
Anúncio de pré-informação

Obras ☐
Fornecimentos ☐
Serviços ☐

O concurso está abrangido pelo Acordo sobre Contratos Públicos (ACP)?
NÃO ☐   SIM ☐

SECÇÃO I: ENTIDADE ADJUDICANTE

I.1) Designação e endereço oficiais da entidade adjudicante

Organismo	Á atenção de
Endereço	Código postal
Localidade/Cidade	País
Telefone	Fax
Correio electrónico	Endereço internet (URL)

I.2) Endereço onde podem ser obtidas informações adicionais

Indicado em I.1 ☐   *Se distinto, ver anexo A*

I.3) Tipo de entidade adjudicante

Governo central ☐   Instituição Europeia ☐

Autoridade regional/local ☐   Organismo de direito público ☐

Outro ☐

I. Actividade Financeira

SECÇÃO II: OBJECTO DO CONCURSO **OBRAS** ☐

II.1) DESIGNAÇÃO DADA AO CONTRATO PELA ENTIDADE ADJUDICANTE

II.2) LOCAL DE EXECUÇÃO

Código NUTS _____

II.3) NOMENCLATURA

II.3.1) Classificação CPV (Common Procurement Vocabulary) *

	Vocabulário principal	Vocabulário complementar *(se aplicável)*
Objecto principal	☐☐ ☐☐ ☐☐ ☐☐-☐	☐☐☐☐-☐ ☐☐☐☐-☐ ☐☐☐☐-☐
Objectos complementares	☐☐ ☐☐ ☐☐ ☐☐ ☐	☐☐☐☐ ☐ ☐☐☐☐ ☐ ☐☐☐☐ ☐
	☐☐ ☐☐ ☐☐ ☐☐-☐	☐☐☐☐-☐ ☐☐☐☐-☐ ☐☐☐☐-☐
	☐☐ ☐☐ ☐☐ ☐☐-☐	☐☐☐☐-☐ ☐☐☐☐-☐ ☐☐☐☐-☐

II.3.2) Outra nomenclatura relevante (NACE): _____

II.4) NATUREZA E EXTENSÃO DA OBRA _____

II.5) CUSTO ESTIMADO DA OBRA SEM IVA *(se conhecido)*

Entre _____ e _____ Moeda: _____

II.6) DATAS PREVISTAS *(se conhecidas)*

Do lançamento do concurso ☐☐/☐☐/☐☐☐☐ *(dd/mm/aaaa)*

Do início das obras ☐☐/☐☐/☐☐☐☐ *(dd/mm/aaaa)*

II.7) DATA PREVISTA DE CONCLUSÃO *(se conhecida)* ☐☐/☐☐/☐☐☐☐ *(dd/mm/aaaa)*

II.8) MODALIDADES ESSENCIAIS DE FINANCIAMENTO E DE PAGAMENTO *(se conhecidas)*

II.9) OUTRAS INFORMAÇÕES *(se aplicável)* _____

(Para fornecer informações suplementares sobre os lotes, utilizar o anexo B sempre que necessário)

SECÇÃO II: OBJECTO DO CONCURSO FORNECIMENTOS ☐

SERVIÇOS ☐

II.1) DESIGNAÇÃO DADA AO CONCURSO PELA ENTIDADE ADJUDICANTE

II.2) NOMENCLATURA _____

II.2.1) Classificação CPV (Common Procurement Vocabulary) *

	Vocabulário principal	Vocabulário complementar *(se aplicável)*
Objecto principal	☐☐ ☐☐ ☐☐ ☐☐-☐	☐☐☐☐-☐ ☐☐☐☐-☐ ☐☐☐☐-☐
Objectos complementares	☐☐ ☐☐ ☐☐ ☐☐-☐	☐☐☐☐-☐ ☐☐☐☐-☐ ☐☐☐☐-☐
	☐☐ ☐☐ ☐☐ ☐☐-☐	☐☐☐☐-☐ ☐☐☐☐-☐ ☐☐☐☐-☐
	☐☐ ☐☐ ☐☐ ☐☐-☐	☐☐☐☐-☐ ☐☐☐☐-☐ ☐☐☐☐-☐

II.2.2) Outra nomenclatura relevante (CPA/CPC)**

II.2.3) Categoria de serviços ☐☐

II.3) NATUREZA E QUANTIDADE OU VALOR DOS BENS OU SERVIÇOS PARA CADA UMA DAS CATEGORIAS DE SERVIÇOS

II.4) DATA PREVISTA DO LANÇAMENTO DO CONCURSO *(se conhecida)*

☐☐/☐☐/☐☐☐☐ *(dd/mm/aaaa)*

II.5) OUTRAS INFORMAÇÕES *(se aplicável)*

II.1) DESIGNAÇÃO DADA AO CONCURSO PELA ENTIDADE ADJUDICANTE

II.2) NOMENCLATURA
II.2.1) Classificação CPV (Common Procurement Vocabulary) *

	Vocabulário principal	Vocabulário complementar *(se aplicável)*
Objecto principal	☐☐.☐☐.☐☐.☐☐-☐	☐☐☐☐-☐ ☐☐☐☐-☐ ☐☐☐☐-☐
Objectos complementares	☐☐.☐☐.☐☐.☐☐-☐	☐☐☐☐-☐ ☐☐☐☐-☐ ☐☐☐☐-☐
	☐☐.☐☐.☐☐.☐☐-☐	☐☐☐☐-☐ ☐☐☐☐-☐ ☐☐☐☐-☐
	☐☐.☐☐.☐☐.☐☐-☐	☐☐☐☐-☐ ☐☐☐☐-☐ ☐☐☐☐-☐
	☐☐.☐☐.☐☐.☐☐-☐	☐☐☐☐-☐ ☐☐☐☐-☐ ☐☐☐☐-☐

II.2.2) Outra nomenclatura relevante (CPA/CPC) ** _____
II.2.3) Categoria de serviços ☐☐

II.3) NATUREZA E QUANTIDADE OU VALOR DOS BENS OU SERVIÇOS PARA CADA UMA DAS CATEGORIAS DE SERVIÇOS

II.4) DATA PREVISTA DO LANÇAMENTO DO CONCURSO *(se conhecida)*
☐☐/☐☐/☐☐☐☐ *(dd/mm/aaaa)*
II.5) OUTRAS INFORMAÇÕES *(se aplicável)*

(Para fornecer informações sobre os lotes, utilize o número de exemplares do anexo B necessários)

(Utilizar a presente secção as vezes necessárias)

SECÇAO IV: INFORMAÇOES DE CARACTER ADMINISTRATIVO

IV.1) NÚMERO DE REFERÊNCIA ATRIBUÍDO AO PROCESSO PELA ENTIDADE ADJUDICANTE

SECÇÃO VI: INFORMAÇÕES ADICIONAIS
VI.1) Trata-se de um anúncio não obrigatório?
NÃO ☐   SIM ☐
VI.2) O PRESENTE CONTRATO ENQUADRA-SE NUM PROJECTO/PROGRAMA FINANCIADO PELOS FUNDOS COMUNITÁRIOS?
NÃO ☐   SIM ☐
Em caso afirmativo, indicar o projecto/programa, bem como qualquer referência útil _____

VI.3) DATA DE ENVIO DO PRESENTE ANÚNCIO   ☐☐/☐☐/☐☐☐☐ *(dd/mm/aaaa)*

* cfr. descrito no Regulamento CPV 2195/2002, publicado no JOCE nº L340 de 16 de Dezembro, para os contratos de valor igual ou superior ao limiar europeu

** cfr. descrito no Regulamento 3696/93, publicado no JOCE nº L342 de 31 de Dezembro, alterado pelo Regulamento 1232/98 da Comissão de 17 de Junho, publicado no JOCE n.º L177, de 22 de Junho

I. Actividade Financeira

ANEXO A

1.2) Endereço onde podem ser obtidas informações adicionais

Organismo	À atenção de
Endereço	Código postal
Localidade/Cidade	País
Telefone	Fax
Correio electrónico	Endereço internet (URL)

ANEXO B
ANÚNCIO DE PRÉ-INFORMAÇÃO/INFORMAÇÃO SOBRE OS LOTES

LOTE N° □□
1) Nomenclatura
1.1) Classificação CPV (Common Procurement Vocabulary) *

	Vocabulário principal	Vocabulário complementar *(se aplicável)*
Objecto principal	□□ □□ □□ □□-□	□□□□-□ □□□□-□ □□□□-□
Objectos	□□ □□ □□ □□-□	□□□□-□ □□□□-□ □□□□-□
complementares	□□ □□ □□ □□-□	□□□□-□ □□□□-□ □□□□-□
	□□ □□ □□ □□-□	□□□□-□ □□□□-□ □□□□-□
	□□ □□ □□ □□-□	□□□□-□ □□□□-□ □□□□-□

1.2) Outra nomenclatura relevante (NACE/CPA/CPC) _____

_____

2) Natureza e extensão _____

_____

3) Custo previsto *(sem IVA):* _____ Moeda: _____

4) Datas previstas *(se conhecidas)*

Do lançamento do concurso   □□/□□/□□□□ *(dd/mm/aaaa)*

Do início da execução/fornecimento   □□/□□/□□□□ *(dd/mm/aaaa)*

5) Data de conclusão *(se conhecida)*□□/□□/□□□□ *(dd/mm/aaaa)*

LOTE N° □□
1) Nomenclatura
1.1) Classificação CPV (Common Procurement Vocabulary) *

	Vocabulário principal	Vocabulário complementar *(se aplicável)*
Objecto principal	□□ □□ □□ □□-□	□□□□-□ □□□□-□ □□□□-□
Objectos	□□ □□ □□ □□-□	□□□□-□ □□□□-□ □□□□-□
complementares	□□ □□ □□ □□-□	□□□□-□ □□□□-□ □□□□-□
	□□ □□ □□ □□-□	□□□□-□ □□□□-□ □□□□-□
	□□ □□ □□ □□-□	□□□□-□ □□□□-□ □□□□-□

1.2) Outra nomenclatura relevante (NACE/CPA/CPC)** _____

_____

Legislação de Direito Financeiro

2) Natureza e extensão _____

_____

3) Custo previsto *(sem IVA):* _____ Moeda: _____

4) Datas previstas *(se conhecidas)*

Do lançamento do concurso □□/□□/□□□□ *(dd/mm/aaaa)*

Do início da execução/fornecimento □□/□□/□□□□ *(dd/mm/aaaa)*

5) Data de conclusão *(se conhecida)*□□/□□/□□□□ *(dd/mm/aaaa)*

Utilizar o presente anexo as vezes necessárias

* CPV cfr. descrito no Regulamento CPV 2195/2002, publicado no JOCE nº L340 de 16 de Dezembro, para os contratos de valor igual ou superior ao limiar europeu

** CPC/CPA cfr. descrito no Regulamento 3696/93, publicado no JOCE nº L342 de 31 de Dezembro, alterado pelo Regulamento 1232/98 da Comissão de 17 de Junho, publicado no JOCE nº L177, de 22 de Junho

ANEXO XI
Anúncio de adjudicação
do contrato

Obras   □
Fornecimentos   □
Serviços   □

O concurso está abrangido pelo Acordo sobre Contratos Públicos (ACP)?
NÃO □   SIM □

SECÇÃO I: ENTIDADE ADJUDICANTE

I.1) DESIGNAÇÃO E ENDEREÇO OFICIAIS DA ENTIDADE ADJUDICANTE

Organismo	À atenção de
Endereço	Código postal
Localidade/Cidade	País
Telefone	Fax
Correio electrónico	Endereço internet (URL)

I.2) TIPO DE ENTIDADE ADJUDICANTE

Governo central   □   Instituição Europeia   □

Autoridade regional/local □   Organismo de direito público □   Outro □

SECÇÃO II: OBJECTO DO CONCURSO

II.1) TIPO DE CONTRATO

Obras □   Fornecimentos □   Serviços □

Categoria de serviços   □□

Está de acordo com a publicação do presente anúncio para as categorias de serviços 17 a 27?

NÃO □   SIM □

I. Actividade Financeira

II.2) TRATA-SE DE UM CONTRATO-QUADRO? NÃO ☐ SIM ☐

II.3) NOMENCLATURA

II.3.1) Classificação CPV (Common Procurement Vocabulary) *

	Vocabulário principal	Vocabulário complementar *(se aplicável)*
Objecto principal	☐☐.☐☐.☐☐.☐☐-☐	☐☐☐☐-☐ ☐☐☐☐-☐ ☐☐☐☐-☐
Objectos	☐☐.☐☐.☐☐.☐☐-☐	☐☐☐☐-☐ ☐☐☐☐-☐ ☐☐☐☐-☐
complementares	☐☐.☐☐.☐☐.☐☐-☐	☐☐☐☐-☐ ☐☐☐☐-☐ ☐☐☐☐-☐
	☐☐.☐☐.☐☐.☐☐-☐	☐☐☐☐-☐ ☐☐☐☐-☐ ☐☐☐☐-☐
	☐☐.☐☐.☐☐.☐☐-☐	☐☐☐☐-☐ ☐☐☐☐-☐ ☐☐☐☐-☐

II.3.2) Outra nomenclatura relevante (CPA/NACE/CPC)** _____

II.4) DESIGNAÇÃO DADA AO CONCURSO PELA ENTIDADE ADJUDICANTE

_____

_____

II.5) DESCRIÇÃO SUCINTA

_____

_____

II.6) VALOR TOTAL ESTIMADO *(sem IVA)*

_____

_____

SECÇÃO IV: PROCEDIMENTOS

IV.1) TIPO DE PROCEDIMENTO

Concurso público	☐
Concurso limitado com publicação de anúncio	☐
Concurso limitado sem publicação de anúncio	☐
Concurso limitado por prévia qualificação	☐
Concurso limitado sem apresentação de candidaturas	☐
Procedimento por negociação com publicação prévia de anúncio	☐
Procedimento por negociação sem publicação prévia de anúncio	☐

IV.1.1) Justificação para a utilização do procedimento por negociação sem publicação prévia de anúncio *ver anexo*

IV.2) Critérios de adjudicação

Preço mais baixo ☐

ou

Proposta economicamente mais vantajosa tendo em conta ☐

_____   _____

_____   _____

_____   _____

SECÇÃO V: ADJUDICAÇÃO DO CONTRATO

V.1) ADJUDICAÇÃO E VALOR DO CONTRATO

V.1.1) Nome e endereço do fornecedor, do empreiteiro ou do prestador de serviços a quem o contrato foi atribuído.

CONTRATO n° _____

Organismo	À atenção de
Endereço	Código postal
Localidade/Cidade	País
Telefone	Fax
Correio electrónico	Endereço internet (URL)

V.1.2) Informações sobre o preço do contrato ou sobre a proposta mais alta e a mais baixa tomadas em consideração *(preço sem IVA)*

Preço _____

Ou: proposta mais baixa _____ / proposta mais alta _____

Moeda:_____

V.2) Subcontratação

V.2.1) O contrato poderá vir a ser subcontratado?   NÃO ☐   SIM ☐

Em caso afirmativo, indicar o valor e a percentagem do contrato que poderá ser subcontratado

Valor *(sem IVA)*_____Moeda _____Ou Percentagem _____%

Desconhecido ☐

(Utilizar a presente secção as vezes necessárias)

SECÇAO VI: INFORMAÇOES ADICIONAIS

VI.1) TRATA-SE DE UM ANÚNCIO NÃO OBRIGATÓRIO?

NÃO ☐   SIM ☐

VI.2) NÚMERO DE REFERÊNCIA ATRIBUÍDO AO PROCESSO PELA ENTIDADE ADJUDICANTE

_____

_____

VI.3) DATA DA ADJUDICAÇÃO DO CONTRATO   ☐☐/☐☐/☐☐☐☐ *(dd/mm/aaaa)*

VI.4) NÚMERO DE PROPOSTAS RECEBIDAS   ☐☐☐

VI.5) O CONTRATO FOI OBJECTO DE ANÚNCIO PUBLICADO NO JO?

NÃO ☐   SIM ☐

Em caso afirmativo, indique a referência - Número do anúncio no índice do JO

☐☐☐☐/S   ☐☐☐-☐☐☐☐☐☐ de   ☐☐/☐☐/☐☐☐☐   *(dd/mm/aaaa)*

VI.6) O PRESENTE CONTRATO ENQUADRA-SE NUM PROJECTO/PROGRAMA FINANCIADO PELOS FUNDOS COMUNITÁRIOS?

NÃO ☐   SIM ☐

Em caso afirmativo, indicar o projecto/programa, bem como qualquer referência útil

_____

VI.7) Outras informações *(se aplicável)*

_____

_____

VI.8) DATA DE ENVIO DO PRESENTE ANÚNCIO   ☐☐/☐☐/☐☐☐☐ *(dd/mm/aaaa)*

* cfr. descrito no Regulamento CPV 2195/2002, publicado no JOCE nº L340 de 16 de Dezembro, para os contratos de valor igual ou superior ao limiar europeu

** cfr. descrito no Regulamento 3696/93, publicado no JOCE nº L342 de 31 de Dezembro, alterado pelo Regulamento 1232/98 da Comissão de 17 de Junho, publicado no JOCE n.º L177, de 22 de Junho

I. Actividade Financeira

ANEXO
ANÚNCIO DE ADJUDICAÇÃO DO CONTRATO

OBRAS ☐
FORNECIMENTOS ☐
SERVIÇOS ☐

IV.1.1) Justificação para a utilização do procedimento por negociação

Os motivos para a utilização do processo por negociação devem estar de acordo com as disposições relevantes das directivas:

Obras: *Artigo 7 Dir. 93/37/CEE*
Fornecimentos: *Artigo 6 Dir. 93/36/CEE*
Serviços: *Artigo 11 Dir. 92/50/CEE*

IV.1.1.1) Processo por negociação com publicação prévia de anúncio

a) Propostas irregulares ou propostas inaceitáveis em resposta a
    - concurso público ☐
    - concurso limitado ☐

b) Quando a natureza e condicionalismos das obras ou dos serviços não permitam a fixação global do preço ☐

c) Quando a natureza dos serviços não permitir o estabelecimento das especificações do contrato com uma precisão suficiente para que seja possível adjudicar o contrato mediante concurso público ou limitado ☐

d) Quando as obras forem realizadas apenas para efeitos de investigação, ensaio ou aperfeiçoamento e não com o objectivo de assegurar uma rentabilidade ou a cobertura dos custos de investigação e de desenvolvimento ☐

IV.1.1.2) Processo por negociação sem publicação prévia de anúncio

e) Ausência de propostas ou inadequação das mesmas em resposta a
    - concurso público ☐
    - concurso limitado ☐

f) Quando se trate de produtos fabricados apenas para fins de investigação, ensaio, estudo ou desenvolvimento, nas condições estabelecidas pela directiva (apenas para os fornecimentos) ☐

g) Quando as obras/os bens/os serviços apenas possam ser confiados a um proponente determinado por razões
    - técnicas ☐
    - artísticas ☐
    - relacionadas com a protecção de direitos exclusivos ☐

h) Urgência imperiosa resultante de acontecimentos imprevisíveis para a entidade adjudicante e de acordo com as condições estritas fixadas nas directivas ☐

i) Obras/fornecimentos/serviços complementares, de acordo com as condições estritas fixadas nas directivas ☐

j) Obras ou serviços que consistam na repetição de anteriores obras e serviços, de acordo com as condições estritas fixadas nas directivas ☐

k) Contrato de serviços atribuído ao laureado ou a um dos laureados de um concurso ☐

c) *Contabilidade e Tesouraria*

6. Bases da Contabilidade Pública

Lei n.° 8/90, de 20 de Fevereiro

A Assembleia da República decreta, nos termos dos artigos 164.°, alínea *d*), e 169.°, n.° 3, da Constituição, o seguinte:

Artigo 1.° – **(Objecto)**

1 – O regime financeiro dos serviços e organismos da Administração Central e dos institutos públicos que revistam a forma de serviços personalizados do Estado e de fundos públicos, o controlo orçamental e a contabilização das receitas e despesas obedecem aos princípios e normas constantes da presente lei.

2 – Os serviços e organismos da Administração Central e os institutos públicos que revestem a forma de serviços personalizados do Estado e os fundos públicos são referidos nos artigos seguintes simplesmente sob a expressão «serviços e organismos da Administração Central».

CAPÍTULO I – **Regime financeiro dos serviços e organismos da Administração Central**

SECÇÃO I – **Regime geral – autonomia administrativa**

Artigo 2.° – **(Definição)**

1 – Os serviços e organismos da Administração Central disporão, em regra, de autonomia administrativa nos actos de gestão corrente, traduzida na competência dos seus dirigentes para autorizar a realização de despesas e o seu paga-

232   *Legislação de Direito Financeiro*

mento e para praticar, no mesmo âmbito, actos administrativos definitivos e executórios.

2 – Os actos de gestão corrente são todos aqueles que integram a actividade que os serviços e organismos normalmente desenvolvem para a prossecução das suas atribuições.

3 – Excluem-se do âmbito da gestão corrente os actos que envolvam opções fundamentais de enquadramento da actividade dos serviços e organismos e, designadamente, que se traduzam na aprovação dos planos e programas de actividades e respectivos relatórios de execução ou na autorização para a realização de despesas cujo montante ou natureza ultrapassem a normal execução dos planos e programas aprovados.

4 – A competência dos membros do Governo inclui sempre os necessários poderes de direcção, supervisão e inspecção, bem como a prática dos actos que excedam a gestão corrente, garantindo-se a intervenção dos órgãos de planeamento competentes sempre que estiver em causa a aprovação dos planos e programas incluídos no Plano de Investimento e Despesas de Desenvolvimento da Administração Central (PIDDAC).

ARTIGO 3.º – **(Pagamento das despesas e autorização para a libertação de créditos)**

1 – O pagamento das despesas, incluindo as que são suportadas por receitas consignadas, autorizado pelos dirigentes dos serviços, será efectuado pelos cofres do Tesouro, mediante cheque sobre ele emitido ou ordem de transferência de fundos ou ainda através de crédito em conta bancária, quando esta forma se revelar a mais conveniente.

2 – A autorização para a libertação dos créditos necessários para o pagamento será feita mensalmente, por conta dos duodécimos das dotações globais inscritas no Orçamento do Estado, e o respectivo pedido de autorização será acompanhado de mapas justificativos adequados à efectivação do controlo a que se refere o n.º 4.

3 – A concessão da autorização para a libertação de créditos dependerá apenas da verificação de cabimento nos respectivos duodécimos e do cumprimento da obrigação de remessa dos mapas justificativos e documentação da despesa relativos à gestão orçamental já efectuada.

4 – Os mapas e a documentação a que se referem os números anteriores servirão de base ao controlo sistemático sucessivo de gestão orçamental referido no artigo 10.º

ARTIGO 4.º – **(Organização dos serviços e organismos)**

1 – A organização dos serviços e organismos dotados de autonomia administrativa deverá respeitar princípios essenciais de uniformidade, de modo a asse-

gurar uma permanente visão de conjunto da Administração Pública e a permitir um controlo eficaz de gestão.

2 – Sem prejuízo do disposto no número anterior, a organização será flexível, devendo adaptar-se às necessidades sectoriais em que se enquadrar o respectivo serviço ou organismo.

ARTIGO 5.º – **(Consignação de receitas)**

Poderão, em casos especialmente justificados, ser consignadas receitas a serviços sem autonomia financeira, mediante portaria conjunta do ministro competente e do Ministro das Finanças.

SECÇÃO II – **Regime excepcional – autonomia administrativa e financeira**

ARTIGO 6.º – **(Atribuição)**

1 – Os serviços e organismos da Administração Central só poderão dispor de autonomia administrativa e financeira quando este regime se justifique para a sua adequada gestão e, cumulativamente, as suas receitas próprias atinjam um mínimo de dois terços das despesas totais, com exclusão das despesas co-financiadas pelo orçamento das Comunidades Europeias.

2 – A atribuição deste regime de autonomia com fundamento na verificação dos requisitos constantes do número anterior far-se-á mediante lei ou decreto-lei.

3 – O disposto nos números anteriores não é aplicável aos serviços e organismos que tenham autonomia administrativa e financeira por imperativo constitucional.

4 – Para além do disposto no n.º 1, poderá ainda ser atribuída autonomia administrativa e financeira em função de outras razões ponderosas expressamente reconhecidas por lei ou decreto-lei, nomeadamente as que se relacionem directamente com a gestão de projectos do PIDDAC co-financiados pelo orçamento das Comunidades Europeias.

5 – Para os efeitos do disposto no n.º 1, não são consideradas como receitas próprias as resultantes de transferências correntes e de capital do Orçamento do Estado, dos orçamentos da Segurança Social e de quaisquer serviços e organismos da Administração Central, dotados ou não de autonomia administrativa e financeira, bem como do orçamento das Comunidades Europeias, quando, neste último caso, a regulamentação comunitária não dispuser em contrário.

234 *Legislação de Direito Financeiro*

ARTIGO 7.º – **(Cessação do regime excepcional)**

1 – A não verificação dos requisitos previstos no n.º 1 do artigo anterior durante dois anos consecutivos determinará, nos casos em que a autonomia administrativa e financeira não foi reconhecida nos termos dos n.ᵒˢ 3 e 4 do mesmo artigo, a cessação do respectivo regime financeiro e a aplicação do regime geral de autonomia administrativa.

2 – A constatação da situação prevista no número anterior será feita com base no exercício dos anos anteriores e a cessação do regime de autonomia administrativa e financeira será efectivada mediante portaria do Ministro das Finanças, produzindo os seus efeitos a partir do início do ano económico seguinte ao da publicação.

ARTIGO 8.º – **(Realização das despesas e autorização do pagamento)**

1 – A realização das despesas referentes aos serviços e organismos dotados de autonomia administrativa e financeira será autorizada pelos respectivos dirigentes, os quais autorizarão também o seu pagamento.

2 – Independentemente do previsto no artigo 16.º da Lei n.º 86/89, de 8 de Setembro, os serviços dotados de autonomia administrativa e financeira remeterão aos organismos competentes do Ministério das Finanças os documentos necessários ao controlo sistemático sucessivo de gestão orçamental, enviando também aos órgãos de planeamento competentes os elementos indispensáveis ao controlo das despesas incluídas no PIDDAC.

ARTIGO 9.º – **(Personalidade jurídica e património próprio)**

Os serviços e organismos dotados de autonomia administrativa e financeira disporão de personalidade jurídica e património próprio.

CAPÍTULO II – Controlo de gestão orçamental

ARTIGO 10.º – **(Serviços e organismos com autonomia administrativa)**

1 – Para além da verificação de cabimento a que se referem os n.ᵒˢ 2 e 3 do artigo 3.º, será efectuado um controlo sistemático sucessivo da gestão orçamental dos serviços e organismos com autonomia administrativa, o qual incluirá a fiscalização da conformidade legal e regularidade financeira das despesas efectuadas, abrangendo ainda a análise da sua eficiência e eficácia.

2 – Este controlo sucessivo será feito com base nos mapas justificativos e documentação de despesa remetidos e poderá envolver uma verificação directa da contabilidade dos próprios serviços e organismos.

I. Actividade Financeira 235

3 – Os resultados do controlo efectuado constarão de relatórios de gestão orçamental, que serão remetidos ao ministro competente e ao Ministro das Finanças e, quanto ao PIDDAC, também ao Ministro do Planeamento e da Administração do Território, podendo ser solicitada a realização de uma inspecção aos serviços ou organismos.

ARTIGO 11.º – (**Serviços e organismos dotados de autonomia administrativa e financeira**)

1 – A fiscalização da gestão orçamental dos serviços e organismos dotados de autonomia administrativa e financeira será efectuada através de um sistema de controlo sistemático sucessivo, mediante a análise dos elementos a que se refere o n.º 2 do artigo 8.º e, quando necessário, a verificação directa da contabilidade dos próprios serviços e organismos.

2 – Este controlo abrangerá a regularidade financeira e a eficiência e eficácia das despesas efectuadas.

3 – Será ainda assegurado o julgamento das contas pelo Tribunal de Contas.

ARTIGO 12.º – (**Meios de fiscalização interna**)

1 – Os serviços e organismos dotados de autonomia administrativa e financeira deverão dispor de meios de fiscalização interna tecnicamente independentes dos respectivos órgãos de direcção.

2 – No caso de ocorrer a cessação prevista no artigo 7.º, as competências dos órgãos de fiscalização interna transitam para os organismos encarregados do controlo a que se refere o artigo 10.º

ARTIGO 13.º – (**Poder de requisição e dever de colaboração**)

1 – Os órgãos competentes para efectuar o controlo de gestão orçamental poderão verificar e requisitar todos os processos e documentos respeitantes à gestao orçamental efectuada.

2 – Os serviços e organismos da Administração Central têm o dever de prestar toda a colaboração indispensável à plena efectivação do controlo sistemático de gestão orçamental.

CAPÍTULO III – Contabilização das receitas e despesas

ARTIGO 14.º – (**Sistemas de contabilidade**)

1 – O sistema de contabilidade dos serviços e organismos com autonomia

236 *Legislação de Direito Financeiro*

administrativa será unigráfico, devendo ser organizada uma contabilidade analítica indispensável à avaliação dos resultados da gestão.

2 – O sistema de contabilidade dos serviços e organismos dotados de autonomia administrativa e financeira será digráfico e moldado no Plano Oficial de Contabilidade (POC), no plano de contas especialmente aplicável às instituições bancárias ou ainda noutro plano de contas oficial adequado.

ARTIGO 15.° – **(Contabilidade de caixa e de compromissos)**

Os sistemas de contabilidade aplicáveis aos serviços e organismos da Administração Central deverão prever, a par de uma contabilidade de caixa, uma contabilidade de compromissos ou encargos assumidos aquando do ordenamento das despesas.

CAPÍTULO IV – **Normas gerais e transitórias**

ARTIGO 16.° – **(Aplicação aos actuais serviços e organismos com autonomia administrativa e financeira)**

1 – O regime de autonomia administrativa e financeira dos serviços e organismos da Administração Central existentes à data da entrada em vigor da presente lei e que não tenham obtido receitas próprias no mínimo de 50% das despesas totais nos anos económicos de 1988 e 1989 cessará com efeitos a partir de 1 de Janeiro de 1991.

2 – Exceptuam-se do disposto no número anterior os serviços e organismos referidos no n.° 3 do artigo 6.°

3 – Do cálculo das despesas totais serão excluídas as despesas co--financiadas pelo orçamento das Comunidades Europeias e não serão consideradas como receitas próprias as definidas no n.° 5 do artigo 6.° da presente lei.

4 – A cessação da autonomia financeira será efectivada mediante portaria do Ministro das Finanças.

ARTIGO 17.° – **(Informatização e formação do pessoal)**

1 – Será promovida a completa informatização do sistema de gestão orçamental da Administração Pública, bem como a formação do pessoal envolvido na aplicação da reforma orçamental e de contabilidade pública.

2 – Os serviços e organismos existentes à data da entrada em vigor dos diplomas a que se refere o artigo seguinte deverão articular a informatização do seu sistema de contabilidade e a formação do seu pessoal com as medidas constantes do número anterior no prazo de dois anos a contar daquela data.

I. *Actividade Financeira*

ARTIGO 18.º – (**Legislação complementar**)

No prazo de 180 dias será publicada a legislação complementar necessária à execução deste diploma, designadamente quanto ao regime financeiro dos serviços e organismos com autonomia administrativa, ao regime financeiro dos fundos e serviços autónomos, pagamentos das despesas pelo Tesouro e adaptação da estrutura orgânica dos serviços envolvidos na aplicação da presente lei.

Aprovada em 20 de Dezembro de 1989.
O Presidente da Assembleia da República, *Vítor Pereira Crespo.*

Promulgada em 1 de Fevereiro de 1990.
Publique-se.
O Presidente da República, MÁRIO SOARES.

Referendada em 5 de Fevereiro de 1990.
O Primeiro-Ministro, *Aníbal António Cavaco Silva.*

7. Regime da Administração Financeira do Estado

Decreto-Lei n.º 155/92, de 28 de Julho

O presente decreto-lei finaliza a arquitectura legislativa da reforma orçamental e de contabilidade pública, pela qual se estabelece um novo regime de administração financeira do Estado.

O primeiro passo legislativo para esta reforma estrutural foi dado com a revisão das bases contidas nos novos artigos 108.º a 110.º da Constituição: uma alteração da estrutura do Orçamento e dos princípios e métodos de gestão orçamental.

A nova Lei de Enquadramento do Orçamento do Estado, Lei n.º 6/91, de 20 de Fevereiro, veio desenvolver estes princípios, garantindo a sua completa realização, reformulando o sistema de execução orçamental, reforçando a responsabilidade por essa execução e prevendo uma nova Conta Geral do Estado, cuja estrutura coincide, no essencial, com a do Orçamento, de maneira a permitir uma fácil e clara leitura e, portanto, uma melhor apreciação política pelo Parlamento.

Por seu turno, a Lei de Bases da Contabilidade Pública, Lei n.º 8/90, de 20 de Fevereiro, contém o regime de administração financeira do Estado, destinado a substituir o sistema de contabilidade pública que ainda é, no essencial, o que havia sido introduzido pelas reformas de 1928-1929 a 1930-1936.

A realização e o pagamento das despesas deixam de estar sujeitos ao sistema de autorização prévia pela Direcção-Geral da Contabilidade Pública, conferindo-se assim maior autonomia aos serviços e organismos da Administração Pública.

Com efeito, ela passa a funcionar de acordo com o princípio constitucional da desconcentração, podendo os seus dirigentes gerir os meios de que dispõem para a realização dos objectivos definidos pela Assembleia da República e pelo Governo, beneficiando dos necessários estímulos para o efeito.

O presente diploma, que desenvolve os princípios aí estabelecidos, substitui 31 diplomas fundamentais da contabilidade pública que vão desde a 3.ª Carta de Lei, de 1908, até ao presente.

O regime financeiro dos serviços e organismos com autonomia administrativa constitui o modelo tipo. Este novo modelo permite uma definição mais rigorosa do âmbito da gestão corrente e princípios de organização interna que o adequam à estrutura do Orçamento por programas. Através de uma maior racionalização, evita-se o desperdício e conseguem-se assim poupanças orçamentais.

A falta de uma contabilidade de compromissos traduzia-se num dos mais graves problemas da contabilidade pública, por impedir uma verdadeira gestão orçamental e um adequado controlo.

Ao introduzir a contabilidade de compromissos, estrutura-se nova contabilidade de caixa, mais adequada a uma correcta administração dos recursos financeiros, e, em complemento, uma contabilidade analítica, indispensável ao controlo de resultados.

Adopta-se um novo sistema de pagamento das despesas públicas, através de transferência bancária ou crédito em conta ou ainda, quando excepcionalmente não for possível qualquer dessas formas, através da emissão de cheques sobre o Tesouro. Como deixa de haver tesourarias privativas, permitem-se novas possibilidades para a gestão integrada da dívida pública.

É também revisto o sistema de realização das despesas e da sua contabilização, no sentido da maior autonomia dos serviços.

Desenvolvem-se os princípios aplicáveis ao regime excepcional dos serviços e fundos autónomos, definindo-se o seu âmbito e atribuindo-se-lhes personalidade jurídica e autonomia financeira e patrimonial.

Finalmente, consagra-se um novo sistema de controlo de gestão, de modo a conciliar as exigências da autonomia com as necessidades de um rigoroso controlo.

Foram ouvidos os órgãos de governo próprio das Regiões Autónomas dos Açores e da Madeira.

Assim:

No desenvolvimento do regime jurídico estabelecido pela Lei n.º 8/90, de 20 de Fevereiro, e nos termos da alínea c) do n.º 1 do artigo 201.º da Constituição, o Governo decreta o seguinte:

Regime de administração financeira do Estado

ARTIGO 1.º – (Objecto)

O presente diploma contém as normas legais de desenvolvimento do regime de administração financeira do Estado a que se refere a Lei n.º 8/90, de 20 de Fevereiro.

CAPÍTULO I – **Regime financeiro dos serviços e organismos da Administração Pública**

DIVISÃO I – **Regime geral – autonomia administrativa**

SECÇÃO I – **Princípios gerais**

ARTIGO 2.º – **(Âmbito)**

O regime jurídico e financeiro dos serviços e organismos da Administração Pública é, em regra, o da autonomia administrativa.

ARTIGO 3.º – **(Definição do regime de autonomia administrativa)**

Os serviços e organismos dispõem de créditos inscritos no Orçamento do Estado e os seus dirigentes são competentes para, com carácter definitivo e executório, praticarem actos necessários à autorização de despesas e seu pagamento, no âmbito da gestão corrente.

ARTIGO 4.º – **(Gestão corrente)**

1 – A gestão corrente compreende a prática de todos os actos que integram a actividade que os serviços e organismos normalmente desenvolvem para a prossecução das suas atribuições, sem prejuízo dos poderes de direcção, supervisão e inspecção do ministro competente.

2 – A gestão corrente não compreende as opções fundamentais de enquadramento da actividade dos serviços e organismos, nomeadamente a aprovação de planos e programas e a assunção de encargos que ultrapassem a sua normal execução.

3 – A gestão corrente não compreende ainda os actos de montante ou natureza excepcionais, os quais serão anualmente determinados no decreto-lei de execução orçamental.

ARTIGO 5.º – **(Plano e relatório de actividades)**

1 – Os serviços e organismos deverão elaborar um plano anual de actividades, com uma clara discriminação dos objectivos a atingir e dos recursos a utilizar, bem como dos programas a realizar, o qual será aprovado pelo ministro competente e servirá de base à proposta de orçamento a apresentar quando da preparação do Orçamento do Estado, devendo ser corrigido em função deste, depois da aprovação da Lei do Orçamento.

242   *Legislação de Direito Financeiro*

2 – Os serviços e organismos deverão ainda elaborar um relatório anual sobre a gestão efectuada, com uma rigorosa discriminação dos objectivos atingidos e dos recursos utilizados, bem como do grau de realização dos programas, o qual será aprovado pelo ministro competente.

Artigo 6.º – **(Organização)**

Os serviços e organismos deverão adequar as suas estruturas à realização, contabilização e pagamento das suas despesas e ao controlo eficaz da respectiva gestão.

Artigo 7.º – **(Encerramento da Conta Geral do Estado)**

1 – Para efeitos de encerramento da Conta Geral do Estado, os serviços e organismos disporão de um período complementar do respectivo ano económico, para efectivação dos pagamentos, até à data que for indicada em cada ano no decreto-lei de execução orçamental.

2 – Para os mesmos efeitos, fornecerão à Direcção-Geral da Contabilidade Pública a conta de caixa com os pagamentos efectivos do respectivo ano, até à data que for fixada no decreto-lei de execução orçamental.

3 – Para efeitos de encerramento da Conta Geral do Estado, os serviços e organismos disporão de um período complementar para a efectivação dos créditos originados ou autorizados no respectivo ano económico, até à data que for indicada em cada ano no decreto-lei de execução orçamental([1]).

Artigo 8.º – **(Regime duodecimal)**

O decreto-lei de execução orçamental fixará em cada ano os critérios do regime duodecimal.

SECÇÃO II – Sistemas de contabilidade e administração

Artigo 9.º – **(Bases contabilísticas)**

A escrituração da actividade financeira será organizada com base nos seguintes registos:

a) Contabilidade de compromissos resultantes das obrigações assumidas;
b) Contabilidade de caixa.

([1]) Aditado pela Lei n.º 10-B/96, de 23 de Março.

Artigo 10.º – (Contabilidade de compromissos)

1 – A contabilidade de compromissos ou encargos assumidos consiste no lançamento das obrigações constituídas, por actividades e com indicação da respectiva rubrica de classificação económica, compreendendo:

a) Os montantes, fixados ou escalonados para cada ano, das obrigações decorrentes de lei ou de contrato, como primeiro movimento da gestão do respectivo ano;

b) As importâncias resultantes dos encargos assumidos nos anos anteriores e não pagos;

c) Os encargos assumidos ao longo da gestão.

2 – No decurso da gestão orçamental, o valor dos encargos que podem ser assumidos será alterado em função dos reforços ou anulações das dotações orçamentais, bem como das variações nos compromissos, devendo efectuar-se o respectivo registo.

3 – Os montantes referidos nos números anteriores, relativos aos investimentos do Plano, serão registados por projectos.

Artigo 11.º – (Contratos)

1 – Os serviços e organismos terão obrigatoriamente de proceder ao registo dos contratos celebrados, incluindo o montante global de cada contrato, suas alterações, escalonamento e pagamentos efectuados.

2 – Nenhuma despesa relativa a contratos pode ser efectuada sem que caiba no seu montante global e respectivo escalonamento anual.

Artigo 12.º – (Reescalonamento dos compromissos)

O reescalonamento dos compromissos contratuais de que resulte diferimento de encargos para anos futuros traduzir-se-á em saldo orçamental, salvo se a utilização das importâncias remanescentes for autorizada, no próprio ano em que for determinado o reescalonamento, por despacho do Ministro das Finanças.

Artigo 13.º – (Registo de cabimento prévio)

Para a assunção de compromissos, devem os serviços e organismos adoptar um registo de cabimento prévio do qual constem os encargos prováveis.

Artigo 14.º – (Registo das receitas)

Os serviços e organismos deverão assegurar um registo de todas as receitas por si cobradas e das receitas que lhes estiverem consignadas.

244   *Legislação de Direito Financeiro*

ARTIGO 15.º – **(Contabilidade de caixa)**

1 – A contabilidade de caixa consiste no registo do montante global dos créditos libertados, nos termos do artigo 17.º e de todos os pagamentos efectuados por actividades ou projectos e por rubricas orçamentais.

2 – Nenhum pagamento pode ser efectuado sem que tenha sido previamente registado o inerente compromisso.

ARTIGO 16.º – **(Contabilidade analítica de gestão)**

Os serviços e organismos devem organizar uma contabilidade analítica como instrumento de gestão.

SECÇÃO III – **Libertação de créditos**

ARTIGO 17.º – **(Libertação de créditos)**

1 – Os serviços e organismos solicitarão, mensalmente, à Direcção--Geral da Contabilidade Pública a libertação de créditos por um montante que tenha em consideração o plano de tesouraria a que se referem as alíneas *d*) e *e*) do n.º 1 do artigo seguinte.

2 – Os pedidos de libertação de créditos referentes a despesas com investimentos do Plano serão efectuados com autonomia relativamente aos restantes.

ARTIGO 18.º – **(Elementos a fornecer)**

1 – Os serviços e organismos deverão fornecer, dentro dos primeiros cinco dias úteis de cada mês, os seguintes elementos justificativos:
- *a*) Balancete da contabilidade de compromissos assumidos até ao final do mês anterior;
- *b*) Balancete da contabilidade de caixa com os pagamentos efectuados até ao final do mês anterior;
- *c*) Discriminação de todas as alterações orçamentais autorizadas até ao final do mês anterior;
- *d*) Descrição, por rubricas orçamentais, dos pagamentos previstos para o mês, relativos a compromissos já assumidos e a assumir;
- *e*) Indicação do valor do saldo existente entre os créditos libertados e os pagamentos efectuados até ao final do mês anterior;
- *f*) Outros justificativos que venham a ser determinados por diploma regulamentar.

2 – A libertação de créditos só será possível quando tenham sido fornecidos os elementos referidos no número anterior.

I. Actividade Financeira 245

3 – Os serviços e organismos deverão ainda pôr à disposição os documentos referentes aos pagamentos efectuados, com indicação rigorosa das formalidades realizadas e sua fundamentação legal.

4 – O não cumprimento do disposto no número anterior, que não seja sanado até ao pedido de libertação seguinte, implicará a devolução deste pedido.

ARTIGO 19.º – **(Recusa de autorização)**

1 – A autorização para a libertação de créditos pode ser recusada, total ou parcialmente, quando se verifique a falta do respectivo cabimento orçamental.

2 – A verificação de grave incumprimento, nas despesas já efectuadas, dos requisitos exigidos nas alíneas *a*) e *b*) do n.º 1 do artigo 22.º determinará a recusa do pedido seguinte à verificação, ficando ainda a realização das futuras despesas sujeita a prévia autorização do órgão competente para autorizar a libertação de créditos, até que a situação seja devidamente regularizada.

3 – A recusa de libertação de créditos a que se refere o número anterior será de imediato comunicada pela Direcção-Geral da Contabilidade Pública ao ministro competente, ao qual caberá mandar suprir os vícios que deram origem à recusa ou determinar, assumindo a correspondente responsabilidade, a libertação do crédito.

4 – A libertação de créditos efectuada nos termos da parte final do número anterior será comunicada, com os respectivos fundamentos, ao Tribunal de Contas.

ARTIGO 20.º – **(Despesas sujeitas a duplo cabimento)**

Quando os serviços e organismos dispuserem de receitas consignadas, os pagamentos a efectuar por conta destas ficam simultaneamente condicionados ao montante global da receita arrecadada e dos créditos inscritos no Orçamento.

SECÇÃO IV – **Realização das despesas**

SUBSECÇÃO I – **Autorização de despesas**

ARTIGO 21.º – **(Regime geral)**

A autorização de despesas será conferida de acordo com as regras constantes dos artigos seguintes e com as normas legais especialmente aplicáveis a cada tipo de despesa.

246 Legislação de Direito Financeiro

ARTIGO 22.º – (Requisitos gerais)

1 – A autorização de despesas fica sujeita à verificação dos seguintes requisitos:
a) Conformidade legal;
b) Regularidade financeira;
c) Economia, eficiência e eficácia.

2 – Por conformidade legal entende-se a prévia existência de lei que autorize a despesa, dependendo a regularidade financeira da inscrição orçamental, correspondente cabimento e adequada classificação da despesa.

3 – Na autorização de despesas ter-se-á em vista a obtenção do máximo rendimento com o mínimo de dispêndio, tendo em conta a utilidade e prioridade da despesa e o acréscimo de produtividade daí decorrente.

ARTIGO 23.º – (Competência)

1 – A competência para autorizar despesas é atribuída aos dirigentes dos serviços e organismos, na medida dos poderes de gestão corrente que detiverem e consoante a sua natureza e valor, sendo os níveis de competência referidos no n.º 2 do artigo 4.º e os limites máximos definidos pela forma prevista no n.º 3 do mesmo artigo.

2 – A competência a que se refere o número anterior pode ser delegada e subdelegada.

ARTIGO 24.º – (Prazo)

A autorização de despesas em conta do Orçamento do Estado deve ocorrer em data que permita o processamento, liquidação e pagamento dentro dos prazos que vierem a ser fixados no decreto-lei de execução orçamental.

ARTIGO 25.º – (Encargos plurianuais)

A assunção de encargos que tenham reflexo em mais de um ano económico deverá ser precedida de portaria conjunta do Ministro das Finanças e do ministro competente para o departamento a que pertence o respectivo serviço ou organismo, salvo quando resultarem da execução de planos plurianuais legalmente aprovados.

ARTIGO 26.º – (Conferência)

A autorização de despesas deve ser acompanhada da verificação dos requisitos a que a despesa está subordinada, a efectuar pelos serviços de contabilidade do respectivo serviço ou organismo.

I. Actividade Financeira 247

SUBSECÇÃO II – **Processamento**

Artigo 27.º – **(Definição)**

O processamento é a inclusão em suporte normalizado dos encargos legalmente constituídos, por forma que se proceda à sua liquidação e pagamento.

SUBSECÇÃO III – **Liquidação**

Artigo 28.ª – **(Definição)**

Após o processamento, os serviços e organismos determinarão o montante exacto da obrigação que nesse momento se constitui, a fim de permitir o respectivo pagamento.

SUBSECÇÃO IV – **Pagamento**

Artigo 29.º – **(Autorização de pagamento)**

1 – A autorização e a emissão dos meios de pagamento competem ao dirigente do serviço ou organismo, com possibilidade de as delegar e subdelegar.

2 – Dada a autorização e emitidos os respectivos meios de pagamento, será efectuado imediatamente o respectivo registo.

Artigo 30.º – **(Meios de pagamento)**

Os meios de pagamento a emitir pelos serviços ou organismos são os aprovados pela Direcção-Geral do Tesouro.

Artigo 31.º – **(Prazo)**

O prazo para emissão de meios de pagamento ocorrerá até final do mês seguinte ao da efectiva constituição da obrigação de pagar, nos termos do artigo 28.º e com ressalva do que se dispõe no n.º 1 do artigo 7.º

SUBSECÇÃO V – **Despesas em conta de fundos de maneio, em moeda estrangeira e de anos anteriores**

Artigo 32.º – **(Despesas em conta de fundos de maneio)**

1 – Para a realização de despesas de pequeno montante podem ser constituídos fundos de maneio em nome dos respectivos responsáveis, em termos a definir anualmente no decreto-lei de execução orçamental.

248 *Legislação de Direito Financeiro*

2 – Os responsáveis pelos fundos de maneio autorizados nos termos do número anterior procederão à sua reconstituição de acordo com as respectivas necessidades.

3 – A competência para a realização e pagamento das despesas em conta de fundos de maneio caberá ao responsável pelo mesmo.

4 – Os serviços e organismos procederão obrigatoriamente à liquidação dos fundos de maneio até à data que for anualmente fixada nos termos referidos no n.º 1.

ARTIGO 33.º – **(Despesas em moeda estrangeira)**

A realização de despesas em moeda estrangeira está sujeita ao cumprimento das formalidades especiais constantes de lei própria.

ARTIGO 34.º – **(Despesas de anos anteriores)**

1 – Os encargos relativos a anos anteriores serão satisfeitos por conta das verbas adequadas do orçamento que estiver em vigor no momento em que for efectuado o seu pagamento.

2 – O montante global dos encargos transitados de anos anteriores deve estar registado nos compromissos assumidos, não dependendo o seu pagamento de quaisquer outras formalidades.

3 – O pagamento das obrigações resultantes das despesas a que se refere o presente artigo prescreve no prazo de três anos a contar da data em que se constituiu o efectivo dever de pagar, salvo se não resultar da lei outro prazo mais curto.

4 – O decurso do prazo a que se refere o número anterior interrompe-se ou suspende-se por acção das causas gerais de interrupção ou suspensão da prescrição.

SECÇÃO V – **Restituições**

ARTIGO 35.º – **(Restituições)**

1 – Devem ser restituídas as importâncias de quaisquer receitas que tenham dado entrada nos cofres do Estado sem direito a essa arrecadação.

2 – Se as receitas tiverem sido cobradas por meios coercivos, devem restituir-se também as custas dos respectivos processos.

3 – O direito à restituição a que se refere o presente artigo prescreve no prazo de cinco anos a contar da data em que deram entrada nos cofres do Estado as quantias a restituir, salvo se for legalmente aplicável outro prazo mais curto.

4 – O decurso do prazo a que se refere o número anterior interrompe-

I. Actividade Financeira 249

-se ou suspende-se por acção das causas gerais de interrupção ou suspensão da prescrição.

5 – As restituições ou reembolsos serão processados por abate à receita([1]).

SECÇÃO VI – **Reposição de dinheiros públicos**

ARTIGO 36.º – **(Formas de reposição)**

1 – A reposição de dinheiros públicos que devam reentrar nos cofres do Estado pode efectivar-se por compensação, por dedução não abatida ou por pagamento através de guia.

2 – As quantias recebidas pelos funcionários ou agentes da Administração Pública que devam reentrar nos cofres do Estado serão compensadas, sempre que possível, no abono seguinte de idêntica natureza.

3 – Quando não for praticável a reposição sob as formas de compensação ou dedução, será o quantitativo das reposições entregue nos cofres do Estado por meio de guia.

ARTIGO 37.º – **(Mínimo de reposição)**

Não haverá lugar ao processamento de reposições quando o total das quantias que devem reentrar nos cofres do Estado, relativamente a cada reposição, seja inferior a um montante a estabelecer no decreto-lei de execução orçamental.

ARTIGO 38.º – **(Reposição em prestações)**

1 A reposição poderá ser efectuada em prestações mensais por dedução ou por guia, mediante requerimento fundamentado dos interessados e despacho do dirigente do respectivo serviço ou organismo processador, desde que o prazo de entrega não exceda o ano económico seguinte àquele em que o despacho for proferido.

2 – Em casos especiais, poderá o director-geral da Contabilidade Pública, ou o dirigente dos organismos autónomos a que se refere a divisão II, autorizar que o número de prestações exceda o prazo referido no número anterior, não podendo, porém, cada prestação mensal ser inferior a 5% da totalidade da quantia a repor.

3 – Não poderá ser autorizada a reposição em prestações quando os inte-

---

([1]) Alterado pelo Decreto-Lei n.º 113/95, de 25 de Maio.

250   *Legislação de Direito Financeiro*

ressados tiveram conhecimento, no momento em que receberam as quantias em causa, de que esse recebimento era indevido.

4 – As reposições efectuadas nos termos deste artigo não estão sujeitas a juros de mora desde que o pagamento de cada prestação seja feito dentro do respectivo prazo.

ARTIGO 39.º – **(Relevação)**

1 – Em casos excepcionais, devidamente justificados, o Ministro das Finanças poderá determinar a relevação, total ou parcial, da reposição das quantias recebidas.

2 – A relação prevista no número anterior não poderá ser determinada quando os interessados se encontrem na situação referida no n.º 3 do artigo anterior.

ARTIGO 40.º – **(Prescrição)**

1 – A obrigatoriedade de reposição das quantias recebidas prescreve decorridos cinco anos após o seu recebimento.

2 – O decurso do prazo a que se refere o número anterior interrompe-se ou suspende-se por acção das causas gerais de interrupção ou suspensão da prescrição.

ARTIGO 41.º – **(Emissão de guias)**

As guias de reposição serão emitidas pelos serviços e organismos no prazo de 30 dias a contar da data em que houve conhecimento oficial da obrigatoriedade da reposição.

ARTIGO 42.º – **(Pagamento)**

1 – O prazo para pagamento das guias de reposição é de 30 dias a contar da data em que o devedor tenha sido pessoalmente notificado pelos serviços competentes.

2 – A apresentação dos requerimentos referidos nos artigos 38.º e 39.º, dentro do prazo para pagamento, suspende o decurso deste prazo até à data em que for notificada ao devedor a decisão tomada e suspende o decurso do prazo prescricional referido no artigo 40.º até à mesma data.

3 – *No caso de o pagamento não ser efectuado no prazo referido no n.º 1, as guias serão convertidas em receita virtual para cobrança voluntária ou coerciva, nos termos do Código de Processo Tributário*([1]).

([1]) Revogado pelo Decreto-Lei n.º 275-A/93, de 9 de Agosto.

I. Actividade Financeira 251

DIVISÃO II – **Regime excepcional – autonomia administrativa e financeira**

SECÇÃO I – **Princípios gerais**

ARTIGO 43.º – **(Âmbito)**

1 – As normas da presente divisão aplicam-se aos institutos públicos que revistam a forma de serviços personalizados do Estado e de fundos públicos a que se refere especialmente o artigo 1.ª da Lei n.º 8/90, de 20 de Fevereiro.

2 – Os institutos públicos, referidos no número anterior e designados nesta divisão por organismos autónomos, abrangem todos os organismos da Administração Pública, dotados de autonomia administrativa e financeira, que não tenham natureza, forma e designação de empresa pública.

ARTIGO 44.º – **(Personalidade e autonomia)**

Os organismos autónomos dispõem de personalidade jurídica e de autonomia administrativa, financeira e patrimonial.

SECÇÃO II – **Gestão patrimonial e financeira**

ARTIGO 45.º – **(Sistemas de contabilidade)**

1 – A fim de permitir um controlo orçamental permanente, bem como uma estrita verificação da correspondência entre os valores patrimoniais e contabilísticos, os organismos autónomos utilizarão um sistema de contabilidade que se enquadre no Plano Oficial de Contabilidade (POC).

2 – Os organismos autónomos que, pela especificidade das suas atribuições, realizem essencialmente operações de natureza creditícia, seguradora, de gestão de fundos de reforma ou de intermediação financeira utilizarão um sistema de contabilidade baseado no que for especialmente aplicado no sector da respectiva actividade.

ARTIGO 46.º – **(Património)**

1 – O património dos organismos autónomos é constituídos pelos bens, direitos e obrigações recebidos ou adquiridos para o exercício da sua actividade.

2 – Salvo disposições especiais constantes das respectivas leis orgânicas, estes organismos podem administrar e dispor livremente dos bens que integram o seu património, sem sujeição às normas relativas ao domínio privado do Estado.

252   *Legislação de Direito Financeiro*

3 – Os organismos autónomos deverão manter um inventário actualizado de todos os bens patrimoniais.

4 – Estes organismos administram ainda os bens do domínio público do Estado afectos às actividades a seu cargo, devendo manter actualizado o respectivo cadastro.

ARTIGO 47.º – **(Receitas)**

1 – Constituem receitas próprias dos organismos autónomos:
a) As receitas resultantes da sua actividade específica;
b) O rendimento de bens próprios e bem assim o produto da sua alienação e da constituição de direitos sobre eles;
c) As doações, heranças ou legados que lhes sejam destinados;
d) Quaisquer outros rendimentos que por lei ou contrato lhes devam pertencer.

2 – Para além das receitas próprias, estes organismos poderão ainda beneficiar, nos termos da lei ou das normas comunitárias aplicáveis, de comparticipações, dotações, transferências e subsídios provenientes do Orçamento do Estado, do orçamento da Segurança Social ou de quaisquer entidades públicas ou privadas, bem como do orçamento da Comunidade Europeia.

ARTIGO 48.º – **(Recurso ao crédito)**

1 – Os organismos autónomos podem contrair empréstimos dentro dos limites e nas condições fixados pela Assembleia da República.

2 – O recurso ao crédito será sempre submetido a autorização prévia do Ministro das Finanças.

ARTIGO 49.º – **(Instrumentos de gestão previsional)**

1 – A gestão económica e financeira dos organismos autónomos é disciplinada pelos seguintes instrumentos de gestão previsional:
a) Plano de actividades;
b) Orçamento de tesouraria;
c) Demonstração de resultados;
d) Balanço previsional.

2 – O orçamento de tesouraria a que se refere a alínea *b)* do número anterior deverá ser elaborado de acordo com o esquema de classificação económica das receitas e despesas públicas, podendo ainda ser organizado por programas nos termos do n.º 2 do artigo 12.º da Lei n.º 6/91, de 20 de Fevereiro.

3 – No caso de se tratar de despesas com investimentos do Plano, o orçamento a que se refere o número anterior será obrigatoriamente organizado por programas.

ARTIGO 50.° – (**Documentos de prestação de contas**)

1 – Os organismos autónomos devem elaborar anualmente, com referência a 31 de Dezembro do ano anterior, os seguintes documentos de prestação de contas:
a) Relatório de actividades do órgão de gestão;
b) Conta dos fluxos de tesouraria, elaborada nos termos do n.° 2 do artigo anterior;
c) Balanço analítico;
d) Demonstração de resultados líquidos;
e) Anexos ao balanço e à demonstração de resultados;
f) Parecer do órgão fiscalizador.

2 – O relatório de actividades do órgão de gestão deverá proporcionar uma visão clara da situação económica e financeira relativa ao exercício, espelhando a eficiência na utilização dos meios afectos à prossecução das suas actividades e a eficácia na realização dos objectivos propostos.

3 – O parecer do órgão fiscalizador deverá incidir sobre a gestão efectuada, bem como sobre o relatório referido na alínea a) do n.° 1, avaliando da exactidão das contas e da observância das normas aplicáveis.

4 – Os documentos de prestação de contas serão remetidos ao Ministério das Finanças, até 31 de Maio do ano seguinte.

ARTIGO 51.° – (**Balanço social**)

Os organismos autónomos deverão apresentar anualmente, com referência a 31 de Dezembro do ano anterior, um balanço social, enquadrado na lei geral, qualquer que seja o vínculo contratual do pessoal ao seu serviço naquela data([1]).

SECÇÃO III – Aplicação de normas do regime geral de contabilidade publica

ARTIGO 52.° – (**Aplicação de normas do regime geral**)

Aplicam-se aos organismos autónomos, com as devidas adaptações, as normas dos artigos 7.°, n.° 1, 8.°, 11.°, 12.°, 21.°, 22.°, 25.° a 33.° e 35.° a 42.° do presente diploma.

([1]) Revogado pelo Decreto-Lei n.° 190/96, de 9 de Outubro.

CAPÍTULO II – Controlo orçamental

ARTIGO 53.º – (**Formas de controlo**)

1 – A gestão orçamental dos serviços e organismos abrangidos pelo presente diploma será controlada através das seguintes formas:

a) Autocontrolo pelos órgãos competentes dos próprios serviços e organismos;

b) Controlo interno, sucessivo e sistemático, da gestão, designadamente através de auditorias a realizar aos serviços e organismos;

c) Controlo externo, a exercer pelo Tribunal de Contas, nos termos da sua legislação própria.

2 – A fim de permitir o controlo a que se refere a alínea *b*) do número anterior, deverão os organismos autónomos remeter trimestralmente ao Ministério das Finanças:

a) Mapa de fluxos de tesouraria, elaborado de acordo com o esquema de classificação económica das receitas e despesas públicas;

b) Balancete acumulado com os movimentos trimestrais;

c) Os elementos necessários ao controlo de execução dos programas e projectos incluídos nos seus orçamentos.

3 – Os elementos referidos na alínea *c*) do número anterior serão também remetidos aos órgãos responsáveis pelo planeamento, na parte em que respeitam ao PIDDAC.

ARTIGO 54.º – (**Resultados do controlo efectuado**)

Os relatórios que resultarem das auditorias realizadas serão remetidos ao Ministro das Finanças e ao ministro competente para o respectivo departamento, podendo ser solicitada a realização de uma inspecção quando forem detectadas infracções ou desvios graves na gestão orçamental.

CAPÍTULO III – Disposições finais e transitórias

ARTIGO 55.º – (**Apoio aos serviços e organismos**)

A par da sua acção fiscalizadora, compete à Direcção-Geral da Contabilidade Pública exercer uma acção pedagógica de esclarecimento dos serviços e organismos a que se refere o presente diploma quanto à melhor forma de observarem as normas de administração necessárias à racional gestão do seu orçamento.

I. Actividade Financeira

ARTIGO 56.º – **(Aplicação do novo regime financeiro)**([1])

A transição para o novo regime financeiro previsto no presente diploma far-se-á durante o ano económico de 1993, ficando salvaguardada a possibilidade de uma aplicação anterior aos serviços e organismos da Administração Pública que reunirem as condições indispensáveis.

ARTIGO 57.º – **(Revogação)**

1 – São revogados os diplomas seguintes:
Artigo 36.º da 3.ª Carta de Lei, de 9 de Setembro de 1908;
Artigos 3.º, 5.º, 7.º a 10.º e 12.º do Decreto n.º 5519, de 8 de Maio de 1919;
Artigo 4.º do Decreto com força de lei n.º 13 872, de 1 de Julho de 1927;
Artigos 5.º, 6.º e 8.º do Decreto com força de lei n.º 14 908, de 18 de Janeiro de 1928;
Decreto com força de lei n.º 15 039, de 17 de Fevereiro de 1928;
Decreto com força de lei n.º 15 465, de 14 de Maio de 1928;
Artigo 7.º do Decreto n.º 15 798, de 31 de Julho de 1928;
Artigo 3.º do Decreto com força de lei n.º 16 670, de 27 de Março de 1929;
Decreto com força de lei n.º 17 730, de 7 de Dezembro de 1929;
Decreto com força de lei n.º 18 381, de 24 de Maio de 1930;
Decreto n.º 19 706, de 7 de Maio de 1931;
Decreto-Lei n.º 23 117, de 11 de Outubro de 1933;
Decreto n.º 24 987, de 1 de Fevereiro de 1935;
Artigos 1.º e 4.º a 6.º do Decreto-Lei n.º 25 299, de 6 de Maio de 1935;
Decreto n.º 25 538, de 26 de Junho de 1935;
Decreto-Lei n.º 25 558, de 29 de Junho de 1935;
Artigos 5.º e 6.º do Decreto n.º 26 341, de 7 de Fevereiro de 1936;
Decreto-Lei n.º 27 223, de 21 de Novembro de 1936;
Artigos 1.º e 2.º do Decreto n. .º 27 327, de 15 de Dezembro de 1936;
Decreto-Lei n.º 34 332, de 27 de Dezembro de 1944;
Decreto-Lei n.º 34 625, de 24 de Maio de 1945;
Decreto-Lei n.º 38 503, de 12 de Novembro de 1951;
Decreto-Lei n.º 41 375, de 19 de Novembro de 1957;
Artigo 13.º do Decreto-Lei n.º 42 800, de 11 de Janeiro de 1960;
Artigo 10.º do Decreto-Lei n.º 48 059, de 23 de Novembro de 1967;
Artigo 3.º do Decreto-Lei n.º 49 397, de 24 de Novembro de 1969;
Decreto-Lei n.º 737/76, de 26 de Outubro;
Decreto-Lei n.º 439-A/77, de 25 de Outubro;

([1]) A última alteração consta do Decreto-Lei n.º 57/2004, de 19 de Março.

Decreto-Lei n.º 265/78, de 30 de Agosto;
Portaria n.º 374/78, de 11 de Julho;
Decreto-Lei n.º 324/80, de 25 de Agosto;
Decreto-Lei n.º 459/82, de 26 de Novembro.

2 – Durante o ano económico de 1993, mantêm-se em vigor as normas necessárias à regulamentação das situações resultantes da transição a que se refere o artigo anterior.

ARTIGO 58.º

O regime estabelecido no presente diploma, bem como as bases gerais definidas pela Lei n.º 8/90, de 20 de Fevereiro, aplicam-se à administração financeira das Regiões Autónomas dos Açores e da Madeira, sem prejuízo das competências próprias dos órgãos de governo regional.

Visto e aprovado em Conselho de Ministros de 30 de Abril de 1992. – *Aníbal António Cavaco Silva – Artur Aurélio Teixeira Rodrigues Consolado – Mário Fernando de Campos Pinto – Jorge Braga de Macedo.*

Promulgado em 9 de Julho de 1992.
Publique-se.
O Presidente da República, MÁRIO SOARES.

Referendado em 13 de Julho de 1992.
O Primeiro-Ministro, *Aníbal António Cavaco Silva.*

8. Regime da Tesouraria do Estado

Decreto-Lei n.º 191/99, de 5 de Junho

A revisão do regime da tesouraria do Estado visa garantir o suporte jurídico necessário à prossecução de um objectivo primordial – a prosseguir essencialmente através da Direcção-Geral do Tesouro (DGT) –, que consiste na optimização da gestão global dos fundos públicos, entre os quais merecem particular atenção os excedentes e disponibilidades de tesouraria tanto dos serviços integrados do Estado, como dos seus serviços e fundos autónomos.

Diversos factores condicionam e impõem a revisão pretendida, tanto factores externos como internos, de que são exemplos quer as exigências decorrentes da estabilidade imposta pela União Económica e Monetária e pela moeda única, quer a reforma da administração financeira do Estado e a reforma orçamental, que contam exactamente com o rigor orçamental como um dos seus principais objectivos e estabelecem já como linha de desenvolvimento o aprofundamento da unidade de tesouraria.

Ao nível do Governo, já a Lei Orgânica do Ministério das Finanças havia centrado a missão da nova DGT na administração da tesouraria do Estado, à semelhança, aliás, do que sucede com o Tesouro nos Estados europeus mais modernos. Por isso, e em conformidade com a Lei Orgânica da DGT, aprovada pelo Decreto-Lei n.º 186/98, de 7 de Julho, criou-se o suporte organizacional indispensável à assunção dos novos desafios cometidos à tesouraria do Estado mediante uma estrutura especificamente vocacionada para o planeamento e o acompanhamento dos fluxos de tesouraria, numa óptica de gestão previsional e integrada de fundos.

Com o propósito de simultaneamente desburocratizar e aproximar, com comodidade, Administração e administrados, simplificando e uniformizando os procedimentos de cobrança e alargando a respectiva rede, o presente diploma pretende também clarificar o âmbito das operações de tesouraria, as quais abrangem os movimentos de fundos, quer em execução do Orçamento do Estado, quer através de operações específicas do Tesouro nas situações e com os limites previstos no capítulo IV do diploma.

Por outro lado, a generalização da utilização de meios de pagamento do Tesouro é mais uma das medidas estratégicas que visam o aprofundamento da unidade de tesouraria. Nesse sentido, reforça-se a utilização de meios de pagamento do Tesouro – para pagamento das despesas orçamentais e para saídas de fundos por operações específicas do Tesouro –, mediante a utilização de sistemas de pagamento locais disponibilizados para esse efeito pela DGT.

Por fim, para efeitos da concretização do princípio da unidade de tesouraria, e sem prejuízo das excepções previstas quer para o caso específico da segurança social, quer para as Regiões Autónomas e para as autarquias locais, configura-se a DGT como organismo central de recepção e gestão de fundos dos serviços integrados do Estado e dos serviços e fundos autónomos, com as competências que melhor se desenvolvem no artigo 2.º e se regulamentarão, por portaria do Ministro das Finanças, ao abrigo da alínea *a*) do n.º 1 do artigo 30.º

Trata-se, assim, de uma analogia com a actividade bancária. Porém, uma analogia que remonta ao liberalismo e tem, por isso, não só larga tradição no direito financeiro português, como também um expresso reconhecimento no regime – que agora se revoga – constante do Decreto-Lei n.º 371/91, de 8 de Outubro, em desenvolvimento da Lei de Bases da Contabilidade Pública.

Caberá à DGT, relativamente aos serviços integrados do Estado, colaborar na execução do respectivo orçamento, efectivando a cobrança das receitas e o pagamento das despesas públicas, e relativamente aos serviços e fundos autónomos, de carácter administrativo ou empresarial, assegurar-lhes a prestação de serviços equiparados aos da actividade bancária, com base nas contas por estes abertas naquela Direcção-Geral.

Foi ouvido o Instituto de Gestão do Crédito Público.

Assim:

No uso da autorização legislativa concedida pelo artigo 66.º da Lei n.º 87-B/98, de 31 de Dezembro, e nos termos das alíneas *a*) e *b*) do n.º 1 do artigo 198.º da Constituição, o Governo decreta o seguinte:

Artigo único

É aprovado o regime da tesouraria do Estado, que constitui o anexo ao presente diploma e dele faz parte integrante.

Visto e aprovado em Conselho de Ministros de 25 de Março de 1999. – *António Manuel de Oliveira Guterres – Jaime José Matos da Gama – José Veiga Simão – António Luciano Pacheco de Sousa Franco – Jorge Paulo Sacadura Almeida Coelho – Jorge Paulo Sacadura Almeida Coelho – João Cardona Gomes Cravinho – José Eduardo Vera Cruz Jardim – Osvaldo Sarmento e Castro – Luís Manuel Capoulas Santos – Eduardo Carrega Marçal Grilo – Maria de Belém*

Roseira Martins Coelho Henriques de Pina – Eduardo Luís Barreto Ferro Rodrigues – Elisa Maria da Costa Guimarães Ferreira – Manuel Maria Ferreira Carrilho – José Mariano Rebelo Pires Gago – António Luís Santos da Costa – José Sócrates Carvalho Pinto de Sousa.

Promulgado em 14 de Maio de 1999.
Publique-se.
O Presidente da República, JORGE SAMPAIO.

Referendado em 25 de Maio de 1999.
O Primeiro-Ministro, *António Manuel de Oliveira Guterres.*

REGIME DA TESOURARIA DO ESTADO

CAPÍTULO I – Enquadramento

ARTIGO 1.º – **Âmbito de intervenção**

1 – A actividade da tesouraria do Estado compreende a movimentação de fundos públicos, quer em execução do Orçamento do Estado, quer através de operações específicas do Tesouro (OET).

2 – Cabe à Direcção-Geral do Tesouro a gestão global dos movimentos de fundos públicos referidos no número anterior, designados, em geral, por operações de tesouraria, e a correspondente relevação na contabilidade do Tesouro, sem prejuízo do disposto no n.º 5.

3 – Relativamente às OET, cabe ainda à Direcção-Geral do Tesouro a respectiva contabilização e controlo.

4 – A Direcção-Geral do Tesouro pode efectuar operações próprias dos bancos na medida do estritamente necessário à realização das operações de tesouraria previstas no presente diploma.

5 – A segurança social dispõe de uma tesouraria única, em articulação com a tesouraria do Estado e regulada por diploma próprio, que assegura a efectivação da cobrança das suas receitas, bem como dos pagamentos conexos com as correspondentes modalidades de protecção social.

260 Legislação de Direito Financeiro

Artigo 2.º – **Unidade de tesouraria**

1 – Cabe à Direcção-Geral do Tesouro:

a) Colaborar na execução do orçamento dos serviços integrados do Estado, efectivando a cobrança das receitas e o pagamento das despesas públicas;

b) Assegurar aos serviços e fundos autónomos a prestação de serviços equiparados aos da actividade bancária, nas mesmas condições de eficiência.

2 – Para efeitos do disposto na alínea b) do número anterior, devem os serviços e fundos autónomos, de carácter administrativo ou empresarial, dispor de contas abertas na Direcção-Geral do Tesouro, através das quais promovem as respectivas operações de cobrança e pagamento e onde mantêm depositados os seus excedentes e disponibilidades de tesouraria.

3 – As Regiões Autónomas e as autarquias locais, incluindo os respectivos serviços e fundos autónomos, podem, igualmente, dispor de contas abertas na Direcção-Geral do Tesouro, para efeito de prestação, por parte desta, de serviços equiparados aos da actividade bancária, em apoio às suas tesourarias.

4 – As contas abertas na Direcção-Geral do Tesouro, em execução do disposto nos números anteriores, são remuneradas.

5 – Constitui receita afecta à actividade da Direcção-Geral do Tesouro a remuneração auferida pela gestão global dos fundos públicos e pela prestação dos serviços equiparados aos da actividade bancária previstos no presente artigo([1]).

6 – A receita referida no número anterior é consignada ao pagamento das despesas da Direcção-Geral do Tesouro previstas no n.º 4 e de outros custos específicos da prestação de serviços equiparados aos da actividade bancária e da participação nos sistemas de compensação interbancária, mediante inscrição de dotações com compensação em receita([2]).

Artigo 3.º – **Equilíbrio da tesouraria do Estado**

Para fazer face a necessidades ocasionais de tesouraria, a Direcção-Geral do Tesouro articula com o Instituto de Gestão do Crédito Público o accionamento de instrumentos de financiamento de muito curto prazo, nas condições que vierem a ser estabelecidas, para o efeito, por despacho do Ministro das Finanças.

CAPÍTULO II – **Entrada de fundos**

Artigo 4.º – **Âmbito**

A gestão da entrada de fundos compreende a organização, o acompa-

---

([1]) Aditado pela Lei n.º 3-B/2000, de 4 de Abril.

([2]) Alterado pela Lei n.º 107-B/2003, de 31 de Dezembro.

I. Actividade Financeira 261

nhamento e o controlo da cobrança das receitas e a correspondente centralização dos fundos.

ARTIGO 5.º – **Entidades de cobrança**

1 – A cobrança das receitas é efectuada por serviços públicos com funções de caixa, bem como pelas entidades colaboradoras na cobrança que se encontrem habilitadas a prestar tais serviços.

2 – Para afeitos do presente diploma, a cobrança das receitas corresponde à sua arrecadação.

ARTIGO 6.º – **Rede de cobranças do Estado**

1 – A rede de cobranças do Estado é integrada pelos serviços públicos com funções de caixa do Tesouro e pelas entidades colaboradoras na cobrança, nos termos do disposto no artigo anterior.

2 – A gestão e o controlo da rede de cobranças do Estado são assegurados pela Direcção-Geral do Tesouro.

3 – A gestão da rede de cobranças do Estado, designadamente a definição das entidades autorizadas a cobrar cada receita, subordina-se ao princípio da aproximação da Administração aos administrados de acordo com critérios de comodidade, economicidade e razoabilidade.

4 – Podem integrar a rede de cobranças do Estado outros serviços públicos que cobrem receitas próprias.

ARTIGO 7.º – **Serviços com funções de caixa**

1 – São serviços com funções de caixa os serviços da Direcção-Geral do Tesouro, as tesourarias da Fazenda Pública e outros serviços públicos autorizados para o efeito por despacho do Ministro das Finanças.

2 – As condições de funcionamento dos serviços com funções de caixa e as regras a respeitar para a remessa de fundos à Direcção-Geral do Tesouro, escrituração, arquivo de documentos, informação e controlo de cobrança serão estabelecidas por portaria do Ministro das Finanças.

ARTIGO 8.º – **Entidades colaboradoras na cobrança**

1 – A Direcção-Geral do Tesouro pode, ouvidas as entidades administradoras das respectivas receitas, celebrar contratos com instituições de crédito ou outras entidades, através dos quais se regulam as condições da prestação dos serviços de cobrança por parte destas e, designadamente, as receitas abrangidas, o custo do serviço, a forma e o prazo de entrega ao Tesouro dos fundos cobrados, os circuitos de documentação e informação, bem como as consequências do seu incumprimento.

262 *Legislação de Direito Financeiro*

2 – Os contratos celebrados nos termos do número anterior são publicitados através de aviso publicado na 2.ª série do *Diário da República*.

3 – O controlo do cumprimento das condições contratuais acordadas com as entidades colaboradoras na cobrança referidas no n.º 1 é exercido pela Direcção--Geral do Tesouro.

4 – Sem prejuízo do disposto no número anterior, a Direcção-Geral do Tesouro ou, nos termos previstos nos respectivos contratos, as próprias entidades colaboradoras na cobrança providenciarão o fornecimento às entidades administradoras da receita da informação necessária ao exercício das respectivas atribuições.

5 – Excepcionalmente e para efeitos contabilísticos, as entidades colaboradoras podem, por despacho do Ministro das Finanças, ser equiparadas a serviços com funções de caixa.

ARTIGO 9.º – **Locais de cobrança**

O pagamento pode ser efectuado junto de qualquer das entidades cobradoras autorizadas a cobrar cada receita, independentemente do lugar do domicílio, sede, direcção efectiva ou estabelecimento do devedor.

ARTIGO 10.º – **Divulgação**

1 – A Direcção-Geral do Tesouro promoverá a divulgação dos locais de cobrança de cada receita através dos meios mais adequados para o efeito.

2 – A Direcção-Geral do Tesouro providenciará ainda para que a identificação dos locais de cobrança das receitas seja feita através da afixação nos mesmos de um símbolo adequado.

ARTIGO 11.º – **Documento único de cobrança**

1 – O documento único de cobrança (DUC) é o título que exprime a obrigação pecuniária decorrente da relação entre o Estado e o devedor.

2 – O DUC é também utilizado para titular a entrada, na tesouraria do Estado, de fundos que, nos termos da lei, se destinem a terceiros.

3 – Os serviços que administram as receitas emitem DUC, que enviam directamente ao devedor, dos quais devem constar, nomeadamente, os seguintes elementos:

   a) Identificação do organismo ou serviço processador;
   b) Período a que respeita;
   c) Número atribuído ao documento;
   d) Identificação da entidade devedora, incluindo o número de identificação fiscal;

I. Actividade Financeira 263

e) Natureza da receita;
f) Montante da receita;
g) Data limite de pagamento.

4 – Nos casos de autoliquidação, de retenção na fonte e de pagamento por conta previstos na lei, o DUC é preenchido pelo devedor.

5 – O DUC é apresentado no acto do pagamento, sendo a dívida que titula satisfeita por inteiro nesse mesmo acto, através de um dos meios de pagamento enumerados no n.º 1 do artigo 15.º

ARTIGO 12.º – **Condições de emissão do DUC**

1 – Cada DUC titula uma única receita e as demais imposições legais que devam ser exigidas conjuntamente com a receita principal.

2 – O modelo do DUC e as instruções para o seu preenchimento e processamento são aprovados por portaria do Ministro das Finanças, a qual pode excepcionar, a título transitório, a aplicação do DUC a determinadas receitas.

ARTIGO 13.º – **Deficiências essenciais do DUC**

1 – É recusado o pagamento de dívidas tituladas por DUC que não contenham as menções referidas nas alíneas *d*), *e*) e *f*) do n.º 3 do artigo 11.º

2 – Nos casos em que as deficiências sejam imputadas ao serviço processador, deve este emitir um novo DUC para pagamento da respectiva dívida, sem encargos adicionais para o devedor, devendo o pagamento ser efectuado nos prazos referidos no artigo 21.º

3 – Quando a recusa referida no n.º 1 incida sobre um DUC que deva ser preenchido pelo devedor, tal facto não o desonera das consequências legais da falta de pagamento ou do pagamento extemporâneo da respectiva receita.

ARTIGO 14.º – **Outras deficiências do DUC**

1 – Se o DUC contiver incorrecções que inviabilizem o seu tratamento subsequente ao pagamento, compete ao serviço que administra a receita providenciar para que as mesmas sejam supridas.

2 – Nos casos em que o DUC seja preenchido pelo devedor e as incorrecções respeitem a elementos cujo suprimento não seja possível pelo serviço que administra a receita, procederá o referido serviço à notificação do devedor para que supra tais incorrecções, em prazo a fixar entre 15 e 60 dias.

ARTIGO 15.º – **Meios de pagamento**

1 – O pagamento das receitas tituladas pelos DUC deve ser efectuado nos

264   *Legislação de Direito Financeiro*

termos e condições do presente diploma, através da utilização dos seguintes meios:

    a) Moeda corrente;

    b) Cheque, débito em conta, transferência conta a conta e transferência de fundos;

    c) Outros meios de pagamento do tipo e com as características dos utilizados pelos bancos ou previstos na lei.

2 – No pagamento de receita titulada por DUC pode ser utilizado mais de um meio de pagamento.

3 – Salvo nos pagamentos efectuados com moeda corrente, podem ser recusados os pagamentos cujo meio de pagamento seja de quantitativo diferente do da receita que se destina a pagar.

4 – No caso de se verificar um excesso no acto de cobrança em relação ao montante em dívida, poderá proceder-se à sua restituição, desde que seja de montante igual ou superior a 5 euros.

5 – Se o montante cobrado em excesso não for reclamado no prazo de três meses após detecção do erro, o mesmo reverte a favor do Estado.

Artigo 16.º – **Regras de utilização do cheque**

1 – A aceitação do cheque enquanto meio de pagamento depende do preenchimento cumulativo dos seguintes requisitos:

    a) O respectivo montante não pode diferir do montante correspondente ao DUC;

    b) A data de emissão deve coincidir com a data da sua entrega ou de um dos dois dias anteriores, exceptuando o disposto no n.º 2;

    c) Deve ser emitido à ordem da Direcção-Geral do Tesouro e cruzado;

    d) Deve ser aposto no verso o número do DUC.

2 – No caso de a data de emissão não ser indicada, compete à entidade cobradora proceder à respectiva aposição, a qual deve coincidir com a data da entrega.

3 – A omissão dos requisitos enunciados nos números anteriores que não sejam ou não possam ser preenchidos no momento da cobrança e nos exactos termos aí previstos, implica a não aceitação do cheque por parte da entidade cobradora.

4 – Se o pagamento for efectuado no banco sacado, este pode recusar a operação se o saldo da entidade sacadora for insuficiente para o efeito, nos termos e com os limites decorrentes dos artigos 8.º e 9.º do Decreto-Lei n.º 454/91, de 28 de Dezembro, com a redacção dada pelo Decreto-Lei n.º 316/97, de 19 de Novembro.

5 – O Ministro das Finanças poderá estabelecer, por portaria, as situações em que o uso de cheque visado seja obrigatório.

ARTIGO 17.º – **Pagamento através do correio**

Sempre que o pagamento da dívida titulada pelo DUC seja efectuado através do correio, o cheque deve ser remetido à Direcção-Geral do Tesouro, salvo nos casos previstos na lei ou naqueles em que, por despacho do Ministro das Finanças, for estabelecido que o cheque seja remetido a outro serviço ou organismo público.

ARTIGO 18.º – **Quitação**

1 – A entidade cobradora dá quitação no DUC através da validação informática do caixa, por aposição de selo de validação da cobrança, através de recibo específico ou por outra forma de validação aprovada por despacho do director--geral do Tesouro.

2 – O documento de quitação do pagamento deve manter-se na posse do devedor durante o decurso do prazo de prescrição aplicável à respectiva dívida.

3 – Por despacho do director-geral do Tesouro são aprovados os modelos do selo de validação da cobrança e do recibo específico referidos no n.º 1.

ARTIGO 19.º – **Pagamentos nulos**

1 – São considerados nulos os pagamentos que não permitam a cobrança da receita devido a vícios que afectem o respectivo meio de pagamento.

2 – No caso da utilização de cheque, considera-se que o mesmo não permite a cobrança da receita quando:

a) Na sua emissão tiver existido preterição de algum dos requisitos formais que impossibilite o seu pagamento pelo sacado;

b) A entidade sacada recuse o seu pagamento por falta ou insuficiência de provisão;

c) O sacador tenha levantado os fundos necessários ao seu pagamento, proibido à entidade sacada o pagamento desse cheque, encerrado a conta sacada ou alterado as condições da sua movimentação, impedindo dessa forma o pagamento do cheque.

3 – Quando o sacado recuse o pagamento do cheque por erro que lhe seja imputável, ficará responsabilizado pelas consequências legais decorrentes da não efectivação da cobrança da receita que o mesmo se destinava a satisfazer.

ARTIGO 20.º – **Efeito liberatório**

O pagamento efectuado junto das entidades referidas nos artigos 5.º e 8.º através de qualquer dos meios enunciados no artigo 15.º libera o devedor da respectiva obrigação, salvo nas situações previstas no n.º 2 do artigo 14.º e no artigo 19.º

266 *Legislação de Direito Financeiro*

ARTIGO 21.º – **Pagamento voluntário**

1 – Constitui pagamento voluntário de dívidas ao Estado o pagamento efectuado nos prazos de vencimento estabelecidos legal ou contratualmente.

2 – Quando os regimes referidos no número anterior não estipulem prazo, este terminará no final do mês imediato ao da emissão do documento de cobrança ou da notificação para pagamento, quando legalmente exigida, se a própria notificação também não o referir.

ARTIGO 22.º – **Mora do devedor**

1 – O não pagamento das dívidas nos prazos para cumprimento voluntário legalmente previstos determina, salvo o disposto em lei especial:

a) A constituição em mora do devedor;

b) A extracção da certidão de dívida para efeitos de cobrança coerciva.

2 – São competentes para a liquidação de juros de mora, bem como para a extracção das certidões de dívida, os serviços que administram as respectivas receitas.

3 – Estando a dívida a ser exigida em execução fiscal, a competência para a liquidação dos juros de mora, bem como o processamento do respectivo documento de cobrança, pertence ao serviço onde correr termos o processo.

4 – Quando o serviço competente para a extracção da certidão de dívida seja diferente daquele a que compete a instauração do processo de execução fiscal, devê-la-á remeter a este no prazo de 30 dias.

5 – Não se consideram excepcionadas no n.º 1, para efeitos de extracção da certidão de dívida, as dívidas cujos diplomas prevêem o pagamento com juros de mora anteriormente à extracção daquela certidão.

CAPÍTULO III – **Saídas de fundos**

ARTIGO 23.º – **Âmbito**

A gestão da saída de fundos integra a execução do pagamento das operações orçamentais, bem como das OET.

ARTIGO 24.º – **Realização**

1 – A saída de fundos da tesouraria do Estado realiza-se com utilização de meios de pagamento do Tesouro.

2 – A natureza, as características e o regime dos meios de pagamento mencionados no número anterior obedecem ao disposto na lei geral e nos respectivos regulamentos.

I. Actividade Financeira

3 – São objecto de despacho do director-geral do Tesouro as caixas que poderão efectuar pagamentos.

ARTIGO 25.º – **Autorização**

1 – É da competência do director-geral do Tesouro autorizar as saídas de fundos por operações orçamentais e por OET.

2 – Relativamente aos serviços que utilizem sistemas locais de emissão de meios de pagamento do Tesouro, a autorização a que se refere o número anterior considera-se concedida mediante a disponibilização da funcionalidade em causa.

3 – As condições de utilização do sistema referido no número anterior serão definidas por despacho do director-geral do Tesouro.

4 – O regime de saídas de fundos respeita as regras sobre autonomia orçamental aplicáveis aos serviços e fundos autónomos e a outras entidades que dela beneficiem.

ARTIGO 26.º – **Restituições e reembolsos**

1 – Os reembolsos e restituições a que houver lugar em decorrência do cálculo de imposto ou por devolução de receita indevidamente cobrada, respectivamente, são determinados pelas entidades que procedem à liquidação da respectiva receita.

2 – Os reembolsos são efectuados através dos meios de pagamento do Tesouro, nas condições definidas por despacho do director-geral do Tesouro ou acordadas com a entidade que administra a respectiva receita.

ARTIGO 27.º – **Meios de pagamento do Tesouro**

1 – O pagamento das despesas orçamentais bem como as saídas dos fundos por OET são efectuados através de meios de pagamento do Tesouro.

2 – Cabe à Direcção-Geral do Tesouro a gestão dos meios de pagamento do Tesouro.

ARTIGO 28.º – **Cheques**

1 – Quando o meio de pagamento utilizado revista a forma de cheque sobre o Tesouro, este será nominativo «não à ordem» e cruzado.

2 – Nos casos em que os serviços emissores considerem imprescindível o endosso do cheque, este poderá ser «à ordem» e cruzado.

ARTIGO 29.º – **Arquivo**

A prova de efectivação dos pagamentos e o arquivo dos suportes documentais, tanto físicos como de base informática, processam-se nos termos aplicáveis

268 *Legislação de Direito Financeiro*

aos bancos e de acordo com o regulamento do sistema de compensação inter-bancária em vigor.

CAPÍTULO IV – **Operações específicas do Tesouro**

Artigo 30.º – **Âmbito**

1 – A movimentação de fundos destinados a assegurar a gestão da tesouraria, bem como a prestação de serviços a entidades que disponham de contas na Direcção-Geral do Tesouro, designa-se OET quando se destine, nos termos legalmente previstos, a:
- *a*) Assegurar a gestão de fundos a cargo da Direcção-Geral do Tesouro;
- *b*) Antecipar a saída de fundos previstos no Orçamento do Estado de modo a permitir a satisfação oportuna de encargos orçamentais;
- *c*) Antecipar fundos previstos no Orçamento da União Europeia;
- *d*) Antecipar fundos a autarquias locais e Regiões Autónomas; e
- *e*) Outras situações devidamente justificadas, que tenham consagração nas leis do Orçamento do Estado.

2 – Para efeitos do disposto no número anterior, as OET, quando envolvam saída de fundos da tesouraria, dependem de autorização do director-geral do Tesouro.

3 – A regulamentação das condições das operações previstas nas alíneas *a*) a *e*) do n.º 1 será objecto de portaria do Ministro das Finanças.

Artigo 31.º – **Regime**

1 – A saída de fundos por OET depende da existência de fundos na respectiva conta, salvo o disposto nas alíneas *b*) a *d*) do artigo anterior e as situações previstas em lei especial.

2 – As antecipações previstas nas alíneas *b*) a *d*) do artigo anterior dependem da existência de disponibilidades na tesouraria, bem como da respectiva previsão orçamental, tendo em conta, quando for o caso, as previsões de cobrança efectiva das receitas a antecipar.

Artigo 32.º – **Regularização das OET**

1 – As OET devem ser regularizadas no ano económico em que tiverem lugar, com as seguintes excepções:
- *a*) As previstas na alínea *a*) do n.º 1 do artigo 30.º podem transitar de ano;
- *b*) As previstas nas alíneas *c*) e *d*) do n.º 1 do artigo 30.º podem ser regularizadas até ao final do período complementar da execução orçamental,

I. Actividade Financeira

relativa à arrecadação das receitas do respectivo ano económico, da entidade beneficiária da antecipação.

2 – A regularização das OET previstas na alínea *b*) do n.º 1 do artigo 30.º deve ser efectuada por via orçamental,.por conta do ano económico em que tiverem lugar.

Artigo 33.º – **Cobrança coerciva das dívidas de OET**

A cobrança coerciva dos créditos da Direcção-Geral do Tesouro, resultantes da movimentação de fundos por OET, equiparados a créditos do Estado quando for o caso, será efectuada, nos termos previstos na lei, através de processo de execução fiscal.

CAPÍTULO V – **Contabilidade do Tesouro**

Artigo 34.º – **Princípios contabilísticos**

O registo das operações de tesouraria é organizado de acordo com os princípios constantes do Plano Oficial de Contabilidade Pública.

Artigo 35.º – **Finalidades**

O registo da movimentação de fundos tem as seguintes finalidades:
a) Racionalização, simplificação e integração dos fluxos de informação;
b) Obtenção de informação para gestão e controlo da tesouraria do Estado;
c) Controlo das entradas e saídas de fundos na tesouraria do Estado;
d) Contabilização das entradas e saídas de fundos por operações de tesouraria;
e) Relevação dos saldos da tesouraria do Estado;
f) Apuramento dos saldos das contas.

Artigo 36.º – **Controlo e contabilização**

Cabe à Direcção-Geral do Tesouro a centralização, o controlo e a contabilização dos fundos movimentados.

Artigo 37.º – **Plano de contas**

1 – As contas e as regras de movimentação a utilizar para registo da entrada e saída de fundos e para a relevação dos respectivos saldos constam de plano de contas próprio, a articular com o Plano Oficial de Contabilidade Pública.

270 *Legislação de Direito Financeiro*

2 – É da competência do director-geral do Tesouro a abertura e encerramento de contas.

ARTIGO 38.º – **Regularização de saldos**

1 – Os saldos credores das contas de terceiros e os devedores das contas de disponibilidades podem transitar de ano.

2 – Os saldos credores das contas de disponibilidades podem transitar de ano, devendo, no entanto, ser regularizados no prazo de seis meses.

3 – Os saldos devedores das contas de terceiros devem ser regularizados dentro do ano económico a que respeitam, salvo o disposto nas alíneas c) e e) do n.º 1 do artigo 30.º

4 – Os saldos devedores referidos no número anterior, bem como os decorrentes de operações de regularização relativas a acertos de fim de ano, podem transitar para os anos seguintes, não podendo ultrapassar o limite a fixar anualmente pela Lei do Orçamento do Estado, com as excepções nela previstas.

ARTIGO 39.º – **Escrituração**

1 – A escrituração da entrada de fundos é da competência dos serviços com funções de caixa.

2 – A escrituração da saída de fundos é da competência dos serviços da Direcção-Geral do Tesouro.

3 – Sem prejuízo do disposto no n.º 2, o director-geral do Tesouro poderá autorizar a escrituração de saídas de fundos por parte de outras entidades.

4 – A escrituração dos restantes movimentos de fundos é assegurada, nos termos definidos por despacho do director-geral do Tesouro, pelos serviços directamente envolvidos na sua efectivação.

ARTIGO 40.º – **Regulamentação**

1 – As condições de funcionamento e controlo das caixas bem como o regime dos alcances serão definidos por diploma autónomo.

2 – As normas referentes à contabilização de fundos serão objecto de portaria do Ministro das Finanças.

ARTIGO 41.º – **Utilização dos meios informáticos**

Os movimentos de fundos na tesouraria do Estado e os correspondentes suportes documentais e contabilísticos podem ser efectuados através de meios informáticos.

I. Actividade Financeira

ARTIGO 42.º – **Informação à Direcção-Geral do Orçamento**

1 – A Direcção-Geral do Tesouro envia à Direcção-Geral do Orçamento, até ao dia 15 do mês seguinte a que respeitam, os elementos contabilísticos necessários à elaboração da Conta Geral do Estado, nomeadamente o balancete das contas de operações de tesouraria, evidenciando os respectivos movimentos mensais e acumulados segundo a natureza das operações envolvidas.

2 – Exceptua-se do disposto no número anterior a informação relativa ao mês de Dezembro, a qual é enviada até 15 de Fevereiro do ano seguinte.

ARTIGO 43.º – **Responsabilidade financeira**

1 – A Direcção-Geral do Tesouro dá quitação aos responsáveis pela movimentação de fundos da tesouraria do Estado relativamente aos depósitos efectuados na conta do Tesouro cujos valores constantes da conta de gerência correspondem aos escriturados e contabilizados.

2 – A conta de gerência será elaborada pelo responsável da caixa, devendo os valores dela constantes corresponder aos escriturados e contabilizados.

ARTIGO 44.º – **Arquivo dos documentos**

1 – Os documentos de suporte contabilístico serão arquivados nas caixas quando comprovativos da respectiva escrituração, sem prejuízo do referido nos artigos 39.º e 41.º

2 – Nos serviços da Direcção-Geral do Tesouro são arquivados os balancetes e restantes documentos.

3 – Os documentos referidos nos números anteriores são mantidos em arquivo pelo prazo de cinco anos, podendo, para o mesmo efeito, ser substituídos pela sua representação informática.

CAPÍTULO VI – Disposições finais e transitórias

ARTIGO 45.º – **Contabilização de reembolsos e de restituições**

1 – Na elaboração da Conta Geral do Estado são expressos os movimentos de fundos derivados das anulações da receita orçamental decorrentes dos reembolsos e das restituições.

2 – O registo referido no número anterior processa-se através da inserção nas tabelas da receita de colunas para os registos de reembolsos de impostos e restituições de cobrança, adaptando-se em conformidade os registos para a relevação de receita bruta e líquida.

272 *Legislação de Direito Financeiro*

ARTIGO 46.º – **Desenvolvimento tecnológico e informático**

1 – A Direcção-Geral do Tesouro promoverá o desenvolvimento dos meios tecnológicos e informáticos no âmbito da tesouraria do Estado, por forma a garantir as melhores condições de qualidade e eficiência no desempenho das suas atribuições.

2 – Para efeitos do disposto no número anterior, e no âmbito do presente diploma, será inscrita a dotação orçamental adequada.

ARTIGO 47.º – **Adaptação ao DUC**

1 – Os documentos de cobrança que não obedeçam às especificidades do DUC serão gradualmente substituídos pelo DUC, à medida em que forem sendo criados os dispositivos administrativos e informáticos a tal indispensáveis.

2 – As disposições contidas nos artigos 11.º a 22.º do presente diploma aplicam-se, com as necessárias adaptações, aos restantes documentos de cobrança que não o DUC.

ARTIGO 48.º – **Adaptação ao euro**

Para efeitos do disposto no n.º 2 do artigo 15.º e até 31 de Dezembro de 2001, os meios de pagamento utilizados têm de ter a mesma denominação.

Artigo 49.º – **Adaptação dos protocolos**

Os protocolos estabelecidos com as entidades colaboradoras na cobrança, que se encontrem actualmente em execução, serão, ouvidas as entidades administradoras das respectivas receitas e na medida do que for necessário, objecto de revisão ou substituição, até 31 de Dezembro de 1999, em conformidade com o presente diploma.

ARTIGO 50.º – **Regime transitório**

1 – Enquanto não estiverem criados os dispositivos legais e administrativos necessários à aplicação do presente diploma, mantém-se, na medida do necessário, o regime anterior e respectiva regulamentação.

2 – Enquanto não se encontrarem reunidas as condições para o cumprimento do disposto no artigo 9.º, o pagamento processa-se exclusivamente perante as entidades cobradoras autorizadas a efectuar essa cobrança, podendo ser fixado o balcão competente para o efeito.

3 – Os depósitos dos excedentes e disponibilidades de tesouraria dos serviços e fundos autónomos tornam-se obrigatórios a partir do início do 3.º ano económico posterior ao da entrada em vigor do presente diploma.

I. Actividade Financeira 273

Artigo 51.º – **Revogação**

1 – Sem prejuízo do disposto no artigo anterior, são revogados os seguintes diplomas:

a) O Decreto-Lei n.º 332/90, de 29 de Outubro, com as alterações introduzidas pelo Decreto-Lei n.º 275-A/93, de 9 de Agosto;

b) O Decreto-Lei n.º 371/91, de 8 de Outubro, com as alterações introduzidas pelo Decreto-Lei n.º 187/98, de 8 de Julho;

c) O Decreto-Lei n.º 275-A/93, de 9 de Agosto, com as alterações introduzidas pelo Decreto-Lei n.º 113/95, de 25 de Maio, pela Lei n.º 52--C/96, de 27 de Dezembro, e pela Lei n.º 127-B/97, de 20 de Dezembro.

2 – As normas constantes do presente diploma prevalecem sobre quaisquer disposições gerais ou especiais que disponham em contrário, designadamente as que se referem a procedimentos de cobrança.

Artigo 52.º – **Entrada em vigor**

O presente diploma entra em vigor no 1.º dia do mês seguinte ao da sua publicação.

d) **Crédito**

9. Garantias pessoais do Estado

Lei n.º 112/97, de 16 de Setembro

**Regime jurídico da concessão de garantias pessoais pelo Estado
ou por outras pessoas colectivas de direito público**

A Assembleia da República decreta, nos termos dos artigos 164.º, alínea *d)*, e 169.º, n.º 3, da Constituição, o seguinte:

CAPÍTULO I – Princípios gerais

ARTIGO 1.º – (**Âmbito de aplicação e princípios gerais**)

1 – O presente diploma aplica-se à concessão de garantias pessoais pelo Estado e por outras pessoas colectivas de direito público.

2 – A concessão de garantias pessoais reveste-se de carácter excepcional, fundamenta-se em manifesto interesse para a economia nacional e faz-se com respeito pelo princípio da igualdade, pelas regras de concorrência nacionais e comunitárias e em obediência ao disposto na presente lei.

ARTIGO 2.º – (**Assunção de garantias pessoais pelo Estado**)

1 – A assunção de garantias pessoais pelo Estado apenas poderá ser realizada de acordo com as normas previstas no presente diploma, sob pena de nulidade.

2 – A violação, por parte de membros do Governo, do disposto na presente lei constitui crime de responsabilidade punível nos termos do artigo 14.º da Lei n.º 34/87, de 16 de Julho.

276   *Legislação de Direito Financeiro*

ARTIGO 3.º – (**Fundos e serviços autónomos e institutos públicos**)

A concessão de garantias a favor de terceiros por parte dos fundos e serviços autónomos e dos institutos públicos está sujeita, com as necessárias adaptações, ao disposto no presente diploma, e só será válida mediante despacho de aprovação do Ministro das Finanças, que terá a faculdade de delegar.

ARTIGO 4.º – (**Entidades com independência orçamental**)

A disciplina prevista no presente diploma não prejudica o regime próprio da prestação de garantias pessoais por entidades que, nos termos da lei, gozem de independência orçamental.

ARTIGO 5.º – (**Limite máximo para a concessão de garantias pelo Estado e por outras pessoas colectivas de direito público**)

1 – A Assembleia da República fixa, na Lei do Orçamento ou em lei especial, o limite máximo das garantias pessoais a conceder em cada ano pelo Estado e por outras pessoas colectivas de direito público, o qual não pode ser excedido.

2 – A Direcção-Geral do Tesouro informará previamente sobre o cabimento de cada operação de garantias pessoais no limite máximo fixado para cada ano, incorrendo em responsabilidade financeira pelo montante em excesso, se for efectivado, a entidade responsável pela informação, se esta for omissa ou errada, ou o autor do acto ou o membro do Governo competente, se decidir contra a informação prestada.

3 – No caso de não estar aprovada Lei do Orçamento no início do ano económico, poderá ser excedido, por duodécimos, o montante fixado no ano anterior, sempre que a respectiva lei de autorização o não proibir.

CAPÍTULO II – Operações a garantir, beneficiários e modalidades das garantias pessoais

ARTIGO 6.º – (**Operações a garantir**)

As garantias pessoais destinam-se a assegurar a realização de operações de crédito ou de outras operações financeiras, nacionais ou internacionais, de que sejam beneficiárias entidades públicas, empresas nacionais ou outras empresas que legalmente gozem de igualdade de tratamento.

ARTIGO 7.º – (**Modalidades de garantias pessoais**)

O Estado adoptará na concessão de garantias pessoais a fiança ou o aval.

CAPÍTULO III – Dos critérios de autorização das garantias pessoais

ARTIGO 8.º – (**Finalidades das operações**)

As garantias pessoais serão prestadas quando se trate de operações de crédito ou financeiras relativas a empreendimentos ou projectos de manifesto interesse para a economia nacional.

ARTIGO 9.º – (**Condições para a autorização**)

1 – As garantias pessoais só podem ser autorizadas ou aprovadas quando se verifiquem cumulativamente as seguintes condições:

a) Ter o Estado participação na empresa ou interesse no empreendimento, projecto ou operação financeira que justifique a concessão da garantia;

b) Existir um projecto concreto de investimento ou um estudo especificado da operação a garantir, bem como uma programação financeira rigorosa;

c) Apresentar o beneficiário da garantia características económicas, finan- ceiras e organizacionais que ofereçam segurança suficiente para fazer face às responsabilidades que pretende assumir;

d) A concessão de garantia se mostre imprescindível para a realização da operação de crédito ou financeira, designadamente por inexistência ou insuficiência de outras garantias.

2 – Sem prejuízo do disposto no número anterior, a garantia destina-se a assegurar a realização de operações, projectos ou empreendimentos que visem pelo menos um dos seguintes objectivos:

a) Realização de investimentos de reduzida rentabilidade, designadamente tendo em conta o risco envolvido, desde que integrados em empreendi- mentos de interesse económico, e social;

b) Realização de investimentos de rentabilidade adequada, mas em que a entidade beneficiária, sendo economicamente viável, apresente, con- tudo, deficiência transitória da sua situação financeira;

c) Manutençao da exploraçao enquanto se proceda, por intermédio de qual- quer entidade designada pelo Governo, ao estudo e concretização de acções de viabilização;

d) Concessão de auxílio financeiro extraordinário.

3 – Salvo no caso previsto na alínea c) do número anterior, a garantia nunca poderá ser autorizada para garantir operações que visem o mero reforço da tesouraria da entidade beneficiária ou o financiamento dos seus gastos cor- rentes.

4 – No caso de as operações de crédito ou financeiras se destinarem ou forem utilizadas para um fim diferente dos previstos no despacho de autorização ou de aprovação, a garantia caduca.

278

Legislação de Direito Financeiro

ARTIGO 10.º – **(Proibição de utilização dos empréstimos por outras entidades)**

1 – Não é autorizada a utilização, total ou parcial, dos empréstimos a que tiver sido dada garantia do Estado, em harmonia com a presente lei, para financiamento de operações a realizar por quaisquer outras entidades.

2 – A violação do disposto no número anterior determina a caducidade da garantia.

ARTIGO 11.º – **(Contragarantias)**

A concessão de garantias poderá ficar dependente da prestação de contragarantias, em termos a fixar pelo Ministério das Finanças.

ARTIGO 12.º – **(Prazos de utilização e de reembolso)**

Sob pena de caducidade da garantia, os créditos garantidos terão prazos de utilização não superiores a 5 anos e deverão ser totalmente reembolsados no prazo máximo de 20 anos a contar das datas dos respectivos contratos.

CAPÍTULO IV – **Do processo de concessão e execução das garantias pessoais**

ARTIGO 13.º – **(Apresentação e instrução do pedido)**

1 – O pedido de concessão de garantia do Estado será dirigido ao Ministro das Finanças pela entidade solicitante do crédito ou beneficiária da operação financeira.

2 – O pedido de concessão da garantia será obrigatoriamente instruído com os seguintes elementos:

a) Apreciação da situação económico-financeira da entidade beneficiária e apresentação de indicadores de funcionamento em perspectiva evolutiva;

b) Identificação da operação a garantir nos termos do presente diploma;

c) Demonstração do preenchimento dos critérios de concessão de garantias previstos no presente diploma;

d) Indicação de eventuais contragarantias facultadas ao Estado;

e) Minuta do contrato de empréstimo ou da operação financeira, plano de utilização do financiamento e esquema de reembolso e demonstração da sua compatibilidade com a capacidade financeira previsível da empresa, tendo, designadamente, em conta os reflexos de medidas de natureza económica e financeira que se encontrem programadas para o período de vigência do crédito.

3 – A elaboração dos elementos referidos no número precedente, quando se

trate de operações de crédito bancário, será efectuada conjuntamente pela entidade beneficiária e pelo credor.

4 – O Ministério das Finanças poderá solicitar outros elementos instrutórios que considere necessários para avaliar o risco da garantia a conceder.

Artigo 14.º – **(Pareceres)**

1 – O pedido a que se refere o artigo anterior será submetido a parecer dos Ministros responsáveis pelo sector de actividade da entidade beneficiária, o qual incidirá, designadamente, sobre os seguintes aspectos:

a) Inserção da operação a garantir na política económica do Governo e apreciação do papel da empresa no conjunto do sector ou da região em que se situa;

b) Medidas de política económica eventualmente previstas, com reflexos sobre a situação da empresa,

c) Elementos a que se refere a alínea *e*) do n.º 2 do artigo anterior.

2 – O Ministério das Finanças só dará seguimento ao pedido de concessão de garantia após emissão do parecer referido, o qual deverá ser emitido no prazo de 15 dias após a sua solicitação, sem prejuízo de prorrogação por idêntico período.

Artigo 15.º – **(Despacho de autorização ou de aprovação)**

1 – Em qualquer caso de concessão de garantias é sempre necessário despacho de autorização do Ministro das Finanças.

2 – O despacho referido no número anterior será sempre acompanhado de uma fundamentação clara dos motivos de facto e de direito que determinaram a sua concessão, nomeadamente concretizando de forma explícita o conceito de «interesse para a economia nacional» subjacente, sendo publicado na 2ª série do *Diário da República*.

3 – Os despachos devidamente fundamentados que recusem a concessão da garantia devem ser notificados à entidade solicitante.

Artigo 16.º – **(Anexo ao despacho de autorização ou de aprovação)**

1 – Em anexo ao despacho de autorização ou de aprovação figurará sempre a respectiva minuta do contrato de empréstimo ou da operação financeira a garantir, incluindo o plano de reembolso do capital mutuado e do pagamento dos juros, bem como a informação prestada pelo serviço competente do Ministério das Finanças e o parecer a que se refere o artigo 14.º

2 – Sob pena de caducidade da garantia, o plano de reembolso só poderá ser alterado a título excepcional e mediante prévio consentimento do Ministro das

280 *Legislação de Direito Financeiro*

Finanças, devendo ser publicado e fundamentado nos termos do n.º 2 do artigo anterior.

ARTIGO 17.º – **(Concessão de garantias)**

1 – A concessão de garantias, quando autorizada pelo Ministério das Finanças, compete ao director-geral do Tesouro ou seu substituto legal.

2 – Para o efeito, o director-geral do Tesouro poderá outorgar nos respectivos contratos, emitir declarações de garantia autenticadas com o selo branco daquela Direcção-Geral ou assinar títulos representativos das operações garantidas.

3 – A inobservância do disposto no número anterior determina a ineficácia da garantia.

4 – O acto de concessão da garantia deve ser comunicado por escrito pela Direcção-Geral do Tesouro à entidade beneficiária e ao credor.

ARTIGO 18.º – **(Prazo para o início da operação)**

A garantia caduca 60 dias após a respectiva comunicação da concessão, se entretanto não tiver sido dado início à operação, salvo fixação expressa e devidamente fundamentada de prazo superior no respectivo acto de concessão.

CAPÍTULO V – **Das garantias do Estado pela prestação de garantias pessoais**

ARTIGO 19.º – **(Comunicações dos beneficiários)**

1 – As entidades a quem tiver sido concedida garantia do Estado enviarão à Direcção-Geral do Tesouro, no prazo de cinco dias a contar dos respectivos factos, cópia dos documentos comprovativos das amortizações do capital e do pagamento de juros, indicando sempre as correspondentes importâncias que deixam de constituir objecto de garantia do Estado.

2 – As referidas entidades, sempre que reconheçam que não se encontram habilitadas a satisfazer os encargos de amortização e de juros nas datas fixadas para o respectivo pagamento, darão do facto conhecimento à aludida Direcção--Geral, com a antecedência mínima de 30 dias em relação ao vencimento dos referidos encargos.

3 – Em caso de incumprimento da obrigação referida no número anterior, o Estado só pode ser chamado a executar a garantia mediante interpelação feita pelo credor.

I. Actividade Financeira

Artigo 20.º – (**Outras obrigações dos beneficiários e poder de fiscalização**)

1 – As entidades a quem tenha sido concedida garantia do Estado enviarão regularmente à Direcção-Geral do Tesouro e ao credor os documentos de prestação de contas e respectivos anexos, bem como os orçamentos e demais elementos previsionais necessários à detecção de eventuais dificuldades de cumprimento das correspondentes obrigações.

2 – A concessão da garantia do Estado confere ao Governo o direito de proceder à fiscalização da actividade da entidade beneficiária da garantia, tanto do ponto de vista financeiro e económico como do ponto de vista administrativo e técnico.

Artigo 21.º – (**Fiscalização do cumprimento de encargos**)

Compete à Direcção-Geral do Tesouro assegurar e fiscalizar o cumprimento dos encargos emergentes da execução de garantias do Estado.

Artigo 22.º – (**Garantias do Estado**)

1 – Sem prejuízo das garantias que em cada caso sejam estipuladas, o Estado goza de privilégio mobiliário geral sobre os bens das entidades beneficiárias de garantia pelas quantias que tiver efectivamente despendido, a qualquer título, em razão da garantia concedida.

2 – O privilégio creditório referido no número anterior será graduado conjuntamente com os previstos na alínea *a*) do n.º 1 do artigo 747.º do Código Civil.

Artigo 23.º – (**Taxas das garantias**)

As taxas das garantias concedidas, a pagar pelas entidades beneficiárias, serão fixadas por despacho do Ministro das Finanças.

Artigo 24.º – (**Regime supletivo**)

Sem prejuízo das garantias especiais atribuídas ao Estado pela legislação vigente e do disposto neste diploma, as relações entre os vários intervenientes nas operações de garantia disciplinadas pela presente lei estão sujeitas supletivamente ao regime jurídico da fiança previsto no Código Civil, excepto quando seja aposta assinatura no título cambiário, caso em que serão aplicáveis os regimes da Lei Uniforme sobre Letras e Livranças e da Lei Uniforme Relativa ao Cheque.

CAPÍTULO VI – **Disposições finais e transitórias**

ARTIGO 25.° – **(Relação de beneficiários e respectivas responsabilidades)**

1 – Será publicada em anexo à Conta Geral do Estado a relação nominal dos beneficiários das garantias pessoais do Estado, com indicação das respectivas responsabilidades, apuradas em relação a 31 de Dezembro de cada ano, bem como com a indicação das responsabilidades totais do Estado por garantias prestadas, devidamente discriminadas e com referência à mesma data.

2 – Os fundos e serviços autónomos e os institutos públicos enviarão mensalmente à Direcção-Geral do Tesouro a relação nominal dos beneficiários das garantias concedidas, com discriminação das modalidades e condições financeiras aprovadas, prazos de utilização e contrapartidas.

ARTIGO 26.° – **(Regime de cobrança coercivo)**

A cobrança coerciva das dívidas resultantes da concessão de garantias pessoais será feita através do processo de execução fiscal.

ARTIGO 27.° – **(Regime transitório dos valores das taxas)**

Enquanto não forem fixadas novas taxas a que se refere o artigo 23.° mantêm-se em vigor para as garantias pessoais as taxas previstas para o aval do Estado.

ARTIGO 28.° – **(Normas revogadas)**

São revogados o Decreto-Lei n.° 45 337, de 4 de Novembro de 1963, a Lei n.° 1/73, de 2 de Janeiro, e todos os diplomas que contrariem o disposto na presente lei.

ARTIGO 29.° – **(Aplicação no tempo)**

O presente diploma apenas se aplica às garantias autorizadas ou aprovadas após a sua entrada em vigor.

Aprovada em 17 de Julho de 1997.
O Presidente da Assembleia da República, *António de Almeida Santos*.

Promulgada em 27 de Agosto de 1997.
Publique-se.
O Presidente da República, JORGE SAMPAIO.

Referendada em 2 de Setembro de 1997.
O Primeiro-Ministro, *António Manuel de Oliveira Guterres*.

10. Regime geral de emissão e gestão da dívida pública

Lei n.º 7/98, de 3 de Fevereiro

A Assembleia da República decreta, nos termos dos artigos 161.º, alíneas *c*) e *h*), e 166.º, n.º 3, da Constituição, o seguinte:

TÍTULO I – Disposições gerais

Artigo 1.º – **(Objecto)**

O presente diploma regula o regime geral da emissão e gestão da dívida pública directa do Estado.

Artigo 2.º – **(Princípios)**

1 – O recurso ao endividamento público directo deve conformar-se com as necessidades de financiamento geradas pela execução das tarefas prioritárias do Estado, tal como definidas na Constituição da República Portuguesa, salvaguardar, no médio prazo, o equilíbrio tendencial das contas públicas.

2 – A gestão da dívida pública directa deverá orientar-se por princípios de rigor e eficiência, assegurando a disponibilização do financiamento requerido por cada exercício orçamental e prosseguindo os seguintes objectivos:

a) Minimização de custos directos e indirectos numa perspectiva de longo prazo;

b) Garantia de uma distribuição equilibrada de custos pelos vários orçamentos anuais;

c) Prevenção de excessiva concentração temporal de amortizações;

d) Não exposição a riscos excessivos;

e) Promoção de um equilibrado e eficiente funcionamento dos mercados financeiros.

284 *Legislação de Direito Financeiro*

ARTIGO 3.º – **(Definições)**

Para efeitos do presente diploma, entende-se por:
a) Dívida pública flutuante: dívida pública contraída para ser totalmente amortizada até ao termo do exercício orçamental em que foi gerada;
b) Dívida pública fundada: dívida contraída para ser totalmente amortizada num exercício orçamental subsequente ao exercício no qual foi gerada;
c) Dívida pública em moeda nacional: dívida pública denominada em moeda com curso legal em Portugal;
d) Dívida pública em moeda estrangeira: dívida pública denominada em moeda sem curso legal em Portugal.

TÍTULO II – **Emissão da dívida pública**

ARTIGO 4.º – **(Condições gerais sobre o financiamento)**

1 – Por lei da Assembleia da República serão estabelecidas, para cada exercício orçamental, as condições gerais a que se deve subordinar o financiamento do Estado e a gestão da dívida pública, nomeadamente o montante máximo do acréscimo de endividamento líquido autorizado e o prazo máximo dos empréstimos a emitir.

2 – Na lei prevista no número anterior poderão ser estabelecidos o montante máximo a que poderão ser sujeitas certas categorias de dívida pública, nomeadamente a dívida denominada em moeda estrangeira, a dívida a taxa fixa e a dívida a taxa variável.

ARTIGO 5.º – **(Condições das operações)**

1 – O Conselho de Ministros, mediante resolução, definirá, em obediência às condições gerais estabelecidas nos termos do artigo anterior, as condições complementares a que obedecerão a negociação, contratação e emissão de empréstimos pelo Instituto de Gestão do Crédito Público, em nome e representação do Estado, bem como a realização, pelo mesmo Instituto, de todas as operações financeiras de gestão da dívida pública directa.

2 – Sem prejuízo do disposto no número anterior, poderá o Governo, através do Ministro das Finanças, com faculdade de delegação, estabelecer, a qualquer momento, orientações específicas a observar pelo Instituto de Gestão do Crédito Público na gestão da dívida pública directa e do financiamento do Estado.

ARTIGO 6.º – **(Condições específicas)**

1 – As condições específicas dos empréstimos e das operações financeiras de gestão da dívida pública directa serão estabelecidas pelo Instituto de Gestão do

I. Actividade Financeira 285

Crédito Público, em obediência às condições determinadas nos termos dos precedentes artigos 4.° e 5.°

2 – Na fixação das condições específicas previstas no número anterior, o Instituto de Gestão do Crédito Público deverá ainda atender às condições correntes nos mercados financeiros, bem como à expectativa razoável da sua evolução.

ARTIGO 7.° – **(Obrigação geral)**([1])

1 – As condições de cada empréstimo em moeda nacional integrante da dívida pública fundada, salvo se representado por contrato, constarão de obrigação geral, elaborada pelo Instituto de Gestão do Crédito Público e assinada pelo Ministro das Finanças, com faculdade de delegação noutro membro do Governo.

2 – As condições dos empréstimos em moeda estrangeira a emitir em cada exercício orçamental, integrantes da dívida pública fundada, poderão constar, salvo se representadas por contrato, de uma única obrigação geral, emitida pelo seu montante global, devendo a mesma ser elaborada e assinada conforme previsto no número anterior.

3 – Com ressalva do previsto no n.° 4 deste artigo, da obrigação geral deverão constar necessariamente os seguintes elementos:

a) Finalidade do empréstimo;

b) Designação do empréstimo;

c) Moeda – nacional ou estrangeira – do empréstimo;

d) Montante máximo do empréstimo;

e) Tipo de taxa de juro;

f) Periodicidade do pagamento de juros;

g) Modalidades de colocação do empréstimo;

h) Condições de amortização.

4 – Nos casos em que o processo de negociação e emissão dos empréstimos não permita, sem risco de pôr em causa o seu sucesso, a determinação exacta das condições referidas nas alíneas e) a h) do número anterior, com a antecedencia necessária ao prévio trâmite processual das obrigações gerais previstas neste artigo, poderão as mesmas ser indicadas através de fórmula genérica que contenha a informação relevante disponível.

5 – A obrigação geral está sujeita a fiscalização prévia do Tribunal de Contas e a publicação no Diário da República.

6 – O Governo, através do Ministro das Finanças, que terá a faculdade de delegar, comunicará ao Tribunal de Contas as condições financeiras específicas

---

([1]) Revogado pelo Decreto-Lei n.° 87-B/98, de 31 de Dezembro.

286 *Legislação de Direito Financeiro*

caracterizadoras dos empréstimos realizados não constantes da respectiva obrigação geral, no prazo de 15 dias úteis após a emissão dos mesmos.

ARTIGO 8.° – **(Emissão de dívida pública na pendência de aprovação ou de publicação do Orçamento do Estado)**

1 – Se o Orçamento do Estado não entrar em execução no início do ano económico a que se destina, por qualquer motivo, nomeadamente por não votação, não aprovação ou não publicação, poderá o Governo autorizar, por resolução, a emissão e contratação de dívida pública fundada até um valor equivalente à soma das amortizações que entretanto se vençam com 25 % do montante máximo do acréscimo de endividamento líquido autorizado no exercício orçamental imediatamente anterior.

2 – Os empréstimos públicos realizados ao abrigo do regime intercalar estabelecido no presente artigo deverão integrar, com efeitos ratificatórios, o Orçamento do Estado do exercício a que respeitam.

ARTIGO 9.° – **(Período complementar para emissão de dívida pública)**

O endividamento público directo autorizado em cada exercício orçamental poderá ser efectivado no exercício subsequente, até à data que for indicada em cada ano no decreto-lei de execução orçamental.

ARTIGO 10.° – **(Certificação da legalidade da dívida)**

1 – Caso lhe sejam solicitados pelos mutuantes, compete ao Procurador--Geral da República a emissão de pareceres ou opiniões legais para a certificação jurídica da legalidade da emissão de dívida pública.

2 – O disposto no número anterior não impede os mutuantes de obterem a certificação jurídica da legalidade da emissão de dívida pública através do recurso a consultores privados.

ARTIGO 11.° – **(Formas da dívida pública)**

1 – A dívida pública poderá assumir as seguintes formas:
a) Contrato;
b) Obrigações do Tesouro;
c) Bilhetes do Tesouro;
d) Certificados de aforro;
e) Certificados especiais de dívida pública;
f) Promissórias;
g) Outros valores representativos de dívida.

2 – A dívida pública directa pode ser representada por títulos, nominativos ou ao portador, ou assumir forma meramente escritural.

I. *Actividade Financeira*   287

3 – Sem prejuízo do disposto na presente lei, mantém-se em vigor a legislação específica relativa a instrumentos de dívida pública indicados no n.º 1.

4 – Até à respectiva extinção, serão ainda consideradas as seguintes formas de dívida pública directa:

a) Certificados de renda perpétua;

b) Certificados de renda vitalícia.

5 – Por resolução do Conselho de Ministros, mediante proposta do Ministro das Finanças, poderão ser estabelecidas outras formas de representação da dívida pública.

ARTIGO 12.º – (**Garantias da dívida pública**)

O pagamento de juros e ou a amortização de capital dos empréstimos integrantes da dívida pública directa serão assegurados pela totalidade das receitas não consignadas inscritas no Orçamento do Estado.

TÍTULO III – **Gestão da dívida pública**

ARTIGO 13.º – (**Medidas de gestão da dívida pública**)

1 – Visando uma eficiente gestão da dívida pública directa e a melhoria das condições finais dos financiamentos, poderá o Governo, através do Ministro das Finanças, ser autorizado pela Assembleia da República a realizar as seguintes operações de gestão da dívida pública:

a) Substituição entre a emissão das várias modalidades de empréstimo;

b) Reforço das dotações para amortização de capital;

c) Pagamento antecipado, total ou parcial, de empréstimos já contratados;

d) Conversão de empréstimos existentes, nos termos e condições da emissão ou do contrato, ou por acordo com os respectivos titulares, quando as condições correntes dos mercados financeiros assim o aconselharem.

2 – Em vista igualmente da consecução dos objectivos indicados no número anterior, poderá o Instituto de Gestão do Crédito Público realizar as operações financeiras para o efeito tidas por adequadas, nomeadamente operações envolvendo derivados financeiros, tais como operações de troca *(swaps)* do regime de taxa de juro, de divisa e de outras condições financeiras, bem como operações a prazo, futuros e opções, tendo por base as responsabilidades decorrentes da dívida pública.

3 – As operações financeiras indicadas no número anterior estão isentas de visto do Tribunal de Contas, devendo o Instituto de Gestão do Crédito Público remeter àquele Tribunal toda a informação relativa às condições finan-

288 *Legislação de Direito Financeiro*

*ceiras das operações realizadas, no prazo de 10 dias úteis após a sua con-
cretização*([1]).

4 – Ao Instituto de Gestão do Crédito Público caberá ainda promover a
emissão de novos títulos representativos da dívida pública em substituição dos
títulos destruídos, deteriorados ou extraviados, nos termos da lei processual
aplicável.

ARTIGO 14.º – **(Prescrição da dívida pública)**

1 – Os créditos correspondentes a juros e a rendas perpétuas prescrevem no
prazo de cinco anos contados da data do respectivo vencimento.

2 – Os créditos correspondentes ao capital mutuado e a rendas vitalícias
prescrevem, considerando-se abandonados a favor do Fundo de Regularização da
Dívida Pública, no prazo de 10 anos contados da data do respectivo vencimento
ou do primeiro vencimento de juros ou rendas posterior ao dos últimos juros
cobrados ou rendas recebidas, consoante a data que primeiro ocorrer.

3 – Aos prazos previstos nos números anteriores são aplicáveis as regras
quanto à suspensão ou interrupção da prescrição previstas na lei civil.

ARTIGO 15.º – **(Informação à Assembleia da República)**

1 – O Governo, através do Ministro das Finanças, informará trimestralmente a Assembleia da República sobre os financiamentos realizados e as
condições específicas dos empréstimos celebrados nos termos previstos
nesta lei.

2 – Sem prejuízo do disposto no número anterior, a Assembleia da República poderá, a qualquer momento, convocar o presidente do Instituto de Gestão
do Crédito Público para audiência destinada a prestar informação sobre os
empréstimos contraídos e as operações financeiras de gestão da dívida pública
directa efectuadas nos termos previstos na presente lei.

TÍTULO IV – Disposições finais

ARTIGO 16.º – **(Foro)**

Os litígios emergentes das operações de dívida pública directa serão diri-
midos pelos tribunais judiciais, devendo as competentes acções ser propostas
no foro da comarca de Lisboa, salvo se contratualmente sujeitas a direito e foro
estrangeiro.

([1]) Revogado pelo Decreto-Lei n.º 87-B/98, de 31 de Dezembro.

I. Actividade Financeira

ARTIGO 17.º – (**Renúncia e imunidade**)

Nas operações de dívida pública directa que fiquem, por força dos respectivos contratos, sujeitas a direito e foros estrangeiros, poderá o Instituto de Gestão do Crédito Público, em nome da República Portuguesa, subscrever cláusulas de renúncia a imunidade baseada em soberania.

ARTIGO 18.º – (**Âmbito de aplicação**)

Os princípios da presente lei aplicam-se à dívida pública directa de todas as entidades do sector público administrativo, sem prejuízo das disposições especiais da Lei das Finanças Regionais e da Lei das Finanças Locais.

ARTIGO 19.º – (**Entrada em vigor**)

A presente lei entra em vigor no dia 1 do mês seguinte ao da sua publicação.

ARTIGO 20.º – (**Legislação revogada**)

1 – É revogada, a partir da data de entrada em vigor do presente diploma, a legislação relativa às matérias nele reguladas, designadamente a Lei n.º 1933, de 13 de Fevereiro de 1936, o Decreto n.º 42900, de 3 de Abril de 1960, os artigos 6.º, 13.º e 15.º a 22.º do Decreto n.º 43 453, de 30 de Dezembro de 1960, o Decreto-Lei n.º 170/86, de 30 de Junho, e a Lei n.º 12/90, de 7 de Abril.

2 – As remissões feitas para os preceitos revogados consideram-se efectuadas para as correspondentes normas da presente lei.

ARTIGO 21.º – (**Revisão dos regimes legais das formas específicas da dívida pública**)

O Governo promoverá a revisão dos regimes legais das formas específicas da dívida pública a que se refere o artigo 11.º, n.º 3.

Aprovada em 27 de Novembro de 1997.
O Presidente da Assembleia da República, *António de Almeida Santos*.

Promulgada em 9 de Janeiro de 1998.
Publique-se.
O Presidente da República, JORGE SAMPAIO.

Referendada em 19 de Janeiro de 1998.
O Primeiro-Ministro, *António Manuel de Oliveira Guterres*.

11. Regime jurídico dos bilhetes do Tesouro

Decreto-Lei n.º 279/98, de 17 de Setembro

O novo tipo de bilhetes do Tesouro (BT) criado em 1985 representou uma inovação para o mercado monetário e constituiu-se como instrumento de execução da política monetária.

Este contexto foi profundamente modificado no decurso desta década. Com a evolução do mercado financeiro em geral e do mercado monetário em particular, onde o Banco de Portugal passou a dispor de instrumentos próprios de intervenção, os BT perderam o relevo que detinham para esse mercado. Para lá desse facto, os deveres comunitários impostos pela preparação da 3ª fase da União Económica e Monetária (UEM) determinaram uma clara independência dos bancos centrais, impedindo que continuassem a financiar, sob qualquer forma, os Estados membros. A combinação destes factores acabou por sentenciar uma progressiva metamorfose dos BT, reduzindo-os à sua primacial finalidade de financiamento do Estado.

Este diploma, contudo, não responde apenas a essa evolução. Decreta uma revisão do regime dos BT orientada pela participação de Portugal na 3ª fase da UEM e pela reforma do regime do endividamento público, iniciada com a criação do Instituto de Gestão do Crédito Público e prosseguida com a recente aprovação, pela Assembleia da República, do regime geral de emissão e gestão da dívida pública, aprovado pela Lei n.º 7/98, de 3 de Fevereiro, nos termos da qual, e ao abrigo do seu artigo 21.º, se aprova o presente diploma.

A participação de Portugal na União Monetária reclama uma flexível gestão da dívida pública, o que explica e justifica a concessão ao Instituto de Gestão do Crédito Público de poderes para adaptar os BT a uma acrescida concorrência num mercado de dívida em euros, conferindo à dívida de curto prazo a necessária competitividade nesse mercado.

Tudo em obediência ao princípio de aproveitamento pelo Estado das melhores condições financeiras de endividamento.

Assim, nos termos da alínea *a*) do n.º 1 do artigo 198.º da Constituição, o Governo decreta o seguinte:

ARTIGO 1.º – **(Objecto)**

O presente diploma estabelece o regime jurídico dos bilhetes do Tesouro.

ARTIGO 2.º – **(Noção)**([1])

Os bilhetes do Tesouro são valores mobiliários escriturais representativos de empréstimos de curto prazo da República Portuguesa, denominados em moeda com curso legal em Portugal.

ARTIGO 3.º – **(Valor nominal)**

Salvo deliberação em contrário do conselho directivo do Instituto de Gestão do Crédito Público, o valor nominal unitário dos bilhetes do Tesouro corresponde à mais pequena subunidade da moeda com curso legal em Portugal.

ARTIGO 4.º – **(Características e regras de emissão)**

1 – Os bilhetes do Tesouro são emitidos por prazos, até um ano, definidos pelo Instituto de Gestão do Crédito Público.

2 – A emissão dos bilhetes do Tesouro efectua-se a desconto e os juros são pagos por dedução no seu valor nominal.

3 – São fungíveis entre si os bilhetes do Tesouro que apresentem a mesma data de vencimento.

ARTIGO 5.º – **(Colocação)**

A colocação de bilhetes do Tesouro pode ser directa ou indirecta, realizando-se por leilão ou por oferta de subscrição limitada a uma, algumas ou a um consórcio de instituições financeiras.

ARTIGO 6.º – **(Amortização)**

Os bilhetes do Tesouro são amortizados na respectiva data de vencimento, sendo reembolsados pelo seu valor nominal.

ARTIGO 7.º – **(Emissão, registo e liquidação)**([1])

1 – Enquanto valores mobiliários de natureza monetária, os bilhetes do Tesouro poderão ser objecto de registo e liquidação em sistema centralizado de valores mobiliários gerido pelo Banco de Portugal.

([1]) Alterado pelo Decreto-Lei n.º 91/2003, de 30 de Abril.

I. Actividade Financeira

2 – A entrada dos bilhetes do Tesouro no sistema centralizado de valores mobiliários gerido pelo Banco de Portugal preenche os requisitos previstos no n.° 1 do artigo 2.° do Decreto-Lei n.° 88/94, de 2 de Abril, cabendo ao Banco de Portugal o papel e as funções atribuídas nesse diploma à Central de Valores Mobiliários.

3 – O Instituto de Gestão do Crédito Público regula o processo de emissão e colocação dos bilhetes do Tesouro, cabendo-lhe, designadamente, fixar critérios de acesso ao mercado primário desses bilhetes e divulgar uma lista de entidades que preencham tais critérios.

4 – Compete igualmente ao Instituto de Gestão do Crédito Público definir o regime de registo, liquidação e transmissão dos bilhetes do Tesouro.

5 – A competência prevista nos números anteriores exerce-se através de instruções a publicar na 2ª série do *Diário da República*.

ARTIGO 8.° – (**Articulação com o Banco de Portugal**)

O Instituto de Gestão do Crédito Público pode celebrar protocolos com o Banco de Portugal que tenham por objecto a articulação dos mecanismos de emissão, transmissão e amortização dos bilhetes do Tesouro com a política monetária e com o funcionamento do mercado monetário.

ARTIGO 9.° – (**Disposições finais**)

1 – É revogada a Lei n.° 20/85, de 26 de Julho, salvo no que respeita à isenção do imposto sobre sucessões e doações estatuída no seu artigo 6.°, bem como o Decreto-Lei n.° 321-A/85, de 5 de Agosto.

2 – Até à entrada em vigor das instruções do Instituto de Gestão do Crédito Público, a aprovar nos termos do artigo 7.° deste diploma, mantêm-se em vigor, com as necessárias adaptações, as instruções aprovadas pelo Banco de Portugal para o funcionamento do mercado de bilhetes do Tesouro.

ARTIGO 10.° – (**Entrada em vigor**)

O presente diploma entra em vigor no dia imediato ao da sua publicação.

Visto e aprovado em Conselho de Ministros de 30 de Julho de 1998. – *Jaime José Matos da Gama – António Luciano Pacheco de Sousa Franco.*

Promulgado em 7 de Setembro de 1998.
Publique-se.
O Presidente da República, JORGE SAMPAIO.

Referendado em 8 de Setembro de 1998.
O Primeiro-Ministro, *António Manuel de Oliveira Guterres.*

12. Regime jurídico das obrigações do Tesouro

Decreto-Lei n.° 280/98, de 17 de Setembro

A actual realidade financeira, marcada pela crescente liberalização dos movimentos de capitais, por um aumento da sofisticação dos instrumentos financeiros e pela globalização dos mercados, vive na perspectiva de um futuro próximo pontuado pela União Económica e Monetária (UEM).

Esse contexto e a participação de Portugal na 3ª fase da UEM ditam a necessidade de uma gestão mais flexível da dívida pública, dotada de uma diferente latitude de poderes, dirigidos a ajustar e moldar os instrumentos de dívida ao aproveitamento das melhores condições nos mercados financeiros.

Este diploma prossegue esse escopo e enquadra-se na reforma das finanças públicas, que, na área da dívida, foi encetada com a criação do Instituto de Gestão do Crédito Público, tendo recentemente prosseguida com a aprovação, pela Assembleia da República, do regime geral de emissão e gestão da dívida pública. Corresponde, assim, a um passo lógico e coerente solicitado por essa reforma, em cumprimento do disposto no artigo 21.° da Lei n.° 7/98, de 3 de Fevereiro, que aprovou aquele regime geral.

Mantendo os avanços adquiridos pelo regime anterior, como a natureza escritural das obrigações do Tesouro (OT) e a possibilidade de a sua transmissão ocorrer em mercados de valores mobiliários, o presente diploma passa a admitir a sua emissão em euros, anula a relevância do valor nominal na sua transmissão e introduz uma maior ductilidade nos seus caracteres, nomeadamente quando consente no destaque dos direitos ao capital e ao pagamento de juros inerentes às OT *(stripping)* e na sua transmissão como valores escriturais autónomos.

Apesar da maior elasticidade conferida às OT, justificada pela necessidade de tornar mais competitiva a dívida que representam, este diploma ambiciona constituir a principal garantia dos direitos dos investidores num mercado de dívida alargado aos países que participarem na 3ª fase da UEM.

Assim, nos termos da alínea *a)* do n.° 1 do artigo 198.° da Constituição, o Governo decreta o seguinte:

ARTIGO 1.º – **(Objecto)**

O presente diploma estabelece o regime jurídico das obrigações do Tesouro.

ARTIGO 2.º – **(Noção)**

As obrigações do Tesouro são valores escriturais representativos de empréstimos de médio e longo prazos da República Portuguesa, denominados em moeda com curso legal em Portugal.

ARTIGO 3.º – **(Valor nominal)**

Salvo disposição em contrário, o valor nominal unitário das obrigações do Tesouro corresponde à mais pequena subunidade da moeda com curso legal em Portugal.

ARTIGO 4.º – **(Emissão e colocação)**

1 – As obrigações do Tesouro podem ser objecto de emissões simples por séries.

2 – A colocação de obrigações do Tesouro pode ser directa ou indirecta, realizando-se por leilão ou por oferta de subscrição limitada a uma, algumas ou a um consórcio de instituições financeiras.

ARTIGO 5.º – **(Taxa de juro)**

As obrigações do Tesouro podem conter um cupão periódico, com uma taxa de juro fixa ou variável, ou ser constituídas, por destaque de direitos, ou emitidas a desconto («cupão zero»).

ARTIGO 6.º – **(Reembolso e recompra)**

1 – O reembolso das obrigações do Tesouro e o pagamento dos respectivos juros efectuam-se nas respectivas datas de vencimento, salvo se as condições específicas do empréstimo admitirem o seu reembolso antecipado, total ou parcial.

2 – O Instituto de Gestão do Crédito Público pode, por acordo com os detentores, proceder à recompra de obrigações do Tesouro em mercado secundário.

ARTIGO 7.º – **(Fungibilidade)**

1 – As obrigações do Tesouro com características idênticas de cupão e data de vencimento são fungíveis entre si e integram uma mesma categoria.

I. Actividade Financeira

2 – O Instituto de Gestão do Crédito Público pode admitir como fungíveis outro tipo de empréstimos com categorias de obrigações do Tesouro, desde que se encontrem preenchidos os requisitos previstos no número anterior e a natureza e as condições contratuais do empréstimo o permitam.

ARTIGO 8.º – **(Prazo)**

As obrigações do Tesouro são emitidas por prazo igual ou superior a um ano.

ARTIGO 9.º – **(Registo e liquidação)**

1 – O registo das obrigações do Tesouro e a liquidação das operações relacionadas com estes valores efectuam-se através de uma central de valores mobiliários.

2 – O Instituto de Gestão do Crédito Público, no exercício dos seus poderes de gestão da dívida pública directa, reconhece as centrais de liquidação que podem exercer as funções referidas no número anterior.

ARTIGO 10.º – **(Destaque de direitos)**

1 – As obrigações do Tesouro podem ser objecto de destaque de direitos *(stripping)*.

2 – O destaque de direitos traduz-se na separação do direito ao capital e dos direitos ao pagamento de juros e deve ser autorizado pelas condições específicas do empréstimo.

3 – Cada um dos direitos referidos no número anterior constitui, após a separação, para todos os efeitos, um valor escritural autónomo.

4 – As obrigações do Tesouro que tenham sido objecto de destaque nos termos do n.º 2 podem ser reconstituídas, recuperando as características originárias.

5 – O regime do destaque e a transmissão dos valores destacados, bem como a reconstituição das obrigações do Tesouro, serão regulados por instruções do Instituto de Gestão do Crédito Público.

ARTIGO 11.º – **(Instruções)**

1 – O Instituto de Gestão do Crédito Público regula o processo de emissão e colocação das obrigações do Tesouro, designadamente fixando os critérios de acesso ao mercado primário e divulgando a lista das entidades que preencham tais critérios.

2 – À transmissão e qualquer tipo de oneração das obrigações do Tesouro é aplicável o regime geral dos valores mobiliários, em tudo o que não for especialmente regulado pelo Instituto de Gestão do Crédito Público.

298 *Legislação de Direito Financeiro*

3 – A competência prevista nos números anteriores exerce-se através de instruções a publicar na 2ª série do *Diário da República*.

ARTIGO 12.º – **(Regime transitório)**

Até à entrada de Portugal na 3ª fase da União Económica e Monetária, as obrigações do Tesouro poderão ser emitidas e denominadas em ecus ou em moedas de outros países da União Europeia.

ARTIGO 13.º – **(Revogação)**

1 – São revogados, à data de entrada em vigor do presente diploma, o Decreto-Lei n.º 364/87, de 27 de Novembro, na redacção que lhe foi conferida pelos Decretos-Leis n.ᵒˢ 11/92, de 4 de Fevereiro, e 5-A/94, de 11 de Janeiro, o Decreto-Lei n.º 163/90, de 23 de Maio, e a Portaria n.º 32-A/94, de 11 de Janeiro, bem como todas as normas e diplomas relativos às matérias nele reguladas.

2 – O presente diploma não se aplica às resoluções do Conselho de Ministros que aprovam a contracção de empréstimos durante o ano orçamental em curso nem prejudica as condições dos empréstimos já contraídos ou a contrair durante o mesmo período, mantendo-se em vigor o regime constante dos diplomas referidos no número anterior.

ARTIGO 14.º – **(Entrada em vigor)**

O presente diploma entra em vigor no dia imediato ao da sua publicação.

Visto e aprovado em Conselho de Ministros de 30 de Julho de 1998. – *Jaime José Matos da Gama – António Luciano Pacheco de Sousa Franco.*

Promulgado em 7 de Setembro de 1998.
Publique-se.
O Presidente da República, JORGE SAMPAIO.

Referendado em 8 de Setembro de 1998.
O Primeiro-Ministro, *António Manuel de Oliveira Guterres.*

II. ORGANIZAÇÃO FINANCEIRA

a) *Administração do Estado*

13. Lei Orgânica do Ministério das Finanças

Decreto-Lei n.° 158/96, de 3 de Setembro

1 – As últimas Leis Orgânicas do Ministério das Finanças (Decreto--Lei n.° 229/86, de 14 de Agosto, alterado pelo Decreto-Lei n.° 98/87, de 5 de Março; Decreto-Lei n.° 181/78, de 17 de Julho; Decreto Regulamentar n.° 66/77, de 29 de Setembro; Decreto-Lei n.° 49-B/76, de 20 de Janeiro; Decreto-Lei n.° 527/74, de 8 de Outubro) têm-se revelado manifestamente inadequadas às necessidades de um Ministério das Finanças capaz de coordenar a função financeira do Estado e acompanhar a actividade financeira das instituições autónomas, no contexto resultante da evolução para a União Económica e Monetária e da descentralização e democratização do Estado. A estrutura que consagravam tem-se revelado antiquada e incoerente, para além de haver sido objecto de numerosas distorções e medidas avulsas, cujo efeito é, em geral, agravar a inoperacionalidade do modelo global e muitos dos seus desajustamentos.

2 – Julga-se ter chegado o momento de racionalizar, tanto através de medidas imediatas como criando condições para uma evolução de médio prazo, que importa impulsionar, sem precipitar, a actual estrutura do Ministério das Finanças, tendo por adquirido que ela é distinta da orgânica de planeamento – sem prejuízo de não poder dispensar uma óptica e um enquadramento de médio prazo e de, porventura, dever dotar-se de meios mais adequados de informação, avaliação e previsão económica para que a gestão financeira se enquadre nas políticas económico-sociais definidas.

No tocante à gestão do pessoal da Administração Pública, tanto no activo como na reforma, e à respectiva protecção social, embora possa colocar-se em causa a manutenção no Ministério das Finanças da orientação superior relativa à protecção social e às pensões, quando a gestão do pessoal e da organização da

302 *Legislação de Direito Financeiro*

Administração Pública se encontra fora dele, optou-se, todavia, por manter a orientação tradicional.

Confirmam-se, naturalmente, as imposições constitucionais e legais, tanto no plano nacional como no comunitário, de respeitar a independência dos tribunais tradicionalmente articulados com o Ministério das Finanças, sem desistir da criação paulatina de condições para a sua operacionalidade, que o Governo está preparando, e ainda de assegurar plenamente a independência do Banco de Portugal.

3 – Independentemente de outros aspectos que não importará justificar, uma novidade da presente Lei Orgânica é constituída pela criação, recebendo apoio administrativo através da Secretaria-Geral (portanto, sem qualquer acréscimo de encargos, com excepção da remuneração do Defensor do Contribuinte), de um amplo conjunto de órgãos, completamente desburocratizado e sem custos relevantes. Trata-se de estruturas que uma Administração democrática moderna tende a reforçar, por exigências de participação social ou de consulta técnica, e que não encontram consagração na actual estrutura do Ministério ou então foram recebidas em termos inadequados (como a confusão entre a Auditoria Jurídica, que pressupõe subordinação hierárquica, e a natureza e função do auditor jurídico, que deve ser plenamente independente, como magistrado que é).

Assim se prevê a criação, como espaço privilegiado de consulta e de participação no Ministério das Finanças, de um Conselho Superior de Finanças, aberto e maleável, no qual se integrarão as principais formas, permanentes ou transitórias, de participação de forças sociais e de consulta técnica ou administrativa, até hoje avulsas e dispersas nos espaços administrativos do Ministério das Finanças. Define-se o estatuto do auditor, reforçando a sua independência e prevendo que o seu apoio técnico e administrativo será assegurado, como é normal, pela Secretaria-Geral do Ministério. E cria-se um Defensor do Contribuinte, órgão novo destinado a apoiar e defender os contribuintes junto da administração fiscal, dotado de um estatuto de inteira autonomia, independência hierárquica e estabilidade no exercício das suas funções, o qual é assegurado pela duração do respectivo mandato e pelo facto de o mesmo não ser renovável, indo, de modo prudente, ao encontro da tendência moderna para criar órgãos de provedoria ou auditoria, independentes mas próximos de cada estrutura. Assim, sem qualquer prejuízo da função específica de garante dos princípios e regras fundamentais da legalidade e dos direitos do homem que cabe ao Provedor de Justiça, pensa-se que a actuação deste provedor especializado será particularmente importante para estimular e efectivar uma preocupação constante de respeito pelos direitos humanos por parte da administração financeira e, em particular, pela administração fiscal e que ele reforçará a acção do Provedor de Justiça, cujo estatuto eminente e poderes prevalentes não estão obviamente em causa.

No sentido do reforço do Estado de direito democrático, avançar-se-á em breve com uma iniciativa legislativa destinada a reforçar e a enquadrar devida-

II. Organização Financeira

mente os tribunais tributários, no seguimento de anteriores acções igualmente destinadas a reforçá-los em poderes e meios.

4 – Procurou-se, extinguindo um número razoável de departamentos e órgãos cuja existência nunca se justificou ou carece hoje de motivos válidos e reduzindo ao estritamente indispensável as modificações de estrutura introduzidas, dar exemplo de economia, lutando contra o gigantismo da máquina do Estado e a proliferação dos seus órgãos, departamentos e dependências.

Entende-se que o mesmo espírito haverá de presidir à aprovação das leis orgânicas dos serviços, em alguns casos manifestamente urgente devido às suas necessidades e à lógica introduzida por esta Lei Orgânica. Apenas se julgou necessário garantir que fosse politicamente simultânea com ela a criação do novo Instituto de Gestão do Crédito Público, de forma a empreender uma reforma consistente e continuada do Tesouro, aproveitando as sinergias criadas com a revisão da lei orgânica para promover a tão ansiada e sempre adiada reforma do Tesouro Público, com o seu papel ao nível do financiamento do Estado e da regulação dos mercados monetários e financeiros.

A reforma do Tesouro constitui, de facto, uma verdadeira reforma estrutural, que se espera proporcionará poupanças significativas ao erário público. Está-se perante uma alteração da «tecnologia de funcionamento» da Administração Pública, capaz de gerar acréscimos líquidos de benefícios, sobretudo no longo prazo, e que contribuirá para um melhor desempenho da função de estabilização económica do Estado, constituindo, pois, um activo valioso na prossecução do desenvolvimento económico português. Com a criação deste Instituto, prosseguem-se uma série de objectivos visando uma profunda modernização da carteira financeira do País. Moderniza-se, assim, a gestão da tesouraria, de modo a possibilitar a gestão eficiente de recursos postos à disposição do Estado, minimizam-se os custos financeiros inerentes à gestão da dívida pública directa e racionaliza-se a gestão da dívida pública avalizada, alcançar-se-á uma melhoria da gestão dos activos financeiros do Estado, racionalizando a gestão dos apoios financeiros concedidos e a assunção de passivos. Nestes termos, qualquer investimento efectuado no sentido de alcançar uma maior eficiência da gestão pública tem certamente uma elevada rentabilidade esperada, pelo que não há nenhuma razão para que não se procure dotar essa gestão dos melhores recursos e instrumentos técnicos, incluindo a flexibilidade organizativa. Há que reconhecer que a actividade que se propõe que seja a do Instituto de Gestão do Crédito Público dificilmente se enquadra, de forma eficiente, dentro das regras rígidas da Administração Pública directa. É nesse sentido que se constitui o Instituto, como entidade que se pretende altamente especializada e dotada, quer da flexibilidade de gestão, quer dos meios técnicos, nomeadamente informáticos, que hoje constituem elementos essenciais da gestão financeira, quer ainda da capacidade de disputar os quadros técnicos e de gestão muito qualificados e especializados na respectiva área profissional.

304 *Legislação de Direito Financeiro*

5 – Introduz-se uma racionalização clara na missão e nas funções, que se espera que venha a traduzir-se nos poderes, meios e orgânica, dos principais departamentos que, com carácter horizontal, prestam serviços genericamente aos outros departamentos do Ministério, aos órgãos de soberania e à Administração Pública em geral: a Secretaria-Geral, que se pretende racionalizar, embora sem excessiva proliferação de dimensões ou funções, sublinhando nomeadamente a importância de, no seu âmbito, sem prejuízo das acções de formação próprias, em particular da administração tributária, criar um centro de formação para a generalidade do pessoal do Ministério, atendendo à importância que a formação inicial, periódica e permanente tem na renovação da capacidade dos recursos humanos e da operacionalidade e dos métodos da Administração.

O controlo da administração financeira do Estado, a par do controlo externo a exercer pelos órgãos constitucionalmente previstos, com relevo especial para o Tribunal de Contas, necessita de ser clarificado e instituído como sistema coordenado, articulado e simples, com uma cultura de independência técnica. Nesta linha de princípios, decorrentes, de resto, do Decreto-Lei n.º 353/89, de 16 de Outubro, e do artigo 37.º do Decreto-Lei n.º 99/94, de 19 de Abril, é confirmado o papel que cabe à Inspecção-Geral de Finanças de coordenador do sistema de controlo interno da Administração, órgão essencial na defesa da legalidade e regularidade e na promoção da boa gestão financeira, cujo papel de órgão coordenador do sistema de controlo interno tem exigências e desenvolvimentos para os quais se procura confirmar uma base sólida. Destacam-se ainda neste plano: o Instituto de Informática, prestador de serviços à Administração em geral e à administração financeira em particular; a Direcção-Geral de Estudos e Previsão, relativamente à qual se aponta a necessidade de, evoluindo a partir da velha ideia de um Gabinete de Estudos Económicos, criar um núcleo de perícia técnica capaz de acompanhar com permanência as necessidades de previsão, de curto e de médio prazo, para a comunidade e para os outros serviços do Ministério, em particular os responsáveis pela função orçamental, sem prejuízo de se entender desejável a articulação com as outras unidades de informação e previsão, em particular as do Banco de Portugal, e a eventual criação de centros autónomos de análise conjuntural e previsão económica, com a participação de entidades públicas e privadas e localizados, porventura, preferencialmente no âmbito académico, como garantia de interacção com o meio científico e de completa e formal independência; a Direcção-Geral dos Assuntos Europeus e Relações Internacionais, na qual se concentra o estudo e o acompanhamento desta área, que cada vez mais constitui uma dimensão imprescindível de todas as funções financeiras internas, sem prejuízo da actividade operacional cometida a cada uma das grandes direcções-gerais especializadas.

6 – Como já se referiu, mantém-se no Ministério a gestão da protecção social e da segurança social dos funcionários e agentes do sector público, para o

II. Organização Financeira

que se reformulam a missão e as funções da Direcção-Geral de Protecção Civil aos Funcionários e Agentes da Administração Pública (ADSE), que não pode ser entendida sem articulação com a Caixa Geral de Aposentações, como instituto público autónomo, embora profundamente ligado à Caixa Geral de Depósitos, e os Serviços Sociais do Ministério das Finanças, prestadores de serviços específicos aos funcionários e agentes do Ministério das Finanças e de outros ministérios conexos.

7 – No domínio orçamental define-se a missão e o estatuto de uma Direcção-Geral do Orçamento, incumbida da sua previsão, coordenação e controlo de execução e elaboração da Conta Geral do Estado, eliminando de vez as dúvidas e sombras resultantes da existência fantasmática da Intendência-Geral do Orçamento e da delimitação limitativa da Direcção-Geral da Contabilidade Pública.

8 – No domínio dos grandes instrumentos financeiros, reformula-se, pretendendo por esta via dar azo a uma profunda transformação da respectiva estrutura, a Direcção-Geral do Património, cuja lei orgânica se pensa elaborar com urgência, criando ainda – como já foi referido – o novo Instituto de Gestão do Crédito Público, que se pretende dotar com a flexibilidade e a capacidade técnica necessárias à gestão de uma carteira de crédito que é a primeira do País, e uma Direcção-Geral do Tesouro reformulada, que carecerá de profunda e gradual evolução em articulação com a consolidação do Instituto de Gestão do Crédito Público, mas que se alivia desde já, além das funções cometidas ao novel Instituto de Gestão do Crédito Público, das tesourarias da Fazenda Pública, transferidas para a Direcção-Geral dos Impostos, departamento encarregado da parte principal da gestão tributária. Não se esquecerá que a Direcção-Geral do Tesouro deve ficar ainda, dada a importância do Tesouro e das suas funções e missões na gestão monetário-financeira, incumbida do acompanhamento por parte do Estado da política monetário-financeira; sem esquecer a tutela do Ministério das Finanças sobre o Instituto de Seguros de Portugal, cujas competências em termos de super visão importará rever e reforçar, e sobre a Comissão do Mercado de Valores Mobiliários, sem prejuízo da sua plena independência regulamentadora e de controlo.

9 – É de referir, igualmente, a criação do Conselho de Directores-Gerais, destinado a promover a harmonização horizontal permanente das actividades dos serviços e a qualidade dos respectivos actos e operações, devendo pronunciar-se sobre os programas anuais dos serviços centrais do Ministério e podendo formular por sua iniciativa propostas ou sugestões conducentes ao bom funcionamento dos serviços do Ministério.

10 – No domínio da administração fiscal, a nova estrutura dos impostos e a racionalização dos respectivos serviços aconselham a que se proceda, a prazo, a uma maior especialização destes, através, designadamente, da autonomização das

actividades comuns respeitantes à inspecção e à justiça tributárias e da transformação das direcções-gerais existentes em organismos vocacionados, um para a liquidação e cobrança dos impostos sobre o rendimento e sobre o património e outro para a liquidação e cobrança dos impostos sobre o consumo, sem prejuízo das funções aduaneiras clássicas.

A solução preconizada assegurará uma mais adequada articulação das actividades de índole tributária actualmente levadas a cabo pelas tradicionais Direcções-Gerais das Contribuições e Impostos e das Alfândegas e permitirá ainda maiores sinergias e maior capacidade operativa dos serviços de administração fiscal.

Mas as reformas estruturais da Administração não podem efectuar-se sem que se tenham em conta as suas implicações no desempenho dos serviços e nas relações destes com os contribuintes, já que qualquer mudança de vulto implica, normalmente, alterações de comportamentos e de procedimentos que, no curto prazo, podem provocar resultados não esperados. Por isso, torna-se necessário proceder com cautela quando estão em causa actividades sensíveis, como são as de administração tributária.

No caso concreto, não se pode deixar de atender à circunstância de que as mudanças previstas afectam duas das principais – e maiores – direcções-gerais do Ministério das Finanças, com cerca de 12 000 trabalhadores submetidos a regimes diferentes quanto a carreiras e remunerações, que terão de ser harmonizados, e com lógicas de funcionamento que assentam em pressupostos orgânicos, processuais e informacionais igualmente diversos, cuja compatibilização terá de ser encarada.

Justifica-se, pois, que o novo modelo orgânico previsto para a administração tributária seja implementado progressivamente, à medida que forem criadas as necessárias condições, para o que serão considerados os estudos já existentes e, bem assim, as recomendações da Comissão para o Desenvolvimento da Reforma Fiscal e da Comissão para a Reorganização dos Serviços Aduaneiros.

Sem prejuízo do procedimento acima indicado, considera-se que desde já podem ser efectuadas mudanças que permitam uma maior operacionalidade dos serviços de informática actualmente inseridos na Direcção-Geral das Contribuições e Impostos e um aproveitamento mais racional das potencialidades das tesourarias da Fazenda Pública. Neste sentido, o presente diploma prevê a autonomização dos referidos serviços de informática, constituindo-se a Direcção-Geral de Informática e Apoio aos Serviços Tributários e Aduaneiros, que no futuro poderá englobar as matérias respeitantes aos estudos, fiscalização e justiça tributária ou ainda outras matérias, como esta, constituídas por serviços comuns de apoio aos dois departamentos tradicionais, ora renovados, cuja actuação passa a ser extensiva à Direcção-Geral das Alfândegas e dos Impostos Especiais sobre o Consumo, bem como a integração das tesourarias da Fazenda Pública na

II. Organização Financeira

Direcção-Geral dos Impostos. Esta nova direcção-geral tem essencialmente um objectivo de integração horizontal, essencial nas administrações fiscais modernas, que irá permitir uma gestão eficiente e um controlo eficaz, essencial para a maximização das receitas pela via da melhoria da eficiência do aparelho fiscal, e não pelo aumento dos impostos, sendo esta uma contribuição decisiva para a erradicação da fraude fiscal e para a construção de um sistema fiscal mais justo.

Assim:

Nos termos do n.º 2 do artigo 201.º da Constituição, o Governo decreta o seguinte:

CAPÍTULO I – **Natureza e atribuições**

ARTIGO 1.º – **(Natureza)**

1 – O Ministério das Finanças é o departamento governamental responsável pela definição e condução da política financeira do Estado, designadamente nos domínios orçamental, monetário e creditício, pela definição e execução da política fiscal, pela coordenação das finanças das outras entidades públicas e pelas relações financeiras do Estado com a União Europeia, os outros Estados e as organizações internacionais, no quadro da política económica definida pelos órgãos de soberania, designadamente a Assembleia da República e o Governo, e pelos órgãos competentes da Comunidade Europeia.

2 – O Ministério das Finanças, no âmbito das suas atribuições, assegura as relações do Governo com o Tribunal de Contas, os tribunais tributários e o Banco de Portugal, com respeito integral pela independência dessas instituições.

ARTIGO 2.º – **(Atribuições)**

1 – São atribuições do Ministério das Finanças:

a) A definição e controlo da execução da política financeira do Estado, nomeadamente nos domínios monetário, orçamental e creditício, tendo especialmente em atenção a prossecução de objectivos de estabilização conjuntural e de desenvolvimento económico, no quadro da política económica definida pelos órgãos de soberania, designadamente a Assembleia da República e o Governo, e pelos órgãos competentes da Comunidade Europeia;

b) A concepção e execução da política fiscal;

c) A gestão directa dos instrumentos financeiros do Estado, designadamente o Orçamento, o Tesouro e o património;

d) A tutela das empresas públicas, isoladamente ou em conjunto com o

308   *Legislação de Direito Financeiro*

membro ou membros do Governo responsáveis pelo respectivo sector de actividade, e o exercício da função de accionista do Estado;

e) A coordenação e controlo da actividade financeira dos entes públicos autónomos e de entes privados dependentes da intervenção financeira do Estado;

f) A tutela financeira das autarquias locais;

g) A coordenação e controlo das relações financeiras entre o Estado e as Regiões Autónomas;

h) A coordenação e controlo das relações financeiras do Estado com a União Europeia, os outros Estados e as organizações internacionais;

i) O controlo da fronteira externa comunitária para fins fiscais, económicos e de protecção da sociedade;

j) O controlo do território aduaneiro nacional para os fins referidos na alínea anterior.

2 – As atribuições do Ministério das Finanças podem ser prosseguidas por organismos dotados de personalidade jurídica e sujeitos à sua tutela ou superintendência.

CAPÍTULO II – Serviços, órgãos e entidades sob tutela ou superintendência

SECÇÃO I – Serviços e órgãos

ARTIGO 3.º – **(Estrutura geral)**

O Ministério das Finanças é constituído por serviços integrados na administração directa do Estado e por órgãos de apoio e exerce a tutela ou superintendência sobre diversas entidades, quer com fins próprios, quer encarregadas do exercício autónomo das atribuições do Ministério.

ARTIGO 4.º – **(Serviços de administração directa)**

Os serviços do Ministério das Finanças integrados na administração directa do Estado são os seguintes:

a) Secretaria-Geral;

b) Inspecção-Geral de Finanças;

c) *Instituto de Informática*([1]);

([1]) Revogado pelo Decreto-Lei n.º 21/99, de 28 de Janeiro.

II. Organização Financeira 309

d) Direcção-Geral de Estudos e Previsão;
e) Direcção-Geral de Assuntos Europeus e Relações Internacionais;
f) Direcção-Geral do Orçamento;
g) Direcção-Geral de Protecção Social aos Funcionários e Agentes da Administração Pública (ADSE);
h) Direcção-Geral dos Impostos (DGCI);
i) Direcção-Geral das Alfândegas e dos Impostos Especiais sobre o Consumo;
j) Direcção-Geral de Informática e Apoio aos Serviços Tributários e Aduaneiros;
l) Direcção-Geral do Tesouro;
m) Direcção-Geral do Património.

ARTIGO 5.º – **(Fundos autónomos não personalizados)**

Constituem fundos autónomos não personalizados do Ministério das Finanças:
a) O Fundo de Regularização da Dívida Pública (FRDP);
b) O Fundo de Estabilização Aduaneiro (FEA).

ARTIGO 6.º – **(Órgãos de apoio)**

1 – São criados os seguintes órgãos de apoio, cuja missão genérica consiste em coadjuvar o Ministro das Finanças na definição e execução das diversas políticas a prosseguir no âmbito do respectivo Ministério:
a) Conselho Superior de Finanças (CSF);
b) Conselho de Directores-Gerais (CDG);
c) ([1])
2 – A composição, competências e modo de funcionamento dos órgãos referidos no número anterior são os definidos no presente diploma.

ARTIGO 6.º-A – **(Defensor do Contribuinte)**([2])

ARTIGO 7.º – **(Auditor jurídico)**

Junto do Ministério das Finanças existe um magistrado do Ministério Público com a categoria de auditor jurídico (AJMF), a designar nos termos

---

([1]) Revogada pelo Decreto-Lei n.º 21/99, de 28 de Janeiro.
([2]) Revogado pelo Decreto-Lei n.º 320-A/2002, de 30 de Dezembro.

310 *Legislação de Direito Financeiro*

da Lei Orgânica do Ministério Público, com as funções e competências nela definidas.

SECÇÃO II – **Entidades sob tutela e superintendência**

ARTIGO 8.º – **(Entidades sob tutela exclusiva)**([1])

1 – As atribuições cometidas ao Ministério das Finanças são prosseguidas pelas seguintes entidades, sob tutela do respectivo Ministro:
   a) Caixa Geral de Aposentações (CGA);
   b) Serviços Sociais do Ministério das Finanças (SOFE);
   c) Instituto de Seguros de Portugal (ISP);
   d) Comissão do Mercado de Valores Mobiliários (CMVM);
   e) Instituto de Gestão do Crédito Público (IGCP).
   f) Instituto de Informática.

2 – As entidades referidas no número anterior estão sujeitas a tutela de legalidade de todos os seus actos e a tutela de mérito quanto aos actos que digam respeito à sua própria organização e funcionamento interno, em termos inspectivos, revogatórios e substitutivos, com fundamento na ilegalidade ou no demérito dos seus actos, de acordo com o fim da tutela.

ARTIGO 9.º – **(Entidades sob tutela conjunta)**

Compete ao Ministro das Finanças assegurar a tutela das seguintes entidades, em conjunto com o membro ou membros do Governo responsáveis pelo respectivo sector de actividade, nos termos dos respectivos actos de instituição:
   a) Conselho de Garantias Financeiras (CGF);
   b) Fundo para a Cooperação Económica (FCE);
   c) Instituto Nacional de Habitação (INH);
   d) Instituto de Gestão e Alienação do Património Habitacional do Estado (IGAPHE);
   e) Instituto de Apoio às Pequenas e Médias Empresas e ao Investimento (IAPMEI);
   f) Instituto Financeiro de Apoio ao Desenvolvimento da Agricultura e Pescas (IFADAP);
   g) Instituto Nacional de Garantia Agrícola (INGA);

([1]) Alterado pelo Decreto-Lei n.º 21/99, de 28 de Janeiro.

II. Organização Financeira

311

h) Fundação Ricardo Espírito Santo Silva (FRESS);
i) Instituto Português de Santo António, em Roma (IPSA).

Artigo 10.° – (**Entidades sob superintendência**)([1])

Sem prejuízo dos poderes de tutela, estão sob a superintendência do Ministro das Finanças, a qual se exerce através do poder de orientação da respectiva actividade, através da adopção de directivas e de recomendações, as seguintes entidades:

a) Serviços Sociais do Ministério das Finanças (SOFE);
b) Instituto de Seguros de Portugal (ISP);
c) Instituto de Gestão do Crédito Público (IGCP).
d) Caixa Geral de Aposentações (CGA);
e) Instituto de Informática.

SECÇÃO III – **Atribuições**

SUBSECÇÃO I – **Serviços de administração directa**

Artigo 11.° – (**Secretaria-Geral**)

1 – A Secretaria-Geral (SGMF) é o serviço de apoio técnico-administrativo aos gabinetes dos membros do Governo, ao auditor jurídico e aos órgãos de apoio referidos no artigo 6.°, cuja missão genérica consiste em assegurar a coordenação e gestão dos recursos comuns aos diversos serviços do Ministério das Finanças e processar, financiar e pagar as despesas resultantes de reconstituição de bens, acidentes em serviço, indemnizações, tratamentos e outras despesas com sinistrados dos serviços da Administração Pública com autonomia administrativa e sem receitas próprias.

2 – Compete à SGMF, designadamente:

a) Assegurar o expediente e contabilidade dos Gabinetes do Ministro e dos secretários de Estado e dos vários serviços da Secretaria-Geral;
b) Assegurar o apoio técnico-jurídico que lhe seja solicitado pelos Gabinetes do Ministro e dos secretários de Estado;
c) Proceder ao expediente necessário à divulgação de circulares, instruções ou outras normas de carácter genérico destinadas aos serviços do Ministério, quando não sejam da competência específica de qualquer deles;

([1]) Alterado pelo Decreto-Lei n.° 21/99, de 28 de Janeiro.

d) Centralizar o expediente relativo às aquisições para o Estado de que seja especialmente incumbida, sem prejuízo das competências legalmente atribuídas à Direcção-Geral do Património;

e) Prestar apoio administrativo ao Conselho Superior de Finanças, ao Conselho de Directores-Gerais, ao Defensor do Contribuinte e às comissões, núcleos ou grupos de trabalho que forem constituídos no âmbito do Ministério, nos termos e condições a estabelecer superiormente;

f) Promover, através do pessoal do respectivo quadro, requisitado, destacado ou em comissão de serviço na Secretaria-Geral, a dotação dos Gabinetes do Ministro e dos secretários de Estado com o pessoal administrativo e auxiliar que se mostrar necessário;

g) Apoiar a elaboração e execução dos projectos de reorganização, reestruturação e inovação administrativa dos organismos e serviços do Ministério;

h) Organizar um centro de documentação e informação incumbido de recolher e tratar a documentação e a informação referentes às matérias directamente relacionadas com a actividade do Ministério e de promover a sua difusão, em colaboração com os departamentos do Ministério eventualmente interessados na matéria;

i) Promover a adequada organização da biblioteca do Ministério, garantir a coordenação central das diversas bibliotecas do Ministério e assegurar a organização e funcionamento dos arquivos dos Gabinetes do Ministro e dos secretários de Estado e da Secretaria-Geral;

j) Organizar o registo simplificado do pessoal dos serviços e demais departamentos do Ministério, seja qual for o vínculo que o ligue à Administração;

l) Assegurar a administração, conservação e guarda do edifício ocupado pelos serviços centrais do Ministério e do equipamento, viaturas automóveis ou qualquer outro material dos Gabinetes do Ministro e dos secretários de Estado e da Secretaria-Geral, organizando e mantendo actualizado o seu cadastro;

m) Programar e proceder à adequada instalação no edifício do Ministério dos serviços que nele devam funcionar;

n) Coordenar a gestão dos recursos materiais comuns aos diversos serviços do Ministério, tendo em vista a sua optimização no plano patrimonial, tecnológico e financeiro;

o) Coordenar a gestão dos recursos humanos comuns aos diversos serviços do Ministério, designadamente através da instituição de um centro de formação do pessoal;

p) Intervir como notário nos contratos em que o Estado seja representado pelo Ministério, salvo quando tenha sido designada outra entidade para o efeito;

q) Desempenhar outras funções de natureza administrativa de que seja superiormente incumbida.

II. Organização Financeira

ARTIGO 12.º – (**Inspecção-Geral de Finanças**)

1 – A Inspecção-Geral de Finanças (IGF) é um serviço de controlo financeiro e apoio técnico do Ministério das Finanças, cuja actuação abrange entidades do sector público administrativo e empresarial, bem como dos sectores privado e cooperativo, e funciona na directa dependência do Ministro das Finanças.

2 – Salvo disposição legal em contrário, a competência para ordenar a realização de inspecções e outras diligências, para decidir processos de inspecção e para despachar processos de análise de participações e denúncias que, nos termos lei, cabe ao Ministro das Finanças, pode ser por este delegada no inspector-geral de Finanças, com a faculdade de subdelegação.

3 – Compete à IGF, designadamente:

a) Realizar, por determinação superior, inspecções a quaisquer serviços públicos ou pessoas colectivas de direito público;

b) Efectuar a auditoria de organismos públicos, nos casos legalmente previstos;

c) Inspeccionar os serviços de administração e cobrança fiscais;

d) Fiscalizar a gestão financeira e patrimonial das autarquias locais, incluindo os serviços municipalizados, das associações e das federações de municípios, nos termos da lei;

e) Efectuar, nos casos legalmente previstos ou determinados superiormente, auditoria às empresas públicas, às sociedades de capitais públicos e às sociedades de economia mista em que o Estado detenha, de forma directa, uma participação no capital igual ou superior a 50%, com excepção das instituições de crédito, parabancárias e seguradoras;

f) Inspeccionar empresas e entidades privadas ou cooperativas, com excepção das instituições de crédito, parabancárias e seguradoras;

g) Coordenar as acções nacionais de controlo dos recursos próprios comunitários;

h) Inspeccionar as entidades que intervêm na execução e controlo das despesas financiadas pelo FEOGA-Garantia e pelos fundos estruturais comunitários, bem como os respectivos beneficiários;

i) Acompanhar as missões comunitárias de controlo a efectuar em Portugal em matéria de recursos próprios comunitários, bem como no âmbito do FEOGA-Garantia e dos fundos estruturais;

j) Assegurar as relações com o Tribunal de Contas e uma ligação funcional com as inspecções-gerais sectoriais e outros órgãos de controlo, nacionais e comunitários, no âmbito das funções que lhe são legalmente atribuídas, tendo em vista garantir a racionalidade e complementaridade das intervenções e conferir natureza sistémica ao controlo;

l) Exercer outras funções que lhe sejam atribuídas por lei ou determinadas superiormente.

314 *Legislação de Direito Financeiro*

ARTIGO 13.º – **(Instituto de Informática)**

1 – O Instituto de Informática (II) é o serviço do Ministério das Finanças cuja missão genérica consiste em contribuir para a eficácia do aparelho administrativo do Estado, em especial nos domínios correspondentes às funções do Ministério das Finanças, através da promoção, desenvolvimento, implementação e exploração de sistemas e tecnologias de informação, no quadro de uma perspectiva global de economia de recursos e de protecção ao investimento na Administração Pública.

2 – São, designadamente, atribuições do II:

a) Promover, acompanhar e coordenar a utilização de tecnologias de informação pela Administração Pública;

b) Exercer consultorias nos domínios da sua competência, formulando as consequentes recomendações, em obediência a critérios de eficácia e eficiência na mobilização global de recursos;

c) Colaborar com entidades nacionais e internacionais de normalização e promover a adopção de normas na Administração Pública no domínio das tecnologias de informação;

d) Conceber, desenvolver, implementar e explorar sistemas de informação de utilização comum na Administração Pública ou com interesse particular para o Ministério das Finanças;

e) Administrar bases de dados que no âmbito do Ministério das Finanças ou de outros departamentos do Estado lhe sejam cometidas;

f) Explorar centros e redes de processamento de dados ou apoiar a sua implantação e gestão;

g) Colaborar com os órgãos competentes em matéria de formação e aperfeiçoamento profissional para a função pública nas actividades desenvolvidas no domínio das tecnologias de informação;

h) Exercer outras funções que lhe sejam atribuídas por lei ou determinadas superiormente.

ARTIGO 14.º – **(Direcção-Geral de Estudos e Previsão)**

1 – A Direcção-Geral de Estudos e Previsão (DGEP) tem por missão fundamental o conselho económico e técnico do Ministro das Finanças em matéria de política macroeconómica tendo por base a investigação científica teórica e aplicada no domínio da economia, bem como o acompanhamento da conjuntura económica numa perspectiva de antecipação da evolução dos principais agregados macroeconómicos, permitindo a definição das políticas adequadas à prossecução dos objectivos de estabilização conjuntural e de desenvolvimento económico.

II. Organização Financeira

2 – Compete à DGEP, designadamente:

a) Realizar trabalhos de investigação científica no domínio da economia, particularmente em matérias relevantes para o apoio da decisão e definição de política económica;

b) Elaborar regularmente análises da conjuntura económica portuguesa e estabelecer estimativas macroeconómicas de curto prazo;

c) Acompanhar a evolução económica e financeira internacional e as diferentes políticas adoptadas;

d) Estudar e propor medidas de política económica, nomeadamente nos domínios das políticas orçamental, fiscal, monetária, cambial e de rendimentos e preços;

e) Elaborar projecções das principais variáveis macroeconómicas, tendo em vista a programação orçamental de médio prazo;

f) Analisar o impacte da evolução dos agregados macroeconómicos relevantes na gestão e controlo da política fiscal e orçamental;

g) Desenvolver e aperfeiçoar a informação estatística relativa à actividade financeira do sector público administrativo, em colaboração com o Instituto Nacional de Estatística e com os serviços do Ministério das Finanças;

h) Participar nos trabalhos preparatórios do Orçamento do Estado e das Grandes Opções do Plano;

i) Acompanhar a actividade do Conselho Económico e Social.

ARTIGO 15.º – **(Direcção-Geral de Assuntos Europeus e Relações Internacionais)**

1 – A Direcção-Geral de Assuntos Europeus e Relações Internacionais (DGAERI) é o serviço do Ministério das Finanças que tem por missão fundamental coordenar a acção e centralizar a informação do Ministério no plano externo, no âmbito das suas competências.

2 – Nos termos do número anterior, compete à DGAERI, designadamente:

a) Coordenar e organizar as relações externas do Ministério das Finanças, sem prejuízo das competências legalmente atribuídas aos demais serviços, e centralizar a informação sobre as relações comunitárias e internacionais de todos os serviços do Ministério das Finanças;

b) Analisar e dar parecer sobre questões europeias e sobre propostas e projectos de legislação comunitária;

c) Analisar e dar parecer sobre propostas ou projectos de legislação nacional com incidência comunitária;

d) Propor e acompanhar as medidas consideradas necessárias à aplicação na ordem interna, da legislação comunitária, no domínio das atribuições do Ministério;

316   *Legislação de Direito Financeiro*

e) Assegurar a ligação dos serviços e organismos do Ministério das Finanças com a Comissão Interministerial para os Assuntos Comunitários e com a Representação Permanente de Portugal junto da União Europeia;

f) Participar nos trabalhos preparatórios do Orçamento do Estado e das Grandes Opções do Plano;

g) Assegurar a participação do Ministério das Finanças nos organismos financeiros de cooperação internacional, sem prejuízo das competências específicas dos demais serviços;

h) Assegurar a participação do Ministério das Finanças no Comité Económico e Financeiro da Comunidade Europeia, o apoio técnico à participação portuguesa nos assuntos relacionados com a União Económica e Monetária e com o Sistema Monetário Europeu, e assessorar o Ministro das Finanças na preparação e participação nas reuniões do Conselho de Ministros para os Assuntos Económicos e Financeiros (ECOFIN);

i) Assegurar a participação do Ministério das Finanças no quadro da negociação do Orçamento e da programação financeira plurianual das Comunidades Europeias;

j) Assegurar a coordenação das acções de cooperação com os países de expressão portuguesa;

l) Assegurar a participação do Ministério das Finanças nas matérias respeitantes aos recursos próprios da União Europeia;

m) Exercer outras funções que lhe sejam atribuídas por lei ou determinadas superiormente.

3 – Sem prejuízo do disposto nos números anteriores e em casos devidamente justificados, compete ao Ministro das Finanças, por despacho, determinar as condições em que os outros serviços do Ministério das Finanças podem ser incumbidos de assegurar, no âmbito das respectivas atribuições, as competências no plano externo do Ministério.

4 – No exercício das suas atribuições a DGAERI actuará em estreita colaboração com os restantes serviços do Ministério das Finanças, em especial com a Direcção-Geral de Estudos e Previsão e com a Direcção-Geral do Orçamento.

ARTIGO 16.º – (**Direcção-Geral do Orçamento**)

1 – A Direcção-Geral do Orçamento (DGO) é o serviço do Ministério das Finanças que superintende na elaboração e execução do Orçamento do Estado, na contabilidade do Estado e no controlo da legalidade, regularidade e economia da administração financeira do Estado.

2 – Compete à DGO, designadamente:

a) Preparar o Orçamento do Estado;

II. Organização Financeira 317

b) Elaborar a Conta Geral do Estado;

c) Analisar, acompanhar e controlar a execução orçamental;

d) Propor orientações para o melhor desempenho da política orçamental;

e) Centralizar e coordenar a escrituração e contabilização das receitas e despesas públicas;

f) Colaborar na definição das regras e procedimentos necessários à elaboração do balanço do Estado;

g) Coordenar o sistema de informação orçamental;

h) Elaborar as contas do sector público administrativo;

ı) Realizar auditorias internas à administração financeira do Estado,

j) Elaborar o quadro plurianual do Orçamento do Estado;

l) Definir um quadro previsional de evolução das contas orçamentais do sector público administrativo;

m) Preparar os projectos de diplomas de execução orçamental e instruções para o seu cumprimento;

n) Liquidar as despesas públicas e autorizar o seu pagamento;

o) Analisar e decidir sobre os pedidos de libertação de créditos;

p) Elaborar pareceres sobre os projectos de diplomas que impliquem despesa pública;

q) Produzir e difundir informação respeitante à execução orçamental e às matérias relativas às finanças públicas;

r) Exercer outras funções que lhe sejam atribuídas por lei ou determinadas superiormente.

Artigo 17.º – (**Direcção-Geral de Protecção Social aos Funcionários e Agentes da Administração Pública (ADSE)**)

1 – A Direcção-Geral de Protecção Social aos Funcionários e Agentes da Administração Pública (ADSE) é o serviço do Ministério das Finanças que tem por missão assegurar a protecção aos seus utentes nos domínios da promoção da saúde, prevenção da doença, cura e reabilitação, e proceder à verificação do direito aos encargos de família e seu registo, bem como intervir a favor do beneficiário no caso de eventos de carácter geral e típico que tenham como consequência uma alteração desfavorável do equilíbrio entre as suas necessidades e os meios, de que dispõe para as satisfazer.

2 – Compete à ADSE, designadamente:

a) Organizar, implementar, orientar e controlar todas as formas de protecção social referidas no número anterior, em estreita colaboração com a Direcção-Geral da Administração Pública e com os serviços e instituições dependentes do Ministério da Saúde, do Ministério da Solidariedade e Segurança Social e outros organismos estatais ou particulares congéneres;

318 *Legislação de Direito Financeiro*

b) Propor as providências convenientes à utilização dos meios que lhe sejam atribuídos, por forma a prosseguir os seus fins dentro dos princípios de uma gestão por objectivos;

c) Celebrar os acordos necessários à obtenção pronta e regular das prestações de serviço que interessem ao desempenho da sua missão;

d) Tomar as providências indispensáveis à verificação do rigoroso cumprimento dos acordos mencionados na alínea anterior;

e) Dar parecer sobre todas as acções desenvolvidas por entidades públicas na área da sua especialidade;

f) Exercer as funções de órgão de consulta, esclarecendo as dúvidas apresentadas pelos serviços públicos sobre assuntos que constituam matéria da sua competência;

g) Informar e emitir pareceres sobre os processos que, no exercício das suas atribuições, deva submeter a apreciação ou decisão ministerial;

h) Propor ou participar na elaboração, quando lhe for determinado superiormente, dos projectos de diploma relativos a matérias contidas na área das suas atribuições;

i) Propor a aplicação de sanções aos utentes quando se detectem infracções às normas e regulamentos da Direcção-Geral;

j) Exercer outras funções que lhe sejam atribuídas por lei ou determinadas superiormente.

ARTIGO 18.º – **(Direcção-Geral dos Impostos (DGCI))**

1 – A Direcção-Geral dos Impostos, que continuará a ser designada pela sigla tradicional (DGCI), é o serviço do Ministério das Finanças que tem por missão administrar os impostos sobre o rendimento, sobre o património e os impostos gerais sobre o consumo, de acordo com as políticas definidas pelo Governo em matéria tributária.

2 – Compete em geral à DGCI, relativamente aos impostos que lhe incumbe administrar:

a) Assegurar a respectiva liquidação e cobrança;

b) Promover a correcta aplicação das normas legais e das decisões administrativas;

c) Informar os particulares sobre as respectivas obrigações tributárias e apoiá-los no cumprimento das mesmas;

d) Exercer a acção de inspecção tributária, prevenindo e combatendo a fraude e evasão fiscais;

e) Exercer a acção de justiça tributária e assegurar a representação da Fazenda Nacional junto dos órgãos judiciais;

f) Assegurar a execução dos acordos e convenções internacionais em

II. Organização Financeira   319

matéria tributária, nomeadamente os destinados a evitar a dupla tributação;

g) Contribuir para a melhoria da eficácia do sistema fiscal, propondo as medidas de carácter normativo, técnico e organizacional que se revelem adequadas;

h) Cooperar com as administrações fiscais de outros Estados e participar nos trabalhos de organismos internacionais especializados no domínio da fiscalidade;

i) Assegurar as relações com organismos nacionais vocacionados para o estudo de matérias fiscais;

j) Exercer outras funções que lhe sejam atribuídas por lei ou determinadas superiormente.

3 – A DGCI assegurará ainda a administração de outros impostos que lhe sejam atribuídos por lei ou por determinação do Ministro das Finanças.

4 – No desempenho das suas atribuições a DGCI actuará em estreita colaboração com os restantes serviços do Ministério das Finanças que intervenham na administração fiscal, em especial com a Direcção-Geral das Alfândegas e dos Impostos Especiais sobre o Consumo e com a Direcção-Geral de Informática e Apoio aos Serviços Tributários e Aduaneiros.

ARTIGO 19.º – **(Direcção-Geral das Alfândegas e dos Impostos Especiais sobre o Consumo)**

1 – A Direcção-Geral das Alfândegas e dos Impostos Especiais sobre o Consumo (DGAIEC) é o serviço do Ministério das Finanças que tem por missão, de acordo com as políticas definidas pelo Governo e as normas comunitárias:

a) Exercer o controlo da fronteira externa comunitária e do território aduaneiro nacional para fins fiscais, económicos e de protecção da sociedade, designadamente no âmbito da cultura e da segurança e saúde públicas;

b) Administrar os impostos especiais sobre o consumo.

2 – Compete em geral à DGAIEC, no âmbito da sua missão:

a) Controlar as trocas de mercadorias e os meios de transporte;

b) Administrar os impostos especiais sobre o consumo;

c) Liquidar e cobrar os recursos próprios comunitários e exercer os controlos e tomar todas as medidas necessárias a assegurar a regularidade do pagamento das despesas no âmbito da política agrícola comum;

d) Liquidar e cobrar o imposto sobre o valor acrescentado nas trocas comerciais com países terceiros;

e) Prevenir e reprimir a fraude e evasão aduaneiras e fiscais;

320   *Legislação de Direito Financeiro*

    f) Contribuir para que seja assegurada a coerência interna das várias políticas comunitárias susceptíveis de interacções do mercado único;

    g) Promover a cooperação com as administrações aduaneiras dos demais Estados membros da União Europeia, com vista à troca regular de informações sobre questões da sua competência, e participar nas negociações sobre matérias comunitárias;

    h) Exercer outras funções que lhe sejam atribuídas por lei ou determinadas superiormente.

3 – No desempenho das suas atribuições a DGAIEC actuará em estreita colaboração com os restantes serviços do Ministério das Finanças que intervenham na administração fiscal, em especial com a Direcção-Geral dos Impostos e com a Direcção-Geral de Informática e Apoio aos Serviços Tributários e Aduaneiros.

ARTIGO 20.º – **(Direcção-Geral de Informática e Apoio aos Serviços Tributários e Aduaneiros)**

1 – A Direcção-Geral de Informática e Apoio aos Serviços Tributários e Aduaneiros (DGITA) é o serviço do Ministério das Finanças ao qual incumbe apoiar a Direcção-Geral dos Impostos e a Direcção-Geral das Alfândegas e dos Impostos Especiais sobre o Consumo, no domínio dos sistemas e tecnologias de informação.

2 – Compete em geral à DGITA:

    a) Avaliar as necessidades de informação e oportunidades para as tecnologias de informação no desenvolvimento permanente dos serviços de administração fiscal e aduaneiros;

    b) Prestar, no âmbito das suas competências, apoio técnico aos serviços que lhe incumbe apoiar;

    c) Operacionalizar e gerir a infra-estrutura tecnológica dos serviços;

    d) Conceber, desenvolver, implementar e explorar sistemas de informação de utilização comum aos referidos serviços ou destinados à satisfação de necessidades específicas de cada um deles;

    e) Gerir o património da informação, em suporte informático, dos serviços que apoia;

    f) Participar na aquisição e implantação de infra-estruturas tecnológicas destinadas aos serviços referidos na alínea anterior;

    g) Exercer outras funções que lhe sejam atribuídas por lei ou determinadas superiormente.

3 – No desempenho das suas atribuições a DGITA actuará em estreita colaboração com os serviços que lhe compete apoiar e colaborará com outras entidades, em especial com o Instituto de Informática, tendo em vista a normalização de processos e sistemas de tratamento da informação.

II. Organização Financeira

ARTIGO 21.° – **(Direcção-Geral do Tesouro)**

1 – A Direcção-Geral do Tesouro (DGT) é o serviço do Ministério das Finanças que tem a seu cargo a administração da tesouraria central do Estado, bem como a efectivação das operações de intervenção financeira do Estado na economia, competindo-lhe igualmente o estudo, preparação e acompanhamento das matérias respeitantes ao exercício da tutela financeira do sector público, administrativo e empresarial.

2 – Enquanto serviço responsável pela administração da tesouraria central do Estado, compete essencialmente à DGT:

a) O controlo da movimentação e da utilização dos fundos do Tesouro no País e no estrangeiro, bem como da respectiva contabilização;

b) O controlo da emissão e circulação da moeda metálica;

c) Assegurar as relações com o Banco de Portugal, como caixa geral do Tesouro.

3 – Enquanto serviço incumbido da realização das operações de intervenção financeira do Estado na economia, compete à DGT:

a) A efectivação e controlo das operações activas, bem como a gestão dos activos financeiros do Estado, sem prejuízo das competências atribuídas a outros serviços;

b) A concessão de garantias do Estado e a gestão da dívida pública acessória;

c) O estudo, preparação e acompanhamento das matérias respeitantes ao exercício da função de accionista do Estado;

d) A assunção e regularização de passivos de entidades ou organismos do sector público ou resultantes do processo de descolonização, nos termos previstos na lei;

e) A concessão de subsídios, indemnizações compensatórias e bonificações de juros, nos termos previstos na lei;

f) Exercer outras funções que lhe sejam atribuídas por lei ou determinadas superiormente.

4 – Compete à DGT a coordenação orçamental das receitas cobradas e das despesas excepcionais por ela processadas.

ARTIGO 22.° – **(Direcção-Geral do Património)**

1 – A Direcção-Geral do Património (DGP) é o serviço do Ministério das Finanças encarregado de assegurar de forma integrada a gestão e administração do património do Estado nos domínios da aquisição, administração e alienação dos bens do Estado, bem como no domínio da intervenção em operações patrimoniais do sector público, nos termos a definir por lei.

322 *Legislação de Direito Financeiro*

2 – Compete em geral à DGP:

a) Elaborar o cadastro e o inventário dos bens do património do Estado;

b) Proceder à aquisição de bens imóveis e ao arrendamento de imóveis destinados à instalação de serviços públicos;

c) Administrar e alienar os bens do património do Estado;

d) Coordenar e controlar a actividade gestionária patrimonial do sector público estatal, nos termos que a lei definir;

e) Organizar, gerir e racionalizar o parque automóvel do Estado;

f) Exercer outras funções que lhe sejam atribuídas por lei ou determinadas superiormente.

SUBSECÇÃO II – **Fundos autónomos não personalizados**

ARTIGO 23.º – **(Fundo de Regularização da Dívida Pública)**

O Fundo de Regularização da Dívida Pública (FRDP) é um fundo autónomo não personalizado do Ministério das Finanças, cuja função genérica consiste em promover a amortização da dívida pública e em regular a procura e a oferta dos títulos da dívida pública no mercado secundário, de acordo com as orientações de política e monetária e de gestão da dívida pública definidas pelo Ministro das Finanças.

ARTIGO 24.º – **(Fundo de Estabilização Aduaneiro)**([1])

1 – O Fundo de Estabilização Aduaneiro (FEA) é um fundo autónomo não personalizado do Ministério das Finanças, gerido pela Direcção-Geral das Alfândegas e dos Impostos Especiais sobre o Consumo, cuja função genérica consiste em suportar os encargos com o pagamento dos suplementos e abonos previstos no artigo 4.º do Decreto-Lei n.º 274/90, de 7 de Setembro.

2 – É criado o Fundo de Estabilização Tributário (FET), que tem a mesma natureza do FEA, gerido em conjunto pela Direcção-Geral dos Impostos e pela Direcção-Geral de Informática e Apoio aos Serviços Tributários.

3 – Será afecto ao FET um montante até 5% das cobranças coercivas derivadas de processos instaurados nos serviços da DGCI, bem como das receitas de natureza fiscal arrecadadas, a partir de 1 de Janeiro de 1997, no âmbito da aplicação do Decreto-Lei n.º 124/96, de 10 de Agosto, montante que será definido anualmente, mediante portaria do Ministério das Finanças.

4 – O património do FET e o rendimento que ele potencie serão afectos a obras sociais e ao pagamento dos suplementos atribuídos em função de particularidades específicas da prestação de trabalho dos funcionários e agentes da DGCI e da DGITA.

([1]) Alterado pelo Decreto-Lei n.º 107/97, de 8 de Maio.

II. Organização Financeira 323

5 – Os órgãos do FET e a forma de participação dos trabalhadores na sua gestão, bem como o âmbito e modalidades de atribuição dos suplementos a que se refere o número anterior, serão definidos por decreto-lei, cabendo ao Ministério das Finanças estabelecer mediante portaria, as regras de gestão e de funcionamento do Fundo

SUBSECÇÃO III – **Órgãos de apoio**([1])

ARTIGO 25.º – **(Conselho Superior de Finanças)**

1 – O Conselho Superior de Finanças é o órgão consultivo e participativo do Ministério das Finanças que assegura o apoio técnico e a representação e participação de instituições, agentes e forças sociais ou peritos independentes da reflexão sobre a elaboração, acompanhamento, análise crítica e revisão das políticas financeiras.

2 – O Conselho Superior de Finanças organiza-se em secções, em princípio de carácter permanente, ou grupos de trabalho, em princípio com natureza transitória, e não dispõe de funcionários permanentes, sendo o respectivo apoio assegurado pela Secretaria-Geral.

3 – A criação, composição e modo de funcionamento das secções e grupos de trabalho, bem como o respectivo mandato, são determinados por despacho do Ministro das Finanças.

4 – São integrados desde já no Conselho Superior de Finanças os seguintes órgãos consultivos e participativos, sem prejuízo da manutenção das particularidades de regime e enquadramento próprios de cada um:

a) Conselho Nacional do Mercado de Valores Mobiliários e respectivas secções especializadas;
b) Estrutura de missão destinada a elaborar o Plano Oficial de Contabilidade Pública;
c) Comissão de Normalização Contabilística;
d) Grupos de trabalho para o estudo da problemática das relações financeiras entre o Estado e as Regiões Autónomas;
e) Grupo de trabalho interministerial para a análise e avaliação da situação do sector empresarial do Estado e das suas perspectivas de evolução;
f) Comissão para a Reorganização dos Serviços Aduaneiros;
g) Unidade de Coordenação da Luta contra a Evasão e Fraude Fiscal e Aduaneira;
h) Comissão de Instalação e de Inscrição da Associação de Técnicos de Contas.

([1]) Epígrafe alterada pelo Decreto-Lei n.º 320-A/2002, de 30 de Dezembro.

324 *Legislação de Direito Financeiro*

5 – Os membros dos órgãos consultivos e participativos integrados no Conselho Superior de Finanças que não tenham vínculo à função pública serão retribuídos através de senhas de presença ou remuneração de tarefas específicas, limitadas no tempo, nos termos a definir por despacho do Ministro das Finanças, ouvido o membro do Governo responsável pela área da Administração Pública.

6 – Todos os órgãos consultivos e participativos de carácter transitório criados até à publicação deste diploma que actuem na área de competência do Ministério das Finanças e não estejam referidos no n.° 4 do presente artigo consideram-se extintos.

7 – O mandato dos órgãos consultivos e participativos integrados no Conselho Superior de Finanças é prorrogável por despacho do Ministro das Finanças.

ARTIGO 26.° – **(Conselho de Directores-Gerais)**

1 – É criado, na dependência do Ministro das Finanças, o Conselho de Directores-Gerais, cujas despesas de funcionamento serão suportadas por verbas do orçamento do Gabinete do Ministro das Finanças.

2 – Compete ao Conselho de Directores-Gerais do Ministério das Finanças:

a) Pronunciar-se sobre os programas anuais dos serviços centrais do Ministério;

b) Promover a harmonização permanente das actividades dos serviços e a qualidade dos respectivos actos e operações;

c) Promover a conjugaçao das actividades relativas a pessoal, organizaçao, métodos de trabalho e gestão administrativa e financeira;

d) Formular, por sua iniciativa, propostas ou sugestões conducentes ao bom funcionamento dos serviços do Ministério;

e) Pronunciar-se sobre a reestruturação do Ministério e coordenar a respectiva implementação e execução;

f) Pronunciar-se sobre outras questões que o Ministro das Finanças decida colocar.

3 – Fazem parte do Conselho de Directores-Gerais todos os directores--gerais e responsáveis de categoria equivalente do Ministério das Finanças, bem como os presidentes das entidades referidas no artigo 10.°([1]).

4 – O Conselho de Directores-Gerais é presidido pelo Ministro das Finanças ou pelo secretário de Estado em quem este delegar e é secretariado pelo secretário-geral ou, na sua falta, pelo director-geral mais antigo.

5 – Nos trabalhos do Conselho poderão sempre participar os secretários de Estado, bem como outros funcionários ou entidades convidados para o efeito.

6 – Em caso de necessidade, os directores-gerais poderão fazer-se substituir,

---

([1]) Alterado pelo Decreto-Lei n.° 21/99, de 28 de Janeiro.

II. Organização Financeira

a título excepcional, por funcionários qualificados e com poderes bastantes para os representarem.

7 – O Conselho funcionará em plenário ou por secções especializadas, cuja criação, composição e modo de funcionamento serão determinados por despacho do Ministro das Finanças.

8 – O Conselho proporá ao Ministro das Finanças o respectivo regimento interno, o qual será aprovado por despacho.

9 – O Conselho reúne ordinariamente uma vez por mês, com ordem de trabalhos prefixada, podendo ser convocado extraordinariamente pelo Ministro das Finanças, sempre que este o entenda necessário.

10 – O apoio administrativo ao Conselho será assegurado pela Secretaria-Geral.

ARTIGO 27.º – **(Defensor do Contribuinte)**([1])

SECÇÃO IV – **Tutela sobre as empresas públicas e exercício da função de accionista do Estado**

ARTIGO 28.º – **(Tutela sobre as empresas públicas)**

1 – Compete ao Ministro das Finanças, com a faculdade de delegação e subdelegação, o exercício dos poderes de tutela previstos na lei em relação às empresas públicas do sector financeiro.

2 – Compete ao Ministro das Finanças, isoladamente ou em conjunto com o membro ou membros do Governo responsáveis pelo respectivo sector de actividade, com a faculdade de delegação e subdelegação, o exercício dos poderes de tutela previstos na lei em relação às empresas públicas do sector não financeiro.

ARTIGO 29.º – **(Exercício da função de accionista do Estado)**

1 – Compete ao Ministro das Finanças, com a faculdade de delegação e subdelegação, o exercício exclusivo da função de accionista do Estado em relação às empresas do sector financeiro.

2 – Compete ao Ministro das Finanças, isoladamente ou em conjunto com o membro ou membros do Governo responsáveis pelo respectivo sector de actividade, com a faculdade de delegação e subdelegação, o exercício da função de accionista do Estado em relação às sociedades de capitais públicos e sociedades de economia mista do sector não financeiro.

([1]) Revogado pelo Decreto-Lei n.º 320-A/2002, de 30 de Dezembro.

SECÇÃO V – Instituto de Gestão do Crédito Público

ARTIGO 30.º – **(Criação)**

Para a prossecução das atribuições do Ministério das Finanças é criado o Instituto de Gestão do Crédito Público (IGCP), dotado de personalidade jurídica e de autonomia administrativa e financeira, que se regerá por estatuto próprio, a aprovar por decreto-lei.

ARTIGO 31.º – **(Alterações à legislação em vigor)**

1 – São revogados os artigos 1.º, 3.º e 4.º do Decreto-Lei n.º 76/83, de 8 de Fevereiro, e os artigos 1.º, 2.º e 3.º do Decreto-Lei n.º 219/89, de 4 de Julho.

2 – O artigo 6.º do Decreto-Lei n.º 453/88, de 13 de Dezembro, passa a ter a seguinte redacção:

«A gestão do Fundo cabe ao Instituto de Gestão do Crédito Público.»

ARTIGO 32.º – **(Remissões)**

Todas as referências feitas na lei à Junta do Crédito Público, bem como ao seu presidente, passam a entender-se como sendo feitas ao IGCP e ao seu presidente.

ARTIGO 33.º – **(Outras disposições)**

1 – Para efeito da transferência da gestão do Fundo de Regularização da Dívida Pública para o IGCP, deverá ser elaborada, dentro do prazo previsto no artigo 56.º, uma conta final de gerência.

2 – O processamento da dívida pública directa externa é transferido, com a entrada em vigor do presente diploma, da Direcção-Geral do Tesouro e da Direcção-Geral da Junta do Crédito Público para o IGCP.

3 – É igualmente transferido para o IGCP, com a entrada em vigor deste diploma, o processamento da dívida pública directa interna cometido à Direcção-Geral do Tesouro.

4 – A Direcção-Geral da Junta do Crédito Público será extinta até 31 de Dezembro de 1997, integrando-se o pessoal dos seus serviços na DGCI([1]).

5 – O pessoal afecto ao serviço da Delegação do Porto da Direcção-Geral da Junta do Crédito Público integra os serviços periféricos da Direcção-Geral dos Impostos do Porto([2]).

([1]) Alterado pelo Decreto-Lei n.º 28/98, de 11 de Fevereiro.
([2]) Aditado pelo Decreto-Lei n.º 28/98, de 11 de Fevereiro.

II. Organização Financeira 327

ARTIGO 34.° – **(Instalação, transferência de serviços e património e dotação orçamental inicial)**

1 – Até à completa instalação do IGCP, este disporá do apoio logístico da Direcção-Geral do Tesouro e da Direcção-Geral da Junta do Crédito Público, até à extinção desta.

2 – As transferências de serviços e o património e dotação orçamental iniciais do IGCP serão determinados por despacho do Ministro das Finanças.

CAPÍTULO III – Do pessoal

ARTIGO 35.° – **(Quadro de pessoal dirigente)**

O pessoal dirigente dos serviços do Ministério das Finanças integrados na administração directa do Estado que desempenha cargos ao nível de director-geral ou equiparado, previstos neste diploma, consta do mapa anexo, que dele faz parte integrante, considerando-se desde já criados os respectivos lugares.

ARTIGO 36.° – **(Regime jurídico do pessoal)**

O regime jurídico do pessoal dos serviços do Ministério das Finanças integrados na administração directa do Estado é o constante do presente diploma, da legislação específica respectiva e das leis gerais aplicáveis à Administração Pública.

CAPÍTULO IV – Disposições finais e transitórias

SECÇÃO I – Transição de serviços

ARTIGO 37.° – **(Tesourarias da Fazenda Pública)**

As tesourarias da Fazenda Pública, integradas na Direcção-Geral do Tesouro pelo Decreto-Lei n.° 564/76, de 17 de Julho, transitam para a Direcção-Geral dos Impostos.

ARTIGO 38.° – **(Serviços da Direcção-Geral do Tesouro)**

Os seguintes Serviços da Direcção-Geral do Tesouro transitam para a Direcção-Geral de Assuntos Europeus e Relações Internacionais:
a) Direcção de Serviços de Cooperação Internacional;
b) Divisão de Financiamentos Comunitários;
c) Gabinete de Estudos de Assuntos Monetários e Financeiros.

328   *Legislação de Direito Financeiro*

ARTIGO 39.° – **(Direcções de serviços da Direcção-Geral das Contribuições e Impostos e da Direcção-Geral das Alfândegas)**

1 – As direcções de serviços previstas nos artigos 28.° a 31.° do Decreto-Lei n.° 408/93, de 14 de Dezembro, e a direcção de serviços prevista no artigo 16.° do Decreto-Lei n.° 324/93, de 25 de Setembro, transitam para a Direcção-Geral de Informática e Apoio aos Serviços Tributários e Aduaneiros.

2 – O pessoal das carreiras de regime específico da Direcção-Geral das Contribuições e Impostos e da Direcção-Geral das Alfândegas que à data da entrada em vigor do diploma orgânico da Direcção-Geral de Informática e Apoio aos Serviços Tributários e Aduaneiros preste serviço nas direcções de serviços indicados no número anterior poderá manter-se na nova Direcção-Geral, na situação de requisitado ou de destacado.

SECÇÃO II – **Alteração da designação de serviços**

ARTIGO 40.° – **(Designações alteradas)**

1 – A Direcção-Geral da Contabilidade Pública passa a designar-se Direcção-Geral do Orçamento, considerando-se automaticamente referido à nova designação tudo o que na lei vigente disser respeito àquela Direcção-Geral.

2 – A Direcção-Geral das Contribuições e Impostos passa a designar-se Direcção-Geral dos Impostos, considerando-se automaticamente referido à nova designação tudo o que na lei vigente disser respeito àquela Direcção-Geral.

3 – A Direcção-Geral das Alfândegas passa a designar-se Direcção-Geral das Alfândegas e dos Impostos Especiais sobre o Consumo, considerando-se automaticamente referido à nova designação tudo o que na lei vigente disser respeito àquela Direcção-Geral.

4 – A Direcção-Geral do Património do Estado passa a designar-se Direcção-Geral do Património, considerando-se automaticamente referido à nova designação tudo o que na lei vigente disser respeito àquela Direcção-Geral.

SECÇÃO III – **Extinção de serviços e organismos**

ARTIGO 41.° – **(Serviços extintos)**

1 – São extintos os seguintes serviços, na dependência do Ministério das Finanças:
a) Auditoria Jurídica;
b) Gabinete de Estudos Económicos (GEE);

II. Organização Financeira 329

c) Gabinete dos Assuntos Europeus (GAE);
d) Gabinete para a Análise do Financiamento do Estado e das Empresas Públicas (GAFEEP);
e) Intendência-Geral do Orçamento.

2 – Sem prejuízo do disposto no número anterior, mantêm-se os respectivos quadros de pessoal até à aprovação das leis orgânicas dos serviços agora criados ou reestruturados.

3 – A Direcção-Geral da Junta do Crédito Público é extinta nos termos do artigo 33.º, n.º 4.

ARTIGO 42.º – **(Organismos extintos)**

É extinta a Junta do Crédito Público.

ARTIGO 43.º – **(Extinção da Comissão para o Desenvolvimento da Reforma Fiscal)**

É extinta a Comissão para o Desenvolvimento da Reforma Fiscal, criada pela Resolução de Conselho de Ministros n.º 6/94 (2.ª série), de 18 de Abril.

ARTIGO 44.º – **(Extinção do Instituto Ultramarino)**

1 – É extinto o Instituto Ultramarino.

2 – Os Serviços Sociais do Ministério das Finanças (SOFE) sucedem em todas as competências, direitos e obrigações ao extinto Instituto Ultramarino.

3 – O património do Instituto Ultramarino, incluindo activos e passivos e, bem assim, os direitos e obrigações em que se encontre investido, transfere-se, por força do disposto no presente diploma, para os SOFE.

4 – Sem prejuízo do disposto no número anterior, os bens imóveis do Instituto Ultramarino continuarão afectos à realização dos fins assistenciais que ele prosseguia, até ao seu completo esgotamento.

5 – O pessoal do quadro do Instituto Ultramarino transitará, mediante despacho do Ministro das Finanças, para o quadro de pessoal dos SOFE, que será acrescentado dos respectivos lugares.

6 – Este diploma servirá de título bastante para proceder a actos de registo ou a quaisquer outros necessários, em consequência da transferência aqui decretada.

ARTIGO 45.º – **(Sucessão de serviços)**

1 – A Secretaria-Geral do Ministério das Finanças sucede em todas as competências à extinta Auditoria Jurídica do Ministério das Finanças.

330   *Legislação de Direito Financeiro*

2 – A Direcção-Geral de Estudos e Previsão sucede em todas as competências ao extinto Gabinete de Estudos Económicos (GEE).

3 – A Direcção-Geral de Assuntos Europeus e Relações Internacionais sucede em todas as competências ao extinto Gabinete dos Assuntos Europeus (GAE).

4 – A Direcção-Geral do Orçamento integra todas as competências da extinta Intendência-Geral do Orçamento.

5 – A Direcção-Geral do Tesouro sucede em todas as competências ao extinto Gabinete para a Análise do Financiamento do Estado e das Empresas Públicas (GAFEEP).

ARTIGO 46.º – (**Sucessão de organismos**)

1 – O Instituto de Gestão do Crédito Público (IGCP) sucede em todas as competências, direitos e obrigações à extinta Junta do Crédito Público.

2 – A Junta do Crédito Público deverá elaborar, para efeitos de fiscalização pelo Tribunal de Contas e para efeitos do disposto no presente diploma, uma conta final de gerência e uma conta de liquidação.

3 – A partir da data da extinção da Junta do Crédito Público, as contas gerais da gestão da dívida pública, independentemente da personalidade jurídica, autonomia administrativa ou financeira dos organismos dela encarregados, serão incluídas na Conta Geral do Estado.

ARTIGO 47.º – (**Legislação dos serviços**)

Os serviços de administração directa integrados no Ministério das Finanças continuam a reger-se pelas disposições normativas que os instituíram, sem prejuízo da derrogação de disposições resultante do presente diploma e da adequação das respectivas leis orgânicas aos princípios nele estabelecidos, bem como pelas alterações decorrentes da Lei n.º 8/90, de 20 de Fevereiro, e respectiva regulamentação.

ARTIGO 48.º – (**Legislação decorrente deste decreto-lei**)

1 – A publicação de diplomas orgânicos contendo as normas referentes à organização e competências, funcionamento, regime jurídico de pessoal, incluindo os respectivos quadros e demais disposições necessárias para assegurar a prossecução dos objectivos dos serviços referidos no artigo 4.º deste diploma, deve ser efectuada no prazo de 180 dias contados a partir da data da sua entrada em vigor.

2 – Enquanto não entrarem em vigor os diplomas a que se reporta o número anterior, os serviços continuam a reger-se pelas disposições normativas que lhes são aplicáveis.

SECÇÃO IV – **Transição de pessoal**

ARTIGO 49.º – **(Transição de pessoal de serviços)**

1 – O pessoal dos serviços extintos ou regulamentados pelo presente diploma transita para os quadros de pessoal dos serviços que, nos termos deste mesmo diploma e conforme o estabelecido nas respectivas leis orgânicas, vierem a exercer as atribuições e competências dos serviços agora extintos ou reestruturados, devendo aqueles quadros compreender o número de lugares considerado necessário.

2 – A transição a que se refere o número anterior far-se-á para os serviços previstos no artigo 4.º por despacho do Ministro das Finanças, de acordo com as seguintes regras:

a) Para a mesma carreira, categoria e escalão que o funcionário já possui;

b) Com a observância das habilitações legais, para a carreira e categoria que integra as funções que, efectivamente, o funcionário desempenha, em escalão a que corresponda o mesmo índice remuneratório ou, quando não se verifique coincidência de índice, em escalão a que corresponda o índice superior mais aproximado na estrutura da carreira para que se processa a transição.

3 – As correspondências de categoria determinadas na alínea *b)* do n.º 2 fazem-se em função do índice remuneratório correspondente ao escalão I da categoria em que o funcionário se encontra e o escalão I da categoria da nova carreira.

4 – A transição a que se refere o n.º 1 não se aplica ao organismo previsto no artigo 30.º do presente diploma.

ARTIGO 50.º – **(Situações especiais)**

1 – O pessoal que se encontra na situação de licença sem vencimento mantém os direitos que detinha à data de início da referida licença, com aplicação do regime previsto no Decreto-Lei n.º 497/88, de 30 de Dezembro.

2 – O pessoal que se encontre em regime de destacamento, requisição, interinidade, comissão de serviço ou outras situações precárias previstas na lei manter-se-á em idêntico regime, nos termos do que vier a ser determinado nos diplomas previstos no artigo 48.º

3 – O pessoal que à data da entrada em vigor deste decreto-lei se encontre em regime de estágio mantém-se nessa situação até à conclusão do mesmo, devendo, consoante os casos e se necessário, ser nomeado novo júri ou elemento do júri, o qual fará a respectiva avaliação e classificação final.

4 – Mantêm-se os concursos a decorrer à data da entrada em vigor do presente diploma.

332 *Legislação de Direito Financeiro*

ARTIGO 51.° – **(Tempo de serviço)**

Ao pessoal dos serviços do Ministério das Finanças que, nos termos do disposto na alínea *b*) do n.° 2 do artigo 49.°, transite para categoria diversa será contado nesta última, para todos os efeitos legais, o tempo de serviço prestado na anterior, desde que haja exercido funções idênticas.

ARTIGO 52.° – **(Pessoal dirigente)**

1 – As comissões de serviço dos directores-gerais e equiparados e dos subdirectores-gerais e equiparados dos serviços e organismos extintos nos termos dos artigos 41.° e 42.° cessam 30 dias após a entrada em vigor do presente diploma.

2 – Os cargos de directores-gerais e equiparados referidos no número anterior podem ser providos antes da entrada em vigor dos diplomas a que se refere o artigo 48.°, ficando incumbidos de assegurar a direcção dos serviços em vias de extinção.

3 – As comissões de serviços dos directores de serviços e equiparados e dos chefes de divisão e equiparados dos serviços e organismos com extinção prevista neste diploma cessarão na data da entrada em vigor dos diplomas a que se refere o artigo 48.°

SECÇÃO V – **Património e dotações orçamentais**

ARTIGO 53.° – **(Património dos serviços e organismos extintos)**

1 – O património dos serviços extintos, incluindo activos e passivos e, bem assim, os direitos e obrigações em que se encontrem constituídos, transfere-se, por força do disposto no presente diploma, em termos a estabelecer por despacho do Ministro das Finanças, para os serviços que passam a exercer competências e atribuições análogas.

2 – O património da Junta do Crédito Público, incluindo activos e passivos e, bem assim, todos os direitos e obrigações em que se encontre investida, transfere-se, por força do disposto no presente diploma, para o Instituto de Gestão do Crédito Público (IGCP).

ARTIGO 54.° – **(Transferência de verbas)**

1 – Até à efectivação da extinção e reestruturação dos serviços e das convenientes alterações orçamentais, os encargos referentes aos mesmos continuam a ser processados por conta das verbas que lhes estão atribuídas.

2 – Transitam, em termos a estabelecer por despacho do Ministro das Finanças, para os novos serviços, de acordo com a repartição de atribuições e

II. *Organização Financeira* 333

competências resultantes da reestruturação orgânica do Ministério, os saldos das verbas orçamentais atribuídas aos existentes, à data da entrada em vigor deste decreto-lei.

SECÇÃO VI – **Disposições finais**

ARTIGO 55.° – **(Norma revogatória)**

É revogado o Decreto-Lei n.° 229/86, de 14 de Agosto, bem como as demais disposições legais e regulamentares no que contrariem o disposto no presente diploma.

ARTIGO 56.° – **(Produção de efeitos)**

No que diz respeito ao Instituto de Gestão do Crédito Público, o presente diploma produz efeitos na data da tomada do posse do presidente e dos demais membros do conselho directivo do IGCP, sem prejuízo do disposto no n.° 4 do artigo 33.°

Visto e aprovado em Conselho de Ministros de 18 de Julho de 1996. – *António Manuel de Oliveira Guterres – António Luciano Pacheco de Sousa Franco – Jorge Paulo Sacadura Almeida Coelho.*

Promulgado em 10 de Agosto de 1996.
Publique-se.
O Presidente da República, JORGE SAMPAIO

Referendado em 14 de Agosto de 1996.
O Primeiro-Ministro, em exercício, *António Manuel de Carvalho Ferreira Vitorino.*

ANEXO
Mapa a que se refere o artigo 35.°

Secretário-geral – 1.
Director-geral – 10.
Inspector-geral – 1.

b) *Segurança social*

14. Lei de Bases da Segurança Social

Lei n.º 32/2002, de 20 de Dezembro

A Assembleia da República decreta, nos termos da alínea *c*) do artigo 161.º da Constituição, para valer como lei geral da República, o seguinte:

CAPÍTULO I – Objectivos e princípios

ARTIGO 1.º – **Disposição geral**

A presente lei define, nos termos previstos na Constituição da República Portuguesa, as bases gerais em que assenta o sistema de segurança social, adiante designado por sistema, bem como as atribuições prosseguidas pelas instituições de segurança social e a articulação com entidades particulares de fins análogos.

ARTIGO 2.º – **Direito à segurança social**

1 – Todos têm direito à segurança social.
2 – O direito à segurança social é efectivado pelo sistema e exercido nos termos estabelecidos na Constituição, nos instrumentos internacionais aplicáveis e na presente lei.

ARTIGO 3.º – **Irrenunciabilidade do direito à segurança social**

São nulas as cláusulas do contrato, individual ou colectivo, pelo qual se renuncie aos direitos conferidos pela presente lei.

Legislação de Direito Financeiro

Artigo 4.º – **Objectivos do sistema**

O sistema de segurança social visa prosseguir os seguintes objectivos:
a) Garantir a concretização do direito à segurança social;
b) Promover a melhoria das condições e dos níveis de protecção social e o reforço da respectiva equidade;
c) Proteger os trabalhadores e as suas famílias nas situações de falta ou diminuição de capacidade para o trabalho, de desemprego e de morte;
d) Proteger as pessoas que se encontrem em situação de falta ou diminuição de meios de subsistência;
e) Proteger as famílias através da compensação de encargos familiares;
f) Promover a eficácia social dos regimes prestacionais e a qualidade da sua gestão, bem como a eficiência e sustentabilidade financeira do sistema.

Artigo 5.º – **Composição do sistema**

1 – O sistema de segurança social abrange o sistema público de segurança social, o sistema de acção social e o sistema complementar.

2 – O sistema público de segurança social compreende o subsistema previdencial, o subsistema de solidariedade e o subsistema de protecção familiar.

3 – O sistema de acção social é desenvolvido por instituições públicas, designadamente pelas autarquias, e por instituições particulares sem fins lucrativos.

4 – O sistema complementar compreende regimes legais, regimes contratuais e esquemas facultativos.

Artigo 6.º – **Princípios gerais**

Constituem princípios gerais do sistema o princípio da universalidade, da igualdade, da solidariedade, da equidade social, da diferenciação positiva, da subsidiariedade social, da inserção social, da coesão geracional, do primado da responsabilidade pública, da complementaridade, da unidade, da descentralização, da participação, da eficácia, da conservação dos direitos adquiridos e em formação, da garantia judiciária e da informação.

Artigo 7.º – **Princípio da universalidade**

O princípio da universalidade consiste no acesso de todas as pessoas à protecção social assegurada pelo sistema, nos termos definidos por lei.

Artigo 8.º – **Princípio da igualdade**

O princípio da igualdade consiste na não discriminação dos beneficiários, designadamente em razão do sexo e da nacionalidade, sem prejuízo, quanto a esta, de condições de residência e de reciprocidade.

II. Organização Financeira 337

ARTIGO 9.º – **Princípio da solidariedade**

O princípio da solidariedade consiste na responsabilidade colectiva das pessoas entre si no plano nacional, laboral e intergeracional, na realização das finalidades do sistema e envolve o concurso do Estado no seu financiamento, nos termos da presente lei.

ARTIGO 10.º – **Princípio da equidade social**

O princípio da equidade social traduz-se no tratamento igual de situações iguais e no tratamento diferenciado de situações desiguais.

ARTIGO 11.º – **Princípio da diferenciação positiva**

O princípio da diferenciação positiva consiste na flexibilização e modulação das prestações em função dos rendimentos, das eventualidades sociais e de outros factores, nomeadamente de natureza familiar, social, laboral e demográfica.

ARTIGO 12.º – **Princípio da subsidiariedade social**

O princípio da subsidiariedade social assenta no reconhecimento do papel essencial das pessoas, das famílias e dos corpos intermédios na prossecução dos objectivos da segurança social.

ARTIGO 13.º – **Princípio da inserção social**

O princípio da inserção social caracteriza-se pela natureza activa, preventiva e personalizada das acções desenvolvidas no âmbito do sistema com vista a eliminar as causas de marginalização e exclusão social e a promover a dignificação humana.

ARTIGO 14.º – **Princípio da coesão geracional**

O princípio da coesão geracional implica um ajustado equilíbrio e equidade geracionais na assunção das responsabilidades do sistema.

ARTIGO 15.º – **Princípio do primado da responsabilidade pública**

O princípio do primado da responsabilidade pública consiste no dever do Estado de criar as condições necessárias à efectivação do direito à segurança social e de organizar, coordenar e subsidiar o sistema de segurança social.

Artigo 16.º – **Princípio da complementaridade**

O princípio da complementaridade consiste na articulação das várias formas de protecção social públicas, sociais, cooperativas, mutualistas e privadas com o objectivo de melhorar a cobertura das situações abrangidas e promover a partilha contratualizada das responsabilidades nos diferentes patamares da protecção social.

Artigo 17.º – **Princípio da unidade**

O princípio da unidade pressupõe uma actuação articulada dos diferentes sistemas, subsistemas e regimes de segurança social no sentido da sua harmonização e complementaridade.

Artigo 18.º – **Princípio da descentralização**

O princípio da descentralização manifesta-se pela autonomia das instituições, tendo em vista uma maior aproximação às populações, no quadro da organização e planeamento do sistema e das normas e orientações de âmbito nacional, bem como das funções de supervisão e fiscalização das autoridades públicas.

Artigo 19.º – **Princípio da participação**

O princípio da participação envolve a responsabilização dos interessados na definição, no planeamento e gestão do sistema e no acompanhamento e avaliação do seu funcionamento.

Artigo 20.º – **Princípio da eficácia**

O princípio da eficácia consiste na concessão oportuna das prestações legalmente previstas, para uma adequada prevenção e reparação das eventualidades e promoção de condições dignas de vida.

Artigo 21.º – **Princípio da conservação dos direitos adquiridos e em formação**

O princípio da conservação dos direitos adquiridos e em formação visa assegurar o respeito por esses direitos nos termos da presente lei.

Artigo 22.º – **Princípio da garantia judiciária**

O princípio da garantia judiciária assegura aos interessados o acesso aos tribunais, em tempo útil, para fazer valer o seu direito às prestações.

II. Organização Financeira

ARTIGO 23.º – **Princípio da informação**

O princípio da informação consiste na divulgação a todas as pessoas dos seus direitos e deveres bem como na informação da sua situação perante o sistema e no seu atendimento personalizado.

ARTIGO 24.º – **Administração do sistema**

Compete ao Estado garantir a boa administração do sistema público de segurança social e do sistema de acção social, bem como assegurar uma adequada e eficaz regulação, supervisão prudencial e fiscalização do sistema complementar.

ARTIGO 25.º – **Relação com sistemas estrangeiros**

1 – O Estado promove a celebração de instrumentos internacionais de coordenação sobre segurança social com o objectivo de ser garantida igualdade de tratamento às pessoas e suas famílias que exerçam actividade ou residam no território dos Estados em causa relativamente aos direitos e obrigações nos termos da legislação aplicável, bem como a conservação dos direitos adquiridos e em formação.

2 – O Estado promove, igualmente, a participação ou a adesão a instrumentos que visem o desenvolvimento ou a convergência das normas de segurança social adoptadas no quadro de organizações internacionais com competência na matéria.

CAPÍTULO II – **Sistema público de segurança social**

SECÇÃO I – **Disposições gerais**

ARTIGO 26.º **Objectivos**

1 – O sistema público de segurança social visa garantir aos respectivos beneficiários, de acordo com a legislação aplicável, o direito a determinados rendimentos traduzidos em prestações sociais exigíveis administrativa e judicialmente.

2 – O sistema estrutura-se com base no desenvolvimento do princípio da solidariedade:

a) No plano nacional, através da transferência de recursos entre os cidadãos, de forma a permitir a todos uma efectiva igualdade de oportunidades e a garantia de rendimentos sociais mínimos para os mais desfavorecidos;

340   *Legislação de Direito Financeiro*

b) No plano laboral, através do funcionamento de mecanismos redistributivos no âmbito da protecção de base profissional;
c) No plano intergeracional, através da combinação de métodos de financiamento em regime de repartição e de capitalização.

SECÇÃO II – Subsistema previdencial

Artigo 27.º – **Objectivos**

O subsistema previdencial visa garantir, assente num princípio de solidariedade de base profissional, prestações pecuniárias substitutivas de rendimentos de trabalho, perdido em consequência da verificação das eventualidades legalmente definidas.

Artigo 28.º – **Âmbito pessoal**

1 – São abrangidos obrigatoriamente no âmbito do subsistema previdencial, na qualidade de beneficiários, os trabalhadores por conta de outrem, ou legalmente equiparados, e os trabalhadores independentes.

2 – As pessoas que não exerçam actividade profissional ou que, exercendo-a, não sejam, por esse facto, enquadradas obrigatoriamente nos termos do número anterior, podem aderir, facultativamente, à protecção social definida na presente secção, nas condições previstas na lei.

Artigo 29.º – **Âmbito material**

1 – A protecção social regulada na presente secção integra as seguintes eventualidades:

a) Doença;
b) Maternidade, paternidade e adopção;
c) Desemprego;
d) Acidentes de trabalho e doenças profissionais;
e) Invalidez;
f) Velhice;
g) Morte.

2 – O elenco das eventualidades protegidas pode ser alargado, em função da necessidade de dar cobertura a novos riscos sociais, ou reduzido, nos termos e condições legalmente previstos, em função de determinadas situações e categorias de beneficiários.

Artigo 30.º – **Princípio da contributividade**

O subsistema previdencial deve ser fundamentalmente autofinanciado,

II. Organização Financeira

tendo por base uma relação sinalagmática directa entre a obrigação legal de contribuir e o direito às prestações.

ARTIGO 31.º – **Regimes abrangidos**

1 – O subsistema previdencial abrange o regime geral de segurança social aplicável à generalidade dos trabalhadores por conta de outrem e aos trabalhadores independentes, os regimes especiais, bem como os regimes de inscrição facultativa abrangidos pelo n.º 2 do artigo 28.º

2 – Sem prejuízo do disposto no artigo 124.º da presente lei, o sistema público de segurança social integra os trabalhadores e as entidades patronais, respectivamente como beneficiários e contribuintes, que por ele não se encontram ainda abrangidos, nos termos a definir por lei, ouvidas as partes interessadas.

ARTIGO 32.º – **Condições de acesso**

1 – Para efeitos de protecção social conferida pelo subsistema previdencial é obrigatória a inscrição dos trabalhadores referidos no n.º 1 do artigo 28.º e das respectivas entidades empregadoras, quando se trate de trabalhadores por conta de outrem, assim como devem ser cumpridas as obrigações contributivas.

2 – As entidades empregadoras são responsáveis pela inscrição no subsistema previdencial dos trabalhadores ao seu serviço.

3 – Sem prejuízo do disposto nos instrumentos internacionais aplicáveis, a obrigatoriedade de inscrição no subsistema previdencial é exigível aos trabalhadores que se encontrem a prestar serviço em Portugal, pelo período a fixar por lei.

ARTIGO 33.º – **Prestações**

1 – A protecção nas eventualidades cobertas pelos regimes de segurança social é realizada pela concessão de prestações pecuniárias destinadas a substituir os rendimentos da actividade profissional perdidos, bem como a compensar a perda de capacidade de ganho.

2 – A diversidade das actividades profissionais e as suas especificidades, bem como a existência de outros factores atendíveis, podem determinar alterações da forma da protecção garantida.

ARTIGO 34.º – **Condições de atribuição das prestações**

1 – A atribuição das prestações depende da inscrição no subsistema previdencial e, nas eventualidades em que seja exigido, do decurso de um período mínimo de contribuição ou situação equivalente.

2 – O decurso do período previsto no número anterior pode ser considerado como cumprido pelo recurso à totalização de períodos contributivos ou equi-

342 *Legislação de Direito Financeiro*

valentes, registados no quadro de regimes de protecção social, nacionais ou estrangeiros, nos termos previstos na lei interna ou em instrumentos internacionais aplicáveis.

3 – A falta de declaração do exercício de actividade profissional ou a falta do pagamento de contribuições relativas a períodos de exercício de actividade profissional dos trabalhadores por conta de outrem que lhes não seja imputável não prejudica o direito às prestações.

ARTIGO 35.º – **Determinação dos montantes das prestações**

1 – O valor das remunerações registadas constitui a base de cálculo para a determinação do montante das prestações pecuniárias substitutivas dos rendimentos, reais ou presumidos, da actividade profissional.

2 – Sem prejuízo do disposto no número anterior, a determinação dos montantes das prestações pode igualmente ter em consideração outros elementos, nomeadamente e consoante os casos, a natureza do risco social, a duração da carreira contributiva, a idade do beneficiário, o grau de incapacidade ou os encargos familiares e educativos.

3 – Sempre que as prestações pecuniárias dos regimes de segurança social se mostrem inferiores aos montantes mínimos legalmente fixados é garantida a concessão daquele valor ou a atribuição de prestações que as complementem.

4 – No caso de prestações destinadas a cobrir as eventualidades de doença ou de desemprego, o valor líquido a pagar não pode ser superior ao valor líquido da remuneração de referência que serve de base ao cálculo da prestação a que o beneficiário teria direito a receber se estivesse a trabalhar, nos termos a definir por lei.

ARTIGO 36.º – **Apoio à maternidade**

A lei define as condições de apoio à maternidade podendo prever e regulamentar mecanismos de bonificação das pensões das mulheres em função do número de filhos.

ARTIGO 37.º – **Assistência a filhos menores**

A lei assegura a formação dos direitos de atribuição das pensões referentes as eventualidades previstas nas alíneas d) a g) do n.º 1 do artigo 29.º, tendo em vista uma justa e harmoniosa conciliação entre as responsabilidades familiares, educativas e profissionais dos beneficiários.

ARTIGO 38.º – **Princípio de convergência das pensões mínimas**

1 – Os mínimos legais das pensões de invalidez e de velhice são fixados, tendo em conta as carreiras contributivas, com referência e até ao limite do valor

II. Organização Financeira

da remuneração mínima mensal garantida à generalidade dos trabalhadores, deduzida da quotização correspondente à taxa contributiva normal do regime dos trabalhadores por conta de outrem.

2 – As pensões que não atinjam o valor mínimo previsto no número anterior correspondentes às suas carreiras contributivas são acrescidas do complemento social previsto na alínea *c*) do n.º 1 do artigo 57.º, de montante a fixar na lei.

3 – Sem prejuízo do disposto no número seguinte a fixação dos mínimos legais das pensões de invalidez e de velhice convergirá para o valor da remuneração mínima mensal garantida à generalidade dos trabalhadores, deduzida da quotização correspondente à taxa contributiva normal do regime dos trabalhadores por conta de outrem, e será estabelecida com base no sistema de escalões relacionados com as carreiras contributivas:

a) Até 14 anos de carreira contributiva inclusive, será igual a 65% da remuneração mínima mensal garantida à generalidade dos trabalhadores, deduzida da quotização a que se refere o n.º 1 do presente artigo;

b) Entre 15 e 20 anos de carreira contributiva inclusive, será igual a 72,5% da remuneração mínima mensal garantida à generalidade dos trabalhadores, deduzida da quotização a que se refere o n.º 1 do presente artigo;

c) Entre 21 e 30 anos de carreira contributiva inclusive, será igual a 80% da remuneração mínima mensal garantida à generalidade dos trabalhadores, deduzida da quotização a que se refere o n.º 1 do presente artigo;

d) Mais de 30 anos de carreira contributiva, será igual à da remuneração mínima mensal garantida à generalidade dos trabalhadores, deduzida da quotização a que se refere o n.º 1 do presente artigo.

4 – O escalonamento de convergência das carreiras contributivas previsto no número anterior, será concretizado, de forma gradual e progressiva, no prazo máximo de quatro anos contado após a data da entrada em vigor do Orçamento de Estado para 2003.

5 – A verificação de condições económicas, orçamentais ou outras excepcionalmente adversas, poderão justificar uma dilação máxima de um ano na aplicação do disposto nos números anteriores.

ARTIGO 39.º – **Complemento familiar nas pensões mínimas**

É criado, nos termos e condições a definir por lei, um complemento familiar para as pensões mínimas, a atribuir aos beneficiários casados, ou em situação legalmente equiparada, cujos rendimentos globais sejam inferiores à remuneração mínima mensal garantida à generalidade dos trabalhadores deduzida da quotização correspondente à taxa contributiva normal do regime dos trabalhadores por

344 *Legislação de Direito Financeiro*

conta de outrem e desde que possuam mais de 75 anos de idade, por forma a garantir que aufiram um valor igual àquela remuneração líquida.

ARTIGO 40.º – **Quadro legal das pensões**

1 – O quadro legal das pensões deve ser, gradualmente, adaptado aos novos condicionalismos sociais, de modo a garantir-se a maior equidade e justiça social na sua atribuição.

2 – A lei pode prever a diferenciação positiva das taxas de substituição a favor dos beneficiários com mais baixas remunerações, desde que respeitado o princípio da contributividade.

3 – O cálculo das pensões de velhice e de invalidez tem por base os rendimentos de trabalho, revalorizados, de toda a carreira contributiva, nos termos da lei.

ARTIGO 41.º – **Revalorização da base de cálculo das pensões**

Os valores das remunerações que sirvam de base de cálculo das pensões devem ser actualizados de acordo com os critérios estabelecidos em diploma legal, nomeadamente tendo em conta a inflação.

ARTIGO 42.º – **Flexibilização da idade da reforma**

A lei pode consagrar medidas de flexibilidade da idade legal para atribuição de pensões, através de mecanismos de redução ou bonificação das pensões, consoante se trate de idade inferior ou superior à que se encontra definida nos termos gerais.

ARTIGO 43.º – **Pensões parciais**

A lei pode prever e regulamentar a consagração de pensões parciais em acumulação com prestações de trabalho a tempo parcial.

ARTIGO 44.º – **Conservação dos direitos adquiridos e em formação**

1 – É aplicável aos regimes de segurança social o princípio da conservação dos direitos adquiridos e em formação.

2 – Para efeito do número anterior, consideram-se:

a) Direitos adquiridos, os que já se encontram reconhecidos ou possam sê-lo por se encontrarem cumpridas as respectivas condições legais;

b) Direitos em formação, os correspondentes aos períodos contributivos e valores de remunerações registadas em nome do beneficiário.

3 – Os beneficiários mantêm o direito às prestações pecuniárias dos regimes

II. Organização Financeira 345

de segurança social ainda que transfiram a residência do território nacional, salvo o que estiver estabelecido em instrumentos internacionais aplicáveis.

4 – Os efeitos da inscrição não se extinguem pelo decurso do tempo.

Artigo 45.º – **Obrigação contributiva**

1 – Os beneficiários e, no caso de exercício de actividade profissional subordinada, as respectivas entidades empregadoras, são obrigados a contribuir para os regimes de segurança social.

2 – A obrigação contributiva das entidades empregadoras constitui-se com o início do exercício da actividade profissional pelos trabalhadores ao seu serviço, sendo os termos do seu cumprimento estabelecidos no quadro do respectivo regime de segurança social.

3 – A obrigação contributiva dos trabalhadores independentes constitui-se com a participação do exercício de actividade às entidades legalmente definidas.

Artigo 46.º – **Determinação do montante das quotizações e das contribuições**

1 – O montante das quotizações dos trabalhadores por conta de outrem e das contribuições das entidades empregadoras é determinado pela incidência da taxa contributiva do regime dos trabalhadores por conta de outrem sobre as remunerações até ao limite superior contributivo igualmente fixado na lei.

2 – Acima do limite superior contributivo a percentagem da quotização e da contribuição relativa à taxa contributiva do regime dos trabalhadores por conta de outrem devida corresponde às eventualidades sobre as quais não incide aquele limite, nos termos a definir por lei.

3 – As taxas contributivas são fixadas, actuarialmente, em função do custo da protecção das eventualidades previstas, sem prejuízo de adequações em razão da natureza das entidades contribuintes, das actividades económicas em causa, das situações específicas dos beneficiários ou de políticas conjunturais de emprego.

4 – Entre o limite superior contributivo a que se refere o n.º 1 do presente artigo e um valor indexado a um factor múltiplo do valor da remuneração mínima mensal garantida para a generalidade dos trabalhadores por conta de outrem, a lei pode prever, salvaguardando os direitos adquiridos e em formação bem como o princípio da solidariedade, a livre opção dos beneficiários entre o sistema público de segurança social e o sistema complementar.

5 – Nos casos de opção previstos no número anterior assegura-se a igualdade de tratamento fiscal, independentemente do beneficiário optar pelo sistema público de segurança social ou pelo sistema complementar.

6 – Sempre que o beneficiário tiver optado pelo sistema complementar, nos termos do n.º 4 do presente artigo, aplicar-se-á a regra estabelecida no n.º 2.

346 *Legislação de Direito Financeiro*

7 – A determinação legal dos limites contributivos a que se referem os n.os 2 e 4 deverá ter por base uma proposta do Governo, submetida à apreciação prévia da Comissão Executiva do Conselho Nacional de Segurança Social previsto no artigo 116.º, que garanta a sustentabilidade financeira do sistema público de segurança social e o princípio da solidariedade.

8 – Salvaguardando os direitos adquiridos e em formação, os limites contributivos a que se refere o número anterior são indexados a um factor múltiplo do valor da remuneração mínima mensal garantida para a generalidade dos trabalhadores por conta de outrem.

9 – O montante das quotizações inerente à obrigação contributiva dos trabalhadores independentes é fixado por lei.

ARTIGO 47.º – **Responsabilidade pelo pagamento das contribuições**

1 – As entidades empregadoras são responsáveis pelo pagamento das contribuições por si devidas e das quotizações correspondentes aos trabalhadores ao seu serviço, devendo descontar, nas remunerações a estes pagas, o valor daquelas quotizações.

2 – São nulas as cláusulas do contrato, individual ou colectivo, pelo qual o trabalhador assuma a obrigação de pagar, total ou parcialmente, as contribuições a cargo da entidade empregadora.

3 – Os trabalhadores que não exerçam actividade profissional subordinada são responsáveis pelo pagamento das suas próprias quotizações.

4 – O estabelecido nos números anteriores não prejudica o disposto no n.º 5 do artigo 46.º

ARTIGO 48.º – **Restituição e cobrança coerciva das contribuições ou prestações**

1 – A cobrança coerciva dos valores relativos às quotizações, às contribuições e às prestações indevidamente pagas é efectuada através de processo executivo e de secção de processos da segurança social.

2 – As prestações pagas aos beneficiários que a elas não tinham direito devem ser restituídas nos termos previstos na lei.

ARTIGO 49.º – **Prescrição das contribuições**

1 – A obrigação do pagamento das cotizações e das contribuições prescreve no prazo de cinco anos a contar da data em que aquela obrigação deveria ter sido cumprida.

2 – A prescrição interrompe-se por qualquer diligência administrativa, realizada com conhecimento do responsável pelo pagamento conducente à liquidação ou à cobrança da dívida.

SECÇÃO III – **Subsistema de solidariedade**

ARTIGO 50.º – **Objectivos**

1 – O subsistema de solidariedade destina-se a assegurar, com base na solidariedade de toda a comunidade, direitos essenciais por forma a prevenir e a erradicar situações de pobreza e de exclusão e a promover o bem-estar e a coesão sociais, bem como a garantir prestações em situações de comprovada necessidade pessoal ou familiar, não incluídas no subsistema previdencial.

2 – O subsistema de solidariedade abrange também situações de compensação social ou económica em virtude de insuficiências contributivas ou prestativas do subsistema previdencial.

ARTIGO 51.º – **Incapacidade absoluta e definitiva**

O subsistema de solidariedade abrange ainda a cobertura da eventualidade de incapacidade absoluta e definitiva dos beneficiários do subsistema previdencial, na parte necessária para cobrir a insuficiência da carreira contributiva dos mesmos em relação ao correspondente valor da pensão de invalidez, calculada com base numa carreira contributiva completa.

ARTIGO 52.º – **Âmbito pessoal**

1 – O subsistema de solidariedade abrange os cidadãos nacionais podendo ser tornado extensivo, nas condições estabelecidas na lei, a refugiados, apátridas e estrangeiros com residência em Portugal.

2 – O acesso às prestações obedece aos princípios da equidade social e da diferenciação positiva e deve contribuir para promover a inserção social das pessoas e famílias beneficiárias.

ARTIGO 53.º – **Âmbito material**

1 – O subsistema de solidariedade abrange as seguintes eventualidades:

    a) Falta ou insuficiência de recursos económicos dos indivíduos e dos agregados familiares para a satisfação das suas necessidades essenciais e para a promoção da sua progressiva inserção social e profissional;

    b) Invalidez;

    c) Velhice;

    d) Morte;

    e) Insuficiência de prestações substitutivas dos rendimentos do trabalho, por referência a valores mínimos legalmente fixados.

2 – O subsistema de solidariedade pode ainda abranger os encargos resul-

348   *Legislação de Direito Financeiro*

tantes de isenção, redução ou bonificação de taxas contributivas e de antecipação da idade de reforma.

ARTIGO 54.º – **Regimes abrangidos**

O subsistema de solidariedade abrange o regime não contributivo, o regime especial de segurança social das actividades agrícolas, os regimes transitórios ou outros formalmente equiparados a não contributivos e o rendimento social de inserção.

ARTIGO 55.º – **Condições de acesso**

1 – A atribuição das prestações do subsistema de solidariedade depende da identificação dos interessados, de residência legal em território nacional e demais condições fixadas na lei.

2 – A concessão das prestações não depende de inscrição nem envolve o pagamento de contribuições, sendo determinada em função dos recursos do beneficiário e da sua família.

ARTIGO 56.º – **Condições de acesso para não nacionais**

A lei pode fazer depender da verificação de determinadas condições, nomeadamente de períodos mínimos de residência, o acesso de residentes estrangeiros, não equiparados a nacionais por instrumentos internacionais de segurança social, de refugiados e de apátridas à protecção social garantida no âmbito do subsistema de solidariedade.

ARTIGO 57.º – **Prestações**

1 – A protecção concedida no âmbito do subsistema de solidariedade concretiza-se através da concessão das seguintes prestações:

    a) Prestações de rendimento social de inserção, nas situações referidas na alínea *a)* do n.º 1 do artigo 53.º;

    b) Pensões nas eventualidades referidas nas alíneas *b)* a *d)* do n.º 1 do artigo 53.º;

    c) Complementos sociais nas situações referidas na alínea *e)* do n.º 1 do artigo 53.º;

    d) Créditos ou vales sociais consignados a determinadas despesas sociais, designadamente renda de casa, educação especial e custo da frequência de equipamentos sociais, nos termos e condições a definir por lei.

2 – As prestações concedidas no âmbito do subsistema de solidariedade que se refiram a situações de deficiência profunda e de dependência podem incluir uma majoração social a determinar por lei.

II. Organização Financeira 349

3 – As prestações a que se refere o número anterior podem ser pecuniárias ou em espécie.

ARTIGO 58.º – **Montantes das prestações**

1 – Os montantes das prestações pecuniárias do subsistema de solidariedade serão fixados por lei com o objectivo de garantir as necessidades vitais dos beneficiários.

2 – Os montantes das prestações referidas no número anterior devem ser fixados em função dos rendimentos dos beneficiários e das respectivas famílias, bem como da sua dimensão, podendo os mesmos ser modificados em consequência da alteração desses rendimentos, da composição e dimensão do agregado familiar ou ainda de outros factores legalmente previstos.

ARTIGO 59.º – **Valor mínimo das pensões**

1 – O valor mínimo das pensões de velhice ou de invalidez atribuídas no âmbito do subsistema de solidariedade não pode ser inferior a 50% do valor da remuneração mínima mensal garantida à generalidade dos trabalhadores deduzida da quotização correspondente à taxa contributiva normal do regime dos trabalhadores por conta de outrem, a que acresce o complemento extraordinário de solidariedade, criado pela Lei n.º 30-C/2000, de 29 de Dezembro.

2 – A convergência para este valor será feita nos termos estabelecidos nos n.ᵒˢ 3 e 4 do artigo 38.º

3 – O valor mínimo das pensões de velhice ou de invalidez do regime especial de segurança social das actividades agrícolas, atribuídas no âmbito do subsistema de solidariedade, não pode ser inferior a 60% do valor da remuneração mínima mensal garantida à generalidade dos trabalhadores, deduzida da quotização correspondente à taxa contributiva normal do regime dos trabalhadores por conta de outrem.

ARTIGO 60.º – **Contratualização da inserção**

A lei prevê, no âmbito das condições de atribuição das prestações do subsistema de solidariedade, sempre que tal se mostre ajustado, a assunção, por parte dos beneficiários, de um compromisso contratualizado de inserção e do seu efectivo cumprimento.

SECÇÃO IV – **Subsistema de protecção familiar**

ARTIGO 61.º – **Objectivo**

O subsistema de protecção familiar visa assegurar a compensação de encargos familiares acrescidos quando ocorram as eventualidades legalmente previstas.

ARTIGO 62.º – **Âmbito pessoal**

O subsistema de protecção familiar aplica-se à generalidade das pessoas.

ARTIGO 63.º – **Âmbito material**

O subsistema de protecção familiar abrange, nomeadamente, as seguintes eventualidades:
- *a*) Encargos familiares;
- *b*) Encargos no domínio da deficiência;
- *c*) Encargos no domínio da dependência.

ARTIGO 64.º – **Condições de acesso**

1 – É condição geral de acesso à protecção prevista na presente secção a residência em território nacional.

2 – A lei pode prever condições especiais de acesso em função das eventualidades a proteger.

ARTIGO 65.º – **Condições de acesso para não nacionais**

A lei pode fazer depender da verificação de determinadas condições, nomeadamente de períodos mínimos de residência, o acesso de residentes estrangeiros, não equiparados a nacionais por instrumentos internacionais de segurança social, de refugiados e de apátridas à protecção social garantida no âmbito da presente secção.

Artigo 66.º – **Prestações**

1 – A protecção nas eventualidades previstas no âmbito do subsistema de protecção familiar concretiza-se através da concessão de prestações pecuniárias.

2 – A protecção concedida no âmbito deste subsistema é susceptível de ser alargada, de forma gradual e progressiva, tomando em consideração as mutações sociais e tendo em vista a satisfação de novas necessidades familiares, nomeadamente nos casos de pessoas com menores a cargo, de pessoas com deficiência, de pessoas dependentes ou de pessoas idosas.

II. Organização Financeira

3 – A lei pode prever, com vista a assegurar uma melhor cobertura dos riscos sociais, a concessão de prestações em espécie.

4 – O direito às prestações do subsistema de protecção familiar é reconhecido sem prejuízo da eventual atribuição de prestações da acção social relativas à alínea *a*) do artigo 84.º

ARTIGO 67.º – **Montantes das prestações**

Os montantes das prestações pecuniárias a atribuir no âmbito da protecção prevista na presente secção são estabelecidos em função dos rendimentos, da composição e da dimensão dos agregados familiares dos beneficiários e dos encargos escolares, podendo ser modificados nos termos e condições a fixar por lei.

ARTIGO 68.º – **Articulação com o sistema fiscal**

As prestações concedidas no âmbito do subsistema de protecção familiar devem ser harmonizadas com o sistema fiscal, garantindo o princípio da neutralidade, designadamente em sede de dedução à colecta no âmbito do imposto sobre o rendimento das pessoas singulares.

SECÇÃO V – **Disposições comuns**

SUBSECÇÃO I – **Prestações**

ARTIGO 69.º – **Acumulação de prestações**

1 – Salvo disposição legal em contrário, não são cumuláveis entre si as prestações emergentes do mesmo facto, desde que respeitantes ao mesmo interesse protegido.

2 – As regras sobre acumulação de prestações pecuniárias emergentes de diferentes eventualidades são reguladas na lei, não podendo, em caso algum, resultar da sua aplicação montante inferior ao da prestação mais elevada nem excesso sobre o valor total.

3 – Para efeitos de acumulação de prestações pecuniárias podem ser tomadas em conta prestações concedidas por sistemas de segurança social estrangeiros, sem prejuízo do disposto nos instrumentos internacionais aplicáveis.

ARTIGO 70.º – **Prescrição do direito às prestações**

O direito às prestações pecuniárias vencidas prescreve a favor das instituições devedoras no prazo de cinco anos, contado a partir da data em que as mesmas são postas a pagamento, com conhecimento do credor.

352 *Legislação de Direito Financeiro*

ARTIGO 71.º – **Responsabilidade civil de terceiros**

No caso de concorrência pelo mesmo facto do direito a prestações pecuniárias dos regimes de segurança social com o de indemnização a suportar por terceiros, as instituições de segurança social ficam sub-rogadas nos direitos do lesado até ao limite do valor das prestações que lhes cabe conceder.

SUBSECÇÃO II – **Garantias e contencioso**

ARTIGO 72.º – **Deveres do Estado e dos beneficiários**

1 – Compete ao Estado garantir aos beneficiários informação periódica relativa aos seus direitos, adquiridos e em formação, designadamente em matéria de pensões.

2 – Os beneficiários têm o dever de cooperar com as instituições de segurança social, cabendo-lhes, designadamente, ser verdadeiros nas suas declarações e requerimentos e submeter-se aos exames de verificação necessários para a concessão ou manutenção das prestações a que tenham direito.

ARTIGO 73.º – **Intransmissibilidade e penhorabilidade parcial das prestações**

1 – As prestações concedidas pelas instituições de segurança social são intransmissíveis.

2 – As prestações dos regimes de segurança social são parcialmente penhoráveis nos termos da lei geral.

ARTIGO 74.º – **Garantia do direito à informação**

Os beneficiários e as entidades empregadoras têm direito a informação adequada sobre os direitos e obrigações decorrentes da presente lei e legislação complementar.

ARTIGO 75.º – **Certificação da regularidade das situações**

1 – Qualquer pessoa ou entidade sujeita a obrigações perante as instituições de segurança social pode requerer, em qualquer momento, que lhe seja passada declaração comprovativa do regular cumprimento dessas obrigações.

2 – Quando não seja passada a declaração comprovativa mencionada no número anterior, o particular pode solicitar aos tribunais administrativos que intimem a Administração a passar o documento pretendido, nos termos da legislação em vigor.

II. Organização Financeira 353

Artigo 76.º – **Confidencialidade**

1 – As instituições de segurança social abrangidas pela presente lei devem assegurar a confidencialidade dos dados de natureza estritamente privada de que disponham, relativos à situação pessoal, económica ou financeira de quaisquer pessoas ou entidades.

2 – A obrigação prevista no número anterior cessa mediante autorização do respectivo interessado ou sempre que haja obrigação legal de divulgar os dados abrangidos pela confidencialidade.

Artigo 77.º – **Reclamações e queixas**

1 – Os interessados na concessão de prestações do sistema podem apresentar reclamações ou queixas sempre que se considerem lesados nos seus direitos.

2 – As reclamações ou queixas são dirigidas às instituições a quem compete conceder as prestações, sem prejuízo do direito de recurso e acção contenciosa, nos termos da presente lei e demais legislação aplicável.

3 – O processo para apreciar reclamações tem carácter de urgência.

Artigo 78.º – **Recurso contencioso**

1 – Os interessados a quem seja negada prestação devida ou a sua inscrição no sistema ou que, por qualquer forma, sejam lesados por acto contrário ao previsto nesta lei têm direito de acesso aos tribunais administrativos, nos termos das leis que regulam o respectivo regime contencioso.

2 – A lei estabelece as situações de carência para efeitos de apoio judiciário.

Artigo 79.º – **Declaração de nulidade**

Os actos administrativos de atribuição de direitos ou de reconhecimento de situações jurídicas, baseados em informações falsas, prestadas dolosamente ou com má fé pelos beneficiários, são nulos e punidos nos termos da legislação aplicável.

Artigo 80.º – **Revogação de actos inválidos**

1 – Os actos administrativos de atribuição de direitos ou de pagamento de prestações inválidos são revogados nos termos e nos prazos previstos na lei, sem prejuízo do disposto no número seguinte.

2 – Os actos administrativos de atribuição de prestações continuadas inválidos podem, ultrapassado o prazo da lei geral, ser revogados com eficácia para o futuro.

354 *Legislação de Direito Financeiro*

ARTIGO 81.º – **Incumprimento das obrigações legais**

A falta de cumprimento das obrigações legais relativas, designadamente, à inscrição no sistema, ao enquadramento nos regimes e ao cumprimento das obrigações contributivas, bem como a adopção de procedimentos, por acção ou omissão, tendentes à obtenção indevida de prestações, consubstanciam contra-ordenações ou ilícitos criminais, nos termos definidos por lei.

CAPÍTULO III – Sistema de acção social

ARTIGO 82.º – **Objectivos**

1 – O sistema de acção social tem como objectivos fundamentais a prevenção e reparação de situações de carência e desigualdade sócio-económica, de dependência, de disfunção, exclusão ou vulnerabilidade sociais, bem como a integração e promoção comunitárias das pessoas e o desenvolvimento das respectivas capacidades.

2 – A acção social destina-se também a assegurar a especial protecção aos grupos mais vulneráveis, nomeadamente crianças, jovens, pessoas com deficiência e idosos, bem como a outras pessoas em situação de carência económica ou social, disfunção ou marginalização social, desde que estas situações não possam ser superadas através do subsistema de solidariedade.

ARTIGO 83.º – **Princípios orientadores**

Para a prossecução dos seus objectivos, o sistema de acção social obedece aos seguintes princípios:

a) Satisfação das necessidades essenciais das pessoas e das famílias mais carenciadas;

b) Prevenção perante os fenómenos económicos e sociais susceptíveis de fragilizar as pessoas e as comunidades;

c) Promoção da maternidade e paternidade como valores humanos inalienáveis;

d) Intervenção prioritária das entidades mais próximas das pessoas carenciadas;

e) Desenvolvimento social através da qualificação e integração comunitária dos indivíduos;

f) Garantia da equidade, da justiça social e da igualdade de tratamento dos potenciais beneficiários;

g) Contratualização das respostas numa óptica de envolvimento e de responsabilização dos destinatários;

II. Organização Financeira

h) Personalização, selectividade e flexibilidade das prestações e dos apoios sociais, de modo a permitir a sua adequação e eficácia;
i) Utilização eficiente dos serviços e equipamentos sociais, com eliminação de sobreposições, lacunas de actuação e assimetrias na disposição geográfica dos recursos envolvidos;
j) Valorização das parcerias, constituídas por entidades públicas e particulares, para uma actuação integrada junto das pessoas e das famílias;
l) Estímulo do voluntariado social, tendo em vista assegurar uma maior participação e envolvimento da sociedade civil na promoção do bem-estar e uma maior harmonização das respostas sociais;
m) Desenvolvimento de uma articulação eficiente entre as entidades com responsabilidades sociais e os serviços de saúde e assistência.

ARTIGO 84.º – **Prestações**

A protecção nas eventualidades a que se refere o presente capítulo realiza-se, nomeadamente, através da concessão de:
a) Prestações pecuniárias, de carácter eventual e em condições de excepcionalidade;
b) Prestações em espécie;
c) Acesso à rede nacional de serviços e equipamentos sociais;
d) Apoio a programas de combate à pobreza, disfunção, marginalização e exclusão sociais.

ARTIGO 85.º – **Rede de serviços e equipamentos**

1 – O Estado deve promover e incentivar a organização de uma rede nacional de serviços e equipamentos sociais de apoio às pessoas e às famílias, envolvendo a participação e colaboração dos diferentes organismos da administração central, das autarquias locais, das instituições particulares de solidariedade social e outras instituições, públicas ou privadas, de reconhecido interesse público sem fins lucrativos.

2 – O acesso à rede de serviços e equipamentos pode ser comparticipado pelo Estado, quer através da cooperação com as instituições referidas no artigo 87.º, quer através do financiamento directo às famílias.

3 – Inclui-se no âmbito do n.º 1 a criação de centros de apoio à vida nos termos a definir por lei.

ARTIGO 86.º – **Desenvolvimento da acção social**

1 – A acção social é desenvolvida pelo Estado, pelas autarquias e por instituições privadas sem fins lucrativos, em consonância com os princípios definidos

356   *Legislação de Direito Financeiro*

no artigo 83.º da presente lei e de acordo com as prioridades e os programas definidos pelo Estado.

2 – O desenvolvimento público da acção social não prejudica o princípio da responsabilidade das pessoas, das famílias e das comunidades na prossecução do bem-estar social.

3 – O apoio à acção social pode ser desenvolvido através de subvenções, programas de cooperação e protocolos com as instituições particulares de solidariedade social ou por financiamento directo às famílias beneficiárias.

4 – O exercício da acção social rege-se pelo princípio da subsidiariedade, considerando-se prioritária a intervenção das entidades com maior relação de proximidade com as pessoas.

5 – Sempre que tal se revele ajustado aos objectivos a atingir devem ser constituídas parcerias, para a intervenção integrada das várias entidades públicas, sociais, cooperativas, mutualistas e privadas, que promovam o desenvolvimento da acção social.

6 – A lei define o quadro legal da cooperação e da parceria previstas no n.º 5 do presente artigo.

ARTIGO 87.º – **Instituições particulares de solidariedade social**

1 – O Estado apoia e valoriza as instituições particulares de solidariedade social, designadamente através de acordos ou protocolos de cooperação institucional, prestativa, financeira e técnica celebrados para o efeito sem prejuízo da respectiva natureza, autonomia e identidade.

2 – As instituições particulares de solidariedade social podem ser diferenciadas positivamente nos apoios a conceder, em função das prioridades de política social e da qualidade comprovada do seu desempenho.

ARTIGO 88.º – **Registo**

As instituições particulares de solidariedade social e outras de reconhecido interesse público sem carácter lucrativo, consagradas no n.º 5 do artigo 63.º da Constituição, estão sujeitas a registo obrigatório.

ARTIGO 89.º – **Fiscalização**

O Estado exerce poderes de fiscalização e inspecção sobre as instituições particulares de solidariedade social e outras de reconhecido interesse público, sem carácter lucrativo, que prossigam objectivos de natureza social, por forma a garantir o efectivo cumprimento dos seus objectivos no respeito pela lei, bem como a defesa dos interesses dos beneficiários da sua acção e ainda aferir da prossecução efectiva dos acordos e protocolos livremente celebrados.

II. Organização Financeira 357

Artigo 90.º – **Autonomia**

As instituições particulares de solidariedade social podem exercer todos os meios de tutela contenciosa junto dos tribunais administrativos para defesa da sua autonomia.

Artigo 91.º – **Voluntariado**

A lei incentiva o voluntariado e promove a participação solidária em acções daquela natureza num quadro de liberdade e responsabilidade, tendo em vista um envolvimento efectivo da comunidade no desenvolvimento da acção social.

Artigo 92.º – **Das empresas**

1 – O Estado estimula as empresas a desenvolver equipamentos e serviços de acção social, em especial no domínio do apoio à maternidade e à infância, e que privilegiem uma repartição mais equilibrada das responsabilidades familiares, educativas e profissionais dos pais trabalhadores.

2 – O estímulo às empresas previsto no número anterior pode ser concretizado através de incentivos ou bonificações de natureza fiscal e da utilização de recursos de fundos estruturais europeus.

Artigo 93.º – **Iniciativas dos particulares**

O exercício do apoio social prosseguido por entidades privadas com fins lucrativos carece de licenciamento prévio e está sujeito à inspecção e fiscalização do Estado, nos termos da lei.

CAPÍTULO IV – Sistema complementar

Artigo 94.º – **Composição**

1 – O sistema complementar compreende regimes legais, regimes contratuais e esquemas facultativos.

2 – Os regimes complementares legais visam a cobertura de eventualidades ou a atribuição de prestações em articulação com o sistema público de segurança social nos casos previstos na lei.

3 – Os regimes complementares contratuais visam a atribuição de prestações complementares do subsistema previdencial na parte não coberta por este, designadamente incidindo sobre a parte das remunerações em relação às quais a lei determina que não há incidência de contribuições obrigatórias, bem como a protecção face a eventualidades não cobertas pelo subsistema previdencial.

358 *Legislação de Direito Financeiro*

4 – Os esquemas complementares facultativos visam o reforço da auto--protecção voluntária dos respectivos interessados.

5 – Os regimes complementares podem ser de iniciativa do Estado, das empresas, das associações sindicais, patronais e profissionais.

ARTIGO 95.º – **Articulação dos regimes complementares**

A lei reconhece e promove em articulação com o sistema fiscal os diferentes regimes do sistema complementar convencionados no âmbito da contratação colectiva.

ARTIGO 96.º – **Natureza dos regimes complementares legais**

Os regimes complementares legais assumem natureza obrigatória para as pessoas e eventualidades que a lei definir.

ARTIGO 97.º – **Natureza dos regimes complementares contratuais**

Os regimes complementares contratuais podem assumir a forma de regimes convencionais e institucionais, ou resultar de adesão individual a esquemas complementares de segurança social.

ARTIGO 98.º – **Natureza dos regimes complementares facultativos**

Os esquemas complementares facultativos são instituídos livremente nos termos da lei, assumindo, entre outras, a forma de planos de poupança-reforma, seguros de vida, seguros de capitalização e de modalidades mútuas.

ARTIGO 99.º – **Portabilidade**

Sempre que, por qualquer motivo, se verifique a cessação da relação laboral, é reconhecida a portabilidade dos direitos adquiridos.

ARTIGO 100.º – **Sucessão**

Em caso de morte do titular dos direitos a que se refere o artigo anterior é assegurada a transmissão dos mesmos aos respectivos sucessores.

ARTIGO 101.º – **Administração**

Os regimes complementares podem ser administrados por entidades públicas, cooperativas, mutualistas ou privadas legalmente criadas para esse efeito.

II. Organização Financeira

ARTIGO 102.º – **Reserva de firma ou denominação social**

1 – Nenhuma das entidades previstas no artigo anterior poderá utilizar firma ou denominação social das entidades gestoras ou serviços comuns integrados no sistema público de segurança social.

2 – A apreciação da denominação ou firma social é efectuada nos termos da legislação aplicável.

ARTIGO 103.º – **Regulamentação**

1 – O sistema complementar é objecto de regulamentação específica que:

a) Salvaguarde a protecção efectiva dos beneficiários das prestações;

b) Preveja uma articulação e harmonização com o sistema público de segurança social;

c) Salvaguarde a equidade, a adequação e a efectiva garantia das prestações;

d) Estipule regras de regulação, supervisão prudencial e de fiscalização quanto à garantia e financiamento dos planos de pensões;

e) Estipule regras de gestão e controlo da solvência dos patrimónios afectos aos planos de pensões e respectivas entidades gestoras;

f) Garanta padrões de transparência e clareza de informação aos beneficiários e aos participantes ou seus representantes, quer no que se refere aos planos de pensões, quer no que se refere aos respectivos patrimónios, assegurando a adequada publicidade dos regimes;

g) Respeite os direitos adquiridos e em formação e defina as demais regras gerais de vinculação;

h) Garanta igualdade de tratamento fiscal entre os diferentes regimes complementares;

i) Enuncie, com clareza e estabilidade, o quadro fiscal aplicável às contribuições, benefícios e património afecto à realização de planos de pensões;

j) Defina os incentivos fiscais ao seu desenvolvimento gradual e progressivo, em particular quanto às deduções no âmbito do imposto sobre o rendimento das pessoas singulares que devem garantir igualdade de oportunidades independentemente do valor do rendimento colectável;

l) Respeite os direitos adquiridos e assegure a sua portabilidade;

m) Garanta a não discriminação em função do sexo;

n) Determine as regras de protecção jurídica dos direitos adquiridos e em formação, em caso de extinção e de insuficiência financeira dos patrimónios afectos a planos de pensões e em situações de extinção dos regimes;

o) Defina as regras de constituição e funcionamento das entidades gestoras;

360 *Legislação de Direito Financeiro*

p) Fixe a natureza dos activos que constituem o património afecto à realização de planos de pensões, os respectivos limites percentuais, bem como as regras prudências e os princípios gerais de congruência e de avaliação desses activos.

2 – Poderão ser acordados em convenção colectiva instrumentos de gestão e controlo com a participação dos beneficiários e participantes ou seus representantes.

ARTIGO 104.º – **Fundos de pensões**

Os fundos de pensões são patrimónios autónomos exclusivamente afectos à realização de um ou mais planos de pensões, cuja actividade é disciplinada nos termos constantes de legislação específica.

ARTIGO 105.º – **Supervisão**

A regulação, a supervisão prudencial e a fiscalização do sistema complementar é exercida nos termos da legislação aplicável e pelas entidades legalmente definidas, tendo por objectivo proteger os direitos dos membros e beneficiários dos planos de pensões.

ARTIGO 106.º – **Mecanismos de garantia de pensões**

No prazo máximo de dois anos a contar da data de entrada em vigor desta lei serão fixados os mecanismos de garantia de pensões através da mutualização dos riscos, devidas no âmbito do sistema complementar, bem como no âmbito dos regimes a abranger nos termos do n.º 2 do artigo 31.º, tendo por objectivo o reforço da respectiva segurança.

CAPÍTULO V – Financiamento

ARTIGO 107.º – **Princípios**

O financiamento do sistema obedece aos princípios da diversificação das fontes de financiamento e da adequação selectiva.

ARTIGO 108.º – **Princípio da diversificação das fontes de financiamento**

O princípio da diversificação das fontes de financiamento implica a ampliação das bases de obtenção de recursos financeiros tendo em vista, designadamente, a redução dos custos não salariais da mão-de-obra.

II. Organização Financeira

Artigo 109.º – **Princípio da adequação selectiva**

O princípio da adequação selectiva consiste na determinação das fontes de financiamento e na afectação dos recursos financeiros, de acordo com a natureza e os objectivos das modalidades de protecção social definidas na presente lei e com situações e medidas especiais, nomeadamente as relacionadas com políticas activas de emprego e de formação profissional.

Artigo 110.º – **Formas de financiamento**

1 – As prestações substitutivas dos rendimentos de actividade profissional, atribuídas no âmbito do subsistema previdencial, são financiadas, de forma bipartida, através de quotizações dos trabalhadores e de contribuições das entidades empregadoras.

2 – A protecção garantida no âmbito do subsistema de solidariedade, as prestações de protecção familiar não dependentes da existência de carreiras contributivas e à acção social são financiadas por transferências do Orçamento do Estado.

3 – A protecção garantida no âmbito do subsistema previdencial, no que respeita a prestações com forte componente redistributiva, a situações determinantes de diminuição de receitas ou de aumento de despesas sem base contributiva específica e a medidas inseridas em políticas activas de emprego e de formação profissional, bem como prestações de protecção familiar, não previstas no número anterior, é financiada de forma tripartida, através de quotizações dos trabalhadores, de contribuições das entidades empregadoras e da consignação de receitas fiscais.

4 – As despesas de administração e outras despesas comuns do sistema são financiadas através das fontes correspondentes ao subsistema de solidariedade, à acção social, ao subsistema de protecção familiar, bem como aos regimes de segurança social do subsistema previdencial, na proporção dos respectivos encargos.

5 – Podem constituir ainda receitas da acção social as verbas consignadas por lei para esse efeito, nomeadamente as provenientes de receitas de jogos sociais.

Artigo 111.º – **Capitalização pública de estabilização**

1 – Reverte para o Fundo de Estabilização Financeira da Segurança Social uma parcela entre dois e quatro pontos percentuais do valor percentual correspondente às quotizações dos trabalhadores por conta de outrem, até que aquele fundo assegure a cobertura das despesas previsíveis com pensões, por um período mínimo de dois anos.

2 – Os saldos anuais do subsistema previdencial, bem como as receitas resultantes da alienação de património e os ganhos obtidos das aplicações financeiras, integram o fundo a que se refere o número anterior, sendo geridos em regime de capitalização.

362   *Legislação de Direito Financeiro*

3 – A ocorrência de condições económicas adversas que originem acréscimos extraordinários de despesa ou quebras de receitas pode determinar a não aplicabilidade fundamentada do disposto nos números anteriores.

ARTIGO 112.º – **Fontes de financiamento**

São receitas do sistema:
a) As quotizações dos trabalhadores;
b) As contribuições das entidades empregadoras;
c) As transferências do Estado e de outras entidades públicas;
d) As receitas fiscais legalmente previstas;
e) Os rendimentos de património próprio e os rendimentos de património do Estado consignados ao reforço do Fundo de Estabilização Financeira da Segurança Social;
f) O produto de comparticipações previstas na lei ou em regulamentos;
g) O produto de sanções pecuniárias;
h) As transferências de organismos estrangeiros;
i) O produto de eventuais excedentes da execução do Orçamento do Estado de cada ano;
j) Outras receitas legalmente previstas ou permitidas.

ARTIGO 113.º – **Regime financeiro**

O regime financeiro do sistema público de segurança social deve conjugar as técnicas de repartição e capitalização, entendida nos termos do artigo 111.º, por forma a ajustar-se às condições económicas, sociais e demográficas.

ARTIGO 114.º – **Orçamento e conta da segurança social**

1 – O orçamento da segurança social é apresentado pelo Governo e aprovado pela Assembleia da República como parte integrante do Orçamento do Estado.

2 – O orçamento da segurança social prevê as receitas a arrecadar e as despesas a efectuar, desagregadas pelas diversas modalidades de protecção social, designadamente as eventualidades cobertas pelos subsistemas previdencial de solidariedade, de protecção familiar e de acção social.

3 – A conta da segurança social apresenta uma estrutura idêntica à do orçamento da segurança social.

4 – Em anexo ao orçamento da segurança social, o Governo apresentará a previsão actualizada de longo prazo dos encargos com prestações diferidas, das quotizações e das contribuições dos beneficiários e das entidades empregadoras, tendo em vista a adequação ao previsto no artigo 110.º

II. Organização Financeira

CAPÍTULO VI – **Organização**

ARTIGO 115.º – **Estrutura orgânica**

1 – A estrutura orgânica do sistema compreende serviços integrados na administração directa do Estado e instituições de segurança social que são pessoas colectivas de direito público, integradas na administração indirecta do Estado.

2 – Os serviços e instituições de segurança social referidos no número anterior podem ter âmbito nacional ou outro, a definir por lei, tendo em vista a redução de assimetrias geográficas nos serviços prestados.

ARTIGO 116.º – **Conselho Nacional de Segurança Social**

1 – A participação no processo de definição da política, objectivos e prioridades do sistema é assegurado pelo Conselho Nacional de Segurança Social.

2 – Será criada, no âmbito do Conselho, uma comissão executiva constituída de forma tripartida por representantes do Estado, dos parceiros sociais sindicais e patronais.

3 – A lei determina as atribuições, competências e composição do Conselho e da comissão executiva referidos neste artigo, tendo em conta, quanto a esta última, o estatuído no n.º 7 do artigo 46.º

ARTIGO 117.º – **Participação nas instituições de segurança social**

A lei define as formas de participação nas instituições de segurança social das associações sindicais e patronais, bem como de outras entidades interessadas no funcionamento do sistema.

ARTIGO 118.º – **Isenções**

1 – As instituições de segurança social gozam das isenções reconhecidas por lei ao Estado.

2 – O Fundo de Estabilização Financeira da Segurança Social beneficia das isenções previstas na lei.

ARTIGO 119.º – **Sistema de informação**

1 – A gestão do sistema de segurança social apoia-se num sistema de informação de âmbito nacional com os seguintes objectivos:

a) Garantir que as prestações sejam atempadamente concedidas aos seus destinatários, evitando a descontinuidade de rendimentos;

b) Assegurar a eficácia da cobrança das contribuições e do combate à

364   *Legislação de Direito Financeiro*

fraude e evasão contributiva, bem como evitar o pagamento indevido de prestações;

c) Organizar bases de dados nacionais que, tendo como elemento estruturante a identificação, integrem os elementos de informação sobre pessoas singulares e colectivas que sejam considerados relevantes para a realização dos objectivos do sistema de segurança social e efectuar o tratamento automatizado de dados pessoais, essenciais à prossecução daqueles objectivos, com respeito pela legislação relativa à constituição e gestão de bases de dados pessoais;

d) Desenvolver, no quadro dos objectivos da sociedade de informação, os procedimentos e canais que privilegiem a troca e o acesso de informação em suporte electrónico às pessoas em geral e às entidades empregadoras, bem como aos demais sistemas da Administração Pública, de modo a promover a desburocratização e a aceleração dos processos de decisão.

2 – O sistema de segurança social promoverá, sempre que necessário, a articulação das bases de dados das diferentes áreas interdepartamentais, tendo em vista simplificar o relacionamento das pessoas com a Administração Pública e melhorar a sua eficácia.

Artigo 120.º – **Identificação**

1 – Estão sujeitas a identificação no sistema de informação as pessoas singulares e colectivas que se relacionem com o sistema de segurança social no quadro da realização dos seus objectivos.

2 – Para efeitos do número anterior é criado um sistema de identificação nacional único.

3 – A declaração de início de actividade para efeitos fiscais será oficiosamente comunicada ao sistema de segurança social.

CAPÍTULO VII – **Disposições transitórias**

Artigo 121.º – **Salvaguarda dos direitos adquiridos e em formação**

1 – A regulamentação da presente lei não prejudica os direitos adquiridos, os prazos de garantia vencidos ao abrigo da legislação anterior, nem os quantitativos de pensões que resultem de remunerações registadas na vigência daquela legislação.

2 – O disposto no n.º 4 do artigo 46.º não é aplicável aos beneficiários que, à data do início da vigência da lei que o estabelecer, considerando a data em que atingirão a idade normal para acesso à pensão de velhice, sejam preju-

dicados em função da redução da remuneração de referência para o respectivo cálculo.

3 – O disposto nos n.ºs 2 e 4 do artigo 46.º aplica-se a todos os beneficiários do sistema com idade igual ou inferior a 35 anos e carreira contributiva não superior a 10 anos, à data da entrada em vigor da regulamentação da presente lei, bem como a todos aqueles que iniciem a sua carreira contributiva a partir da mesma data.

4 – Os beneficiários abrangidos pelo disposto no número anterior poderão ser excluídos da aplicação do mesmo, mediante manifestação expressa dessa vontade, desde que as remunerações registadas tenham excedido, ainda que pontualmente, o limite previsto no n.º 2 do artigo 46.º

ARTIGO 122.º – **Seguro social voluntário**

O regime de seguro social voluntário, que consubstancia o regime de segurança social de âmbito pessoal facultativo, deve ser adequado ao quadro legal, designadamente por referência ao estatuído quanto ao sistema complementar na vertente da sua gestão por institutos públicos.

ARTIGO 123.º – **Regimes especiais**

Os regimes especiais vigentes à data da entrada em vigor da presente lei continuam a aplicar-se, incluindo as disposições sobre o seu funcionamento, aos grupos de trabalhadores pelos mesmos abrangidos, com respeito pelos direitos adquiridos e em formação.

ARTIGO 124.º – **Regimes da função pública**

Os regimes de protecção social da função pública deverão ser regulamentados por forma a convergir com os regimes do sistema de segurança social quanto ao âmbito material, regras de formação de direitos e atribuição das prestações.

ARTIGO 125.º – **Regimes de prestações complementares**

Os regimes de prestações complementares instituídos anteriormente à entrada em vigor da presente lei, com finalidades idênticas às previstas no artigo 94.º, devem adaptar-se à legislação reguladora dos regimes complementares, em prazo a definir para o efeito, sem prejuízo dos direitos adquiridos e em formação.

ARTIGO 126.º – **Aplicação às instituições de previdência**

Mantêm-se autónomas as instituições de previdência criadas anteriormente à entrada em vigor do Decreto-Lei n.º 549/77, de 31 de Dezembro, com os seus

366 *Legislação de Direito Financeiro*

regimes jurídicos e formas de gestão privativas, ficando subsidiariamente sujeitas às disposições da presente lei e à legislação dela decorrente, com as necessárias adaptações.

ARTIGO 127.º – **Aplicação do regime de pessoal das caixas de previdência**

Os trabalhadores que tenham optado, nos termos dos Decretos-Leis n.ºs 278/82 e 106/92, de 20 de Julho e de 30 de Maio, respectivamente, pelo regime jurídico do pessoal das caixas de previdência mantêm a sua sujeição a este regime.

ARTIGO 128.º – **Casas do povo**

As casas do povo que, a qualquer título, exerçam funções no domínio dos regimes do sistema de segurança social estão sujeitas, em relação a essas funções, à tutela das instituições do sistema competentes para o efeito.

CAPÍTULO IX – Disposições finais

ARTIGO 129.º – **Protecção nos acidentes de trabalho**

1 – A lei estabelece o regime jurídico da protecção obrigatória em caso de acidente de trabalho.

2 – Este regime deve consagrar uma eficaz e coerente articulação com o sistema público de segurança social e com o sistema nacional de saúde, designadamente no que diz respeito à melhoria do regime legal das prestações, à tabela nacional de incapacidades, à prevenção da sinistralidade laboral, à determinação da actualização das prestações e à assistência adequada aos sinistrados com o objectivo de promover a sua reabilitação e reinserção laboral e social.

ARTIGO 130.º – **Regulamentação**

O Governo aprovará as normas necessárias à execução da presente lei no prazo máximo de 180 dias após a data da sua entrada em vigor.

ARTIGO 131.º – **Regiões Autónomas**

A presente lei é aplicável às Regiões Autónomas dos Açores e da Madeira, sem prejuízo de regulamentação própria em matéria de organização e funcionamento, bem como da regionalização dos serviços de segurança social.

ARTIGO 132.º – **Norma revogatória**

1 – É revogada a Lei n.º 17/2000, de 8 de Agosto.

II. Organização Financeira

2 – Mantêm-se, no entanto, em vigor os Decretos-Leis n.ºs 35/2002, de 19 de Fevereiro, e 331/2001, de 20 de Dezembro, considerando-se feitas para a presente lei as remissões que nesses diplomas se fazia para a lei agora revogada.

ARTIGO 133.º – **Entrada em vigor**

A presente lei entra em vigor 30 dias após a data da sua publicação.

Aprovada em 17 de Outubro de 2002.
O Presidente da Assembleia da República, JOÃO BOSCO MOTA AMARAL.

Promulgada em 5 de Dezembro de 2002.
Publique-se.
O Presidente da República, JORGE SAMPAIO.

Referendada em 11 de Dezembro de 2002.
O Primeiro-Ministro, *José Manuel Durão Barroso.*

c) *Regiões Autónomas*

15. Lei de Finanças das Regiões Autónomas

Lei n.º 13/98, de 24 de Fevereiro

A Assembleia da República decreta, nos termos dos artigos 161.º, alínea *c*), 164.º, alínea *t*), e 166.º, n.º 2, da Constituição, o seguinte:

TÍTULO I – **Princípios gerais**

Artigo 1.º – **(Objecto da lei)**

1 – A presente lei tem por objecto a definição dos meios de que dispõem as Regiões Autónomas dos Açores e da Madeira para a concretização da autonomia financeira consagrada na Constituição e nos estatutos político-administrativos.

2 – Nada do disposto na presente lei poderá dispensar o cumprimento de obrigações anteriormente assumidas pelo Estado para com as Regiões Autónomas ou destas para com o Estado.

3 – As disposições da presente lei não podem pôr em causa obrigações assumidas ou a assumir no âmbito de tratados e acordos internacionais celebrados pelo Estado Português.

4 – As disposições da presente lei não podem também pôr em causa as prerrogativas constitucionais e estatutárias concedidas às Regiões Autónomas, designadamente no que se refere aos direitos de participação nas negociações de acordos ou tratados internacionais.

Artigo 2.º – **(Princípios e objectivos da autonomia financeira regional)**

1 – A autonomia financeira das Regiões Autónomas exerce-se no quadro

370 *Legislação de Direito Financeiro*

da Constituição, dos seus estatutos político-administrativos, da presente lei e demais legislação complementar.

2 – A autonomia financeira das Regiões Autónomas desenvolve-se no respeito pelos princípios da legalidade, da economicidade, da despesa pública e da sua sujeição aos controlos administrativo, jurisdicional e político, nos termos da Constituição e dos estatutos-político administrativos de cada uma das Regiões Autónomas.

3 – A autonomia financeira visa garantir aos órgãos de governo das Regiões Autónomas os meios necessários à prossecução das suas atribuições, bem como a disponibilidade dos instrumentos adequados à promoção do desenvolvimento económico e social e do bem-estar e da qualidade de vida das populações, à eliminação das desigualdades resultantes da situação de insularidade e de ultraperiferia e à realização da convergência económica com o restante território nacional e com a União Europeia.

4 – A autonomia financeira das Regiões Autónomas deve prosseguir, com base no cumprimento do modelo constitucional de cooperação, assistência e partilha de recursos financeiros, a realização do equilíbrio sustentável das finanças públicas e o desenvolvimento económico das economias das Regiões Autónomas, no âmbito da economia nacional.

ARTIGO 3.º – (**Coordenação das finanças das Regiões Autónomas com as finanças estaduais**)

A coordenação das finanças das Regiões Autónomas com as finanças do Estado será feita com respeito pelo disposto na Constituição e nos estatutos político-administrativos dos Açores e da Madeira e terá especialmente em conta o desenvolvimento equilibrado de todo o país, a necessidade de atingir os objectivos e metas orçamentais traçados no âmbito das políticas de convergência ou outras a que Portugal se tenha obrigado no seio da União Europeia, bem como a necessidade de obter uma convergência real das economias, tendo em conta o estatuto de regiões ultraperiféricas atribuído às Regiões Autónomas dos Açores e da Madeira no quadro constitucional e no Tratado da União Europeia.

ARTIGO 4.º – (**Princípio da solidariedade nacional**)

1 – O princípio da solidariedade nacional é recíproco e abrange o todo nacional e cada uma das suas parcelas, devendo assegurar um nível adequado de serviços públicos e de actividades privadas, sem sacrifícios desigualitários.

2 – O princípio da solidariedade nacional é compatível com a autonomia financeira e com a obrigação de as Regiões Autónomas contribuírem para o equilibrado desenvolvimento do País e para o cumprimento dos objectivos de política económica a que o Estado Português esteja vinculado por força de tratados ou

II. Organização Financeira 371

acordos internacionais, nomeadamente os que decorrem de políticas comuns ou coordenadas de crescimento, emprego e estabilidade e de política monetária comum da União Europeia.

ARTIGO 5.º – (**Cooperação entre o Estado e as Regiões Autónomas**)

1 – No cumprimento do dever constitucional e estatutário de solidariedade, o Estado, que deverá ter em conta as suas disponibilidades orçamentais e a necessidade de assegurar um tratamento igual a todas as parcelas do território nacional, participa com as autoridades das Regiões Autónomas na tarefa de desenvolvimento económico, na correcção das desigualdades derivadas da insularidade e na convergência económica e social com o restante território nacional e com a União Europeia.

2 – A solidariedade nacional traduz-se, designadamente, no plano financeiro, nas transferências orçamentais previstas no presente diploma e deverá adequar-se, em cada momento, ao nível de desenvolvimento das Regiões Autónomas, visando sobretudo criar as condições que venham a permitir uma melhor cobertura financeira pelas suas receitas próprias.

3 – A solidariedade nacional visa assegurar um princípio fundamental de tratamento igual de todos os cidadãos portugueses e a possibilidade de todos eles terem acesso às políticas sociais definidas a nível nacional, bem como auxiliar a convergência económica e social com o restante território nacional e com a União Europeia, e traduz-se, designadamente, nas transferências orçamentais a concretizar de harmonia com o disposto no presente diploma.

4 – A solidariedade nacional vincula ainda o Estado a apoiar as Regiões Autónomas em situações imprevistas resultantes de catástrofes naturais e para as quais estas não disponham dos necessários meios financeiros.

5 – A solidariedade nacional traduz-se também na obrigação de o Estado co-financiar os projectos de interesse comum levados a cabo no território das Regiões Autónomas, tal como definidos no artigo 7.º

6 – A solidariedade nacional tem ainda expressão no facto de a comparticipação nacional nos sistemas comunitários de incentivos financeiros nacionais de apoio ao sector produtivo ser assegurada pelo Orçamento do Estado ou pelos orçamentos das entidades que tutelam as respectivas áreas.

ARTIGO 6.º – (**Princípio da transparência**)

1 – A solidariedade nacional avalia-se, no plano financeiro, mediante o respeito pelo princípio da transparência.

2 – A participação financeira do Estado nas autonomias financeiras das Regiões Autónomas concretiza-se nas transferências no Orçamento do Estado e em outros instrumentos de natureza instrumental e contabilística, incluindo a

372   *Legislação de Direito Financeiro*

comparticipação nacional nos sistemas comunitários de incentivos financeiros de apoio ao sector produtivo.

ARTIGO 7.º – **(Projectos de interesse comum)**

1 – Por projectos de interesse comum entendem-se aqueles que são promovidos por razões de interesse ou de estratégia nacional e ainda os susceptíveis de produzir um efeito económico positivo para o conjunto da economia nacional, aferido, designadamente, pelas suas consequências em termos de balança de pagamentos ou de criação de postos de trabalho, e, bem assim, aqueles que tenham por efeito uma diminuição dos custos da insularidade ou uma melhor comunicação entre os diferentes pontos do território nacional.

2 – As condições de financiamento pelo Estado dos projectos previstos no número anterior serão fixadas por decreto-lei, ouvidos os órgãos de governo próprio das Regiões Autónomas.

ARTIGO 8.º – **(Protocolos financeiros)**

Em casos excepcionais, o Estado e as Regiões Autónomas podem celebrar protocolos financeiros, com obrigações recíprocas não previstas na presente lei, mas conformes com os seus princípios gerais.

ARTIGO 9.º – **(Conselho de Acompanhamento das Políticas Financeiras)**

1 – Para assegurar uma mais correcta articulação entre as finanças das Regiões Autónomas e do Estado, funcionará junto do Ministério das Finanças o Conselho de Acompanhamento das Políticas Financeiras, que terá as seguintes competências:

a) Acompanhar a aplicação da presente lei;

b) Analisar as políticas orçamentais regionais e a sua articulação com os objectivos da política nacional, sem prejuízo da autonomia financeira regional;

c) Apreciar, no plano financeiro, a participação das Regiões Autónomas nas políticas comunitárias, nomeadamente as relativas à união económica e monetária;

d) Assegurar o cumprimento dos direitos de participação das Regiões Autónomas na área financeira previstos na Constituição e nos estatutos político-administrativos;

e) Analisar as necessidades de financiamento e a política de endividamento regional;

f) Acompanhar a evolução dos mecanismos comunitários de apoio;

g) Pronunciar-se sobre o financiamento dos projectos de interesse comum;

II. Organização Financeira 373

h) Dar pareceres a pedido do Governo da República ou dos governos regionais.

2 – A composição e o funcionamento do Conselho, que integrará representantes dos governos regionais, e demais aspectos relativos ao seu funcionamento serão definidos por despacho conjunto do Primeiro-Ministro e do Ministro das Finanças, depois de ouvidos os Governos Regionais dos Açores e da Madeira.

TÍTULO II – **Receitas regionais**

SECÇÃO I – **Receitas fiscais**

SUBSECÇÃO I – **Aspectos gerais**

Artigo 10.º – (**Obrigações do Estado**)

1 – As Regiões Autónomas têm direito à entrega pelo Governo da República das receitas fiscais relativas a impostos sobre mercadorias destinadas às Regiões Autónomas e às receitas dos impostos que devam pertencer-lhes, de harmonia com o lugar de ocorrência do facto gerador dos respectivos impostos, e outras que lhes sejam atribuídas por lei.

2 – A entrega pelo Governo da República às Regiões Autónomas das receitas fiscais que lhes competem processa-se até ao 15.º dia do mês subsequente ao da sua cobrança.

3 – No caso de não ser possível o apuramento das receitas cobradas de qualquer imposto, o Governo entrega às Regiões Autónomas, até ao termo do prazo previsto no n.º 2, o montante equivalente à cobrança do mês anterior, se for caso disso, no mês seguinte.

4 – No caso de não ser possível apurar com rigor a parte da receita fiscal de quaisquer impostos respeitante às Regiões Autónomas, tal receita será equivalente à cobrada no mês homólogo do ano anterior multiplicada pela taxa de crescimento médio das receitas fiscais nacionais prevista para o ano em causa; para os novos impostos considerar-se-á o crescimento médio das receitas dos restantes impostos na Região.

5 – Para efeitos do cálculo das receitas fiscais devidas às Regiões Autónomas, estas não terão direito à atribuição de receitas fiscais que não sejam cobradas por virtude de benefícios fiscais aplicáveis no seu território.

6 – Sem prejuízo do disposto nos artigos seguintes, o Governo da República adoptará as medidas legislativas necessárias à concretização do disposto no presente artigo.

374 *Legislação de Direito Financeiro*

ARTIGO 11.º – (**Conceitos**)

Para efeitos de concretização da distribuição de receitas fiscais entre o Estado e as Regiões Autónomas, considerar-se-á que:

a) Território nacional é o território português tal como é definido pelo artigo 5.º da Constituição da República Portuguesa;

b) Circunscrição é o território do continente ou de uma região autónoma, consoante o caso;

c) Região autónoma é o território correspondente ao arquipélago dos Açores e ao arquipélago da Madeira;

d) O volume anual de negócios corresponde ao valor total das transmissões de bens e prestações de serviços, com exclusão do imposto sobre o valor acrescentado.

SUBSECÇÃO II – **Impostos sobre o rendimento**

ARTIGO 12.º – (**Imposto sobre o rendimento das pessoas singulares**)

Constitui receita de cada Região Autónoma o imposto sobre o rendimento das pessoas singulares:

a) Devido por pessoas singulares consideradas fiscalmente residentes em cada Região, independentemente do local em que exerçam a respectiva actividade;

b) Retido, a título definitivo, sobre rendimentos, pagos ou postos à disposição de pessoas singulares consideradas fiscalmente não residentes em qualquer circunscrição do território português, por pessoas singulares ou colectivas com residência, sede ou direcção efectiva em cada Região ou por estabelecimento estável nelas situado a que tais rendimentos devam ser imputados.

ARTIGO 13.º – (**Imposto sobre o rendimento das pessoas colectivas**)

1 – Constitui receita de cada Região Autónoma o imposto sobre o rendimento das pessoas colectivas:

a) Devido por pessoas colectivas ou equiparadas que tenham sede, direcção efectiva ou estabelecimento estável numa única Região;

b) Devido por pessoas colectivas ou equiparadas que tenham sede ou direcção efectiva em território português e possuam sucursais, delegações, agências, escritórios, instalações ou quaisquer formas de representação permanente sem personalidade jurídica próprias em mais de uma circunscrição, nos termos referidos nos n.os 2 e 3 do presente artigo;

II. Organização Financeira 375

c) Retido, a título definitivo, pelos rendimentos gerados em cada circunscrição, relativamente às pessoas colectivas ou equiparadas que não tenham sede, direcção efectiva ou estabelecimento estável em território nacional.

2 – Relativamente ao imposto referido na alínea *b)* do número anterior, as receitas de cada circunscrição serão determinadas pela proporção entre o volume anual correspondente às instalações situadas em cada Região Autónoma e o volume anual, total, de negócios do exercício.

3 – Na aplicação da alínea *b)* do n.º 1 relativamente aos estabelecimentos estáveis de entidades não residentes, o volume de negócios efectuado no estrangeiro será imputado à circunscrição em que se situe o estabelecimento estável onde se centraliza a escrita.

ARTIGO 14.º – **(Obrigações acessórias)**

1 – Sempre que seja devido imposto sobre o rendimento das pessoas singulares ou imposto sobre o rendimento das pessoas colectivas por entidades não residentes e sem estabelecimento estável no território nacional ao qual devam ser imputadas as operações, por trabalhos efectuados, serviços prestados ou fornecimentos de bens efectuados em mais de uma circunscrição, deverão tais trabalhos, serviços ou fornecimentos ser facturados separadamente por circunscrição, ainda que seja a mesma a entidade adquirente dos bens ou serviços.

2 – Os sujeitos passivos que procedam a retenções na fonte entregarão, em guias separadas, os rendimentos retidos a contribuintes residentes em cada uma das circunscrições, e, relativamente aos não residentes no território nacional, de acordo com o estabelecido no número anterior.

SUBSECÇÃO III – **Imposto sobre as sucessões e doações**

ARTIGO 15.º – **(Imposto sobre as sucessões e doações)**

1 – O imposto sobre as sucessões e doações devido por qualquer transmissão a título gratuito será afectado e imputado proporcionalmente à circunscrição ou circunscrições de localização dos bens, de acordo com o valor sobre que recaiu o imposto, sendo a percentagem a que se refere o artigo 28.º do Código do Imposto sobre as Sucessões e Doações imputada e afectada nos mesmos termos.

2 – Para os efeitos do disposto no número anterior, a relação de bens a que se refere o artigo 67.º do Código deverá identificar a circunscrição de localização dos bens.

3 – Os documentos de pagamento discriminarão sempre o imposto e juros a afectar a cada circunscrição.

376   *Legislação de Direito Financeiro*

4 – O imposto sobre as sucessões e doações devido por avença constitui receita própria da circunscrição em que se encontrar localizada a sede da pessoa colectiva que pagar os rendimentos sujeitos a retenção.

SUBSECÇÃO IV – Impostos extraordinários

ARTIGO 16.º – **(Impostos extraordinários)**

1 – Os impostos extraordinários liquidados como adicionais ou sobre a matéria colectável ou a colecta de outros impostos constituem receita da circunscrição a que tiverem sido afectados os impostos principais sobre que incidiram.

2 – Os impostos extraordinários autónomos serão proporcionalmente afectados a cada circunscrição, de acordo com a localização dos bens, da celebração do contrato ou da situação dos bens garantes de qualquer obrigação principal ou acessória sobre que incidam.

3 – Os impostos extraordinários poderão, porém, de acordo com o diploma que os criar, ser afectados exclusivamente a uma ou mais circunscrições, se a situação excepcional que os legitima ocorrer ou se verificar apenas nessa ou nessas circunscrições.

SUBSECÇÃO V – Juros compensatórios e de mora

ARTIGO 17.º – **(Juros)**

Constituem receitas de cada circunscrição os juros de mora e os juros compensatórios liquidados sobre os impostos que constituam receitas próprias.

SUBSECÇÃO VI – Multas ou coimas

ARTIGO 18.º – **(Competência para aplicação de sanções acessórias)**

A competência conferida ao Ministro das Finanças no n.º 3 do artigo 54.º do Regime Jurídico das Infracções Fiscais não Aduaneiras para fixação de coimas e de sanções acessórias será exercida pelo membro do Governo Regional que tutele a área das finanças em cada Região Autónoma sempre que o infractor tenha sede, direcção efectiva ou estabelecimento estável numa única Região, toda a sua actividade esteja nela circunscrita e a infracção nela tenha sido praticada ou nela tenha sido praticado o último acto.

II. *Organização Financeira* 377

ARTIGO 19.° – **(Coimas ou multas)**

1 – As multas ou coimas constituem receita da circunscrição em que se tiver verificado a acção ou omissão que consubstancia a infracção.

2 – Quando a infracção se pratica em actos sucessivos ou reiterados, ou por um só acto susceptível de se prolongar no tempo, as multas ou coimas serão afectadas à circunscrição em cuja área se tiver praticado o último acto ou tiver cessado a consumação.

SUBSECÇÃO VII – **Imposto do selo**

ARTIGO 20.° – **(Imposto do selo)**

Com excepção do imposto do selo a arrecadar por valores selados cuja receita será afectada à circunscrição em que ocorrer a sua aquisição pelo devedor, o imposto do selo constitui receita da circunscrição em que ocorrer o facto gerador da obrigação de imposto.

SUBSECCÃO VIII – **Imposto sobre o valor acrescentado**

ARTIGO 21.° – **(Imposto sobre o valor acrescentado)**

1 – Constitui receita de cada circunscrição o imposto sobre o valor acrescentado cobrado pelas operações nela realizadas.

2 – O Ministro das Finanças, ouvidos os governos regionais, regulamentará o modo de atribuição às Regiões Autónomas das respectivas receitas, mantendo-se, entretanto, o regime vigente.

3 – Em caso algum poderá ser adoptado um modo de cálculo que origine um menor montante de receitas do que o auferido pelo regime vigente.

SUBSECÇÃO IX **Impostos especiais de consumo**

ARTIGO 22.° – **(Impostos especiais de consumo)**

Constituem receita de cada circunscrição os impostos especiais de consumo cobrados pelas operações a eles sujeitas nela realizadas.

SECÇÃO II – **Dívida pública regional**

ARTIGO 23.° – **(Empréstimos públicos)**

1 – As Regiões Autónomas podem, nos termos dos respectivos estatutos

378 *Legislação de Direito Financeiro*

político-administrativos e do presente diploma, recorrer a empréstimos em moeda com curso legal em Portugal ou em moeda estrangeira, a curto e a longo prazo.

2 – A contracção de empréstimos a longo prazo destinar-se-á exclusivamente a financiar investimentos ou a substituir e amortizar empréstimos anteriormente contraídos e obedecerá aos limites fixados de harmonia com o disposto na presente lei.

3 – A contracção de empréstimos externos ou em moeda estrangeira será feita nos termos dos respectivos estatutos político-administrativos, depende de prévia autorização da Assembleia da República e terá em consideração a necessidade de efectuar um esforço conjunto para evitar distorções na dívida pública externa e não provocar reflexos negativos no *rating* da República.

ARTIGO 24.º – **(Empréstimos a longo prazo)**

A contracção de empréstimos de prazo superior a um ano carece de autorização das respectivas assembleias legislativas regionais, nos termos dos estatutos político-administrativos das Regiões Autónomas.

ARTIGO 25.º – **(Empréstimos de curto prazo)**

Para fazer face a dificuldades de tesouraria, as Regiões Autónomas poderão recorrer a empréstimos de curto prazo, que deverão estar liquidados no último dia do ano e que não deverão ultrapassar 35% das receitas correntes cobradas no exercício anterior.

ARTIGO 26.º – **(Limites ao endividamento)**

1 – Tendo em vista assegurar a coordenação efectiva entre as finanças do Estado e das Regiões Autónomas, serão definidos anualmente na Lei do Orçamento do Estado limites máximos do endividamento líquido regional para cada ano.

2 – Tais limites serão fixados tendo em consideração as propostas apresentadas em cada ano pelos governos regionais ao Governo e obedecerão às metas por este estabelecidas quanto ao saldo global do sector público administrativo.

3 – Na fixação de tais limites atender-se-á a que, em resultado de endividamento adicional ou de aumento do crédito à Região, o serviço de dívida total, incluindo as amortizações anuais e os juros, não exceda, em caso algum, 25% das receitas correntes do ano anterior, com excepção das transferências e comparticipações do Estado para cada Região.

4 – Para efeitos do número anterior, não se considera serviço da dívida o montante das amortizações extraordinárias.

5 – No caso dos empréstimos cuja amortização se concentra num único ano, para efeitos do n.º 3, proceder-se-á à anualização do respectivo valor.

II. Organização Financeira

ARTIGO 27.º – **(Apoio do Instituto de Gestão do Crédito Público)**

As Regiões Autónomas poderão recorrer ao apoio do Instituto de Gestão do Crédito Público, quer para a organização de emissões de dívida pública regional quer para o acompanhamento da sua gestão, com vista a minimizar os custos e a coordenar as operações da dívida do sector público nacional.

ARTIGO 28.º – **(Tratamento fiscal da dívida pública regional)**

A dívida pública regional goza do mesmo tratamento fiscal que a dívida pública do Estado.

ARTIGO 29.º – **(Garantia do Estado)**

Os empréstimos a emitir pelas Regiões Autónomas poderão beneficiar de garantia pessoal do Estado, nos termos da respectiva lei.

SECÇÃO III – **Transferências do Estado**

ARTIGO 30.º – **(Transferências orçamentais)**

1 – Em cumprimento do princípio da solidariedade consagrado na Constituição, nos estatutos político-administrativos e na presente lei, a Lei do Orçamento do Estado de cada ano incluirá verbas a transferir para cada uma das Regiões Autónomas, nos termos resultantes da aplicação da fórmula estabelecida no n.º 2 ou, se daí resultar valor superior para uma ou para as duas Regiões Autónomas, num montante igual à transferência prevista no Orçamento do ano anterior multiplicada pela taxa de crescimento da despesa pública corrente no Orçamento do ano respectivo.

2 – A fórmula de transferência a adoptar para os efeitos do número anterior é a seguinte:

$$TR = \frac{PIDDACt}{PC} \times PR \times (1 + a) - PIDDACr$$

sendo:

PIDDAC t – valor dos projectos do PIDDAC total, com financiamento nacional, inscritos no capítulo 50;

PIDDAC r – valor dos projectos a realizar em cada Região (Madeira ou Açores) de acordo com o conceito anterior;

PC – população do continente segundo o Recenseamento Geral da População (valores quinquenais);

380 *Legislação de Direito Financeiro*

PR – população de cada Região (Madeira ou Açores) segundo o Recenseamento Geral da População (valores quinquenais);

α – coeficiente de correcção, fixado em dois terços para a Região Autónoma da Madeira e em 9/10 para a Região Autónoma dos Açores.

3 – As transferências do Orçamento do Estado processar-se-ão em prestações trimestrais, a efectuar nos cinco primeiros dias de cada trimestre.

4 – Serão também transferidas para cada uma das Regiões Autónomas as importâncias correspondentes ao pagamento de bonificações devidas nos respectivos territórios e resultantes da aplicação de sistemas de incentivos criados a nível nacional.

5 – Enquadra-se na situação prevista no número anterior o sistema nacional de bonificação de juros de crédito à habitação concedido nos termos da legislação nacional aplicável e que deverá ser assegurado pelo Orçamento do Estado.

ARTIGO 31.º – **(Fundo de Coesão para as regiões ultraperiféricas)**

1 – Tendo em conta o preceituado nos artigos 9.º, alínea *g*), e 227.º, alínea *j*), da Constituição da República Portuguesa, e com vista a assegurar a convergência económica com o restante território nacional, é criado o Fundo de Coesão, destinado a apoiar exclusivamente programas e projectos de investimentos constantes dos planos anuais de investimento das Regiões Autónomas.

2 – O Fundo de Coesão disporá em cada ano de verbas do Orçamento do Estado, a transferir para os orçamentos regionais para financiar os programas e projectos de investimento que preencham os requisitos do n.º 1, desde que tal não seja causa de endividamento adicional.

3 – O limite máximo das transferências de verbas do Fundo de Coesão para as duas Regiões Autónomas obedece à seguinte programação, sendo, após o último ano, fixado na revisão da lei de finanças regionais a que se refere o artigo 46.º:

1999 – 25% do valor das transferências previstas no n.º 1 do artigo 30.º;
2000 – 30% do mesmo valor;
2001 – 35% do mesmo valor.

TÍTULO III – Adaptação do sistema fiscal nacional às especificidades regionais

SECÇÃO I – Enquadramento geral

ARTIGO 32.º – **(Princípios gerais)**

1 – O exercício das competências tributárias pelos órgãos regionais

II. Organização Financeira 381

respeitará os limites constitucionais e estatutários e ainda os seguintes princípios:

a) O princípio da coerência entre o sistema fiscal nacional e os sistemas fiscais regionais;

b) O princípio da legalidade, no sentido de que a determinação normativa regional da incidência, da taxa, dos benefícios fiscais e das garantias dos contribuintes, nos termos dos artigos seguintes, será da competência da assembleia legislativa regional, mediante decreto legislativo regional;

c) O princípio da igualdade entre as Regiões Autónomas;

d) O princípio da flexibilidade, no sentido de que os sistemas fiscais regionais devem adaptar-se às especificidades regionais, quer podendo criar impostos vigentes apenas nas Regiões Autónomas quer adaptando os impostos de âmbito nacional às especificidades regionais;

e) O princípio da suficiência, no sentido de que as cobranças tributárias regionais, em princípio, visarão a cobertura das despesas públicas regionais;

f) O princípio da eficiência funcional dos sistemas fiscais regionais, no sentido de que a estruturação dos sistemas fiscais regionais deverá incentivar o investimento nas Regiões Autónomas e assegurar o desenvolvimento económico e social respectivo.

2 – Sem prejuízo do dever constitucional que incumbe aos órgãos de soberania, em cooperação com os órgãos regionais competentes, de promoverem a correcção das desigualdades entre o continente e as Regiões Autónomas decorrentes da insularidade, com a consequente diminuição das pressões fiscais regionais, o princípio da solidariedade nacional é recíproco e abrange o todo nacional e cada uma das suas parcelas, devendo contribuir para assegurar um nível adequado de serviços públicos e de actividades privadas.

ARTIGO 33.º – **(Competências tributárias)**

1 – Os órgãos regionais têm competências tributárias de natureza normativa e administrativa, a exercer nos termos dos números seguintes.

2 – A competência legislativa regional, em matéria fiscal, é exercida pela assembleia legislativa regional, mediante decreto legislativo, e compreende os seguintes poderes:

a) O poder de criar e regular impostos, vigentes apenas nas Regiões Autónomas respectivas, definindo a respectiva incidência, a taxa, os benefícios fiscais e as garantias dos contribuintes, nos termos da presente lei;

b) O poder de adaptar os impostos de âmbito nacional às especificidades regionais, em matéria de incidência, taxa, benefícios fiscais e garantias dos contribuintes, dentro dos limites fixados na lei e nos termos dos artigos seguintes.

382   *Legislação de Direito Financeiro*

3 – As competências normativas e administrativas a que se referem os números anteriores são exercidas nos termos das secções II e III deste título III.

Artigo 34.° – **(Lei quadro)**

A presente lei, em matéria fiscal, constitui a lei quadro a que se referem a Constituição da República e os estatutos político-administrativos das Regiões Autónomas.

SECÇÃO II – **Competências legislativas e regulamentares tributárias**

Artigo 35.° – **(Impostos vigentes apenas nas Regiões Autónomas)**

As assembleias legislativas regionais, mediante decreto legislativo regional, poderão criar e regular contribuições de melhoria vigentes apenas nas Regiões Autónomas, para tributar aumentos de valor dos imóveis decorrentes de obras e de investimentos públicos regionais e, bem assim, criar e regular outras contribuições especiais tendentes a compensar as maiores despesas regionais decorrentes de actividades privadas desgastantes ou agressoras dos bens públicos ou do ambiente regional.

Artigo 36.° – **(Adicionais aos impostos)**

As assembleias legislativas regionais têm competência para lançar adicionais, até ao limite de 10%, sobre os impostos em vigor nas Regiões Autónomas.

Artigo 37.° – **(Adaptação do sistema fiscal nacional às especificidades regionais)**

1 – Sem prejuízo do disposto em legislação fiscal nacional para vigorar apenas nas Regiões Autónomas, a adaptação do sistema fiscal nacional às especificidades regionais terá lugar nos termos da presente lei e da respectiva legislação complementar.

2 – As assembleias legislativas regionais podem conceder deduções à colecta relativa aos lucros comerciais, industriais e agrícolas reinvestidos pelos sujeitos passivos.

3 – O regime jurídico do Centro Internacional de Negócios da Madeira e da Zona Franca de Santa Maria regular-se-á pelo disposto no Estatuto dos Benefícios Fiscais e legislação complementar.

4 – As assembleias legislativas regionais podem ainda, nos termos da lei, diminuir as taxas nacionais dos impostos sobre o rendimento (IRS e IRC) e do

II. Organização Financeira

imposto sobre o valor acrescentado, até ao limite de 30%, e dos impostos especiais de consumo, de acordo com a legislação em vigor.

5 – As assembleias legislativas regionais podem autorizar os governos regionais a conceder benefícios fiscais temporários e condicionados, relativos a impostos de âmbito nacional e regional, em regime contratual, aplicáveis a projectos de investimento significativos, nos termos do artigo 49.°-A do Estatuto dos Benefícios Fiscais e legislação complementar em vigor, com as necessárias adaptações.

ARTIGO 38.° – (**Competências regulamentares**)

Os órgãos das Regiões Autónomas têm competência regulamentar fiscal relativa às matérias objecto de competência legislativa regional.

SECÇÃO III – **Competências administrativas regionais**

ARTIGO 39.° – (**Competências administrativas regionais**)

1 – As competências administrativas regionais, em matéria fiscal, a exercer pelos governos e administrações regionais respectivas, compreendem:
   a) A capacidade fiscal de as Regiões Autónomas serem sujeitos activos dos impostos nelas cobrados, quer de âmbito regional quer de âmbito nacional, nos termos do n.° 2 do presente artigo;
   b) O direito à entrega, pelo Estado, das receitas fiscais que devam pertencer-lhes, de harmonia com o n.° 1 do artigo 10.°

2 – A capacidade de as Regiões Autónomas serem sujeitos activos dos impostos nelas cobrados compreende:
   a) O poder de os governos regionais criarem os serviços fiscais competentes para o lançamento, liquidação e cobrança dos impostos de que são sujeitos activos;
   b) O poder de regulamentarem as matérias a que se refere a alínea anterior, sem prejuízo das garantias dos contribuintes, de âmbito nacional;
   c) O poder de as Regiões Autónomas utilizarem os serviços fiscais do Estado sediados nas Regiões Autónomas, mediante o pagamento de uma compensação, acordada entre o Estado e as Regiões Autónomas, relativa ao serviço por aquele prestado, em sua representação legal.

3 – No caso de o Estado não cobrar a compensação a que se refere a alínea *c*) do n.° 2, esta deve ser contabilizada como transferência estadual para as Regiões Autónomas.

4 – Os impostos nacionais que constituem receitas regionais e os impostos e taxas regionais devem ser como tal identificados aos contribuintes nos impres-

384   *Legislação de Direito Financeiro*

sos e formulários fiscais, sempre que possível, mesmo que sejam cobrados pela administração fiscal do Estado.

ARTIGO 40.º – (**Competências para a concessão de benefícios e incentivos fiscais**)

1 – Em matéria de benefícios e incentivos fiscais, qualquer que seja a sua natureza e finalidade, do interesse específico e exclusivo de uma única Região Autónoma, as competências atribuídas na lei geral ao Ministro das Finanças serão exercidas, com respeito pelas leis e princípios gerais em vigor e no âmbito do princípio de igualdade, pelo membro do Governo Regional responsável pela área das finanças.

2 – Os benefícios ou incentivos fiscais de interesse ou âmbito nacional ou do interesse específico de mais de uma circunscrição são da competência do Ministro das Finanças, ouvidos os respectivos governos regionais.

ARTIGO 41.º – (**Conflitos sobre o local de cobrança dos impostos**)

Os conflitos relativos à competência para decidir sobre o local de cobrança dos impostos de âmbito nacional que interessam às Regiões Autónomas serão resolvidos por acordo entre as autoridades fiscais nacional e regionais competentes e, na sua falta, por decisão do Supremo Tribunal Administrativo.

SECÇÃO IV – **Taxas e preços públicos regionais**

ARTIGO 42.º – (**Taxas, tarifas e preços públicos regionais**)

Os governos regionais e as administrações regionais podem fixar o quantitativo das taxas, tarifas e preços devidos pela prestação de serviços regionais, ainda que concessionados, pela outorga regional de licenças, alvarás e outras remoções dos limites jurídicos às actividades regionais dos particulares e pela utilização dos bens do domínio público regional.

TÍTULO IV – Das relações financeiras entre as Regiões Autónomas e as autarquias locais

ARTIGO 43.º – (**Finanças das autarquias locais**)

1 – As finanças das autarquias locais situadas nas Regiões Autónomas e as das Regiões Autónomas são independentes.

II. Organização Financeira 385

2 – O disposto na presente lei não prejudica o regime financeiro das autarquias locais.

Artigo 44.º – **(Apoio financeiro às autarquias)**

Qualquer forma de apoio financeiro regional às autarquias locais para além do já previsto na lei deve ter por objectivo o reforço da capacidade de investimento das autarquias.

TÍTULO V – **Do património regional**

Artigo 45.º – **(Remissão)**

As Regiões Autónomas dispõem de património próprio e autonomia patrimonial, nos termos da Constituição, dos estatutos político-administrativos e da legislação aplicável.

TÍTULO VI – **Disposições finais e transitórias**

Artigo 46.º – **(Revisão da lei)**

A presente lei será objecto de revisão até ao ano 2001.

Artigo 47.º – **(Apoio especial à amortização das dívidas públicas regionais)**([1])

O Governo da República, directamente ou através dos seus serviços ou empresas de que seja accionista, comparticipará em 2002, num programa especial de redução das dívidas públicas regionais, assegurando, de acordo com programação a acordar com cada Região, a amortização ou assunção de dívida pública garantida, ou, na sua falta, de dívida não garantida das duas Regiões Autónomas, nos montantes máximos de € 32 421 863 para a Região Autónoma dos Açores e de € 32 421 863 para a Região Autónoma da Madeira.

Artigo 48.º – **(Contas correntes das Regiões Autónomas junto do Banco de Portugal)**

Até 31 de Dezembro de 2000 serão encerradas as contas correntes das

---

([1]) Alterado pela Lei Orgânica n.º 1/2002, de 29 de Junho.

386 *Legislação de Direito Financeiro*

Regiões Autónomas junto do Banco de Portugal, sendo saldados e liquidados os respectivos montantes em dívida.

ARTIGO 48.°-A – **(Realização do Programa de Estabilidade e Crescimento)**([1])

A presente lei não exclui a aplicação das normas do novo título V da Lei de Enquadramento Orçamental, até à plena realização do Programa de Estabilidade e Crescimento.

ARTIGO 49.° – **(Disposição final)**

A presente lei produz efeitos desde 1 de Janeiro de 1998.

Aprovada em 18 de Dezembro de 1997.
O Presidente da Assembleia da República, *António de Almeida Santos.*

Promulgada em 5 de Fevereiro de 1998.
Publique-se.
O Presidente da República, JORGE SAMPAIO.

Referendada em 10 de Fevereiro de 1998.
O Primeiro-Ministro, *António Manuel de Oliveira Guterres.*

([1]) Aditado pela Lei Orgânica n.° 2/2002, de 28 de Agosto.

d) **Autarquias Locais**

16. Lei das Finanças Locais

Lei n.º 42/98, de 6 de Agosto

A Assembleia da República decreta, nos termos dos artigos 161.º, alínea *c*), 165.º, n.º 1, alínea *q*), e 112.º, n.º 5, da Constituição, para valer como lei geral da República, o seguinte:

CAPÍTULO I – Disposições gerais

ARTIGO 1.º – **(Objecto)**

1 – A presente lei estabelece o regime financeiro dos municípios e das freguesias.

2 – O regime financeiro das regiões administrativas é objecto de diploma próprio.

ARTIGO 2.º – **(Autonomia financeira dos municípios e das freguesias)**

1 – Os municípios e as freguesias têm património e finanças próprios, cuja gestão compete aos respectivos órgãos.

2 – A tutela sobre a gestão patrimonial e financeira das autarquias locais é meramente inspectiva e só pode ser exercida segundo as formas e nos casos previstos na lei, salvaguardando sempre a democraticidade e a autonomia do poder local.

3 – A autonomia financeira dos municípios e das freguesias assenta, designadamente, nos seguintes poderes dos seus órgãos:

a) Elaborar, aprovar e modificar as opções do plano, orçamentos e outros documentos previsionais;

388 *Legislação de Direito Financeiro*

b) Elaborar e aprovar os documentos de prestação de contas;

c) Arrecadar e dispor de receitas que por lei lhes forem destinadas e ordenar e processar as despesas legalmente autorizadas;

d) Gerir o seu próprio património, bem como aquele que lhes for afecto.

4 – São nulas as deliberações de qualquer órgão dos municípios e freguesias que envolvam o exercício de poderes tributários ou determinem o lançamento de taxas ou mais-valias não previstas na lei.

5 – São nulas as deliberações de qualquer órgão dos municípios e freguesias que determinem ou autorizem a realização de despesas não permitidas por lei.

ARTIGO 3.º – **(Princípios e regras orçamentais)**

1 – Os orçamentos dos municípios e das freguesias respeitam os princípios da anualidade, unidade, universalidade, especificação, equilíbrio, não consignação e não compensação.

2 – Deverá ser dada adequada publicidade às opções do plano e ao orçamento, depois de aprovados pelo órgão deliberativo.

3 – O princípio da não consignação previsto no n.º 1 não se aplica às receitas provenientes de fundos comunitários, cooperação técnica e financeira e outras previstas por lei.

4 – O ano financeiro corresponde ao ano civil, podendo o orçamento ser modificado através de alterações e revisões.

ARTIGO 4.º – **(Poderes tributários)**

1 – Aos municípios cabem os poderes tributários conferidos por lei, relativamente a impostos a cuja receita tenham direito, em especial os referidos na alínea a) do artigo 16.º

2 – Nos casos de benefícios fiscais que afectem mais do que um município e de benefícios fiscais que constituam contrapartida da fixação de grandes projectos de investimento de interesse para a economia nacional, o reconhecimento dos mesmos compete ao Governo, ouvidos os municípios envolvidos, que deverão pronunciar-se no prazo máximo de 45 dias, nos termos da lei.

3 – Nos casos previstos no número anterior haverá lugar a compensação através de verba a inscrever no Orçamento do Estado.

4 – A assembleia municipal pode, por proposta da câmara municipal, através de deliberação fundamentada, conceder benefícios fiscais relativamente aos impostos a cuja receita tenha direito e que constituam contrapartida de fixação de projectos de investimentos de especial interesse para o desenvolvimento do município.

II. Organização Financeira

ARTIGO 5.º – **(Equilíbrio financeiro vertical e horizontal)**([1])

1 – A repartição dos recursos públicos entre o Estado e as autarquias locais é obtida mediante uma afectação financeira a estas, equivalente a 33% da média aritmética simples da receita proveniente dos impostos sobre o rendimento das pessoas singulares (IRS), sobre o rendimento das pessoas colectivas (IRC) e sobre o valor acrescentado (IVA).

2 – A receita dos impostos sobre o rendimento das pessoas singulares (IRS), sobre o rendimento das pessoas colectivas (IRC) e sobre o valor acrescentado (IVA) a que se refere o n.º 1 é a que corresponde à cobrança líquida destes impostos no penúltimo ano relativamente ao qual o Orçamento do Estado se refere, excluindo, no que respeita ao IRC, a parte que corresponde às derramas.

3 – Quando forem conferidas novas atribuições às autarquias locais, o Orçamento do Estado deve prever a afectação de recursos financeiros adicionais, de acordo com os encargos resultantes das novas atribuições.

4 – A participação de cada autarquia local nos recursos referidos no n.º 1 é determinada nos termos e de acordo com os critérios previstos na presente lei, visando corrigir as desigualdades entre autarquias do mesmo grau.

5 – A transferência de atribuições dos municípios para as freguesias pode implicar a redistribuição da percentagem referida no n. 1 do presente artigo pela participação dos municípios e das freguesias nos impostos do Estado, constantes dos n.os 1 e 2 do artigo 10.º, respectivamente.

6 – O plano de distribuição das dotações referidas no n.º 3 do presente artigo deverá constar de mapa anexo ao Orçamento do Estado.

ARTIGO 6.º – **(Contabilidade)**

1 – O regime relativo à contabilidade das autarquias locais visa a sua uniformização, normalização e simplificação, de modo a constituir um instrumento de gestão económico-financeira, permitir o conhecimento completo do valor contabilístico do respectivo património, bem como a apreciação e julgamento do resultado anual da actividade autárquica.

2 – A contabilidade das autarquias locais baseia-se no Plano Oficial de Contabilidade Pública, com as necessárias adaptações, podendo prever-se um sistema simplificado para as entidades com movimento de receita anual inferior ao montante fixado na lei.([2])

([1]) Alterado pela Lei n.º 94/2001, de 20 de Agosto.
([2]) Alterado pela Lei n.º 94/2001, de 20 de Agosto.

ARTIGO 7.º – (Cooperação técnica e financeira)

1 – Não são permitidas quaisquer formas de subsídios ou comparticipações financeiras aos municípios e freguesias por parte do Estado, das Regiões Autónomas, dos institutos públicos ou dos fundos autónomos.

2 – Poderão ser excepcionalmente inscritas no Orçamento do Estado, por ministério, verbas para financiamento de projectos das autarquias locais de grande relevância para o desenvolvimento regional e local, quando se verifique a sua urgência, e a comprovada e manifesta incapacidade financeira das autarquias para lhes fazer face.

3 – O Governo e os governos regionais poderão ainda tomar providências orçamentais necessárias à concessão de auxílios financeiros às autarquias locais, nas seguintes situações:

a) Calamidade pública;

b) Municípios negativamente afectados por investimento da responsabilidade da administração central;

c) Edifícios sede de autarquias locais, negativamente afectados na respectiva funcionalidade;

d) Circunstâncias graves que afectem drasticamente a operacionalidade das infra-estruturas e dos serviços municipais de protecção civil;

e) Instalação de novos municípios ou freguesias;

f) Recuperação de áreas de construção clandestina ou de renovação urbana quando o seu peso relativo transcenda a capacidade e a responsabilidade autárquica nos termos da lei.

4 – O Governo definirá por decreto-lei, no prazo de 180 dias, as condições em que haverá lugar à cooperação técnica e financeira prevista neste artigo.([1])

5 – As providências orçamentais a que se refere o n.º 2 e as alíneas b), c), e) e f) do n.º 3 deverão ser discriminadas por sectores, municípios e programas, salvo em casos de manifesta urgência e imprevisibilidade dos investimentos ou das situações que geram os financiamentos.

6 – A execução anual dos programas de financiamento de cada ministério e os contratos-programa celebrados obedecem aos princípios da igualdade, imparcialidade e justiça e são publicados no *Diário da República*.

7 – Tendo em conta a especificidade das Regiões Autónomas, as assembleias legislativas regionais poderão definir outras formas de cooperação técnica e financeira além das previstas no n.º 3.

([1]) Alterado pela Lei n.º 94/2001, de 20 de Agosto.

II. Organização Financeira

ARTIGO 8.º – (**Dívidas das autarquias**)

Quando as autarquias tenham dívidas definidas por sentença judicial transitada em julgado ou por elas não contestadas junto dos credores no prazo máximo de 60 dias após a respectiva data de vencimento, pode ser deduzida uma parcela às transferências resultantes da aplicação da presente lei, até ao limite de 15% do respectivo montante global.([1])

ARTIGO 9.º – (**Apreciação e julgamento das contas**)

1 – As contas dos municípios e das freguesias são apreciadas pelo respectivo órgão deliberativo, reunido em sessão ordinária, no mês de Abril do ano seguinte àquele a que respeitam.

2 – As contas dos municípios e das freguesias são remetidas pelo órgão executivo, nos termos da lei, ao Tribunal de Contas, até 15 de Maio, independentemente da sua apreciação pelo órgão deliberativo, com cópia ao ministro que tutela as finanças e ao ministro que tutela as autarquias locais.([2])

3 – O Tribunal de Contas remete a sua decisão aos respectivos órgãos autárquicos, com cópia ao ministro que tutela as finanças e ao ministro que tutela as autarquias locais([3]).

4 – Os municípios que detenham a totalidade do capital em empresas municipais devem mencionar, aquando da apresentação da conta, os movimentos financeiros realizados entre estas e o município, discriminando os resultados apurados e as variações patrimoniais por cada empresa municipal.

CAPÍTULO II – **Repartição dos recursos públicos**

ARTIGO 10.º – (**Transferências financeiras para as autarquias locais**)

1 – Os municípios têm direito a uma participação em impostos do Estado equivalente a 30,5% da média aritmética simples da receita proveniente dos impostos sobre o rendimento das pessoas singulares (IRS), sobre o rendimento das pessoas colectivas (IRC) e sobre o valor acrescentado (IVA), assim distribuída:

    a) 4,5% como Fundo Base Municipal (FBM), de acordo com o disposto no artigo 10.º-A;

    b) 20,5% como Fundo Geral Municipal (FGM), de acordo com o disposto nos artigos 11.º e 12.º;

([1]) Alterado pela Lei n.º 94/2001, de 20 de Agosto.

([2]) Alterado pela Lei n.º 94/2001, de 20 de Agosto.

([3]) Alterado pela Lei n.º 94/2001, de 20 de Agosto.

392   *Legislação de Direito Financeiro*

c) 5,5% como participação no Fundo de Coesão Municipal (FCM), nos termos do disposto nos artigos 13.° e 14.°([1])

2 – As freguesias têm direito a uma participação em impostos do Estado equivalente a 2,5% da média aritmética simples da receita proveniente dos impostos sobre o rendimento das pessoas singulares (IRS), sobre o rendimento das pessoas colectivas (IRC) e sobre o valor acrescentado (IVA), a qual constitui o Fundo de Financiamento das Freguesias (FFF), a distribuir nos termos do disposto no artigo 15.°

3 – Serão anualmente inscritos no Orçamento do Estado os montantes das transferências correspondentes às receitas previstas nas alíneas *a)*, *b)* e *c)* do n.° 1 e no n.° 2.([2])

4 – Os montantes correspondentes à participação dos municípios nas receitas referidas no n.° 1 são inscritos nos orçamentos municipais, 60% como receitas correntes e 40% como receitas de capital e transferidos por duodécimos até ao dia 15 do mês correspondente.

5 – Os montantes do Fundo de Financiamento das Freguesias são transferidos trimestralmente até ao dia 15 do 1.° mês do trimestre correspondente.

6 – Excepcionalmente, se o diploma de execução do Orçamento do Estado o permitir, poderá ser autorizada pelo ministro que tutela as finanças a antecipação da transferência dos duodécimos a que se refere o n.° 4.

7 – Os índices utilizados no cálculo do FGM e do FCM serão obrigatoriamente dados a conhecer pelo Governo à Assembleia da República no momento da apresentação da proposta de lei do Orçamento do Estado.([3])

ARTIGO 10.°-A – **(Fundo de Base Municipal)**([4])

O FBM visa dotar os municípios de capacidade financeira mínima para o seu funcionamento, sendo repartido igualmente por todos os municípios.

ARTIGO 11.° – **(Fundo Geral Municipal)**

O FGM visa dotar os municípios de condições financeiras adequadas ao desempenho das suas atribuições, em função dos respectivos níveis de funcionamento e investimento.

([1]) Alterado pela Lei n.° 94/2001, de 20 de Agosto.
([2]) Alterado pela Lei n.° 94/2001, de 20 de Agosto.
([3]) Alterado pela Lei n.° 94/2001, de 20 de Agosto.
([4]) Aditado pela Lei n.° 94/2001, de 20 de Agosto.

II. Organização Financeira

393

Artigo 12.º – **(Distribuição do FGM)**([1])

1 – O montante do FGM é repartido por três unidades territoriais, correspondentes ao continente, à Região Autónoma dos Açores e à Região Autónoma da Madeira, de acordo com os seguintes critérios:

a) 50% na razão directa da população residente, sendo a das Regiões Autónomas ponderada pelo factor 1.3;

b) 30% na razão directa do número de municípios;

c) 20% na razão directa da área.

2 – A sua distribuição pelos municípios, dentro de cada unidade territorial, obedece aos seguintes critérios:

a) 40% na razão directa da população residente e da média diária de dormidas em estabelecimentos hoteleiros e parques de campismo;

b) 5% na razão directa da população residente com menos de 15 anos;

c) 30% na razão directa da área ponderada por um factor relativo à amplitude altimétrica do município;

d) 15% na razão directa do número de freguesias;

e) 10% na razão directa do montante do imposto sobre o rendimento das pessoas singulares cobrado aos sujeitos passivos residentes na área geográfica do município.

3 – Os elementos e os indicadores para aplicação dos critérios referidos no número anterior devem ser comunicados de forma discriminada à Assembleia da República, juntamente com a proposta de lei do Orçamento do Estado.

Artigo 13.º – **(Fundo de Coesão Municipal)**

1 – O FCM visa reforçar a coesão municipal, fomentando a correcção de assimetrias, em benefício dos municípios menos desenvolvidos e é distribuído com base nos índices de carência fiscal (ICF) e de desigualdade de oportunidades (IDO), os quais traduzem situações de inferioridade relativamente às correspondentes médias nacionais.

2 – O ICF de cada município corresponde à diferença entre a capitação média nacional das colectas dos impostos municipais referidos na alínea a) do artigo 16.º e a respectiva capitação municipal daqueles impostos.

3 – O IDO representa a diferença de oportunidades positiva para os cidadãos de cada município, decorrente da desigualdade de acesso a condições neces-

---

([1]) Alterado pela Lei n.º 94/2001, de 20 de Agosto.

394 *Legislação de Direito Financeiro*

sárias para poderem ter uma vida mais longa, com melhores níveis de saúde, de conforto, de saneamento básico e de aquisição de conhecimentos.

4 – Para efeitos de cálculo do ICF, as colectas efectivas dos impostos serão acrescidas das que teriam sido cobradas se a liquidação tivesse tido por base a média aritmética das taxas efectivamente praticadas por todos os municípios e dos montantes dos benefícios fiscais concedidos pelo município.

ARTIGO 14.º – **(Distribuição do FCM)**

1 – Por conta do FCM será atribuído a cada município com capitação de impostos municipais, calculada nos termos do disposto nos n.ºs 2 e 4 do artigo anterior, inferior à capitação média nacional o montante necessário para que aquela capitação média seja atingida em cada um deles, na razão directa do resultado da seguinte fórmula:

$$Hab_m * (CNIM - CIM_m)$$

em que *Hab* é a população residente no município; *CNIM* a capitação média nacional dos impostos municipais, e *CIM* a capitação dos impostos municipais no município.

2 – O remanescente do FCM será distribuído por cada município na razão directa do resultado da seguinte fórmula:

$$Hab_m * (1+IDO_m), \text{ sendo } IDO_m > 0 \text{ e } IDO_m = (IDS_n - IDS_m)$$

em que *Hab* é a população residente no município; *IDO* o índice municipal de desigualdade de oportunidades do município; *IDS,* o índice nacional de desenvolvimento social, e *IDS* o do município.

3 – A metodologia para construção do índice de desenvolvimento social nacional, de cada município e de cada unidade de 3.º nível da Nomenclatura das Unidades Territoriais para fins estatísticos (NUTS III) consta de documento anexo, que faz parte integrante do presente diploma..

4 – Os valores do índice de desenvolvimento social nacional, de cada município e de cada unidade de 3.º nível (NUTS III)) têm natureza censitária e constam de portaria a publicar pelo ministério que tutela as autarquias locais.([1])

5 – Quando ocorrer a publicação de novos valores do *IDS,* o crescimento mínimo do índice de cada município, para efeitos de distribuição do FCM, não poderá ser inferior ao crescimento do índice da respectiva NUTS III.

([1]) Alterado pela Lei n.º 94/2001, de 20 de Agosto.

II. Organização Financeira

ARTIGO 14.°-A – (**Garantia de crescimentos mínimos e máximos**)([1])

1 – A distribuição dos FBM, FGM e FCM garantirá a cada município um acréscimo da participação nas transferências financeiras relativamente ao ano anterior, igual ou superior à taxa de inflação prevista.

2 – A cada município incluído nos escalões populacionais abaixo definidos é garantido um crescimento mínimo, relativamente à respectiva participação global nos FBM, FGM e FCM do ano anterior, equivalente ao factor a seguir indicado, ponderando a taxa de crescimento médio nacional de cada ano:

a) Aos municípios com menos de 10 000 habitantes – 1,25;

b) Aos municípios com 10 000 ou mais e menos de 20 000 habitantes – 1,0;

c) Aos municípios com 20 000 ou mais e menos de 40 000 habitantes – 0,80;

d) Aos municípios com 40 000 ou mais e menos de 100 000 habitantes – 0,60.

3 – A taxa máxima de crescimento dos fundos dos municípios com 100 000 ou mais habitantes é idêntica à taxa de crescimento médio nacional.

4 – O crescimento da participação nos fundos municipais, relativamente ao ano anterior, não poderá exceder, em cada município, o equivalente a 1,5 vezes o crescimento médio nacional.

5 – Os crescimentos mínimos referidos nos n.ºs 1 e 2 são assegurados pelos excedentes que advierem da aplicação dos n.ºs 3 e 4, bem como, se necessário, por dedução proporcional nas transferências dos municípios que apresentem uma taxa de crescimento, relativamente ao ano anterior, superior à taxa média nacional e, se tal não for suficiente, por dedução proporcional nas transferências dos municípios que apresentem uma taxa de crescimento, relativamente ao ano anterior, superior à taxa de inflação prevista.

ARTIGO 15.° – (**Distribuição do FFF**)([2])

1 – O FFF é repartido por três unidades territoriais, correspondentes ao continente, à Região Autónoma dos Açores e à Região Autónoma da Madeira, de acordo com os seguintes critérios:

a) 50% na razão directa da população residente;

b) 30% na razão directa do número de freguesias;

c) 20% na razão directa da área.

2 – A distribuição pelas freguesias, dentro de cada unidade territorial, dos

---

([1]) Aditado pela Lei n.° 94/2001, de 20 de Agosto.

([2]) Alterado pela Lei n.° 94/2001, de 20 de Agosto.

montantes apurados nos termos do número anterior obedece aos seguintes critérios:

a) 25% igualmente por todas;
b) 50% na razão directa do número de habitantes;
c) 25% na razão directa da área.

3 – Os elementos e os indicadores para aplicação dos critérios referidos nos números anteriores serão obrigatoriamente dados a conhecer pelo Governo de forma discriminada à Assembleia da República no momento da apresentação da proposta de lei do Orçamento do Estado.

4 – A cada freguesia incluída nos escalões populacionais abaixo definidos é garantido um crescimento mínimo relativamente à sua participação no FFF do ano anterior equivalente ao factor a seguir indicado, poderando a taxa de inflação prevista:

a) Às freguesias com menos de 1000 habitantes – 1,5;
b) Às freguesias com 1000 ou mais e menos de 5000 habitantes – 1,25;
c) Às freguesias com 5000 ou mais habitantes – 1,00.

5 – O crescimento anual da participação no FFF não poderá exceder, em cada freguesia, a percentagem que se revele necessária à garantia dos crescimentos mínimos previstos no número anterior.

CAPÍTULO III – **Receitas das autarquias locais**

ARTIGO 16.º – **(Receitas dos municípios)**

Constituem, ainda, receitas dos municípios:

a) O produto da cobrança dos impostos a que os municípios tenham direito, designadamente a contribuição autárquica, imposto municipal sobre veículos e o imposto municipal de sisa;
b) O produto da cobrança de derrama lançada nos termos do disposto no artigo 18.º;
c) O produto da cobrança de taxas por licenças concedidas pelo município;
d) O produto da cobrança de taxas, tarifas e preços resultantes da prestação de serviços pelo município;
e) O rendimento de bens próprios, móveis ou imóveis, por ele administrados, dados em concessão ou cedidos para exploração;
f) O produto de multas e coimas fixadas por lei, regulamento ou postura que caibam ao município;
g) O produto da cobrança de encargos de mais-valias destinados por lei ao município;
h) O produto de empréstimos, incluindo o lançamento de obrigações municipais;

II. Organização Financeira

i) O produto de heranças, legados, doações e outras liberalidades a favor do município;

j) O produto da alienação de bens próprios, móveis ou imóveis;

l) Participação nos lucros de sociedades e nos resultados de outras entidades em que o município tome parte;

m) Outras receitas estabelecidas por lei a favor dos municípios.

ARTIGO 17.º – **(Liquidação e cobrança dos impostos)**

1 – Os impostos referidos na alínea *a)* do artigo 16.º são liquidados e cobrados nos termos previstos na lei.

2 – Quando a liquidação e cobrança dos impostos referidos na alínea *a)* do artigo 16.º seja assegurada pelos serviços do Estado, os respectivos encargos não podem exceder 1,5% ou 2,5% dos montantes liquidados ou cobrados, respectivamente.

3 – Quando a cobrança dos impostos que constituem receita municipal for efectuada pelos serviços competentes do ministério que tutela as finanças, a respectiva receita líquida dos encargos a que se refere o número anterior é transferida por estes para o município titular da receita, até ao 15.º dia do mês seguinte ao da cobrança.([1])

4 – As câmaras municipais podem deliberar proceder à cobrança, pelos seus próprios serviços, do imposto municipal sobre veículos, nos termos estabelecidos por lei.

5 – Serão devidos juros de mora por parte da administração central, nos casos de atrasos nas transferências de receitas das autarquias, quer se trate dos impostos que são receitas municipais, quer de transferências de fundos.

6 – A Direcção-Geral do Tesouro fornecerá aos municípios informação mensal actualizada e discriminada dos impostos municipais liquidados e cobrados pelas respectivas repartições de finanças.([2])

ARTIGO 18.º – **(Derrama)**

1 – Os municípios podem lançar anualmente uma derrama, até ao limite máximo de 10% sobre a colecta do imposto sobre o rendimento das pessoas colectivas (IRC), que proporcionalmente corresponda ao rendimento gerado na sua área geográfica por sujeitos passivos que exerçam, a título principal, uma actividade de natureza comercial, industrial ou agrícola.

2 – A derrama pode ser lançada para reforçar a capacidade financeira ou no âmbito da celebração de contratos de reequilíbrio financeiro.

([1]) Alterado pela Lei n.º 94/2001, de 20 de Agosto.

([2]) Aditado pela Lei n.º 94/2001, de 20 de Agosto.

398   *Legislação de Direito Financeiro*

3 – A deliberação sobre o lançamento da derrama deve ser comunicada pela câmara municipal ao director de finanças competente até 31 de Outubro do ano anterior ao da cobrança, para efeitos de cobrança e distribuição por parte dos serviços competentes do ministério que tutela as Finanças, sob pena de a derrama não ser liquidada nem cobrada no ano em causa.[1]

4 – Para efeitos de aplicação do disposto no n.º 1, sempre que os sujeitos passivos tenham estabelecimentos estáveis ou representações locais em mais de um município e matéria colectável superior a 10 000 contos, a colecta do IRC relativa ao rendimento gerado na circunscrição de cada município é determinada pela proporção entre a massa salarial correspondente aos estabelecimentos que o sujeito passivo nele possua e a correspondente à totalidade dos seus estabelecimentos situados em território nacional.

5 – Nos casos não abrangidos pelo número anterior, considera-se que o rendimento é gerado no município em que se situa a sede ou a direcção efectiva do sujeito passivo ou, tratando-se de sujeitos passivos não residentes, no município em que se situa o estabelecimento estável onde, nos termos do artigo 100.º do CIRC, esteja centralizada a contabilidade.

6 – Entende-se por massa salarial o valor das despesas efectuadas com o pessoal e escrituradas no exercício a título de remunerações, ordenados ou salários.

7 – Os sujeitos passivos abrangidos pelo n.º 4 indicarão na declaração periódica de rendimento a massa salarial correspondente a cada município e efectuarão o apuramento da derrama que for devida[2].

8 – *O produto das derramas cobradas será transferido para os municípios dentro dos 15 dias seguintes ao do respectivo apuramento*[3].

9 – A Direcção-Geral dos Impostos fornecerá aos municípios informação semestral actualizada e discriminada da derrama liquidada, cobrada e apurada pelas respectivas repartições de finanças[4].

ARTIGO 19.º – (**Taxas dos municípios**)

Os municípios podem cobrar taxas por:
a) Realização, manutenção e reforço de infra-estruturas urbanísticas;
b) Concessão de licenças de loteamento, de licenças de obras de urbanização, de execução de obras particulares, de ocupação da via pública por motivo de obras e de utilização de edifícios, bem como de obras para ocupação ou utilização do solo, subsolo e espaço aéreo do domínio público municipal;

---

[1] Alterado pela Lei n.º 94/2001, de 20 de Agosto.
[2] Alterado pela Lei n.º 87-B/98, de 31 de Dezembro.
[3] Revogado pela Lei n.º 87-B/98, de 31 de Dezembro.
[4] Aditado pela Lei n.º 94/2001, de 20 de Agosto.

II. Organização Financeira 399

c) Ocupação ou utilização do solo, subsolo e espaço aéreo do domínio público municipal e aproveitamento dos bens de utilidade pública;

d) Prestação de serviços ao público por parte das unidades orgânicas ou dos funcionários municipais;

e) Ocupação e utilização de locais reservados nos mercados e feiras;

f) Aferição e conferição de pesos, medidas e aparelhos de medição quando oficialmente qualificados e autorizados para o efeito;

g) Estacionamento de veículos em parques ou outros locais a esse fim destinados;

h) Autorização para o emprego de meios de publicidade destinados a propaganda comercial;

i) Utilização de quaisquer instalações destinadas ao conforto, comodidade ou recreio público;

j) Enterramento, concessão de terrenos e uso de jazigos, de ossários e de outras instalações em cemitérios municipais;

l) Conservação e tratamento de esgotos;

m) Licenciamento sanitário das instalações;

n) Utilização de infra-estruturas de rede viária municipal decorrente da actividade de exploração de inertes e massa mineral;([1])

o) Qualquer outra licença da competência dos municípios;

p) Registos determinados por lei;

q) Quaisquer outras previstas por lei.

ARTIGO 20.° – **(Tarifas e preços)**

1 – As tarifas e preços a cobrar pelos municípios respeitam, designadamente, às actividades de exploração de sistemas públicos de:

a) Distribuição de água;

b) Drenagem de águas residuais;

c) Recolha, depósito e tratamento de resíduos sólidos;

d) Transportes colectivos de pessoas e mercadorias;

e) Distribuição de energia eléctrica em baixa tensão.

2 – Os municípios podem ainda cobrar tarifas por instalação, substituição ou renovação dos ramais domiciliários de ligação aos sistemas públicos de distribuição de água e de drenagem de águas residuais.

3 – As tarifas e os preços, a fixar pelos municípios, relativos aos serviços prestados e aos bens fornecidos pelas unidades orgânicas municipais e serviços municipalizados, não devem, em princípio, ser inferiores aos custos directa e indirectamente suportados com o fornecimento dos bens e com a prestação dos serviços.

([1]) Alterada pela Lei n.° 94/2001, de 20 de Agosto.

Artigo 21.º – (Receitas das freguesias)

Constituem, ainda, receitas das freguesias:
a) O produto de cobrança de taxas das freguesias;
b) O produto de multas e coimas fixadas por lei, regulamento ou postura que caibam às freguesias;
c) O rendimento de bens próprios, móveis ou imóveis, por ela administrados, dados em concessão ou cedidos para exploração;
d) O produto de heranças, legados, doações e outras liberalidades a favor das freguesias;
e) O produto da alienação de bens próprios, móveis ou imóveis;
f) O rendimento proveniente da prestação de serviços pelas freguesias;
g) O rendimento de mercados e cemitérios das freguesias;
h) O produto de empréstimos, a contrair nos termos do artigo 27.º;
i) Outras quaisquer receitas estabelecidas por lei ou regulamento a favor das freguesias.

Artigo 22.º – (Taxas das freguesias)

As freguesias podem cobrar taxas:
a) Pela utilização de locais reservados a mercados e feiras sob jurisdição ou administração das freguesias;
b) Pelo enterramento, concessão de terrenos e uso de jazigos, de ossários e de outras instalações em cemitérios das freguesias;
c) Pela utilização de quaisquer instalações sob jurisdição ou administração da freguesia destinadas ao conforto, comodidade ou recreio do público;
d) Pela prestação de serviços administrativos;
e) Pelo licenciamento de canídeos;
f) Pela passagem de licenças da competência das freguesias que não estejam isentas por lei;
g) Pelo aproveitamento dos bens do domínio público sob a administração das freguesias;
h) Quaisquer outras previstas por lei.

CAPÍTULO IV – Recurso ao crédito pelas autarquias locais

Artigo 23.º – (Regime de crédito dos municípios)

1 – Os municípios podem contrair empréstimos e utilizar aberturas de crédito junto de quaisquer instituições autorizadas por lei a conceder crédito, bem como emitir obrigações e celebrar contratos de locação financeira, nos termos da lei.

II. Organização Financeira

2 – A questão do endividamento municipal deverá orientar-se por princípios de rigor e eficiência, prosseguindo os seguintes objectivos:

a) Minimização de custos directos e indirectos numa perspectiva de longo prazo;

b) Garantia de uma distribuição equilibrada de custos pelos vários orçamentos anuais;

c) Prevenção de excessiva concentração temporal de amortização;

d) Não exposição a riscos excessivos.

3 – Os empréstimos e a utilização de aberturas de crédito, que para efeitos do presente diploma são designados por empréstimos, podem ser a curto ou a médio e longo prazos.

4 – Os empréstimos de médio e longo prazo têm um prazo de vencimento adequado à natureza das operações que visam financiar, não podendo, em caso algum, exceder a vida útil do respectivo investimento, com o limite máximo:

a) 25 anos, no caso de empréstimos contratados para aquisição e construção de habitação a custos controlados destinada a arrendamento;

b) 20 anos, nos restantes casos.([1])

5 – O pedido de autorização à assembleia municipal para a contracção de empréstimos de médio e longo prazos é obrigatoriamente acompanhado de informação sobre as condições praticadas em, pelo menos, três instituições de crédito, bem como de mapa demonstrativo da capacidade de endividamento do município.

6 – A aprovação de empréstimos a curto prazo pode ser deliberada pela assembleia municipal, na sua sessão anual de aprovação do orçamento, para todos os empréstimos que a câmara venha a contrair durante o período de vigência do orçamento.

7 – É vedado aos municípios quer o aceite quer o saque de letras de câmbio, a concessão de avales cambiários, bem como a subscrição de livranças e a concessão de garantias pessoais.

8 – Em caso de contracção de empréstimos em moeda estrangeira, deve ser adequadamente salvaguardado nos respectivos contratos o risco cambial.

Artigo 24.º – **(Características do endividamento municipal)**

1 – Os empréstimos a curto prazo são contraídos para ocorrer a dificuldades de tesouraria, não podendo o seu montante médio anual exceder 10% das receitas provenientes das participações do município nos Fundos Base Municipal e de Coesão Municipal.([2])

([1]) Alterado pela Lei n.º 3-B/2000, de 4 de Abril.
([2]) Alterado pela Lei n.º 94/2001, de 20 de Agosto.

402   *Legislação de Direito Financeiro*

2 – Os empréstimos a médio e longo prazos podem ser contraídos para aplicação em investimentos ou ainda para proceder ao saneamento ou ao reequilíbrio financeiro dos municípios.

3 – Os encargos anuais com amortizações e juros dos empréstimos a médio e longo prazos, incluindo os dos empréstimos obrigacionistas, não podem exceder o maior dos limites do valor correspondente a três duodécimos dos Fundos de Base Municipal, Geral Municipal e de Coesão Municipal que cabe ao município ou a 20% das despesas realizadas para investimento pelo município no ano anterior.([1])

4 – Os empréstimos contraídos por associações de municípios relevam, nos termos da lei, para efeito dos limites estabelecidos na presente disposição.

5 – Os empréstimos contraídos pelas empresas públicas municipais relevam igualmente para os efeitos referidos no número anterior.

6 – Do limite previsto no n.º 3 ficam excluídos:

a) O endividamento decorrente de empréstimos destinados à amortização de outros empréstimos e somente durante o tempo estritamente necessário para o efeito;

b) O endividamento decorrente dos empréstimos contraídos com o fim exclusivo de acorrer a despesas extraordinárias necessárias a reparação de prejuízos resultantes de calamidade pública;

c) O endividamento decorrente dos empréstimos para aquisição, construção ou recuperação de imóveis destinados à habitação social.

7 – Constituem garantias dos empréstimos contraídos as receitas municipais, com excepção dos subsídios, comparticipações e receitas consignadas.

8 – Os empréstimos contraídos para os fins previstos na alínea *c)* do n.º 6 são garantidos pela respectiva hipoteca.

ARTIGO 25.º – **(Empréstimos para saneamento financeiro municipal)**

1 – A contracção de empréstimos para saneamento financeiro destina-se à consolidação de passivos financeiros ou outros, designadamente nos casos de desequilíbrio financeiro.

2 – Os empréstimos referidos no número anterior só poderão ser contraídos desde que o resultado da operação não exceda os limites de endividamento impostos por lei.

3 – Os empréstimos para saneamento financeiro não podem ter um prazo superior a 12 anos, admitindo-se um período máximo de diferimento de 3 anos.

([1]) Alterado pela Lei n.º 94/2001, de 20 de Agosto.

II. Organização Financeira

ARTIGO 26.º – (**Contratos de reequilíbrio financeiro municipal**)

1 – A contracção de empréstimos para reequilíbrio financeiro destina-se à resolução de situações de desequilíbrio financeiro estrutural ou de ruptura financeira, desde que se mostre esgotada a capacidade de endividamento, e é independente da existência de linhas de crédito com taxas de juro bonificado, criadas para o efeito.

2 – Os empréstimos para reequilíbrio financeiro não podem ter um prazo superior a 20 anos, incluindo um período de diferimento máximo de 5 anos.

ARTIGO 27.º – (**Regime de crédito das freguesias**)[1]

1 – As freguesias podem contrair empréstimos de curto prazo e utilizar aberturas de crédito e celebrar contratos de locação financeira junto de quaisquer instituições autorizadas por lei a conceder empréstimo.

2 – Os empréstimos e a utilização de aberturas de crédito, que para efeitos do presente diploma são designados por empréstimos, são concedidos pelo prazo máximo de um ano.

3 – O endividamento das freguesias deverá orientar-se por princípios de rigor e eficiência, prosseguindo os objectivos já referidos para os municípios no n.º 2 do artigo 23.º

4 – A contratação dos empréstimos compete à junta de freguesia, mediante prévia autorização da assembleia de freguesia ou do plenário de cidadãos eleitores.

5 – Os empréstimos são contraídos para ocorrer a dificuldades de tesouraria, não podendo o seu montante exceder, em qualquer momento, 10% do FFF respectivo.

6 – Constituem garantia dos empréstimos contraídos as receitas provenientes do FFF.

7 – É vedado às freguesias quer o aceite quer o saque de letras de câmbio, a concessão de avales cambiários, bem como a subscrição de livranças e a concessão de garantias pessoais.

8 – Em caso de contracção de empréstimos em moeda estrangeira, deve ser adequadamente salvaguardado nos respectivos contratos o risco cambial.

ARTIGO 28.º – (**Regulamentação do crédito**)

Os demais aspectos relacionados com a contracção de empréstimos pelos municípios e pelas freguesias, nomeadamente no que diz respeito à respectiva renegociação, bonificação das taxas de juro e consultas ao mercado, assim como as condições de contracção de empréstimos em moeda estrangeira e outras

---

[1] Alterado pela Lei n.º 94/2001, de 20 de Agosto.

404 *Legislação de Direito Financeiro*

condições a que deve obedecer a contratação pelos municípios de empréstimos para saneamento financeiro e para reequilíbrio financeiro, são objecto de regulamentação por decreto-lei.

CAPÍTULO V – **Disposições finais**

ARTIGO 29.° – **(Coimas)**

1 – A violação de posturas e de regulamentos de natureza genérica e execução permanente das autarquias locais constitui contra-ordenação sancionada com coima.

2 – As coimas a prever nas posturas e nos regulamentos municipais não podem ser superiores a 10 vezes o salário mínimo nacional mais elevado, nem exceder o montante das que forem impostas pelo Estado para contra-ordenação do mesmo tipo.

3 – As coimas a prever nas posturas e nos regulamentos das freguesias não podem ser superiores ao salário mínimo nacional mais elevado, nem exceder o montante das que forem impostas pelo Estado ou pelo município para contra-ordenação do mesmo tipo.

4 – As posturas e regulamentos referidos nos números anteriores não podem entrar em vigor antes de decorridos 15 dias sobre a sua publicação, nos termos legais.

5 – A competência para determinar a instrução dos processos de contra-ordenação e para a aplicação das coimas pertence ao presidente dos órgãos executivos dos municípios e das freguesias, podendo ser delegada em qualquer dos restantes membros.

ARTIGO 30.° – **(Garantias fiscais)**([1])

1 – À reclamação graciosa ou impugnação judicial da liquidação dos impostos referidos nas alíneas *a*) e *b*) do artigo 16.°, bem como das taxas, encargos de mais-valias e demais receitas de natureza tributária, aplicam-se as normas do Código de Procedimento e de Processo Tributário, com as necessárias adaptações.

2 – Às infracções às normas reguladoras dos impostos mencionados nas alíneas *a*) e *b*) do artigo 16.° aplica-se o Regime Geral das Infracções Tributárias, com as necessárias adaptações.

3 – As infracções às normas reguladoras das taxas, encargos de mais-valias e demais receitas de natureza tributária constituem contra-ordenações e

---

([1]) Alterado pela Lei n.° 15/2001, de 5 de Junho.

II. Organização Financeira 405

aplicam-se-lhes as normas do Regime Geral das Infracções Tributárias, com as necessárias adaptações.

4 – Compete aos órgãos executivos, a cobrança coerciva das dívidas às autarquias locais provenientes de taxas, encargos de mais-valias e outras receitas de natureza tributária que aquelas devam cobrar, aplicando-se o Código de Procedimento e de Processo Tributário, com as necessárias adaptações.

ARTIGO 31.° – **(Regime transitório de cálculo e de distribuição do FGM e do FCM)**

1 – Nos anos de 1999 e 2000, as percentagens a utilizar para efeitos do n.° 1 do artigo 5.°, do n.° 1 e das respectivas alíneas *a*) e *b*) do artigo 10.° serão, respectivamente, 32%, 29,5%, 23,5% e 6%.

2 – Durante os três primeiros anos de vigência da presente lei, o crescimento anual das receitas provenientes da participação no FGM e no FCM, bem como no FFF, não poderá exceder, em cada autarquia local, a percentagem que se revele necessária à garantia dos crescimentos mínimos previstos na presente lei.

3 – No ano de 1999, o montante da participação global de cada município nos Fundos Geral Municipal e de Coesão Municipal, prevista no artigo 10.° e no n.° 1 do presente artigo, não pode ser inferior à participação que teria naquele ano no Fundo de Equilíbrio Financeiro (FEF) e no IVA Turismo.

4 – A compensação necessária para assegurar a participação mínima estabelecida no número anterior efectua-se mediante recurso à verba obtida por dedução proporcional nas participações no FGM dos municípios em que o acréscimo percentual é superior à média.

5 – Os montantes nacionais do FEF e do IVA Turismo utilizados para efeitos do n.° 3 são os resultantes do FEF para 1998 acrescido do aumento percentual do IVA previsto no Orçamento do Estado para 1999 relativamente ao do ano anterior.

6 – Para os efeitos estabelecidos no n.° 3, na distribuição referida no número anterior são aplicados os critérios, as variáveis base e os indicadores municipais utilizados na distribuição do FEF em 1998.

ARTIGO 31.°-A – **(Regime transitório de distribuição do FFF)**[1]

1 – No ano de 2002, a cada freguesia é garantido, sem prejuízo do disposto no n.° 4 do artigo 15.°, o seguinte montante mínimo do FFF:

a) 2500 contos às freguesias com 200 ou menos habitantes;

---

[1] Aditado pela Lei n.° 94/2001, de 20 de Abril.

406   *Legislação de Direito Financeiro*

b) 4000 contos às freguesias com mais de 200 habitantes.

2 – O crescimento em 2002 da participação do FFF não poderá exceder, em cada freguesia, a percentagem que se revele necessária à garantia dos montantes mínimos previstos no número anterior.

ARTIGO 32.º – (**Regime transitório do endividamento**)

Dos limites de endividamento previstos no n.º 3 do artigo 24.º fica excluído o endividamento relativo a empréstimos contraídos para execução de projectos comparticipados pelos fundos comunitários.([1])

ARTIGO 33.º – (**Isenções**)

1 – O Estado, seus institutos e organismos autónomos personalizados estão isentos de pagamento de todos os impostos, emolumentos, taxas e encargos de mais-valias devidos aos municípios e freguesias nos termos do presente diploma.

2 – Exceptuam-se das isenções previstas no número anterior a contribuição autárquica dos edifícios não afectos a actividades de interesse público, a taxa prevista na alínea *l*) do artigo 19.º e as tarifas e preços referidos no artigo 20.º

3 – Os municípios e freguesias gozam do mesmo regime de isenção de pagamento de todos os impostos, taxas, emolumentos e encargos de mais-valias de que goza o Estado, nos termos do presente artigo.

ARTIGO 34.º – (**Adaptação da legislação tributária**)

A adaptação da legislação tributária para concretização dos poderes a que alude o n.º 1 do artigo 4.º será feita no prazo de 180 dias, após publicação da presente lei.

ARTIGO 35.º – (**Aplicação às Regiões Autónomas**)

A presente lei é directamente aplicável aos municípios e freguesias das Regiões Autónomas, sem prejuízo da sua regulamentação pelas assembleias regionais, na medida em que tal se torne necessário e na observância dos princípios da justiça, igualdade e imparcialidade.

([1]) Alterado pela Lei n.º 3-B/2001, de 4 de Abril.

II. Organização Financeira

ARTIGO 35.º-A – (**Realização do Programa de Estabilidade e Crescimento**)([1])

A presente lei não exclui a aplicação das normas do novo título V da Lei de Enquadramento Orçamental, até à plena realização do Programa de Estabilidade e Crescimento.

ARTIGO 36.º – (**Norma revogatória**)

1 – São revogados a Lei n.º 1/87, de 6 de Janeiro, e o artigo 10.º da Lei n.º 23/97, de 2 de Julho.

2 – Mantêm-se em vigor até à respectiva substituição os diplomas legais vigentes publicados em execução de anteriores leis das finanças locais, na parte não contrariada pela presente lei.

ARTIGO 37.º – (**Entrada em vigor**)

A presente lei produz efeitos a partir de 1 de Janeiro de 1999, sendo aplicável na elaboração e aprovação do Orçamento do Estado para 1999.

Aprovada em 30 de Junho de 1998.
O Presidente da Assembleia da República, *António de Almeida Santos*.

Promulgada em 22 de Julho de 1998.
Publique-se.
O Presidente da República, JORGE SAMPAIO.

Referendada em 27 de Julho de 1998.
Pelo Primeiro-Ministro, *José Veiga Simão,* Ministro da Defesa Nacional.

([1]) Aditado pela Lei Orgânica n.º 2/2002, de 28 de Agosto.

ANEXO
(referido no n.º 3 do artigo 14.º)
Índice de Desenvolvimento Social (IDS)
Metodologia para a construção

1 – São componentes do IDS os seguintes índices:
A) Esperança de vida à nascença;
B) Nível educacional;
C) Conforto e saneamento.

Com um peso idêntico, de acordo com a seguinte fórmula:

$$IDS = (e_{(o)} + I_{(e)} + I_{(cs)})/3$$

sendo:

$e_{(o)}$ = índice de esperança de vida à nascença;
$I_{(e)}$ = índice do nível educacional;
$I_{(cs)}$ = índice de conforto e saneamento.

2 – Fórmula do índice de esperança de vida à nascença (e(o)):

$$e_{(o)} = 0,5 + [2,51_1, + 4,51_5, + 5(1_{10} + 1_{15} + 1_{20} + ... + 1_x)]/1_0$$

sendo:

1_x = número de sobreviventes da tábua de mortalidade.

3 – Fórmula de índice do nível educacional $(I_{(e)})$:

$$I_{(e)} = P_e (15 e + anos)/P_t (15 e + anos) \times 100$$

sendo:

P_e (15 e + anos) = população de 15 e mais anos de idade, sabendo ler e escrever;
P_t (15 e + anos) = população total de 15 e mais anos de idade.

4 – Fórmula do índice de conforto e saneamento $(I_{(cs)})$:

$$I_{(cs)} = (I_E + I_{OH2} + I_{AS})/3 \times 100$$

em que:
I_E = índice de existência de electricidade nas unidades de alojamento (UA), obtido de acordo com a seguinte fórmula:

$$I_E = P_E/P_t \times 100$$

sendo:

P_E – população residente nas famílias que possuem energia eléctrica na UA;
P_t = população residente de ambos os sexos;
I_{SA} = índice de existência de água canalizada na UA, obtido de acordo com a seguinte fórmula:

$$IOH_2 = POH_2/P_t \times 100$$

sendo:

POH_2 = população residente com água canalizada na UA, proveniente de um sistema de canalização pública ou particular;
ISA = índice de existência de saneamento básico na UA, obtido de acordo com a seguinte fórmula:

$$I_{SA} = P_{SA}/P_t \times 100$$

sendo:

P_{SA} = população residente com instalações sanitárias com retrete (privativa ou não privativa) ligada a um qualquer tipo de sistema público de drenagem de águas residuais, particular ou outro tipo de saneamento.

e) **Sector Empresarial do Estado**

17. Regime do Sector Empresarial do Estado

Decreto-Lei n.º 558/99, de 17 de Dezembro

Na sequência das profundas alterações verificadas na composição e nas regras de funcionamento do sector empresarial do Estado ao longo dos últimos anos, procura-se com o presente diploma estabelecer um regime quadro aplicável às entidades que, hoje em dia, mais caracteristicamente integram tal sector.

A revisão do regime jurídico do sector empresarial do Estado segue-se à aprovação pela Assembleia da República de uma lei quadro das empresas públicas regionais e locais.

As soluções que agora se consagram são ditadas pela preocupação de criar um regime muito flexível, susceptível de poder abranger as diversas entidades que integram o sector empresarial do Estado e que deixaram de estar submetidas à disciplina do Decreto-Lei n.º 260/76, de 8 de Abril (lei de bases das empresas públicas), passando a actuar de harmonia com as regras normais do direito societário.

Essa é, aliás, a linha essencial do presente diploma, que consagra o direito privado como o direito aplicável por excelência a toda a actividade empresarial, seja ela pública ou privada.

Não se esquece, no entanto, que os estatutos das diferentes empresas consagram já, por vezes, excepções ao regime do direito das sociedades, prática que expressamente se legitima e admite dever continuar a ser utilizada.

A circunstância de, hoje em dia, apenas estar sujeito ao Decreto-Lei n.º 260/76 um grupo muito reduzido de empresas e a inadequação de tal diploma às actuais condições de desenvolvimento da actividade das empresas públicas aconselharam, por outro lado, a sua revogação.

O presente diploma procede, aliás, em obediência à lei de autorização, à redefinição do conceito de empresa pública, aproximando-o daquele que lhe é

412 *Legislação de Direito Financeiro*

fornecido no direito comunitário, opção que implica um significativo aumento do universo das empresas abrangidas.

A extensão do universo regulado neste diploma e a variedade das figuras jurídicas que o integram determinaram, em qualquer caso, que se procurasse criar um regime geral que contemple diversas soluções.

Admitir-se-ia, eventualmente, que a revisão do conceito pudesse levar à exclusão total de formas especiais de organização, como são as actuais empresas públicas reguladas pelo Decreto-Lei n.° 260/76. Entendeu-se, no entanto, que se poderia continuar a justificar a existência de entidades empresariais de natureza pública, que se integrarão no regime geral agora estabelecido, nos termos do capítulo III.

Estas empresas continuarão a reger-se também elas em múltiplos aspectos pelo direito privado, mas ficarão sujeitas a um regime de tutela, ainda que mais aliviado do que o previsto no anterior diploma.

Naturalmente que em relação às entidades do sector empresarial que se revestem já da forma de sociedades comerciais se não prevê a subsistência da tutela governamental nos mesmos termos, procurando, no entanto, encontrar-se soluções que possam contribuir para uma maior eficácia do sector empresarial do Estado.

A experiência parece mostrar, de facto, que a simples remissão para o regime de direito privado não tem sido suficiente para assegurar uma correcta articulação entre as várias unidades do sector empresarial e o Estado accionista. No presente diploma procura-se responder a este problema basicamente através do reforço das obrigações de informação e prevendo-se a aprovação de orientações estratégicas de gestão que serão transmitidas a essas empresas.

Prevê-se, por outro lado, a manutenção dos actuais mecanismos de acompanhamento e controlo que poderão, todavia, ser exercidos em condições mais efectivas.

Constituiu preocupação essencial subjacente ao presente diploma o acompanhamento das mais recentes orientações relativas ao enquadramento das empresas públicas no âmbito da União Europeia, designadamente quanto à sua sujeição aos normativos de direito da concorrência, sem prejuízo das funções especiais que sejam cometidas no plano nacional ao sector empresarial do Estado.

Assim, tomaram-se em consideração as interpretações que vêm prevalecendo na prática decisória dos órgãos comunitários relativamente aos artigos 85.°, 86.°, 90.° e 92.° do Tratado de Roma (artigos 81.°, 82.° 86.° e 87.°, de acordo com as alterações a introduzir pelo Tratado de Amsterdão), no sentido de afastar à partida quaisquer hipotéticas questões de compatibilidade do novo regime nacional com o ordenamento comunitário.

Na realidade, as tendências de fundo neste domínio afirmam uma sujeição da generalidade das empresas públicas às normas de concorrência e a necessidade

II. Organização Financeira

de afastar quaisquer distorções da concorrência especialmente emergentes do conteúdo e forma das relações entre o Estado e outros entes públicos e as empresas públicas que controlam.

Em contrapartida, pretendeu-se salvaguardar, no plano nacional, um conjunto de situações especiais – justificativas de derrogações ao regime geral aplicável às empresas públicas e ao princípio da sua plena sujeição às normas de concorrência – relacionado com a prossecução dos denominados serviços de interesse económico geral por parte de empresas públicas.

Um lugar à parte é ocupado pelas empresas que exploram serviços de interesse económico geral, reguladas no capítulo II, que consagra algumas soluções que levam em atenção a sua especial importância para o conjunto dos consumidores e para a própria coesão social.

Sem prejuízo de se tomarem em consideração diversos aspectos contemplados no projecto de carta europeia de serviço público do Centro Europeu de Empresas Públicas (CEEP), evitou-se deliberadamente qualquer tipificação exaustiva dessas categorias de serviços de interesse económico geral, por se afigurar solução demasiado limitativa e rígida.

Teve-se presente, designadamente, o princípio geral introduzido pelo Tratado de Amsterdão, através do novo artigo 7.°-D (inserido no Tratado que Institui a Comunidade Europeia), no sentido de que «a Comunidade e os seus Estados membros, dentro do limite das respectivas competências [...], zelarão por que esses serviços funcionem com base em princípios e em condições que lhes permitam cumprir as suas missões».

Foi também conferida a devida e necessária atenção ao princípio da transparência das relações financeiras entre o Estado e entes públicos e as empresas públicas que detenham, tendo presente, designadamente, as orientações comunitárias nesta matéria decorrentes da Directiva n.° 80/723/CEE, de 29 de Julho, alterada, no sentido da clarificação e reforço das imposições de transparência financeira, pela Directiva n.° 93/84/CEE, de 30 de Setembro.

O capítulo III ocupa-se do protótipo de empresa pública, como o moldou o Decreto-Lei n.° 260/76, enquanto pessoa colectiva de direito público.

O propósito essencial neste conjunto de disposições é simplificar quanto possível o estatuto legal dessa forma empresarial que traduz a manifestação mais apurada da iniciativa económica pública.

Não se vai ao ponto de inovar por inteiro quanto a um regime específico destas entidades, designadamente de criação e extinção (artigos 24.° e 34.°), sendo, aliás, mantida na denominação social a expressão ou sigla própria (EP), nem quanto à sujeição à tutela governamental.

Abandona-se, no entanto, a regulamentação pormenorizada, com carácter geral, de várias matérias cujo regime poderá com vantagem ser aquilatado em face das circunstâncias da cada caso – e que, por isso, é relegado expressamente, agora,

414   *Legislação de Direito Financeiro*

ou para diploma especial, ou para os estatutos individuais das empresas (estes, de resto, também aprovados por decreto-lei).

Como já foi referido, aproxima-se, em toda a medida possível, o regime destas entidades públicas do paradigma jurídico-privado das restantes empresas. Salientem-se, a este propósito, não só a definição da própria orgânica das empresas (artigo 27.°) e a sua sujeição ao registo comercial (artigo 28.°) mas desde logo a regulação subsidiária da respectiva actividade pelo direito privado (artigo 23.°).

O diploma que agora se aprova é naturalmente apenas um primeiro passo na revisão do regime jurídico do sector empresarial do Estado, que deverá ser completado com outras alterações legislativas e, designadamente, com a revisão do estatuto do gestor público.

Foram ouvidos os órgãos de governo próprios das Regiões Autónomas e a Associação Nacional de Municípios Portugueses.

Assim, no uso da autorização legislativa concedida pela Lei n.° 47/99, de 16 de Junho, e nos termos da alínea *b*) do n.° 1 do artigo 198.° da Constituição, o Governo decreta, para valer como lei geral da República, o seguinte:

CAPÍTULO I – **Disposições gerais**

SECÇÃO I – **Sector empresarial do Estado e empresas públicas**

Artigo 1.° – **Objecto**

1 – O presente diploma tem por objecto estabelecer o regime do sector empresarial do Estado, incluindo as bases gerais do estatuto das empresas públicas do Estado.

2 – O regime previsto no presente diploma aplica-se ainda às empresas detidas, directa ou indirectamente, por todas as entidades públicas estaduais.

Artigo 2.° – **Sector empresarial do Estado**

1 – O sector empresarial do Estado integra as empresas públicas, nos termos do artigo 3.°, e as empresas participadas.

2 – Empresas participadas são as organizações empresariais que tenham uma participação permanente do Estado ou de quaisquer outras entidades públicas estaduais, de carácter administrativo ou empresarial, por forma directa ou indirecta, desde que o conjunto das participações públicas não origine qualquer das situações previstas no n.° 1 do artigo 3.°

3 – Consideram-se participações permanentes as que não tenham objectivos exclusivamente financeiros, sem qualquer intenção de influenciar a orientação ou

II. Organização Financeira 415

a gestão da empresa por parte das entidades participantes, desde que a respectiva titularidade não atinja uma duração, contínua ou interpolada, superior a um ano.

4 – Presume-se a natureza permanente das participações sociais representativas de mais de 10% do capital social da entidade participada, com excepção daquelas que sejam detidas por empresas do sector financeiro.

ARTIGO 3.º – **Empresas públicas**

1 – Consideram-se empresas públicas as sociedades constituídas nos termos da lei comercial, nas quais o Estado ou outras entidades públicas estaduais possam exercer, isolada ou conjuntamente, de forma directa ou indirecta, uma influência dominante em virtude de alguma das seguintes circunstâncias:

a) Detenção da maioria do capital ou dos direitos de voto;
b) Direito de designar ou de destituir a maioria dos membros dos órgãos de administração ou de fiscalização.

2 – São também empresas públicas as entidades com natureza empresarial reguladas no capítulo III.

ARTIGO 4.º – **Missão das empresas públicas e do sector empresarial do Estado**

A actividade das empresas públicas e o sector empresarial do Estado devem orientar-se no sentido de contribuir para o equilíbrio económico e financeiro do conjunto do sector público e para a obtenção de níveis adequados de satisfação das necessidades da colectividade.

ARTIGO 5.º – **Sectores empresariais regionais e municipais**

Além do Estado, apenas dispõem de sectores empresariais próprios as Regiões Autónomas, os municípios e as suas associações, nos termos de legislação especial, relativamente à qual o presente diploma tem natureza supletiva.

ARTIGO 6.º – **Enquadramento das empresas participadas**

1 – Sem prejuízo das autonomias atribuídas às entidades públicas estaduais, de carácter administrativo ou empresarial, detentoras de participações, ou reconhecidas às Regiões Autónomas, aos municípios e às suas associações, uma empresa participada por diversas entidades públicas integra-se no sector empresarial da entidade que, no conjunto das participações do sector público, seja titular da maior participação relativa.

2 – A integração das empresas participadas no sector empresarial do Estado aplica-se apenas à respectiva participação pública e aos representantes da entidade participante, nomeadamente quanto ao estatuto dos gestores, à gestão, directamente ou através das sociedades gestoras a que se refere o n.º 3 do artigo 10.º ,

ao registo de participações, ao exercício dos direitos de accionista e ao controlo das participações públicas.

SECÇÃO II – **Direito aplicável**

Artigo 7.º – **Regime jurídico geral**

1 – Sem prejuízo do disposto na legislação aplicável às empresas públicas regionais, intermunicipais e municipais, as empresas públicas regem-se pelo direito privado, salvo no que estiver disposto no presente diploma e nos diplomas que tenham aprovado os respectivos estatutos.

2 – As empresas públicas estão sujeitas a tributação directa e indirecta, nos termos gerais.

3 – As empresas participadas estão plenamente sujeitas ao regime jurídico comercial, laboral e fiscal, ou de outra natureza, aplicável às empresas cujo capital e controlo é exclusivamente privado.

Artigo 8.º – **Sujeição às regras da concorrência**

1 – As empresas públicas estão sujeitas às regras gerais de concorrência, nacionais e comunitárias.

2 – Das relações entre empresas públicas e o Estado ou outros entes públicos não poderão resultar situações que, sob qualquer forma, sejam susceptíveis de impedir, falsear ou restringir a concorrência no todo ou em parte do território nacional.

3 – As empresas públicas regem-se pelo princípio da transparência financeira e a sua contabilidade deve ser organizada de modo a permitir a identificação de quaisquer fluxos financeiros entre elas e o Estado ou outros entes públicos, bem como garantir o cumprimento das exigências nacionais e comunitárias em matéria de concorrência e auxílios públicos.

Artigo 9.º – **Derrogações**

O disposto nos n.º 1 e 2 do artigo anterior não prejudica regimes derrogatórios especiais, devidamente justificados, sempre que a aplicação das normas gerais de concorrência seja susceptível de frustrar, de direito ou de facto, as missões confiadas às empresas públicas incumbidas da gestão de serviços de interesse económico geral ou que apoiem a gestão do património do Estado.

SECÇÃO III – **Outras disposições**

ARTIGO 10.º – **Função accionista do Estado**

1 – Os direitos do Estado como accionista são exercidos através da Direcção-Geral do Tesouro, sob a direcção do Ministro das Finanças, que poderá delegar, em conformidade com as orientações estratégicas previstas no artigo seguinte e mediante a prévia coordenação estratégica sectorial estabelecida com os ministros responsáveis pelo sector.

2 – Os direitos de outras entidades públicas estaduais como accionista são exercidos pelos órgãos de gestão respectivos, com respeito pelas orientações decorrentes da superintendência e pela tutela que sobre elas sejam exercidas.

3 – Os direitos referidos nos números anteriores poderão ser exercidos indirectamente, através de sociedades gestoras de participações sociais, cujas acções sejam detidas pelo Estado e ou por entidades de direito público ou de capitais exclusiva ou maioritariamente públicos.

ARTIGO 11.º – **Orientações estratégicas**

1 – Sob proposta do Ministro das Finanças e do ministro responsável pelo sector, o Conselho de Ministros definirá orientações estratégicas relativas ao exercício da função accionista nas empresas referidas nas alíneas a) e b) do n.º 1 e no n.º 2 do artigo 3.º, as quais serão revistas, pelo menos, com referência ao período de duração do mandato da administração fixado pelos respectivos estatutos.

2 – As orientações estratégicas referidas no número anterior poderão envolver metas quantificadas e contemplar a celebração de contratos entre o Estado e as empresas públicas e reflectir-se-ão nas orientações anuais definidas em assembleia geral e nos contratos de gestão a celebrar com os gestores.

3 – Compete ao Ministro das Finanças e ao ministro responsável pelo sector, que poderão delegar, directamente ou através das sociedades gestoras de participações sociais previstas no n.º 3 do artigo anterior, a verificação do cumprimento dessas orientações estratégicas, podendo emitir recomendações para a sua prossecução.

ARTIGO 12.º – **Controlo financeiro**

1 – As empresas públicas ficam sujeitas a controlo financeiro destinado a averiguar da legalidade, economia, eficiência e eficácia da sua gestão.

2 – Sem prejuízo das competências atribuídas pela lei ao Tribunal de Contas, o controlo financeiro das empresas públicas compete à Inspecção-Geral de Finanças.

3 – As empresas públicas adoptarão procedimentos de controlo interno ade-

418   *Legislação de Direito Financeiro*

quados a garantir a fiabilidade das contas e demais informação financeira, bem como a articulação com as entidades referidas no número anterior.

ARTIGO 13.° – **Deveres especiais de informação**

1 – Sem prejuízo do disposto na lei comercial quanto à prestação de informações aos accionistas, devem as empresas públicas facultar ao Ministério das Finanças e ao ministro responsável pelo respectivo sector, directamente ou através das sociedades gestoras de participações sociais previstas no n.° 3 do artigo 10.°, os seguintes elementos, visando o seu acompanhamento e controlo:
   a) Projectos dos planos de actividades anuais e plurianuais;
   b) Projectos dos orçamentos anuais, incluindo estimativa das operações financeiras com o Estado;
   c) Documentos de prestação anual de contas;
   d) Relatórios trimestrais de execução orçamental;
   e) Quaisquer outras informações e documentos solicitados para o acompanhamento da situação da empresa e da sua actividade, com vista, designadamente, a assegurar a boa gestão dos fundos públicos e a evolução da sua situação económico-financeira.

2 – As informações abrangidas pelo número anterior serão prestadas pelas empresas públicas nas condições que vierem a ser estabelecidas por despacho do Ministro das Finanças, nos casos previstos nas alíneas *b)*, *c)* e *d)* do número anterior, e por despacho conjunto do Ministro das Finanças e do ministro responsável pelo sector, nos casos previstos nas alíneas *a)* e *e)* do mesmo número.

ARTIGO 14.° – **Poderes de autoridade**

1 – Poderão as empresas públicas exercer poderes e prerrogativas de autoridade de que goza o Estado, designadamente quanto a:
   a) Expropriação por utilidade pública;
   b) Utilização, protecção e gestão das infra-estruturas afectas ao serviço público;
   c) Licenciamento e concessão, nos termos da legislação aplicável à utilização do domínio público, da ocupação ou do exercício de qualquer actividade nos terrenos, edificações e outras infra-estruturas que lhe estejam afectas.

2 – Os poderes especiais serão atribuídos por diploma legal, em situações excepcionais e na medida do estritamente necessário à prossecução do interesse público, ou constarão de contrato de concessão.

II. Organização Financeira

ARTIGO 15.° – **Administradores designados ou propostos pelo Estado**

1 – Os administradores designados ou propostos pelo Estado terão estatuto próprio, a definir por legislação especial.

2 – Os administradores devem ser escolhidos entre pessoas com experiência profissional relevante e que ofereçam garantias de um desempenho idóneo.

3 – Sem prejuízo das obrigações definidas no presente diploma ou em legislação especial, os administradores disporão de independência técnica no exercício das suas funções.

4 – Os membros dos órgãos sociais das sociedades gestoras de participações sociais a que se refere o n.° 3 do artigo 10.° e cujas acções sejam detidas exclusivamente pelo Estado são designados por resolução do Conselho de Ministros, que substitui, para todos os efeitos, a eleição em assembleia geral.

ARTIGO 16.° – **Estatuto do pessoal**

1 – O estatuto do pessoal das empresas públicas é o do regime do contrato individual de trabalho.

2 – A matéria relativa à contratação colectiva rege-se pela lei geral.

ARTIGO 17.° – **Comissões de serviço**

1 – Podem exercer funções de carácter específico nas empresas públicas, em comissão de serviço, funcionários do Estado e dos institutos públicos, das autarquias locais, bem como trabalhadores de quaisquer empresas públicas, os quais manterão todos os direitos inerentes ao seu quadro de origem, incluindo os benefícios de aposentação ou reforma e sobrevivência, considerando-se todo o período da comissão como serviço prestado nesse quadro.

2 – Os trabalhadores das empresas públicas podem exercer, em comissão de serviço, funções no Estado, institutos públicos, autarquias locais ou em outras empresas públicas, mantendo todos os direitos inerentes ao seu estatuto profissional na empresa de origem, considerando-se todo o período na comissão como serviço prestado na empresa de origem.

3 – Os trabalhadores em comissão de serviço, nos termos dos números anteriores, poderão optar pelo vencimento correspondente ao seu quadro de origem ou pelo correspondente às funções que vão desempenhar.

4 – O vencimento e demais encargos dos trabalhadores em comissão de serviço serão da responsabilidade da entidade onde se encontrem a exercer funções.

ARTIGO 18.° – **Tribunais competentes**

1 – Para efeitos de determinação da competência para julgamento dos litígios, incluindo recursos contenciosos, respeitantes a actos praticados e a contratos

420 *Legislação de Direito Financeiro*

celebrados no exercício dos poderes de autoridade a que se refere o artigo 14.°, serão as empresas públicas equiparadas a entidades administrativas.

2 – Nos demais litígios seguem-se as regras gerais de determinação da competência material dos tribunais.

CAPÍTULO II – **Empresas públicas encarregadas da gestão de serviços de interesse económico geral**

ARTIGO 19.° – **Noção**

1 – Para efeitos do presente diploma, são consideradas empresas encarregadas da gestão de serviços de interesse económico geral aquelas cujas actividades devam assegurar a universalidade e continuidade dos serviços prestados, a coesão económica e social e a protecção dos consumidores, sem prejuízo da eficácia económica e do respeito dos princípios de não discriminação e transparência.

2 – Salvo quando a lei dispuser diversamente, os termos em que a gestão é atribuída e exercida constarão de contrato de concessão.

ARTIGO 20.° – **Princípios orientadores**

As empresas públicas encarregadas da gestão de serviços de interesse económico geral devem prosseguir as missões que lhe estejam confiadas no sentido, consoante os casos, de:

a) Prestar os serviços de interesse económico geral no conjunto do território nacional, sem discriminação das zonas rurais e do interior;

b) Promover o acesso da generalidade dos cidadãos, em condições financeiras equilibradas, a bens e serviços essenciais, procurando, na medida do possível, que todos os utilizadores tenham direito a tratamento idêntico e neutro, sem quaisquer discriminações, quer quanto ao funcionamento dos serviços, quer quanto a taxas ou contraprestações devidas, a menos que o interesse geral o justifique;

c) Assegurar o cumprimento das exigências de prestação de serviços de carácter universal relativamente a actividades económicas cujo acesso se encontre legalmente vedado a empresas privadas e a outras entidades da mesma natureza;

d) Garantir o fornecimento de serviços ou a gestão de actividades cuja rendibilidade não se encontra assegurada, em especial devido aos investimentos necessários ao desenvolvimento de infra-estruturas ou redes de distribuição ou, ainda, devido à necessidade de realizar actividades comprovadamente deficitárias;

II. Organização Financeira 421

e) Zelar pela eficácia da gestão das redes de serviços públicos, procurando, designadamente, que a produção, o transporte e distribuição, a construção de infra-estruturas e a prestação do conjunto de tais serviços se procedam de forma articulada, tendo em atenção as modificações organizacionais impostas por inovações técnicas ou tecnológicas;

f) Cumprir obrigações específicas, relacionadas com a segurança, com a continuidade e qualidade dos serviços e com a protecção do ambiente, devendo tais obrigações ser claramente definidas, transparentes, não discriminatórias e susceptíveis de controlo.

ARTIGO 21.º – **Contratos com o Estado**

1 – Para realização das finalidades previstas no artigo anterior poderá o Estado recorrer à celebração de contratos com as empresas públicas encarregadas da gestão de serviços de interesse económico geral, contemplando, designadamente, a atribuição de indemnizações compensatórias na medida do estritamente necessário à prossecução do interesse público.

2 – Estes contratos visarão assegurar a adaptação permanente à evolução das circunstâncias, inclusive técnicas e tecnológicas, e à satisfação das necessidades colectivas, conciliando a eficácia económica dos operadores com a manutenção da coesão social e a luta contra a exclusão.

3 – Os contratos a que se refere o presente artigo, que envolvam a assunção de obrigações ou de compromissos financeiros por parte do Estado ou de outras entidades públicas, deverão prever a respectiva quantificação e validação, cabendo aos serviços competentes do Ministério das Finanças a emissão de parecer prévio à sua celebração, bem como o acompanhamento geral da execução das suas cláusulas financeiras.

4 – O regime das indemnizações compensatórias consta de decreto-lei especial.

ARTIGO 22.º – **Participação dos utentes**

1 – O Estado promoverá o desenvolvimento de formas de concertação com os utentes ou organizações representativas destes, bem como da sua participação na definição dos objectivos das empresas públicas encarregadas da gestão de serviços de interesse económico geral.

2 – O direito de participação dos utentes na definição dos objectivos das empresas públicas encarregadas da gestão de serviços de interesse económico geral será regulado por decreto-lei.

CAPÍTULO III – Entidades públicas empresariais

Artigo 23.º – **Âmbito de aplicação**

1 – Regem-se pelas disposições do presente capítulo e, subsidiariamente, pelas restantes normas deste diploma as pessoas colectivas de direito público, com natureza empresarial, criadas pelo Estado e doravante designadas por «entidades públicas empresariais».

2 – O disposto no número anterior é aplicável às empresas públicas a que se refere o artigo 1.º do Decreto-Lei n.º 260/76, de 8 de Abril, existentes à data da entrada em vigor do presente diploma, as quais passam a adoptar a designação prevista no final do número anterior.

Artigo 24.º – **Criação**

1 – As entidades públicas empresariais são criadas por decreto-lei, o qual aprovará também os respectivos estatutos.

2 – A denominação das entidades públicas empresariais deve integrar a expressão «Entidade Pública Empresarial» ou as iniciais «E. P. E.».

Artigo 25.º – **Autonomia e capacidade jurídica**

1 – As entidades públicas empresariais são dotadas de autonomia administrativa, financeira e patrimonial, não estando sujeitas às normas da contabilidade pública.

2 – A capacidade jurídica das entidades públicas empresariais abrange todos os direitos e obrigações necessários ou convenientes à prossecução do seu objecto.

Artigo 26.º – **Capital**

1 – As entidades públicas empresariais terão um capital, designado «capital estatutário», detido pelo Estado ou por outras entidades públicas e destinado a responder às respectivas necessidades permanentes.

2 – O capital estatutário poderá ser aumentado ou reduzido nos termos previstos nos estatutos.

Artigo 27.º – **Órgãos**

1 – A administração e a fiscalização das entidades públicas empresariais devem estruturar-se segundo as modalidades e com as designações previstas para as sociedades anónimas.

2 – Os órgãos de administração e fiscalização têm as competências gené-

II. Organização Financeira 423

ricas previstas na lei comercial, sem prejuízo do disposto no presente diploma.

3 – Os estatutos podem prever a existência de outros órgãos, deliberativos ou consultivos, definindo as respectivas competências.

4 – Os estatutos regularão, com observância das normas legais aplicáveis, a competência e o modo de designação dos membros dos órgãos a que se referem os números anteriores.

ARTIGO 28.º – **Registo comercial**

As entidades públicas empresariais estão sujeitas ao registo comercial nos termos gerais, com as adaptações que se revelem necessárias.

ARTIGO 29.º – **Tutela**

1 – A tutela económica e financeira das entidades públicas empresariais é exercida pelo Ministro das Finanças e pelo ministro responsável pelo sector de actividade de cada empresa, sem prejuízo do respectivo poder de superintendência.

2 – A tutela abrange:

a) A aprovação dos planos estratégico e de actividades, orçamentos e contas, assim como de dotações para capital, subsídios e indemnizações compensatórias;

b) A homologação de preços ou tarifas a praticar por empresas que explorem serviços de interesse económico geral ou exerçam a respectiva actividade em regime de exclusivo, salvo quando a sua definição competir a outras entidades independentes;

c) Os demais poderes expressamente referidos nos estatutos.

ARTIGO 30.º – **Regime especial de gestão**

1 – Em circunstâncias excepcionais devidamente justificadas, podem as entidades públicas empresariais ser sujeitas a um regime especial de gestão, por prazo determinado que não exceda dois anos, em condições fixadas mediante resolução do Conselho de Ministros.

2 – A resolução prevista no número anterior determina a cessação automática das funções dos titulares dos órgãos de administração em exercício.

ARTIGO 31.º – **Plano de actividades e orçamento anual**

1 – As entidades públicas empresariais prepararão para cada ano económico o plano de actividades e o orçamento, os quais deverão ser completados com os desdobramentos necessários para permitir a descentralização de responsabilidades e o adequado controlo de gestão.

424 *Legislação de Direito Financeiro*

2 – Os projectos do plano de actividades e do orçamento anual serão elaborados com respeito pelos pressupostos macroeconómicos, pelas orientações estratégicas previstas no artigo 11.º e pelas directrizes definidas pelo Governo, bem como, quando for caso disso, por contratos de gestão ou por contratos-programa, e deverão ser remetidos para aprovação, até 30 de Novembro do ano anterior, ao Ministério das Finanças e ao ministério que supervisiona o respectivo sector de actividade.

ARTIGO 32.º – **Prestação de contas**

As entidades públicas empresariais devem elaborar, com referência a 31 de Dezembro do ano anterior, os documentos de prestação de contas, remetendo-os, nos prazos em que nas sociedades anónimas se deve proceder à disponibilização das contas aos accionistas, à Inspecção-Geral de Finanças que, após parecer, os submeterá à apreciação do Ministro das Finanças e do ministro que supervisiona o respectivo sector de actividade.

ARTIGO 33.º – **Transformação, fusão e cisão**

A transformação das entidades públicas empresariais bem como a respectiva fusão ou cisão operam-se, em cada caso, através de decreto-lei e nos termos especiais nele estabelecidos.

ARTIGO 34.º – **Extinção**

1 – Pode ser determinada por decreto-lei a extinção de entidades públicas empresariais, bem como o subsequente processo de liquidação.

2 – Não são aplicáveis as regras gerais sobre dissolução e liquidação de sociedades, nem as dos processos especiais de recuperação e falência, salvo na medida do expressamente determinado pelo decreto-lei referido no número anterior.

CAPÍTULO IV – **Disposições finais e transitórias**

ARTIGO 35.º – **Adaptação dos estatutos**

1 – O Governo adaptará ao regime definido no capítulo III, até 31 de Dezembro de 2000, os estatutos das empresas públicas a que se refere o n.º 2 do artigo 23.º e os estatutos dos fundos e serviços autónomos de carácter empresarial.

2 – No mesmo prazo, serão adaptados ao presente diploma os estatutos das restantes empresas públicas.

II. Organização Financeira

Artigo 36.º – **Extensão a outras entidades**

1 – Os direitos de accionista do Estado ou de outras entidades públicas estaduais a que se refere o presente diploma, nas sociedades em que, mesmo conjuntamente, não detenham influência dominante são exercidos, respectivamente, pela Direcção-Geral do Tesouro ou pelos órgãos de gestão das entidades titulares.

2 – As sociedades em que o Estado exerça uma influência significativa, seja por detenção de acções que representam mais de 10% do capital social, seja por detenção de direitos especiais de accionista, deverão apresentar na Direcção-Geral do Tesouro a informação destinada aos accionistas, nas datas em que a estes deva ser disponibilizada, nos termos da legislação aplicável às sociedades comerciais.

3 – Os direitos referidos nos números anteriores poderão ser exercidos, indirectamente, nos termos previstos no n.º 3 do artigo 10.º

4 – Às empresas privadas encarregadas da gestão de serviços de interesse económico geral, por força de concessão ou da atribuição de direitos especiais ou exclusivos, é aplicável o disposto nos artigos 9.º, 12.º e 13.º e no capítulo II do presente diploma.

5 – Podem ser sujeitas ao regime estabelecido no presente diploma, no todo ou em parte, com excepção do constante do seu capítulo III, as empresas nas quais o Estado ou outras entidades públicas disponham de direitos especiais, desde que os respectivos estatutos assim o prevejam.

Artigo 37.º – **Constituição de sociedade ou aquisição de novas partes de capital**

A participação do Estado ou de outras entidades públicas estaduais na constituição de sociedades ou na aquisição de partes de capital está sujeita a autorização do Ministro das Finanças, excepto nas aquisições que decorram de dação em cumprimento, doação, renúncia ou abandono.

Artigo 38.º – **Orientações estratégicas e contratos de gestão**

1 – Por ocasião das assembleias gerais ordinárias realizadas no ano de 2000 serão aprovadas as primeiras orientações estratégicas a que se refere o artigo 11.º

2 – Durante o ano de 2000 celebrar-se-ão com os gestores contratos de gestão envolvendo metas quantificadas.

Artigo 39.º – **Estatuto dos gestores públicos**

Até ser aprovada a legislação prevista no artigo 15.º mantém-se em vigor o regime do estatuto dos gestores públicos, constante do Decreto-Lei n.º 464/82, de 9 de Dezembro.

426   *Legislação de Direito Financeiro*

ARTIGO 40.º – **Revogação**

1 – É revogado o Decreto-Lei n.º 260/76, de 8 de Abril, com as alterações que lhe foram introduzidas.

2 – As remissões constantes de quaisquer diplomas, legais ou regulamentares, para o regime do Decreto-Lei n.º 260/76 entendem-se feitas para as disposições do capítulo III, sem prejuízo da aplicação, quando for o caso, das demais disposições previstas no presente diploma.

ARTIGO 41.º – **Entrada em vigor**

O presente diploma entra em vigor no 1.º dia do mês subsequente ao da sua publicação.

Visto e aprovado em Conselho de Ministros de 23 de Setembro de 1999. – *António Manuel de Oliveira Guterres – António Luciano Pacheco de Sousa Franco – João Cardona Gomes Cravinho – José Eduardo Vera Cruz Jardim – Joaquim Augusto Nunes de Pina Moura – Elisa Maria da Costa Guimarães Ferreira – António Luís Santos da Costa – José Sócrates Carvalho Pinto de Sousa.*

Promulgado em 30 de Novembro de 1999.
Publique-se.

O Presidente da República, JORGE SAMPAIO.

Referendado em 8 de Dezembro de 1999.
O Primeiro-Ministro, *António Manuel de Oliveira Guterres.*

III. CONTROLO FINANCEIRO

a) **Controlo Administrativo**

18. Lei Orgânica da Inspecção-Geral de Finanças

Decreto-Lei n.º 249/98, de 11 de Agosto

Os anteriores diplomas orgânicos da Inspecção-Geral de Finanças, em particular o Decreto-Lei n.º 513-Z/79, de 27 de Dezembro, e, mais recentemente, o Decreto-Lei n.º 353/89, de 16 de Outubro, representaram, ao seu tempo, a consagração de modelos de organização e de exercício do controlo que, hoje podemos constatar, contribuíram para desenvolver na consciência nacional o sentido da necessidade da emergência de uma verdadeira cultura do controlo que, no domínio do controlo financeiro, situasse o nosso país a par do percurso já então trilhado no mundo moderno.

Com efeito, os princípios que têm orientado a intervenção da Inspecção-Geral de Finanças, na linha do melhor exemplo de outros organismos congéneres, também sustentados na experiência adquirida e modelados por aqueles instrumentos legais, têm contribuído para afirmar o primado do controlo das finanças públicas, como fundamento estruturante, próprio do Estado de direito democrático.

Todavia, o controlo da administração financeira do Estado vem sendo progressivamente confrontado com novos factores, internos e externos, que aconselham, sem embargo das virtualidades que o modelo vigente revelou, a evolução para soluções estratégicas que permitam encarar esses novos desafios com os instrumentos, legais e operacionais, que se revelam mais adequados.

Neste sentido, deverá ser reiterada e renovada a aposta decisiva na coordenação do funcionamento dos sistemas de controlo interno dos fluxos financeiros de fundos públicos, nacionais e comunitários, desde logo, como instrumento estratégico de garantia da consolidação de umas finanças públicas sólidas e sustentadas, como exigência maior da construção da União Económica e Monetária.

É, aliás, no âmbito do desenvolvimento deste processo de integração económica da União Europeia que se perfilam, neste virar de século, importantes modificações no acervo normativo que enquadra o exercício da gestão pública,

430   *Legislação de Direito Financeiro*

que não poderão deixar de reconhecer no controlo financeiro um parceiro indispensável à sua concretização, avultando, neste domínio, a intervenção da Inspecção-Geral de Finanças, enquanto interlocutor nacional.

Também, internamente, o nosso legislador tem orientado a sua actuação no sentido de instituir o controlo da administração financeira do Estado numa perspectiva sistémica e integrada, funcionando de forma articulada, com independência técnica, como já anunciavam o Decreto-Lei n.° 184/89, de 2 de Junho, que instituiu o controlo de alto nível, e, mais especificamente, o Decreto-Lei n.° 99/94, de 19 de Abril, que desenvolveu o sistema nacional de controlo da aplicação dos fundos estruturais da União Europeia, através da previsão de três níveis de controlo – o controlo de primeiro nível, o controlo sectorial ou de segundo nível e, por fim, o controlo de alto nível, desempenhado pela Inspecção-Geral de Finanças, a quem compete, nomeadamente, promover a coordenação do funcionamento de todo o Sistema.

Mais recentemente, o Decreto-Lei n.° 158/96, de 3 de Setembro, que aprovou a Lei Orgânica do Ministério das Finanças, veio consolidar o reconhecimento normativo do papel desempenhado pela Inspecção-Geral de Finanças, como coordenador do sistema de controlo interno da administração financeira do Estado, valorizando a sua vocação no sentido do controlo horizontal da administração financeira da receita e despesa públicas.

Nesta mesma linha, deve ser entendido o diploma que, em execução do artigo 11.° da Lei n.° 52-C/96, de 27 de Dezembro, que aprovou o Orçamento do Estado para 1997, vem estruturar o sistema de controlo interno da administração financeira do Estado, consagrando, agora, de forma alargada, o exercício sistémico, estruturado e coerente do controlo das finanças públicas.

É neste contexto que importa adequar o estatuto orgânico da Inspecção-Geral de Finanças, reafirmando a sua natureza de serviço de controlo de alto nível da administração financeira do Estado, orientado para a análise da legalidade e da regularidade da receita e despesa públicas e para a apreciação da sua racionalidade económica, visando sempre a boa gestão financeira dos fundos públicos, nacionais e comunitários.

Com efeito, em face destes novos desafios, que trazem consigo responsabilidades acrescidas, aproveitou-se o momento para racionalizar e repensar a organização, em ordem a um modelo de funcionamento interno mais actualizado que, de forma sustentada, tenha a virtualidade de perspectivar as exigências com as quais a Inspecção-Geral de Finanças se verá confrontada, no quadro de uma evolução de médio e longo prazos.

É neste sentido que a presente revisão orgânica aponta para a redefinição das áreas de coordenação e de intervenção operacional, a par de uma necessária flexibilidade na adequação dos recursos, dando, também por esta via, exemplo de economia, na linha da própria reforma orgânica do Ministério das Finanças,

III. Controlo Financeiro

com a consciência de que é necessário evoluir no sentido da optimização da estrutura e da gestão das organizações.

Todavia, deve registar-se que se trata, agora com outro fôlego, de prosseguir um caminho que a Inspecção-Geral de Finanças já havia encetado, procurando formas de valorizar os seus recursos e agilizar a sua intervenção, como resulta da economia do Decreto-Lei n.° 162/95, de 6 de Julho, que, com esta preocupação, introduziu ajustamentos no quadro orgânico anterior.

Optou-se, assim, por um modelo de organização e de procedimentos, cuja implementação vem, comprovadamente, na última década, dando resultados positivos, e que aposta na simplificação e na flexibilização estrutural. No capítulo da gestão, importa assinalar a substituição da actual departamentalização em serviços, por áreas de especialização, mais vocacionadas para, em cada momento e em face de objectivos concretos, conferir maior operacionalidade à actuação do controlo estratégico.

Consagra-se um quadro único – para a carreira de inspecção de alto nível, cuja dotação é determinada com base na realidade actual e visa acautelar as legítimas expectativas entretanto criadas.

Por outro lado, os instrumentos previsionais e de gestão devem ser entendidos numa perspectiva integrada, tendo em vista a concretização da missão, no contexto do Programa do Governo, das Grandes Opções do Plano, do Orçamento do Estado e das orientações superiores, acompanhando em cada momento as exigências de intervenção, de acordo com os recursos disponíveis.

Conscientes de que num organismo com esta missão é determinante o valor acrescido representado pelos recursos humanos, este modelo aposta decisivamente no desenvolvimento e valorização dos mesmos.

Do mesmo modo, procede-se à consagração expressa de um conjunto de princípios que, modelando as condições do exercício da actividade da Inspecção-Geral de Finanças, constituem um verdadeiro estatuto ético.

Por outro lado, a par da opção por um processo de provimento que acolhe, como elemento nuclear, a avaliação do desempenho, mantém-se a previsão de um criterioso regime de impedimentos e incompatibilidades, ditado pela especificidade da função.

Neste sentido, houve também a preocupação de prever mecanismos que permitam contribuir para dignificar o exercício da função inspectiva, tendo presente as condições ambientais estruturalmente adversas em que é desenvolvida, o risco que envolve e, bem assim, a necessidade de fazer face à forte competitividade externa a que se encontra sujeita.

Neste quadro, e sem prejuízo de se assegurar a transição com base na actual estrutura remuneratória, torna-se necessário, no âmbito da revisão dos regimes das carreiras, evoluir para soluções mais adequadas às particulares exigências do exercício da função inspectiva, por forma a salvaguardar a sua eficácia.

Assume o Governo este passo de modernização organizativa, concretizando-a num serviço que, por natureza, desempenha uma missão nuclear na

432 *Legislação de Direito Financeiro*

defesa da legalidade, da regularidade e da boa gestão financeira, aspectos primeiros na vida de uma sã Administração Pública.

Assim, nos termos da alínea *a*) do n.º 1 do artigo 198.º e do n.º 5 do artigo 112.º da Constituição, o Governo decreta o seguinte:

CAPÍTULO I – **Natureza, missão e âmbito de intervenção**

ARTIGO 1.º – **(Natureza e missão)**

A Inspecção-Geral de Finanças (IGF) é o serviço do Ministério das Finanças integrado na administração directa do Estado, dotado de autonomia administrativa, que tem por missão fundamental o controlo da administração financeira do Estado e o apoio técnico especializado, e que funciona na directa dependência do Ministro das Finanças.

ARTIGO 2.º – **(Âmbito de intervenção)**

1 – Enquanto serviço de controlo da administração financeira do Estado, incumbe especialmente à IGF o exercício do controlo nos domínios orçamental, económico, financeiro e patrimonial, de acordo com os princípios da legalidade, da regularidade e da boa gestão financeira, contribuindo para a economia, a eficácia e a eficiência na obtenção das receitas públicas e na realização das despesas públicas, nacionais e comunitárias, para o que desenvolve as seguintes tarefas:

a) Realizar acções de coordenação, articulação e avaliação da fiabilidade dos sistemas de controlo interno dos fluxos financeiros de fundos públicos, nacionais e comunitários;

b) Propor medidas destinadas à melhoria da estrutura, organização e funcionamento dos referidos sistemas e acompanhar a respectiva implantação e evolução;

c) Realizar auditorias, inspecções, análises de natureza económico--financeira, exames fiscais e outras acções de controlo às entidades, públicas e privadas, abrangidas pela sua intervenção;

d) Desempenhar as funções de interlocutor nacional da Comissão Europeia, nos domínios do controlo financeiro e das fraudes e irregularidades em prejuízo do orçamento comunitário;

e) Realizar sindicâncias, inquéritos e averiguações nas entidades abrangidas pela sua intervenção, bem como desenvolver o procedimento disciplinar quando for o caso;

f) Exercer as demais funções que resultem da lei, de normativos e de acordos, nacionais ou comunitários, bem como outras que lhe sejam superiormente cometidas.

III. Controlo Financeiro 433

2 – Enquanto serviço de apoio técnico especializado cabe à IGF desenvolver as seguintes tarefas:

a) Elaborar projectos de diplomas legais e dar parecer sobre os que lhe sejam submetidos;

b) Promover a investigação técnica, efectuar estudos e emitir pareceres;

c) Participar, bem como prestar apoio técnico, em júris, comissões e grupos de trabalho, nacionais e comunitários;

d) Assegurar, no âmbito da sua missão, a articulação com entidades congéneres estrangeiras e organizações internacionais;

e) Desempenhar quaisquer outras tarefas de apoio técnico especializado para que se encontre vocacionada.

3 – A intervenção da IGF abrange as entidades do sector público administrativo e empresarial, bem como dos sectores privado e cooperativo, quando sejam sujeitos de relações financeiras ou tributárias com o Estado ou com a União Europeia ou quando se mostre indispensável ao controlo indirecto de quaisquer entidades abrangidas pela sua acção, sem prejuízo das competências específicas de supervisão do Banco de Portugal, do Instituto de Seguros de Portugal e da Comissão do Mercado de Valores Mobiliários.

4 – A IGF tem sede em Lisboa e centros de apoio regional no Porto e em Coimbra, abrangendo o âmbito da sua actuação todo o território nacional.

CAPÍTULO II – **Organização e gestão**

Artigo 3.º – **(Princípios)**

1 – Na organização e na gestão a IGF adopta um modelo flexível e participado, directamente orientado para a realização da sua missão.

2 – A estrutura das unidades de trabalho e suas funções, bem como as relações hierárquico-funcionais a vigorar na organização são definidas por despacho do Ministro das Finanças, sob proposta do inspector-geral de finanças.

Artigo 4.º – **(Áreas de especialização)**

Tendo em conta os princípios enumerados no artigo anterior, a IGF assegura a sua missão e exerce as suas competências através das seguintes áreas de especialização:

a) Do sistema nacional de controlo interno e coordenação dos controlos comunitários;

b) Do controlo da gestão pública;

c) Do controlo empresarial público e privado;

d) Do controlo das receitas tributárias;

434   *Legislação de Direito Financeiro*

e) Do controlo tutelar autárquico;
f) Da organização, desenvolvimento e informação.

ARTIGO 5.º – **(Estrutura de decisão)**

1 – A estrutura orgânica da IGF compreende:
a) O inspector-geral de finanças;
b) O conselho de inspecção;
c) A direcção operacional;
d) A chefia logística.
2 – O inspector-geral de finanças dirige a IGF, coadjuvado nessa função pelos subinspectores-gerais.
3 – O conselho de inspecção é composto pelo inspector-geral de finanças, que preside, e pelos subinspectores-gerais.
4 – A direcção operacional é assegurada pelos inspectores de finanças directores e pelos inspectores de finanças-chefes.
5 – A chefia logística é assegurada pelos secretários de finanças coordenadores.([1])

ARTIGO 6.º – **(Inspector-geral de finanças)**

1 – Compete ao inspector-geral de finanças, para além da competência conferida por lei aos directores-gerais, o seguinte:
a) Presidir ao conselho coordenador do sistema nacional de controlo interno, nos termos previstos na lei;
b) Presidir ao conselho de inspecção;
c) Definir e promover a política de qualidade, em especial, dos processos organizativos e do produto final;
d) Definir a política de gestão dos recursos humanos e afectá-los às diversas áreas de especialização, programas e acções;
e) Estabelecer os normativos internos necessários ao cumprimento dos princípios enunciados no artigo 3.º;
f) Assegurar a coordenação do processo de planeamento e avaliação de resultados da actividade da IGF;
g) Ordenar a realização das acções da competência própria da IGF ou superiormente aprovadas, bem como dos controlos cruzados sempre que os mesmos se justifiquem para o seu cabal desempenho.
2 – As áreas referidas no artigo 4.º constituem núcleos de intervenção especializada cuja direcção e supervisão pode ser delegada pelo inspector-geral de finanças nos subinspectores-gerais de finanças.

([1]) Alterado pelo Decreto-Lei n.º 91/2002, de 12 de Abril.

III. Controlo Financeiro 435

3 – O inspector-geral de finanças pode delegar nos subinspectores-
-gerais de finanças a prática de actos da sua competência própria com faculdade
de subdelegação.

4 – O inspector-geral de finanças é substituído, nas suas ausências, faltas
ou impedimentos, pelo subinspector-geral de finanças a designar para o efeito.

Artigo 7.º – **(Conselho de inspecção)**

1 – O conselho de inspecção é um órgão colegial, de natureza consultiva, ao
qual compete apoiar o inspector-geral de finanças no exercício das suas funções.

2 – Ao conselho de inspecção compete, em especial, pronunciar-se sobre:

a) A política de qualidade;

b) A política de gestão dos recursos humanos;

c) Os normativos internos para execução do n.º 2 do artigo 3.º;

d) Os instrumentos de gestão referidos no n.º 2 do artigo 10.º

3 – O inspector-geral de finanças pode determinar a participação de outros
funcionários nas reuniões do conselho de inspecção, em razão da matéria a tratar.

Artigo 8.º – **(Direcção operacional)**

1 – À direcção operacional incumbe assegurar a execução das actividades
com observância da política de qualidade dos processos e dos produtos operativos
da IGF.

2 – Aos inspectores de finanças directores será confiada prevalentemente
a condução de programas, reservando-se aos inspectores de finanças-chefes
maior incidência na coordenação de equipas, sem prejuízo de a ambos poder ser
atribuída a execução de acções específicas.

Artigo 9.º – **(Chefia logística)**

À chefia logística incumbe coordenar todas as acções relacionadas com o
apoio administrativo da IGF em geral, sem prejuízo de aos titulares dos cargos de
chefia poder ser atribuída a execução de acções específicas.

Artigo 10.º – **(Instrumentos de gestão)**

1 – A IGF orienta a sua actividade na perspectiva do controlo estratégico,
preferencialmente com base em programas envolvendo as diferentes áreas de
especialização referidas no artigo 4.º

2 – A concretização dos objectivos de actuação da IGF, bem como a execução e avaliação das suas actividades é assegurada, designadamente, através dos
seguintes instrumentos de gestão:

a) Plano estratégico de médio prazo, actualizado anualmente, contem-

436   *Legislação de Direito Financeiro*

plando as linhas de orientação da IGF, aprovado pelo Ministro das Finanças;

b) Plano anual de actividades, incluindo o plano de formação, contemplando os – diversos programas a desenvolver, detalhados por acções, aprovado pelo Ministro das Finanças;

c) Orçamento anual;

d) Relatório anual de actividades, com síntese do desempenho da IGF no ano anterior, a submeter ao Ministro das Finanças;

e) Conta de gerência e relatório de gestão orçamental, evidenciando o grau de execução do orçamento aprovado;

f) Balanço social.

CAPÍTULO III – **Exercício da actividade**

SECÇÃO I – **Dos princípios, direitos e garantias de actuação**

ARTIGO 11.º – **(Intervenção da IGF)**

A intervenção da IGF concretiza-se através de acções de sua própria iniciativa com observância dos limites fixados na lei, de acções incluídas no plano anual de actividades, bem como de outras determinadas pelo Ministro das Finanças.

ARTIGO 12.º – **(Princípio da proporcionalidade)**

No exercício das suas funções, os inspectores da IGF deverão pautar a sua conduta pela adequação dos seus procedimentos aos objectivos da acção.

ARTIGO 13.º – **(Princípio da cooperação)**

Sempre que não esteja em causa o êxito da acção ou o dever de sigilo, a IGF deve fornecer às entidades objecto da sua intervenção as informações ou outros esclarecimentos de interesse justificado que lhe sejam solicitados, no contexto da administração aberta aos cidadãos.

ARTIGO 14.º – **(Dever de sigilo)**

Além da sujeição aos deveres gerais inerentes ao exercício da função pública, todos os funcionários da IGF estão especialmente obrigados a guardar rigoroso sigilo sobre todos os assuntos de que tomem conhecimento no exercício ou por causa do exercício das suas funções.

III. Controlo Financeiro 437

ARTIGO 15.º – (**Garantia do exercício da função inspectiva**)

1 – Aos inspectores da IGF, no exercício da sua actividade, devem ser facultadas pelas autoridades públicas e pelas entidades sujeitas à sua intervenção todas as condições necessárias à garantia da eficácia da acção inspectiva.

2 – Neste contexto, é assegurado aos inspectores da IGF, desde que devidamente identificados e no exercício das suas funções:

a) Aceder livremente e permanecer, pelo tempo necessário ao desempenho das funções que lhes forem cometidas, em todos os serviços e dependências das entidades sujeitas à intervenção da IGF;

b) Utilizar instalações adequadas ao exercício das suas funções em condições de dignidade e eficácia;

c) Requisitar e reproduzir documentos, para consulta, suporte ou junção aos relatórios, processos ou autos e, ainda, proceder ao exame de quaisquer elementos pertinentes à acção inspectiva em poder de entidades cuja actividade seja objecto da intervenção da IGF;

d) Trocar correspondência, em serviço, com quaisquer entidades públicas ou privadas sobre questões relacionadas com o desenvolvimento da sua actuação;

e) Ingressar e transitar livremente em quaisquer locais públicos, mediante a exibição do cartão de identificação profissional;

f) Requisitar às autoridades policiais e administrativas a colaboração necessária ao exercício das suas funções;

g) Promover, nos termos legais, a selagem de quaisquer instalações, dependências, cofres ou móveis e a apreensão de documentos e objectos de prova, lavrando o correspondente auto, dispensável caso apenas ocorra simples reprodução de documentos;

h) Proceder, por si ou por recurso a autoridade administrativa ou policial competente ou aos serviços fiscais locais, e cumpridas as formalidades legais, a notificações a que haja lugar em processos de inquéritos, sindicâncias ou disciplinares ou noutros de cuja instrução estejam incumbidos.

3 – Os funcionários da IGF que sejam arguidos em processo judicial, por actos cometidos ou ocorridos no exercício e por causa das suas funções, têm direito a ser assistidos por advogado, indicado pelo inspector-geral de finanças, ouvido o interessado, retribuído a expensas do Estado, bem como a transporte e ajudas de custo quando a localização do tribunal ou das entidades policiais o justifique.

4 – As importâncias eventualmente despendidas nos termos e para os efeitos referidos no número anterior devem ser reembolsadas pelo funcionário que lhes deu causa, no caso de condenação judicial.

438   *Legislação de Direito Financeiro*

SECÇÃO II – **Da eficácia das acções**

ARTIGO 16.º – **(Deveres de colaboração e informação)**

1 – As entidades sujeitas à intervenção da IGF devem disponibilizar o acesso ou fornecer os elementos de informação que esta considere necessários ao exercício das suas competências e ao êxito da sua missão, nos moldes, nos suportes e com a periodicidade havida por conveniente, segundo os parâmetros da boa fé.

2 – Os titulares dos órgãos das entidades sujeitas à intervenção da IGF estão obrigados a prestar-lhe ou a fazer prestar as informações e os esclarecimentos, a facultar documentos e a colaborar da forma que lhes for solicitada, no âmbito das suas funções, podendo, para o efeito, ser requisitada a comparência de responsáveis, funcionários e agentes dos serviços e organismos do Estado, nomeadamente, para prestação de declarações ou depoimentos.

3 – A recusa da colaboração devida e a oposição à actuação da IGF podem fazer incorrer o infractor em responsabilidade disciplinar e criminal, nos termos da legislação que ao caso couber.

4 – A IGF deve fazer constar no seu relatório anual de actividades os obstáculos colocados ao normal exercício da sua acção.

ARTIGO 17.º – **(Princípio do contraditório)**

1 – Sem prejuízo das garantias de defesa previstas na lei, e tendo em vista os objectivos de rigor, operacionalidade e eficácia da acção da IGF, esta conduzirá as suas intervenções com observância do princípio do contraditório, excepto quando tal procedimento for susceptível de prejudicar aqueles objectivos.

2 – As modalidades e princípios orientadores da aplicação do princípio do contraditório referido no número anterior são fixados por despacho do Ministro das Finanças.

ARTIGO 18.º – **(Garantia da eficácia)**

1 – Na sequência da decisão ministerial sobre os seus relatórios, a IGF assegura o respectivo encaminhamento para os gabinetes dos membros do Governo com responsabilidades de superintendência ou tutela sobre as entidades visadas bem como para estas, se for o caso.

2 – Sem prejuízo do dever de a IGF proceder ao acompanhamento do resultado das recomendações e propostas formuladas, as entidades públicas visadas devem fornecer-lhe, no prazo de 60 dias contados a partir da recepção do relatório, informações sobre as medidas e decisões entretanto adoptadas na sequência da intervenção da IGF, podendo ainda pronunciar-se sobre o efeito da acção.

III. Controlo Financeiro

Artigo 19.º – **(Dever de participação)**

1 – Independentemente do disposto no n.º 1 do artigo anterior, a IGF tem o dever de participar às entidades competentes, nacionais e comunitárias, consoante os casos, os factos que apurar no exercício das suas funções susceptíveis de interessarem ao exercício da acção penal, contra-ordenacional ou disciplinar, bem como à determinação de responsabilidades financeiras ou a acções de combate à fraude e irregularidades em prejuízo dos orçamentos nacional e comunitário.

2 – Os inspectores que tiverem conhecimento ou notícia de um crime transmiti-lo-ão ao Ministério Público no mais curto prazo, sem prejuízo da adopção dos actos cautelares necessários e urgentes para assegurar os meios de prova, nos termos previstos no Código de Processo Penal.

CAPÍTULO IV – **Pessoal**

Artigo 20.º – **(Carreira de inspecção)**

A carreira de inspecção integra o corpo especial de inspecção de alto nível, nos termos do artigo 28.º do Decreto-Lei n.º 353-A/89, de 16 de Outubro.

Artigo 21.º – **(Quadro de pessoal)**

1 – A IGF dispõe do quadro de pessoal constante do mapa anexo ao presente diploma, que dele faz parte integrante.

2 – Ao recrutamento e provimento do pessoal da IGF são aplicáveis as normas estabelecidas na lei geral, salvo o disposto no presente diploma.

Artigo 22.º – **(Classificação anual de serviço)**

1 – Os funcionários da IGF serão objecto de classificação anual de serviço, nas condições definidas por despacho do Ministro das Finanças, com observância dos princípios previstos na lei.

2 – O pessoal dirigente está dispensado da classificação de serviço a que se refere o número anterior.

Artigo 23.º – **(Provimento do pessoal dirigente)**

1 – Em face da especificidade das funções de controlo de alto nível, os lugares do pessoal dirigente são providos:

a) O de inspector-geral de finanças, por despacho conjunto do Primeiro-Ministro e do Ministro das Finanças, de entre indivíduos de reconhecida competência, qualificação e experiência, licenciados com curso superior adequado ao exercício do respectivo cargo;

440   *Legislação de Direito Financeiro*

b) Os de subinspector-geral de finanças, por despacho do Ministro das Finanças, sob proposta do inspector-geral de finanças, de entre licenciados com curso superior adequado que possuam experiência, qualificação e competência adequadas ao exercício do cargo;

c) Os de inspector de finanças director, de entre inspectores de finanças-chefes ou inspectores de finanças de categoria igual ou superior a inspector de finanças principal, estes com, pelo menos, quatro anos de efectivo serviço na IGF e com classificação de Muito bom no último ano, que possuam qualidades de direcção e experiência adequadas ao exercício do cargo;

d) Os de inspector de finanças-chefe, de entre inspectores com categoria igual ou superior a inspector de finanças com, pelo menos, quatro anos de efectivo serviço na IGF e com classificação de Muito bom no último ano, que possuam qualidades de chefia e experiência adequadas ao exercício do cargo.

2 – De acordo com as especificidades constantes das alíneas *a*) a *d*) do número anterior, o provimento dos cargos de inspector-geral de finanças, subinspector-geral de finanças, inspector de finanças director e inspector de finanças-chefe é efectuado em comissão de serviço, nos termos da lei geral aplicável ao pessoal dirigente.

Artigo 24.º – **(Provimento do pessoal da carreira de inspecção)**

1 – Os lugares da carreira de inspecção são providos:

a) Os de inspector de finanças superior principal, de entre inspectores de finanças superiores com pelo menos cinco anos de serviço nessa categoria e classificação de Muito bom no último ano;

b) Os de inspector de finanças superior, de entre inspectores de finanças principais com pelo menos quatro anos de serviço nessa categoria e classificação superior a Bom no último ano;

c) Os de inspector de finanças principal e de inspectores de finanças, de entre, respectivamente, inspectores de finanças com pelo menos três anos de serviço na categoria e classificação não inferior a Bom e inspectores de finanças estagiários que tenham concluído com aproveitamento o respectivo estágio;

d) Os de inspector de finanças estagiário, de entre licenciados com curso superior adequado, recrutados mediante provas de selecção a realizar para o efeito.

2 – O estágio a que se refere a alínea *c*) do n.º 1 tem a duração de um ano de efectivo serviço, podendo em qualquer momento cessar por exoneração dos estagiários que revelem uma notória inadequação para o exercício da função.

3 – A prova de selecção prevista na alínea *d*) do n.º 1 incluirá a apreciação do currículo dos interessados, a sua experiência profissional e os conhecimentos e aptidões específicos revelados em entrevistas e provas escritas, das quais

III. Controlo Financeiro 441

poderão ser dispensados os candidatos com média de curso não inferior a 16 valores ou Bom com distinção, caso em que aqueles conhecimentos e aptidões serão avaliados unicamente através de entrevista.

ARTIGO 25.º – **(Provimento do pessoal técnico de finanças)**

Os lugares da carreira do pessoal técnico de finanças são providos:
a) Os de secretário de finanças coordenador, de entre secretários de finanças especialistas com pelo menos três anos de serviço na categoria, classificação superior a Bom e qualidades de chefia adequadas ao exercício da função;
b) Os de secretário de finanças especialista, de entre secretários de finanças principais com pelo menos três anos de serviço na categoria e classificação não inferior a Bom;
c) Os de secretário de finanças principal, de entre secretários de finanças de 1.ª classe com pelo menos três anos de serviço na categoria e classificação não inferior a Bom;
d) Os de secretários de finanças de 1.ª classe, de entre os secretários de 2.ª classe com pelo menos três anos de serviço na categoria e classificação não inferior a Bom;
e) Os de secretário de finanças de 2.ª classe, de entre secretários de finanças estagiários aprovados no respectivo estágio, com a duração de um ano;
f) Os de secretário de finanças estagiário, de entre indivíduos habilitados com pelo menos o curso complementar do ensino secundário ou equivalente, recrutados mediante provas de selecção a realizar para o efeito.

ARTIGO 26.º – **(Provimento do restante pessoal)**

O provimento dos lugares das restantes carreiras previstas no quadro do pessoal da IGF será feito nos termos da lei geral.

ARTIGO 27.º – **(Regime de provimento e selecção)**

1 – As nomeações para lugares de secretário de finanças coordenador, bem como para os lugares de ingresso em carreiras em que o recrutamento não seja precedido de estágio, têm carácter provisório durante um ano, findo o qual o provimento se tornará definitivo, se o funcionário revelar aptidão para o lugar, regressando, em caso contrário, à situação anterior.

2 – No provimento dos lugares de ingresso em carreiras em que o recrutamento é precedido de estágio atender-se-á, pela ordem indicada:
a) À classificação final do estágio;
b) À graduação para ingresso no estágio.

3 – A formação obtida nos estágios a que alude o número anterior integra-

442 *Legislação de Direito Financeiro*

-se no âmbito da formação inicial e tem características teórica e prática, com momentos distintos de avaliação.

ARTIGO 28.° – **(Impedimentos e incompatibilidades)**

1 – O pessoal da IGF está sujeito ao regime geral de impedimentos e incompatibilidades vigente na Administração Pública.

2 – É ainda vedado aos dirigentes e inspectores da IGF:

a) Executar quaisquer acções de natureza inspectiva ou disciplinar em que sejam visados parentes ou afins em qualquer grau da linha recta ou até ao 3.° grau da linha colateral;

b) Exercer funções de administração ou gerência em qualquer ramo de comércio, indústria ou serviços;

c) Exercer actividades alheias ao serviço que respeitem a entidades relativamente às quais o funcionário tenha realizado nos últimos três anos quaisquer acções de natureza inspectiva ou disciplinar;

d) Exercer quaisquer outras actividades, públicas ou privadas, alheias ao serviço, salvo as que decorrem do exercício do seu direito de participação na vida pública.

3 – O exercício de actividades mencionadas nas alíneas *c)* e *d)* poderá ser autorizado casuisticamente por despacho do Ministro das Finanças, sob parecer do inspector-geral de finanças, desde que não afecte o prestígio da função, não contribua para enfraquecer a respectiva autoridade e não ponha em causa a isenção profissional do funcionário.

4 – O despacho de autorização fixará, para cada caso, as condições em que se permite o exercício de actividade estranha à IGF, podendo a todo o tempo ser revogado com fundamento na inobservância ou desrespeito dessas condições.

ARTIGO 29.° – **(Remunerações)**

Ao pessoal da IGF, incluindo o pessoal dirigente, é mantido o regime remuneratório actualmente em vigor.

ARTIGO 30.° – **(Domicílio profissional)**

1 – O pessoal da IGF tem domicílio profissional na cidade de Lisboa, podendo, por conveniência do serviço, ouvido o interessado e mediante despacho do inspector-geral de finanças, ser fixado nas cidades do Porto ou Coimbra.

2 – Os funcionários com domicílio profissional autorizado fora das localidades referidas no número anterior podem, mediante despacho do inspector-geral de finanças, manter o domicílio autorizado ao abrigo da legislação anterior.

3 – A promoção, nomeação em cargo dirigente ou a alteração do domicílio voluntário por iniciativa do interessado implica a observância do disposto no n.° 1.

III. Controlo Financeiro

CAPÍTULO V – **Disposições finais e transitórias**

ARTIGO 31.º – **(Orientação de acções)**

O inspector-geral de finanças pode, sempre que ocorram razões de serviço ponderosas, designar temporariamente inspectores de finanças de qualquer categoria para orientar a execução de acções.

ARTIGO 32.º – **(Preenchimento de lugares)**

Quando, por força da aplicação do presente diploma, os lugares providos em qualquer categoria excedam a respectiva dotação, consideram-se os mesmos preenchidos por conta das vagas existentes nas categorias superiores.

ARTIGO 33.º – **(Transição)**

1 – O pessoal da carreira de inspecção transita, na categoria que detém, para o escalão correspondente à remuneração actual.

2 – O pessoal da carreira técnica superior, bem como o pessoal da carreira de técnico de finanças habilitado com curso superior adequado, com mais de dois anos de serviço efectivo na IGF, pode transitar para a carreira de inspecção e é integrado na categoria e escalão correspondente ao nível da remuneração actual ou no escalão imediatamente superior, caso não haja correspondência.

3 – O pessoal da carreira de pessoal técnico de finanças, provido nas categorias de secretário de finanças de 1.ª ou 2.ª classe, com curso superior ou equiparado que não confira o grau de licenciatura, pode transitar para idêntico escalão da categoria de secretário de finanças principal.

4 – O restante pessoal da carreira de pessoal técnico de finanças transita para a categoria e escalão que actualmente detém.

5 – O pessoal da carreira de operador de reprografia que exerce funções de operador de offset transita para esta carreira, desde que possuidor das habilitações literárias e profissionais legalmente exigíveis para ingresso na referida carreira, para a categoria e escalão correspondente ao nível de remuneração actual ou imediatamente superior, caso não haja correspondência.

6 – As transições referidas nos n.os 2 e 3 fazem-se a requerimento dos interessados, a apresentar no prazo de 60 dias contados a partir da data da entrada em vigor do presente diploma.

ARTIGO 34.º – **(Chefes de repartição)**

Revogado([1]).

_____

([1]) Revogado pelo Decreto-Lei n.º 91/2002, de 12 de Abril.

ARTIGO 35.º – **(Pessoal)**

A entrada em vigor do presente diploma não prejudica a manutenção de qualquer relação jurídica de emprego legalmente tutelada vigente na respectiva data.

ARTIGO 36.º – **(Concursos pendentes)**

Nas transições previstas no presente diploma são consideradas as alterações resultantes de concursos de pessoal abertos até à entrada em vigor do presente diploma.

ARTIGO 37.º – **(Norma revogatória)**

O n.º 1 do artigo 37.º do Decreto-Lei n.º 249/98, de 11 de Agosto, passa a ter a seguinte redacção:

1 – São revogados o n.º 4 do artigo 3.º e o n.º 2 do artigo 9.º do Decreto-Lei n.º 94/87, de 2 de Março, o Decreto-Lei n.º 353/89, de 16 de Outubro, com excepção do n.º 2 do artigo 35.º e do artigo 35.º-A, este introduzido pelo Decreto-Lei n.º 82/97, de 9 de Abril, o Decreto-Lei n.º 155/91, de 23 de Abril, o n.º 3 do artigo 65.º do Decreto-Lei n.º 325/93, de 25 de Setembro, o Decreto-Lei n.º 162/95, de 6 de Julho, o Decreto Regulamentar n.º 33/86, de 20 de Agosto, a Portaria n.º 208/80, de 29 de Abril, a Portaria n.º 719/83, de 24 de Junho, a Portaria n.º 885/85, de 21 de Novembro, a Portaria n.º 415/87, de 19 de Maio, e a Portaria n.º 478/95, de 20 de Maio.([1])

2 – As disposições legais ou regulamentares que remetam para preceitos de anteriores diplomas orgânicos da IGF entendem-se reportadas para as correspondentes disposições do presente diploma, salvo se da interpretação daquelas resultar solução diferente.

Visto e aprovado em Conselho de Ministros de 8 de Abril de 1998. – *António Manuel de Oliveira Guterres – António Luciano Pacheco de Sousa Franco – Jorge Paulo Sacadura Almeida Coelho.*

Promulgado em 24 de Julho de 1998.
Publique-se.
O Presidente da República, JORGE SAMPAIO.

Referendado em 27 de Julho de 1998.
Pelo Primeiro-Ministro, *José Veiga Simão*, Ministro da Defesa Nacional.

([1]) Alterado pelo Decreto-Lei n.º 363-A/98, de 19 de Novembro.

19. Controlo Interno da Administração Financeira

Decreto-Lei n.º 166/98, de 25 de Junho

O Programa do XIII Governo confere um lugar de destaque à função controlo no quadro da reforma da Administração Pública, com particular ênfase para o «reforço e revisão do sistema de controlo financeiro».

Em coerência com este princípio programático, o artigo 11.º da Lei n.º 52-C/96, de 27 de Dezembro, que aprovou o Orçamento do Estado para 1997, incumbiu o Governo de legislar no sentido de estruturar o sistema nacional de controlo interno da administração financeira do Estado.

O presente diploma visa, pois, dar satisfação a este objectivo, consagrando um modelo articulado, integrado e coerente, estruturado em três níveis, com definição das entidades responsáveis e dos princípios fundamentais de actuação, que habilitem a uma melhor coordenação e utilização dos recursos afectos à função controlo.

Neste sentido, é criado o Conselho Coordenador do Sistema Nacional de Controlo Interno, a quem, para além das funções de coordenação do sistema, é confiada a missão de consolidar metodologias harmonizadas de controlo e de estabelecer critérios mínimos de qualidade do sistema nacional de controlo interno, susceptíveis de garantir um elevado nível de protecção dos interesses financeiros do Estado.

Apostando na mobilização de todas as estruturas da administração para este objectivo, procura-se, ainda, promover a difusão de uma «cultura do controlo» em todos os níveis da administração financeira do Estado que permita a assunção de uma generalizada consciência da decisiva relevância do controlo como forma privilegiada de melhorar a gestão.

Assim se compreende a evolução ultimamente constatada no sentido da criação de inspecções-gerais junto de alguns ministérios onde estas não existiam, bem como a criação no seio delas de núcleos de auditoria financeira, conviventes com as preocupações de auditoria técnica.

Importa agora integrar a actuação de todos os órgãos de controlo interno, de acordo com a filosofia expressa no presente diploma, a qual teve ainda em conta

446 *Legislação de Direito Financeiro*

a experiência adquirida com o modelo adoptado para o sistema nacional de controlo do QCA II instituído pelo Decreto-Lei n.º 99/94, de 19 de Abril.

Foram ouvidos os órgãos de governo próprios das Regiões Autónomas.

Assim, nos termos da alínea *a*) do n.º 1 do artigo 198.º da Constituição, o Governo decreta o seguinte:

ARTIGO 1.º – **(Designação)**

1 – É instituído pelo presente diploma o sistema de controlo interno da administração financeira do Estado, designado abreviadamente por SCI, colocado na dependência do Governo e em especial articulação com o Ministério das Finanças.

ARTIGO 2.º – **(Objecto)**

1 – O SCI compreende os domínios orçamental, económico, financeiro e patrimonial e visa assegurar o exercício coerente e articulado do controlo no âmbito da Administração Pública.

2 – O controlo interno consiste na verificação, acompanhamento, avaliação e informação sobre a legalidade, regularidade e boa gestão, relativamente a actividades, programas, projectos, ou operações de entidades de direito público ou privado, com interesse no âmbito da gestão ou tutela governamental em matéria de finanças públicas, nacionais e comunitárias, bem como de outros interesses financceiros públicos nos termos da lei.

ARTIGO 3.º – **(Componentes)**

Integram o SCI as inspecções-gerais, a Direcção-Geral do Orçamento, o Instituto de Gestão Financeira da Segurança Social e os órgãos e serviços de inspecção, auditoria ou fiscalização que tenham como função o exercício do controlo interno.

ARTIGO 4.º – **(Estrutura)**

1 – O SCI considera-se estruturado em três níveis de controlo, designados de operacional, sectorial e estratégico, definidos em razão da natureza e âmbito de intervenção dos serviços que o integram.

2 – O controlo operacional consiste na verificação, acompanhamento e informação, centrado sobre decisões dos órgãos de gestão das unidades de execução de acções é constituído pelos órgãos e serviços de inspecção, auditoria ou fiscalização inseridos no âmbito da respectiva unidade.

3 – O controlo sectorial consiste na verificação, acompanhamento e informação perspectivados preferentemente sobre a avaliação do controlo operacional

III. Controlo Financeiro 447

e sobre a adequação da inserção de cada unidade operativa e respectivo sistema de gestão, nos planos globais de cada ministério ou região, sendo exercido pelos órgãos sectoriais e regionais de controlo interno.

4 – O controlo estratégico consiste na verificação, acompanhamento e informação, perspectivados preferentemente sobre a avaliação do controlo operacional e controlo sectorial, bem como sobre a realização das metas traçadas nos instrumentos provisionais, designadamente o Programa do Governo, as Grandes Opções do Plano e o Orçamento do Estado.

5 – O controlo estratégico, de carácter horizontal relativamente a toda a administração financeira do Estado no sentido definido pelo artigo 2.º do Decreto-Lei n.º 158/96, de 3 de Setembro, é exercido pela Inspecção-Geral de Finanças (IGF), pela Direcção-Geral do Orçamento (DGO) e pelo Instituto de Gestão Financeira da Segurança Social (IGFSS), de acordo com as respectivas atribuições e competências previstas na lei.

ARTIGO 5.º – (**Princípios de coordenação**)

1 – Os órgãos de controlo referidos no artigo anterior planeiam, realizam e avaliam as suas acções de forma articulada, tendo em vista assegurar o funcionamento coerente e racional do sistema nacional de controlo interno, baseado na suficiência, na complementaridade e na relevância das respectivas intervenções.

2 – A suficiência dos controlos pressupõe que o conjunto de acções de controlo realizados assegure a inexistência de áreas não sujeitas a controlo ou sujeitas a controlos redundantes.

3 – A complementaridade dos controlos pressupõe a actuação dos órgãos de controlo no respeito pelas suas áreas de intervenção e pelos níveis em que se situam, com concertação entre eles quanto às fronteiras a observar e aos critérios e metodologias a utilizar nas intervenções.

4 – A relevância dos controlos pressupõe o planeamento e realização das intervenções, tendo em conta a avaliação do risco e materialidade das situações objecto de controlo.

ARTIGO 6.º – (**Conselho Coordenador**)

1 – A fim de assegurar a observância dos princípios referidos no artigo anterior e garantir o funcionamento do sistema, é criado o Conselho Coordenador do SCI, composto por todos os inspectores-gerais, pelo director-geral do Orçamento, pelo presidente do conselho directivo do Instituto de Gestão Financeira da Segurança Social e pelos demais titulares de órgãos sectoriais e regionais de controlo interno.

2 – O Conselho Coordenador é também um órgão de consulta do Governo em matéria de controlo interno, funciona junto do Ministério das Finanças e é presidido pelo inspector-geral de Finanças.

448 *Legislação de Direito Financeiro*

ARTIGO 7.º – **(Competências)**

Ao Conselho Coordenador compete, designadamente:
a) Emitir pareceres sobre os projectos de leis orgânicas dos órgãos sectoriais e regionais de controlo;
b) Emitir pareceres sobre os planos e relatórios sectoriais de actividade;
c) Elaborar o plano e relatório anuais do SCI;
d) Estabelecer normas sobre metodologias de trabalho e aperfeiçoamento técnico-profissional dos recursos humanos afectos ao SCI.

ARTIGO 8.º – **(Tribunal de Contas)**

O Tribunal de Contas pode fazer-se representar nos trabalhos sobre os planos e relatórios anuais, como observador, no Conselho Coordenador do SCI, devendo-lhe ser enviados os documentos referidos nas alíneas a) e b) do artigo 7.º

ARTIGO 9.º – **(Plano e relatório de actividades)**

1 – O plano de actividades anual do SCI deverá incluir mapas que congreguem as previsões de receitas e despesas correspondentes às actividades que, para cada um dos órgãos constituintes do SCI, estejam programadas na decorrência da sua inserção no sistema.

2 – A previsão de receitas terá em conta as formas de financiamento, quer por via directa do Orçamento do Estado, quer resultantes da afectação de verbas à função controlo que, por princípio, os programas e projectos devem prever, quer ainda as que possam decorrer de contraprestações, em termos a fixar pelo Ministro das Finanças, sempre que a intervenção de um órgão de controlo revista a natureza de prestação de serviço solicitado por terceiros.

3 – Sem prejuízo da obrigatoriedade da elaboração de planos e relatórios anuais de actividade pelos órgãos de controlo referidos no artigo 3.º, o Conselho Coordenador apresentará ao Ministro das Finanças o plano e o relatório anuais sintéticos da actividade do SCI no domínio da actividade financeira do Estado até 15 de Dezembro de cada ano e 15 de Maio do ano seguinte, respectivamente.

4 – O relatório referido no número anterior deve ser apresentado ao Governo até 30 de Junho imediato e será apreciado em Conselho de Ministros.

ARTIGO 10.º – **(Disposições finais e transitórias)**

1 – Será estabelecida em decreto regulamentar a disciplina operativa do SCI e modo de funcionamento do Conselho Coordenador do SCI.

2 – O Conselho Coordenador apresentará ao Ministro das Finanças, no prazo de seis meses contados a partir da entrada em vigor do presente decreto-lei, o projecto de diploma referido no número anterior.

III. Controlo Financeiro

Visto e aprovado em Conselho de Ministros de 16 de Abril de 1998. – *António Manuel de Oliveira Guterres – Jaime José Matos da Gama – José Veiga Simão – António Luciano Pacheco de Sousa Franco – Jorge Paulo Sacadura Almeida Coelho – João Cardona Gomes Cravinho – José Eduardo Vera Cruz Jardim – Joaquim Augusto Nunes de Pina Moura – Fernando Manuel Van-Zeller Gomes da Silva – Eduardo Carrega Marçal Grilo – Maria de Belém Roseira Martins Coelho Henriques de Pina – Elisa Maria da Costa Guimarães Ferreira – Manuel Maria Ferreira Carrilho – José Mariano Rebelo Pires Gago – António Luís Santos da Costa – José Sócrates Carvalho Pinto de Sousa.*

Promulgado em 9 de Junho de 1998.
Publique-se.
O Presidente da República, JORGE SAMPAIO.

Referendado em 17 de Junho de 1998.
O Primeiro-Ministro, *António Manuel de Oliveira Guterres.*

b) *Controlo jurisdicional*

20. Fiscalização do sector empresarial do Estado pelo Tribunal de Contas

Lei n.º 14/96, de 20 de Abril

A Assembleia da República decreta, nos termos dos artigos 164.º, alínea *b*), 168.º, n.º 1, alínea *q*), e 169.º, n.º 3, da Constituição, o seguinte:

ARTIGO 1.º – **(Fiscalização sucessiva das empresas públicas, sociedades de capitais públicos, sociedades de economia mista controladas ou participadas, empresas concessionárias e fundações de direito privado)**

1 – Ficam sujeitas à fiscalização sucessiva do Tribunal de Contas, nos termos da presente lei:

a) As empresas públicas;

b) As sociedades constituídas nos termos da lei comercial pelo Estado, por outras entidades públicas, ou por ambos, em associação;

c) As sociedades constituídas em conformidade com a lei comercial em que se associem capitais públicos e privados, nacionais ou estrangeiros, desde que a parte pública detenha de forma directa a maioria do capital social;

d) As sociedades constituídas em conformidade com a lei comercial em que se associem capitais públicos e privados, nacionais ou estrangeiros, quando a parte pública controle de forma directa a respectiva gestão, nomeadamente quando possa designar a maioria dos membros do órgão de administração, de direcção ou de fiscalização, quando possa nomear um administrador ou quando disponha de acções privilegiadas, nos termos do artigo 15.º da Lei n.º 11/90, de 5 de Abril;

452 *Legislação de Direito Financeiro*

e) As empresas concessionárias da gestão de empresas públicas, de sociedades de capitais públicos ou de sociedades de economia mista controladas e as empresas concessionárias de serviços públicos;

f) As fundações de direito privado que recebem anualmente, com carácter
de regularidade, fundos provenientes do Orçamento do Estado ou das
autarquias locais.

2 – A fiscalização sucessiva das entidades referidas nas alíneas *d)*, *e)* e *f)* do
número anterior só pode ser exercida mediante decisão do Tribunal, ou a requerimento de um décimo dos deputados à Assembleia da República ou do Governo.

ARTIGO 2.º – (**Âmbito do controlo**)

1 – No exercício da sua função de fiscalização das entidades referidas no
artigo anterior, o Tribunal de Contas pode, a todo o tempo, realizar inquéritos,
auditorias e outras acções de controlo sobre a legalidade, incluindo a boa gestão
financeira e o sistema de controlo interno.

2 – As entidades sujeitas à fiscalização sucessiva, nos termos das alíneas *a)*, *b)*
e *c)* do n.º 1 do artigo anterior, devem apresentar ao Tribunal de Contas os documentos anuais de prestação de contas previstos na lei até ao dia 31 de Maio do ano seguinte
ao que respeitam, sem prejuízo da prestação de informações pedidas, da remessa
de documentos solicitados ou da comparência para a prestação de declarações.

3 – No exercício da sua função de fiscalização, compete ao Tribunal de
Contas fiscalizar a alienação de participações sociais, tendo em vista a salvaguarda dos interesses patrimoniais do Estado.

4 – Os resultados das acções de fiscalização empreendidas pelo Tribunal de
Contas devem constar de relatórios a remeter à Assembleia da República, ao Governo e aos órgãos da empresa, devendo estes últimos promover a sua publicação
em termos idênticos aos demais documentos de prestação anual de contas.

5 – Sempre que o Tribunal de Contas realize inquéritos ou auditorias a solicitação do Governo ou da Assembleia da República e necessite de recorrer a
empresas de auditoria, o pagamento dos serviços prestados por estas empresas é
suportado pelas entidades sujeitas à fiscalização.

6 – O disposto no número anterior é aplicável aos casos em que o Tribunal
de Contas necessite de celebrar contratos de prestação de serviços para coadjuvação nas auditorias a realizar pelos seus serviços de apoio.

7 – Sendo várias as entidades fiscalizadas, o Tribunal fixará em relação a
cada uma delas a quota-parte do pagamento do preço dos serviços contratados.

ARTIGO 3.º – (**Fiscalização dos processos de reprivatização**)

1 – O Tribunal de Contas pode, por sua iniciativa ou a solicitação de um
décimo dos deputados à Assembleia da República ou do Governo, realizar audi-

III. Controlo Financeiro 453

torias a processos de reprivatização, devendo as empresas reprivatizadas ou outras empresas privadas intervenientes no processo facultar-lhe todos os elementos necessários ao esclarecimento da regularidade, legalidade, correcta e imparcial avaliação e obediência aos critérios de boa gestão financeira.

2 – O relatório de auditoria, depois de comunicado à Assembleia da República e ao Governo, deve ser publicado no *Diário da República*.

3 – O Governo ou a entidade proprietária da empresa a reprivatizar deve, em qualquer caso, enviar ao Tribunal de Contas, no prazo de 10 dias após a sua conclusão, o relatório ou relatórios de avaliação previstos na lei.

ARTIGO 4.° – **(Fiscalização da receita obtida com o processo de reprivatizações)**

Sem prejuízo do disposto no artigo anterior, compete ao Tribunal de Contas, em sede de parecer sobre a Conta Geral do Estado e de parecer sobre as Contas das Regiões Autónomas, fiscalizar o cumprimento do disposto no artigo 296.°, alínea *b*), da Constituição e no artigo 16.° da Lei n.° 11/90, de 5 de Abril.

ARTIGO 5.° – **(Relatório anual)**

O Tribunal de Contas incluirá no seu relatório anual uma síntese dos aspectos relevantes das acções de controlo desenvolvidas, no quadro da apreciação do sector público empresarial, do processo de reprivatizações e da alienação de participações do sector público.

ARTIGO 6.° – **(Protecção do segredo comercial ou industrial)**

Na elaboração e divulgação dos relatórios previstos na presente lei devem respeitar-se os limites necessários à salvaguarda do segredo comercial e industrial.

ARTIGO 7.° – **(Legislação aplicável)**

Em tudo quanto não esteja previsto na presente lei aplica-se a legislação financeira em vigor, em particular a reguladora da actividade do Tribunal de Contas.

ARTIGO 8.° – **(Norma revogatória)**

É revogado o artigo 29.° do Decreto-Lei n.° 260/76, de 8 de Abril.

ARTIGO 9.° – **(Entrada em vigor)**

A presente lei entra em vigor no dia seguinte ao da sua publicação.

Aprovada em 29 de Fevereiro de 1996.
O Presidente da Assembleia da República, *António de Almeida Santos.*

Promulgada em 3 de Abril de 1996.
Publique-se.
O Presidente da República, JORGE SAMPAIO.

Referendada em 8 de Abril de 1996.
O Primeiro-Ministro, *António Manuel de Oliveira Guterres.*

21. Lei da Organização e Processo do Tribunal de Contas

Lei n.º 98/97, de 26 de Agosto

A Assembleia da República decreta, nos termos dos artigos 164.º, alínea *d*), 168.º, n.º 1, alínea *q*), e 169.º, n.º 3, da Constituição, o seguinte:

CAPÍTULO I – Funções, jurisdição e competência

ARTIGO 1.º – **(Definição e jurisdição)**

1 – O Tribunal de Contas fiscaliza a legalidade e regularidade das receitas e das despesas públicas, aprecia a boa gestão financeira e efectiva responsabilidades por infracções financeiras.

2 – O Tribunal de Contas tem jurisdição e poderes de controlo financeiro no âmbito da ordem jurídica portuguesa, tanto no território nacional como no estrangeiro.

3 – Sempre que se verifique conflito de jurisdição entre o Tribunal de Contas e o Supremo Tribunal Administrativo, compete ao Tribunal dos Conflitos, presidido pelo Presidente do Supremo Tribunal de Justiça e constituído por dois juízes de cada um dos tribunais, dirimir o respectivo conflito.

ARTIGO 2.º – **(Objectivo e âmbito de competência)**

1 – Estão sujeitas à jurisdição e aos poderes de controlo financeiro do Tribunal de Contas as seguintes entidades:
   a) O Estado e seus serviços;
   b) As Regiões Autónomas e seus serviços;
   c) As autarquias locais, suas associações ou federações e seus serviços, bem como as áreas metropolitanas;
   d) Os institutos públicos;
   e) As instituições de segurança social.

456 *Legislação de Direito Financeiro*

2 – Também estão sujeitas aos poderes de controlo financeiro do Tribunal as seguintes entidades:

a) As associações públicas, associações de entidades públicas ou associações de entidades públicas e privadas que sejam financiadas maioritariamente por entidades públicas ou sujeitas ao seu controlo de gestão;

b) As empresas públicas;

c) As sociedades constituídas nos termos da lei comercial pelo Estado, por outras entidades públicas ou por ambos em associação;

d) As sociedades constituídas em conformidade com a lei comercial em que se associem capitais públicos e privados, nacionais ou estrangeiros, desde que a parte pública detenha de forma directa a maioria do capital social;

e) As sociedades constituídas em conformidade com a lei comercial em que se associem capitais públicos e privados, nacionais ou estrangeiros, quando a parte pública controle de forma directa a respectiva gestão, nomeadamente quando possa designar a maioria dos membros do órgão de administração, de direcção ou de fiscalização, quando possa nomear um administrador ou quando disponha de acções privilegiadas nos termos do artigo 15.º da Lei n.º 11/90, de 5 de Abril;

f) As empresas concessionárias da gestão de empresas públicas, de sociedades de capitais públicos ou de sociedades de economia mista controladas e as empresas concessionárias ou gestoras de serviços públicos;

g) As fundações de direito privado que recebam anualmente, com carácter de regularidade, fundos provenientes do Orçamento do Estado ou das autarquias locais, relativamente à utilização desses fundos.

3 – Estão também sujeitas ao controlo do Tribunal de Contas as entidades de qualquer natureza que tenham participação de capitais públicos ou sejam beneficiárias, a qualquer título, de dinheiros ou outros valores públicos, na medida necessária à fiscalização da legalidade, regularidade e correcção económica e financeira da aplicação dos mesmos dinheiros e valores públicos.

4 – Ao controlo financeiro das entidades enumeradas nos dois números anteriores aplica-se o disposto na Lei n.º 14/96, de 20 de Abril.

Artigo 3.º – **(Sede, secções regionais e delegações regionais)**

1 – O Tribunal de Contas tem sede em Lisboa.

2 – Nas Regiões Autónomas dos Açores e da Madeira funcionam secções regionais com sede, respectivamente, em Ponta Delgada e no Funchal.

3 – A lei pode desconcentrar regionalmente a organização e funcionamento do Tribunal de Contas no que respeita ao continente.

III. Controlo Financeiro　　457

4 – O Tribunal pode, sempre que necessário, determinar a localização de alguns dos seus serviços de apoio em outros pontos do território nacional, constituindo para o efeito delegações regionais, sem prejuízo da unidade de jurisdição e das competências definidas por lei.

Artigo 4.º – (**Competência territorial**)

1 – O Tribunal de Contas exerce na sede a plenitude dos poderes de jurisdição e de controlo financeiro, decidindo as questões que não sejam expressamente atribuídas às secções regionais, e conhece em recurso das respectivas decisões em matéria de visto, de responsabilidade financeira e de multa.

2 – As secções regionais exercem jurisdição e poderes de controlo financeiro na área das respectivas Regiões Autónomas, designadamente em relação às entidades referidas no artigo 2.º nelas sediadas, bem como aos serviços públicos da administração central que nelas exerçam actividade e sejam dotados de autonomia administrativa e financeira.

Artigo 5.º – (**Competência material essencial**)

1 – Compete, em especial, ao Tribunal de Contas:
a) Dar parecer sobre a Conta Geral do Estado, incluindo a da segurança social, bem como sobre a conta da Assembleia da República;
b) Dar parecer sobre as contas das Regiões Autónomas, bem como sobre as contas das respectivas assembleias legislativas regionais;
c) Fiscalizar previamente a legalidade e o cabimento orçamental dos actos e contratos de qualquer natureza que sejam geradores de despesa ou representativos de quaisquer encargos e responsabilidades, directos ou indirectos, para as entidades referidas no n.º 1 do artigo 2.º;
d) Verificar as contas dos organismos, serviços ou entidades sujeitos à sua prestação;
e) Julgar a efectivação de responsabilidades financeiras das entidades referidas no n.º 1 do artigo 2.º, mediante processo de julgamento de contas ou na sequência de auditorias, bem como a fixação de débitos aos responsáveis ou a impossibilidade de verificação ou julgamento de contas, podendo condenar os responsáveis financeiros na reposição de verbas e aplicar multas e demais sanções previstas na lei;
f) Apreciar a legalidade, bem como a economia, eficácia e eficiência, segundo critérios técnicos, da gestão financeira das entidades referidas nos n.ºs 1 e 2 do artigo 2.º, incluindo a organização, o funcionamento e a fiabilidade dos sistemas de controlo interno;
g) Realizar por iniciativa própria, ou a solicitação da Assembleia da República ou do Governo, auditorias às entidades a que se refere o artigo 2.º;

458   *Legislação de Direito Financeiro*

h) Fiscalizar, no âmbito nacional, a cobrança dos recursos próprios e a aplicação dos recursos financeiros oriundos da União Europeia, de acordo com o direito aplicável, podendo, neste domínio, actuar em cooperação com os órgãos comunitários competentes;

i) Exercer as demais competências que lhe forem atribuídas por lei.

2 – Compete ainda ao Tribunal aprovar, através da comissão permanente, pareceres elaborados a solicitação da Assembleia da República ou do Governo sobre projectos legislativos em matéria financeira.

3 – As contas a que se referem as alíneas *a)* e *b)* do n.º 1 são aprovadas pelos Plenários da Assembleia da República e das assembleias legislativas regionais, respectivamente, cabendo-lhes deliberar remeter ao Ministério Público os correspondentes pareceres do Tribunal de Contas para a efectivação de eventuais responsabilidades financeiras, nos termos dos artigos 57.º, n.º 1, e 58.º , n.º 1, alínea *b)*.

Artigo 6.º – **(Competência material complementar)**

Para execução da sua actividade, compete ainda ao Tribunal de Contas:

a) Aprovar os regulamentos internos necessários ao seu funcionamento;

b) Emitir as instruções indispensáveis ao exercício das suas competências, a observar pelas entidades referidas no artigo 2.º;

c) Elaborar e publicar o relatório anual da sua actividade;

d) Propor as medidas legislativas e administrativas que julgue necessárias ao exercício das suas competências;

e) Abonar aos responsáveis diferenças de montante não superior ao salário mínimo nacional, quando provenham de erro involuntário.

CAPÍTULO II – **Estatuto e princípios fundamentais**

Artigo 7.º – **(Independência)**

1 – O Tribunal de Contas é independente.

2 – São garantias de independência do Tribunal de Contas o autogoverno, a inamovibilidade e irresponsabilidade dos seus juízes e a exclusiva sujeição destes à lei.

3 – O autogoverno é assegurado nos termos da presente lei.

4 – Só nos casos especialmente previstos na lei os juízes podem ser sujeitos, em razão do exercício das suas funções, a responsabilidade civil, criminal ou disciplinar.

5 – Fora dos casos em que o facto constitua crime, a responsabilidade pelas decisões judiciais é sempre assumida pelo Estado, cabendo acção de regresso deste contra o respectivo juiz.

III. Controlo Financeiro 459

ARTIGO 8.º – **(Decisões)**

1 – Os juízes do Tribunal de Contas decidem segundo a Constituição e a lei e não estão sujeitos a ordens ou instruções.

2 – As decisões jurisdicionais do Tribunal de Contas são obrigatórias para todas as entidades públicas e privadas.

3 – A execução das sentenças condenatórias, bem como dos emolumentos e demais encargos fixados pelo Tribunal de Contas ou pela Direcção-Geral, é da competência dos tribunais tributários de 1.ª instância e observa o processo de execução fiscal.

ARTIGO 9.º – **(Publicidade de actos)**

1 – São publicados na 1.ª série-A do *Diário da República* os acórdãos que fixem jurisprudência.

2 – São publicados na 2.ª série do *Diário da República:*

a) O relatório e parecer sobre a Conta Geral do Estado;

b) Os relatórios e pareceres sobre as contas das Regiões Autónomas;

c) O relatório anual de actividades do Tribunal de Contas;

d) As instruções e regulamentos do Tribunal de Contas;

e) Os valores e as relações das entidades a que se referem respectivamente os artigos 38.º, n.º 1, alíneas *a)* e *b)*, e 40.º, alínea *a)*;

f) Os relatórios e decisões que o Tribunal de Contas entenda deverem ser publicados, após comunicação às entidades interessadas.

3 – Os actos previstos na alínea *b)*, bem como os previstos nas alíneas *d)*, *e)* e *f)*, do n.º 2 das secções regionais são também publicados nos respectivos jornais oficiais.

4 – O Tribunal de Contas pode ainda decidir a difusão dos seus relatórios através de qualquer meio de comunicação social, após comunicação às entidades interessadas.

ARTIGO 10.º – **(Coadjuvação)**

1 – No exercício das suas funções, o Tribunal de Contas tem direito à coadjuvação de todas as entidades públicas e privadas, nos mesmos termos dos tribunais judiciais.

2 – Todas as entidades referidas no artigo 2.º devem prestar ao Tribunal informação sobre as infracções que este deva apreciar e das quais tomem conhecimento no exercício das suas funções.

ARTIGO 11.º – **(Princípios e formas de cooperação)**

1 – Sem prejuízo da independência no exercício da função jurisdicional, o Tribunal de Contas coopera com as instituições homólogas, em particular as da

460   *Legislação de Direito Financeiro*

União Europeia e dos seus Estados membros, na defesa da legalidade financeira e do Estado de direito democrático, podendo para isso desenvolver as acções conjuntas que se revelem necessárias.

2 – O Tribunal coopera também, em matéria de informações, em acções de formação e nas demais formas que se revelem adequadas, com os restantes órgãos de soberania, os serviços e entidades públicas, as entidades interessadas na gestão e aplicação de dinheiros, bens e valores públicos, a comunicação social e ainda com as organizações cívicas interessadas, em particular as que promovam a defesa dos direitos e interesses dos cidadãos contribuintes, procurando, em regra através dos seus serviços de apoio, difundir a informação necessária para que se evite e reprima o desperdício, a ilegalidade, a fraude e a corrupção relativamente aos dinheiros e valores públicos, tanto nacionais como comunitários.

3 – As acções de controlo do Tribunal inserem-se num sistema de controlo, tanto nacional como comunitário, em cuja estrutura e funcionamento têm lugar de relevo os órgãos e departamentos de controlo interno, em particular as inspecções e auditorias dos ministérios e serviços autónomos, cabendo ao Presidente do Tribunal promover as acções necessárias ao intercâmbio, coordenação de critérios e conjugação de esforços entre todas as entidades encarregadas do controlo financeiro, sem prejuízo da independência do Tribunal e das dependências hierárquicas e funcionais dos serviços de controlo interno.

4 – O Tribunal de Contas pode ser solicitado pela Assembleia da República a comunicar-lhe informações, relatórios ou pareceres relacionados com as respectivas funções de controlo financeiro, nomeadamente mediante a presença do Presidente ou de relatores em sessões de comissão ou pela colaboração técnica de pessoal dos serviços de apoio.

ARTIGO 12.º – (**Colaboração dos órgãos de controlo interno**)

1 – Os serviços de controlo interno, nomeadamente as inspecções-gerais ou quaisquer outras entidades de controlo ou auditoria dos serviços e organismos da Administração Pública, bem como das entidades que integram o sector empresarial do Estado, estão ainda sujeitos a um dever especial de colaboração com o Tribunal de Contas.

2 – O dever de colaboração com o Tribunal referido no número anterior compreende:

a) A comunicação ao Tribunal dos seus programas anuais e plurianuais de actividades e respectivos relatórios de actividades;

b) O envio dos relatórios das suas acções, por decisão, nos termos do artigo 10.º, do ministro ou do órgão competente para os apreciar, sempre que contenham matéria de interesse para a acção do Tribunal, concretizando

III. Controlo Financeiro 461

as situações de facto e de direito integradoras de eventuais infracções financeiras;

c) A realização de acções, incluindo o acompanhamento da execução orçamental e da gestão das entidades sujeitas aos seus poderes de controlo financeiro, a solicitação do Tribunal, tendo em conta os critérios e objectivos por este fixados.

3 – O Presidente do Tribunal de Contas poderá reunir com os inspectores--gerais e auditores da Administração Pública para promover o intercâmbio de informações quanto aos respectivos programas anuais e plurianuais de actividades e a harmonização de critérios do controlo externo e interno.

ARTIGO 13.º – **(Princípio do contraditório)**

1 – Nos casos sujeitos à sua apreciação, o Tribunal de Contas ouve os responsáveis individuais e os serviços, organismos e demais entidades interessadas e sujeitas aos seus poderes de jurisdição e controlo financeiro.

2 – Aos responsáveis nos processos de efectivação de responsabilidades, bem como nos processos de multa, é assegurado o direito de previamente serem ouvidos sobre os factos que lhes são imputados, a respectiva qualificação, o regime legal e os montantes a repor ou a pagar.

3 – A audição faz-se antes de o Tribunal formular juízos públicos de simples apreciação, censura ou condenação.

4 – As alegações, respostas ou observações dos responsáveis são referidas e sintetizadas ou transcritas nos documentos em que sejam comentadas ou nos actos que os julguem ou sancionem, devendo ser publicados em anexo, com os comentários que suscitem, no caso dos relatórios sobre a Conta Geral do Estado, incluindo a da segurança social, e sobre as contas das Regiões Autónomas, e podendo ainda ser publicados em anexo a outros relatórios, quando o Tribunal o julgar útil.

5 – Quando, nomeadamente nos processos de verificação interna, o Tribunal se limitar a apreciar elementos introduzidos no processo pelos responsáveis e não proferir sobre eles qualquer juízo de crítica, censura ou condenação, a audição tem-se por realizada no momento da apresentação ao Tribunal do processo ou das respectivas alegações.

6 – Os responsáveis podem constituir advogado.

462   *Legislação de Direito Financeiro*

CAPÍTULO III – **Estrutura e organização do Tribunal de Contas**

SECÇÃO I – **Estrutura e organização**

ARTIGO 14.º – **(Composição)**

1 – O Tribunal de Contas é composto:
a) Na sede, pelo Presidente e por 16 juízes;
b) Em cada secção regional, por um juiz.

2 – O Tribunal dispõe na sede e nas secções regionais de serviços de apoio indispensáveis ao desempenho das suas funções.

ARTIGO 15.º – **(Secções especializadas)**

1 – O Tribunal de Contas tem na sede três secções especializadas:
a) A 1.ª Secção, encarregada da fiscalização prévia, podendo, em certos casos, exercer fiscalização concomitante;
b) A 2.ª Secção, encarregada da fiscalização concomitante e sucessiva de verificação, controlo e auditoria;
c) A 3.ª Secção, encarregada do julgamento dos processos de efectivação de responsabilidades e de multa.

2 – O número de juízes das secções é fixado por deliberação do plenário geral.

3 – Os juízes são colocados em cada uma das secções pelo plenário geral, ouvidos a comissão permanente e os interessados, e sucedem nos processos atribuídos ao titular da vaga que vão ocupar.

4 – Devem prioritariamente ser colocados na 3.ª Secção os juízes do Tribunal oriundos das magistraturas.

5 – Salvo razões ponderosas de natureza pessoal ou funcional, um juiz só pode mudar de secção após três anos de permanência na mesma.

SECÇÃO II – **Dos juízes do Tribunal de Contas**

ARTIGO 16.º – **(Nomeação e exoneração do Presidente)**

1 – O Presidente do Tribunal de Contas é nomeado nos termos da Constituição.

2 – Quando a nomeação recaia em juiz do próprio Tribunal, o respectivo lugar fica cativo enquanto durar o mandato do Presidente.

Artigo 17.º – (Vice-Presidente)

1 – O plenário geral elege, de entre os seus membros, um vice-presidente, no qual o Presidente pode delegar poderes e a quem cabe o encargo de o substituir no exercício das suas competências nos casos de vacatura, ausência ou impedimento.

2 – O cargo de Vice-Presidente é exercido por três anos, sendo permitida a reeleição.

3 – A eleição do Vice-Presidente é feita por escrutínio secreto, sendo eleito o juiz que obtiver mais de metade dos votos validamente expressos.

4 – Se nenhum juiz obtiver esse número de votos, procede-se a segundo sufrágio, ao qual concorrem apenas os dois mais votados, e, no caso de empate, considera-se eleito o mais antigo.

5 – A comissão permanente pode deliberar, sob proposta do Presidente, a redução do serviço a atribuir ou a distribuir ao Vice-Presidente.

Artigo 18.º – (Recrutamento dos juízes)

1 – O recrutamento dos juízes faz-se mediante concurso curricular, realizado perante um júri constituído pelo Presidente do Tribunal de Contas, que preside, pelo Vice-Presidente, pelo juiz mais antigo e por dois professores universitários, um de Direito e outro de Economia, Finanças, Organização e Gestão ou Auditoria, designados pelo Governo.

2 – O concurso é válido durante um ano a partir da data de publicação da lista classificativa.

3 – Podem ser abertos concursos especiais para selecção dos juízes das secções regionais.

4 – Devem prioritariamente ser colocados nas Secções Regionais juízes oriundos das magistraturas([1]).

5 – Os juízes colocados nas secções regionais têm preferência na colocação na primeira vaga que ocorra na sede, após dois anos de exercício de funções.

6 – O plenário geral pode determinar, em caso de urgente necessidade, que um juiz da sede desempenhe transitoriamente funções na secção regional, por período não superior a seis meses, em ordem a suprir a falta de juiz próprio, com a anuência do interessado.

Artigo 19.º – (Requisitos de provimento)

1 – Só podem apresentar-se ao concurso curricular os indivíduos com idade

---

([1]) Aditado pela Lei n.º 1/2001, de 4 de Janeiro.

464 *Legislação de Direito Financeiro*

superior a 35 anos que, para além dos requisitos gerais estabelecidos na lei para a nomeação dos funcionários do Estado, sejam:

a) Magistrados judiciais, dos tribunais administrativos e fiscais ou do Ministério Público, colocados em tribunais superiores, com pelo menos 10 anos na respectiva magistratura e classificação superior a *Bom,* bem como os juízes do Tribunal de Contas de Macau;

b) Doutores em Direito, Economia, Finanças ou Organização e Gestão ou em outras áreas adequadas ao exercício das funções;

c) Mestres ou licenciados em Direito, Economia, Finanças ou Organização e Gestão ou em outras áreas adequadas ao exercício das funções com pelo menos 10 anos de serviço na Administração Pública e classificação de *Muito bom,* sendo 3 daqueles anos no exercício de funções dirigentes ao nível do cargo de director-geral ou equiparado ou de funções docentes no ensino superior universitário em disciplinas afins da matéria do Tribunal de Contas;

d) Licenciados nas áreas referidas na alínea anterior que tenham exercido funções de subdirector-geral ou auditor-coordenador ou equiparado no Tribunal de Contas pelo menos durante 5 anos;

e) Mestres ou licenciados em Direito, Economia, Finanças ou Organização e Gestão de Empresas de reconhecido mérito com pelo menos 10 anos de serviço em cargos de direcção de empresas e 3 como membro de conselhos de administração ou de gestão ou de conselhos fiscais ou de comissões de fiscalização.

2 – A graduação será feita de entre os candidatos de cada uma das áreas de recrutamento enunciadas no número anterior.

3 – As nomeações são feitas pela ordem de classificação dos candidatos dentro de cada uma das áreas de recrutamento, atribuindo-se uma vaga a cada uma dessas áreas pela ordem estabelecida no n.º 1, e assim sucessivamente.

Artigo 20.º – **(Critérios do concurso curricular)**

1 – O júri gradua os candidatos em mérito relativo.

2 – No concurso curricular, a graduação é feita tomando globalmente em conta os seguintes factores:

a) Classificações académicas e de serviço;

b) Graduações obtidas em concursos;

c) Trabalhos científicos ou profissionais;

d) Actividade profissional;

e) Quaisquer outros factores que respeitem à idoneidade e à capacidade de adaptação relativamente ao cargo a prover.

3 – Dos actos definitivos relativos ao concurso e à nomeação dos juízes

III. Controlo Financeiro 465

cabe recurso para o plenário geral do Tribunal, sendo relator um juiz da 1.ª ou da 3.ª Secções a quem o mesmo for distribuído por sorteio.

4 – Ao recurso previsto no número anterior aplica-se, subsidiariamente, o regime de recurso das deliberações do Conselho Superior da Magistratura.

Artigo 21.º – **(Forma de provimento)**

1 – Os juízes do Tribunal de Contas que tenham vínculo à função pública podem ser providos a título definitivo ou exercer o cargo em comissão permanente de serviço.

2 – O tempo de serviço em comissão no Tribunal considera-se, para todos os efeitos, como prestado nos lugares de origem.

Artigo 22.º – **(Posse)**

1 – O Presidente do Tribunal de Contas toma posse e presta compromisso de honra perante o Presidente da República.

2 – O Vice-Presidente e os juízes tomam posse e prestam compromisso de honra perante o Presidente do Tribunal.

Artigo 23.º – **(Recrutamento de juízes auxiliares)**[1]

1 – A nomeação de juízes do Tribunal de Contas para outros cargos, em comissão de serviço, nos termos da lei, implica a criação automática de igual número de lugares além do quadro, a extinguir quando os seus titulares vierem a ocupar lugares do quadro.

2 – Os lugares além do quadro serão providos segundo a lista de graduação de concurso durante o respectivo prazo de validade ou mediante concurso a abrir nos termos dos artigos 18 a 20.º

3 – Os juízes nomeados para lugares além do quadro ocuparão, por ordem da respectiva graduação, as vagas que vierem a surgir posteriormente, ainda que tenha expirado o prazo de validade do concurso respectivo.

4 – O número de juízes além do quadro não poderá ultrapassar 25% dos lugares previstos no mesmo.

Artigo 24.º – **(Prerrogativas)**

Os juízes do Tribunal de Contas têm honras, direitos, categoria, tratamento, remunerações e demais prerrogativas iguais aos dos juízes do Supremo Tribunal de Justiça, aplicando-se-lhes, em tudo quanto não for incompatível com a natureza do Tribunal, o disposto no Estatuto dos Magistrados Judiciais.

---

[1] Alterado pela Lei n.º 1/2001, de 4 de Janeiro.

466   *Legislação de Direito Financeiro*

Artigo 25.º – **(Poder disciplinar)**

1 – Compete ao plenário geral o exercício do poder disciplinar sobre os seus juízes, ainda que respeite a actos praticados no exercício de outras funções, cabendo-lhe, designadamente, instaurar o processo disciplinar, nomear o respectivo instrutor, deliberar sobre a eventual suspensão preventiva e aplicar as respectivas sanções.

2 – As decisões em matéria disciplinar sobre os juízes serão sempre tomadas em 1.ª instância pela comissão permanente, com recurso para o plenário geral.

3 – Salvo o disposto nos números anteriores, aplica-se aos juízes do Tribunal de Contas o regime disciplinar estabelecido na lei para os magistrados judiciais.

Artigo 26.º – **(Responsabilidade civil e criminal)**

São aplicáveis ao Presidente e aos juízes do Tribunal de Contas, com as necessárias adaptações, as normas que regulam a efectivação das responsabilidades civil e criminal dos juízes do Supremo Tribunal de Justiça, bem como as normas relativas à respectiva prisão preventiva.

Artigo 27.º – **(Incompatibilidades, impedimentos e suspeições)**

1 – O Presidente e os juízes do Tribunal de Contas estão sujeitos às mesmas incompatibilidades, impedimentos e suspeições dos magistrados judiciais.

2 – O Presidente e os juízes do Tribunal de Contas não podem exercer quaisquer funções em órgãos de partidos, de associações políticas ou de associações com eles conexas nem desenvolver actividades político-partidárias de carácter público, ficando suspenso o estatuto decorrente da respectiva filiação durante o período do desempenho dos seus cargos no Tribunal.

Artigo 28.º – **(Distribuição de publicações oficiais)**

1 – O Presidente e os juízes do Tribunal de Contas têm direito a receber gratuitamente o *Diário da República,* 1.ª, 2.ª e 3.ª séries e apêndices, e o *Diário da Assembleia da República,* 1.ª e 2.ª séries.

2 – Os juízes das secções regionais têm ainda direito a receber gratuitamente o *Jornal Oficial* das respectivas Regiões Autónomas.

SECÇÃO III – **Do Ministério Público**

Artigo 29.º – **(Intervenção do Ministério Público)**

1 – O Ministério Público é representado, junto da sede do Tribunal de Con-

III. Controlo Financeiro 467

tas, pelo Procurador-Geral da República, que pode delegar as suas funções num ou mais dos procuradores-gerais-adjuntos.

2 – Nas secções regionais, o Ministério Público é representado pelo magistrado para o efeito designado pelo Procurador-Geral da República, o qual é substituído, nas suas faltas e impedimentos, pelo seu substituto legal.

3 – No colectivo a que se refere o n.º 1 do artigo 42.º, a representação do Ministério Público é assegurada pelo magistrado colocado na secção regional que preparar o parecer sobre a conta da Região Autónoma.

4 – O Ministério Público intervém oficiosamente e de acordo com as normas de processo nas 1.ª e 3.ª Secções, devendo ser-lhe entregues todos os relatórios e pareceres aprovados na sequência de acções de verificação, controlo e auditoria aquando da respectiva notificação, podendo solicitar a entrega de todos os documentos ou processos que entenda necessários.

SECÇÃO IV – **Dos serviços de apoio do Tribunal de Contas**

Artigo 30.º – **(Princípios orientadores)**

1 – O Tribunal de Contas dispõe de serviços de apoio técnico e administrativo, constituídos pelo Gabinete do Presidente e pela Direcção-Geral, incluindo os serviços de apoio das secções regionais.

2 – A organização e estrutura da Direcção-Geral, incluindo os serviços de apoio das secções regionais, constam de decreto-lei e devem observar os seguintes princípios e regras:

  a) Constituição de um corpo especial de fiscalização e controlo, integrando carreiras altamente qualificadas de auditor, consultor e técnico verificador, a exercer, em princípio, em regime de exclusividade;

  b) O auditor executa funções de controlo de alto nível, nomeadamente a realização de auditorias e outras acções de controlo nas diversas áreas da competência do Tribunal;

  c) O consultor executa funções de consultadoria de alto nível, nomeadamente de estudo e investigação científico-técnica para apoio ao Tribunal e às equipas de auditoria;

  d) O técnico verificador executa funções de estudo e aplicação de métodos e processos científico-técnicos, nomeadamente no âmbito da instrução de processos de fiscalização prévia e sucessiva;

  e) O estatuto remuneratório das carreiras de auditor e de consultor será equiparado ao dos juízes de direito;

  f) O estatuto remuneratório das carreiras de técnico verificador não será inferior ao praticado nos serviços de controlo e inspecção existentes na Administração Pública;

468   *Legislação de Direito Financeiro*

g) Constituição de unidades de apoio técnico segundo as competências de cada secção e, dentro desta, segundo áreas especializadas, a aprovar por regulamento interno;

h) Formação inicial e permanente de todos os funcionários daquelas carreiras;

i) Os serviços de apoio na sede são dirigidos por um director-geral, coadjuvado por subdirectores-gerais;

j) Em cada secção regional, os serviços de apoio são dirigidos por um subdirector-geral;

l) A Direcção-Geral e cada secção regional são ainda coadjuvadas por auditores-coordenadores e auditores-chefes, para o efeito equiparados a director de serviços e a chefe de divisão, respectivamente;

m) O pessoal dirigente da Direcção-Geral e dos serviços de apoio das secções regionais integra o corpo especial de fiscalização e controlo previsto na alínea *a)*, aplicando-se, subsidiariamente, o regime do pessoal dirigente da função pública;

n) O pessoal das carreiras não integrado no corpo especial de fiscalização e controlo previsto na alínea *a)* terá direito a um suplemento mensal de disponibilidade permanente.

3 – A estrutura, natureza e atribuições do Gabinete do Presidente, bem como o regime do respectivo pessoal, constam de decreto-lei.

4 – O Gabinete do Presidente assegura o apoio administrativo aos juízes e ao representante do Ministério Público, sendo para isso dotado das unidades necessárias.

5 – Até à entrada em vigor do decreto-lei a que se refere o n.º 2, o Presidente do Tribunal de Contas pode atribuir ao pessoal do quadro da Direcção-Geral um suplemento mensal de disponibilidade permanente até 20% do vencimento ilíquido a pagar pelos cofres do Tribunal.

SECÇÃO V – **Da gestão administrativa e financeira do Tribunal de Contas**

Artigo 31.º – (**Autonomia administrativa e orçamental**)

1 – O Tribunal de Contas e as suas secções regionais são dotados de autonomia administrativa.

2 – As despesas de instalação e funcionamento do Tribunal, incluindo as secções regionais, constituem encargo do Estado, através do respectivo Orçamento.

3 – O Tribunal elabora um projecto de orçamento e apresenta-o ao Governo nos prazos determinados para a elaboração da proposta de lei do Orçamento, devendo ainda fornecer à Assembleia da República os elementos que ela lhe solicite sobre esta matéria.

III. Controlo Financeiro   469

ARTIGO 32.º – (**Poderes administrativos e financeiros do Tribunal**)

Compete ao Tribunal, em plenário geral:

a) Aprovar o projecto do seu orçamento anual, incluindo os das secções regionais, bem como dos respectivos cofres, e das propostas de alteração orçamental que não sejam da sua competência;

b) Apresentar sugestões de providências legislativas necessárias ao funcionamento do Tribunal, incluindo as secções regionais, e dos seus serviços de apoio;

c) Definir as linhas gerais de organização e funcionamento dos seus serviços de apoio técnico, incluindo os das secções regionais.

ARTIGO 33.º – (**Poderes administrativos e financeiros do Presidente**)

1 – Compete ao Presidente do Tribunal:

a) Superintender e orientar os serviços de apoio, incluindo a gestão de pessoal e a gestão financeira do Tribunal e das suas secções regionais, no quadro do autogoverno, exercendo os poderes administrativos e financeiros idênticos aos que integram a competência ministerial;

b) Orientar a elaboração dos projectos de orçamento bem como das propostas de alteração orçamental que não sejam da sua competência;

c) Dar aos serviços de apoio do Tribunal as ordens e instruções que se revelem necessárias à melhor execução das orientações definidas pelo Tribunal e ao seu eficaz funcionamento.

2 – O exercício das competências referidas no n.º 1 pode ser delegado no Vice-Presidente e nos juízes das secções regionais.

ARTIGO 34.º – (**Conselhos administrativos**)

1 – O Conselho Administrativo do Tribunal é presidido pelo director-geral e integram-no dois vogais que exerçam cargos dirigentes na Direcção-Geral, dos quais um será o responsável pelos serviços de gestão financeira.

2 – Os dois vogais do Conselho Administrativo são designados pelo Presidente, sob proposta do director-geral, devendo igualmente ser designados os respectivos substitutos.

3 – Nas secções regionais o conselho administrativo é presidido pelo subdirector-geral e os dois vogais, bem como os respectivos substitutos, são designados pelo juiz, sob proposta do subdirector-geral.

4 – Os conselhos administrativos exercem a competência de administração financeira, que integra a gestão normal dos serviços de apoio, competindo-lhe, designadamente:

a) Autorizar as despesas que não devam ser autorizadas pelo Presidente;

470 *Legislação de Direito Financeiro*

b) Autorizar o pagamento de despesas, qualquer que seja a entidade que tenha autorizado a respectiva realização;

c) Preparar os projectos de orçamento do Tribunal e das secções regionais e o orçamento dos respectivos cofres, bem como as propostas de alteração orçamental que se revelem necessárias;

d) Gerir o Cofre do Tribunal ou das respectivas secções regionais.

5 – Os presidentes têm voto de qualidade.

ARTIGO 35.º – **(Cofres do Tribunal de Contas)**

1 – O Tribunal de Contas dispõe de cofres na sede e nas secções regionais, que gozam de personalidade jurídica, autonomia administrativa e financeira e património próprio.

2 – Constituem receitas dos cofres:

a) As receitas emolumentares cobradas pelos serviços do Tribunal ou da Direcção-Geral;

b) O produto da venda de livros ou revistas editados pelo Tribunal ou de serviços prestados pela Direcção-Geral;

c) Outras receitas a fixar por diploma legal;

d) Heranças, legados e doações.

3 – Constituem encargos dos cofres:

a) As despesas correntes e de capital que, em cada ano, não possam ser suportadas pelas verbas inscritas no Orçamento do Estado;

b) Os vencimentos dos juízes auxiliares para além do número de juízes do quadro, bem como os suplementos que sejam devidos aos juízes;

c) As despesas resultantes da edição de livros ou revistas;

d) As despesas derivadas da realização de estudos, auditorias, peritagens e outros serviços, quando não possam ser levados a cabo pelo pessoal do quadro dos serviços de apoio.

4 – Todos os bens adquiridos com verbas inscritas nos orçamentos dos cofres do Tribunal integram os respectivos patrimónios próprios.

CAPÍTULO IV – **Das modalidades do controlo financeiro do Tribunal de Contas**

SECÇÃO I – **Da programação**

ARTIGO 36.º – **(Fiscalização orçamental)**

1 – O Tribunal de Contas fiscaliza a execução do Orçamento do Estado,

III. Controlo Financeiro 471

incluindo o da segurança social, podendo para tal solicitar a quaisquer entidades, públicas ou privadas, as informações necessárias.

2 – As informações assim obtidas, quer durante a execução do Orçamento quer até ao momento da publicação da Conta Geral do Estado, podem ser comunicadas à Assembleia da República, com quem o Tribunal e os seus serviços de apoio poderão acordar os procedimentos necessários para a coordenação das respectivas competências constitucionais de fiscalização da execução orçamental e, bem assim, para apreciação do relatório sobre a Conta Geral do Estado, tanto durante a sua preparação como após a respectiva publicação.

3 – A Assembleia da República pode solicitar ao Tribunal relatórios intercalares sobre os resultados da fiscalização do Orçamento ao longo do ano, bem como a prestação de quaisquer esclarecimentos necessários à apreciação do Orçamento do Estado e do relatório sobre a Conta Geral do Estado.

4 – À preparação e à fiscalização da execução dos orçamentos das Regiões Autónomas pelas secções regionais, em articulação com as assembleias legislativas regionais, aplica-se o disposto nos números anteriores, com as necessárias adaptações.

ARTIGO 37.° – **(Programa trienal)**

1 – O plenário geral do Tribunal de Contas aprova o programa das suas acções de fiscalização e controlo para um período de três anos, até 30 de Outubro do ano imediatamente anterior ao início do triénio.

2 – Na sede o programa é elaborado pela comissão permanente com base nos programas sectoriais trienais das 1.ª e 2.ª Secções.

3 – O programa trienal das secções regionais é elaborado pelo respectivo juiz e consta em anexo ao programa trienal da sede.

ARTIGO 38.° – **(Programa anual da 1.ª Secção)**

1 – O plenário da 1.ª Secção aprova até 15 de Dezembro de cada ano, com subordinação ao programa de acção trienal, o respectivo programa anual, do qual consta, designadamente:

    a) A relação dos organismos ou serviços dispensados, total ou parcialmente, de fiscalização prévia nesse ano com fundamento na fiabilidade do seu sistema de decisão e controlo interno verificado em auditorias realizadas pelo Tribunal;

    b) A relação dos serviços ou organismos que nesse ano serão objecto de fiscalização concomitante de despesas emergentes dos actos ou contratos que não devam ser remetidos para fiscalização prévia.

2 – A dispensa de fiscalização prévia prevista na alínea *a)* do número anterior pode ser revogada a todo o tempo com fundamento na falta de fiabilidade do

472   *Legislação de Direito Financeiro*

sistema de decisão e controlo interno do serviço ou organismo constatada em auditorias realizadas pelo Tribunal.

3 – A dispensa de fiscalização prévia não prejudica a fiscalização conco-mitante ou sucessiva das despesas emergentes da execução dos respectivos actos ou contratos nem a eventual responsabilidade financeira.

4 – A atribuição aos juízes da direcção das auditorias a que se refere a alínea *b*) do n.º 1 é feita por sorteio.

ARTIGO 39.º – (**Áreas de responsabilidade da 2.ª Secção**)

1 – Aprovado o programa de acção trienal do Tribunal, o plenário da 2.ª Secção, até 15 de Novembro desse ano, deliberará a constituição das áreas de responsabilidade a atribuir por sorteio a cada juiz, na falta de consenso.

2 – A elaboração do relatório e parecer da Conta Geral do Estado pode constituir uma ou mais áreas de responsabilidade.

3 – Os serviços de apoio técnico devem organizar-se em função das áreas de responsabilidade dos juízes.

ARTIGO 40.º – (**Programa anual da 2.ª Secção**)

O plenário da 2.ª Secção aprova até 15 de Dezembro de cada ano, com subordinação ao programa de acção trienal, o respectivo programa anual, do qual consta, designadamente:

a) A relação das entidades dispensadas da remessa de contas segundo critérios previamente definidos, que respeitarão os critérios e práticas correntes de auditoria e visarão conseguir uma adequada combinação entre amostragem e risco financeiro, a prioridade do controlo das contas mais actuais, com maiores valor e risco financeiro, e a garantia de que todos os serviços e organismos sejam controlados pelo menos uma vez em cada ciclo de quatro anos;

b) A relação das entidades cujas contas serão objecto de verificação externa;

c) A relação das entidades cujas contas serão devolvidas com e sem verifi-cação interna pelos serviços de apoio, segundo critérios previamente definidos;

d) O valor de receita ou despesa abaixo do qual as entidades sujeitas à prestação de contas ficam dispensadas de as remeter a Tribunal;

e) As auditorias a realizar independentemente de processos de verificação de contas;

f) As acções a realizar no âmbito da elaboração do relatório e parecer sobre a Conta Geral do Estado.

III. Controlo Financeiro 473

ARTIGO 41.° – **(Relatório e parecer sobre a Conta Geral do Estado)**

1 – No relatório e parecer sobre a Conta Geral do Estado, incluindo a da segurança social, o Tribunal de Contas aprecia a actividade financeira do Estado no ano a que a Conta se reporta, nos domínios das receitas, das despesas, da tesouraria, do recurso ao crédito público e do património, designadamente nos seguintes aspectos:

a) O cumprimento da Lei de Enquadramento do Orçamento do Estado, bem como a demais legislação complementar relativa à administração financeira;

b) A comparação entre as receitas e despesas orçamentadas e as efectivamente realizadas;

c) O inventário e o balanço do património do Estado, bem como as alterações patrimoniais, nomeadamente quando decorram de processos de privatização;

d) Os fluxos financeiros entre o Orçamento do Estado e o sector empresarial do Estado, nomeadamente quanto ao destino legal das receitas de privatizações;

e) A execução dos programas plurianuais do Orçamento do Estado, com referência especial à respectiva parcela anual;

f) A movimentação de fundos por operações de tesouraria, discriminados por tipos de operações;

g) As responsabilidades directas do Estado, decorrentes da assunção de passivos ou do recurso ao crédito público, ou indirectas, designadamente a concessão de avales;

h) Os apoios concedidos directa ou indirectamente pelo Estado, designadamente subvenções, subsídios, benefícios fiscais, créditos, bonificações e garantias financeiras;

i) Os fluxos financeiros com a União Europeia, bem como o grau de observância dos compromissos com ela assumidos.

2 – O relatório e parecer sobre a Conta Geral do Estado emite um juízo sobre a legalidade e a correcção financeira das operações examinadas, podendo pronunciar-se sobre a economia, a eficiência e a eficácia da gestão e, bem assim, sobre a fiabilidade dos respectivos sistemas de controlo interno.

3 – No relatório e parecer sobre a Conta Geral do Estado podem ainda ser formuladas recomendações à Assembleia da República ou ao Governo, em ordem a ser supridas as deficiências de gestão orçamental, tesouraria, dívida pública e património, bem como de organização e funcionamento dos serviços.

ARTIGO 42.° – **(Contas das Regiões Autónomas)**

1 – O relatório e parecer sobre as contas das Regiões Autónomas é preparado pela respectiva secção regional e, seguidamente, aprovado por um colec-

474 *Legislação de Direito Financeiro*

tivo para o efeito constituído pelo Presidente do Tribunal de Contas e pelos juízes de ambas as secções regionais.

2 – O colectivo a que se refere o número anterior reúne-se na sede da secção regional responsável pela preparação do relatório e parecer.

3 – Ao relatório e parecer sobre as contas das Regiões Autónomas é aplicável o disposto no artigo 41.°, com as devidas adaptações.

ARTIGO 43.° – (**Relatório anual**)

1 – A actividade desenvolvida pelo Tribunal de Contas e pelos seus serviços de apoio consta de um relatório.

2 – O relatório é elaborado pelo Presidente e aprovado pelo plenário geral, após o que é publicado e apresentado ao Presidente da República, à Assembleia da República, ao Governo e aos órgãos de governo próprio das Regiões Autónomas, no tocante à respectiva secção regional, até ao dia 31 de Maio do ano seguinte àquele a que diga respeito.

3 – Para a elaboração do relatório referido nos números anteriores devem os juízes das secções regionais remeter ao Presidente o respectivo relatório até ao dia 30 de Abril do ano seguinte àquele a que diga respeito.

SECÇÃO II – **Da fiscalização prévia**

ARTIGO 44.° – (**Finalidade do visto. Fundamentos da recusa do visto**)

1 – A fiscalização prévia tem por fim verificar se os actos, contratos ou outros instrumentos geradores de despesa ou representativos de responsabilidades financeiras directas ou indirectas estão conforme às leis em vigor e se os respectivos encargos têm cabimento em verba orçamental própria.

2 – Nos instrumentos geradores de dívida pública, a fiscalização prévia tem por fim verificar, designadamente, a observância dos limites e sublimites de endividamento e as respectivas finalidades, estabelecidas pela Assembleia da República.

3 – Constitui fundamento da recusa do visto a desconformidade dos actos, contratos e demais instrumentos referidos com as leis em vigor que implique:

a) Nulidade;

b) Encargos sem cabimento em verba orçamental própria ou violação directa de normas financeiras;

c) Ilegalidade que altere ou possa alterar o respectivo resultado financeiro.

4 – Nos casos previstos na alínea *c)* do número anterior, o Tribunal, em decisão fundamentada, pode conceder o visto e fazer recomendações aos serviços e organismos no sentido de suprir ou evitar no futuro tais ilegalidades.

5 – *Nenhuma nomeação ou contrato de pessoal pode ser publicado no*

III. Controlo Financeiro 475

Diário da República *sem menção da data do respectivo visto, expresso ou tácito, ou declaração de conformidade ou de que não carece de fiscalização prévia*[1].

ARTIGO 45.° – **(Efeitos do visto)**[2]

1 – Os actos, contratos e demais instrumentos sujeitos à fiscalização prévia do Tribunal de Contas podem produzir todos os seus efeitos antes do visto ou da declaração de conformidade, excepto quanto aos pagamentos a que derem causa e sem prejuízo do disposto nos números seguintes.

2 – Nos casos previstos no número anterior, a recusa do visto implica apenas ineficácia jurídica dos respectivos actos, contratos e demais instrumentos após a data da notificação da respectiva decisão aos serviços ou organismos interessados.

3 – Os trabalhos realizados ou os bens ou serviços adquiridos após a celebração do contrato e até à data da notificação da recusa do visto poderão ser pagos após esta notificação, desde que o respectivo valor não ultrapasse a programação contratualmente estabelecida para o mesmo período.

ARTIGO 46.° – **(Incidência da fiscalização prévia)**

1 – Devem ser remetidos ao Tribunal de Contas para efeitos de fiscalização prévia, nos termos do artigo 5.°, n.° 1, alínea *c*), os documentos que representem, titulem ou dêem execução aos actos e contratos seguintes:

a) As obrigações gerais e todos os actos de que resulte aumento da dívida pública fundada das entidades referidas no n.° 1 do artigo 2.°, e ainda os actos que modifiquem as condições gerais de empréstimos visados;

b) Os contratos reduzidos a escrito de obras públicas, aquisição de bens e serviços, bem como outras aquisições patrimoniais que impliquem despesa,

c) As minutas de contratos de valor igual ou superior fixados nas leis do orçamento nos termos do artigo 48.° que venham a celebrar-se por escritura pública e cujos encargos tenham de ser satisfeitos no acto da sua celebração[3].

2 – O Tribunal e os seus serviços de apoio exercem as respectivas competências de fiscalização prévia de modo integrado com as formas de fiscalização concomitante e sucessiva, procurando flexibilizar o seu exercício e

---

[1] Revogado pela Lei n.° 87-B/98, de 31 de Dezembro.
[2] Alterado pela Lei n.° 87-B/98, de 31 de Dezembro.
[3] Alterada pela Lei n.° 87-B/98, de 31 de Dezembro.

476 *Legislação de Direito Financeiro*

promovendo a sua progressiva selectividade, em conformidade com o disposto nos artigos 38.° e 48.°

3 – A fiscalização prévia exerce-se através do visto ou da declaração de conformidade, sendo devidos emolumentos em ambos os casos.

ARTIGO 47.° – **(Fiscalização prévia: isenções)**

Excluem-se do disposto no artigo anterior:

a) Os actos e contratos praticados ou celebrados pelas entidades do artigo 2.°, n.ᵒˢ 2 e 3, bem como os actos do Governo e dos governos regionais que não determinem encargos orçamentais ou de tesouraria e se relacionem exclusivamente com a tutela e gestão dessas entidades;

b) Os títulos definitivos dos contratos precedidos de minutas visadas;

c) Os contratos de arrendamento, bem como os de fornecimento de água, gás e electricidade ou celebrados com empresas de limpeza, de segurança de instalações e de assistência técnica;

d) Os contratos destinados a estabelecer condições de recuperação de créditos do Estado;

e) Outros actos, diplomas, despachos ou contratos já especialmente previstos na lei.

ARTIGO 48.° – **(Dispensa da fiscalização prévia)**(¹)

As leis do orçamento fixarão, para vigorar em cada ano orçamental, o valor contratual, com exclusão do montante do imposto sobre o valor acrescentado que for devido, abaixo do qual os contratos referidos na alínea *b)* do n.° 1 do artigo 46.° ficam dispensados de fiscalização prévia.

SECÇÃO III – **Da fiscalização concomitante**

ARTIGO 49.° – **(Fiscalização concomitante)**(²)

1 – O Tribunal de Contas pode realizar fiscalização concomitante:

a) Através de auditorias da 1.ª secção aos procedimentos administrativos relativos aos actos que implicarem despesas de pessoal e aos contratos que não devam ser remetidos para fiscalização prévia por força da lei ou deliberação do tribunal;

(¹) Alterado pela Lei n.° 87-B/98, de 31 de Dezembro.
(²) Alterado pela Lei n.° 87-B/98, de 31 de Dezembro.

III. Controlo Financeiro 477

b) Através de auditorias da 2.ª Secção à actividade financeira exercida antes do encerramento da respectiva gerência.

2 – Se, nos casos previstos no número anterior, se apurar a ilegalidade de procedimento pendente ou de acto ou contrato ainda não executado, deverá a entidade competente para autorizar a despesa ser notificada para remeter o referido acto ou contrato à fiscalização prévia e não lhe dar execução antes do visto, sob pena de responsabilidade financeira.

3 – Os relatórios de auditoria realizados nos termos dos números anteriores podem ser instrumentos de processo de verificação da respectiva conta ou servir de base a processo de efectivação de responsabilidades ou de multa.

SECÇÃO IV – **Da fiscalização sucessiva**

ARTIGO 50.º – **(Da fiscalização sucessiva em geral)**([1])

1 – No âmbito da fiscalização sucessiva, o Tribunal de Contas verifica as contas das entidades previstas no artigo 2.º, avalia os respectivos sistemas de controlo interno, aprecia a legalidade, economia, eficiência e eficácia da sua gestão financeira e assegura a fiscalização da comparticipação nacional nos recursos próprios comunitários e da aplicação dos recursos financeiros oriundos da União Europeia.

2 – No âmbito da fiscalização sucessiva da dívida pública directa do Estado, o Tribunal de Contas verifica, designadamente, se foram observados os limites de endividamento e demais condições gerais estabelecidos pela Assembleia da República em cada exercício orçamental.

3 – Os empréstimos e as operações financeiras de gestão da dívida pública directa, bem como os respectivos encargos, provenientes, nomeadamente, de amortizações de capital ou de pagamentos de juros, estão sujeitos à fiscalização sucessiva do Tribunal de Contas.

4 – O Instituto de Gestão do Crédito Público informará mensalmente o Tribunal de Contas sobre os empréstimos e as operações financeiras de gestão da dívida pública directa do Estado realizados nos termos previstos nesta lei.

ARTIGO 51.º – **(Das entidades que prestam contas)**

1 – Estão sujeitas à elaboração e prestação de contas as seguintes entidades:
a) A Presidência da República;
b) A Assembleia da República;

([1]) Alterado pela Lei n.º 87-B/98, de 31 de Dezembro.

478   *Legislação de Direito Financeiro*

c) Os tribunais;

d) As assembleias legislativas regionais;

e) Outros órgãos constitucionais;

f) Os serviços do Estado e das Regiões Autónomas, incluindo os localizados no estrangeiro, personalizados ou não, qualquer que seja a sua natureza jurídica, dotados de autonomia administrativa ou de autonomia administrativa e financeira, incluindo os fundos autónomos e organismos em regime de instalação;

g) O Estado-Maior-General das Forças Armadas e respectivos ramos, bem como as unidades militares;

h) A Santa Casa da Misericórdia e o seu Departamento de Jogos;

i) O Instituto de Gestão do Crédito Público;

j) A Caixa Geral de Aposentações;

l) As juntas e regiões de turismo,

m) As autarquias locais, suas associações e federações e seus serviços autónomos, áreas metropolitanas e assembleias distritais;

n) Os conselhos administrativos ou comissões administrativas ou de gestão, juntas de carácter permanente, transitório ou eventual, outros administradores ou responsáveis por dinheiros ou outros activos do Estado ou de estabelecimentos que ao Estado pertençam, embora disponham de receitas próprias;

o) As entidades previstas no n.º 2 do artigo 2.º;

p) Outras entidades ou organismos a definir por lei.

2 – Estão ainda sujeitos à elaboração e prestação de contas:

a) Os serviços que exerçam funções de caixa da Direcção-Geral do Tesouro, da Direcção-Geral das Alfândegas e da Direcção-Geral dos Impostos;

b) Os estabelecimentos com funções de tesouraria;

c) Os cofres de qualquer natureza de todos os organismos e serviços públicos, seja qual for a origem e o destino das suas receitas.

3 – O plenário geral da 2.ª Secção poderá fixar o montante anual de receita ou de despesa abaixo do qual as entidades referidas nos números anteriores ficam dispensadas de remeter as contas ao Tribunal.

4 – O plenário da 2.ª Secção poderá anualmente deliberar a dispensa de remessa de contas por parte de algumas das entidades referidas nos n.os 1 e 2 com fundamento na fiabilidade dos sistemas de decisão e de controlo interno constatado em anteriores auditorias ou de acordo com os critérios de selecção das acções e entidades a incluir no respectivo programa anual.

5 – As contas dispensadas de remessa ao Tribunal nos termos dos n.os 3 e 4 podem ser objecto de verificação e as respectivas entidades sujeitas a auditorias, mediante deliberação do plenário da 2.ª Secção, durante o período de cinco anos.

III. Controlo Financeiro

Artigo 52.º – (**Da prestação de contas**)

1 – As contas serão prestadas por anos económicos e elaboradas pelos responsáveis da respectiva gerência ou, se estes tiverem cessado funções, por aqueles que lhes sucederem, sem prejuízo do dever de recíproca colaboração.

2 – Quando, porém, dentro de um ano económico houver substituição do responsável ou da totalidade dos responsáveis nas administrações colectivas, as contas serão prestadas em relação a cada gerência.

3 – A substituição parcial de gerentes em administrações colegiais por motivo de presunção ou apuramento de qualquer infracção financeira dará lugar à prestação de contas, que serão encerradas na data em que se fizer a substituição.

4 – As contas serão remetidas ao Tribunal até 15 de Maio do ano seguinte àquele a que respeitem.

5 – Nos casos previstos nos n.os 2 e 3, o prazo para apresentação das contas será de 45 dias a contar da data da substituição dos responsáveis.

6 – As contas serão elaboradas e documentadas de acordo com as instruções aprovadas pelo Tribunal.

7 – A falta injustificada de remessa das contas dentro do prazo fixado nos n.os 4 e 5 poderá, sem prejuízo da correspondente sanção, determinar a realização de uma auditoria, tendo em vista apurar as circunstâncias da falta cometida e da eventual omissão da elaboração da conta referida, procedendo à reconstituição e exame da respectiva gestão financeira para fixação do débito aos responsáveis, se possível.

Artigo 53.º – (**Verificação interna**)

1 – As contas que não sejam objecto de verificação externa nos termos do artigo seguinte podem ser objecto de verificação interna.

2 – A verificação interna abrange a análise e conferência da conta apenas para demonstração numérica das operações realizadas que integram o débito e o crédito da gerência com evidência dos saldos de abertura e de encerramento e, se for caso disso, a declaração de extinção de responsabilidade dos tesoureiros caucionados.

3 – A verificação interna é efectuada pelos serviços de apoio, que fixarão os emolumentos devidos, e deve ser homologada pela 2.ª Secção.

Artigo 54.º – (**Da verificação externa de contas**)

1 – A verificação externa das contas tem por objecto apreciar, designadamente:

a) Se as operações efectuadas são legais e regulares;

b) Se os respectivos sistemas de controlo interno são fiáveis;

480   *Legislação de Direito Financeiro*

c) Se as contas e as demonstrações financeiras elaboradas pelas entidades que as prestam reflectem fidedignamente as suas receitas e despesas, bem como a sua situação financeira e patrimonial;

d) Se são elaboradas de acordo com as regras contabilísticas fixadas.

2 – A verificação externa das contas será feita com recurso aos métodos e técnicas de auditoria decididos, em cada caso, pelo Tribunal.

3 – O processo de verificação externa das contas conclui pela elaboração e aprovação de um relatório, do qual deverão, designadamente, constar:

a) A entidade cuja conta é objecto de verificação e período financeiro a que diz respeito;

b) Os responsáveis pela sua apresentação, bem como pela gestão financeira, se não forem os mesmos;

c) A demonstração numérica referida no n.º 2 do artigo 53.º;

d) Os métodos e técnicas de verificação utilizados e o universo das operações seleccionadas;

e) A opinião dos responsáveis no âmbito do contraditório;

f) O juízo sobre a legalidade e regularidade das operações examinadas e sobre a consistência, integralidade e fiabilidade das contas e respectivas demonstrações financeiras, bem como sobre a impossibilidade da sua verificação, se for caso disso;

g) A concretização das situações de facto e de direito integradoras de eventuais infracções financeiras e seus responsáveis, se for caso disso;

h) A apreciação da economia, eficiência e eficácia da gestão financeira, se for caso disso;

i) As recomendações em ordem a serem supridas as deficiências da respectiva gestão financeira, bem como de organização e funcionamento dos serviços;

j) Os emolumentos devidos e outros encargos a suportar pelas entidades auditadas.

4 – O Ministério Público será apenas notificado do relatório final aprovado, sem prejuízo do disposto nos artigos 29.º, n.º 4, e 57.º , n.º 1.

ARTIGO 55.º – **(Das auditorias)**

1 – O Tribunal pode, para além das auditorias necessárias à verificação externa das contas, realizar a qualquer momento, por iniciativa sua ou a solicitação da Assembleia da República ou do Governo, auditorias de qualquer tipo ou natureza a determinados actos, procedimentos ou aspectos da gestão financeira de uma ou mais entidades sujeitas aos seus poderes de controlo financeiro.

2 – Os processos de auditoria concluem pela elaboração e aprovação de um relatório, ao qual se aplica o disposto no artigo 54.º, n.ºs 3, alíneas d) a j), e 4.

III. Controlo Financeiro 481

ARTIGO 56.º – (**Recurso a empresas de auditoria e consultores técnicos**)

1 – Sempre que necessário, o Tribunal de Contas pode recorrer a empresas de auditoria ou a consultores técnicos para a realização de tarefas indispensáveis ao exercício das suas funções, quando estas não possam ser desempenhadas pelos serviços de apoio do Tribunal ou requisitadas a qualquer das entidades referidas no artigo 2.º

2 – As empresas de auditoria referidas no número anterior, devidamente credenciadas, gozam das mesmas prerrogativas dos funcionários da Direcção--Geral no desempenho das suas missões.

3 – Quando o Tribunal de Contas realizar auditorias a solicitação da Assembleia da República ou do Governo, o pagamento devido às referidas empresas e consultores será suportado pelos serviços ou entidades sujeitos à fiscalização, para além dos emolumentos legais.

4 – O disposto no número anterior é aplicável aos casos em que o Tribunal de Contas necessite de celebrar contratos de prestação de serviços para coadjuvação nas auditorias a realizar pelos seus serviços de apoio.

5 – Sendo várias as entidades fiscalizadas, o Tribunal fixará em relação a cada uma delas a quota-parte do pagamento do preço dos serviços contratados.

CAPÍTULO V – **Da efectivação de responsabilidades financeiras**

SECÇÃO I – **Das espécies processuais**

ARTIGO 57.º – (**Relatórios**)

1 – Sempre que os relatórios de verificação externa de contas ou de auditoria relativos às entidades referidas no artigo 2.º, n.º 1, evidenciem factos constitutivos de responsabilidade financeira, deverão os respectivos processos ser remetidos ao Ministério Público, a fim de serem desencadeados eventuais procedimentos jurisdicionais, sem prejuízo do disposto no n.º 3 do artigo 5.º

2 – Sempre que os resultados das acções de verificação interna indiciem factos constitutivos de responsabilidade financeira, o Tribunal poderá não autorizar a devolução da conta e determinar a realização de auditoria à entidade respectiva.

3 – O disposto no n.º 1 é igualmente aplicável às auditorias realizadas no âmbito da preparação do relatório e parecer da Conta Geral do Estado e das contas das Regiões Autónomas.

482   *Legislação de Direito Financeiro*

ARTIGO 58.º – **(Das espécies processuais)**

1 – As responsabilidades financeiras efectivam-se mediante processos:
a) De julgamento de contas;
b) De julgamento de responsabilidades financeiras;
c) De fixação de débito aos responsáveis ou de declaração de impossibilidade de julgamento;
d) De multa.

2 – O processo de julgamento de contas visa tornar efectivas as responsabilidades financeiras evidenciadas em relatórios de verificação externa de contas, com homologação, se for caso disso, da demonstração numérica referida no n.º 2 do artigo 53.º

3 – O processo de julgamento da responsabilidade financeira visa tornar efectivas as responsabilidades financeiras emergentes de factos evidenciados em relatórios de auditoria elaborados fora do processo de verificação externa de contas.

4 – Os processos de fixação do débito aos responsáveis ou da declaração da impossibilidade da verificação ou julgamento da conta visam tornar efectivas as responsabilidades financeiras por falta da prestação de contas ao Tribunal ou, quando prestadas, declarar a impossibilidade de formular um juízo sobre a consistência, fiabilidade e integralidade das mesmas e a eventual existência de factos constitutivos de responsabilidade financeira, com a competente efectivação, em qualquer caso.

5 – Os processos autónomos de multa têm lugar nas situações previstas na secção III («Da responsabilidade sancionatória») ou outras de aplicação de multa previstas na lei e para as quais não haja processo próprio.

SECÇÃO II – **Da responsabilidade financeira reintegratória**

ARTIGO 59.º – **(Reposições por alcances, desvios e pagamentos indevidos)**

1 – Nos casos de alcance, desvio de dinheiros ou valores públicos e ainda de pagamentos indevidos, pode o Tribunal de Contas condenar o responsável a repor as importâncias abrangidas pela infracção, sem prejuízo de qualquer outro tipo de responsabilidade em que o mesmo possa incorrer.

2 – Consideram-se pagamentos indevidos para o efeito de reposição os pagamentos ilegais que causarem dano para o Estado ou entidade pública por não terem contraprestação efectiva.

3 – A reposição inclui os juros de mora sobre os respectivos montantes, aos quais se aplica o regime das dívidas fiscais, contados desde a data da infracção, ou, não sendo possível determiná-la, desde o último dia da respectiva gerência.

III. Controlo Financeiro 483

4 – Não há lugar a reposição, sem prejuízo da aplicação de outras sanções legalmente previstas, quando o respectivo montante seja compensado com o enriquecimento sem causa de que o Estado haja beneficiado pela prática do acto ilegal ou pelos seus efeitos.

ARTIGO 60.° – (**Reposição por não arrecadação de receitas**)

Nos casos de prática, autorização ou sancionamento doloso que impliquem a não liquidação, cobrança ou entrega de receitas com violação das normas legais aplicáveis, pode o Tribunal de Contas condenar o responsável na reposição das importâncias não arrecadadas em prejuízo do Estado ou de entidades públicas.

ARTIGO 61.° – (**Responsáveis**)

1 – Nos casos referidos nos artigos anteriores, a responsabilidade pela reposição dos respectivos montantes recai sobre o agente ou agentes da acção.

2 – A responsabilidade prevista no número anterior recai sobre os membros do Governo nos termos e condições fixados para a responsabilidade civil e criminal no artigo 36.° do Decreto n.° 22 257, de 25 de Fevereiro de 1933.

3 – A responsabilidade financeira reintegratória recai também nos gerentes, dirigentes ou membros dos órgãos de gestão administrativa e financeira ou equiparados e exactores dos serviços, organismos e outras entidades sujeitos à jurisdição do Tribunal de Contas.

4 – Essa responsabilidade pode recair ainda nos funcionários ou agentes que, nas suas informações para os membros do Governo ou para os gerentes, dirigentes ou outros administradores, não esclareçam os assuntos da sua competência de harmonia com a lei.

5 – A responsabilidade prevista nos números anteriores só ocorre se a acção for praticada com culpa.

ARTIGO 62.° – (**Responsabilidade directa e subsidiária**)

1 – A responsabilidade efectivada nos termos dos artigos anteriores pode ser directa ou subsidiária.

2 – A responsabilidade directa recai sobre o agente ou agentes da acção.

3 – É subsidiária a responsabilidade financeira reintegratória dos membros do Governo, gerentes, dirigentes ou membros dos órgãos de gestão administrativa e financeira ou equiparados e exactores dos serviços, organismos e outras entidades sujeitos à jurisdição do Tribunal de Contas, se forem estranhos ao facto, quando:

a) Por permissão ou ordem sua, o agente tiver praticado o facto sem se verificar a falta ou impedimento daquele a que pertenciam as correspondentes funções;

484 *Legislação de Direito Financeiro*

b) Por indicação ou nomeação sua, pessoa já desprovida de idoneidade moral, e como tal reconhecida, haja sido designada para o cargo em cujo exercício praticou o facto;

c) No desempenho das funções de fiscalização que lhe estiverem cometidas, houverem procedido com culpa grave, nomeadamente quando não tenham acatado as recomendações do Tribunal em ordem à existência de controlo interno.

ARTIGO 63.º – **(Responsabilidade solidária)**

Sem prejuízo do disposto no artigo seguinte, se forem vários os responsáveis financeiros pelas acções nos termos dos artigos anteriores, a sua responsabilidade, tanto directa como subsidiária, é solidária, e o pagamento da totalidade da quantia a repor por qualquer deles extingue o procedimento instaurado ou obsta à sua instauração, sem prejuízo do direito de regresso.

ARTIGO 64.º – **(Avaliação da culpa)**

1 – O Tribunal de Contas avalia o grau de culpa de harmonia com as circunstâncias do caso, tendo em consideração as competências do cargo ou a índole das principais funções de cada responsável, o volume dos valores e fundos movimentados, o montante material da lesão dos dinheiros ou valores públicos e os meios humanos e materiais existentes no serviço, organismo ou entidade sujeitos à sua jurisdição.

2 – Quando se verifique negligência, o Tribunal pode reduzir ou relevar a responsabilidade em que houver incorrido o infractor, devendo fazer constar da decisão as razões justificativas da redução ou da relevação.

SECÇÃO III – **Da responsabilidade sancionatória**

ARTIGO 65.º – **(Responsabilidades financeiras sancionatórias)**

1 – O Tribunal de Contas pode aplicar multas nos casos seguintes:

a) Pela não liquidação, cobrança ou entrega nos cofres do Estado das receitas devidas;

b) Pela violação das normas sobre a elaboração e execução dos orçamentos, bem como da assunção, autorização ou pagamento de despesas públicas ou compromissos;

c) Pela falta de efectivação ou retenção indevida dos descontos legalmente obrigatórios a efectuar ao pessoal;

d) Pela violação de normas legais ou regulamentares relativas à gestão e controlo orçamental, de tesouraria e de património;

III. Controlo Financeiro 485

e) Pelos adiantamentos por conta de pagamentos nos casos não expressamente previstos na lei;

f) Pela utilização de empréstimos públicos em finalidade diversa da legalmente prevista, bem como pela ultrapassagem dos limites legais da capacidade de endividamento;

g) Pela utilização indevida de fundos movimentados por operações de tesouraria para financiar despesas públicas.

2 – Estas multas têm como limite mínimo metade do vencimento líquido mensal e como limite máximo metade do vencimento líquido anual dos responsáveis, ou, quando os responsáveis nao percebam vencimentos, a correspondente remuneração de um director-geral.

3 – Se a infracção for cometida com dolo, o limite mínimo da multa é igual a um terço do limite máximo.

4 – Se a infracção for cometida por negligência, o limite máximo da multa será reduzido a metade.

5 – A aplicação de multas não prejudica a efectivação da responsabilidade pelas reposições devidas, se for caso disso.

6 – O Tribunal de Contas pode, quando não haja dolo dos responsáveis, converter a reposição em pagamento de multa de montante pecuniário inferior, dentro dos limites dos n.os 2 e 3.

Artigo 66.º – (**Outras infracções**)

1 – O Tribunal pode ainda aplicar multas nos casos seguintes:

a) Pela falta injustificada de remessa de contas ao Tribunal, pela falta injustificada da sua remessa tempestiva ou pela sua apresentação com deficiências tais que impossibilitem ou gravemente dificultem a sua verificação;

b) Pela falta injustificada de prestação tempestiva de documentos que a lei obrigue a remeter;

c) Pela falta injustificada de prestação de informações pedidas, de remessa de documentos solicitados ou de comparência para a prestação de declarações;

d) Pela falta injustificada da colaboração devida ao Tribunal;

e) Pela inobservância dos prazos legais de remessa ao Tribunal dos processos relativos a actos ou contratos que produzam efeitos antes do visto;

f) Pela introdução nos processos de elementos que possam induzir o Tribunal em erro nas suas decisões ou relatórios.

2 – As multas previstas no n.º 1 deste artigo têm como limite mínimo o montante de 50 000$ e como limite máximo o montante de 500 000$.

486   *Legislação de Direito Financeiro*

3 – Se as infracções previstas neste artigo forem cometidas por negligência, o limite máximo será reduzido a metade.

ARTIGO 67.º – **(Processos de multa)**

1 – As infracções previstas nesta secção são objecto de processo autónomo de multa, se não forem conhecidas nos processos de efectivação de responsabilidades financeiras previstas nas alíneas *a*) a *c*) do n.º 1 do artigo 58.º

2 – O Tribunal gradua as multas tendo em consideração a gravidade do facto e as suas consequências, o grau de culpa, o montante material dos valores públicos lesados ou em risco, o nível hierárquico dos responsáveis, a sua situação económica e a existência de antecedentes.

3 – À responsabilidade sancionatória aplica-se, com as necessárias adaptações, o regime dos artigos 61.º e 62.º

ARTIGO 68.º – **(Desobediência qualificada)**

1 – Nos casos de falta de apresentação de contas ou de documentos, a sentença fixa um prazo razoável para que o responsável proceda à sua entrega ao Tribunal.

2 – O incumprimento da ordem referida no número anterior constitui crime de desobediência qualificada, cabendo ao Ministério Público a instauração do respectivo procedimento no tribunal competente.

SECÇÃO IV – **Das causas de extinção de responsabilidades**

ARTIGO 69.º – **(Extinção de responsabilidades)**

1 – O procedimento por responsabilidade financeira reintegratória extingue-se pela prescrição e pelo pagamento da quantia a repor em qualquer momento.

2 – O procedimento por responsabilidades sancionatórias nos termos dos artigos 65.º e 66.º extingue-se:

a) Pela prescrição;
b) Pela morte do responsável;
c) Pela amnistia;
d) Pelo pagamento na fase jurisdicional.

ARTIGO 70.º – **(Prazo de prescrição do procedimento)**

1 – É de 10 anos a prescrição do procedimento por responsabilidades financeiras reintegratórias e de 5 anos a prescrição por responsabilidades sacionatórias.

2 – O prazo da prescrição do procedimento conta-se a partir da data da

III. Controlo Financeiro 487

infracção ou, não sendo possível determiná-la, desde o último dia da respectiva gerência.

3 – O prazo da prescrição do procedimento suspende-se com a entrada da conta no Tribunal ou com o início da auditoria e até à audição do responsável, sem poder ultrapassar dois anos.

CAPÍTULO VI – **Do funcionamento do Tribunal de Contas**

SECÇÃO I – **Reuniões e deliberações**

Artigo 71.º – **(Reuniões)**

1 – O Tribunal de Contas, na sede, reúne em plenário geral, em plenário de secção, em subsecção e em sessão diária de visto.

2 – Do plenário geral fazem parte todos os juízes, incluindo os das secções regionais.

3 – O plenário de cada secção compreende os juízes que a integram.

4 – As subsecções integram-se no funcionamento normal das 1ª e 2ª Secções e são constituídas por três juízes, sendo um o relator e adjuntos os juízes seguintes na ordem de precedência, sorteada anualmente em sessão do plenário geral, salvo o disposto no artigo 84.º, n.º 3.

5 – Para efeitos de fiscalização prévia, em cada semana reúnem dois juízes em sessão diária de visto.

Artigo 72.º – **(Sessões)**

1 – O Tribunal de Contas reúne em plenário geral, sob convocatória do Presidente ou a solicitação de pelo menos um terço dos seus membros, sempre que seja necessário decidir sobre assuntos da respectiva competência.

2 – As secções reúnem em plenário pelo menos uma vez por semana e sempre que o Presidente as convoque, por sua iniciativa ou a solicitação dos respectivos juízes.

3 – As sessões de visto têm lugar todos os dias úteis, mesmo durante as férias.

4 – As sessões dos plenários gerais e das 1ª e 2ª Secções são secretariadas pelo director-geral ou pelo sub-director-geral, que pode intervir a solicitação do Presidente ou de qualquer juiz para apresentar esclarecimentos sobre os assuntos inscritos em tabela, competindo-lhe elaborar a acta.

488   *Legislação de Direito Financeiro*

ARTIGO 73.º – **(Deliberações)**

1 – Os plenários, geral ou de secção, funcionam e deliberam com mais de metade dos seus membros.

2 – As subsecções das 1ª e 2ª Secções, bem como o colectivo previsto no artigo 42.º, n.º 1, só funcionam e deliberam com a totalidade dos respectivos membros, sob a presidência do Presidente, que apenas vota em caso de empate.

3 – A sessão diária de visto só pode funcionar com dois juízes.

4 – Na falta de quórum do plenário de uma secção, o Presidente pode designar os juízes das outras secções necessários para o seu funcionamento e respectiva deliberação.

SECÇÃO II – **Das competências**

ARTIGO 74.º – **(Competência do Presidente do Tribunal de Contas)**

1 – Compete ao Presidente do Tribunal de Contas:

a) Representar o Tribunal e assegurar as suas relações com os demais órgãos de soberania, as autoridades públicas e a comunicação social;

b) Presidir às sessões do Tribunal, dirigindo e orientando os trabalhos;

c) Apresentar propostas ao plenário geral e aos plenários das 1ª e 2ª Secções para deliberação sobre as matérias da respectiva competência;

d) Marcar as sessões ordinárias e convocar as sessões extraordinárias, ouvidos os juízes;

e) Mandar organizar a agenda de trabalhos de cada sessão, tendo em consideração as indicações fornecidas pelos juízes;

f) Votar o parecer sobre a Conta Geral do Estado e ainda sempre que se verifique situação de empate entre juízes;

g) Elaborar o relatório anual do Tribunal;

h) Exercer os poderes de orientação e administração geral dos serviços de apoio do Tribunal, nos termos do artigo 33.º;

i) Presidir às sessões do colectivo que aprova os relatórios e pareceres sobre as contas das Regiões Autónomas e nelas votar;

j) Nomear os juízes;

l) Distribuir as férias dos juízes, após a sua audição;

m) Nomear, por escolha, o pessoal dirigente dos serviços de apoio;

n) Desempenhar as demais funções previstas na lei.

2 – O Presidente é substituído, nas suas faltas e impedimentos, pelo Vice-
-Presidente do Tribunal e, na falta deste, pelo juiz mais antigo.

III. Controlo Financeiro 489

ARTIGO 75.° – **(Competência do plenário geral)**

Compete ao plenário geral do Tribunal:
a) Aprovar o relatório e parecer sobre a Conta Geral do Estado;
b) Aprovar o relatório anual do Tribunal;
c) Aprovar os projectos de orçamento e os planos de acção trienais;
d) Aprovar os regulamentos internos e instruções do Tribunal que não sejam da competência de cada uma das secções;
e) Exercer o poder disciplinar sobre os juízes;
f) Fixar jurisprudência em recurso extraordinário;
g) Apreciar quaisquer outros assuntos que, pela sua importância ou generalidade, o justifiquem;
h) Exercer as demais funções previstas na lei.

ARTIGO 76.° – **(Comissão permanente)**

1 – Haverá uma comissão permanente, presidida pelo Presidente e constituída pelo Vice-Presidente e por um juiz de cada secção eleito pelos seus pares por um período de três anos, cujas reuniões são secretariadas pelo director-geral, sem direito a voto.

2 – A comissão permanente é convocada pelo presidente e tem competência consultiva e deliberativa nos casos previstos nesta lei.

3 – Em casos de urgência, as competências elencadas no artigo anterior, com excepção das alíneas *a*), *e*) e *f*), podem ser exercidas pela comissão permanente, convocada para o efeito pelo Presidente, sem prejuízo da subsequente ratificação pelo plenário geral.

4 – Têm assento na comissão permanente, com direito a voto, os juízes das secções regionais, sempre que esteja em causa matéria da respectiva competência.

ARTIGO 77.° – **(Competência da 1ª Secção)**

1 Compete à 1ª Secção, em plenário:
a) Julgar os recursos das decisões das subsecções, das secções regionais e das delegações, incluindo a parte relativa a emolumentos;
b) Aprovar as instruções sobre a organização dos processos de fiscalização prévia a remeter ao Tribunal;
c) Aprovar o regulamento do seu funcionamento interno;
d) Aprovar os relatórios das auditorias quando não haja unanimidade na subsecção ou quando, havendo, embora, tal unanimidade, o Presidente entenda dever alargar a discussão para uniformizar critérios;
e) Aprovar, sob proposta do Presidente, a escala mensal dos dois juízes de turno que em cada semana se reúnem em sessão diária de visto;

490   *Legislação de Direito Financeiro*

f) Deliberar sobre as demais matérias previstas na presente lei.

2 – Compete à 1ª Secção, em subsecção:

a) Decidir sobre a recusa de visto, bem como, nos casos em que não houver acordo dos juízes de turno, sobre a concessão, isenção ou dispensa de visto;

b) Julgar os recursos da fixação de emolumentos pela Direcção-Geral;

c) Ordenar auditorias relativas ao exercício da fiscalização prévia ou concomitante e aprovar os respectivos relatórios;

d) Comunicar ao Ministério Público os casos de infracções financeiras detectadas no exercício da fiscalização prévia ou concomitante.

3 – Em sessão diária de visto os juízes de turno, estando de acordo, podem conceder ou reconhecer a isenção ou dispensa de visto, bem como solicitar elementos adicionais ou informações aos respectivos serviços ou organismos.

4 – *Durante as férias judiciais os turnos para sessão diária de visto integram apenas um juiz da 1ª Secção, sendo adjunto um juiz das outras secções, segundo a escala a aprovar pelos respectivos plenários, sob proposta do Presidente, após audição dos interessados*([1]).

ARTIGO 78.º – **(Competência da 2ª Secção)**

1 – Compete à 2ª Secção, em plenário:

a) Ordenar a verificação externa de contas ou a realização de auditorias que não tenham sido incluídas no programa de acção;

b) Ordenar as auditorias solicitadas pela Assembleia da República ou pelo Governo e aprovar os respectivos relatórios;

c) Aprovar o regulamento do seu funcionamento;

d) Aprovar os manuais de auditoria e dos procedimentos de verificação a adoptar pelos respectivos serviços de apoio;

e) Aprovar as instruções sobre o modo como as entidades devem organizar as suas contas de gerência e fornecer os elementos ou informações necessários à fiscalização sucessiva;

f) Aprovar os relatórios de processos de verificação de contas ou das auditorias quando não haja unanimidade na subsecção ou quando, havendo, embora, tal unanimidade, o relator ou o Presidente entendam dever alargar a discussão para uniformizar critérios;

g) Deliberar sobre as demais matérias previstas na lei.

2 – Compete à 2ª Secção, em subsecção:

a) Aprovar os relatórios de verificação externa de contas ou de auditorias que não devam ser aprovados pelo plenário;

([1]) Revogado pela Lei n.º 87-B/98, de 31 de Dezembro.

III. Controlo Financeiro 491

b) Homologar a verificação interna das contas que devam ser devolvidas aos serviços ou organismos;
c) Ordenar a verificação externa de contas na sequência de verificação interna;
d) Solicitar a coadjuvação dos órgãos de controlo interno;
e) Aprovar o recurso a empresas de auditoria e consultores técnicos.

3 – A atribuição das acções previstas na alínea a) do n.º 1 é feita por deliberação do plenário ao juiz em cuja área de responsabilidade a respectiva entidade se integre ou com a qual o seu objecto tenha maiores afinidades.

4 – Compete, designadamente, ao juiz, no âmbito da respectiva área de responsabilidade:

a) Aprovar os programas e métodos a adoptar nos processos de verificação externa de contas e nas auditorias;
b) Ordenar e, sendo caso disso, presidir às diligências necessárias à instrução dos respectivos processos;
c) Apresentar proposta fundamentada à subsecção no sentido de ser solicitada a coadjuvação dos órgãos de controlo interno ou o recurso a empresas de auditoria ou de consultadoria técnica;
d) Coordenar a elaboração do projecto de relatório de verificação externa de contas e das auditorias a apresentar à aprovação da subsecção.

ARTIGO 79.º – (**Competência da 3ª Secção**)

1 – Compete à 3ª Secção, em plenário:

a) Julgar os recursos das decisões proferidas em 1ª instância, na sede e nas secções regionais, incluindo as relativas a emolumentos;
b) Julgar os recursos dos emolumentos fixados nos processos de verificação de contas e nos de auditoria da 2ª Secção e das secções regionais;
c) Julgar os pedidos de revisão das decisões transitadas em julgado proferidas pelo plenário ou em 1ª instância.

2 – Aos juízes da 3ª Secção compete a preparação e julgamento em 1ª instância dos processos previstos no artigo 58.º

3 – Os processos da competência da 3ª Secção são decididos em 1ª instância por um só juiz.

492 *Legislação de Direito Financeiro*

CAPÍTULO VII – **Do processo no Tribunal de Contas**

SECÇÃO I – **Lei aplicável**

ARTIGO 80.º – **(Lei aplicável)**

O processo no Tribunal de Contas rege-se pelo disposto na presente lei e, supletivamente:
a) No que respeita à 3ª Secção, pelo Código de Processo Civil;
b) Pelo Código do Procedimento Administrativo, relativamente aos procedimentos administrativos da Direcção-Geral do Tribunal de Contas, excepto quando esta actuar no âmbito da fiscalização e controlo financeiro e na preparação e execução de actos judiciais;
c) Pelo Código de Processo Penal, em matéria sancionatória.

SECÇÃO II – **Fiscalização prévia**

ARTIGO 81.º – **(Remessa dos processos a Tribunal)**

1 – Os processos a remeter ao Tribunal de Contas para fiscalização prévia devem ser instruídos pelos respectivos serviços ou organismos em conformidade com as instruções publicadas no *Diário da República*.

2 – Os processos relativos a actos e contratos que produzam efeitos antes do visto devem ser remetidos ao Tribunal de Contas no prazo de 30 dias a contar, salvo disposição em contrário:
a) Da data em que os interessados iniciaram funções, nos casos das nomeações e dos contratos de pessoal;
b) Da data da consignação, no caso de empreitada;
c) Da data do início da execução do contrato, nos restantes casos.

3 – No que concerne às nomeações e contratos de pessoal dos organismos ou serviços dotados de autonomia administrativa sediados fora da área metropolitana de Lisboa, o prazo referido no número anterior é de 60 dias.

4 – O Presidente do Tribunal de Contas poderá, a solicitação dos serviços interessados, prorrogar os prazos referidos até 90 dias, quando houver razão que o justifique.

ARTIGO 82.º – **(Verificação dos processos)**

1 – A verificação preliminar dos processos de visto pela Direcção-Geral deve ser feita no prazo de 15 dias a contar da data do registo de entrada e pela

III. Controlo Financeiro 493

ordem cronológica, podendo os mesmos ser devolvidos aos serviços ou organismos para qualquer diligência instrutória.

2 – Nos casos em que os respectivos actos ou contratos produzam efeitos antes do visto, os processos devolvidos devem ser de novo remetidos ao Tribunal no prazo de 30 dias a contar da data de recepção.

3 – Decorrido o prazo da verificação preliminar, os processos devem ser objecto de declaração de conformidade ou, havendo dúvidas sobre a legalidade dos respectivos actos ou contratos, ser apresentados à primeira sessão diária de visto.

4 – A inobservancia do prazo do n.º 2, bem como dos do artigo 81.º, nao é fundamento de recusa de visto, mas faz cessar imediatamente todas as despesas emergentes dos actos ou contratos, sob pena de procedimento para efectivação da respectiva responsabilidade financeira.

ARTIGO 83.º – **(Declaração de conformidade)**

1 – Sempre que da análise do processo não resulte qualquer dúvida sobre a legalidade do acto ou contrato, designadamente pela sua identidade com outros já visados, quer quanto à situação de facto quer quanto às normas aplicáveis, poderá ser emitida declaração de conformidade pela Direcção-Geral.

2 – Não são passíveis de declaração de conformidade as obrigações gerais da dívida fundada e os contratos e outros instrumentos de que resulte dívida pública, nem os actos ou contratos remetidos a Tribunal depois de ultrapassados os prazos dos artigos 81.º e 82.º, n.º 2.

3 – A relação dos processos de visto devidamente identificados objecto de declaração de conformidade será homologada pelos juízes de turno.

ARTIGO 84.º – **(Dúvidas de legalidade)**

1 – Os processos em que haja duvidas de legalidade sobre os respectivos actos, contratos e demais instrumentos jurídicos são apresentados à primeira sessão diária de visto com um relatório, que, além de mais, deve conter:

a) A descrição sumária do objecto do acto ou contrato sujeito a visto;

b) As normas legais permissivas;

c) Os factos concretos e os preceitos legais que constituem a base da dúvida ou obstáculo à concessão do visto;

d) A identificação de acórdãos ou deliberações do Tribunal em casos iguais;

e) A indicação do termo do prazo de decisão para efeitos de eventual visto tácito;

f) Os emolumentos devidos.

2 – Se houver fundamento para recusa do visto, ou não se verificando o

494 *Legislação de Direito Financeiro*

acordo dos juízes de turno previsto no n.° 3 do artigo 77.°, o processo será levado a sessão plenária para decisão.

3 – Na subsecção será relator do processo o juiz que tiver sido o relator em sessão diária de visto, sendo adjuntos o outro juiz de turno e o que se lhe segue na ordem de precedência.

Artigo 85.° – **(Visto tácito)**

1 – Os actos, contratos e demais instrumentos jurídicos remetidos ao Tribunal de Contas para fiscalização prévia consideram-se visados ou declarados conformes se não tiver havido decisão de recusa de visto no prazo de 30 dias após a data do seu registo de entrada, podendo os serviços ou organismos iniciar a execução dos actos ou contratos se, decorridos 5 dias úteis sobre o termo daquele prazo, não tiverem recebido a comunicação prevista no número seguinte.

2 – A decisão da recusa de visto, ou pelo menos o seu sentido, deve ser comunicada no próprio dia em que foi proferida.

3 – O prazo do visto tácito corre durante as férias judiciais, mas não inclui sábados, domingos ou dias feriados, e suspende-se na data do ofício que solicite quaisquer elementos ou diligências instrutórias até à data do registo da entrada no Tribunal do ofício com a satisfação desse pedido.

4 – Devem ser comunicadas aos serviços ou organismos as datas do registo referidas nos n.os 1 e 3.

Artigo 86.° – **(Plenário da 1ª Secção)**

1 – As deliberações do plenário da 1ª Secção são tomadas à pluralidade dos votos dos membros da subsecção ou da Secção, conforme os casos.

2 – A fim de assegurar a unidade de aplicação do direito, quando a importância jurídica da questão, a sua novidade, as divergências suscitadas ou outras razões ponderosas o justifiquem, o Presidente pode alargar a discussão e votação da deliberação aos restantes juízes.

3 – No caso referido no número anterior, a deliberação aprovada será publicada no *Diário da República,* se o Tribunal o entender.

SECÇÃO III – **Fiscalização sucessiva**

Artigo 87.° – **(Procedimentos de verificação sucessiva)**

1 – Os processos de elaboração do relatório e parecer sobre a Conta Geral do Estado e dos relatórios de verificação de contas e de auditoria constam do regulamento de funcionamento da 2ª Secção.

III. Controlo Financeiro 495

2 – Os procedimentos de verificação de contas e de auditoria adoptados pelos serviços de apoio do Tribunal no âmbito dos processos referidos no n.° 1 constam de manuais de auditoria e de procedimentos de verificação aprovados pela 2ª Secção.

3 – O princípio do contraditório nos processos de verificação de contas e de auditoria é realizado por escrito.

4 – Nos processos de verificação de contas ou de auditoria o Tribunal pode:

a) Ordenar a comparência dos responsáveis para prestar informações ou esclarecimentos;

b) Realizar exames, vistorias, avaliações ou outras diligências, através do recurso a peritos com conhecimentos especializados.

ARTIGO 88.° – **(Plenário da 2ª Secção)**

Às deliberações do plenário da 2ª Secção aplica-se, com as necessárias adaptações, o disposto nos n.ᵒˢ 1 e 2 do artigo 86.°

SECÇÃO IV – **Do processo jurisdicional**

ARTIGO 89.° – **(Competência para requerer julgamento)**

Ao Ministério Público compete requerer o julgamento dos processos a que alude o artigo 58.°, independentemente das qualificações jurídicas dos factos constantes dos respectivos relatórios.

ARTIGO 90.° – **(Requisitos do requerimento)**

1 – Do requerimento devem constar:

a) A identificação do demandado, com a indicação do nome, residência e local ou sede onde o organismo ou entidade pública exercem a actividade respectiva, bem como o respectivo vencimento mensal líquido;

b) O pedido e a descrição dos factos e das razões de direito em que se fundamenta;

c) A indicação dos montantes que o demandado deve ser condenado a repor, bem como o montante concreto da multa a aplicar;

d) Tendo havido verificação externa da conta, parecer sobre a homologação do saldo de encerramento constante do respectivo relatório.

2 – No requerimento podem deduzir-se pedidos cumulativos, ainda que por diferentes infracções, com as correspondentes imputações subjectivas.

496 *Legislação de Direito Financeiro*

3 – Todas as provas serão apresentadas com o requerimento e com a indicação dos factos que visam provar, não podendo ser indicadas mais de três testemunhas a cada facto.

ARTIGO 91.º – **(Finalidade, prazo e formalismo da citação)**

1 – Se não houver razão para indeferimento liminar, o demandado é citado para contestar ou pagar voluntariamente no prazo de 30 dias.

2 – A citação é pessoal, mediante entrega ao citando de carta registada com aviso de recepção, ou através de acto pessoal de funcionário do Tribunal, sempre com entrega de cópia do requerimento ao citando.

3 – Às citações e notificações aplicar-se-ão ainda todas as regras constantes do Código de Processo Civil.

4 – O juiz pode, porém, a requerimento do citando, conceder prorrogação razoável do prazo referido no n.º 1, até ao limite máximo de 30 dias, quando as circunstâncias do caso concreto, nomeadamente a complexidade ou o volume das questões a analisar, o justifiquem.

5 – O pagamento voluntário do montante pedido no requerimento do Ministério Público dentro do prazo da contestação é isento de emolumentos.

ARTIGO 92.º – **(Requisitos da contestação)**

1 – A contestação é apresentada por escrito e não está sujeita a formalidades especiais.

2 – Com a contestação o demandado deve apresentar todos os meios de prova, com a regra e a limitação do n.º 3 do artigo 90.º, sem prejuízo de o poder alterar ou aditar até oito dias antes do julgamento.

3 – Ainda que não deduza contestação, o demandado pode apresentar provas com indicação dos factos a que se destinam, desde que o faça dentro do prazo previsto no número anterior.

4 – A falta de contestação não produz efeitos cominatórios.

5 – O demandado pode ser representado por advogado.

ARTIGO 93.º – **(Audiência de discussão e julgamento)**

À audiência de discussão e julgamento aplica-se o regime do processo sumário do Código de Processo Civil, com as necessárias adaptações.

ARTIGO 94.º – **(Sentença)**

1 – O juiz não está vinculado ao montante indicado no requerimento do Ministério Público, podendo condenar em maior ou menor quantia.

2 – No caso de condenação em reposição de quantias por efectivação de

III. Controlo Financeiro 497

responsabilidade financeira, a sentença condenatória fixará a data a partir da qual são devidos os juros de mora respectivos.

3 – Nos processos em que houve verificação externa da conta de gerência, a sentença homologará o saldo de encerramento constante do respectivo relatório.

4 – Nos processos referidos no número anterior, havendo condenação em reposições de verbas, a homologação do saldo de encerramento e a extinção da respectiva responsabilidade só ocorrerão após o seu integral pagamento.

5 – A sentença condenatória em reposição ou multa fixará os emolumentos devidos pelo demandado.

ARTIGO 95.º – **(Pagamento em prestações)**

1 – O pagamento do montante da condenação pode ser autorizado até quatro prestações trimestrais, se requerido até ao trânsito em julgado da sentença condenatória, devendo cada prestação incluir os respectivos juros de mora, se for caso disso.

2 – A falta de pagamento de qualquer prestação importa o imediato vencimento das restantes e a subsequente instauração do processo de execução fiscal.

SECÇÃO V – **Dos recursos**

ARTIGO 96.º – **(Recursos ordinários)**

1 – As decisões finais de recusa, concessão e isenção de visto, bem como as que respeitem a emolumentos, incluindo as proferidas pelas secções regionais, podem ser impugnadas, por recurso para o plenário da 1ª Secção, pelas seguintes entidades:

a) O Ministério Público, relativamente a quaisquer decisões finais;
b) O autor do acto ou a entidade que tiver autorizado o contrato a que foi recusado o visto;
c) Quanto às decisões sobre emolumentos, aqueles sobre quem recai o respectivo encargo.

2 – Não são recorríveis os despachos interlocutórios dos processos da competência das 1ª e 2ª Secções nem as deliberações que aprovem relatórios de verificação de contas ou de auditoria, salvo, quanto a estes, no que diz respeito à fixação de emolumentos e demais encargos.

3 – Nos processos da 3ª Secção só cabe recurso das decisões finais proferidas em 1ª instância.

498   *Legislação de Direito Financeiro*

ARTIGO 97.º – **(Forma e prazo de interposição)**

1 – O recurso é interposto por requerimento dirigido ao Presidente do Tribunal, no qual devem ser expostas as razões de facto e de direito em que se fundamenta e formuladas conclusões no prazo de 15 dias contados da notificação da decisão recorrida.

2 – O recurso é distribuído por sorteio pelos juízes da respectiva secção, não podendo ser relatado pelo juiz relator da decisão recorrida, o qual não intervém igualmente no respectivo julgamento.

3 – Distribuído e autuado o recurso e apensado ao processo onde foi proferida a decisão recorrida, é aberta conclusão ao relator para, em quarenta e oito horas, o admitir ou rejeitar liminarmente.

4 – O recurso das decisões finais de recusa de visto ou de condenação por responsabilidade sancionatória tem efeito suspensivo.

5 – O recurso das decisões finais de condenação por responsabilidade financeira reintegratória só tem efeito suspensivo se for prestada caução.

6 – Não é obrigatória a constituição de advogado, salvo nos recursos da competência da 3ª Secção.

7 – Não há lugar a preparos, mas são devidos emolumentos, no caso de improcedência do recurso.

ARTIGO 98.º – **(Reclamação de não admissão do recurso)**

1 – Do despacho que não admite o recurso pode o recorrente reclamar para o plenário da secção no prazo de 10 dias, expondo as razões que justificam a admissão do recurso.

2 – O relator pode reparar o despacho de indeferimento e fazer prosseguir o recurso.

3 – Se o relator sustentar o despacho liminar de rejeição do recurso, manda seguir a reclamação para o plenário.

ARTIGO 99.º – **(Tramitação)**

1 – Admitido o recurso, os autos vão com vista por 15 dias ao Ministério Público para emitir parecer, se não for o recorrente.

2 – Se o recorrente for o Ministério Público, admitido o recurso, deve ser notificado para responder no prazo de 15 dias à entidade directamente afectada pela decisão recorrida.

3 – Se no parecer o Ministério Público suscitar novas questões, é notificado o recorrente para se pronunciar no prazo de 15 dias.

4 – Emitido o parecer ou decorrido o prazo do número anterior, os autos só vão com vista por três dias aos restantes juízes se não tiver sido dispensada.

III. Controlo Financeiro   499

5 – Em qualquer altura do processo o relator poderá ordenar as diligências indispensáveis à decisão do recurso.

ARTIGO 100.º – **(Julgamento)**

1 – O relator apresenta o processo à sessão com um projecto de acórdão, cabendo ao Presidente dirigir a discussão e votar em caso de empate.

2 – Nos processos de fiscalização prévia o Tribunal pode conhecer de que questões relevantes para a concessão ou recusa do visto, mesmo que não abordadas na decisão recorrida ou na alegação do recorrente, se suscitadas pelo Ministério Público no respectivo parecer, cumprindo-se o disposto no n.º 3 do artigo 99.º

ARTIGO 101.º – **(Recursos extraordinários)**

1 – Se, no domínio da mesma legislação, forem proferidas em processos diferentes nos plenários das 1ª ou 3ª Secções ou nas secções regionais duas decisões, em matéria de concessão ou recusa de visto e de responsabilidade financeira, que, relativamente à mesma questão fundamental de direito, assentem sobre soluções opostas, pode ser interposto recurso extraordinário da decisão proferida em último lugar para fixação de jurisprudência.

2 – No requerimento de recurso deve ser individualizada tanto a decisão anterior transitada em julgado que esteja em oposição como a decisão recorrida, sob pena de o mesmo não ser admitido.

3 – Ao recurso extraordinário aplica-se, com as necessárias adaptações, o regime de recurso ordinário, salvo o disposto nos artigos seguintes.

4 – Ao recurso extraordinário previsto na alínea *c*) do n.º 1 do artigo 79.º aplica-se o disposto no Código de Processo Civil para o recurso de revisão, com as necessárias adaptações.

ARTIGO 102.º – **(Questão preliminar)**

1 – Distribuído e autuado o requerimento de recurso e apensado o processo onde foi proferida a decisão transitada alegadamente em oposição, é aberta conclusão ao relator para, em cinco dias, proferir despacho de admissão ou indeferimento liminar.

2 – Admitido liminarmente o recurso, vai o processo com vista ao Ministério Público para emitir parecer sobre a oposição de julgados e o sentido da jurisprudência a fixar.

3 – Se o relator entender que não existe oposição de julgados, manda os autos às vistas dos juízes da secção, após o que apresenta projecto de acórdão ao respectivo plenário.

500   *Legislação de Direito Financeiro*

4 – O recurso considera-se findo se o plenário da secção deliberar que não existe oposição de julgados.

ARTIGO 103.° – **(Julgamento do recurso)**

1 – Verificada a existência de oposição das decisões, o processo vai com vistas aos restantes juízes do plenário geral e ao Presidente por cinco dias, após o que o relator o apresentará para julgamento na primeira sessão.

2 – O acórdão da secção que reconheceu a existência de oposição das decisões não impede que o plenário geral decida em sentido contrário.

3 – A doutrina do acórdão que fixa jurisprudência será obrigatória para o Tribunal de Contas enquanto a lei não for modificada.

CAPÍTULO VIII – Secções regionais

ARTIGO 104.° – **(Competência material)**

Compete ao juiz da secção regional:
a) Exercer as competências previstas nas alíneas *b*) e *e*) do artigo 6.°, com as necessárias adaptações, no âmbito da respectiva região autónoma;
b) Elaborar e submeter à aprovação do plenário geral o regulamento interno e os programas anuais de fiscalização prévia e sucessiva;
c) Exercer as demais competências que lhe são atribuídas nesta lei.

ARTIGO 105.° – **(Sessão ordinária)**

1 – As competências das 1ª e 2ª Secções são exercidas, com as necessárias adaptações, pelo juiz da secção regional em sessão ordinária semanal, abrangendo os processos de fiscalização prévia e sucessiva, cumulativamente com a assistência obrigatória do Ministério Público e a participação, como assessores, do subdirector-geral e do auditor-coordenador ou, nas suas faltas ou impedimentos, dos respectivos substitutos legais.

2 – O Ministério Público e os assessores têm vista dos processos antes da sessão ordinária semanal, podendo emitir parecer sobre a legalidade das questões deles emergentes.

3 – Mantêm-se em vigor as disposições da Lei n.° 23/81, de 19 de Agosto, e legislação complementar, respeitantes aos assessores das secções regionais que não colidam com os preceitos da presente lei.

ARTIGO 106.° – **(Fiscalização prévia)**

1 – Em matéria de fiscalização prévia, as secções regionais funcionam diariamente com o juiz e com um dos assessores, que alternam semanalmente,

III. Controlo Financeiro 501

devendo os processos com dúvidas quanto à concessão ou recusa de visto ser obrigatoriamente decididos em sessão ordinária semanal.

2 – São obrigatoriamente aprovados em sessão ordinária semanal os relatórios de auditoria no âmbito da fiscalização concomitante, bem como quaisquer relatórios que sirvam de base a processo autónomo de multa.

3 – Aos procedimentos de fiscalização prévia e concomitante aplica-se, com as necessárias adaptações, o regime previsto nesta lei para a 1ª Secção, excepto o disposto no artigo 83.º

ARTIGO 107.º – (Fiscalização sucessiva)

1 – São obrigatoriamente aprovados em sessão ordinária semanal:

a) Os relatórios de verificação de contas e de auditoria que evidenciem responsabilidades financeiras a efectivar mediante processos de julgamento, nos termos do artigo 57.º;

b) Os relatórios de auditorias realizados a solicitação da assembleia legislativa regional, ou do governo regional, bem como os das auditorias não incluídas no respectivo programa anual;

c) A aprovação de quaisquer relatórios que sirvam de base a processo autónomo de multa.

2 – As restantes competências podem ser exercidas pelo juiz da secção regional diariamente, no âmbito dos respectivos processos.

3 – Aos procedimentos de fiscalização concomitante e sucessiva aplica-se, com as necessárias adaptações, o regime previsto nesta lei para a 2ª Secção.

ARTIGO 108.º – (Processos jurisdicionais)

1 – A instauração e preparação dos processos de responsabilidade financeira previstos no artigo 58.º afectos à secção regional é correspondentemente aplicável o disposto nos artigos 89.º a 95.º do presente diploma, com as adaptações constantes dos números seguintes.

2 – Após a contestação ou decurso do respectivo prazo, o juiz da secção regional procede à distribuição do processo pelo juiz de outra secção regional.

3 – Após a distribuição devem ser remetidas fotocópias das principais peças ao juiz a quem o processo foi distribuído.

4 – Compete a um juiz da outra secção regional presidir à audiência de produção de prova e proferir a sentença final, deslocando-se para o efeito à secção regional sempre que necessário.

ARTIGO 109.º – (Recursos)

1 – Os recursos das decisões finais são interpostos na secção regional, cabendo ao juiz que as proferiu admiti-los ou rejeitá-los.

502   *Legislação de Direito Financeiro*

2 – Admitido o recurso, o processo é enviado, sob registo postal, para a sede do Tribunal de Contas, onde será distribuído, tramitado e julgado.

3 – Aos recursos aplica-se, com as necessárias adaptações, o disposto nos artigos 96.º e seguintes.

CAPÍTULO IX – **Disposições finais e transitórias**

ARTIGO 110.º – **(Processos pendentes na 1ª Secção)**

1 – Relativamente aos processos de visto e aos pedidos de reapreciação de recusa de visto que ainda não tenham decisão final, o presente diploma produz efeitos a partir do dia seguinte ao da sua publicação.

2 – Os processos de anulação de visto pendentes serão arquivados, podendo as eventuais ilegalidades dos respectivos actos ou contratos ser apreciadas em sede de fiscalização sucessiva.

ARTIGO 111.º – **(Processos pendentes na 2ª Secção)**

1 – O presente diploma aplica-se aos processos pendentes na fase jurisdicional da competência da 2ª Secção, sem prejuízo do disposto nos números seguintes.

2 – Os relatórios dos processos de julgamento de contas e das auditorias, com ou sem intervenção do Ministério Público, que evidenciem alcance, desvio de dinheiros ou valores públicos ou pagamentos indevidos, uma vez aprovados em plenário da subsecção, deverão ser apresentados ao Ministério Público, para efeitos do disposto nos artigos 89.º e seguintes.

3 – A responsabilidade financeira reintegratória do artigo 60.º só poderá ser efectivada pelo Tribunal relativamente a factos posteriores à entrada em vigor do presente diploma.

4 – As demais espécies de processos pendentes distribuídos já a um juiz da 2ª Secção apenas prosseguirão seus termos se evidenciarem infracções financeiras sancionadas pela lei vigente à data das respectivas acções e pelo presente diploma.

5 – Às infracções financeiras previstas nos n.os 2 e 4 aplica-se o regime de responsabilidade mais favorável, a qual se efectiva nos termos dos artigos 89.º e seguintes.

6 – Os recursos pendentes das decisões proferidas nos processos da competência da 2ª Secção na vigência da Lei n.º 86/89, de 8 de Setembro, serão redistribuídos e julgados na 3ª Secção.

7 – Os processos na fase jurisdicional pendentes na 2ª Secção não previstos nos números anteriores, bem como aqueles que, não estando ainda na fase juris-

III. Controlo Financeiro 503

dicional, venham a evidenciar infracções financeiras abrangidas por amnistia ou por prescrição, poderão ser arquivados por despacho do juiz da respectiva área, ouvido o Ministério Público.

Artigo 112.º – **(Vice-Presidente)**

O mandato dos Vice-Presidentes em exercício cessa com a eleição do Vice-Presidente nos termos do presente diploma.

Artigo 113.º – **(Contas do Tribunal de Contas)**

A fiscalização das contas do Tribunal de Contas está sujeita ao disposto na lei para todos os responsáveis financeiros e assume as seguintes formas:

a) Integração das respectivas contas relativas à execução do Orçamento do Estado na Conta Geral do Estado;

b) Verificação externa anual das contas dos cofres, e eventual efectivação de responsabilidades financeiras, pelas subsecções e secção competentes do Tribunal;

c) Publicação de uma conta consolidada em anexo ao relatório a que se refere o artigo 43.º;

d) Submissão da gestão do Tribunal à auditoria de empresa especializada, escolhida por concurso, cujo relatório será publicado conjuntamente com as contas a que se refere a alínea anterior.

Artigo 114.º – **(Disposições transitórias)**

1 – Para além do disposto no artigo 46.º, deverão ainda, transitoriamente, ser remetidos ao Tribunal de Contas, para efeitos de fiscalização prévia, os documentos que representem, titulem ou dêem execução aos actos e contratos seguintes:

a) Até 31 de Dezembro de 1997, as minutas dos contratos de valor igual ou superior ao montante a fixar nos termos do artigo 48.º, bem como os actos relativos a promoções, progressões, reclassificações e transições exclusivamente resultantes da reestruturação de serviços da administração central, regional e local, desde que impliquem aumento do respectivo escalão salarial;

b) Até 31 de Dezembro de 1998, os contratos administrativos de provimento, bem como todas as primeiras nomeações para os quadros da administração central, regional e local.

2 – A partir de 1 de Janeiro de 1998, os actos a que se referem as alíneas *a)* e *b)* do n.º 1 do artigo 46.º, bem como a alínea *b)* do número anterior, podem produzir todos os seus efeitos antes do visto, excepto o pagamento do preço respec-

504   *Legislação de Direito Financeiro*

tivo, quando for caso disso, aplicando-se à recusa de visto o disposto nos n.os 2 e 3 do artigo 45.°(1).

3 – Estão excluídos da fiscalização prévia prevista nos números anteriores:

a) Os diplomas de nomeação emanados do Presidente da República;

b) Os actos de nomeação dos membros do Governo, dos governos regionais e do pessoal dos respectivos gabinetes;

c) Os actos relativos a promoções, progressões, reclassificações e transições de pessoal, com excepção das exclusivamente resultantes da reestruturação de serviços da administração central, regional e local;

d) Os provimentos dos juízes de qualquer tribunal e magistrados do Ministério Público;

e) Qualquer provimento de pessoal militar das Forças Armadas;

f) Os diplomas de permuta, transferência, destacamento, requisição ou outros instrumentos de mobilidade de pessoal;

g) Os contratos de trabalho a termo certo.

4 – Para efeitos da alínea b) do n.° 1 do artigo 46.° do presente diploma, só devem ser remetidos ao Tribunal de Contas os contratos celebrados pela administração directa e indirecta do Estado, pela administração directa e indirecta das Regiões Autónomas e pelas autarquias locais, federações e associações de municípios que excedam um montante a definir anualmente.

5 – Para o ano de 1997, o montante referido no número anterior é fixado em 600 vezes o valor correspondente ao índice 100 da escala indiciária do regime geral da função pública, arredondado para a centena de contos imediatamente superior.

6 – Todos os juízes auxiliares em funções em 31 de Dezembro de 2000 passam à situação de juízes além do quadro, aplicando-se-lhe o n.° 3 do artigo 23.°, sem prejuízo do direito ao provimento doutros candidatos melhor graduados(2).

ARTIGO 115.° – (**Norma revogatória**)

São revogadas todas as disposições legais constantes de quaisquer diplomas contrários ao disposto nesta lei, designadamente:

a) O Regimento do Conselho Superior da Administração Financeira do Estado, aprovado pelo Decreto n.° 1831, de 17 de Agosto de 1915;

b) O Decreto n.° 18 962, de 25 de Outubro de 1930;

c) O Decreto n.° 22 257, de 25 de Fevereiro de 1933, com excepção do artigo 36.°;

d) O Decreto n.° 26 341, de 7 de Fevereiro de 1936;

---

(1) Alterado pela Lei n.° 87-B/98, de 31 de Dezembro.

(2) Aditado pela Lei n.° 1/2001, de 4 de Janeiro.

III. Controlo Financeiro 505

e) O Decreto n.º 29 174, de 24 de Novembro de 1938;

f) O Decreto-Lei n.º 36 672, de 15 de Dezembro de 1947;

g) O Decreto-Lei n.º 146-C/80, de 22 de Maio;

h) A Lei n.º 23/81, de 19 de Agosto, sem prejuízo do disposto no artigo 105.º do presente diploma;

i) A Lei n.º 8/82, de 26 de Maio;

j) O Decreto-Lei n.º 313/82, de 5 de Agosto;

l) A Lei n.º 86/89, de 8 de Setembro;

m) Os artigos 41.º e 42.º do Decreto-Lei n.º 341/83, de 21 de Julho.

Aprovada em 26 de Junho de 1997.

O Presidente da Assembleia da República, *António de Almeida Santos.*

Promulgada em 1 de Agosto de 1997.

Publique-se.

O Presidente da República, JORGE SAMPAIO.

Referendada em 5 de Agosto de 1997.

O Primeiro-Ministro, em exercício, *António Manuel de Carvalho Ferreira Vitorino.*

ANEXO – Pacto de Estabilidade e Crescimento

RESOLUÇÃO DO CONSELHO EUROPEU

sobre o Pacto de Estabilidade e Crescimento
Amesterdão, 17 de Junho de 1997
(97/C 236/01)

I. O Conselho Europeu, reunido em Madrid em Dezembro de 1995, confirmou a importância fundamental de se assegurar a disciplina orçamental na terceira fase da União Económica e Monetária (UEM). Em Florença, seis meses mais tarde, o Conselho Europeu reiterou este ponto de vista e em Dublim, em Dezembro de 1996, chegou a acordo sobre os principais elementos do Pacto de Estabilidade e Crescimento. Na terceira fase da UEM, os Estados-membros deverão evitar défices orçamentais excessivos e generalizados: esta constitui claramente uma obrigação decorrente do Tratado[1]. O Conselho Europeu salienta a importância de se manter uma situação de estabilidade nas finanças públicas para reforçar as condições necessárias à estabilidade dos preços e a um forte crescimento sustentável que conduza à criação de emprego. É igualmente necessário assegurar que as políticas orçamentais nacionais apoiem políticas monetárias orientadas para a estabilidade.

O apoio ao objectivo de situações orçamentais sãs, próximas do equilíbrio ou excedentárias, permitirá a todos os Estados-membros enfrentarem as flutuações cíclicas normais, mantendo o défice orçamental dentro do valor de referência de 3% do PIB.

II. Na reunião de Dublim, de Dezembro de 1996, o Conselho Europeu solicitou a preparação de um Pacto de Estabilidade e Crescimento de acordo com

---

[1] Nos termos do artigo 5.º do Protocolo n.º 11, esta obrigação não se aplica ao Reino Unido, excepto se este avançar para a terceira fase, continuando a aplicar-se-lhe a obrigação do n.º 4 do artigo 109.ºE do Tratado que institui a Comunidade Europeia, de envidar esforços para evitar défices orçamentais excessivos.

508 *Legislação de Direito Financeiro*

os princípios e procedimentos do Tratado. Esse Pacto de Estabilidade e Crescimento não altera de modo algum os requisitos para a participação na terceira fase da UEM, quer no primeiro grupo ou numa data posterior. Os Estados--membros continuam a ser responsáveis pelas suas políticas orçamentais nacionais, de acordo com as disposições do Tratado, competindo-lhes tomar as medidas necessárias para assumir as suas responsabilidades de acordo com essas disposições.

III. O Pacto de Estabilidade e Crescimento, que prevê tanto medidas preventivas como medidas dissuasivas, é constituído pela presente resolução e por dois regulamentos do Conselho, um relativo ao reforço da supervisão das situações orçamentais e à supervisão e coordenação das políticas económicas e o outro relativo à aceleração e clarificação da aplicação do procedimento relativo aos défices excessivos.

IV. O Conselho Europeu convida solenemente todas as partes, nomeadamente os Estados-membros, o Conselho e a Comissão das Comunidades Europeias, a executarem o Tratado e o Pacto de Estabilidade e Crescimento estrita e atempadamente. A presente resolução fornece uma firme orientação política às partes que executarem o Pacto de Estabilidade e Crescimento. Para esse efeito, o Conselho Europeu acordou nas seguintes orientações:

OS ESTADOS-MEMBROS

1. Comprometem-se a respeitar o objectivo orçamental a médio prazo de assegurar situações próximas do equilíbrio ou excedentárias, estabelecido nos seus programas de estabilidade ou de convergência e a tomar as medidas de correcção orçamental que considerarem necessárias para alcançar os objectivos dos respectivos programas de estabilidade e convergência, sempre que possuam informações que indiquem a existência ou a probabilidade de afastamento significativo desses objectivos;

2. São convidados a tornar públicas, por iniciativa própria, as recomendações que o Conselho lhes fizer nos termos do n.° 4 do artigo 103.°;

3. Comprometem-se a tomar as medidas de correcção orçamental que considerem necessárias para alcançar os objectivos dos seus programas de estabilidade ou de convergência logo que recebam um pré-aviso sob a forma de recomendação do Conselho nos termos do n.° 4 do artigo 103.°;

4. Lançarão sem demora as medidas de correcção orçamental que considerem necessárias logo que recebam informações que indiquem o risco de um défice excessivo;

5. Tomarão medidas de correcção dos défices excessivos o mais rapidamente possível após estes se terem verificado; a correcção desta situação deverá

Pacto de Estabilidade e Crescimento

ser concluída o mais tardar durante o ano seguinte à identificação do défice excessivo, a menos que se verifiquem circunstâncias especiais;

6. São convidados a tornar públicas, por iniciativa própria, as recomendações efectuadas nos termos do n.° 7 do artigo 104.°C;

7. Comprometem-se a não invocar o benefício do n.° 3 do artigo 2.° do regulamento do Conselho relativo à aceleração e clarificação do procedimento relativo aos défices excessivos, a menos que se encontrem em situação de grave recessão; na avaliação da gravidade do abrandamento da actividade económica, os Estados-membros, regra geral, utilizarão como referência uma descida anual do PIB real de, pelo menos, 0,75%.

A COMISSÃO

1. Exercerá o seu direito de iniciativa nos termos do Tratado de modo a facilitar o funcionamento estrito, atempado e eficaz do Pacto de Estabilidade e Crescimento;

2. Apresentará sem demora os relatórios, pareceres e recomendações necessários à adopção de decisões do Conselho ao abrigo dos artigos 103.° e 104.°C, o que facilitará o funcionamento eficaz do sistema de alerta rápido assim como o rápido lançamento e a aplicação estrita do procedimento previsto para os défices excessivos;

3. Compromete-se a elaborar um relatório nos termos do n.° 3 do artigo 104.°C sempre que exista um risco de défice excessivo ou sempre que o défice orçamental programado ou verificado exceda o valor de referência de 3% do PIB, accionando assim o procedimento previsto no n.° 3 do artigo 104.°C;

4. Compromete-se, na eventualidade de considerar que um défice superior a 3% do PIB não é excessivo e de esta opinião ser diferente da manifestada pelo Comité Económico e Financeiro, a justificar por escrito ao Conselho as razões da sua posição;

5. Compromete-se a, mediante pedido do Conselho nos termos do artigo 109.°D, apresentar, regra geral, uma recomendação de decisão do Conselho, a título do n.° 6 do artigo 104.°C, relativa à existência de um défice excessivo.

O CONSELHO

1. Está empenhado numa execução rigorosa e atempada de todos os elementos do Pacto de Estabilidade e Crescimento, no âmbito da sua competência; o Conselho tomará o mais rapidamente possível as decisões necessárias nos termos dos artigos 103.° e 104.°C;

2. É instado a considerar como limites máximos os prazos para aplicação do procedimento relativo aos défices excessivos; nomeadamente, deliberando nos termos do n.º 7 do artigo 104.ºC, o Conselho deverá recomendar que as situações de défice excessivo sejam corrigidas o mais rapidamente possível após se terem verificado e, o mais tardar, no ano seguinte ao da respectiva identificação, a menos que se verifiquem circunstâncias especiais;

3. É convidado a impor sempre sanções se um Estado-membro participante não tomar as medidas necessárias para pôr termo à situação de défice excessivo, tal como recomendado pelo Conselho;

4. É instado a exigir um depósito não remunerado, sempre que o Conselho decida impor sanções a um Estado-membro participante, nos termos do n.º 11 do artigo 104.ºC;

5. É instado a transformar sempre o depósito em multa dois anos depois da decisão de impor sanções nos termos do n.º 11 do artigo 104.ºC, excepto se, do ponto de vista do Conselho, o défice excessivo tiver sido corrigido;

6. É convidado a declarar sempre por escrito as razões que justificam uma decisão de não actuar, se, em determinada fase dos procedimentos relativos aos défices excessivos ou à supervisão das situações orçamentais, não tiver actuado com base numa recomendação da Comissão, devendo, nesse caso, tornar públicos os votos de cada Estado-membro.

REGULAMENTO (CE) N.° 1466/97 DO CONSELHO
de 7 de Julho de 1997

**relativo ao reforço da supervisão das situações orçamentais e à supervisão
e coordenação das políticas económicas**

O CONSELHO DA UNIÃO EUROPEIA,

Tendo em conta o Tratado que institui a Comunidade Europeia e, nomeadamente, o n.° 5 do seu artigo 103.°,

Tendo em conta a proposta da Comissão([1]),

Deliberando nos termos do artigo 189.°C do Tratado([2]),

(1) Considerando que o Pacto de Estabilidade e Crescimento se baseia no objectivo de manter finanças públicas sãs como meio de reforçar as condições propícias à estabilidade dos preços e a um forte crescimento sustentável conducente à criação de emprego;

(2) Considerando que o Pacto de Estabilidade e Crescimento compreende o presente regulamento, que se destina a reforçar a supervisão das situações orçamentais e a supervisão e coordenação das políticas económicas, o Regulamento (CE) n.° 1467/97 do Conselho([3]), que se destina a acelerar e a clarificar a aplicação do procedimento relativo aos défices excessivos, e a Resolução do Conselho Europeu, de 17 de Junho de 1997, sobre o Pacto de Estabilidade e Crescimento([4]), em que, nos termos do artigo D do Tratado da União Europeia, foram estabelecidas directrizes políticas firmes tendo em vista uma aplicação rigorosa e atempada do Pacto de Estabilidade e Crescimento e nomeadamente a adesão ao objectivo de

---

([1]) JO n.° C 368 de 6. 12. 1996, p. 9.

([2]) Parecer do Parlamento Europeu de 28 de Novembro de 1996 (JO n.° C 380 de 16. 12. 1996, p. 28), posição comum do Conselho de 14 de Abril de 1997 (JO n.° C 146 de 30. 5. 1997, p. 26) e decisão do Parlamento Europeu de 29 de Maio de 1997 (JO n.° C 182 de 16. 6. 1997).

([3]) Ver página 6 do presente Jornal Oficial.

([4]) JO n.° C 236 de 2. 8. 1997, p. 1.

512 Legislação de Direito Financeiro

médio prazo que visa alcançar situações orçamentais próximas do equilíbrio ou excedentárias e com o qual todos os Estados-membros se comprometeram e a adopção das medidas orçamentais correctivas que os mesmos Estados considerem necessárias para cumprir os objectivos dos seus programas de estabilidade e convergência sempre que tenham informações que indiciem um desvio significativo, observado ou previsível, em relação aos objectivos orçamentais de médio prazo;

(3) Considerando que na terceira fase da União Económica e Monetária (UEM), o artigo 104.°C do Tratado vincula claramente os Estados-membros a evitarem défices orçamentais excessivos; que, nos termos do artigo 5.° do Protocolo n.° 11 do Tratado relativo a certas disposições relacionadas com o Reino Unido da Grã-Bretanha e da Irlanda do Norte, o n.° 1 do artigo 104.°C não é aplicável ao Reino Unido a não ser que este passe para a terceira fase; que a obrigação prevista no n.° 4 do artigo 109.°E de envidar esforços para evitar défices excessivos continuará a ser aplicável ao Reino Unido;

(4) Considerando que a adesão ao objectivo de médio prazo de manter situações orçamentais próximas do equilíbrio ou excedentárias permitirá aos Estados-membros gerir as flutuações cíclicas normais mantendo ao mesmo tempo o défice orçamental dentro do valor de referência de 3% do PIB;

(5) Considerando que é conveniente complementar o procedimento de supervisão multilateral revisto nos n.os 3 e 4 do artigo 103.° com um sistema de alerta rápido, nos termos do qual o Conselho alertará rapidamente um Estado-membro para a necessidade de tomar as medidas orçamentais correctivas para evitar que um défice orçamental se torne excessivo;

(6) Considerando que o procedimento de supervisão multilateral previsto nos n.os 3 e 4 do artigo 103.° deverá além disso continuar a acompanhar todos os aspectos da evolução económica em cada Estado-membro e na Comunidade bem como a compatibilidade das políticas económicas com as orientações económicas gerais a que se refere o n.° 2 do artigo 103.°; que, para o acompanhamento dessa evolução, é conveniente que as informações sejam apresentadas sob a forma de programas de estabilidade e convergência;

(7) Considerando que é necessário partir da útil experiência adquirida durante as duas primeiras fases da União Económica e Monetária com a aplicação dos programas de convergência;

(8) Considerando que os Estados-membros que adoptarem a moeda única, adiante designados «Estados-membros participantes», serão aqueles que, nos termos do artigo 109.°J, tiverem atingido um elevado grau de convergência sustentável e, em especial, uma situação sustentável em matéria de finanças públicas; que nesses Estados-membros será necessário preservar situações orçamentais sólidas para assegurar a estabilidade dos preços e reforçar as condições propícias ao crescimento sustentado da produção e do emprego; que é necessário que os Estados-membros, participantes apresentem programas de médio prazo, adiante

III. Controlo Financeiro 513

designados «programas de estabilidade»; que é necessário definir os principais elementos desses programas;

(9) Considerando que os Estados-membros que não adoptarem a moeda única, adiante designados «Estados-membros não participantes», terão que prosseguir políticas orientadas para um grau mais elevado de convergência sustentada; que é necessário que os Estados-membros não participantes apresentem programas de médio prazo, adiante designados «programas de convergência», que é necessário definir os principais elementos desses programas;

(10) Considerando que, na sua resolução de 16 de Junho de 1997 sobre a criação de um mecanismo de taxas de cambio na terceira fase da União Económica e Monetária, o Conselho Europeu emitiu directrizes políticas firmes segundo as quais é estabelecido um mecanismo de taxa de câmbio na terceira fase da UEM, adiante designado MTC2; que as moedas dos Estados-membros não participantes que adiram ao MTC2 terão uma taxa central em relação ao euro, propiciando assim um ponto de referência para avaliar a adequação das suas políticas; que o MTC2 também contribuirá para proteger estes últimos Estados-membros e os Estados-membros participantes de pressões injustificadas nos mercados cambiais; que, para permitir uma supervisão apropriada pelo Conselho, os Estados-membros não participantes que não adiram ao MTC2 deverão em todo o caso apresentar, nos respectivos programas de convergência, políticas orientadas para a estabilidade, evitando assim distorções das taxas de câmbio reais e flutuações excessivas das taxas de câmbio nominais;

(11) Considerando que a convergência duradoura dos dados económicos de base é um requisito prévio para a estabilidade sustentável das taxas de câmbio;

(12) Considerando que é necessário fixar um calendário para a apresentação dos programas de estabilidade e dos programas de convergência, bem como das respectivas actualizações;

(13) Considerando que, no interesse da transparência e de um debate público esclarecido, é necessário que os Estados-membros divulguem os seus programas de estabilidade e de convergência;

(14) Considerando que, na análise e acompanhamento dos programas de estabilidade e em particular do seu objectivo orçamental de médio prazo ou da trajectória de ajustamento programada para esse objectivo, o Conselho deverá ter em conta as pertinentes características cíclicas e estruturais da economia de cada Estado-membro;

(15) Considerando que neste contexto se deverá prestar especial atenção aos desvios significativos das situações orçamentais em relação ao objectivo de manter os orçamentos próximos do equilíbrio ou excedentários; que é conveniente um alerta rápido do Conselho para evitar que o défice orçamental de um Estado--membro se torne excessivo; que, em caso de derrapagem orçamental persistente, será conveniente que o Conselho reforce a sua recomendação e a torne pública;

514   *Legislação de Direito Financeiro*

que o Conselho pode fazer recomendações aos Estados-membros não participantes sobre as medidas a tomar para cumprirem os seus programas de convergência;

(16) Considerando que os programas de convergência e estabilidade conduzem ao cumprimento das condições de convergência económica referidas no artigo 104.°C do Tratado,

ADOPTOU O PRESENTE REGULAMENTO:

SECÇÃO 1 – **Objecto de definições**

ARTIGO 1.°

O presente regulamento estabelece as normas que regulam o conteúdo, a apresentação, o exame e o acompanhamento dos programas de estabilidade e dos programas de convergência, no âmbito da supervisão multilateral a exercer pelo Conselho para evitar, numa fase precoce, a ocorrência de défices orçamentais excessivos e promover a supervisão e coordenação das políticas económicas.

ARTIGO 2.°

Para efeitos do presente regulamento, entende-se por «Estados-membros participantes», os Estados-membros que adoptarem a moeda única nos termos do Tratado e por «Estados-membros nao participantes», os Estados-membros que a não adoptarem.

SECÇÃO 2 – **Programas de estabilidade**

ARTIGO 3.°

1. Cada um dos Estados-membros participantes apresentará ao Conselho e à Comissão as informações necessárias ao exercício da supervisão multilateral regular prevista no artigo 103.° do Tratado, sob a forma de um «programa de estabilidade» que proporcione uma base essencial para a estabilidade dos preços e um crescimento sustentável forte que conduza à criação de emprego.

2. O programa de estabilidade incluirá as seguintes informações:

a) O objectivo a médio prazo de uma situação orçamental próxima do equilíbrio ou excedentária e uma trajectória de ajustamento que conduza ao objectivo fixado para o excedente/défice orçamental e a evolução prevista do rácio da dívida pública;

b) As principais hipóteses relativas à evolução previsível da economia e de outras importantes variáveis económicas susceptíveis de influenciar a

III. Controlo Financeiro 515

realização do programa de estabilidade, nomeadamente a despesa com o investimento público, o crescimento do PIB em termos reais, o emprego e a inflação;

c) Uma descrição das medidas orçamentais e de outras medidas de política económica adoptadas e/ou propostas para a realização dos objectivos do programa e, no caso das principais medidas orçamentais, uma avaliação dos seus efeitos quantitativos no orçamento;

d) Uma análise das implicações das alterações das principais hipóteses económicas sobre a situação orçamental e de endividamento.

3. As informações relativas à trajectória da evolução do rácio do excedente/défice orçamental e do rácio da dívida pública, bem como as principais hipóteses de natureza económica a que se referem as alíneas a) e b) do n.º 2, serão estabelecidas numa base anual e abrangerão, para além do ano em curso e do ano precedente, pelo menos os três anos seguintes.

ARTIGO 4.º

1. Os programas de estabilidade serão apresentados antes de 1 de Março de 1999. Após essa data, serão apresentados anualmente programas actualizados. Um Estado-membro que adopte a moeda única numa fase posterior deverá apresentar um programa de estabilidade no prazo de seis meses a contar da data da decisão do Conselho relativa à sua participação na moeda única.

2. Os Estados-membros tornarão públicos os seus programas de estabilidade e os respectivos programas actualizados.

ARTIGO 5.º

1. Com base em avaliações efectuadas pela Comissão e pelo comité previsto no artigo 109.ºC do Tratado, o Conselho examinará, no quadro da supervisão multilateral prevista no artigo 103.º, se o objectivo orçamental a médio prazo fixado no programa de estabilidade oferece uma margem de segurança para garantir a prevenção de um défice excessivo, se as hipóteses de natureza económica em que o programa se baseia são realistas e se as medidas tomadas e/ou propostas são suficientes para completar a trajectória de ajustamento programada a fim de alcançar o objectivo orçamental a médio prazo.

O Conselho examinará ainda se o conteúdo do programa de estabilidade promove uma coordenação mais estreita das políticas económicas e se as políticas económicas do Estado-membro em causa são compatíveis com as orientações gerais de política económica.

2. O Conselho procederá ao exame do programa de estabilidade referido no n.º 1, o mais tardar no prazo de dois meses a contar da data da sua apresentação.

516 *Legislação de Direito Financeiro*

O Conselho, deliberando sob recomendação da Comissão e após consulta ao comité previsto no artigo 109.°C, emitirá um parecer sobre o programa. Se, nos termos do artigo 103.°, considerar que os objectivos e o conteúdo de um programa devem ser reforçados, o Conselho convidará, no seu parecer, o Estado-membro em causa a ajustar o respectivo programa.

3. Os programas de estabilidade actualizados serão examinados pelo comité previsto no artigo 109.°C, com base em avaliações da Comissão; se necessário, os programas actualizados podem igualmente ser examinados pelo Conselho, nos termos dos n.ᵒˢ 1 e 2 do presente artigo.

Artigo 6.°

1. No âmbito da supervisão multilateral prevista no n.° 3 do artigo 103.°, o Conselho acompanhará a aplicação dos programas de estabilidade com base nas informações fornecidas pelos Estados-membros participantes e nas avaliações da Comissão e do comité previsto no artigo 109.°C, nomeadamente com o objectivo de identificar qualquer desvio significativo, efectivo ou previsível, da situação orçamental em relação ao objectivo a médio prazo, ou em relação à respectiva trajectória de ajustamento, tal como previsto no programa relativo ao excedente/défice orçamental.

2 Se identificar um desvio significativo da situação orçamental em relação ao objectivo orçamental de médio prazo, ou em relação à respectiva trajectória de ajustamento, o Conselho, a fim de lançar um alerta rápido para evitar a ocorrência de um défice excessivo, apresentará, nos termos do n.° 4 do artigo 103.°, uma recomendação ao Estado-membro em causa para que esse tome as medidas de ajustamento necessárias.

3. Se, posteriormente, na sua actividade de acompanhamento, o Conselho considerar que persiste ou se agravou o desvio da situação orçamental em relação ao objectivo orçamental de médio prazo, ou em relação à respectiva trajectória de ajustamento, o Conselho apresentará então, nos termos do n.° 4 do artigo 103.°, uma recomendação ao Estado-membro em causa para que este tome imediatamente medidas correctivas, podendo, nos termos daquele artigo, tornar pública a sua recomendação.

SECÇÃO 3 – **Programas de Convergência**

Artigo 7.°

1. Cada um dos Estados-membros não participantes apresentará ao Conselho e à Comissão as informações necessárias ao exercício da supervisão multilateral regular prevista no artigo 103.° do Tratado, sob a forma de um «programa de

III. Controlo Financeiro 517

convergência» que proporcione uma base essencial para a estabilidade dos preços e um crescimento sustentável forte que conduza à criação de emprego.

2. O programa de convergência incluirá as seguintes informações, em especial no que se refere às variáveis relacionadas com os critérios de convergência:

a) O objectivo a médio prazo de uma situação orçamental próxima do equilíbrio ou excedentária e uma trajectória de ajustamento que conduza ao objectivo fixado para o excedente/défice orçamental; a evolução prevista do rácio da dívida pública; os objectivos da política monetária a médio prazo; a relação entre esses objectivos e a estabilidade dos preços e da taxa de câmbio;

b) As principais hipóteses relativas à evolução previsível da economia e de outras importantes variáveis económicas susceptíveis de influenciar a realização do programa de convergência, nomeadamente a despesa com o investimento público, o crescimento do PIB em termos reais, o emprego e a inflação;

c) Uma descrição das medidas orçamentais e de outras medidas de política económica adoptadas e/ou propostas para a realização dos objectivos do programa e, no caso das principais medidas orçamentais, uma avaliação dos seus efeitos quantitativos no orçamento;

d) Uma análise das implicações das alterações das principais hipóteses económicas sobre a situação orçamental e de endividamento.

3. As informações relativas à trajectória da evolução do rácio do excedente/défice orçamental e do rácio da dívida pública, bem como as principais hipóteses de natureza económica a que se referem as alíneas *a)* e *b)* do n.º 2, serão estabelecidas numa base anual e abrangerão, para além do ano em curso e do ano precedente, pelo menos os três anos seguintes.

ARTIGO 8.º

1. Os programas de convergência serão apresentados antes de 1 de Março de 1999. Após essa data, serão apresentados anualmente programas actualizados.

2. Os Estados-membros tornarão públicos os seus programas de convergência e os respectivos programas actualizados.

ARTIGO 9.º

1. Com base em avaliações efectuadas pela Comissão e pelo comité previsto no artigo 109.ºC do Tratado, o Conselho examinará, no quadro da supervisão multilateral prevista no artigo 103.º, se o objectivo orçamental a médio prazo fixado no programa de convergência oferece uma margem de segurança para garantir a prevenção de um défice excessivo, se as hipóteses de natureza económica em que o programa se baseia são realistas e se as medidas tomadas e/ou pro-

518 *Legislação de Direito Financeiro*

postas são suficientes para completar a trajectória de ajustamento programada a fim de alcançar o objectivo orçamental a médio prazo e uma convergência sustentada.

O Conselho examinará ainda se o conteúdo do programa de convergência promove uma coordenação mais estreita das políticas económicas e se as políticas económicas do Estado-membro em causa são compatíveis com as orientações gerais de política económica.

2. O Conselho procederá ao exame do programa de convergência referido no n.° 1, o mais tardar no prazo de dois meses a contar da data da sua apresentação. O Conselho, deliberando sob recomendação da Comissão e após consulta ao comité previsto no artigo 109.°C, emitirá um parecer sobre o programa. Se, nos termos do artigo 103.°, considerar que os objectivos e o conteúdo de um programa devem ser reforçados, o Conselho convidará, no seu parecer, o Estado-membro em causa a ajustar o respectivo programa.

3. Os programas de convergência actualizados serão examinados pelo comité previsto no artigo 109.°C com base em avaliações da Comissão; se necessário, os programas actualizados podem igualmente ser examinados pelo Conselho, nos termos dos n.ᵒˢ 1 e 2 do presente artigo.

ARTIGO 10.°

1. No âmbito da supervisão multilateral prevista no n.° 3 do artigo 103.°, o Conselho acompanhará a aplicação dos programas de convergência com base nas informações fornecidas pelos Estados-membros não participantes nos termos do n.° 2, alínea a), do artigo 7.° do presente regulamento e nas avaliações da Comissão e do comité previsto no artigo 109.°C, nomeadamente com o objectivo de identificar qualquer desvio significativo, efectivo ou previsível, da situação orçamental em relação ao objectivo a médio prazo, ou em relação à respectiva trajectória de ajustamento, tal como previsto no programa relativo ao excedente/défice orçamental.

Além disso, o Conselho acompanhará as políticas económicas dos Estados--membros não participantes em função dos objectivos do programa de convergência, a fim de garantir que as suas políticas estejam orientadas para a estabilidade e de evitar, assim, distorções das taxas de câmbio reais e excessivas flutuações das taxas de câmbio nominais.

2. Se identificar um desvio significativo da situação orçamental em relação ao objectivo orçamental de médio prazo, ou em relação à respectiva trajectória de ajustamento, o Conselho, a fim de lançar um alerta rápido para evitar a ocorrência de um défice excessivo apresentará, nos termos do n.° 4 do artigo 103.°, uma recomendação ao Estado-membro em causa para que este tome as medidas de ajustamento necessárias.

III. Controlo Financeiro 519

3. Se, posteriormente, na sua actividade de acompanhamento, o Conselho considerar que persiste ou se agravou o desvio da situação orçamental em relação ao objectivo orçamental de médio prazo, ou em relação à respectiva trajectória de ajustamento, o Conselho apresentará então, nos termos do n.° 4 do artigo 103.°, uma recomendação ao Estado-membro em causa para que este tome imediatamente medidas correctivas, podendo, nos termos daquele artigo, tornar pública a sua recomendação.

SECÇÃO 4 – **Disposições comuns**

Artigo 11.°

O Conselho procederá à avaliação global prevista no n.° 3 do artigo 103.° do Tratado, no âmbito da supervisão multilateral prevista no presente regulamento.

Artigo 12.°

O presidente do Conselho e a Comissão incluirão nos seus relatórios para o Parlamento Europeu, nos termos do n.° 4, segundo parágrafo, do artigo 103.°, os resultados da supervisão multilateral realizada no âmbito do presente regulamento.

Artigo 13.°

O presente regulamento entra em vigor em 1 de Julho de 1998.

O presidente regulamento é obrigatório em todos os seus elementos e directamente aplicável em todos os Estados membros.

Feito em Bruxelas, em 7 de Julho de 1997

Pelo Conselho
O Presidente
J.-C. Juncker

REGULAMENTO (CE) N.° 1467/97 DO CONSELHO
de 7 de Julho de 1997

**relativo à aceleração e clarificação da aplicação
do procedimento relativo aos défices excessivos**

O CONSELHO DA UNIÃO EUROPEIA,

Tendo em conta o Tratado que institui a Comunidade Europeia e, nomeadamente, o n.° 14, segundo parágrafo, do seu artigo 104.°C,

Tendo em conta a proposta da Comissão([1]),

Tendo em conta o parecer do Parlamento Europeu([2]),

Tendo em conta o parecer do Instituto Monetário Europeu,

(1) Considerando que é necessário acelerar e clarificar o procedimento relativo aos défices excessivos referido no artigo 104.°C do Tratado a fim de dissuadir os défices orçamentais excessivos e, caso se verifiquem, assegurar a sua rápida correcção; que as disposições do presente regulamento, adoptadas para o efeito acima enunciado nos termos do n.° 14, segundo parágrafo, do artigo 104.°C, constituem, em conjugação com as do Protocolo n.° 5 do Tratado, um novo conjunto integrado de normas para a aplicação do artigo 104.°C;

(2) Considerando que o Pacto de Estabilidade e Crescimento se baseia num objectivo de finanças públicas sãs como meio de reforçar as condições de estabilidade dos preços e de um crescimento sustentável forte conducente à criação de emprego;

(3) Considerando que o Pacto de Estabilidade e Crescimento compreende o presente regulamento, o Regulamento (CE) n.° 1466/97 do Conselho, relativo ao reforço da supervisão das situações orçamentais e à supervisão e coordenação das políticas económicas([3]), e a Resolução do Conselho Europeu, de 17 de Junho

---

([1]) JO n.° C 368 de 6. 12. 1996, p. 12.
([2]) JO n.° C 380 de 16. 12. 1996, p. 29.
([3]) Ver página 1 do presente Jornal Oficial.
([4]) JO n.° C 236 de 2. 8. 1997, p. 1.

de 1997, sobre o Pacto de Estabilidade e Crescimento[4], em que nos termos do artigo D do Tratado da União Europeia, foram estabelecidas directrizes políticas firmes tendo em vista uma aplicação rigorosa e atempada do Pacto de Estabilidade e Crescimento e nomeadamente a adesão ao objectivo de médio prazo que visa alcançar situações orçamentais próximas do equilíbrio ou excedentárias e com o qual todos os Estados-membros se comprometeram e a adopção das medidas orçamentais correctivas que os mesmos Estados considerem necessárias para cumprir os objectivos dos seus programas de estabilidade e convergência sempre que tenham informações que indiciem um desvio significativo, observado ou previsível, em relação aos objectivos orçamentais de médio prazo;

(4) Considerando que na terceira fase da União Económica e Monetária (UEM), o artigo 104.°C vincula claramente os Estados-membros a evitarem défices orçamentais excessivos; que, nos termos do artigo 5.° do Protocolo n.° 11 do Tratado, os n.os 1, 9 e 11 do artigo 104.°C não são aplicáveis ao Reino Unido a não ser que este passe para a terceira fase; que a obrigação prevista no n.° 4 do artigo 109.°E de envidar esforços para evitar défices orçamentais excessivos continuará a aplicar-se ao Reino Unido;

(5) Considerando que a Dinamarca, invocando o n.° 1 do Protocolo n.° 12 do Tratado notificou, no contexto da Decisão de Edimburgo de 12 de Dezembro de 1992, de que não participará na terceira fase; que, por conseguinte, nos termos do n.° 2 do referido protocolo, os n.os 9 e 11 do artigo 104.°C não se aplicarão à Dinamarca;

(6) Considerando que na terceira fase da UEM os Estados-membros permanecem responsáveis pelas respectivas políticas orçamentais nacionais, subordinadas às disposições do Tratado; que os Estados-membros tomarão as medidas necessárias ao cumprimento das suas obrigações nos termos do Tratado;

(7) Considerando que a adesão ao objectivo de médio prazo de manter situações orçamentais próximas do equilíbrio ou excedentárias, a que todos os Estados-membros se comprometeram, contribui para a criação de condições adequadas à estabilidade dos preços e a um crescimento sustentado que conduza à criação de emprego em todos os Estados-membros, e permitir-lhes-á gerir as flutuações cíclicas normais, mantendo simultaneamente o défice orçamental dentro do valor de referência de 3% do PIB;

(8) Considerando que para que a UEM funcione correctamente é necessário que a convergência dos resultados económicos e orçamentais dos Estados-membros que adoptaram a moeda única, adiante designados «Estados-membros participantes», se revele estável e duradoura; que na terceira fase da UEM a disciplina orçamental énecessária para salvaguardar a estabilidade dos preços;

(9) Considerando que, nos termos do n.° 3 do artigo 109.°K do Tratado, os n.os 9 e 11 do artigo 104.°C são aplicáveis apenas aos Estados-membros participantes;

III. Controlo Financeiro 523

(10) Considerando que é necessário definir o conceito de ultrapassagem excepcional e temporária do valor de referência previsto no n.º 2, alínea a), do artigo 104.ºC; que o Conselho deverá, nessa matéria, ter em conta, designadamente, as previsões orçamentais plurianuais fornecidas pela Comissão;

(11) Considerando que o relatório da Comissão previsto no n.º 3 do artigo 104.ºC analisará igualmente se o défice orçamental excede as despesas públicas de investimento e tomará em consideração todos os outros factores pertinentes, incluindo a situação económica e orçamental a médio-prazo desse Estado-membro;

(12) Considerando que é necessário estabelecer prazos para a aplicação do procedimento relativo aos défices excessivos, a fim de garantir uma aplicação rápida e eficaz; que, nesse contexto, é necessário ter em conta o facto de o exercício orçamental do Reino Unido não coincidir com o ano civil;

(13) Considerando que deve ser precisada a forma como podem ser impostas as sanções previstas no artigo 104.ºC, com o objectivo de garantir uma aplicação eficaz do referido procedimento;

(14) Considerando que a supervisão reforçada ao abrigo do Regulamento (CE) n.º 1466/97 do Conselho, juntamente com o acompanhamento das situações orçamentais pela Comissão, nos termos do n.º 2 do artigo 104.ºC, contribuirão para uma aplicação rápida e eficaz do procedimento relativo aos défices excessivos;

(15) Considerando que, à luz das considerações precedentes, no caso de um Estado-membro participante não tomar medidas eficazes para corrigir um défice excessivo, parece viável e adequado estabelecer um período global máximo de dez meses entre a data de notificação dos valores que indicam a existência de um défice excessivo e, se for caso disso, a decisão de imposição de sanções, a fim de pressionar o Estado-membro participante em causa a tomar essas medidas; que, nesse caso, e se o procedimento tiver início no mês de Março, poderiam ser impostas sanções no mesmo ano civil em que o procedimento teve início;

(16) Considerando que a recomendação do Conselho com vista à correcção de um défice excessivo ou as fases posteriores do procedimento relativo aos défices excessivos deveriam ser previsíveis para o Estado-membro em causa, o qual entretanto teria recebido um aviso no quadro de um sistema de alerta rápido; que a gravidade de um défice excessivo durante a terceira fase deverá exigir uma acção imediata por parte de todos os interessados;

(17) Considerando que é oportuno suspender o procedimento relativo ao défice excessivo caso o Estado-membro em causa tome medidas adequadas em resposta a uma recomendação dirigida nos termos do n.º 7 do artigo 104.ºC ou a uma notificação emitida nos termos do n.º 9 do artigo 104.ºC, a fim de incentivar os Estados-membros a agirem em conformidade; que o período de tempo durante o qual o procedimento será suspenso não deverá ser incluído no prazo máximo de dez

524   *Legislação de Direito Financeiro*

meses entre a data em que é comunicada a existência de um défice excessivo e a imposição de sanções; que é oportuno retomar imediatamente o procedimento se as medidas previstas não estiverem a ser aplicadas ou se revelarem inadequadas;

(18) Considerando que, para conferir ao procedimento relativo aos défices excessivos um efeito suficientemente dissuasivo, deverá ser exigido ao Estado--membro participante em causa um depósito não remunerado de montante adequado, quando o Conselho decida impor uma sanção;

(19) Considerando que o estabelecimento de sanções numa escala pré--definida favorece a segurança jurídica; que é adequado fixar o montante do depósito em função do PIB do Estado-membro participante em causa;

(20) Considerando que, no caso de a constituição de um depósito não remunerado não induzir o Estado-membro em causa a corrigir o seu défice excessivo atempadamente, se deverão intensificar as sanções; que, nessas circunstâncias, é conveniente converter o depósito em multa;

(21) Considerando que a tomada de medidas adequadas por parte do Estado-membro participante em causa constitui o primeiro passo para a anulação das sanções; que a existência de progressos significativos na correcção do défice excessivo deverá permitir retirar as sanções, nos termos do n.º 12 do artigo 104.ºC; que só se deverá proceder à anulação de todas as sanções impostas quando o défice excessivo tiver sido totalmente corrigido;

(22) Considerando que o Regulamento (CE) n.º 3605/93 do Conselho, de 22 de Novembro de 1993, relativo à aplicação do Protocolo n.º 5 sobre o procedimento relativo aos défices excessivos anexo ao Tratado que institui a Comunidade Europeia(5) estabelece normas pormenorizadas para a comunicação de dados orçamentais pelos Estados-membros;

(23) Considerando que, nos termos do n.º 8 do artigo 109.ºF, sempre que o Tratado preveja uma função consultiva do Banco Central Europeu (BCE), as referências ao BCE devem ser consideradas como referências ao instituto Monetário Europeu, até à criação do BCE,

ADOPTOU O PRESENTE REGULAMENTO:

SECÇÃO 1 – **Definições e avaliações**

Artigo 1.º

1. O presente regulamento estabelece as disposições para acelerar e clarificar a aplicação do procedimento relativo aos défices excessivos, com o objectivo

---

(5) JO n.º L 332 de 31. 12. 1993, p. 7.

III. Controlo Financeiro 525

de evitar défices orçamentais excessivos e, caso venham a ocorrer, de os corrigir rapidamente.

2. Para efeitos do presente regulamento, entende-se por «Estados-membros participantes», os Estados-membros que adoptarem a moeda única nos termos do Tratado e por «Estados-membros não participantes», os Estados-membros que a não adoptarem.

ARTIGO 2.º

1. Considerar-se-á que o carácter excessivo do défice orçamental em relação ao valor de referência é excepcional e temporário, na acepção do n.º 2, alínea *a*), segundo travessão, do artigo 104.ºC, quando resulte de uma circunstância excepcional não controlável pelo Estado-membro em causa e que tenha um impacto significativo na situação das finanças públicas, ou quando resulte de uma recessão económica grave.

Além disso, considera-se temporário o carácter excessivo do défice em relação ao valor de referência se as previsões orçamentais fornecidas pela Comissão indicarem que o défice se situará abaixo do valor de referência, uma vez cessada a circunstância excepcional ou a recessão económica grave.

2. Ao preparar o relatório previsto no n.º 3 do artigo 104.ºC, a Comissão, regra geral, só considerará excepcional o carácter excessivo do défice em relação ao valor de referência resultante de uma recessão económica grave, quando se verifique uma redução anual do PIB real de, pelo menos, 2%.

3. Ao decidir, nos termos do n.º 6 do artigo 104.ºC e com base numa recomendação da Comissão, sobre a existência de um défice excessivo, o Conselho tomará em consideração na sua avaliação global, quaisquer observações apresentadas pelo Estado-membro que demonstrem que uma redução anual do PIB real inferior a 2% tem contudo um carácter excepcional à luz de outros elementos justificativos, em especial, relativos ao carácter abrupto da recessão ou a um decréscimo acumulado da produção relativamente à evolução tendencial verificada no passado.

SECÇÃO 2 – **Aceleração do procedimento relativo aos défices excessivos**

ARTIGO 3.º

1. No prazo de duas semanas a contar da adopção pela Comissão de um relatório nos termos do n.º 3 do artigo 104.ºC, o Comité Económico e Financeiro emitirá um parecer nos termos do n.º 4 do artigo 104.ºC.

2. Tendo em plena consideração o parecer referido no n.º 1, a Comissão, se

526 *Legislação de Direito Financeiro*

considerar que existe uma situação de défice excessivo, emitirá um parecer e uma recomendação ao Conselho nos termos dos n.os 5 e 6 do artigo 104.°C.

3. O Conselho decide sobre a existência de uma situação de défice excessivo nos termos do n.° 6 do artigo 104.°C, no prazo de três meses a contar das datas de notificação previstas nos n.os 2 e 3 do artigo 4.° do Regulamento (CE) n.° 3605/93. Se, nos termos do n.° 6 do artigo 104.°C, decidir que existe uma situação de défice excessivo, o Conselho fará simultaneamente recomendações ao Estado-membro em causa nos termos do n.° 7 do artigo 104.°C.

4. A recomendação do Conselho formulada nos termos do n.° 7 do artigo 104.°C estabelecerá um prazo máximo de quatro meses para o Estado-membro em causa tomar medidas eficazes. A recomendação do Conselho estabelecerá igualmente um prazo para a correcção da situação de défice excessivo, que deverá ser realizada no ano seguinte à sua identificação, salvo se se verificarem circunstâncias especiais.

Artigo 4.°

1. As decisões do Conselho de tornar públicas as suas recomendações, em que se estabelece que não foram tomadas medidas eficazes nos termos do n.° 8 do artigo 104.°C, devem ser tomadas imediatamente a seguir ao termo do prazo fixado nos termos do n.° 4 do 3.° do presente regulamento.

2. Para determinar se foram tomadas medidas eficazes na sequência das recomendações formuladas nos termos do n.° 7 do artigo 104.°C, o Conselho baseará a sua decisão nas decisões anunciadas publicamente pelo governo do Estado-membro em causa.

Artigo 5.°

As decisões do Conselho de notificar os Estados-membros participantes em causa para que estes tomem medidas destinadas a reduzir o défice, nos termos do n.° 9 do artigo 104.°C, serão adoptadas no prazo de um mês a contar da data da decisão do Conselho que tiver estabelecido não terem sido tomadas medidas eficazes nos termos do n.° 8 do artigo 104.°C.

Artigo 6.°

Sempre que estiverem reunidas as condições necessárias para aplicar o n.° 11 do artigo 104.°C, o Conselho imporá sanções, nos termos dessa mesma disposição. Essa decisão será tomada, o mais tardar, no prazo de dois meses a contar da decisão do Conselho que notifica o Estado-membro participante em causa para tomar medidas nos termos do n.° 9 do artigo 104.°C.

III. Controlo Financeiro 527

ARTIGO 7.º

Se os Estados-membros participantes não cumprirem as sucessivas decisões do Conselho nos termos dos n.ᵒˢ 7 e 9 do artigo 104.°C, a decisão do Conselho de impor sanções, nos termos do n.° 11 do artigo 104.°C, será tomada no prazo de dez meses a contar das datas de notificação previstas no Regulamento (CE) n.° 3605/93, tal como referido no n.° 3 do artigo 3.° do presente regulamento. Recorrer-se-á a um procedimento acelerado no caso de um défice programado de forma deliberada e que o Conselho decida ser excessivo.

ARTIGO 8.º

As decisões do Conselho de intensificar as sanções, nos termos do n.° 11 do artigo 104.°C, à excepção da conversão dos depósitos em multas prevista no artigo 14.° do presente regulamento, serão tomadas, o mais tardar, no prazo de dois meses a contar das datas de notificação previstas no Regulamento (CE) n.° 3605/93. As decisões do Conselho de revogar parte ou a totalidade das decisões que tomou por força do n.° 12 do artigo 104.°C serão tomadas o mais rapidamente possível e, em qualquer caso, o mais tardar no prazo de dois meses a contar das datas de notificação previstas no Regulamento (CE) n.° 3605/93.

SECÇÃO 3 – **Suspensão e acompanhamento**

ARTIGO 9.º

1. O procedimento relativo aos défices excessivos será suspenso:
   – se o Estado-membro em causa cumprir as recomendações feitas nos termos do n.° 7 do artigo 104.°C;
   – se o Estado-membro participante em causa cumprir as notificações efectuadas nos termos do n.ᵛ 9 do artigo 104.°C.
2. O período de suspensão do procedimento não será tido em conta nem no período de dez meses referido no artigo 7.°, nem no período de dois meses referido no artigo 6.° do presente regulamento.

ARTIGO 10.º

1. A Comissão e o Conselho acompanharão a aplicação das medidas tomadas
   – pelo Estado-membro em causa em resposta às recomendações formuladas nos termos do n.° 7 do artigo 104.°C;
   – pelo Estado-membro participante em causa em resposta a notificações efectuadas nos termos do n.° 9 do artigo 104.°C.

528 *Legislação de Direito Financeiro*

2. Se as medidas não estiverem a ser aplicadas pelos Estados-membros participantes ou se, na opinião do Conselho, se revelarem inadequadas, o Conselho tomará uma decisão de imediato, respectivamente, nos termos do n.° 9 ou do n.° 11 do artigo 104.°C.

3. Se os dados verificados nos termos do Regulamento (CE) n.° 3605/93 indicarem que uma situação de défice excessivo não foi corrigida pelo Estado--membro participante no prazo especificado quer nas recomendações formuladas nos termos do n.° 7 do artigo 104.°C, quer nas notificações efectuadas nos termos do n.° 9 do artigo 104.°C, o Conselho tomará uma decisão de imediato, respectivamente nos termos do n.° 9 ou do n.° 11 do artigo 104.°C.

SECÇÃO 4 – **Sanções**

ARTIGO 11.°

Sempre que o Conselho decidir aplicar sanções a um Estado-membro participante por força do n.° 11 do artigo 104.°C, será exigida, regra geral, a constituição de um depósito não remunerado.

O Conselho pode decidir complementar este depósito através das medidas previstas nos primeiro e segundo travessões do n.° 11 do artigo 104.°C.

ARTIGO 12.°

1. Quando o défice excessivo resultar do não cumprimento do critério relativo à relação do défice orçamental referida no n.° 2, alínea a), do artigo 104.°C, o montante do primeiro depósito incluirá uma componente fixa, correspondente a 0,2% do PIB, e uma componente variável correspondente a um décimo da diferença entre o défice expresso em percentagem do PIB no ano anterior e os 3% do valor de referência do PIB.

2. Em cada um dos anos seguintes, e até que a decisão sobre a existência de um défice excessivo seja revogada, o Conselho avaliará se o Estado-membro participante em causa tomou medidas efectivas em resposta à notificação do Conselho nos termos do n.° 9 do artigo 104.°C. Nessa avaliação anual, o Conselho decidirá, nos termos do n.° 11 do artigo 104.°C e sem prejuízo do disposto no artigo 13.° do presente regulamento, intensificar as sanções, a não ser que o Estado-membro participante em causa tenha cumprido o estabelecido na notificação do Conselho. O montante do depósito adicional deverá ser igual a um décimo da diferença entre o défice expresso como percentagem do PIB no ano anterior e os 3% do valor de referência do PIB.

3. Qualquer dos depósitos a que se referem os n.os 1 e 2 não deverá exceder o limite máximo de 0,5% do PIB.

III. Controlo Financeiro

ARTIGO 13.º

O depósito será, regra geral, convertido numa multa pelo Conselho, nos termos do n.º 11 do artigo 104.ºC, se, dois anos após a data da decisão de impor ao Estado-membro participante a constituição de um depósito, o Conselho considerar que o défice excessivo não foi corrigido.

ARTIGO 14.º

Nos termos do n.º 12 do artigo 104.ºC, o Conselho revogará as sanções referidas no primeiro e segundo travessoes do n.º 11 do artigo 104.ºC, consoante a relevância dos progressos registados pelo Estado-membro participante em causa na correcção do défice excessivo.

ARTIGO 15.º

Nos termos do n.º 12 do artigo 104.ºC, o Conselho revogará todas as sanções em vigor se a decisão relativa à existência de um défice excessivo for revogada. As multas impostas por força do artigo 13.º do presente regulamento não serão reembolsadas ao Estado-membro em causa.

ARTIGO 16.º

Os depósitos referidos nos artigos 11.º e 12.º do presente regulamento devem ser constituídos junto da Comissão. Os juros desses depósitos, bem como o produto das multas referidas no artigo 13.º do presente regulamento, constituem outras receitas referidas no artigo 201.º do Tratado e serão distribuídos pelos Estados-membros participantes que não tenham um défice excessivo, tal como determinado nos termos do n.º 6 do artigo 104.ºC, proporcionalmente à sua participação no PNB total dos Estados-membros elegíveis.

SECÇÃO 5 – Disposições finais e transitórias

ARTIGO 17.º

Para efeitos do presente regulamento e enquanto o exercício orçamental no Reino Unido não coincidir com o ano civil, as disposições das secções 2, 3 e 4 do presente regulamento serão aplicadas no Reino Unido nos termos do anexo.

ARTIGO 18.º

O presente regulamento entra em vigor em 1 de Janeiro de 1999.

530   *Legislação de Direito Financeiro*

O presente regulamento é obrigatório em todos os seus elementos e directamente aplicável em todos os Estados-membros.

Feito em Bruxelas, em 7 de Julho de 1997.

Pelo Conselho
O Presidente
J. C. JUNCKER

ANEXO
Prazos aplicáveis ao reino unido

1. Com o objectivo de garantir tratamento igual a todos os Estados--membros, ao tomar as decisões referidas nas secções 2, 3 e 4 do presente regulamento, o Conselho deverá ter em conta o exercício orçamental diferente do Reino Unido, a fim de tomar decisões relativas ao Reino Unido num momento do seu exercício orçamental semelhante àquele em que as decisões tiverem sido ou vierem a ser tomadas em relação a outros Estados-membros.

2. As disposições especificadas na Coluna I INFRA serão substituídas pelas disposições especificadas na Coluna II.

Coluna I	Coluna II
«três meses a contar das datas de notificação fixadas nos n.ºs 2 e 3 do artigo 4.° do Regulamento (CE) n.° 3605/93.» *(n.° 3 do artigo 3.°)*	«cinco meses a contar do final do exercício orçamental em que ocorreu o défice
«no ano seguinte à sua identificação» *(n.° 4 do artigo 3.°)*	«exercício orçamental consecutivo à sua identificação»
«dez meses a contar das datas de notificação previstas no Regulamento (CE) n.° 3605/93, tal como referido no n.° 3 do artigo 3.° do presente regulamento» *(artigo 7.°)*	«doze meses a contar do final do exercício orçamental em que ocorreu o défice»
«no ano anterior» *(n.° 1 do artigo 12.°)*	«no exercício orçamental anterior»

ÍNDICE GERAL

Nota Prévia à 4ª Edição 3
Nota Prévia à 3ª Edição 5
Nota Prévia à 2ª Edição 7
Nota Prévia à 1ª Edição 9

I. ACTIVIDADE FINANCEIRA

a) *Orçamento do Estado*

1. Enquadramento do Orçamento do Estado – Lei n.º 91/2001, de 20 de Agosto   13
2. Alterações orçamentais da competência do Governo – Decreto-Lei n.º 71/95, de 15 de Abril.. 59

b) *Receitas e Despesas*

3. Classificação económica das receitas e das despesas públicas – Decreto-Lei n.º 26/2002, de 14 de Fevereiro.. 63
4. Classificação funcional das despesas públicas – Decreto-Lei n.º 171/94, de 24 de Junho 127
5. Regime da despesa e da contratação públicas – Decreto-Lei n.º 197/99, de 8 de Junho 133

c) *Contabilidade e Tesouraria*

6. Bases da Contabilidade Pública – Lei n.º 8/90, de 20 de Fevereiro 231
7. Regime da Administração Financeira do Estado – Decreto-Lei n.º 155/92, de 28 de Julho 239
8. Regime da Tesouraria do Estado – Decreto-Lei n.º 191/99, de 5 de Junho 257

d) *Crédito*

9. Garantias pessoais do Estado – Lei n.º 112/97, de 16 de Setembro 275
10. Regime geral da emissão e gestão da dívida pública – Lei n.º 7/98, de 3 de Fevereiro.. 283
11. Regime jurídico dos bilhetes do Tesouro – Decreto-Lei n.º 279/98, de 17 de Setembro.. 291
12. Regime jurídico das obrigações do Tesouro – Decreto-Lei n.º 280/98, de 17 de Setembro 295

532   *Legislação de Direito Financeiro*

II. ORGANIZAÇÃO FINANCEIRA

a) Administração do Estado

13. Lei Orgânica do Ministério das Finanças – Decreto-Lei n.º 158/96, de 3 de Setembro.. 301

b) Segurança social

14. Lei de Bases da Segurança Social– Lei n.º 32/2002, de 20 de Dezembro.... 335

c) Regiões Autónomas

15. Lei de Finanças das Regiões Autónomas – Lei n.º 13/98, de 24 de Fevereiro..... 369

d) Autarquias locais

16. Lei das Finanças Locais – Lei n.º 42/98, de 6 de Agosto................................ 387

e) Sector Empresarial do Estado

17. Regime do Sector Empresarial do Estado – Decreto-Lei n.º 558/99, de 17 de Dezembro 411

III. CONTROLO FINANCEIRO

a) Controlo administrativo

18. Lei Orgânica da Inspecção-Geral de Finanças – Decreto-Lei n.º 249/98, de 11 de Agosto 429
19. Controlo Interno da Administração Financeira – Decreto-Lei n.º 166/98, de 25 de Junho 445

b) Controlo jurisdicional

20. Fiscalização do sector empresarial do Estado pelo Tribunal de Contas – Lei n.º 14/96, de 20 de Abril... 451
21. Lei da Organização e Processo do Tribunal de Contas – Lei n.º 98/97, de 26 de Agosto 455

ANEXO – PACTO DE ESTABILIDADE E CRESCIMENTO

Resolução do Conselho Europeu, de 17 de Junho de 1997 507

Regulamento (CE) n.º 1466/97 do Conselho, de 7 de Julho de 1997...................... 511

Regulamento (CE) n.º 1467/97 do Conselho, de 7 de Julho.................................... 521

Índice Geral.. 531

Obras do Autor.. 533

OBRAS DO AUTOR

a) **Livros e monografias**

1) *O valor positivo do acto inconstitucional*, AAFDL, Lisboa, 1992 (reimpressão em 2000)

2) *O direito de passagem inofensiva no novo Direito Internacional do Mar*, Lex – Edições Jurídicas, Lisboa, 1993 (com o prefácio de ARMANDO M. MARQUES GUEDES)

3) *Os direitos fundamentais atípicos*, Editorial Notícias e Editorial Aequitas, Lisboa, 1995 (dissertação de mestrado em Ciências Jurídico-Políticas na Faculdade de Direito da Universidade de Lisboa) (com prefácio de MARCELO REBELO DE SOUSA)

4) *O estado de excepção no Direito Constitucional – entre a eficiência e a normatividade das estruturas de defesa extraordinária da Constituição*, I e II volumes, Livraria Almedina, Coimbra, 1998 (dissertação de doutoramento em Direito Público na Faculdade de Direito da Universidade Nova de Lisboa)

5) *Reflexões sobre a próxima revisão da Constituição de Moçambique de 1990*, Livraria Minerva Central, Maputo, 1999 (também publicado como *A próxima revisão da Constituição de Moçambique de 1990 – um comentário*, in *Revista da Faculdade de Direito da Universidade de Lisboa*, vol. XXXIX, n.° 2 de 1998, pp. 709 e ss.)

6) *Autonomias regionais – que futuro político-constitucional?,* ed. da Assembleia Legislativa Regional, Funchal, 1999

7) *Estudos de Direito Público, I, Principia – Publicações Universitárias e Científicas,* Cascais, 2000

8) *As relações externas de Portugal – aspectos jurídico-políticos* (com FAUSTO DE QUADROS), ed. do Ministério dos Negócios Estrangeiros, Lisboa, 2001

9) *Introdução ao Direito Constitucional de Angola,* ed. da Assembleia Nacional de Angola, Luanda, 2002

10) *Novos Estudos de Direito Público,* II, Âncora Editora, Lisboa, 2002

11) *Manual de Direito Internacional,* Livraria Almedina: 1.ª ed., Coimbra, 2003; 2.ª ed., Coimbra, 2004

12) *Ensinar Direito Constitucional,* Livraria Almedina, Coimbra, 2003

13) *O Código do Trabalho e a Constituição Portuguesa,* O Espírito das Leis, Lisboa, 2003

14) *Estudos de Direito Público de Língua Portuguesa,* Coimbra, 2004

15) *Portugal e o Direito do Mar* (com FAUSTO DE QUADROS e PAULO OTERO), ed. do Instituto Diplomático do Ministério dos Negócios Estrangeiros, Lisboa, 2004

b) Artigos, comentários, pareceres e nótulas

16) *Os limites circunstanciais da revisão constitucional,* in *Revista Jurídica,* Lisboa, 1989, n.ᵒˢ 11 e 12, pp. 103 e ss.

17) *Inconstitucionalidade por omissão – consultas directas aos cidadãos eleitores a nível local – anotação ao Acórdão n.° 36/90 do Tribunal Constitucional,* in *O Direito,* 122.° ano, Lisboa, 1990 – II, pp. 420 e ss.

18) *Os direitos fundamentais à protecção dos dados pessoais informatizados,* in *Revista da Ordem dos Advogados,* ano 51, 1991-III, pp. 699 e ss. (também publicado na *Revista da Faculdade de Direito Milton Campos,* II, Belo Horizonte, 1995, pp. 169 e ss.)

19) *Os incentivos fiscais contratuais ao investimento estrangeiro no Direito Fiscal Português – regime jurídico e implicações constitucionais,* in AAVV, *A internacionalização da economia e a fiscalidade,* Lisboa, 1993, pp. 269 e ss. (também publicado na *Fiscália,* n.° 12, ano 3, Lisboa, 1995, pp. 4 e ss.)

20) *Breves reflexões em matéria de confidencialidade fiscal* (com PAMPLONA CORTE-REAL e JOAQUIM PEDRO CARDOSO DA COSTA), in *Ciência e Técnica Fiscal,* n.° 368, Lisboa, Outubro-Dezembro de 1992, pp. 7 e ss.

21) *A relevância civil do casamento católico,* in *Africana,* VIII, n.° 14, Porto, 1994, pp. 155 e ss.

22) *A evasão fiscal na interpretação e integração da lei fiscal,* in *Ciência e Técnica Fiscal,* n.° 373, Lisboa, Janeiro-Março de 1994, pp. 9 e ss. (também publicado na *Fiscália,* ano 4, n.° 15, Lisboa, Janeiro-Março de 1996, pp. 4 e ss., e AAVV, *Planejamento Tributário* [coord. de MARCELO MAGALHÃES PEIXOTO], São Paulo, 2004, pp. 231 e ss.)

Obras do Autor 535

23) *O espaço aéreo internacional* e *O espaço exterior*, respectivamente os capítulos VIII e IX da Parte IV sobre O domínio da sociedade internacional, insertos no livro de JOAQUIM DA SILVA CUNHA, *Direito Internacional Público – a sociedade internacional*, 4.ª ed., AAFDL, Lisboa, 1993, pp. 323 e ss., e pp. 331 e ss.

24) *European Data Protection and Churches in Portugal*, in AAVV, *Europäiches Datenschutzrecht und die Kirchen* (org. de GERHARD ROBBERS), Berlin, 1994, pp. 127 e ss. (também publicado como *A protecção de dados informatizados e o fenómeno religioso em Portugal*, in *Revista da Faculdade de Direito da Universidade de Lisboa*, XXXIV, Lisboa, 1993, pp. 181 e ss.)

25) *Objecção de consciência (direito fundamental à)*, in *Dicionário Jurídico de Administração Pública*, VI, Lisboa, 1994, pp. 165 e ss.

26) *Des collectivités locales en attente de région*, in AAVV, *Les collectivités décentralisées de l'Union Européene* (org. ALAIN DELCAMP), Paris, 1994, pp. 303 e ss.

27) *A inconstitucionalidade da lei das propinas – anotação ao Acórdão n.º 148/94 do Tribunal Constitucional*, in *Revista da Faculdade de Direito da Universidade de Lisboa*, XXXVI, Lisboa, 1995, n.º 1, pp. 257 e ss.

28) *O princípio democrático no novo Direito Constitucional Moçambicano*, in *Revista da Faculdade de Direito da Universidade de Lisboa*, XXXVI, Lisboa, 1995, n.º 2, pp. 457 e ss.

29) *O segredo de Estado*, in *Dicionário Jurídico da Administração Pública*, VII, Lisboa, 1996, pp. 365 e ss.

30) *A zona económica exclusiva*, in *Dicionário Jurídico da Administração Pública*, VII, Lisboa, 1996, pp. 611 e ss. (também publicado na *Revista da Faculdade de Direito de Milton Campos*, vol. 5, Belo Horizonte, 1998, pp. 247 e ss.)

31) *Le régime de la télévision au Portugal*, in *European Review of Public Law* (Spetses Conferences), 21, vol. 8, n.º 3, Atenas, Outono de 1996, pp. 917 e ss. (também publicado como *Nótula sobre o regime da actividade da televisão em Portugal*, in *O Direito*, ano 128.º, Lisboa, 1996, III-IV, Julho-Dezembro, pp. 295 e ss.)

32) *Considerações sobre as Constituições Fiscais na União Europeia*, in *Ciência e Técnica Fiscal*, n.º 381, Lisboa, Janeiro-Março de 1996, pp. 37 e ss.

33) *O crédito bonificado à habitação e a Região Autónoma dos Açores* (com JORGE MIRANDA), in *Revista da Faculdade de Direito da Universidade de Lisboa*, XXXVII, Lisboa, 1996, n.º 1, pp. 299 e ss.

536   *Legislação de Direito Financeiro*

34) *O financiamento municipal das assembleias distritais e a Constituição* (com JOSÉ MANUEL SÉRVULO CORREIA), in *Revista da Faculdade de Direito da Universidade de Lisboa,* XXXVIII, Lisboa, 1997, n.° 1, pp. 233 e ss.

35) *A duração da patente no acordo do TRIPS e no Código da Propriedade Industrial à luz da Constituição Portuguesa* (com JORGE MIRANDA), in *Revista da Ordem dos Advogados,* ano 57, Lisboa, I-1997, pp. 249 e ss.

36) *Princípios constitucionais do acesso à justiça, da legalidade processual e do contraditório; junção de pareceres em processo civil; interpretação conforme à Constituição do art. 525.° do Código de Processo Civil – Anotação ao Acórdão n.° 934/96 do Tribunal Constitucional* (com JOSÉ MANUEL SÉRVULO CORREIA), in *Revista da Ordem dos Advogados,* ano 57, Lisboa, I-1997, pp. 295 e ss.

37) *A Quarta Revisão da Constituição Portuguesa,* in *Vida Judiciária,* n.° 7, Lisboa, Outubro de 1997, pp. 17 e ss.

38) *A irretroactividade da norma fiscal na Constituição Portuguesa,* in *Ciência e Técnica Fiscal,* n.° 387, Lisboa, Julho-Setembro de 1997, pp. 51 e ss. [também publicado em *Direito e Cidadania,* ano I, n.° 3, Praia, Março-Junho de 1998, pp. 9 e ss., em AAVV, *Perspectivas Constitucionais – Nos 20 Anos da Constituição Portuguesa* (org. de JORGE MIRANDA), III, Coimbra, 1998, pp. 445 e ss., em *AJURIS Revista da Associação dos Juízes do Rio Grande do Sul,* n.° 74, ano XXV, Porto Alegre, 1998 (Novembro), pp. 299 e ss. e ainda, numa versão reduzida, como *A proibição da retroactividade da norma fiscal na Constituição Portuguesa,* in AAVV, *Problemas Fundamentais do Direito Tributário* (org. de DIOGO LEITE DE CAMPOS), VisLis Editores, Lisboa, 1999, pp. 35 e ss.]

39) *La Déclaration Universelle des Droits de l'Homme et la Constitution Portugaise,* in *Revue Européenne de Droit Public,* vol. 9, n.° 4, Atenas, Inverno 1997, pp. 1225 e ss. (também publicado, numa versão ampliada, como *A Declaração Universal dos Direitos do Homem e a Constituição Portuguesa,* in AAVV, *Ab uno ad omnes – 75 Anos da Coimbra Editora,* Coimbra, 1998, pp. 925 e ss., nas *Perspectivas do Direito – Gabinete para a Tradução Jurídica,* vol. IV, n.° 6, Julho de 1999, Macau, pp. 29 e ss., e na *Revista de Informação Legislativa,* ano 35, n.° 139, Brasília, Julho/Setembro de 1998, pp. 261 e ss.)

40) *Benefícios fiscais das organizações e funcionários internacionais no Direito Fiscal Português – alguns breves apontamentos,* in *Fiscália,* n.° 20, Lisboa, 1998, pp. 9 e ss.

Obras do Autor

41) *A inconstitucionalidade do Decreto-Lei n.° 351/93, de 7 de Outubro – parecer* (com JOSÉ MANUEL SÉRVULO CORREIA), in AAVV, *Direito do Ordenamento do Território e Constituição* (org. da Associação Portuguesa de Promotores e Investidores Imobiliários), Coimbra Editora, Coimbra, 1998, pp. 61 e ss.

42) *La citoyenneté au Portugal – commentaires et réflexions*, in AAVV, *Citoyennetés nationales et citoyenneté européenne* (coord. de FRANÇOISE PARISOT), Paris, 1998, pp. 206 e ss. [também publicado em português como *A Cidadania em Portugal – comentários e reflexões*, in AAVV, *Cidadanias nacionais e cidadania europeia* (coord. por FRANÇOISE PARISOT), Didáctica Editora, Lisboa, 2001, pp. 216 e ss.]

43) *Sistema de actos legislativos – opinião acerca da revisão constitucional de 1997*, in *Legislação – Cadernos de Ciência de Legislação*, n.ºˢ 19/20, Oeiras, Abril-Dezembro de 1997, pp. 47 e ss. (também publicado no Brasil como *O sistema de actos legislativos na 4.ª revisão da Constituição Portuguesa: um "aprofundamento multidimensional" do princípio democrático*, in *Revista de Informação Legislativa*, ano 38, n.° 149, Brasília, Janeiro-Março de 2001, pp. 71 e ss., e como *The system of legislation under the 4th Revision of the Portuguese Constitution: a «multidimensional enhancement» of the principle of democracy*, na *Revue Européenne de Droit Public*, vol. 13, n.° 4, winter/hiver 2001, Athens, pp. 1331 e ss.)

44) *Pela dignidade do ser humano não nascido*, in AAVV, *Vida e Direito – reflexões sobre um referendo* (org. de JORGE BACELAR GOUVEIA e HENRIQUE MOTA), Lisboa, 1998, pp. 73 e ss.

45) *As autarquias locais e a respectiva legislação – um enquadramento geral*, in AAVV, *Autarquias Locais em Moçambique – antecedentes e regime jurídico*, Lisboa/Maputo, 1998, pp. 81 e ss.

46) *O estatuto dos governantes municipais*, in AAVV, *Autarquias Locais em Moçambique – antecedentes e regime jurídico*, Lisboa/Maputo, 1998, pp. 119 e ss.

47) *Partidos políticos* (com ANA RITA CABRITA), in *Dicionário Jurídico da Administração Pública*, 1.° suplemento, Lisboa, 1998, pp. 345 e ss.

48) *Sistemas eleitorais e método de Hondt*, in *Dicionário Jurídico da Administração Pública*, 1.° suplemento, Lisboa, 1998, pp. 459 e ss.

49) *A 4.ª Revisão da Constituição Portuguesa*, in *Direito e Cidadania*, ano II, n.° 5, Praia, Novembro de 1998-Fevereiro de 1999, pp. 235 e ss. (também publicado como *The 4ᵗʰ Revision of the Portuguese Constitu*

538 *Legislação de Direito Financeiro*

tion, in *Revue Européenne de Droit Public*, vol. 11, n.º 1, n.º 31, Atenas, Primavera de 1999, pp. 203 e ss.)

50) *Governadores civis* (com JOSÉ MANUEL SÉRVULO CORREIA), in *Dicionário da História de Portugal* (org. de ANTÓNIO BARRETO e MARIA FILOMENA MÓNICA), VIII, suplemento, Porto, 1999, pp. 118 e ss.

51) *A inconstitucionalidade da discriminação remuneratória nas carreiras médicas prestadas em tempo completo,* in *O Direito,* ano 130.º, Lisboa, 1998, I-II, Janeiro-Junho, pp. 133 e ss.

52) *Legislação eleitoral em Moçambique,* in *Direito e Cidadania,* ano III, n.º 7, Praia, Julho-Outubro de 1999, pp. 261 e ss.

53) *The Treaty of Amsterdam: some progresses, many disappointments* (com MARGARIDA TELLES ROMÃO), in *Currents – International Trade Law Journal* (South Texas College of Law), Houston, Summer-1999, pp. 63 e ss.

54) *O Decreto-Lei n.º 351/93 e a Constituição Portuguesa – anotação aos Acórdãos n.º 329/99 e n.º 517/99 do Tribunal Constitucional,* in *Themis – Revista da Faculdade de Direito da Universidade Nova de Lisboa,* ano I, Lisboa, n.º 1 de 2000, pp. 189 e ss.

55) *A assunção de dívidas municipais pelo Governo Regional dos Açores e a Constituição Portuguesa,* in *Legislação – Cadernos de Ciência da Legislação,* n.º 25, Oeiras, Abril-Junho de 1999, pp. 134 e ss.

56) *Hondt (método de)* (com JOSÉ MANUEL SÉRVULO CORREIA), in *Verbo – Enciclopédia Luso-Brasileira de Cultura,* XIV, Lisboa/São Paulo, 1999, pp. 1369 e 1370

57) *O acesso às matrizes prediais organizadas pela Administração Fiscal por parte dos advogados,* in *Revista da Ordem dos Advogados,* ano 60, I, Lisboa, Janeiro de 2000, pp. 353 e ss.

58) *A prática de tiro aos pombos, a nova Lei de Protecção dos Animais e a Constituição Portuguesa,* in *Revista Jurídica do Urbanismo e do Ambiente,* n.º 13, Coimbra, Junho de 2000, pp. 231 e ss.

59) *Autonomia regional, procedimento legislativo e confirmação parlamentar – contributo para a interpretação do art. 279.º, n.º 2, da Constituição Portuguesa,* in *Revista da Faculdade de Direito da Universidade de Lisboa,* XLI, Lisboa, n.º 1 de 2000, pp. 135 e ss.

60) *A aplicação do Acordo ADPIC na Ordem Jurídica Portuguesa – o caso especial da duração das patentes,* in AAVV, *I Forum Ibero-Americano sobre Innovación, Propiedad Industrial e Intelectual y Desarrollo – Actas,* Madrid, 2000, pp. 433 e ss.

Obras do Autor

61) *Os direitos de participação dos representantes dos trabalhadores na elaboração da legislação laboral,* in AAVV, *Estudos do Instituto de Direito do Trabalho,* I volume, Coimbra, 2001, pp. 109 e ss.

62) *O regime profissional do pessoal paramédico constante do Decreto--Lei n.º 320/99 e a Constituição Portuguesa,* in *O Direito,* ano 132.º, Lisboa, Julho-Dezembro de 2000, III-IV, pp. 503 e ss.

63) *Estado de guerra,* in *Dicionário Jurídico da Administração Pública,* 2.º suplemento, Lisboa, 2001, pp. 301 e ss.

64) *Regulação e limites dos direitos fundamentais,* in *Dicionário Jurídico da Administração Pública,* 2.º suplemento, Lisboa, 2001, pp. 450 e ss.

65) *As associações públicas profissionais no Direito Português,* in AAVV, *Direito em Questão – aspectos principiológicos da Justiça,* Editora UCDB, Campo Grande, 2001, pp. 257 e ss.

66) *O direito de ingresso na Administração Pública Portuguesa segundo o Decreto-Lei n.º 89-F/98,* in *O Direito,* ano 133.º, Lisboa, 2001 – II (Abril-Junho), pp. 483 e ss.

67) *Reflexões sobre a 5.ª Revisão da Constituição Portuguesa,* in AAVV, *Nos 25 Anos da Constituição da República Portuguesa de 1976 – Evolução Constitucional e Perspectivas Futuras,* AAFDL, Lisboa, 2001, pp. 631 e ss.

68) *A importância da Lei n.º 134/99 no novo Direito Português da Igualdade Social,* in AAVV, *Actas do Seminário Técnico sobre a aplicação da Lei Anti-Discriminação* (org. pelo Alto Comissário para a Imigração e Minorias Étnicas), Lisboa, 2002, pp. 10 e ss.

69) *Acordos de colaboração entre instituições do ensino superior público e o imposto sobre o valor acrescentado,* in *THEMIS – Revista da Faculdade de Direito da Universidade Nova de Lisboa,* ano II, n.º 4, Lisboa, 2001, pp. 235 e ss.

70) Recensão ao livro *JOSÉ MANUEL PUREZA, O Património Comum da Humanidade: rumo a um Direito Internacional da Solidariedade?,* Porto, 1998, in *Análise Social – Revista do Instituto de Ciências Sociais da Universidade de Lisboa,* n.ᵒˢ 158-159, XXXVI, Verão de 2001, pp. 557 e ss.

71) *A crise da Justiça – a evidência de uma crise cultural?,* in AAVV, *O Debate da Justiça* (org. de ANTÓNIO PEDRO BARBAS HOMEM e JORGE BACELAR GOUVEIA), VisLis Editores, Lisboa, 2001, pp. 183 e ss.

72) *A importância dos direitos fundamentais no Estado Constitucional Contemporâneo,* in *Revista da Faculdade de Direito da Universidade*

540   *Legislação de Direito Financeiro*

Agostinho Neto, n.° 2, Luanda, 2002, pp. 7 e ss. [também publicado em AAVV, *Direitos Humanos – Teorias e Práticas* (org. de PAULO FERREIRA DA CUNHA) Coimbra, 2003, pp. 53 e ss., e em chinês, na *Perspectivas do Direito*, n.° 12, Janeiro de 2003, pp. 31 e ss.]

73) *A Lei Básica da Região Administrativa Especial de Macau*, in *Boletim da Faculdade de Direito da Universidade de Macau – 2.° Seminário Internacional sobre a Lei Básica comemorativo do 20.° Aniversário da Universidade de Macau*, ano VI, 2002, n.° 13, pp. 173 e ss.

74) *Segredo de Estado e Lei Constitucional em Angola*, in AAVV, *A produção de informações de segurança no Estado Democrático de Direito – o caso angolano* (org. de CARLOS FEIJÓ), Cascais, 2003, pp. 23 e ss.

75) *A autonomia creditícia das autarquias locais: critérios, procedimentos e limites*, in *Lusíada – Direito*, II Série, Lisboa, n.° 2/2004, pp. 201 e ss.

c) **Colectâneas de textos**

76) *Legislação de direitos fundamentais*, Livraria Almedina, Coimbra: 1.ª ed., 1991; 2.ª ed., 2004

77) *Organizações internacionais – textos fundamentais*: 1.ª ed., AAFDL, Lisboa, 1992; 2.ª ed., Livraria Almedina, Coimbra, 1995

78) *Timor-Leste – resoluções das Nações Unidas,* 1.ª ed., AAFDL, Lisboa, 1992; *Timor-Leste – textos jurídicos fundamentais*, 2.ª ed., AAFDL, Lisboa, 1993

79) *Casos Práticos de Direito Internacional Público I*, AAFDL, Lisboa, 1993

80) *As Constituições dos Estados Lusófonos*: 1.ª ed., Editorial Notícias e Aequitas, Lisboa, 1993; 2.ª ed., Editorial Notícias, Lisboa, 2000

81) *Textos fundamentais de Direito Internacional*, 1.ª ed., Editorial Notícias e Editorial Aequitas, Lisboa, 1993; 2.ª ed., Editorial Notícias, Lisboa, 1999; 3.ª ed., Editorial Notícias, Lisboa, 2002; 4.ª ed., Editorial Notícias, Lisboa, 2004

82) *Acordos de cooperação entre Portugal e os Estados Africanos Lusófonos*, ed. do Instituto da Cooperação Portuguesa: 1.ª ed., Lisboa, 1994; 2.ª ed., Lisboa, 1998

83) *Legislação de Direito Constitucional*, Livraria Minerva Central, Maputo, 1994

Obras do Autor 541

84) *Legislação Eleitoral*, Livraria Cosmos, Lisboa, 1995

85) *Código Civil e Legislação Complementar* (com Susana Brito e Arão Feijão Massangai), ed. do Banco Comercial Português: 1.ª ed., Maputo, 1996; 2.ª ed., Maputo, 2000

86) *Código Penal e Legislação Complementar* (com Emídio Ricardo Nhamissitane), ed. do Banco Comercial Português: 1.ª ed., Maputo, 1996; 2.ª ed., Maputo, 2000

87) *Código Comercial e Legislação Complementar* (com Lúcia da Luz Ribeiro), ed. do Banco Comercial Português: 1.ª ed., Maputo, 1996; 2.ª ed., Maputo, 2000

88) *Constituição da República Portuguesa e Legislação Complementar*: 1.ª ed., Livraria Almedina, Coimbra, 1997; 2.ª ed., Âncora Editora, Lisboa, 2001; 3.ª ed., Livraria Almedina, Coimbra, 2004

89) *Legislação de Direito Financeiro*, Livraria Almedina: 1.ª ed., Coimbra, 1999; 2.ª ed., Coimbra, 2002; 3.ª ed., Coimbra, 2003; 4.ª ed., Coimbra, 2004

90) *As Constituições dos Estados da União Europeia*, VisLis Editores, Lisboa, 2000

91) *Direito da Igualdade Social – fontes normativas,* VisLis Editores, Lisboa, 2000

92) *Direito da Igualdade Social – guia de estudo,* AAFDL, Lisboa, 2000

93) *Direito Fiscal – guia de estudo*: 1.ª ed., FDUNL, Lisboa, 2002; 2.ª ed., FDUNL, Lisboa, 2001; 3.ª ed., FDUNL, Lisboa, 2002; 4.ª ed., AAFDL, Lisboa, 2003

94) *Ciência Política – guia de estudo,* FDUP, Lisboa, 2002

95) *Direito Financeiro – guia de estudo*: 1.ª ed., FDUNL, Lisboa, 2002; 2.ª ed., AAFDL, Lisboa, 2003

96) *Direito Internacional Público – elementos de estudo*: 1.ª ed. FDUNL, Lisboa, 2002; 2.ª ed., FDUNL, Lisboa, 2002; 3.ª ed., AAFDL, Lisboa, 2003

97) *As Constituições dos Estados de Língua Portuguesa*, Livraria Almedina, Coimbra, 2003